Anonymous

Archiv für österreichische Geschichte

Anonymous

Archiv für österreichische Geschichte

ISBN/EAN: 9783744669146

Hergestellt in Europa, USA, Kanada, Australien, Japan

Cover: Foto ©ninafisch / pixelio.de

Weitere Bücher finden Sie auf **www.hansebooks.com**

Archiv

für

österreichische Geschichte.

Herausgegeben

von der

zur Pflege vaterländischer Geschichte aufgestellten Commission

der

kaiserlichen Akademie der Wissenschaften.

Sechsunddreissigster Band.

WIEN.

Aus der kaiserlich-königlichen Hof- und Staatsdruckerei.

1866.

Inhalt des sechsunddreissigsten Bandes.

DIE

GRAFEN VON ORTENBURG

IN KÄRNTEN.

VON

DR. KARLMANN TANGL.

———

ZWEITE ABTHEILUNG VON 1256 BIS 1343.

Erster Abschnitt.

Hermanns II. Söhne bis 1304.

---

§. 1. Hermanns II. Söhne im Allgemeinen.

Hund, Lazius, Megiser und der Verfasser des Gallischen Manu-scriptes (wahrscheinlich ein Herr von Gall aus Krain) schreiben dem Grafen Hermann II. folgende sechs Söhne zu: Heinrich, Fried-rich, Otto, Ulrich, Egon und Konrad. Die ersten vier erken-nen auch wir als solche an, da sie urkundlich nachweisbar sind; den fünften und sechsten aber müssen wir nach dem, was von ihnen gesagt wird, geradezu aus der Zahl der Söhne Hermanns II. aus-schliessen.

Egon sei in den geistlichen Stand getreten, Pfarrer zu Bleiburg geworden und habe die Witwe, nach Andern die Braut des Grafen Wilhelm von Heunburg, eine Tochter Poppo's des Freien von Peckau, geheirathet, und zwar, wie Benedict anführt, im Jahre 1272.

Dass Priesterehen in der lateinischen Kirche trotz des 1074 erlassenen und in der Folge zu wiederholten Malen erneuerten Ver-botes dessenungeachtet doch stattfanden, ist mir nicht unbekannt und es wäre deshalb immerhin möglich, dass Egon, obgleich Pfarrer, die Witwe des Grafen Wilhelm geheirathet hätte. Selbst der Ort, wo er Pfarrer war, hat etwas, das für die Angabe zu sprechen schei-nen könnte, indem Bleiburg die gewöhnliche Residenz der Grafen von Heunburg war. Dass aber jene Vermählung erst 1272 geschehen sein soll, ist völlig unwahrscheinlich, da Wilhelm IV. bereits 1249 gestorben war und nicht wohl anzunehmen ist, dass seine Witwe nach einem Witwenstande von 23 Jahren wieder zu einer zweiten Ehe geschritten sei.

1 *

4

Da jedoch E g o n weder in einer Urkunde noch bei einem verlässlichen Schriftsteller erscheint, und die Angabe Hunds, Lazius und ihrer
Nachschreiber durch nichts beglaubigt wird, und überhaupt schon an
sich unwahrscheinlich ist, so muss es als unerwiesen bezeichnet
werden, dass er ein Sohn des Grafen H e r m a n n II. von O r t e n b u r g
gewesen sei.

Über K o n r a d, den andern angeblichen Sohn des vorgenannten
Grafen, sagt Huschberg [1]) mit Hinweisung auf das bayerische Stammbuch von Hund Folgendes: „K o n r a d, welcher sich in Kampf und
Schlacht in den Ebenen der Lombardei versuchte und mit einer zahlreichen Schaar Reiter das Haus Carrara unterstützte, welches von
den Venetianern und Mailändern aus Padua — — vertrieben wurde,
soll zum Danke für seine Dienstleistung eine Tochter jenes Hauses
zum Weibe empfangen und mit ihr E u p h e m i a, Gemahlin des Grafen K o n r a d von P l a y e n, und einen Sohn erzeugt haben, der des
Vaters Namen trug, aber keine Nachkommenschaft hinterliess."

Sonderbar, dass Huschberg diese Angaben Hunds, ohne auch nur
im leisesten ein Bedenken gegen die Wahrheit derselben zu äussern,
hinschreiben konnte, da sie doch voll von Irrthümern und Wider-
sprüchen sind, wie man aus Folgendem sieht.

War K o n r a d ein Sohn des 1256 verstorbenen Grafen H e r-
m a n n II. von O r t e n b u r g, so konnte er beiläufig von 1230 oder
1240 bis 1300 oder 1310 gelebt und darum das Haus Carrara, als
es aus Padua durch die Venetianer vertrieben wurde, nicht unter-
stützt haben, indem der Sturz des genannten Hauses sich ein g a n z e s
J a h r h u n d e r t später ereignete.

Mit der ersten Angabe fällt von selbst auch die zweite, dass er
mit einer Prinzessin von Carrara vermählt gewesen sei u. s. w.

Allerdings werden wir in der Folge einen Grafen von O r t e n-
b u r g finden, welcher das Haus Carrara gegen Venedig unterstützte
und mit einer Prinzessin aus demselben vermählt war, aber er lebte
nicht im XIII. sondern im XIV. Jahrhunderte.

Ein weiterer Unsinn ist endlich der, dass jene Gräfin E u p h e-
m i a, welche mit dem Grafen K o n r a d von P l a y e n und H a r d e c k
vermählt war und schon 1260 Witwe wurde, eine Tochter jenes
angeblichen Grafen K o n r a d gewesen sein soll. War er ein Sohn

) Huschberg, Gesch. des Gesammthauses Ortenburg. S. 258.

Hermanns II., so war er nur ein Bruder jener Euphemia, da diese ausdrücklich und urkundlich eine Tochter Hermanns II. genannt wird. Doch genug von diesen Fabeln, aus denen man übrigens wieder entnehmen mag, wie wenig Glauben man dem bayerischen Stammbuche, dem Gallischen Manuscripte u. s. w. schenken könne.

Nachdem wir nun Egon und Konrad aus der Zahl der Söhne Hermanns II. ausgeschieden haben, so wollen wir von dessen vier urkundlich gewissen Söhnen Heinrich, Friedrich, Otto und Ulrich handeln und zwar zuerst die beiden letzteren, weil sie als Geistliche keine Nachkommenschaft hinterliessen, dann Heinrich und Friedrich anfangs gemeinsam und zuletzt nach des ersteren Tode Friedrich allein besprechen.

§. 2. Otto IV.

Otto widmete sich dem geistlichen Stande und ward frühzeitig Domherr zu Bamberg. Dieses Bisthum hatte grosse Besitzungen in Unter- und Ober-Kärnten und war im Drau- und Gailthale der nächste Nachbar der Grafen von Ortenburg, mit denen die Bischöfe von Bamberg zuweilen in feindliche Berührung geriethen, meistens aber in freundlichen Verhältnissen standen. Es ist daher leicht begreiflich, wie Otto nach Bamberg kommen und daselbst ein Canonicat erhalten konnte.

1248 — zu Villach.

Giselbert, Albert, Offo und Otto, Brüder von Kynburch, bekennen, dass sie jedem Lehenrechte auf die Burg Kynburch entsagen, ausgenommen die Castellanie, welche gemeiniglich „Purchrecht" heisst, welche ihnen von ihrem Herrn dem Bischofe Heinrich von Bamberg verliehen worden sei etc. Zeugen: Heinricus praepositus veteris capellae Ratisponensis, Comes Otto de Ortenburch, canonicus Babenbergensis, Otto de Porta, Fridericus de Wolfsperch, Eberhardus de Griven, Ditmarus de s. Stephano et Wigandus frater suus etc. [1]).

In dem Vertrage zwischen seinem Vater Hermann und dessen Bruder Ulrich Bischof von Gurk ddo. 1249 IV. Cal. Februarii (29. Januar) nimmt Otto unter den Zeugen die erste Stelle ein als Comes Otto canonicus Babenbergensis. Dass er aber wirklich ein

---

[1]) Urk. Abschr. im Archiv des hist. Ver. zu Klagenfurt.

Sohn des Grafen Hermann von Ortenburg gewesen sei, ersieht man aus der Urkunde ddo. 1254 am 2. März, worin folgende Zeugen vorkommen: Dominus Babenbergensis Episcopus Heinricus. Comes Hermannus de Ortenburch. Otto filius ejus, Canonicus Babenbergensis.

In der folgenden Urkunde erscheint er einfach als Graf von Ortenburg ohne Bezeichnung seiner geistlichen Würde.

1254 am 12. October erlässt das Frauenstift Göss dem Wülfing von Stubenberg, Vogte desselben, die Bezahlung von 700 Mark Pfennig, die er als Schadenersatz wegen ungerechter Angriffe, ungebührlicher Steuererhebung etc. demselben schuldig geworden war, gegen das Versprechen, sich in Zukunft jeder Beeinträchtigung des Stiftes zu enthalten. Die Urkunde sei mit den Siegeln seiner Freunde bekräftiget worden. Erster Zeuge: Otto comes de Ortenburch und dann nach vielen andern Zeugen auch Dominus Bertholdus notarius de Ortenburch [1]).

Da Wülfing von Stubenberg mit Elisabeth, einer Tochter des Grafen Hermann, vermählt war, so war er ein Schwager des Grafen Otto.

In der bereits angeführten Urkunde vom 16. Mai 1255 erscheint Graf Otto schon als Propst von St. Jakob in Bamberg, welche Würde er seit dem 2. März 1254, wo er sie noch nicht besass, erlangt haben musste.

In der Urkunde ddo. 1256 am 18. Juni zu Volchenmarcht, worin Herzog Ulrich von Kärnten die Brüder Heinrich und Friedrich Grafen von Ortenburg in seinen Schutz nimmt, erscheint als erster Zeuge Comes Otto de Ortenburch Praepositus sancti Jacobi in Babenberch, d. i. Propst zu St. Jakob in Bamberg.

Seit jenem Jahre erscheint er in den Urkunden seiner Brüder nicht mehr. Daraus folgt jedoch nicht, dass er bald nach 1256 gestorben sei; denn einerseits kann der Abgang von Ortenburger Urkunden, worin seiner Erwähnung geschähe, ein Zufall sein, andererseits konnte er als Propst, besonders bei der häufigen Abwesenheit der Bischöfe, Bamberg nicht mehr so leicht und oft verlassen und nach Kärnten reisen, mochte auch vielleicht nach dem Tode seines Vaters oder wegen einer Spannung mit seinen Brüdern sich nicht mehr so sehr nach seinem Vaterlande sehnen, wie vorher.

---

[1]) Diplom. sacra Styriae. T. I. pag. 66.

§. 3. Ulrich III.

Dieser, wahrscheinlich der jüngste Sohn des Grafen Hermann, war ebenfalls in den geistlichen Stand getreten und Domherr zu Salzburg geworden. Über ihn sind nur folgende zwei Nachrichten auf uns gekommen.

Als im Jahre 1256, weil Philipp, Bruder des Herzogs Ulrich von Kärnten, erwählter Erzbischof von Salzburg, sich entschieden weigerte, die höhern geistlichen Weihen zu empfangen, auf Befehl des Papstes zu einer neuen Wahl geschritten und der Bischof Ulrich von Seckau zum Erzbischofe gewählt worden war, schickte die Gegenpartei, welche es mit Philipp hielt, und mit der neuen Wahl unzufrieden war und im Salzburgischen mit Sengen, Brennen und Plündern feindlich wüthete, den Domherrn Ulrich Grafen von Ortenburg und einen Priester Namens Gregor nach Rom, um die Bestätigung der Wahl zu hintertreiben, aber beide waren unglücklich. Gregor starb auf der Hinreise und Ulrich war nicht im Stande, den Papst Alexander IV. günstig für Philipp zu stimmen [1].

Das Chronicon Salisburgense nennt ihn ausdrücklich einen Sohn des Grafen Hermann und erzählt den schlechten Erfolg seiner Reise nach Rom folgendermassen:

— — — duo Canonici Salisburgenses, scilicet Ulricus filius comitis Hermanni de Ortenburch et quidam dictus Gregorius sacerdos, non attendentes, quod binarius (die Zahl zwei) infamis est numerus, quia primus recedit ab unitate, ab unitate Capituli recedentes, Domino Philippo adhaeserunt, pro negotio suo ante confirmationem domini Ulrici (des zum Erzbischofe gewählten Bischofs von Seckau) iter ad curiam Romanam arripientes: in quo itinere Gregorius miserabiliter obiit, alter ad curiam veniens auditus a Papa satis despective ab eo dimissus domum confusus revertitur [2].

1268 am 15. Juli zu St. Radegund übergibt Herzog Ulrich von Kärnten dem Erzbisthume Salzburg zur Entschädigung für die demselben zugefügten, auf 40.000 Mark geschätzten Beschädigungen die Stadt St. Veit, den Markt und die Veste Klagenfurt und St. Georgen im Jaunthale, nimmt aber dieselben wieder von Salzburg zu Lehen

---

[1] Hansiz, German. sac. T. II. pag. 350.

[2] Pertz, Monum. Germ. Hist. T. XI. pag. 793.

mit dem Versprechen, dass er nichts davon veräussern wolle und dass die genannten Besitzungen, wenn er ohne männliche Nachkommen stürbe, dem Erzbisthume zufallen sollten. Zeugen: Comes Ulricus de Ortenburch Canonicus Salisburgensis, Ulricus de Sterinberch, Ulricus de Heunburch, Fridericus de Ortenburch Comites — — — [1]).

Über dieses Jahr hinaus konnte ich über den Grafen Ulrich nichts mehr auffinden. Er dürfte wohl keine höhere geistliche Würde erlangt haben, sondern immer nur Domherr geblieben sein.

Nach seiner Anhänglichkeit an den durch und durch weltlichen Prinzen Philipp zu schliessen, den nur die ländersüchtige Politik K. Ottokars von Böhmen und die Schwäche und Lieblosigkeit des eigenen Bruders zum geistlichen Stande bestimmt hatten, war unser Domherr Ulrich ein Mann, der besser zum Dreinschlagen und Stechen als zum Beten und Segnen getaugt hätte, ein Beispiel mehr von einem gänzlich verfehlten Berufe, ein Opfer jener mittelalterlichen Hauspolitik, welche nachgeborne Söhne zum geistlichen Stande verurtheilte.

§. 4. Heinrich III. und Friedrich II.

Um Wiederholungen vorzubeugen, wollen wir die Geschichte dieser Brüder bis zu des ersteren Tode gemeinsam behandeln, was auch wegen ihrer enge mit einander verflochtenen Interessen kaum anders thunlich ist.

Sie erscheinen bereits in der Tausch- und Schenkungsurkunde ihres Vaters von 1254 und 1256 als in die Handlungen desselben einwilligend und mussten daher jedenfalls schon über die Jahre der Unmündigkeit hinaus, ja vielleicht schon grossjährig gewesen sein.

Als selbstständig handelnd erscheinen sie zuerst in folgender Millstätter Urkunde.

1256 V. Kalendas Aprilis (28. März) in Ortenburch. Heinrich und Friedrich Grafen von Ortenburg (Nos Heinricus et Fridericus comites de Ortenburch) geben ihre Einwilligung, dass Konrad von Techendorf jene Güter, welche er von Ulrich Hekel erkauft habe, dem Kloster Millstatt schenke [2]).

---

[1]) Benedict, Gurker Urkunden. Kleimayrn, Juvavia. S. 368.

[2]) Millstätter Urk. in Abschrift im st. st. Joanneum.

Aus dem Umstande, dass die Brüder am 28. März 1256 schon als selbständig handelnd erscheinen, könnte man folgern, dass ihr Vater Hermann schon zwischen dem 19. und 28. März gestorben sei. Es wäre möglich, aber sie konnten jene Einwilligung auch noch bei Lebzeiten desselben während seiner Erkrankung gegeben haben. Erst aus der Urkunde vom 18. Juni 1256 geht klar hervor, dass Hermann damals nicht mehr am Leben war.

Obige Urkunde hat in der Abschrift, welche das st. st. Joanneum davon besitzt, die Jahreszahl 1356, was aber ein offenbarer Irrthum ist. Denn jener Graf Heinrich, der in der ersten Hälfte des XIV. Jahrhunderts lebte, starb schon 1347 oder 1348. Dann erscheint Konrad von Techendorf nur in der zweiten Hälfte des XIII. Jahrhunderts als Zeuge in mehreren Urkunden.

Nach dem Tode ihres Vaters, des Grafen Hermann, welcher zwischen dem 19. März und 18. Juni 1256 gestorben war, übernahmen sie, als die einzigen im weltlichen Stande verbliebenen Söhne, die Regierung der Grafschaft und schlossen mit dem Herzog Ulrich von Kärnten ein Schutz- und Trutzbündniss ab.

1256 XIV. Indictione in die s. s. Marci et Marcellini martyrum (18. Juni) apud Volchenmarcht.

„Wir Ulrich Herzog von Kärnten und Herr von Krain thun kund, dass wir die Grafen Heinrich und Friedrich von Ortenburch in unsere besondere Gnade und Gunst aufgenommen haben, indem wir ihnen bei unserer Treue, für deren Haltung unsere Ministerialen Hartwig Truchsess von Chreik, Ulrich von Havenarburch, Chonrad von Paradeis (de Paradiso) und Wilhelm von Minchendorf sich eidlich verbürgt haben, versprechen sie gegen Jedermann aufrichtig zu schützen und zu vertheidigen und falls ihnen Jemand Unrecht zufügen wollte, ihnen beizustehen und die ihnen gebührende Gerechtigkeit zu verschaffen, und könnten wir dies nicht, ihnen mit unserer Hilfe gegen Jedermann beizustehen."

„Überdies haben wir ihnen als Lehen einen Platz in der Stadt Chrainburch verliehen mit der Erlaubniss, daselbst eine Veste mit einem Thore zu erbauen, wo sie freien Ein- und Ausgang haben sollen, jedoch unter der Bedingung, dass, wofern sie von jener erbauten Veste aus uns oder der genannten Stadt schweren und offenen Schaden zufügen und aufgefordert innerhalb sechs Wochen den Verletzten nicht Schadenersatz leisten würden, alle ihre jenseits des

Flusses **C o k e r** (Kanker) gegen **S t e i n** gelegene Besitzungen uns frei gelöst sein sollen."

"Auch haben wir den genannten Grafen verliehen 20 Mark Einkünfte von unserem Gute (nicht genannt), sowie 20 Mark Pfennig von der Münze — ein altes Lehen derselben — jährlich zu zahlen am ersten Sonntag in der Fasten, wenn man singt Invocavit. Dann alle ihnen zustehenden Rechte und was ihr Vater seligen Andenkens begründetermassen besass und was sie selbst werden beweisen können an den sieben in Krain gelegenen Mansen, stellen wir den genannten Grafen ganz und gar zurück. Allen Schaden aber, den sie in unserem Dienste erleiden und alle andern Dienste, welche sie uns leisten werden, wollen wir ihnen ersetzen."

"Dieses Alles und Jedes haben wir ihnen ohne Trug zu erfüllen versprochen. Sollten wir offenkundig unserer Gnade vergessen, so sollten auch die genannten Grafen an ihr uns gemachtes Versprechen nicht gebunden sein."

"Dagegen haben uns die Grafen eidlich ohne Trug und Falsch versprochen, uns gegen Jedermann mit treuem und ergebenem Dienste beizustehen, ausgenommen gegen diese ihre Freunde, welche zu befehden ihnen die lautere Treue, die sie ihnen schuldig seien, nicht gestatte, nämlich gegen den Grafen **U l r i c h v o n S t e r n b e r c h**, Grafen **U l r i c h v o n H i w e n b u r c h** (Hiunenburch, Heunburg), Grafen **H e i n r i c h v o n P h a n e n b e r c h**, **W ü l f i n g v o n S t u b e n b e r g** und Grafen **M e i n h a r d v o n G ö r z**, wenn sein Sohn in der Zeit von jetzt an bis zum Michaelisfest und hernach durch ein ganzes Jahr sich mit ihrer Schwester ehelich verbände, in welchem Falle wir dann weder ihre Hilfe gegen den Grafen in Anspruch nehmen noch sie dem Grafen gegen uns Beistand leisten sollten. Käme jedoch jene Ehe nicht zu Stande, so würden sie uns gegen den Grafen wie gegen die andern mit Hilfe beistehen."

"Auch wurde hinzugefügt, dass, wenn entweder einer der Grafen oder beide wegen Eingehung der Ehe mit Einem oder Einigen Freundschaft schlössen und wenn zwischen uns einerseits und jenem oder jenen andererseits eine Uneinigkeit entstände, die Grafen ohne Trug die Sache gütlich beizulegen versuchen sollten. Schlügen **w i r** einen billigen und gerechten Vergleich aus, den die Grafen zu Stande zu bringen versucht hätten, so sollte es einem jeden derselben erlaubt sein, seinem Schwiegervater gegen uns beizustehen. Sollten sich

jedoch die Schwiegerväter einer solchen Entscheidung der Streitsache widersetzen, so sollte der Schwiegersohn keinem von beiden
helfen. Sonst aber sind sie verpflichtet, uns gegen alle andern mit
Dienst und Hilfe Beistand zu leisten."

„Für den Fall, dass sie obiges Übereinkommen aus ihrer Schuld
offenkundig verletzten, haben sie uns 20 Mark Einkünfte von ihrem
Eigenthume, gelegen am unteren Theile des Flusses Coker (Kanker),
versetzt, welche dann in Zukunft uns gehören sollen, auch sollen in
jenem Falle die 20 Mark Einkünfte, welche wir ihnen als Lehen verliehen haben, uns frei werden."

Hujus rei testes sunt: Comes Otto de Ortenburch, Praepositus sancti Jacobi in Babenberch, Hartwicus dapifer de Chreik,
Ulricus de Havenarsburch, Chunradus de Paradiso, Wilhelmus de
Minchendorf, Henricus de Visharen, Liutoldus de Ortenburch milites,
Jacobus notarius, Pertholdus dictus Chniwer et alii quam plures. Et
ut haec omnia rata et inconvulsa permaneant, quoad dixerimus, praesens scriptum sigilli nostri munimine jussimus roborandum. Actum
apud Volchenmarcht — — — [1]).

In diesem Vertrage verhandeln die Grafen von Ortenburg mit
dem Herzoge von Kärnten als Gleiche mit einem Gleichen, als völlig
freie und von ihm unabhängige Leute. Er verspricht ihnen und sie
ihm Beistand zu leisten. Aber durch die Annahme eines Lehens von
ihm wurden sie zwar nicht seine Ministerialen und Untergebenen, wohl
aber seine Vasallen, wodurch sie ihrer Stellung als unmittelbare
Reichsgrafen, welche ihre Grafschaft Ortenburg nur von dem deutschen Reich und dem Kaiser zu Lehen trugen, viel vergaben. Daher
mag auch der Zweifel einiger Geschichtschreiber, ob die Grafen
von Ortenburg denn auch wirklich reichsunmittelbar gewesen
seien, entstanden sein. Sie waren es, hielten aber, wenn es ihr
Vortheil zu erheischen schien, an ihrer Standesehre nicht unwandel-
bar fest.

Die Erlaubniss in der herzoglichen Stadt Krainburg am Einflusse des Kankerbaches in die Save eine Veste sammt Thor zu erbauen und freien Ein- und Ausgang daselbst zu haben, welche Bewilligung die Grafen ohne Zweifel benützt haben werden, war ein
neues Lehen, wogegen die 20 Mark Einkünfte vom herzoglichen

Gute und die 20 Mark Pfennige von der Münze ein altes Lehen der Ortenburger genannt werden.

Vielleicht waren die letzteren 20 Mark Pfennige die Abfindungssumme, um welche schon in früherer Zeit die Grafen von Ortenburg der Ausübung ihres Münzrechtes zu Gunsten des Herzogs von Kärnten entsagt hatten. Was es mit den, wie es scheint, zwischen dem Herzog und den Grafen streitigen sieben Mansen in Krain für ein Bewandtniss habe, ist mir nicht bekannt.

Die Grafen von Ortenburg geloben, dem Herzoge gegen Jedermann beizustehen, ausser gegen den Grafen Ulrich von Sternberg, Grafen Ulrich von Heunburg, Grafen Heinrich von Pfannberg und Wülfing von Stubenberg und bedingungsweise auch Grafen Meinhard von Görz. Der Grund dieser Ausnahme ist bei den vier ersten Personen offenbar in naher Verwandtschaft oder Verschwägerung oder in früher abgeschlossenen und noch in Kraft bestehenden Verträgen zu suchen, lässt sich aber im Einzelnen nicht bei allen mit Bestimmtheit angeben.

Da die Grafschaft Sternberg, welche zwischen dem Millstätter- und Ossiacher-See lag, unmittelbar an die Grafschaft Ortenburg angrenzte, mit welcher sie in der Folge auch durch Kauf vereinigt wurde, so ist es sehr wahrscheinlich, dass zwischen den beiden gräflichen Häusern Sternberg und Ortenburg eine Verschwägerung und Verwandtschaft stattfand, wenn auch über die Art derselben keine Nachricht auf uns gekommen ist.

Graf Ulrich von Heunburg war mit den Grafen Heinrich und Friedrich von Ortenburg allerdings verwandt, sie waren nämlich Geschwister-Urenkel; aber bei diesem entfernten Verwandtschaftsgrade dürfte der Grund obiger Ausnahme wohl vorzüglich in dem Vertrage zu suchen sein, welchen die Väter der ebengenannten Grafen am 4. Februar 1239 unter sich abgeschlossen hatten, da derselbe auch zugleich ein gegenseitiger Erbvertrag war.

Da Graf Heinrich von Pfannberg die Gräfin Agnes, Schwester der Grafen Konrad und Otto von Pleyen und Hardeck, zur Gemahlin hatte, Euphemia aber, die Schwester der Grafen von Ortenburg, mit dem obengenannten Grafen Konrad vermählt war, so bestand zwischen dem Grafen Heinrich von Pfannberg und den Grafen Heinrich und Friedrich von Ortenburg eine Verschwägerung im weiteren Sinne des Wortes.

Eine wahre Verschwägerung aber fand statt zwischen den Grafen von Ortenburg und Wülfing von Stubenberg, da dieser mit Elisabeth, einer Schwester derselben, vermählt war.

Die Ausnahme rücksichtlich des Grafen Meinhard (III.) von Görz war an die Bedingung gebunden, wenn sein Sohn Albert (II.) innerhalb eines Jahres eine von den Schwestern der Grafen von Ortenburg heirathen würde.

Dies zwischen dem Herzoge Ulrich von Kärnten und den Grafen von Ortenburg abgeschlossene Schutz- und Trutzbündniss entsprach einem gegenseitigen Bedürfnisse, indem beide Theile, der Herzog im Januar, die Grafen im April oder Mai, die Regierung ihrer Gebiete angetreten hatten, also des gegenseitigen Beistandes bedurften, und gereichte gewiss auch beiden Theilen zum Vortheile. Es sollte das gute Vernehmen, das unter den Vätern zwischen beiden Häusern bestanden hatte, auch unter den Söhnen noch fortbestehen.

1257 am St. Katharinen-Tage (25. November) zu Lack. Heinrich und Friedrich Grafen von Ortenburg thun kund, dass mit ihrer Einwilligung ihr Getreuer Leutold (von Waldenberg) seiner Gemahlin Kunigund 50 Mark Aquilejer Pfennige als Widerlage verschrieben habe, ferner, dass Bischof Konrad (I.) von Freising demselben Leutold und seiner Gemahlin Kunigund einen Hof und vier Huben bei Trasich und noch andere daselbst gelegene Güter, welche Leukardis, Kunigundens Mutter, als Lehen besessen hatte, unter der Bedingung als Lehen verliehen habe, dass alle diese Güter, wenn Leutold ohne mit seiner Gattin Kinder erzeugt zu haben, sterben sollte, wieder an das Bisthum Freising zurückfallen sollten [1]).

Dass obiger Leutold das Prädicat „von Waldenberg" geführt habe, ersieht man aus der Urkunde ddo. Lack am 2. Juni 1263. Er war ein Ministerial der Grafen von Ortenburg, seine Gattin aber eine Ministerialin der Kirche von Freising.

1258 — —. Cholo von Labenburg erklärt, dass er für Cholo von Seldenhofen um eine Schuld von 100 Mark Pfennig den Grafen Heinrich und Friedrich von Ortenburg auf sechs Jahre Bürgschaft leisten wolle.

---

[1]) Meichelbeck, Eccl. Frising. T. II. Instrum. Nr. XXXVII. pag. 24.

Dieselbe Bürgschaft leistet auch Rudolph von Rase in einer besondern Urkunde [1]).

Statt Labenburg ist wahrscheinlich nur L e b e n b u r g zu schreiben, da in der Urkunde ddo. Millstatt 22. December 1252 unter andern Zeugen auch Cholo de Lebenburch erscheint; es ist eben derselbe, welcher als N i c l a s von L ö w e n b u r g (Cholo, Kolo ist die Abkürzung von Nicolo) später in dem Streite zwischen dem Patriarchen P h i l i p p von Aquileja und König O t t o k a r von Böhmen um das Herzogthum Kärnten ein thätiger Anhänger des ersteren war [2]). Lebenburg, Löwenburg ist das heutige Wasser-Leonburg im Gailthale.

§. 5. Keinrich III. und Friedrich II. entzweit.

Aus den Jahren 1259 und 1260 haben wir keine Urkunde; aus der nächsten Urkunde von 1261 ersieht man aber, dass die Brüder in jenen Jahren sich entzweit hatten und in eine Fehde gegen einander gerathen waren und zwar aus folgender Veranlassung.

Sie hatten Anfangs die väterliche Verlassenschaft ungetheilt und gemeinschaftlich besessen. Da forderte der jüngere Bruder eine Theilung derselben, der ältere machte sie, aber so unbillig, dass jener sie nicht annehmen konnte, sondern eine gerechte Theilung verlangte. Als H e i n r i c h diesem Begehren nicht entsprach und dadurch der Streit zwischen den Brüdern in offene Fehde übergegangen war, rief F r i e d r i c h den Herzog um Schutz und Beistand an, welcher ihm auch in folgender Urkunde zugesichert wurde.

1261 in vigilia s. Bartholomaei Apostoli (23. August) in Volchenmarcht.

„Wir U l r i c h Herzog von Kärnten und Herr von Krain — — thuen kund, dass wir den Grafen F r i e d r i c h von O r t e n b u r g „unsern lieben" (dilectum nostrum) allewegs in unsere Gnade und Treue aufgenommen haben mit dem Versprechen, ihm, so lang wir leben, nach Kräften und nach Vermögen gegen seinen Bruder H e i n r i c h Grafen von O r t e n b u r g beizustehen, bis er mit ihm nach Gerechtigkeit oder Liebe einen Vergleich eingegangen sein wird über Alles, worüber er mit ihm zu verhandeln haben wird jetzt und in der Zu-

---

[1]) Apostelen. T. VIII. fol. 186.

[2]) Handbuch der Geschichte Kärntens. IV. Band. 1. Heft. Seite 60. 62. 63.

kunft. Auch bekennen wir, dass, wenn der benannte Graf **Friedrich** in dem Kriege, den sie gegen einander führen, einige Vesten oder Ortschaften seines Bruders entweder allein oder mit unserer Hilfe eingenommen haben sollte, wir nicht gehalten sein sollen ihn daran zu hindern oder dieselben seiner Gewalt zu entziehen.

Zu Urkund dessen geben wir (ihm) diesen unsern offenen mit unserm Siegel bekräftigten Brief. Gegeben . . . [1]).

Heinrich setzte aber trotz dieser Erklärung des Herzogs seine Feindseligkeit gegen den Bruder fort und wurde erst anderthalb Jahre später entweder durch die Übermacht seines mit dem Herzoge verbündeten Bruders oder durch das Zureden seiner Freunde und Vasallen oder durch die Stimme seines Gewissens zur Nachgiebigkeit bewogen, indem er mit seinem Bruder über das väterliche Erbe folgenden Theilungsvertrag abschloss, der in zwei Exemplaren ausgestellt wurde.

1263 Indictione VI. in die s. Marci Evangelistae (25. April) in Carniola.

„Wir **Friedrich** Graf von **Ortenburg** thun kund, dass wir mit Willen und auf den Rath unseres Herrn des erlauchten Herzogs Ulrich von Kärnten und auf die Bitte unserer Getreuen mit unserem Bruder Grafen **Heinrich** über unsern Erbtheil uns freundschaftlich vereinigt haben auf folgende Weise.

Demselben für seinen Theil fielen folgende Schlösser zu:

(In Kärnten.)

(1.) **Ortenburch** mit den dazu gehörigen Leuten und Sachen, ausgenommen die zwei Thürme, worin die Ritter Leutold und Albert mit ihren Castellanen und Sachen wohnen.

(2.) Der **Thurm bei Spital** (Ospitale) mit dem **Markte** und aller Zugehörung ausser der **Maut**, welche wir beide jährlich einzunehmen gehalten sind.

(3.) Bei **Cheleberch** (Kellerberg) Ortolph der Sohn des Herrn Konrad von Oziach (Ossiach) mit seinem Sohne und mit dem Platze, wo Herr Heinrich selig wohnte.

(In Krain.)

(4.) Höhle **and** Schloss **Stein** (Antrum et castrum Lapis) mit vier Castellanen, Herrn Ulrich und seinem Bruder Marquard,

Herrn Rüdiger dem jüngeren und Meinhard Ploz mit ihren Frauen und Erben.

(5.) Zwölf Eigenleute, die zu den Ämtern gehören.

(6.) Die Schlösser Zobelsberch und Reivenz (Reifniz) mit Leuten, Gütern und allen Zugehörungen vom Flusse Zeura (Zayer) bis zum Wasser, welches insgemein Chulp (Kulpa) heisst.

Uns aber für unsern Theil sind zugefallen folgende Schlösser:

(In Kärnten.)

(1.) Cheleberch (Kellerberg) mit allen dazu gehörigen Leuten und Sachen, ausgenommen Ortolph und der besagte Platz.

(2.) Sumerek, Steyrberch und Hohenburch mit allen ihren Leuten und Zugehörungen und die zwei Thürme zu Ortenburch mit den oben genannten Rittern Leutold und Albert.

(In Krain.)

(3.) Das Schloss Waldenberch mit den Leuten und mit allen andern Zugehörungen vom Berge Chreinberch bis zum Flusse Zeura, ausgenommen Höhl und Stein (excepto Antro et Lapide) und die obengenannten Castellane.

Diesen solchergestalt zwischen uns Brüdern auf den Rath unserer Freunde eingegangenen und in Gegenwart unseres Herrn des erlauchten Herzogs bekannt gemachten Vergleich haben wir bei unserer Treue unverbrüchlich zu halten versprochen mit dem Beisatze, dass, wofern wir uns unterstehen würden, solchen Vergleich in irgend etwas, worin eine im Gesetze begründete und offenbare Verletzung ersichtlich wäre, zu brechen, unsere uns zur Treue verpflichteten Leute unter dem Bande eines mit unserer Beistimmung und mit unserem Willen geleisteten Eides gehalten seien, nach Aufhebung des uns früher geleisteten Eides sammt unsern Schlössern unserem Bruder Grafen Heinrich anzugehören und ihm gegen uns mit Gut und Person beizustehen. Und damit dies fest und unverbrüchlich für die Zukunft fortbestehe, haben wir ihm darüber gegenwärtige Schrift gegeben, die wir mit dem Siegel unseres Herzogs und unserm eigenen bekräftigen. Zeugen dieser Sache sind auch: Herr Liupold von Scharffenberch, Herr Ortolph von Gurkvelde, Herbord und Otto Brüder von Owersperch, Wernher, Chunrad und Jakob Brüder von Lok und andere mehr. Datum in Carniola — — —[1]).

---

[1] Fontes Rerum Austriac. T. I. pag. 54—55.

Dieser Vergleich ist für uns sehr wichtig, denn er zeigt uns den Besitzstand der Grafen von Ortenburg zu jener Zeit, der in der Folge wesentlich dadurch verändert, nämlich vergrössert wurde, dass im Jahre 1329 die Grafschaft Sternberg in Kärnten durch Kauf hinzukam.

Als Ortenburgische Schlösser mit Leuten und Zugehörungen, d. i. als Herrschaften erscheinen in jenem Vergleiche vom Jahre 1263 folgende:

In Kärnten.

1. Das Stammschloss Ortenburg am rechten Ufer der Drau, dem Grafen Heinrich gehörig bis auf zwei Thürme, worin die Ritter Leutold und Albert als Friedrichs Burggrafen mit ihren Castellanen wohnten. Da anzunehmen ist, dass Heinrich, als Eigenthümer der Herrschaft, auch den grösseren Theil des Schlosses innegehabt habe, so musste auch er mehrere Ritter als Burggrafen sammt einer entsprechenden Anzahl von Castellanen daselbst gehabt haben. Rechnet man zu diesen Burggrafen und Castellanen, welche meist verheirathet waren und Kinder hatten, noch die gräfliche Familie und deren Capläne, Beamte und Dienerschaft hinzu, so ergibt sich eine namhafte Bevölkerung des Schlosses. Da nun dieses, nach seinen Ruinen und überhaupt schon nach der Örtlichkeit zu schliessen, nur von mässigem Umfange war, so liesse es sich kaum begreifen, wie so viele Personen daselbst haben wohnen können, wenn man nicht wüsste, wie genügsam die Menschen zu jener Zeit in Betreff der Wohnung und des Unterkommens gewesen seien, eine Genügsamkeit, die man gegenwärtig nur noch bei den ärmeren Juden in Galizien findet.

2. Der Thurm bei Spital (Ospitale) mit dem Markte und der Maut am linken Ufer der Drau und am rechten Ufer der Lieser, welche sich südlich von Spital mit jenem Flusse vereinigt. Da es in der Gründungsurkunde von 1191 bloss heisst: Hermannus Archipresbyter et frater suus Comes Otto de Ortenburch Capellam et Hospitale in proprio fundo construxerunt — — und von einem Marktflecken, der schon daselbst bestanden hätte, keine Erwähnung geschieht, so ergibt sich, dass der Ort, der sich seit der Erbauung der Capelle und des Spitales allmählig daselbst bildete, erst zwischen 1191 und 1263 zu einem Markte (Marktflecken) erhoben worden sei, dessen Namen aus dem lateinischen Hospitale in das italienische Ospitale und in das deutsche Spital überging.

Die finanzielle Bedeutung dieses Ortes lag in der daselbst errichteten **Maut**, da der damalige gesammte Handelsverkehr Kärntens mit Deutschland über **Spital** ging, wo drei Strassen zusammenstiessen, die von Tirol, die von Salzburg und die von Kärnten herauf.

3. **Kellerberg** am rechten Ufer der Drau, südlich von Paternion.

4. **Sommereck** zwischen der Lieser und dem Millstätter-See sehr angenehm gelegen, in der Folge gewöhnlich der jeweilige Witwensitz der Gräfinnen von Ortenburg.

5. **Hohenburg**, südlich von dem Hünersberg zwischen den Flüssen Möll, Drau und Lieser gelegen, noch im XII. Jahrhunderte dem gleichnamigen gräflichen Geschlechte gehörig, von dem es durch Kauf, Tausch, Heirath oder wie immer an die Grafen von **Ortenburg** kam.

Hohenburg einer- und **Kellerberg** andererseits bezeichnen so ziemlich der Länge nach die Ausdehnung der Grafschaft **Ortenburg** von Nordwesten gegen Südosten der Drau entlang.

6. **Steyerberg**, zwischen den Flüssen Gurk und Glan östlich vom Bade St. Leonhard und südlich von Zamelsberg, mithin ganz ausserhalb der Grafschaft **Ortenburg** gelegen und von derselben weit nach Osten entfernt, kann nur durch Heirath, Erbschaft oder Kauf, oder als Lehen an jene Grafen gekommen sein.

Mit Ausnahme dieser letzten bilden alle übrigen Besitzungen, indem sie innerhalb der Grafschaft und nahe an einander liegen, ein geschlossenes Ganzes.

In Krain.

a) In Ober-Krain.

1. **Höhle und Veste Stein**, am Feistrizbache gelegen, welcher auf der Südseite des an der Grenze von Kärnten, Steiermark und Krain gelegenen Berges Grintouz entspringt und sich unter Lustthal in die Save ergiesst.

Diese Besitzung wird in der Urkunde mit den Worten: **antrum et castrum Lapis** bezeichnet. Zunächst beim Schlosse **Stein** befand sich eine geräumige **Höhle** oder **Grotte**, die mit jenem durch einen unterirdischen Gang in Verbindung stand und zu einem Aufbewahrungsplatze oder bei Feindesgefahr zur Vertheidigung des Schlosses und zu einem sichern Zufluchtsorte gedient haben mag, indem ihr vorderer Eingang zugemauert und die Mauer mit einem

Fenster versehen war. Bei dem gemeinen Volke heisst sie das B e r g -
m ä n n l e i n s - S c h l o s s. Die Sage, die davon im Umlaufe ist, kann
man bei Valvasor [1]) nachlesen.

In der Höhle und Veste Stein befanden sich damals (1263) vier
Castellane.

2. Das Schloss W a l d e n b e r g nördlich von dem Markte Radmannsdorf zwischen der Wurzner und Wocheiner Sau gelegen. Dies
war eine sehr grosse Herrschaft und die Hauptbesitzung der Grafen
von O r t e n b u r g in Ober-Krain, so dass man durch den Ausdruck:
S c h l o s s W a l d e n b e r g mit den L e u t e n und Z u g e h ö r u n g e n
sämmtliche in Ober-Krain gelegene Besitzungen, selbst H ö h l und
V e s t e S t e i n umfasste, wie dies aus folgender Stelle des Vergleiches
hervorgeht: das Schloss Waldenberch mit den Leuten und allen andern
Zugehörungen vom Berge Chreinberch bis zum Flusse Zeura, „a u s -
g e n o m m e n H ö h l u n d S t e i n“. Denn wozu hiesse es: „excepto
Antro et Lapide“, wenn sie nicht unter W a l d e n b e r g u n d Z u g e -
h ö r u n g e n begriffen gewesen wären?

Die Lage und Ausdehnung dieser Zugehörungen von Waldenberg wird einerseits durch den Berg C h r e i n b e r c h und andererseits durch den Fluss Z e u r a bezeichnet. Versteht man nun unter
diesem den Fluss Z a y e r, der sich bei Zwischenwassern östlich von
Laack mit der Save vereinigt, unter jenem aber das Gebirge nördlich von der Poststation Wurzen, wie wir schon bei der Urkunde vom
Jahre 1252 angedeutet haben, so erstreckten sich die Zugehörungen der
Herrschaft Waldenberg von Krainberg an längs der Save an beiden
Ufern dieses Flusses bis zur Mündung der Zayer und einer von hier
nach Osten gezogenen idealen Linie.

Innerhalb dieser Grenzen nun lagen nicht nur W a l d e n b e r g,
R a d m a n n s d o r f und S t e i n, sondern auch die unter dem Namen
N o k e l (jetzt N a k l a s s) begriffenen Güter, welche Graf M e i n -
h a r d III. von Görz 1252 dem Grafen Hermann von O r t e n b u r g
versetzt hatte, von denen es hiess, dass sie von dem Bache K a n k e r
bis zu den S u l s b e r g e n (Salziverch) bei K r a i n b e r g reichen.
Ebendaselbst lagen auch die O r t e n b u r g i s c h e n, leider nicht
näher bezeichneten Ä m t e r, in denen sich Graf Heinrich zwölf Eigenleute vorbehielt, und die Stadt K r a i n b u r g, in welcher Herzog Ulrich

---

[1]) Ehre des Herzogthums Krain. III. Theil. S. 548.

von Kärnten 1256 den Grafen von Ortenburg einen Platz zur Erbauung einer Veste geschenkt hatte.

Dass aber die Ortenburger im äussersten Nordwesten von
Krain Besitzungen gehabt haben, ist aus einer Aquilejer Urkunde von
1363 ersichtlich, worin Patriarch Ludwig von Aquileja rücksichtlich
der zu Chrainau (jetzt Kronau) erbauten und mit einem Priester ver-
sehenen Kirche die Anordnung trifft, dass das Präsentationsrecht
darüber dem Grafen Otto von Ortenburg, in dessen Herrschaft
und Gerichtsbarkeit die neue Ansiedlung liege (in cujus dominio et
jurisdictione Sitoria [Anlagen, Anpflanzungen, Ansiedlungen, Colonien]
esse et consistere dignoscuntur), das Confirmationsrecht, d. i.
das Recht den von dem Grafen vorgeschlagenen Priester zu bestätigen, dem Pfarrer zu Radmannsdorf zustehen soll, da jene Kirche
zu Chrainau innerhalb der Grenzen der Pfarrkirche St. Peter zu Radmannsdorf (infra confinia curatae ecclesiae sancti Petri in Ratmanns-
torf) errichtet worden sei.

b) In Unter-Krain.

3. Das Schloss Zobelsberg, südlich von Weixelburg und
nordöstlich von Auersberg gelegen.

4. Das Schloss Reivenz (Reifniz), tief südlich von Zobelsberg. Diese Herrschaft hatte damals einen sehr grossen Umfang,
indem sie sich in einer Länge von wenigstens fünf deutschen Meilen
von Norden gegen Süden bis an die kroatische Grenze erstreckte und
eine Breite von wenigsten vier deutschen Meilen hatte. Zu jener Zeit
(1263) war aber nur der nördliche Theil derselben angebaut, während
der bei weitem grössere südliche noch von einem ungeheuern Ur-
walde bedeckt war, der erst ein Jahrhundert später gelichtet wurde.

Wenn es in dem Vergleiche heisst: die Schlösser Zobelsberg
und Reivenz mit Leuten, Gütern und allen Zugehörungen „vom
Flusse Zeura bis zum Wasser, welches insgemein Chulp heisst“,
so gilt diese Grenzbestimmung im eigentlichen Sinne nur allein von
der Kulpa, welche die Herrschaft Reifniz von Kroatien absondert,
nicht aber auch von der Zayer, welche von den genannten Herrschaften viele Meilen weit entfernt ist. Dagegen ist wider die Anführung der Zayer als Grenze nichts einzuwenden, wenn man die
Sache in folgendem gegensätzlichen Sinne auffasst:

Friedrich soll ausser Höhl und Stein alle Ortenburgischen
Güter besitzen, welche zwischen dem Krainberge und dem Flusse

Zayer liegen, Heinrich dagegen alle diejenigen, welche sich zwischen der Zayer und Kulpa befinden, nebst Höhl und Stein innehaben.

In diesem Sinne ist der Fluss Zayer einerseits als der allgemeine terminus, ad quem und andererseits wieder als der eben so allgemeine terminus, a quo zu nehmen, eine Auffassung, welche unstreitig die einzig richtige sein dürfte.

§. 6. Heinrich III. und Friedrich II. seit ihrer Versöhnung.

Durch den am 25. April 1263 geschlossenen Vergleich söhnten sich die entzweiten Brüder aus und lebten fortan in gutem Frieden mit einander, indem sie ein jeder seinen Theil für sich besassen, aber in allen Angelegenheiten, welche die Gesammtinteressen ihres Hauses betrafen, gemeinschaftlich und einträchtig handelten.

Kurz nach jenem Vertrage schloss Graf Friedrich auch mit dem Bischofe Konrad II. von Freising, der in dem Streite zwischen den Brüdern auf Heinrichs Seite gestanden war, Frieden, worin er demselben zwar die zwischen ihren Gebieten gelegenen Alpen abtrat, sich aber die Austragung seiner Ansprüche auf gewisse zwischen ihm und dem Bischofe streitige Eigenleute vorbehielt. Das Bisthum Freising in Bayern besass nämlich schon seit dem X. Jahrhunderte Güter in Krain und darunter insbesondere die Veste und Herrschaft Lok (jetzt Laack) an der Zayer, und war deshalb Nachbar der Grafen von Ortenburg, welche daselbst ebenfalls Güter besassen, von deren einem, nämlich vom Grafen Otto II., es auch die Veste und Herrschaft Wartenberg gekauft hatte.

Der mit Freising geschlossene Vertrag ist folgender.

1263 am 2. Juni zu Lok. Graf Friedrich von Ortenburg bezeugt, dass, als er mit dem Bischofe Konrad (II.) von Freising wegen Ersatzes des gegenseitig zugefügten Schadens zu Lok zusammengekommen sei, seine (des Grafen) Getreue Heinrich und Friedrich Brüder von Waldenberg und ihre Erben ihr Recht, welches sie auf Wartenberg, Cholach und Trasich zu haben meinten, dem Bischofe aufgegeben und allen Ansprüchen, welche ihr Vater, sie selbst oder ihre Erben darauf machen könnten, entsagt, dagegen aber von dem Bischofe das Versprechen erhalten haben, dass er ihnen um den nächsten St. Georgstag (1264) 20 Mark alter Aglier Pfennige geben und ihnen bei der nächsten Gelegenheit entweder in Kärnten oder in Krain oder in der windischen Mark drei Mark Agleier als Lehen verleihen werde.

Zugleich erklärt Graf F r i e d r i c h, dass er, um mit dem Bischofe Frieden zu schliessen, auf jedes Recht und jede Klage bezüglich der zwischen den Grenzen ihrer Gebiete liegenden Alpen, aber nur bezüglich d i e s e r, verzichte, sich dagegen alle Klagen bezüglich der E i g e n l e u t e vorbehalte.

Unter den Zeugen auch Leuzmann Ritter (miles) von Ortenburch, Leutold von Waldenberch, Ullin (?), Chunz und Richard und Märchlin von Bitersperch.

Für alles dieses leistet Graf F r i e d r i c h dem Bischofe „G w e r" (Gewähr) gegen seinen Bruder H e i n r i c h Grafen von O r t e n b u r g.

Gesiegelt mit Friedrichs Siegel [1]).

1264 öffnete Graf F r i e d r i c h seine Veste S t e y e r b e r g seinem Schwager H e i n r i c h Grafen von P f a n n b e r g, damit dieser von dort aus sein Recht gegen das Bisthum Gurk, mit welchem er wegen der Herrschaft Albeck Krieg führte, desto leichter verfolgen könne.

1264 XI. Kalendas Augusti (22. Juli) apud Villacum.

„Wir Graf H e i n r i c h von P h a n n e n b e r c h bekennen, dass, als unser geliebter Schwager F r i e d r i c h Graf von O r t e n b u r c h zur Verfolgung unseres Rechtes, welches uns gegen die Gurker Kirche wegen der von derselben uns zugefügten Unbilden zustand, uns sein Schloss S t e y e r b e r c h zur Hilfe angewiesen hatte, wir ihm eine bürgschaftliche Sicherstellung gegeben haben, indem wir ihm versprachen, dass, wenn ihm oder seinen Leuten oder sonst wem ein Schaden oder Nachtheil daraus erwachsen sollte, wir denselben, wenn er durch genügende Zeugnisse erwiesen werden könnte, ersetzen wollten, und damit wir ihm hierüber jeden Zweifel benähmen, haben wir für 400 Mark Aglajer Pfennige die nachbenannten Bürgen gestellt, nämlich den Grafen H e i n r i c h von O r t e n b u r c h für 200 und den Grafen U l r i c h (von H e u n b u r c h, welches Prädicat in der von der k. k. Akademie mitgetheilten Urkunde offenbar nur aus Versehen weggelassen worden ist) für 200 Mark, mit dem Beisatze, dass auf sein Begehren Graf H e i n r i c h zu Villach und Graf U l r i c h zu Volchenmarcht einreiten und daselbst bleiben sollten, bis wir unser Versprechen erfüllt haben würden.

---

[1] Meichelbeck. Eccl. Fris. T. II. Instrum. LXIV. pag. 41.

Actum — (wie oben) in praesentia testium: D. Ditmari de
s. Stephano, D. Chunradi de Michelsdorf, Jacobi plebani de Chaemrik,
D. Friderici de Gesicz, Leutoldi militis de Ortenburch, Alberti notarii
de Frisaco et aliorum multorum.

Gesiegelt mit dem Siegel des Grafen Heinrich von Pfannberg [1]).
1264 am 10. December zu Landtrost. Herzog Ulrich von Kärnten entscheidet den langwierigen Streit um Albeck zwischen dem
Bisthume Gurk einer- und den Nachkommen des Grafen Ulrich
von Pfannberg andererseits. Für die richtige Erfüllung der Ver-
tragspuncte verbürgten sich Graf Friedrich von Ortenburg,
Graf Ulrich von Heunburg und Ulrich der Freie von Lengen-
burg [2]).
1265 am 20. September zu Lok (Laack). Herzog Ulrich von
Kärnten, Herr von Krain, macht bekannt, dass Ortolph von Gurkfeld
mit Einwilligung seiner Erben sein eigenthümliches Gut in Celle als
Ersatz für den von ihm der Freisinger Kirche zugefügten Schaden in
seine (des Herzogs) Hände frei aufgegeben und dass er dasselbe dem
Bischofe Konrad von Freising als Schadenersatz übergeben, dass
aber der Bischof dasselbe Gut hierauf dem Ortolph und dessen Erben
wieder als Lehen verliehen habe. Testibus Friderico comite de
Ortenburch — — — [3]).
1267 Krieg zwischen Patriarchen Gregor von Aquileja und
Grafen Albert von Görz, in welchem jener gefangen und bis zum
27. August 1267 zu Görz in Gewahrsam gehalten wurde. An diesem
Kriege nahm auch Graf Friedrich von Ortenburg als Bundesgenosse seines Schwagers, des Grafen Albert, Theil. Als in der Folge
(1274 im August) Friedensverhandlungen stattfanden zwischen Patr.
Raimund (denn P. Gregor war am 8. September 1269 gestorben und
sein Nachfolger P. Philipp 1272 aus Friaul durch K. Ottokar vertrieben worden, worauf am 21. December 1273 Raimund Patriarch
wurde) und Grafen Albert von Görz, liess dieser durch Jakob de Ragonea dem Patriarchen ein Verzeichniss überreichen, worauf die
Namen aller jener, welche 1267 auf des Grafen Seite standen und
die hauptsächlichen Schäden, welche sie der Kirche von Aquileja

[1]) Fontes Rerum Austriac. T. I. p. 60.
[2]) Anton von Benedict, Handschriftliche Nachrichten aus Gurker Urkunden.
[3]) Meichelbeck, Eccl. Fris. T. II. Instrum. LXXIII. pag. 46.

24

zufügten, angeführt werden. Dort heisst es unter andern: Item dominus Fridericus comes de Ortenburch venit in Goritiam in servitio domini comitis Alberti, quando dominus Gregorius patriarcha venit ante Goritiam, attamen nullum damnum fecit ecclesiae nisi apud Wipachum per noctem manendo [1]).

1267 — — in Lok. Herzog Ulrich von Kärnten verleiht dem deutschen Orden einige Güter. Testes: Fridericus comes de Ortenburch — — — [2]).

1268 am 15. Juli zu St. Radegund. Herzog Ulrich von Kärnten schenkt dem Erzbisthume Salzburg als Ersatz für zugefügten Schaden die Stadt St. Veit, Veste und Markt Klagenfurt und die Veste St. Georgen im Jaunthal. Testes: Comes Ulricus de Ortenburch Canonicus Salisburgensis, Ulricus de Sterinberch, Ulricus de Heunburch, Fridericus de Ortenburch comites [3]).

1269 VIII. Idus Augusti (6. August) Labaci. Bruno, Bischof von Brixen, bekennt, dass er sich mit Gerloch von Hertenberch rücksichtlich einer Schuld von 200 Mark Silber, wofür sich die Grafen Friedrich und Heinrich von Ortenburch für ihn (den Bischof) verbürgt hätten, in Gegenwart des Herzogs Ulrich von Kärnten dahin ausgeglichen habe, dass er dem Gerloch von Hertenberch für jene Geldsumme, welche er von ihm und den benannten Grafen forderte, Einkünfte von 6 Mark Pfennigen in Kärnten oder Krain, wie sie ihm zunächst ledig werden würden, anweisen und zum fortwährenden Besitze als Lehen verleihen werde.

Actum et datum Labaci — — (wie oben) in praesentia testium subscriptorum, qui sunt: Ulricus illustris Dux Karinthiae, karissimus frater noster, Comes Eberhardus de Chirchberch, Wilhelmus et Heinricus de Scherfenberch, Heinricus de Helfenberch, Gebhardus de Lilienberch, Ortolphus de Ningozburch, Otto, Offo et Ortolphus de Landestrost, Griffo et Nicolaus de Reutenberch, Rüdlinus de Pirboum et plures alii fide digni [4]).

---

[1]) Archiv f. K. Öst. Gesch. XXII. Band. II. Hälfte. S. 398—399.

[2]) Duellius, Hist. Ord. Teut. T. I. pag. 11.

[3]) Benedict, Gurker Urkunden. Bei Hormayr, Arch. f. Süddeutschl. II. Th. S. 263. wo die Urkunde deutsch angeführt wird, kömmt der erste Zeuge nicht vor, wohl aber gehen andere geistliche Zeugen den drei Grafen vor.

[4]) Fontes Rer. Austr. T. I. p. 98—99.

Wir müssen jetzt auf die politischen Ereignisse jener Zeit, die wir bisher unbeachtet gelassen haben, einen Blick werfen, da mit dem Jahre 1269 auch die Grafen von O r t e n b u r g in eine politische Lage eingetreten sind.

König Ottokar II. von Böhmen hatte die durch den Tod des Herzogs Friedrich II. herrenlos gewordenen Herzogthümer Österreich und Steiermark durch seine bekannten Künste an sich gebracht und durch Waffengewalt gegen seine Nebenbuhler und Feinde behauptet und sogar die Anwartschaft auf das Herzogthum Kärnten erlangt, indem Herzog Ulrich, von ihm umgarnt, für den Fall, dass er kinderlos stürbe, mit Übergehung seines Bruders Philipp, erwählten, aber nicht bestätigten Erzbischofes von Salzburg, ihn zum Erben von Kärnten und Krain eingesetzt hatte, was am 4. December 1268 zu Podiebrad in Böhmen geschehen war. In der hierüber verfassten Urkunde erscheint aus dem kärntnerischen Adel nur allein der Graf Ulrich von Heunburg als Zeuge.

Ob die Grafen H e i n r i c h und F r i e d r i c h von O r t e n b u r g als Stammverwandte in das Geheimniss eingeweiht und um ihre Beistimmung befragt worden seien, ist nicht bekannt, doch sollte es mich wundern, wenn sie von dem vollzogenen Staatsstreiche nicht zeitig Wind bekommen haben sollten, wenn anders die in jener Urkunde angeführten zahlreichen Zeugen über den Inhalt derselben selbst etwas gewusst haben. Denn unter diesen befand sich nicht nur Graf Ulrich von Heunburg, ein Verwandter der Grafen von O r t e n b u r g, sondern auch Graf Albert von Görz, der Schwager des Grafen F r i e d r i c h von O r t e n b u r g, und es ist deshalb gar nicht unwahrscheinlich, dass sie von dem, was zu Podiebrad geschehen war, Kunde bekommen hatten. Auch ist kaum zu zweifeln, dass unsere Grafen von der Ansicht durchdrungen waren, dass Philippen durch die Ausschliessung von der Nachfolge ein schweres Unrecht geschehen sei; aber andererseits hatten sie gewiss weder Veranlassung noch Lust, für sein Recht mit den Waffen in der Hand aufzutreten und sich mit Herzog Ulrich, König Ottokar und deren Verbündeten, den Grafen von Görz und Heunburg, in einen Krieg einzulassen. Denn war Philipp bei seiner Leidenschaftlichkeit schon überhaupt nicht der Mann, sich Sympathien zu gewinnen, so hatte er überdies Alles gethan, um sich das mächtige Haus G ö r z - T i r o l mit seiner ganzen Sippschaft, wozu auch F r i e d r i c h Graf von O r t e n b u r g gehörte, zum unversöhnlichen Feinde zu machen. Denn er hatte für die Freilassung des Grafen Albert von Tirol, den er 1252 gefangen hatte, eine ungeheure Geldsumme, welche jener und dessen Schwiegersohn Graf Meinhard III. von Görz trotz der Verpfändung eines grossen Theiles ihrer Güter nicht aufzubringen vermochten, gefordert und hatte Meinhards jüngeren Sohn, den Grafen Albert II., der ihm als Geissel übergeben worden war, viele Jahre in einer Veste schmachten lassen, aus welcher er erst 1263 durch Bestechung entkam.

Ja auch mit dem Grafen Hermann von Ortenburg hatte Philipp beständig Streitigkeiten und verscherzte dadurch auch die Freundschaft dieses Hauses. So kam es, dass, als ihm vom eigenen Bruder schweres Unrecht zugefügt wurde, sich Niemand seiner annahm.

Zur Zeit, als der geheime Vertrag zu Podiebrad geschlossen wurde, war Philipp schon längst nicht mehr Erzbischof von Salzburg, indem er schon 1256, weil er sich die höheren Weihen zu empfangen hartnäckig weigerte, vom Papste entfernt worden war. Er musste daher, um seine Ausschliessung von der Nachfolge in der Regierung wirksam zu machen, auf einem andern bischöflichen Stuhle bleibend untergebracht werden. Und sieh! die Gelegenheit dazu fand sich, indem durch den am 8. September 1269 erfolgten Tod des Patriarchen Gregor der Stuhl von Aquileja erledigt wurde. Man kann sich denken, dass Herzog Ulrich und noch mehr König Ottokar kein Mittel unversucht liessen, die Wahl Philipps durchzusetzen. Ihre Bemühungen blieben nicht ohne Erfolg, denn schon am 23. September war Philipp mit Stimmeneinhelligkeit zum Patriarchen von Aquileja erwählt worden, er, der keinen Funken geistlichen Sinnes in sich hatte, sondern dem es höchstens um die reichen Güter und die grosse politische Macht des Patriarchates zu thun war.

Aber die Strafe Gottes für solche Leichtfertigkeit Philipps und für solche Schlechtigkeit seines Bruders und König Ottokars blieb nicht aus. Die Brüder ereilte sie schnell, während sie den König zu grösseren Demüthigungen und Leiden aufsparte.

Herzog Ulrich starb schon einen Monat darauf, am 27. October 1269, ein Schwächling, dem es zum Guten und zum Bösen an Kraft fehlte, ein Spielball in der Hand König Ottokars, der ihn nach Willkür lenkte.

Dieser liess Kärnten sogleich durch den Propst Konrad von Brünn, seinen Statthalter, für sich in Besitz nehmen.

Philipp, obgleich vom Papste nicht bestätiget und auch von einem Theile der mächtigen Vasallen des Patriarchates nicht anerkannt, gab den Stuhl von Aquileja, der ihm bedeutende Mittel und Vortheile darbot, vor der Hand nicht auf, sondern rüstete sich, um dem Könige den Besitz von Kärnten streitig zu machen. Er sammelte in Friaul, Krain und Kärnten einen grossen Anhang, brachte den Propst Konrad auf seine Seite und erlangte und behauptete dergestalt auf einige Zeit den Besitz seines väterlichen Herzogthums, da K. Ottokar 1270 durch den Krieg mit K. Stephan von Ungarn gehindert war, sein erschlichenes briefliches Recht auf Kärnten zu verfolgen.

Nachdem aber im October der Waffenstillstand mit Ungarn abgeschlossen worden war, kam K. Ottokar mit einem Heere nach Steiermark und zog, durch die Steirer verstärkt. Anfangs nach Krain und hierauf, nachdem er sich dieses Land unterworfen hatte, nach Kärnten, wo der hohe Säcular- und Regular-Clerus, sowie der höhere Adel sich zu ihm schlugen. Philipp, dem als ihrem legitimen Herrn der niedere Adel und die Städte und Märkte anhingen, war der Macht seines Gegners nicht gewachsen und musste nach dem Ausspruche gewählter Schiedsrichter auf Kärnten und Krain verzichten und sollte sich nach Krems in Österreich begeben, wo ihm das alte Schloss zur Wohnung und aus den Einkünften der Maut zu Krems und der Herrschaft Pösenpeug ein Leibgeding angewiesen wurde.

So bekamen Kärnten, Krain und die windische Mark einen neuen Herrn an K. Ottokar von Böhmen, Herzoge von Österreich und Steiermark, und die Grafen von Ortenburg einen neuen mächtigen Nachbar.

Kann man auch nicht behaupten, dass sie zu dem Vertrage von Podiebrad durch Rath oder Einwilligung beigetragen haben, so ist es doch gewiss, dass sie, als derselbe zur That geworden war, für Philipp nichts thaten, sondern K. Ottokar als Herzog von Kärnten anerkannten. Ihr Hass gegen jenen, den sie mit den Grafen von Görz und Tirol theilten, war grösser als ihre politische Voraussicht. Denn Philipp als Herzog konnte ihnen wohl lästig, aber nicht gefährlich werden, während sie von K. Ottokar, wenn sie sich ihm nicht als gefügige, schmiegsame Nachbarn erwiesen, Alles zu befürchten hatten.

Der Beweis, dass die Grafen von O r t e n b u r g den neuen Herzog von Kärnten anerkannten, liegt in der nachstehenden Urkunde.

1270 Indict. XIII. VIII. Idus Decembris (6. December) apud
Villacum. K. Ottokar von Böhmen — — Herzog von Kärnten, bestätiget dem Kloster Victring vier Privilegien: 1. eines vom Herzog
Bernhard von 1253; 2. eines von demselben von 1255; 3. eines
von H. Ulrich von 1256 und 4. wieder eines von demselben aus un-
gewissem Jahre. Zeugen der Bestätigung: H e i n r i c u s et F r i d e -
r i c u s comites de O r t e n b u r c h, Ulricus comes de Sternberch,
Heinricus et Bernhardus comites de Phannenberch, Fridericus de
Pettowe, Seyfridus de Marenberch, Julianus de Seeburch, Heinricus
de Scherffenberch, Ulricus de Liechtenstein, Otto de Haslow, Heinricus magister de Lonk (? wahrscheinlich nur Lok), Carnioliae et
Marchiae scriba [1]).

Da K. Ottokar jene Urkunden nur als Landesherr bestätigen
konnte, so bewiesen die Grafen von O r t e n b u r g durch ihre Zeugenschaft, dass sie ihn als H e r z o g v o n K ä r n t e n anerkannten, und
es kann nicht im geringsten bezweifelt werden, dass sie sich von ihm
mit denjenigen Gütern in Krain, welche sie von dem Herzog Ulrich
von Kärnten zu Lehen trugen, belehnen liessen.

Obige Urkunde ist übrigens die letzte, worin Graf H e i n r i c h
von O r t e n b u r g erscheint und man muss deshalb vermuthen, dass
derselbe im Jahre 1271 gestorben sei; wo und wie ist völlig unbekannt. Eben so wenig weiss man, ob er verheirathet gewesen sei
oder nicht; urkundlich ist wenigstens keine Spur von einer Gemahlin,
Witwe oder von Kindern desselben aufzufinden.

§. 7. Friedrich II. allein.

Da von seinen Brüdern H e i n r i c h gestorben, O t t o und
U l r i c h aber in den geistlichen Stand getreten waren, so ging die
ganze Grafschaft O r t e n b u r g mit allen ihren Zugehörungen auf
F r i e d r i c h allein über, die er sodann durch 33 Jahre ungetheilt
besass.

Hatte H e i n r i c h die gute alte Zeit gesehen, wo Österreich und
Steiermark noch ihren angestammten Herzog besassen, — für Kärnten dauerte sie noch fast ein Vierteljahrhundert länger — und darauf

---

[1]) Marian, Austria sacra. T. VII. pag. 369.

die böse, harte Zeit der Anarchie nicht nur in jenen zwei Herzog-
thümern, sondern auch in Deutschland, und sodann das kühne Wag-
niss K. Ottokars, sein Reich von der Ostsee bis an das adriatische
Meer auszudehnen, so sah sein Bruder Friedrich, dem ein länge-
res Leben beschieden war, nicht nur den Einsturz dieses Ottokarischen Reiches, sondern auch den Wiederaufbau gesetzlicher staat-
licher Verhältnisse im ganzen deutschen Reiche durch K. Rudolph I.
und konnte sich dieser neuen besseren Zeit wenigstens noch in
seinem Alter erfreuen.

Was nun Kärnten betrifft, so hatte vielleicht noch Niemand —
etwa einen Franzosen unserer Zeit ausgenommen — einen so häufigen Regentenwechsel erlebt als Graf Friedrich von Ortenburg.
Er hatte den alten Herzog Bernhard gekannt, mit dessen älterem
Sohne Ulrich friedlich, mit dem jüngeren, Philipp, aber feindlich
gelebt und sah nun in dem Verdränger dieses letzteren bereits den
vierten Herzog von Kärnten, während er in der Folge, wie wir sehen
werden, noch weit mehr kennen lernte.

Graf Friedrich, der nach dem Tode seines Bruders die Grafschaft Ortenburg seit 1271 allein besass und regierte, erscheint
in folgenden Urkunden.

1272. 18. April. Weisspriach.

Otto von Lehsach erklärt, dass sein Bruder — — gewisse
Güter in Lehsach gegen seinen (Otto's) Willen dem salzburgischen
Capitel verkauft, er (Otto) aber diesen Verkauf als unrechtmässig
bestritten habe. Nach mehreren Jahren endlich habe Konrad, der
salzburgische Kellermeister, im Namen des Capitels den Streit dadurch geschlichtet, dass er ihm 3½ Mark Friesacher Pfennige und
50 Käse gegeben habe, worauf er (Otto) mit seinen zwei Söhnen
und seiner Tochter allen Ansprüchen entsagt habe. Zeugen: Wilhelmus de Latendorf, judex provincialis, Liebhardus et Rapoto de
Pructorf, Fridericus notarius Cellerarii, Fritzo et — — — Chaes
de Moshaim, Hubohs de Pructorf, Gregorius, Otto de Weizpriach,
Regenwardus, Rugerus de Goriach et Otto frater ejus, Raeimlo de
Aevnach, Laevtwinus de Vaennich. Siegler: Illustris comes Fridericus de Ortenburch [1]).

---

[1]) Abschrift im Archive des Geschichtvereines für Kärnten.

1272 XI. Kal. Julii in die s. Albani (21. Juni) in Ortenburch. Graf Friedrich von Ortenburg beurkundet, dass die Brüder Heinrich und Engelbert von Stalle mit ihren Erben auf die Vogtei über eine dem Kloster Millstatt gehörige, zu Ekken beim Weiler Puch (Půch) gelegene Hube zu Gunsten des Klosters verzichtet haben. Zeugen: Eberhardus plebanus de Posarniz, Regenwardus, Leutoldus et Chunradus de Techendorf milites, Meinhardus dictus Snabel, Heinricus de Chelerberch etc. [1]).

Da man den Grafen Friedrich in keiner Urkunde als Vogt von Millstatt angeführt findet und die Vogtei über dieses Kloster nur vielmehr den Grafen von Görz gehört zu haben scheint, so muss man annehmen, dass die angeführten Brüder von Stall Ministeriale des Grafen von Ortenburg waren und daher seiner Bestätigung ihres Verzichtes bedurften.

1273 in vigilia omnium Sanctorum (31. October). — — Ulrich von Taufers, Hauptmann von Kärnten, thut kund, dass er im allgemeinen offenen Gerichte zu Fridelsaich dem Abte Swiker von Ossiach einen Mansus zu Schweinpach gelegen, welchen Frau Pinosa (?) von Harde ungerechterweise der Kirche der heil. Maria zu Ossiach einige Zeit entzogen und vorenthalten hatte, zugesprochen und zurückgegeben habe. Zeugen: Fridericus comes de Ortenburch, Julianus de Seeburch — — [2]).

Zu Friedelsaich (jetzt Friedlach) an der Glan zwischen St. Veit und Feldkirchen war seit uralten Zeiten ein sogenanntef Mahlplatz, wo unter dem Vorsitze des Herzogs oder eines damit betrauten Grafen oder in der Folge des Hauptmanns (Statthalters) von Kärnten allgemeine, öffentliche, jedem Freien zugängliche Gerichte zur Entscheidung civil- und criminalgerichtlicher Fälle abgehalten wurden, welche lateinisch placita generalia genannt wurden.

Kärnten hatte also einst eben so seine Friedens-Eiche, wie sie Biscaya in Spanien noch gegenwärtig hat, zur Besorgung aller den öffentlichen Frieden betreffenden Angelegenheiten, die unter jenem Baume berathen und abgemacht wurden.

Friedlach und zwar als Pfarrdorf kommt bereits in der Urkunde des Erzbischofes Konrad von Salzburg vom Jahre 1133 unter

---

[1]) Millstätter Urkunden in Abschrift im st. st. Joanneum.

[2]) Wallner, Annus Millesimus Ossiacensis. pag. 71—72.

den an das Bisthum Gurk geschenkten Gütern vor: Friedeloseich
ecclesia s. Georgii Martyris cum ecclesia s. Michaelis (in) Tuchen-
dorf (jetzt Teuchendorf bei Friedlach) filiali jure sibi (ad ecclesiam
s. Georgii) pertinente [1]).

„1273 am 31. December", sagt die Carinthia (1834 Nr. 52),
„schloss Patriarch Raimund von Aquileja unter Vermittlung des Grafen
Friedrich von Ortenburg Frieden mit dem Grafen Albert von
Görz."

Die Angabe, dass Graf Friedrich auf Ansuchen seines Schwagers, des Grafen Albert, den Frieden zwischen diesem und dem Patriarchen Raimund, welcher das von jenem der Aquilejer Kirche entris-
sene Schloss Cormoni (Cormons, Cormaun, auch Cremaun genannt)
zurückforderte, zu vermitteln gesucht habe, ist vollkommen richtig [2]),
aber die Angabe, dass der Friede schon am 31. December 1273
geschlossen worden sei, ist völlig irrig. Denn Raimund della Torre,
ein Mailänder, ward erst am 21. December 1273 vom Papste Gregor X. zum Patriarchen erwählt und verschob seine Reise nach Aquileja bis in den August des Jahres 1274. Erst am 17. August kam er
nach Cividal, und eröffnete am 18. die Friedensunterhandlungen mit
dem persönlich anwesenden Grafen Albert von Görz, die sich aber
zerschlugen, so dass der Krieg von neuem ausbrach. Durch die erneuerten Bemühungen der beiderseitigen Freunde wurde am 2. October 1274 ein Waffenstillstand abgeschlossen, welchem am 25. Februar 1275 der Friede folgte [3]).

1274 — — in claustro Milstat. Wir Friedrich Graf von
Ortenburch machen bekannt, dass Frau Hilpurch von Steierberch, als sie, das Vergängliche des weltlichen Lebens verachtend,
in die Gemeinschaft der frommen Frauen zu Millstatt eintrat, einen
Mansus gelegen zu Perentz der Kirche Aller Heiligen zu Milstat
geschenkt, dass aber der Herr und ehrwürdige Abt Ulrich, der
fromme Vater desselben Klosters, jenen Mansus dem Herrn Leutold
von Spital (de hospitali) unserem Ritter auf dessen Lebensdauer verliehen habe. Testes: Chunradus de Techendorf, Regenwardus de
Ortenburch, Hermannus de Waldenberch milites nostri, Liebmannus

---

[1]) Eichhorn, Beiträge. I. Sammlung. S. 215.

[2]) Coronini. (Edit. in folio) pag. 222—223.

[3]) Rubeis. pag. 763—768.

et Heinricus fratres de Millstat, Heinz Sewer, Lieblinus, Heinz Zetawer — — [1]).

Steierberg war eine Ortenburgische Besitzung und darum bedurfte Hilburg von Steierberg, als eine Ministerialin des Grafen von Ortenburg, der Einwilligung desselben zur Schenkung jenes Mansus. Ebenso bedurfte auch Leutold von Spital, als Ortenburgischer Dienstmann, der Einwilligung des Grafen, um den ihm vom Abte verliehenen Mansus annehmen zu können.

Aus der Stelle „cum D. Hilburch de Steierberch, seculi transitoria contemnens, apud sanctimoniales feminas in Millstat se traderet conversandam", ersieht man, dass damals zu Millstat neben dem Kloster der Benedictiner-Mönche auch ein Verein frommer Frauen, vielleicht gar ein förmliches Frauenkloster bestanden habe. Dass es unter der Administration des Abtes stand, ergibt sich aus der Urkunde.

1275 vermählte sich Albert II. Graf von Görz in zweiter Ehe mit Euphemia, der Tochter des 1260 verstorbenen Grafen Konrad von Playen und Hardeck und Euphemiens der Schwester des Grafen Friedrich von Ortenburg. Da Graf Friedrich bereits seit 1262 mit Adelheid, der Schwester des Grafen Meinhard IV. von Tirol und des Grafen Albert II. von Görz vermählt war, so bestand nun seit Eingehung der obigen neuen Ehe eine doppelte Verschwägerung zwischen den gräflichen Häusern Tirol-Görz und Ortenburg, wie aus folgendem Schema ersichtlich ist.

Meinhard III. Graf von Görz und Tirol			Hermann II. Graf von Ortenburg	
Meinhard IV. Graf von Tirol	Albert II. Graf von Görz in zweiter Ehe vermählt mit	Adelheid	Friedrich II.	Euphemia G. Konrad Graf von Playen und Hardeck † 1260
				Euphemia

Bei der Ländergier, mit welcher K. Ottokar bisher um sich gegriffen, und bei der in naher Aussicht stehenden grossen Gefahr eines Kampfes mit dem mächtigen Könige war für die Grafen von Tirol, Görz und Ortenburg, aber besonders für den letztgenannten, eine so viel als möglich enge Verbindung mit einander ein tiefgefühltes Be-

---

[1]) Millstätter Urkunde in Abschrift im st. st. Joanneum.

dürfniss. Denn im Falle eines Bruches mit K. Ottokar, der auch Herzog von Kärnten und Herr von Krain war, waren gerade die ortenburgischen Besitzungen, da sie in diesen Ländern lagen, dem Angriffe des erzürnten Königs am meisten ausgesetzt. Auch der Graf von Görz hatte für seine kärntnerischen und krainerischen Besitzungen, weniger jedoch für seine eigentliche Grafschaft zu fürchten. Nur der Graf von Tirol hatte für sein entlegenes und gebirgiges Land, dessen Zugang durch die Grafen von Ortenburg und Görz geschützt war, nichts zu sorgen. Für ihn aber war, wenn er aus seinen Bergen gegen K. Ottokar hervorbrechen wollte, die Verbindung mit jenen Grafen nicht nur erwünscht, sondern unumgänglich nothwendig.

Wir müssen nun, bevor wir weiter gehen, einen Blick auf die Geschichte jener Jahre werfen, um die Theilnahme des Grafen Friedrich v. Ortenburg an den damaligen politischen Ereignissen nachzuweisen.

K. Ottokar II. von Böhmen, welcher sein Anrecht auf Kärnten nur erschlichen hatte und den Besitz dieses Landes nur seiner Übermacht und der Unterstützung des hohen Clerus und Adels verdankte, den ganzen Dienstadel aber so wie die Städte und Märkte gegen sich hatte, hielt es bei seiner Macht nicht für nöthig, sich die Gunst des hohen Adels zu erhalten und die Liebe der andern zu gewinnen.

Unter denjenigen, welche ihm zur Erlangung des Besitzes von Kärnten am meisten behilflich gewesen waren, nahm Graf Ulrich von Heunburg, der in Kärnten, Steiermark, Krain und Österreich grosse Besitzungen hatte, unstreitig die erste Stelle ein.

Nachdem K. Ottokar gegen das Ende des Jahres 1270 den Besitz von Kärnten erlangt hatte, so schien er ihn dadurch zu belohnen, dass er ihn zum Hauptmann, d. i. zum Statthalter von Kärnten, Krain und der windischen Mark machte und ihm Agnes, die Witwe Herzog Ulrichs, zur Gemahlin gab. Beides aber that er nicht aus Dankbarkeit, sondern aus Selbstsucht. Denn er war der Ergebenheit des Grafen mehr versichert, wenn dieser ihm mit Dienst verpflichtet war; auch mochte er den Grafen von Heunburg wohl vorzüglich aus dem Grunde zum Hauptmann gewählt haben, um seine Herrschaft wenigstens anfangs den Kärntnern erträglicher und beliebter zu machen, da der Graf ein Kärntner, folglich seinen Landsleuten angenehmer war, als ein Fremder.

Die Witwe des Herzogs aber hatte K. Ottokar, wie er sich hierüber unverholen äusserte, dem Grafen in der Absicht gegeben, dass sie durch ihre Vermählung mit einem Manne unter ihrem Stande keine fürstliche Nachkommenschaft hätte und ihre vermeintlichen Ansprüche auf die Herzogthümer Österreich und Steiermark nicht auf ihre Nachkommenschaft übertragen könnte. Denn Agnes, des Grafen Ulrich Gemahlin, war die Tochter des Markgrafen Hermann von Baden und der Babenbergerin Gertrude, einer Tochter Heinrichs des Grausamen, der ein Bruder Friedrichs, des letzten Herzogs von Österreich und Steiermark war.

Überdies hatte K. Ottokar den Grafen Ulrich und dessen Gemahlin zur Eingehung eines Vertrages gezwungen, worin Graf Ulrich die ihm gehörige Grafschaft Perneck und die Stadt Drosendorf in Österreich, die er von seinem Vater ererbt hatte, an K. Ottokar abtreten, Agnes aber nicht nur auf alle babenbergischen Allode, sondern auch auf alle ihr vom Herzog Ulrich als Witwenthum angewiesenen Güter verzichten musste, wofür der König ihnen Einkünfte aus einigen Gütern in Steiermark anwies, welche jedoch mit den abgetretenen Gütern in gar keinem Verhältnisse standen.

Man begreift, welche tiefe Entrüstung diese ungerechte Handlung des Königs nicht nur bei dem gräflichen Ehepaare, sondern auch bei den mit demselben verwandten und befreundeten Grafen von Ortenburg, Görz und Tirol hervorgerufen haben müsse.

Graf Ulrich von Heunburg legte 1271 seine Hauptmannschaft nieder und hatte Ulrich von Dürrenholz zum Nachfolger. Dieser Wechsel geschah wahrscheinlich im Spätherbste 1271, als K. Ottokar nach Kärnten gekommen war. Da er damals auf dem Höhenpuncte seiner Macht und seines Ruhmes stand, so wurde ihm von männiglich, ob Freund oder Feind — denn wer ihn nicht liebte, fürchtete ihn — gehuldigt. Nur Seifried von Marenberg — denn er war krank — ritt nicht nach St. Veit oder wo der König Hof hielt, kam auch nicht von seiner Burg auf die Strasse hinab, als der König durch das Drauthal hinab nach Marburg zog. Der König, in seinem Argwohn vielleicht noch durch Angeberei bestärkt, hielt dies für Trotz und befahl seinem Hauptmann Ulrich von Dürrenholz, den vermeintlich Trotzigen zu fangen und nach Prag zu schicken. Dies geschah, und dort wurde er, um ihm das Geständniss einer Verschwörung zu erpressen, gefoltert und endlich, obwohl er nichts gestand, hingerichtet [1]). Da seine Gemahlin Richardis bereits im Februar 1272 als Witwe erscheint, so muss sein Tod entweder Ende 1271 oder Anfangs 1272 erfolgt sein.

Die Hinrichtung Seifrieds von Marenberg rief in Kärnten eine allgemeine Entrüstung hervor, da jedermann von der Schuldlosigkeit desselben überzeugt war, und diese Entrüstung war um so grösser, da Seifried nicht nur bei dem Adel, dem er als Freiherr, vir liber et nobilis, angehörte, wegen seiner Ehrenhaftigkeit und seines Reichthumes in hohem Ansehen stand, sondern auch bei der Geistlichkeit und dem Volke wegen seiner frommen und religiösen Gesinnung, die er durch die Gründung eines Frauenklosters zu Marenberg bethätigt hatte, einer verdienten grossen Verehrung genoss. Sein Tod erfüllte daher ganz Kärnten und Steiermark mit tiefem Abscheu gegen den Tyrannen, der ihn ohne allen Grund und gegen alles Recht aus blossem Argwohn hatte foltern und hinrichten lassen. Aber das göttliche Strafgericht blieb nicht aus und es bewährte sich an K. Ottokar wieder der Spruch: Wen Gott verderben will, den verblendet er; denn alle seine nunmehrigen Handlungen beweisen die tiefe Verblendung, in welcher er bis an sein Ende befangen war.

Am 2. April 1272 starb der deutsche König Richard von Kornwall. Mit ihm verlor K. Ottokar seine vorzüglichste Stütze, mit deren Fall auch der Wendepunct seines Glückes eintrat. Am 29. September 1273 wurde Graf Rudolph von Habsburg in Frankfurt zum deutschen König erwählt und am 24. October 1273 zu Aachen gekrönt, ein Mann, von der Vorsehung ausersehen, den Geist der Anarchie in Deutschland zu bannen und Ordnung, Recht und Gesetz wieder herzustellen. Alle Reichsfürsten erkannten das neue Reichsoberhaupt an, nur K. Ottokar von Böhmen nicht. Man liess ihm Zeit, sich eines Besseren zu besinnen, allein vergebens; er weigerte sich hartnäckig, den neuen deutschen König anzuerkennen und erschien auf keinem Reichstage. Es wurde daher 1276 die Reichsacht über ihn ausgesprochen und der Reichskrieg gegen ihn begonnen. K. Rudolph wollte persönlich mit der Reichsarmee über Bayern nach Österreich ziehen, Graf Meinhard IV. von Tirol aber, zum Reichsverweser von Kärnten, Steiermark, Krain und der windischen Mark

---

[1]) Die Beweisstellen für die Wahrheit dieser Angabe sieh bei Muchar: Geschichte der Steiermark. V. Band. S. 348. Anmerkung 2.

ernannt, sollte im Vereine mit seinem Bruder Albert II. Grafen von
Görz und dem Patriarchen Raimund von Aquileja diese Länder von
den böhmischen Besatzungen säubern und sich alsdann vor Wien mit
ihm vereinigen.

Dass Graf Friedrich von Ortenburg sich ebenfalls für K.
Rudolph erklärt und sich dem von seinem Schwager dem Grafen
Meinhard von Tirol geführten Heere angeschlossen habe, kann
nicht im geringsten bezweifelt werden, wenn auch die Chronisten
seiner Theilnahme an der Sache des deutschen Königs nicht ausdrücklich erwähnen. Diese guten Chronisten scheinen über das Verhältniss des Grafen Friedrich von Ortenburg zu K. Rudolph
weniger gewusst zu haben als wir. Denn abgesehen davon, dass er
seine Grafschaft von dem deutschen Reiche zu Lehen trug und demnach dem Oberhaupte desselben vor allen zur Treue und Dienstleistung verpflichtet war, bestand zwischen ihnen noch ein anderes,
viel innigeres Verhältniss, nämlich eine Verschwägerung, da
Adelheid, die Gemahlin des Grafen Friedrich von Ortenburg,
eine leibliche Schwester des Grafen Meinhard IV. von Tirol war,
dessen Tochter Elisabeth damals bereits mit Albrecht, dem
erstgebornen Sohne K. Rudolphs vermählt war. Graf Friedrich
war daher als Meinhards Schwager ein Oheim des Prinzen Albrecht. Somit kann trotz des Schweigens der Chronisten nicht im
geringsten bezweifelt werden, dass Graf Friedrich an dem Feldzuge K. Rudolphs gegen K. Ottokar mit aller Entschiedenheit und
mit dem grössten Kraftaufwande Theil genommen habe.

Im August des Jahres 1276 befand sich übrigens Graf Friedrich nach folgendem Urkundenauszuge noch in Kärnten, woraus
ersichtlich ist, dass der Feldzug erst später begonnen habe.

1276 in assumptione B. Mariae (15. August). — Berthold, Ritter, genannt Crello, versetzt dem Grafen (Friedrich) von Ortenburg seinen Hof zu Algund um 200 Mark Silber[1]).

Dieser Ritter Berthold Crello soll nach Freiherr von Hormayr
aus dem Trautsonischen Geschlechte gewesen sein. Algund liegt
nordwestlich von der Stadt Meran, unfern von dem Schlosse Tirol.

Um sich zu erklären, wie es dem Grafen von Ortenburg gelegen und angenehm sein konnte, einen Hof zu Algund zu besitzen,

---

[1]) Apostelen. Vol. VIII. fol. 187.

muss man sich erinnern, dass sein Vater Graf Hermann im Jahre 1229 Besitzungen im Ultenthale und darunter Cermes, das heutige Tserms oder Tschermes, südlich von Meran erworben habe, so dass durch die Erwerbung von Algund die ortenburgischen Besitzungen bei Meran nur vermehrt und abgerundet wurden.

In dem obigen Urkundenauszuge wird zwar der Vorname des Grafen von Ortenburg nicht genannt, aber es kann keinem Zweifel unterliegen, dass darunter nur Graf Friedrich zu verstehen sei, wie wir dies bei einer von demselben Ritter Berthold Crello ausgehenden Urkunde vom Jahre 1278 zeigen werden. Dieser Ritter mag übrigens seinen Hof zu Algund wohl deshalb an den Grafen von Ortenburg versetzt haben, um sich Geld zur Ausrüstung für den bevorstehenden Kriegszug zu verschaffen.

Graf Meinhard scheint mit seinem Heere erst gegen Ende des Monats September oder Anfangs October in Kärnten eingerückt zu sein und den Angriff auf die böhmischen Besatzungen daselbst begonnen zu haben. Ich schliesse dies daraus, weil die Edlen und Ministerialen von Steiermark und Kärnten erst am 10. September in dem Cistercienser Stifte Rein bei Graz zusammenkamen und den gemeinsamen Entschluss aussprachen, dem deutschen Könige mit Gut und Blut dienen und eher sterben als ihm untreu werden zu wollen, und weil sie erst, nachdem sie sich dies gegenseitig mit Handschlag und Eidschwur gelobt hatten, zum Beginne der Feindseligkeiten schritten, wozu sie die Ankunft des Grafen Meinhard abwarten mussten.

Nachdem dieser endlich gekommen war und sich sein Bruder Graf Albert von Görz und das kärntnerische Aufgebot mit ihm vereinigt hatten, wurden die Böhmen schnell und leicht aus den festen Plätzen, welche sie in Kärnten inne hatten, vertrieben.

Nachdem dies geschehen, scheinen sich die Brüder getheilt zu haben. Meinhard schlug, wie es scheint, die Strasse über St. Veit, Friesach und Neumark nach Obersteier ein, Graf Albert aber nahm, wie dies urkundlich gewiss ist, seinen Weg durch Unterkärnten nach Wolfsberg im Lavantthale, einer Stadt, welche damals dem Bisthume Bamberg in Franken angehörte, und erlitt dort durch die Leute des Bischofs Schaden. Diese feindselige Behandlung dürfte wohl dadurch veranlasst worden sein, dass die Truppen des Grafen aus Mangel an Lebensmitteln sich solche gewaltsam verschafften und dadurch die Bewohner erbitterten. Da der Bischof sich damals eben-

falls zum Feldzuge gegen K. Ottokar rüstete, so mögen jene Feindseligkeiten wohl zwischen den Truppen des Grafen und jenen des
Bischofs vorgefallen sein, indem jene plünderten, diese aber abwehr-
ten. In der Urkunde ddo. Villach am 17. März 1278, worin die
zwischen dem Bischofe Berthold von Bamberg und dem Grafen Albert
von Görz bestandenen Streitigkeiten durch Schiedsrichter beigelegt
wurden, kömmt unter andern auch folgende Stelle vor: Item de
dampnis, quae homines dicti domini Alberti Comitis per homines
dicti domini Episcopi receperunt, dum transirent Wolfsperch ad ex-
peditionem imperii versus Wiennam — „desgleichen von dem Schaden,
welchen die Leute des genannten Herrn Grafen Albert durch die
Leute des genannten Herrn Bischofs erlitten haben, als sie durch
Wolfsberg zur Reichsarmee nach Wien zogen" [1]).

Von Wolfsberg weg führte Graf Albert seine Truppen durch
den Twimberger Graben, wahrscheinlich über St. Leonhard, Reichenfels, Obdach und Weisskirchen in das Murthal und von dort durch
das Mürzthal über den Semmering nach Wien.

Bei dieser Heeresabtheilung befand sich Graf F r i e d r i c h von
O r t e n b u r g nicht, weil er in der obenerwähnten Streitsache einer
der Schiedsrichter war, was er nicht hätte sein können, wenn er
selbst durch des Bischofs Leute Schaden gelitten hätte.

Er mag wohl vielmehr mit dem Patriarchen von Aquileja die
Aufgabe übernommen haben, Krain und die windische Mark von den
Böhmen zu reinigen und dann nach Vollzug dieser Aufgabe durch
Steiermark nach Wien gezogen sein, wo sich nach der Befreiung
der Steiermark, welche grössere Anstrengung gekostet hatte, auch
Graf Meinhard und die Steirer mit K. Rudolph vereinigten, welcher mit
der grossen Reichsarmee der Donau entlang dorthin gekommen war.

Beim Anblicke dieses vereinigten ungeheuren Kriegsheeres verlor K. Ottokar, der mit seinem Heere auf dem linken Donauufer
stand, den Muth, und nach vorausgegangenen Unterhandlungen erschien er am 25. November 1276 persönlich im Lager des römischen
Königs, leistete auf Österreich, Steier, Kärnten, Krain, die windische
Mark und Portenau Verzicht, schwor demselben Gehorsam, Huld und
Hilfe für die Zukunft und empfing sodann von demselben die Belehnung mit Böhmen, Mähren und den übrigen Nebenländern.

---

[1]) Fontes Rerum Austriac. T. I. pag. 196—198.

Nach Abschliessung dieses Friedens blieb K. Rudolph mit einem
Theile seines Heeres noch in Wien zurück, theils weil er dem Frieden nicht vollkommen traute, theils weil es in den nun wieder an das
Reich zurückgebrachten Provinzen so vieles zu ordnen und einzu-
richten gab; die meisten geistlichen und weltlichen Fürsten, Grafen,
Freien und Edlen aber kehrten mit ihren Reisigen nach Hause zurück und darunter auch Graf Friedrich von Ortenburg, der, wie
es scheint, von K. Rudolph zum Hauptmann von Krain und der
windischen Mark ernannt worden war.

Man schliesst letzteres daraus, weil K. Rudolph mittelst Urkunde
vom 4. Februar 1277 dem Grafen Meinhard von Tirol und dem Grafen Friedrich von Ortenburg die Freisinger Kirche bezüglich
ihrer Rechte und Besitzungen in Krain zu schützen befiehlt. Rudolphus nobilibus viris (Lücke, aber ohne Zweifel M. Meinhardo) Ty-
rolſi. (Tyrolensi) et F. (Friderico) de Ortenburch comitibus ce-
terisque fidelibus et officialibus suis per Carnioliam constitutis
gratiam suam et omne bonum etc. [1]).

Übrigens bleibt es, da in der Urkunde kein ämtlicher Charakter
Friedrichs ausgedrückt ist, immerhin unentschieden, ob er als
Hauptmann über Krain aufgestellt worden sei oder ob er jenen
Befehl nur deshalb erhalten, weil er als einer der mächtigsten Dynasten in Krain und als der nächste Nachbar der Freisinger Besitzungen daselbst sie am besten beschützen konnte. Freilich fehlt die Angabe des ämtlichen Charakters auch bei Meinhard; aber von diesem
wissen wir aus andern Quellen, dass er als Reichsverweser über die
dem K. Ottokar abgenommenen Provinzen gesetzt worden sei.

Schon der gemeinsam unternommene Zug gegen K. Ottokar
hatte manche geistliche und weltliche Fürsten, Grafen und Dynasten,
welche früher feindselig gegen einander gesinnt waren, einander
näher gebracht und mit einander ausgesöhnt und die trotz des abgeschlossenen Friedens noch immer in den Gemüthern vorhandene Furcht
setzte jenes Versöhnungswerk fort. Früher versagte oder verschobene
Belehnungen wurden ertheilt, Streitigkeiten durch schiedsrichterlichen
Spruch beigelegt und Schutz- und Trutzbündnisse geschlossen.

1277 Indict. V. die undecima exeunte Septembri (20. September) in castro Treven in domo domini Henrici. Patriarch Raimund

[1]) Meichelbeck, Eccl. Frising. T. II. Instrum. Num. CXXXII. pag. 80.

von Aquileja macht bekannt, dass er den Grafen Friedrich von
Ortenburg eigenhändig mittelst einer Capuze (cum quodam capu-
cio) mit allen Rechten und Vortheilen (de omnibus juribus et rationibus), welche er und seine Vorfahren von der Kirche von Aquileja
lehenrechtlich innegehabt haben, unter der Bedingung belehnt habe,
dass der Graf dem Patriarchen und dessen Kirche gegen jedermann
beistehe, allen Schaden von ihm und dessen Kirche nach Kräften ab-
wende und wenn er dies nicht vermöge, den Patriarchen von einem
drohenden Schaden in Kenntniss setze, in allen Angelegenheiten,
welche vor dem Patriarchen oder dessen Stellvertreter verhandelt
werden, nach seinem Gewissen urtheile, dem Patriarchen oder dessen
Stellvertreter in der Ausführung eines gefällten Urtheilspruches gegen
Widerspänstige beistehe, das ihm vom Patriarchen schriftlich oder
mündlich Mitgetheilte geheim halte und überhaupt Alles thue und
sage, wozu ein Vasall seinem Lehensherrn verbunden ist, und dass er
innerhalb sechs Wochen entweder durch einen öffentlichen Notar
oder unter eigenem Siegel den üblichen Lehenrevers ausstelle.

Nach geschehener Belehnung habe der Graf den Lehenseid in
die Hände des Patriarchen abgelegt.

Actum — — (wie oben) praesentibus Friderico Abbate Ossia-
censi, Wulfingo de Stubenberch plebano de Brukke . . . [1])

Die Belehnung geschah im Schlosse Treffen in Kärnten, welches
dem Patriarchate von Aquileja gehörte, dem es nebst dem Schlosse
Tiefen im Jahre 1168 vom Patriarchen Ulrich II., dem Sohne des
Grafen Wolfrad von Treffen, geschenkt worden war.

Die Güter, mit welchen Graf Friedrich belehnt worden war,
werden in der Urkunde nicht angeführt, aber aus späteren Urkunden
ist zu entnehmen, dass es die Güter Zobelsberg, Orteneck,
Reifniz, Gotschee u. s. w., kurz jene in Unterkrain gelegenen
Güter waren, welche im Theilungsvertrage vom Jahre 1263 unter der
Bezeichnung „die Schlösser Zobelsberg und Reivenz mit Leu-
ten, Gütern und allen Zugehörungen vom Flusse Zeura bis zum
Wasser, welches insgemein Chulp heisst,“ angeführt werden.

Der erste Zeuge, Fridericus Abbas Ossiacensis, ist deshalb wichtig, weil er weder in dem gewöhnlichen Verzeichnisse der Äbte von
Ossiach noch im Annus millesimus antiquissimi monasterii Ossiacen-

---

[1]) Copialbücher. I. Band. S. 922—923.

sis von P. Joseph Wallner erscheint. Dieses Werk ist sehr unvollständig und voll von chronologischen Irrthümern und bedürfte in hohem Masse einer Vervollständigung und Berichtigung. Der zweite Zeuge war ein Sohn Wülfings von Stubenberg und seiner Gemahlin Elisabeth, einer Schwester des Grafen Friedrich von Ortenburg, mithin ein Neffe des Letztgenannten. Er wurde 1298 oder 1299 Bischof von Lavant, 1304 Bischof von Bamberg und starb 1319.

1278 am 9. Februar — —. Berthold, Ritter, genannt Chrello, der einen Hof zu Algund hatte, macht sein Testament und setzt darin seinen Lehensherrn den Grafen (Friedrich) von Ortenburg als Testamentsvollstrecker ein. Der Testator macht darin folgende Legate und Anordnungen, die sich auf Kärnten beziehen: item lego fratribus Minorum in Villaco decem marcas Aquilegienses et ibidem eligo sepulturam; item ad parochiam Villacensem decem libras Veronenses; item pictori ibidem commoranti triginta libras Veronenses — — —. Haec omnia rogo dominum meum comitem de Ortenburch, quatenus (ut) intuitu retributionis divinae de curia posita in Algunde persolvat [1]).

Berthold mag allerdings ein Tiroler und, wie Hormayr angibt, aus dem Trautsonischen Geschlechte gewesen sein, scheint sich aber wenigstens in der letzten Zeit seines Lebens zu Villach aufgehalten und diese Stadt sehr geliebt zu haben, da er drei Legate dahin machte, eines an die Minoriten, wo er begraben zu werden wünschte, das andere an die Stadtpfarrkirche, und das dritte an einen Maler, der sich daselbst aufhielt, dessen Name aber leider nicht genannt wird. Alle diese Legate soll der Graf von Ortenburg, sein Herr, im Hinblicke auf die göttliche Vergeltung aus dem Hofe Algunde bezahlen. Aus allem diesen ersieht man, dass unter dem Grafen kein anderer als Graf Friedrich verstanden werden könne. Denn seine Söhne, damals noch kaum der Unmündigkeit entwachsen, hatten keine Ministeriale und eben so wenig auch seine Brüder, welche sich in weiter Ferne, der eine zu Salzburg, der andere zu Bamberg befanden.

1278 am 20. Februar zu Villach vergleicht sich Berthold Bischof von Bamberg mit Rudolph, dem Sohne weiland Rudolphs von Rase. Rudolph verzichtet auf alle seine Ansprüche und Forderung und gelobt treue Dienste und erhält dafür vom Bischofe 60 Mark

---

[1]) Freiherr von Hormayr, Beiträge zur Geschichte Tirols. I. Band. 2. Abtheil. S. 183.

Aglajer Pfennige einfach auf die Hand und jährlich 15 Mark Aglajer
Pfennige von der Maut zu Villach. Mit den Siegeln des Grafen Albert
von Görz, des Grafen Friedrich von Ortenburg, Konrads von
Seeburg und Friedrichs von Weizzenekke und seines Bruders Otto
und seinem (Rudolphs) eigenen [1]).

Das Gefühl der Unsicherheit des zwischen K. Rudolph und K.
Ottokar abgeschlossenen Friedens und die Befürchtung eines bevorstehenden schweren Kampfes war allgemein. Man suchte daher alle
Streitigkeiten beizulegen, um, wenn der Krieg ausbräche und man in
das Feld rücken müsste, zu Hause alles sicher zu wissen. Daher verglichen sich auch Bischof Berthold von Bamberg und Graf Albert II.
von Görz über alle zwischen ihnen bestandenen Irrungen und Streitigkeiten mittelst Schiedsrichter, wozu vom Bischofe der Graf Friedrich von Ortenburg und Walther der Richter zu Villach (in
einigen Urkunden auch Vicedom zu Villach genannt), von dem Grafen
Albert aber Friedrich von Eberstein und Ulrich von Treffen gewählt
worden waren. Die über den Ausspruch derselben verfasste Urkunde
ddo. 1278 XVI. Kalend. Aprilis (17. März) Villaci siegelten die ver-
glichenen Theile und Friedrich Graf von Ortenburg [2]).

Unter demselben Datum schlossen sodann Berthold Bischof von
Bamberg und Albert Graf von Görz ein Schutz- und Trutzbündniss
mit einander, sich gegenseitig auf Lebenszeit gegen Jedermann beizustehen, ausgenommen den Papst, das Reich, sämmtliche geistliche
Fürsten und die Grafen Meinhard von Tirol, Friedrich von Ortenburg, Ulrich von Heunburg und Heinrich von Pfannberg. Ihre Schlösser und Vesten sollen ihnen gegenseitig zum Schutze und zur Vertheidigung stets offen stehen. Werde Graf Albert angegriffen, so soll
er, geschehe der Angriff bei Villach, Walther den Richter von Villach,
geschehe der Angriff aber bei Wolfsberg oder sonst wo in Unterkärnten, (die Brüder) Friedrich und Otto (von Wolfsberg) zum Beistande aufrufen, welchen dann die Genannten mit den Leuten des
Bischofs nach Kräften zu leisten haben. Eben so soll der Bischof,
wenn er unterhalb Villach's angegriffen werde, Friedrich von Eberstein, geschehe dies aber oberhalb Villachs, den jeweiligen Procurator (sonst immer Burggraf genannt) des Grafen zu Luenz zum Bei-

---

[1]) Arch. des hist. Ver. für Kärnten zu Klagenfurt.
[2]) Fontes Rerum Austriac. T. I. pag. 196—198.

stande auffordern, welchen die Genannten auf gleiche Weise zu leisten haben. Sterbe einer dieser vier Genannten, so soll sogleich ein anderer statt seiner ernannt werden. Entstehe zwischen dem Bischofe und dem Grafen oder zwischen deren Leuten irgend eine Irrung oder Streitigkeit, so soll sie durch die genannten vier Männer als Schiedsrichter sogleich beigelegt werden.

Die darüber verfasste Urkunde wurde von den vertragschliessenden Theilen und vom Grafen Friedrich von Ortenburg gesiegelt [1]).

1278 am 24. Juni zu Wien bestätigte K. Rudolph der Stadt Wien das ihr von K. Friedrich II. 1237 bewilligte und von demselben 1247 erneuerte Privilegium und gewährte derselben neue Freiheiten. Zeugen (nach den Bischöfen und Reichfürsten) Heinricus comes de Phannenberch, Fridericus comes de Ortenburch et ministeriales nostri: Fridericus de Petovia, Wulfingus de Stubenberch, Hartnidus de Wildonia — — — [2])

Wahrscheinlich um dieselbe Zeit, denn in der Urkunde heisst es blos: Datum Viennae 1278, entschied und bestätigte K. Rudolph für den Abt von St. Lambrecht einige streitige Güter zu St. Martin im Lungau gegen den Bischof Berthold von Bamberg und den Grafen Friedrich von Ortenburg. Zeugen: Bischof Bernhard von Seckau, Abt Heinrich von Admont, Otto von Lichtenstein [3]).

Graf Friedrich befand sich also am 24. Juni 1278 in Wien, wohin er wahrscheinlich in der Absicht gegangen sein mochte, um über die öffentlichen Zustände an der sichersten Quelle Erkundigungen einzuziehen. Ob er schon damals mit seinem Aufgebote dahin gekommen und seit jener Zeit zu Wien geblieben sei, oder ob er, nachdem er die nöthigen Aufklärungen erhalten, sich nach Hause begeben, sich zum Kriege gerüstet und gegen Ende Juli oder Anfangs August seine Hilfsschaar dem deutschen Könige zugeführt habe, ist nicht bekannt, letzteres aber wahrscheinlicher.

K. Ottokar, der den Verlust der so schönen Provinzen, die er einst besessen hatte, nicht verschmerzen konnte, rüstete sich Anfangs geheim, dann aber offen, um das Verlorene mit Waffengewalt wieder

[1]) Fontes Rerum Austriac. T. I, pag. 106—108.
[2]) Lambacher, Österreich. Interregnum. Anhang S. 167.
[3]) Muchar, Geschichte von Steiermark. V. Band. S. 410.

an sich zu reissen, und nöthigte dadurch den deutschen König, seinen
Aufenthalt in Österreich zu verlängern und sein Heer beizubehalten, was
nicht nur für jenes Land, sondern auch für die übrigen Provinzen, welche
zum Unterhalte der Truppen beisteuern mussten, eine drückende Last
verursachte, die in die Länge nicht ertragen werden konnte. K. Rudolph,
von der Überzeugung durchdrungen, dass ein offener Krieg einem
solchen unsicheren Frieden bei weitem vorzuziehen sei, suchte eine
Entscheidung herbeizuführen, wozu K. Ottokars Wortbrüchigkeit
Veranlassung gab, und entbot aus allen Theilen seines Reiches alle
geistlichen und weltlichen Fürsten, Grafen, Freien und Ministerialen
zu seinem Beistande nach Wien. Sie kamen, ein jeder mit seinen
Dienstmannen zu Ross und zu Fuss, auch Graf F r i e d r i c h von O r -
t e n b u r g kam mit einer grossen Schaar von Streitern. Die folgende
Stelle aus Hagens deutscher Chronik führe ich nur an, um zu zeigen,
wie sehr diese Chronik einer kritischen Bearbeitung bedürfte, um sich
auf sie verlassen zu können. „Graff Ulreich von Hennberg (sic! statt
Heunburg) bracht 200 werleicher; Graff F r i e d r i c h von O t t e n -
b u r g (sic! statt O r t e n b u r g) bracht auch vil Volckchs; Graff Alber
(Albert) von O r t e n b u r c h (sic! statt G ö r z) bracht wol anderthalb
hundert werleicher, die Cherner (Kärntner) kamen auch mit grosser
macht" [1]. Muchar, sich auf Hagens Angabe verlassend, sagt: „F r i e d -
r i c h und A l b r e c h t, Grafen von O r t e n b u r g mit 300" (Vasallen). Fürst Lichnowsky, vermuthlich, weil es ihm auffiel, dass Graf
A l b e r t von G ö r z nicht genannt werde, verbesserte Hagens irrige
Angabe mit richtigem Tacte, indem er sagt: „Graf F r i e d r i c h II. von
O r t e n b u r g mit den Seinen. Auch Graf A l b e r t von G ö r z, Bruder
des Grafen Meinhard von Tirol, fand sich mit hundert und fünfzig
ein." Dieser Verbesserung der Angabe Hagens stimme ich vollkommen bei. Es gab zwar damals einen Grafen A l b e r t von O r t e n -
b u r g, Friedrichs Sohn; aber derselbe konnte, da sein Vater erst
1262 geheirathet hatte und er der drittgeborne Sohn war, frühestens
im Jahre 1266 geboren worden und daher im Jahre 1278 höchstens
zwölf Jahre alt sein. Unmündige Knaben aber rückten selbst damals
nicht in's Feld und noch weniger übergab man ihnen eine Befehls-
haberstelle. Warum sollte auch gerade der jüngste Sohn von kaum
zwölf Jahren den Vater begleitet haben, während zwei ältere da waren?

---

[1] Hier. Pez, Script. Rer. Austriac. T. I. p. 1089.

Auch beweist schon die Stylisirung der angeführten Stelle, dass unter dem Grafen Albert nur der Graf von Görz zu verstehen sei. Denn hätte Hagen des jungen Grafen Albert von Ortenburg Erwähnung thun wollen, so würde er nicht gesagt haben: Graf Friedrich v. O. bracht — —; Graf Albert v. O. bracht — —; sondern er würde ganz einfach gesagt haben: Graf Friedrich v. O. und sein Sohn Albert brachten auch viel Volk.

Nachdem K. Rudolph seine Macht versammelt hatte, griff er am 26. August seinen Gegner bei Laa an und erfocht einen zwar sehr blutigen aber entscheidenden Sieg. Das böhmische Heer wurde geschlagen und K. Ottokar selbst, wie man sagt, von Berthold Schenk von Emmerberg und einem Verwandten des unglücklichen Seifried von Marenberg getödtet.

Da die Steirer, Kärntner, Krainer, Salzburger und Schwaben den dritten Heereshaufen bildeten, den K. Rudolph persönlich befehligte, und dem Mittelpuncte des bömischen Heeres, wo sich K. Ottokar befand, gerade gegenüber standen, so sieht man, dass Graf Friedrich von Ortenburg, wenn auch seiner nicht besonders Erwähnung geschieht, auf jenem Puncte, wo der Kampf am heftigsten und die Gefahr am grössten war, an der Schlacht Theil genommen habe.

Ob er hierauf bei K. Rudolph zu Wien geblieben oder nach Hause zurückgekehrt sei, ist nicht bekannt, letzteres jedoch wahrscheinlicher, da man ihn in den königlichen Urkunden aus den letzten Monaten des Jahres 1278 und aus der ersten Hälfte des Jahres 1279 nirgends als Zeugen findet.

1279 am 4. Juni. — — (ohne Angabe des Ortes). Otto von Lichtenstein, Landrichter in Kärnten, entscheidet einen Streit zwischen dem Abte von St. Paul und Cholo von Reichenfels wegen der Einkünfte im Gorenzfelde. Zeugen: Ulrich Graf von Sternberg, Diepold Graf von Ortenburg, Gottfried von Trüchsen, Heinrich von Silberberg, Hermann von Freyberg, Eberhard und Herbrand Brüder von Metniz, Heinrich von Rohatsch, Reinbert von Glaneck und Konrad von Pregrad [1]).

In diesem Auszuge nun ist der Zeuge Diepold Graf von Ortenburg auffallend. Aus allen Umständen, besonders aber aus dem,

---

[1] Anton von Benedict, Historisch-genealogische Collectaneen. Auch im st. st. Joanneums-Archiv befindet sich eine vollständige Abschrift dieser Urkunde.

dass, etwa Heinrich von Rohatsch, einen Steirer, ausgenommen, alle übrigen Zeugen **Kärntner** sind, sollte man vermuthen, dass der zweite Zeuge auch ein Kärntner sein und dass er deshalb anstatt **Diepold**, welchen Namen man zu keiner Zeit bei den kärntnerischen Grafen von **Ortenburg** findet, wohl nur **Friedrich** Graf von **Ortenburg** heissen dürfte.

Allein da es damals in dem Geschlechte der Grafen von **Ortenburg** in **Bayern** wirklich einen Grafen **Diepold**, gewöhnlich Graf von **Murach** genannt, gab, welcher ein Sohn des Grafen Heinrich I. von dessen zweiter Gemahlin Richeza war und 1285 starb, so lässt sich gegen den zweiten Zeugen mit Grund nichts anderes einwenden, als dass man nicht begreifen könne, wie derselbe in einer kärntnerischen Urkunde erscheine.

1279 am 29. September zu Graz. Die Bischöfe Johann von Gurk, Gerhard von Lavant und Bernhard von Seckau fällen ihr schiedsrichterliches Urtheil in dem Streite zwischen dem Abte Hermann von St. Paul und dem Grafen Heinrich von Pfannberg. Bischof Bernhard hängte sein Siegel an. Zeugen: Rudolph, Kanzler des K. Rudolph, Albert Herzog von Sachsen, Magister Gottfried, Protonotar des Königs, Friedrich Burggraf von Nürnberg, Eberhard Graf von Katzenellenbogen, **Friedrich** Graf von **Ortenburg**, Ulrich Graf von Heunburg [1]).

Über den Gegenstand des Streites und den gefällten Schiedsspruch sehe man meine Abhandlung über die Grafen von Pfannberg.

Nach Obigem befand sich also Ende Septembers K. Rudolph mit seinem Gefolge zu Graz, wo sich unter anderen Vornehmen auch Graf **Friedrich** von **Ortenburg**, dem Könige zu huldigen, eingefunden hatte.

1279 am 22. October zu Judenburg. K. Rudolph entschädiget mit 6000 Mark Silber, die er auf verschiedene Güter in Steiermark versichert, den Grafen Ulrich von Heunburg für dessen Ansprüche auf die Grafschaft Perneck und die Stadt Drosendorf und dessen Gemahlin Agnes für ihre Ansprüche, welche sie einerseits als Gertrudens Tochter und Heinrich des Grausamen Enkelin und somit als Herzog Friedrichs des Streitbaren Grossnichte auf die Babenbergischen Allode und andererseits als Witwe des Herzogs Ulrich von Kärnten auf

---

[1]) St. Pauler Urkunde.

die ihr verschriebenen Witwengüter in Kärnten und Krain hatte. Zeugen: (nach vielen Erzbischöfen, Bischöfen, Herzogen und Grafen) Friedrich Graf von Ortenburg und Graf Heinrich von Pfannberg, dann (viri strenui) Friedrich von Pettau, Wülfing von Stubenberg und Otto von Lichtenstein [1]).

Man ersieht hieraus, dass Graf Friedrich den König auf seiner Reise von Graz in die obere Steiermark begleitet habe.

1280 am 3. Januar zu Kapfenberg. Wir Friedrich Graf von Ortenburch wünschen durch Gegenwärtiges Allen kund zu thun, dass wir für unsere Neffen Wulfing, Pfarrer zu Pruke, Ulrich, Friedrich und Heinrich von Stubenberch gegen den edlen Mann unsern sehr lieben Schwager Otto von Goldekke für 100 Mark Silber vor den nachbenannten Zeugen unter folgenden Bedingungen Bürgschaft geleistet haben, dass, wenn unsere benannten Neffen dem vorbesagten Otto von Goldekke vom nächsten nun kommenden Feste der Erscheinung (des Herrn) an durch zwei Jahre die oben erwähnten 100 Mark Silber nicht bezahlt haben sollten, wir selbst von dort an (vom 6. Januar 1282) dem Otto für jenes Geld als wahrer Schuldner dergestalt verpflichtet sein werden, dass zwei von unsern Rittern (und zwar) von den besseren, die wir haben, bei (in) Gemunde einzureiten verhalten sein sollen, um von dort nicht eher fortzukommen, als bis wir das öfters genannte Geld werden bezahlt haben. Rücksichtlich der Zahlung des Geldes hat Otto versprochen, 13 Pfund Kleiner, nämlich Veroneser, für eine Mark Silber (als) gleich (an Werth) anzunehmen. Endlich wurde hinzugefügt, dass, wenn wir inzwischen aus dem Leben scheiden sollten, die Bürgschaft oder die vorerwähnte Schuld auf unsere vorbenannten Neffen unter demselben Versprechen zurückfallen soll.

Zur Kenntniss und Sicherheit dieser Sache haben wir gegenwärtige Schrift verfassen und durch Befestigung unseres und ihrer Siegel bekräftigen lassen. Testes sunt Dominus Heinricus de Spiegelvelde, Dominus Chalachus (?) de Chaphenberch, Dominus Eberhardus de Mötnicz, Dominus Albredus (sic! Albertus) de Pölan, Dominus Ortolfus de Cheeze et alii quam plures. Actum in Chaphenberch anno Domini M.CC.LXXX⁰. tercio Nonas Januarii [2]).

---

[1]) Lambacher, Österreich. Interregnum. Anhang S. 180.

[2]) Original-Urkunde im nieder-österr. ständischen Archive. Kasten B, Lade 1, Nr. 15.

Graf Wurmbrand und Wissgrill setzen diese Urkunde in das
Jahr 1283, aber offenbar irrig, wenn anders das oben angegebene
Datum richtig ist. Dass es mir aber richtig mitgetheilt worden sei,
dafür bürgen mir die gewissenhafte Genauigkeit und die erprobten
diplomatischen Kentnisse desjenigen, welcher für mich die Urkunde
aus dem Originale copirte. Hiesse es M.CCL.XXXIII°. Nonis Januarii,
so wäre das Datum allerdings: 1283 am 5. Januar. Allein Wurmbrand und Wissgrill übersahen, dass das Zahlwort tercio nicht zur
Jahreszahl gehöre, sondern zur Bestimmung des Tages diene, also so
viel sei als: tercio die ante Nonas. Denn jeder, der den römischen
Kalender kennt, weiss, dass wenn tercio zur Jahreszahl gehörte,
nicht Nonas sondern Nonis stehen müsste.

Auf welche Weise die genannten vier Brüder von Stubenberg
Neffen des Grafen Friedrich von Ortenburg gewesen seien, ist
bereits angegeben worden, unbekannt dagegen ist es, wie Otto von
Goldeck ein Schwager des genannten Grafen gewesen sei.

In der nach der Originalurkunde genommenen Abschrift heisst
es „aput Gemvde“, was jedoch irrig ist und in Gemvnde abgeändert
werden muss, da darunter Gmünd in Ober-Kärnten zu verstehen ist.

Das dieser Urkunde noch jetzt anhangende Siegel des Grafen
Friedrich von Ortenburg erscheint am Schlusse dieser Abtheilung unter den heraldischen Beigaben.

1281 wahrscheinlich am 3. Juni feierte Graf Friedrich die
Vermählung seiner Tochter Euphemia mit Hugo Grafen von Wer-
denberg, wovon in der Folge an seinem Orte ausführlicher die
Rede sein wird.

Graf Friedrich hatte um diese Zeit einen Streit mit dem Bischofe Berthold von Bamberg wegen einiger Güter bei St. Martin im
Lungau, welche Bischof Ekbert von Bamberg (1203—1237) einstens
um 210 Pfund Wiener Pfennige an Friedrichs Vater Hermann verpfändet hatte. Diese Zwistigkeit wurde jedoch durch Konrad, Decan
zu St. Stephan in Bamberg und bambergischen Statthalter in Kärnten,
unter Vermittlung der Brüder Friedrich und Otto von Weisseneck,
Otto's Ungnad und anderer bambergischen Vasallen durch einen am
28. Februar 1282 geschlossenen Vergleich dahin beigelegt, dass der
Graf jene Güter an Bamberg wieder zurückgeben, der Bischof aber
dem Grafen 150 Mark Aquilejer Goldgulden bezahlen und wegen der

richtigen Bezahlung dieser Summe den Otto von Weisseneck und Otto Ungnad als Bürgen stellen soll [1]).

1283 am 20. Februar zu Spital bei Ortenburg. Graf Ulrich von Heunburg verspricht eine seiner Töchter mit (Johann) Albert (III.), dem Sohne des Grafen Albert (II.) von Görz und dessen Gemahlin Euphemia Gräfin von Playen und Hardeck, vermählen und ihr eine Heimsteuer von 1500 Mark Silber geben zu wollen. Für die Erfüllung dieses Versprechens innerhalb sechs Jahren verbürgen sich Graf Friedrich von Ortenburg, Ulrichs Oheim, Ulrich Graf von Pfannberg, Otto von Emmerberg und Otto von Weisseneck. Jener Theil, welcher innerhalb sechs Jahren von diesem Vertrage zurückträte, sollte dem andern 1000 Mark Silber zahlen [2]).

Diese Ehe kam aber weder damals noch später zu Stande. Übrigens gibt diese Urkunde wieder einen Beleg mehr, welch' ärgerliche und sinnlose Eheversprechungen zu jenen Zeiten aus blos politischen Beweggründen gemacht und angenommen wurden. Denn Albert III. war, da seine Eltern erst 1275 sich geheirathet hatten, höchstens sieben Jahre alt und seine Braut wahrscheinlich noch jünger, und wäre die Heirath nach sechs Jahren geschlossen worden, so wäre der Gemahl höchstens dreizehn, die Gemahlin aber zehn oder eilf Jahre alt gewesen. Die unbedingten Lobpreiser des Mittelalters haben dieser und so vielen andern Unsitten gegenüber doch wahrlich keinen Grund, uns dasselbe als einen Sittenspiegel vorzuhalten.

Da diese Urkunde zu Spital bei Ortenburg ausgestellt wurde, so sieht man, dass daselbst ausser dem Spitale, der Kirche und dem Markt auch schon ein Schloss bestanden habe, worin Graf Friedrich seine Gäste mit ihrem Gefolge aufnahm und worin er wohl auch selbst, besonders in seinem höheren Alter, lieber als in der auf einem hohen Berge gelegenen, heftigen Winden ausgesetzten Veste Ortenburg wohnen mochte.

1283 am 13. September zu Veldes (in Krain). Bischof Bruno von Brixen belehnt den Grafen Friedrich von Ortenburg mit dem Schlosse Wizenstein (Weissenstein) in Kärnten, welches ihm durch den Tod Hartwigs von Wizenstein, obgleich in einem sehr

---

[1]) Ludewig, Reliquiae Manuscriptorum pag. 178.

[2]) Coronini, Ausgabe in Folio S. 111 und Anton von Benedict. Vollständige Abschrift im st. l. Joanneum.

schlechten Zustande, zurückgefallen sei, und allen Zugehörungen desselben [1]).

Ob dieses Weissenstein eines und dasselbe sei mit jenem, um welches die Grafen von Ortenburg mit dem Benedictiner-Kloster Millstatt eine zweijährige Fehde geführt hatten, welche 1216 durch einen Vergleich beigelegt wurde, ist nicht bekannt, auch aus der Vergleichung der beiden Urkunden von 1216 und 1283 nicht zu entnehmen, da in jener es einfach: de Wizzenstein, nicht de castro W. heisst und auch der Obereigenthümer nicht genannt wird, während das Wizzenstein von 1283 ein Schloss, castrum, und als sein Obereigenthümer das Bisthum Brixen genannt wird. Nur so viel sagt Sinnacher, dass letzteres Weissenstein nicht mit dem Schlosse gleiches Namens bei Windisch-Matrei am Flusse Isel, welches dem Erzbisthume Salzburg gehört habe, zu verwechseln sei.

Bischof Bruno von Brixen, der Gründer von Brunecken, war ein Neffe des Grafen Friedrich, nämlich ein Sohn seiner Schwägerin Bertha und ihres Gemahles des Grafen Konrad von Wuellenstätten und Kirchberg.

1284 am 5. September wurde das Cisterzienser Stift Stams im obern Innthale feierlich eingeweiht und an demselben Tage liess Graf Meinhard von Tirol zwölf Leichname von Angehörigen des Stammes der Grafen von Tirol, welche bisher im Schlosse Tirol begraben gewesen waren, in der Gruft des neuen Stiftes beisetzen. Eben dies that er auch mit mehrern Leichnamen von Angehörigen seines eigenen Stammes (der Grafen von Görz). So liess er auch seine verstorbene Schwester Adelheid, die Gemahlin des Grafen Friedrich von Ortenburg, welche bisher in der Kirche der Prediger zu Cividale in Friaul begraben lag, nach Stams überführen und in der Gruft daselbst beisetzen [2]). Höchst wahrscheinlich wohnte Graf Friedrich der Einweihung der Kirche und der Beisetzung der Leichen persönlich bei.

1285 in festo S. Lucae Evangelistae (18. October) Intice (Innichen im Pusterthale). Albert II. Graf von Görz schliesst mit Emicho Bischof von Freising (reverendus in Christo pater, amicus et con-

---

[1]) Sinnacher, Geschichte der bischöflichen Kirche zu Säben und Brixen. IV. Band S. 488.

[2]) Coronini. (Edit. in Fol.) pag. 230.

sanguineus noster karissimus) rücksichtlich der Vogtei zu Intichen
(Innichen) und anderer Streitpuncte einen Vergleich. Zeugen nach
den Geistlichen: Dominus Fridericus illustris comes de Ortenburch, Otto de Gesiez, Otto dictus Schalch, Chunradus de
Vansdorf [1]).

1285 — — — (wie oben). Graf Albert II. von Görz verspricht
dem Bischof Emicho von Freising seinen Schutz, wenn einer der Erben Welfo's wegen der Verleihung der Schlösser Welfsberg und
Heunfels ihn angreifen und belästigen sollte. Zeugen nach den
Geistlichen: Dominus Fridericus nobilis comes de Ortenburch — — — [2]).

1286 am 1. Februar zu Augsburg belehnte K. Rudolph I. den
Grafen Meinhard von Tirol und Görz mit dem Herzogthume Kärnten, welches er bisher als Hauptmann verwaltet hatte, nachdem er
ihm schon einige Tage früher für die geliehenen grossen Geldsum-
men Krain, die windische Mark und Portenau verpfändet
hatte.

Herzog Meinhard besass daher nebst seiner ererbten und
durch Ankauf vergrösserten Grafschaft Tirol — die Grafschaft
Görz war an seinen Bruder Grafen Albert II. übergegangen —
auch Kärnten als erbliches Herzogthum, Krain, die windische
Mark und Portenau aber als Pfand, und war demnach ein mächti-
ger Reichsfürst geworden.

Diese so bedeutende Vermehrung der Macht des Hauses Görz —
Tirol gereichte für den Augenblick dem Hause Ortenburg eher
zum Vortheile als zum Schaden, da beide Häuser nicht nur unter sich
sondern auch mit dem Hause Habsburg verschwägert waren und
Graf Friedrich sowohl mit Herzog Meinhard, seinem Schwager, als
auch mit Herzog Albrecht I., seinem Neffen, auf dem friedlichsten,
freundschaftlichsten Fusse lebte.

1286 VIII. Idus Martii (8. März) in Waldenburch. Graf Friedrich von Ortenburg bekennt, dass er Wülfing, einen Bürger von
Lack, mit einem Zehent auf 11½ Huben, nämlich zu Obreren auf
2 Huben, zu Ernbrechen auf 4 Huben, in Klein-Seuenz auf
1 Hube, zu Purkstall auf 1½ Huben, zu Schesel auf 1 Hube,

[1] Meichelbeck, Eccl. Fris. T. II. Instrum. Num. CLXXXV.
[2] Ebendaselbst. Num. CLXXXVI.

4 *

und zu Gabrich auf 2 Huben unter der Bedingung belehnt habe,
dass Wülfing ihm jährlich eine Saum Wein „de bona Rabiola" im
Betrage von 2 Yren liefere (unam saumam vini de bona Rabiola duas
Urnas videlicet continentem). Testes sunt: D. Wilhelmus de Lack,
frater Hermannus de Pleiburch, Reinnisch Dominicus civis de Lack,
Heinricus apud Portam, Henricus Presenger, Petrus Vetter, qui sunt
cives in Lack. D. Ulricus de Waldenburch, filius suus Hermannus,
Conradus de Ortenburch, Wulfingus filius Ernesti de Veldes et alii
quam plures [1]).

Das Schloss Waldenburg, sonst gewöhnlich Waldenberg
genannt, lag südlich von Radmannsdorf an der Wocheiner Save bei
dem heutigen Ober-Steinbühel, ist aber gegenwärtig eine Ruine,
Wallenburg genannt.

Der Graf gab Getreide gegen Wein, und zwar ohne Zweifel
gegen einen guten „de bona Rabiola"; wo aber dieser wuchs, ist
nicht bekannt, offenbar jedoch nicht in Krain, sondern entweder in
Istrien, oder im Görzerischen oder in Friaul, und zwar in einer Gegend, wo italienisch gesprochen wurde, da die Benennung des Weines
italienisch ist. Vielleicht kam jener Wein noch weiter her, nämlich
von Italien. Wegen schlechter Beschaffenheit der damaligen Strassen
brauchte man zum Transporte der Waaren nicht Zug- sondern Pack-
thiere, und die einem einzelnen Thiere aufgelegte Last hiess eine
Saum, welche bei Wein aus 2 Yren bestand, (unam saumam vini
duas urnas continentem). Ich übersetzte das Wort urna durch Yre,
weil mir dies Wort, welches noch heut zu Tage in Tirol als Flüssig-
keits-Maass (im Betrag von ungefähr 50 österreichischen Maass)
allgemein üblich ist, von dem lateinischen urna zu kommen scheint.

Die Lage der Ortschaften, wo dem Bürger Wülfing von Lack,
der wahrscheinlich ein Weinhändler war, der Zehent angewiesen
wurde, ist mir nicht bekannt, da ich sie auf keiner Karte finden
konnte.

1286 am 24. Juli auf dem Hofe Dräsik. Friedrich Graf von
Ortenburg macht mit dem Bischofe Emicho von Freising der hergebrachten Gewohnheit gemäss eine Theilung der Kinder aus solchen
Ehen in der Herrschaft Lack, wo der eine Ehegatte Freisingischer,
der andere aber Ortenburgischer Ministerial war. Doch sind in die-

---

[1]) Copialbücher. I. Band. S. 961.

ser vom Grafen ausgestellten Urkunde nur jene Kinder namentlich
angeführt, welche der Freisinger Kirche zufielen[1]).

Wahrscheinlich waren in einer zweiten entsprechenden Urkunde jene Kinder genannt, welche bei jener Theilung dem Grafen
zufielen.

Interessant sind die ersten drei Zeugen dieser Urkunde. In
presencia dominorum comitum Hugonis canonici Moguntini, Gerh.
(Gerhardi) prepositi ecclesie sancti Andree Frisinge, Eni. (Enichonis) prepositi Werdensis etc. Sie waren aus dem Geschlechte
der sogenannten Wildgrafen und Brüder des Bischofs Enicho
von Freisingen, was von den ersten beiden urkundlich gewiss,
von dem Propste Enicho von Wertsee aber höchst wahrscheinlich ist.

Am 1. September 1286 unterzog sich Herzog Meinhard der
altherkömmlichen Sitte der Herzogseinsetzung auf dem Zollfelde,
empfing die Huldigung aller Vasallen und Ministerialen, belehnte
zuerst seinen Bruder Albert Grafen von Görz als Pfalzgrafen von
Kärnten mit allen mit diesem Amte verbundenen Lehen und ertheilte
hierauf auch die übrigen grösseren Lehen.

Bei dieser Gelegenheit scheinen auch andere Lehensherren zur
Verherrlichung der Feier und weil eben fast der gesammte Adel
Kärntens zu Maria Saal anwesend war, Lehen ertheilt zu haben. So
belehnten mittelst Urkunde ddo am St. Ägiditage (1. September) 1286
in der Kirche zu Maria Saal der Bischof Hartnid von Gurk, der Propst
Heinrich, der Dechant Ulrich und das ganze Capitel der Gurker
Kirche den Grafen Friedrich von Ortenburg mit einem Gute in
Weichsen, mit eben jenem Rechte, mit welchem sie selbst kraft
des ihnen hierüber von K. Rudolph verliehenen Privilegiums dasselbe
besessen haben.

Zur Erkenntlichkeit für diese ihm erwiesene Gunst bezahlte
Graf Friedrich dem Bisthume 130 Mark Aglier Pfennige — — —
testibus: Juliano et Conrado de Seburg, Henrico de Rotenburg, Conrado de Schrouenstein, Henrico de Gesiess, Conrado dicto Gall, Sei-
frido de Minkendorf, Wulfingo de Prosnig, Henrico de Helfenberg,
Alberto de Halbstat, Conrado de Graslup, Engelberto de Torre, Ottone
de Palten, Gerlocho de Herlenberg, Wulfingo de Capella, Jacoho et

Offlino, Bernardo et Otschmanno de Valle Gurcensi et quam pluribus aliis fide dignis.

Actum et datum anno 1286 die S. Aegidii in ecclesia Soliensi [1]).

Schon aus den hier angeführten Zeugen entnimmt man, dass sehr viele Edle und Ministeriale aus Tirol, Kärnten, Krain, der windischen Mark, Görz und Steiermark der Einsetzung des Herzogs zu Maria Saal beigewohnt haben.

Wo das Gut W eichsen lag, ist mir nicht bekannt.

1289. Als Herzog Albrecht von Österreich und Erzbischof Rudolph von Salzburg, nachdem sie schon zwei Jahre einen schweren Krieg gegen einander geführt hatten, sich zur Aussöhnung bereitwillig zeigten und die Herzoge von Bayern und die Bischöfe von Freising, Passau, Seckau, Regensburg und Chiemsee von beiden Theilen zu Schiedsrichtern ernannt wurden, so fügten sie dieser Zahl auch die Grafen Ulrich von Heunburg und F r i e d r i c h von O r t e n b u r g bei. Ottokar von Horneck sagt in seiner Reimchronik:

„sy erwelten auch zu den
hoher grafen zwen
von Haimburg Graf Ulreich
und von O r t e n b u r g Graf F r i e d r e i c h [2]).“

Von nun an haben wir durch einige Jahre keine Nachrichten über den Grafen F r i e d r i c h, der diese Zeit wohl auf seinen Gütern in Kärnten und Krain zugebracht haben mochte, bis ihn das übrigens selbstverschuldete Unglück seiner Verwandten, des Grafen U l r i c h von H e u n b u r g, des Grafen U l r i c h von Pfannberg und F r i e d r i c h s von S t u b e n b e r g zur Übernahme der Vermittlung zwischen ihnen und den Herzogen Albrecht von Österreich und Steiermark und Meinhard von Kärnten nöthigte.

Als nämlich Herzog Albrecht auf Zureden des Abtes Heinrich von Admont den steirischen Edlen und Ministerialen die Bestätigung ihrer Freiheiten versagte, kündigten sie ihm 1291 im Spätherbste den Gehorsam auf, verbanden sich mit Erzbischof Konrad von Salzburg und Herzog Otto von Bayern und belagerten, nachdem sie sich das Enns- und Paltenthal unterworfen hatten, die Stadt Bruck an der Mur. Da kam H. Albrecht mitten im Winter trotz des tiefen

---

[1]) Copialbücher. I. Band. S. 905—967.
[2]) Pez, Script. rer. Austr. III. pag. 316. Caesar, Annal. Styr. T. II. p. 354.

Schnees über den Semering mit Truppen herbei, entsetzte Bruck, jagte die Feinde vor sich her, fing bei Krauwart **Friedrich von Stubenberg**, eines der Häupter der Empörung, nebst mehreren seiner Genossen, verfolgte die Fliehenden bis Friesach, nahm diese salzburgische Stadt ein und verbrannte sie bis auf das Schloss, welches er verschonte. Nachdem er so den Aufstand niedergeschlagen hatte, bestätigte er daselbst am 20. März 1292 von freien Stücken dem steirischen Adel seine früheren Freiheiten. Als Zeugen dieser Bestätigung werden in der Urkunde unter andern auch angeführt die Grafen **Meinhard, Otto** und **Albrecht von Ortenburg** Brüder „unsere Oheime".

Graf **Friedrich**, der vielleicht durch Unpässlichkeit verhindert sein mochte, persönlich zu erscheinen, konnte seine Missbilligung des steirischen Aufstandes und seine Freude über die Besiegung desselben nicht besser ausdrücken als dadurch, dass er seine drei Söhne an den Herzog absandte, um ihm zu seinem Siege Glück zu wünschen. Dass der Herzog dies günstig aufnahm, beweist der Umstand, dass er die drei Jünglinge als seine **Oheime** in der Bestätigungsurkunde unter den Zeugen anführen liess.

Der Ausdruck **Oheime** bezeichnete aber zu jener Zeit so viel als **Vettern**, was sie auch waren. Denn **Elisabeth**, H. Albrechts Gemahlin, und die drei genannten jungen Grafen waren **Geschwisterkinder**.

Viele Umstände machen es wahrscheinlich, dass die jungen Grafen von **Ortenburg** den Herzog Albrecht von Friesach aus, wo sie den Ritterschlag erhielten, nach Mainz begleitet haben, wo er an die Stelle seines verstorbenen Vaters zum deutschen König erwählt zu werden hoffte.

Graf **Ulrich** von **Heunburg** war der einzige unter den Führern des steirischen Aufstandes, der selbst nach der Niederschlagung desselben und nach Bestätigung der Freiheiten in seinem Trotze beharrte. Von der bambergischen Veste Griffen aus, die er durch Bestechung in seine Gewalt gebracht hatte, befehdete er, mit dem Erzbischofe von Salzburg verbündet, den Prinzen Ludwig, der anstatt seines Vaters Meinhard damals Kärnten regierte und seinen Sitz zu St. Veit hatte, und eroberte diese Stadt mittelst angesponnenen Verrathes durch einen nächtlichen Überfall im Monate Juli 1292, wobei ihm jedoch die gewünschte Beute, nämlich der Prinz Ludwig, durch den salzburgischen Vicedom, Konrad von Vonstorf, weggeschnappt und in sichern Gewahrsam gebracht wurde. Um den Grafen, der über den Entgang dieser Beute auf das äusserste aufgebracht war, zu besänftigen, versprach der Erzbischof ihm nach drei Monaten den Prinzen auszuliefern. Da inzwischen als Bundesgenossen des Grafen und des Erzbischofes die Bayern nach Kärnten gekommen waren, so beschloss man, die herzogliche Veste Freiburg zu erobern, konnte ihrer aber trotz mehrwöchentlicher Einschliessung und Bestürmung nicht Herr werden. Die Bayern, sowohl über die Erfolglosigkeit dieser Belagerung als auch darüber missmuthig, dass sie zum Überfalle von St. Veit, wo es reiche Beute gegeben hatte, zu spät gekommen waren, wollten von einem weiteren Unternehmen gegen einen andern herzoglichen Ort nichts mehr wissen, sondern kehrten unverweilt nach Hause zurück.

Im October forderte der Graf die versprochene Auslieferung des Prinzen, allein der Erzbischof verweigerte dieselbe unter allerlei Entschuldigungen und speiste den Grafen mit neuen leeren Versprechungen ab. So auf seine eigene zusammengeschmolzene Macht beschränkt, setzte er den Widerstand bis in den Frühling des Jahres 1293 fort, überall Hilfe suchend, aber fast überall abgewiesen. Nur sein Freund Wilhelm von Scherfenberg führte ihm aus Krain ein Häuflein Reisiger zu. Durch diese verstärkt liess sich der Graf mit Heinrich Told, dem Marschall, und Konrad von Auffenstein, dem Hauptmanne des Herzogs Meinhard, in ein Treffen ein, ward aber geschlagen und verlor mehrere seiner treuesten Anhänger.

Dieser so hartnäckige Widerstand des Grafen bestimmte den Herzog Albrecht, seinen Schwiegervater auf das kräftigste zu unterstützen, um endlich einmal den Trotz des Grafen zu brechen. Er schickte Hermann von Landenberg, den Marschall von Österreich, und Berthold Truchsess von Emmerberg, Hauptmannsstellvertreter in Steiermark, mit 200 Kriegern nach Kärnten. Diese schlossen ihn auf das engste in Griffen ein und verwüsteten alle seine Besitzungen in Kärnten und sollten alsdann in das Saunthal ziehen, um auch daselbst alle seine Güter mit Feuer und Schwert zu verheeren. Jetzt brach dem Grafen von Heunburg der Muth; er wusste, dass er das Schlimmste zu fürchten habe, wenn er seinen Gegnern in die Hände fiele, ohne früher einen mächtigen Vermittler und Fürsprecher gefunden zu haben. In dieser grossen Noth wandte er sich an seinen Anverwandten Friedrich Grafen von Ortenburg, der sich seiner auch grossmüthig annahm. Er bewirkte die Einstellung der Verwüstung der Heunburgischen Güter und reiste darauf nach Wien, wo es ihm nach langer Anstrengung endlich gelang, seinem Vetter die Verzeihung des schwer beleidigten Herzogs zu erwirken. Doch musste Graf Ulrich von Heunburg sich persönlich in Wien stellen, dem Herzoge von neuem Treue geloben, demselben alle Güter zum Schadenersatze überlassen und sich nach Wienerisch-Neustadt begeben, wo er als Staatsgefangener mit 1000 Pfund Pfennig jährlichen Einkommens leben musste und von wo er erst nach dem Tode seiner Gemahlin 1295 entlassen wurde.

Ebenso erwirkte Graf Friedrich von Ortenburg auch seinem Neffen Friedrich von Stubenberg die Freilassung und die Aussöhnung mit Herzog Albrecht unter der Bedingung, dass er diesem 4000 Mark Silber zahle und ihm in Zukunft treu dienen zu wollen verspreche.

„Herr Friedrich von Stubenberg sandte aus seiner Vanknuss (Gefängnisse) zu seinem Oheime Graf Friedrich von Ortenburg, der war seiner Mutter Bruder und bath ihn fleissig, dass er ihm käme in seinen Nöthen zu statten, also dass man ihn ausnähme (frei lasse) auf gute Gewissheit. Er ward also von seinen Freunden um 4000 Mark ausgenommen [1].“

In der Urkunde ddo. Graz 24. August 1293, worin Friedrich von Stubenberg dem Herzoge Albert von Österreich treu dienen zu wollen verspricht, sagt er am Schluss: dar vber gib ich disen brief versigelt mit meinem Insigel vnd han gebeten meinen Ohaim herrn Friderichen Graven von Ortenburch vnd meinen bruder hern Hainrichen, daz si ire Insigel an diesen brief gehangen habent [2].

Aus der Zwischenzeit haben wir keine Ortenburger Urkunde ausser folgendem Regeste, welches mir einer meiner Freunde, dem es nebst andern Regesten aus Wien zugeschickt worden war, mittheilte und welches ich der Berichtigung wegen anführe.

---

[1] Hagen, Chronik (zum J. 1293) S. 1122 bei Hier. Pez. Script. rer. Austr. III. Dessgleichen Ottokar von Horneck, dessen gereimte Erzählung Hagen in ungebundene Rede umgesetzt hat.

[2] Lichnowsky, Gesch. des Hauses Habsburg. II. Band. CCLXXXVI.

„1292 am 14. August zu St. Veit. Friedlicher Anstand von den Gebrüdern Friedrich, Meinhard und Hermann von Ortenburg mit Erzbischof Konrad von Salzburg und Grafen Walter von Sternberg in Ansehung ihrer allseitigen Gebiete oberhalb Villach bei der Drau auf Bitte des Grafen Albrecht von Görz errichtet" [1]).

Wie wichtig wäre uns ein vollständiges Regest dieser Urkunde, besonders da wir über die Besitzungen der Grafen von Sternberg so wenig wissen, und da uns die Kenntniss von den Grenzen des Ortenburgischen, Sternbergischen und Salzburgischen Gebietes an der Drau oberhalb Villachs sehr willkommen wäre. Wie wenig aber erfüllt die voranstehende magere Inhaltsanzeige diesen Wunsch, besonders da sie in Betreff der Namen der Grafen von Ortenburg sich in einem offenbaren, grossen Irrthume befindet.

Im Jahre 1292 lebten nämlich Graf Friedrich II. und seine Söhne Meinhard I., Otto V., Albrecht II. Und das sogenannte Regest spricht von den Gebrüdern Friedrich, Meinhard und Hermann von Ortenburg! Nimmt man aber auch an, der Verfasser des Regestes oder der Inhaltsanzeige habe sich verschrieben und „Gebrüdern" anstatt „Grafen" gesetzt, so wird wohl eine Schwierigkeit gehoben, aber nicht auch die zweite, da man nämlich nicht begreifen kann, wie 1292 nebst dem Vater Friedrich und dessen Sohne Meinhard auch schon des ersteren Enkel Hermann, der damals noch ein Knabe war, als vertragschliessend erscheinen könne.

Mir scheint das Regest auch rücksichtlich des Datums unrichtig zu sein und nur in das Jahr 1308 zu gehören, da in diesem Jahre zu St. Veit die Grafen Heinrich und Albert von Görz mit dem Erzbischofe Konrad von Salzburg rücksichtlich ihrer Besitzungen in Ober-Kärnten einen Vertrag abschliessen [2]). Bei dieser Gelegenheit mögen wohl auch die Grafen von Ortenburg mit demselben Erzbischofe und mit dem Grafen Walter von Sternberg einen ähnlichen Vertrag abgeschlossen haben. In diesem Jahre 1308 lebte aber Graf Friedrich nicht mehr, sondern nur seine Söhne Meinhard I., Otto V. und Albrecht II., und Meinhards I. Söhne Hermann III. und Meinhard II., so dass man auch hier die angeblichen Brüder Friedrich,

---

[1]) Die Signatur dieses Urkundenregestes ist: Stat. 21. 116/29.

[2]) Coronini, pag. 256. (Edit. In Fol.)

Meinhard und Hermann nicht herausbringt. Ich halte daher das besprochene Regest für gänzlich unrichtig.

Herzog Meinhard von Kärnten hatte Mitte Octobers zu Graz der Vermählung seiner Enkelin Anna, einer Tochter H. Albrechts von Österreich, mit Hermann, dem Sohne des Markgrafen Otto von Brandenburg, beigewohnt und war dann über Untersteier nach Krain und, da er hier ernstlich erkrankte, nach Kärnten gereist, um sich so schnell als möglich nach Tirol zu begeben. Allein er kam nur bis Greiffenburg in Ober-Kärnten, wo er am 1. November 1295 starb. Sein Tod, bei welchem Graf Friedrich von Ortenburg wahrscheinlich anwesend war, musste diesen, seinen Schwager, mit dem er immer auf dem freundschaftlichsten Fusse gelebt hatte, sehr ergriffen haben, besonders da er selbst schon vorgerückten Alters war.

1296 am achten Tage nach der Lichtmesse zu Linz. Graf Albrecht von Hohenberg bestätiget, dass mit seiner Einwilligung sein ältester Sohn Albrecht seiner Gemahlin Euphemia Klara gewisse Güter (sie werden in der Urkunde namentlich angeführt) als Morgengabe angewiesen habe. Zeugen: Friedrich Graf von Ortenbourck, Hermann Graf von Soultze . . . .

Über diese Urkunde stellte Bischof Wülfing von Bamberg (ein Herr von Stubenberg) ze sand Lienhard am St. Marcellini und Petri, der heiligen Martyrer Tag (2. Juni) 1306 ein Vidimus aus, welches sich unter den gräflich Stubenbergischen Urkunden im st. l. Joanneumsarchive befindet.

Obige Euphemia Klara war eine Anverwandte des Grafen Friedrich, nämlich eine Enkelin seiner Schwester Euphemia und eine Tochter seiner Nichte Euphemia und ihres Gemahles des Grafen Albert II. von Görz. Diese wies 1296 ihrer Tochter 1200 (wahrscheinlich Pfund oder Mark) Aquilejer Pfennige aus ihren Gütern Hardeck und Plaien an [1]).

Da beide Anweisungen 1296 geschahen, so ist zu schliessen, dass Euphemia Klara Anfangs des Jahres 1296 sich mit dem Grafen Albrecht von Hohenberg vermählt habe [2]).

---

[1]) Coronini, pag. 241.

[2]) Hier muss ich einen Irrthum berichtigen, der sich in Folge eines unliebsamen Schreib-, nicht Druckfehlers in die erste Abtheilung dieser Monographie S. 352 (Separatabdruck S. 150) eingeschlichen hat. Denn dort heisst es: „Viel wahrscheinlicher aber ist es, dass Ottomann IV. von Auersberg 1296 Klara

1297 am nächsten Mittwoch nach Unserer Frauen Geburt zu
Ortenburg. Heinrich von Falkenstein und Agnes, seine Hausfrau, verkaufen dem Grafen Friedrich von Ortenburg einen Unterthan
mit allen seinen Kindern, mit Leib und Gut um 31 Mark Aglajer
Pfennige [1]).

Falkenstein, jetzt eine Ruine, lag im Möllthale bei (Ober-)
Vellach, wo auch die Grafen von Ortenburg Besitzungen hatten.

1298 am 21. November zu Nürnberg. K. Albrecht beurkundet, dass er mit Einwilligung der Kurfürsten die Fürstenthümer oder
Herzogthümer Österreich und Steier, so wie die Herrschaften Krain,
Mark (die windische Mark) und Portenau dem Rudolph, Friedrich, Leopold und seinen übrigen Söhnen zu Lehen gegeben und
sie mit dem Scepter investirt habe. Zeugen: (nach den Erzbischöfen und Bischöfen, vielen weltlichen Fürsten und Reichsgrafen) auch
Fridericus de Ortenburch, Albertus (der Vater), Heinricus et
Albertus (seine Söhne) comites Goritiae, Otto de Strassberch, Hermannus de Hoenberch et Rudolfus de Werdenberch comites ... [2]).

Diese Zeugenschaft ist der beste Beweis, dass Graf Friedrich
den Herzog Albrecht zur Wahlversammlung nach Mainz, wo dieser
am 23. Juni zum deutschen König erwählt wurde und von dort zur
Schlacht an der Primm, wo der abgesetzte König Adolph am 2. Juli
Reich und Leben verlor, hierauf nach Frankfurt, wo Albrecht am
27. Juli neuerdings zum König erwählt, und nach Aachen, wo er am
24. August gekrönt wurde, und von da nach Nürnberg begleitet
habe.

Die Stellung, die er unter den Zeugen nach Hermann Grafen
von Sultz, Georg und Konrad Raugrafen und vor den Grafen von
Görz einnimmt, beweist seinen Rang als Reichsgrafen. Übrigens
dürfte Graf Friedrich bei seinem Alter den Zug nach Deutschland
gewiss nicht allein, sondern mit seinen Söhnen gemacht haben. Es
ist überhaupt zu verwundern, und ein Beweis seiner treuen Anhänglichkeit an seinen Neffen H. Albrecht, dass er in seinem Alter für

---

Euphemia — — — geheirathet habe." Es sollte dafür nur heissen: „Viel
wahrscheinlicher aber wäre es, (wenn Richter gesagt hätte), dass Ottomann IV.
von Auersberg 1290 Klara Euphemia — — — geheirathet habe, weil hier
wenigstens die Jahre der Brautleute zusammenstimmten".

[1]) Apostelen. VIII. Band, Blatt 190.
[2]) Böhmer, Regesten des Kaiserreiches, 1246—1313. S. 205—206.

denselben einen so weiten und wie vorauszusehen war, gefahrvollen
Zug mitgemacht habe.

An den Händeln, die nach seiner Zurückkunft in Friaul entstanden und an denen sich sein ältester Sohn Meinhard so lebhaft
betheiligte, nahm er keinen Antheil mehr. Seine Zeit zum Handeln
war vorüber und er bedurfte der Ruhe; auch hatte er, wie man aus
mehreren Urkunden ersieht, die wir später anführen werden, dem
oben genannten Sohne mehrere Güter in Krain abgetreten und sich
immer mehr und mehr zurückgezogen, als er die drückende Last
des Alters zu fühlen begann.

1304 am 10. Tag des ausgehenden März (22. März) zu Laibach. Dietmar von Greiffenfels und Otto von Weisseneck verbürgen
sich dem Grafen Friedrich von Ortenburg für die Brüder Dietmar und Ulrich von Greiffenfels rücksichtlich der acht Huben zu
Zauch in Krain in der Pfarre Krainburg und versprechen, dass sie,
wenn jemand auf jene acht Huben, welche der Graf von den genannten Brüdern gekauft habe, das Eigenthumsrecht ansprechen sollte,
mit zwei Mann so lang Einlagerung zu Villach leisten wollten, bis sie
ihm jene Huben gelöst und allen Schaden ersetzt hätten. Siegler:
die beiden Aussteller. Zeugen: Witig der Erziagen (Erzdiakon?)
aus dem Saunthal (Sannthal), Friedrich der Kater, Pop der Truchsess
von Kreig, Reinher der Schenk von Osterwiz, Ulrich von Silberberg,
Friedrich der Katter, Ulrich der Geschlacht, Mertel von Pillichgraz,
Albrecht der Sumeregger, Meinhard von Goriach, Friz der Gum-
puchler und andere „erber" Leute [1]).

Ich fand diese Urkunde in mehreren Regesten also datirt:
1304 am 10. März. Dies ist jedoch irrig, denn das Datum lautet:
1304 die decima exeuntis Martii. Nach dieser im Patriarchate von
Aquileja, in Görz, Friaul und in Italien üblichen Datirung werden die
Tage vom 30. oder 31. Tage des Monats (daher exeuntis mensis)
zurückgerechnet und es fällt somit die decima dies exeuntis Martii
auf den 22. März.

Daraus, dass die Urkunde zu Laibach ausgestellt worden ist,
folgt noch nicht, dass der Graf am 22. März sich daselbst befunden
habe, indem der Kauf für ihn von einem seiner Beamten abgeschlossen worden sein konnte. Übrigens ist es die letzte Urkunde, die auf

---

[1]) Copialbücher. I. Band, S. 976—977.

ihn lautet, denn er starb schon sechs Tage darauf, am 28. März 1304. Denn das Nekrologium des Predigerordens-Klosters zu Cividal in Friaul führt beim 28. März Folgendes an: Anno Domini MCCCIV. Obiit Dominus Federicus Nobilis Comes de Ortenburch: qui fuit amicus et magnus benefactor Ordinis et maxime istius Conventus [1]). Begraben wurde er wahrscheinlich in der Familiengruft in der Spitalskirche zu Spital. Er mag bei seinem Tode etwas über 70 Jahre alt gewesen sein.

Sein Charakter entsprach seinem Namen; er liebte den Frieden, doch nicht bis zur Schwäche, denn er widersetzte sich seinem ältern Bruder Heinrich, als dieser ihn bei der Theilung der väterlichen Erbschaft übervortheilen wollte. Durch dessen frühen Tod und durch den Eintritt seiner jüngeren Brüder Otto und Ulrich in den geistlichen Stand wurde er alleiniger Besitzer aller Ortenburgischen Güter und besass demnach eine ansehnliche Macht, mit welcher er, wenn er streitsüchtig gewesen wäre, es wohl mit manchem Gegner hätte aufnehmen können. An dem Bündnisse mit Herzog Ulrich II. von Kärnten hielt er treu bis zu dessen Tode; mit seinen Schwägern Meinhard Grafen von Tirol und später Herzog von Kärnten und dessen Bruder Grafen Albert von Görz lebte er in ungestörtem Frieden und theilte deren Politik, und seinem Neffen Albrecht, Herzoge von Österreich und Steier, sowie dessen Vater K. Rudolph und überhaupt dem Gesammthause Habsburg war er bis zu seinem Tode auf das innigste ergeben, was er insbesondere durch seine Theilnahme an dem Sturze K. Ottokars und später an jenem K. Adolphs bewies. Auch mit den Kirchenfürsten, den Patriarchen von Aquileja, den Erzbischöfen von Salzburg, den Bischöfen von Gurk, Bamberg, Freising und Brixen hielt er Frieden, insofern ihm sein Verhältniss zu den Herzogen Albrecht und Meinhard dies gestattete. Die Folge solcher Friedensliebe, Treue und Gerechtigkeit war eine allgemeine Achtung und ein hohes Ansehen und Vertrauen, welches Graf Friedrich sich bei Jedermann erwarb und welches ihn in den Stand setzte, seine Anverwandten Friedrich von Stubenberg und Ulrich Grafen von Heunburg durch seine Fürsprache vor den verderblichen Folgen ihrer Auflehnung gegen ihre Landesherren zu retten. Von

---

[1]) Rubeis, Monum. Eccl. Aquileg. pag. 731.

seiner Wohlthätigkeit gegen Klöster hat sich wenigstens ein Beweis, die angeführte Stelle aus dem Todtenbuche des Predigerklosters zu Cividal erhalten.

§. 8. Friedrichs II. Gemahlin.

Friedrichs II. Gemahlin war Adelheid, eine Tochter des Grafen Meinhard III. von Görz und Adelheidens, einer Tochter Alberts III. des letzten Grafen von Tirol.

Da dieser Graf Albert III († 1253) keine Söhne, sondern nur zwei Töchter Adelheid und Elisabeth hinterliess, von denen jene an Meinhard III. Grafen von Görz, diese aber an Gebhard Grafen von Hirschberg vermählt war, so gingen seine Grafschaft Tirol und alle seine Güter, Vogteien, Rechte u. s. w. an seine Töchter und deren Gemahle über, welche sich darein so theilten, dass Meinhard das Etsch- und einen Theil des Eisackthales, Gebhard aber das Innthal und den andern Theil des Eisackthales erhielt. So wurde Graf Meinhard III. von Görz auch Graf von Tirol. Seine Söhne Meinhard IV. und Albert II. theilten nach dem Tode des Vaters († 1258) die väterliche Erbschaft Anfangs thatsächlich, 1272 aber durch Vertrag so, dass Meinhard Tirol, Albert aber Görz erhielt. Graf Meinhard III. hatte aber auch zwei Töchter hinterlassen, Adelheid und Bertha, von denen jene, wie wir bereits sagten, sich mit dem Grafen Friedrich von Ortenburg, diese aber, nämlich Bertha, mit dem Grafen Konrad von Wuellenstätten und Kirchberg sich vermählte, aus welcher Ehe Bruno, der nachmals Bischof von Brixen wurde und Bruneeken gründete, herstammte.

Graf Friedrich war daher nicht nur mit den Grafen von Tirol und Görz, sondern auch mit den Grafen von Hirschberg und von Wuellenstätten-Kirchberg verschwägert. 1275 trat eine neue Verschwägerung ein, indem Euphemia, Friedrichs Nichte, nämlich die Tochter seiner Schwester Euphemia, sich mit dem Grafen Albert II. von Görz vermählte und 1276 wurde das Haus Ortenburg mit dem Hause Habsburg verschwägert, indem Elisabeth, die Tochter des Grafen Meinhard IV. von Tirol, sich mit Albrecht I., dem Sohne des deutschen Königs Rudolph I. vermählte. Daher wird nicht nur Graf Friedrich von seiner Nichte Elisabeth und deren Gemahle Herzog (später König) Albrecht

Oheim genannt, sondern es werden auch seine Söhne, ja noch seine Enkel von den Söhnen und Enkeln K. Albrechts Oheime (Vettern) genannt.

Wann die Heirat zwischen Friedrich Grafen von Ortenburg und Adelheid Gräfin von Tirol und Görz abgeschlossen worden sei, ist nicht mit Gewissheit bekannt. Hund [1]) gibt an, dass dies schon 1256 geschehen sei; allein ich bin nicht dieser Ansicht. 1256 am 18. Juni zu Völkermarkt wurde zwar zwischen Grafen Meinhard III. von Görz-Tirol und Grafen Hermann von Ortenburg die Verabredung getroffen, dass des ersten Sohn Albert II. eine der Töchter des letzteren heirathen sollte, aber von einer Verabredung einer Ehe zwischen Meinhards Tochter Adelheid und Hermanns Sohne Friedrich kömmt weder in dem obigen Vertrage noch sonst in einer Urkunde von 1256 etwas vor. Adelheid war vielmehr noch 1258 zu Hause bei ihrer gleichnamigen Mutter. Denn in dem Vergleiche, welchen diese 1258 nach dem Tode ihres Gemahles mit dem Bischofe Heinrich von Kur wegen der Lehen und anderer Streitigkeiten abschliesst, führt sie ihre Tochter Gräfin A. (Adelheid) und ihre Söhne M. (Meinhard) und A. (Albert) an [2]). Wäre Adelheid damals schon vermählt gewesen, so würde sie ebenso, wie ihre ältere Schwester Bertha, welche damals bereits verheirathet war, in jenem Vertrage nicht genannt worden sein.

Ich vermuthe vielmehr, dass ihre Ehe mit Friedrich erst 1262 vor sich gegangen sei. Denn erst in diesem Jahre entbinden die Grafen Meinhard und Albert von Görz und Tirol die Grafen (Heinrich und Friedrich) von Ortenburg von der Erfüllung des 1256 gegebenen Eheversprechens, weil jene Ehe (zwischen Albert und einer der Töchter des Grafen Hermann) wegen Verwandtschaft nicht stattfinden könne [3]).

Nun, welches konnte dies Ehehinderniss, welches 1256 noch nicht bestand, wohl aber 1262, anders gewesen sein, als die 1262 zwischen Friedrich Grafen von Ortenburg und Adelheid, der Schwester der Grafen von Görz und Tirol, abgeschlossene Ehe?

---

[1]) Hund, Stemmatographia Bavarica oder Bayerisches Stammbuch. II. Th., S. 18.

[2]) Coronini, pag. 212. (Edit. in Fol.)

[3]) Ebendaselbst, pag. 213.

Adelheid erscheint leider in keiner Urkunde ihres Gemahles; nur in einer Urkunde ihres Bruders des Grafen Meinhard von Tirol vom Jahre 1283 geschieht ihrer, jedoch ohne Nennung ihres Namens, Erwähnung. Denn P. Joseph Wallner [1] führt beim 20. Abte Werner Folgendes an: Wernerus XX. (Abbas) qui anno 1283 a Maynhardo Tirolis et Goritiae Comite in gratiae et defensionis praesidium speciale receptus fuit. Instrum. N. 396 datum apud Völklmark. In eo instrumento Albertum charissimum fratrem et Comitissam de Ortenburg sororem suam intervenisse commemorat Maynhardus.

Es kann kaum einem Zweifel unterliegen, dass unter dieser Gräfin von Ortenburg, welche Graf Meinhard seine Schwester nennt, Adelheid die Gemahlin des Grafen Friedrich zu verstehen sei. Denn hätte Meinhard seines Bruders Albert zweite Gemahlin Euphemia, eine geborne Gräfin von Hardeck, gemeint, so hätte er sich anders, als er es that, nämlich so ausdrücken müssen: Albertum charissimum fratrem ejusque uxorem intervenisse — —.

Adelheid muss bald darauf, entweder noch 1283 oder 1284 im Frühjahre gestorben sein und wurde Anfangs in der Kirche des Predigerklosters zu Cividal begraben, wo ihr folgendes Epitaphium gesetzt wurde:

† Hie jacet Dna Adelheyta Comitissa Uxor Dni Federici (Comitis) de Ortenburch, Soror Domini Mainardi Ducis Karinthiae et Domini Alberti Comitis Goritiae [2].

Allein der Leichnam Adelheidens konnte nur sehr kurze Zeit in der Kirche zu Cividal beigesetzt gewesen sein, da Graf Meinhard denselben nebst eilf andern Leichnamen seiner Anverwandten von väterlicher und mütterlicher Seite am 5. September 1285 in der Gruft des von ihm neu gegründeten Cistercienserstiftes Stams im oberen Innthale beisetzen liess.

Ihr Grab zu Cividal war daher nur ein Kenotaphium, d. i. ein leeres Grab und selbst die obige Inschrift wurde ihr erst einige Jahre nach ihrem Tode, als sie bereits zu Stams ruhte, errichtet. Man ersieht dies aus der Inschrift selbst. Denn Meinhard wird darin „Herzog von Kärnten" genannt, was er 1283 oder 1284,

---

[1] P. Jos. Wallner, Annus millesimus antiquissimi monasterii Ossiacensis. pag. 72.

[2] Rubeis, Monum. Eccles. Aquileg. p. 731.

als seine Schwester starb, noch nicht war, sondern erst 1286
wurde. Die Inschrift konnte demnach erst nach 1286 verfasst
worden sein.

§. 9. Friedrichs II. Tochter.

Urkundlich kennen wir nur eine Tochter Friedrichs, nämlich Euphemia, welche 1281 durch Vermittlung ihres mütterlichen
Oheims des Grafen Meinhard von Tirol mit dem Grafen Hugo von
Werdenberg vermählt wurde und von ihrem Vater eine Aussteuer
von 1500 Mark Silber Venetianer Gewichtes erhielt, wie man aus
folgender Urkunde entnimmt.

1281 III. intrante Junio (3. Juni) indictione nona in Chlagenvurt.

„Wir Friedrich Graf von Ortenburg bekennen, dass wir,
nachdem der Abschluss der Ehe zwischen unserer liebsten Tochter
Ofmia (Euphemia) und dem ansehnlichen (spectabilem, damals ein
gewöhnliches Prädicat der Grafen) Manne Grafen Hugo von Werdenberch durch die Vermittlung (ad procurationem) unseres liebsten Schwagers des ansehnlichen Mannes Grafen Meinhard von
Tirol glücklich zu Stande gebracht worden ist, in Betreff des Hei-
rathsgutes demselben 1500 Mark gutes Silber Venetianer Gewichtes
in gewissen Fristen, wie dies die darüber ausgefertigte Urkunde klar
bezeugt, vollständig zu zahlen versprochen haben. Da genannter
unser Schwager Graf Meinhard an unserer Statt die Bezahlung jener
Geldsumme fideijussorisch auf sich genommen hat, so versprechen
wir dagegen, dass wir, wenn unser Schwager Graf Meinhard, was
fern sein möge, bei der Bezahlung des genannten Geldes entweder
durch Nachlässigkeit oder allzu grosse Säumniss (von unserer Seite),
indem wir die schuldigen Zahlungsfristen nicht gehörig einhielten,
einen Schaden erleiden sollte, diesen ihm ganz und vollständig ersetzen werden. Und damit diesem unsern Versprechen nicht etwa
einer unserer Erben entgegen handeln könne oder wolle, so haben
wir ihm gegenwärtige mit unserem Siegel versehene Urkunde zu
geben befohlen.“

„Actum et datum in Chlagenvurt anno Domini MCCLXXXI. III.
intrante Junio indictione nona [1].“

Sonst ist uns von dieser Gräfin Euphemia nichts bekannt.

---

[1] Fontes Rerum Austriacarum. T. I, p. 206.

§. 10. Friedrichs II. Söhne im Allgemeinen.

Urkundlich bekannt sind nur folgende drei Söhne: Meinhard I., Otto V. und Albrecht oder Albert II., und da sie in allen Urkunden, worin sie alle drei zugleich genannt werden, in dieser Ordnung erscheinen, so ist auch anzunehmen, dass sie ihrem Alter nach so auf einander gefolgt seien.

Meinhard und Albert beweisen schon durch ihre Namen, dass sie mütterlicherseits von den Grafen von Görz-Tirol abstammen; denn so hiessen die beiden Brüder ihrer Mutter Adelheid, Meinhard der Graf von Tirol und später Herzog von Kärnten und Albert der Graf von Görz und Pfalzgraf von Kärnten, während andererseits Herzog Meinhard zweien seiner Söhne Ortenburgische Namen beilegte, nämlich Otto und Heinrich.

Man sieht hieraus wieder, wie wahr meine schon oft gemachte Bemerkung sei, dass Vornamen (Taufnamen) dem Genealogen nicht gleichgiltig sein dürfen, da sie ihm oft zum Fingerzeig in seinen Forschungen, häufig sogar zu einem secundären Beweise einer Hypothese dienen können.

Dass Meinhard der erstgeborne Sohn Friedrichs und um viele Jahre älter als seine Brüder Otto und Albrecht gewesen sein müsse, ersieht man daraus, weil sein erstgeborner Sohn Hermann schon 1301 verheirathet war, während die Söhne seines jüngsten Bruders Albrecht, denn Otto war kinderlos, fast erst 30 Jahre später erscheinen. Meinhard musste daher schon 1263 geboren worden sein und schon um 1283 geheirathet haben, weil er sonst unmöglich schon 1301 einen erwachsenen und verheiratheten Sohn hätte haben können.

§. 11. Graf Enicho oder Emicho, Domherr zu Freising und Propst zu Wertsee, angeblich ein Enkel des Grafen Friedrich von Ortenburg.

Alle Ortenburgischen Genealogien führen einen Grafen Enicho oder Emicho an, denn beide Namen findet man sowohl in Urkunden als auch in Druckwerken, welcher ein Enkel des Grafen Friedrich von Ortenburg und Domherr zu Freising gewesen sei, ohne einen Grund für dessen behauptete Abstammung anzugeben. Vielleicht fand man den Grund dafür in den folgenden zwei Urkunden.

5 *

1297. 16. October. — (Ohne Angabe des Ortes.)

Graf E m i c h o, Propst zu Wertsee, schliesst mit K o n r a d von
F i n k e n s t e i n, welcher der Propstei grossen Schaden zugefügt
hatte, zur Beilegung ihrer Streitigkeiten einen Vergleich ab. — —
„mit vnsers lieben Oheims Herzog Heinrichs von Kärnten Insiegel [1])“.

1297. 17. October. St. Veit.

O t t o, L u d w i g und H e i n r i c h, Herzoge von Kärnten und
Grafen von Tirol bestätigen den Vertrag, welchen „v n s e r l i e b e r
O h e i m Graf E m i c h Brobst ze Wertse“ mit Konrad von Finkenstein abschloss. — — „mit Insigel v n s e r s l i e b e n V e t e r n Gra-
v e n A l b r e c h t v o n G ö r z“ — — [2]).

Zur Zeit, als diese Urkunden ausgestellt wurden, hatten die
Ausdrücke „Veter“ und „Oheim“ eine der jetzigen gerade entgegengesetzte Bedeutung, indem das Wort V e t e r soviel als Oheim,
Vatersbruder, patruus, das Wort O h e i m aber soviel als Vetter, Geschwisterkind und Geschwisterenkel, patruelis, bedeutete.

Graf E m i c h o war daher ein V e t t e r der Herzoge O t t o, L u d-
w i g und H e i n r i c h. Daraus folgt aber noch nicht, dass er ein Graf
von O r t e n b u r g gewesen sein müsse. Denn Geschwisterkinder der
genannten Herzoge waren:

1. Die Söhne der Brüder oder Schwestern ihrer Mutter E l i s a-
b e t h, einer Tochter Otto's des Erlauchten, Pfalzgrafen zu Rhein,
Herzogs von Bayern.

2. Die Söhne ihres Oheims (Vatersbruders) des Grafen A l-
b e r t II. von Görz.

3. Die Söhne ihrer Tante (Vatersschwester) B e r t h a, Gemahlin
des Grafen K o n r a d von K i r c h b e r g oder, wie er gewöhnlich genannt wird, von W u e l l e n s t ä t t e n und K i r c h b e r g.

4. Die Söhne ihrer Tante (Vatersschwester) A d e l h e i d, der
Gemahlin des Grafen F r i e d r i c h von O r t e n b u r g.

Demnach könnte man nur sagen, dass Graf Emicho einem
dieser vier versippten Geschlechter angehört haben k ö n n e, aber
nicht müsse, da es ja noch ein und das andere mit den Herzogen von
Kärnten engverwandte Geschlecht gegeben haben konnte, von dem
wir nichts wissen. Dass er ein Graf von O r t e n b u r g in Kärnten

---

[1]) Urkunden der Propstei Maria Wert, in Abschrift im st. l. Joanneumsarchive.

[2]) Ebendaselbst.

gewesen sein sollte, wollte mir nicht einleuchten und zwar aus folgendem Grunde.

Graf Emicho stand der Propstei zu Wertsee (Maria Wert) in Kärnten über 35 Jahre vor, war daher immer in der Nähe der Grafen von Ortenburg, kam mit ihnen bei vielen Gelegenheiten zusammen, erscheint aber in keiner Ortenburgischen Urkunde, was, wenn er ihnen angehört hätte, völlig unerklärbar wäre.

Und er war auch wirklich kein Graf von Ortenburg, sondern ein Graf von Ruxingen aus Bayern. Diese Aufklärung, wie überhaupt so manchen wichtigen Beitrag zu meinen Arbeiten, verdank' ich meinem verehrten Freunde Herrn Professor Joseph Georg Zahn, Vorstande des Archives, Münz- und Antikencabinets am steirisch-landschaftlichen Joanneum zu Graz, der mir folgende Abschrift einer noch nicht abgedruckten Freisinger Urkunde mittheilte, die er aus der bekannten überaus reichhaltigen Sammlung noch ungedruckter Freisinger Urkunden, Urbarien etc. von Heckenstaller entnommen hatte.

1297. 7. December. Flednich.

„Ich Otte von Montparis tun chunt allen — — vnd vergich an diesem prief, daz ich frowen Geuten, Vlriches des Chropfes Tochter, housfrowe Winthers von Purchstall an das gotshaus ze Freisinge gib vnd han geben vnd verzeich mich vnd alle mein Erben aller der aigenschefte, di ich oder mein Erben haben oder sollen haben an der vorgenanten Geuten oder ir Erben, ob si immer cheinen gewint. Vnd daz diu vorgenant gab vnd verzeichnuzze stät sei, dez gib ich meinem herren dem ersamen bischof Enichen von Freisingen und allen seinen nachchomen disen brief verinsigelt mit meinem Insigel, daz ist bescheheen daz Flednich auf der purg do von christes gepürte waren tousent jar, zweihundert jar, in dem sieben vnd niuntzigsten jar des nächsten tages nach sant Nycolaustag. dez ist geziuch mein herr der edel graf Enich von Ruxingen Brobst ze Wertse, Johann der Schreiber von Lok vnd herr Chunrat von Lok, Erchinger vnser diener vnd Vlrich der Chropf vnser burggraf ze Flednich vnd Vlrich Chropf sein Sun vnd ander biderb leut ein michel tail, di da bei seint gewesen vnd ez gehört haben."

Somit war der Propst Enicho von Wertsee nicht ein Graf von Ortenburg sondern ein Graf von Ruxingen und gehörte zum Geschlechtsstamme der sogenannten Wilden Grafen (Wildgrafen, comitum silvestrium), aus welchem Graf Enicho, Bischof von Frei-

singen und dessen Brüder Gerhard, Dompropst zu Freisingen
und Graf Hugo Propst von Ardaker, Domherr zu Mainz und Freisingen, abstammten [1]). Ein naher Verwandter, wie ich vermuthe gar ein
Bruder der obigen war der Propst Enicho von Wertsee, wie man
aus folgenden Urkunden ersieht.

1286. 24. Juli. Hof Dräsik.

Bischof Enicho von Freisingen und Graf Friedrich von
Ortenburg theilen die Kinder aus Mischehen zwischen ihren Leu-
ten auf dem Gute Lok unter sich. (Sieh die Urkunde beim genann-
ten Jahre). In presencia dominorum comitum Hugonis canonici
Moguntini, Gerhardi prepositi ecclesie sancti Andree Frisinge,
Enichonis prepositi Werdensis etc.

1293 des Vreitages in der Hosterwoche (3. April) ze Lok in
sant Jacobi Chapelle.

Wernher und Chunrat Ritter und Nichlawe, Söhne weiland Werenhers von Lok, schliessen mit ihrem Vetter Chunrat
dem jungen, Chunrats des Aglaiers Sohn, einen Vergleich. — —
„mit Insigel vnd Hantveste vnser lieben Herren, die wir gebeten
haben, der wilden graven Herren Gerharts des erbern tuem-
probstes von Freisingen, Graven Hougen des erbern Chorherren
von Meintze vnd von Freisingen, Graven Enichen des Probstes von
Wertse" — — (noch mehrere Siegler, hierauf sieben Zeugen und
dann heisst es:) „vnd noch andere von vnser Herrn Hofgesinde der
edelen Herren Herren Enichen der Wildengraven" (dann noch
zwölf Zeugen) [2]).

Die letzte Anführung ist besonders merkwürdig, weil die Wildgrafen hier die Enichen genannt werden, da zwei derselben den
Namen Enicho führten, nämlich der Bischof und der Propst, mögen
sie nun Vettern, oder, wie nach dem Gesagten zu vermuthen ist, Brüder

---

1) Meichelbeck, Hist. Frising. T. II. p. 92. Ihre Grafschaft lag auf dem Hunds-
rücken, einer Fortsetzung der Vogesen, zwischen den Flüssen Nahe, Rhein und
Mosel. Da diese Gegend noch jetzt grösstentheils mit dichten Waldungen, wovon
der Sohnwald und der Hochwald die ausgedehntesten sind, bedeckt ist, so kann
man sich denken, wie sehr dies zu jener Zeit der Fall gewesen sein müsse. Von
dieser Beschaffenheit ihrer Grafschaft hiessen sie daher die Wildgrafen,
d. i. die Waldgrafen, wie man dies aus ihrer lateinischen Benennung „comites
silvestres" ersieht.

2) Ebendaselbst. Instrument. Num. CXCIX, pag. 127—128.

gewesen sein. Dass zwei Brüder einen und denselben Vornamen
führen, kommt zwar nicht häufig, aber doch zuweilen vor, und zwar
gerade im Geschlechte der Grafen von Wittelsbach, aus welchem
die Wildgrafen herstammen. So hatte Graf Otto V., welcher
1180 Herzog von Bayern wurde († 1183) und der Stammvater der
Herzoge von Bayern war, nebst drei andern Brüdern, Konrad Erzbischof von Mainz (1162 — 1200), Ulrich und Friedrich noch
einen vierten Bruder Otto VI. († 1200), der zur Unterscheidung von
seinem ältern Bruder minor (natu), der jüngere genannt wurde. Des
letzteren Sohn Otto VII., jener Graf von Wittelsbach, welcher
1208 den deutschen König Philipp ermordete und 1209 selbst erschlagen wurde, hatte zwei Söhne, Dietrich und Gerhard, welche
zuerst den Titel Wildgrafen führten und von denen die spätern
Wildgrafen abstammten [1]. Unsere oft genannten vier geistlichen
Herren scheinen die Enkel oder Urenkel Gerhards gewesen zu sein.
Nach Camill Behr [2] stammen die Wildgrafen des XIII. Jahrhundertes nur von mütterlicher Seite von den Wittelsbachern ab. Denn
Otto der jüngere (nach Hübner Otto VI., nach Behr Otto VII.) † 1200
habe nebst zwei Söhnen Udalschalk und Otto VIII. dem Mörder
K. Philipps, † 1209, noch zwei Töchter gehabt, von denen Elica
mit Konrad von Mähren, die andere unbekannten Namens in erster
Ehe mit Gerhard dem Wildgrafen, in zweiter Ehe aber mit
Grafen Albert von Eberstein vermählt gewesen sei.

Welche Angabe die richtige sei, kann ich nicht entscheiden;
nach beiden ist es jedoch gewiss, dass die Wildgrafen des
XIII. Jahrhundertes von den Wittelsbachern abstammen.

Bei dieser ihrer Abstammung von den Wittelsbachern und
bei deren Verwandtschaft mit den Grafen von Tirol, Herzogen von
Kärnten, und mit den Grafen von Ortenburg nennt Bischof Enicho
den Pfalzgrafen zu Rhein und Herzog von Bayern Ludwig seinen
Blutsverwandten (consanguineum suum), den Herzog Meinhard
von Kärnten seinen Magen (Verwandten) und den Grafen Meinhard von Ortenburg, Friedrichs Sohn, seinen Oheim (Vetter),
welche letzte Benennung auch der Propst Enicho von Wertsee den
Söhnen des Herzogs Meinhard gibt.

---

[1] Hübner, Genealog. Tafeln. Tafel 132.

[2] Camill Behr, Genealogie der in Europa regierenden Fürstenhäuser. S. 24.

Somit war dieser Propst Enicho ein Graf von Ruxingen aus dem Geschlechte der Wildgrafen, einem Zweige der Grafen von Wittelsbach, und daher nicht ein Enkel des Grafen Friedrich von Ortenburg, sondern nur ein sehr weit entfernter Vetter desselben, ein Vetter, wie man zu sagen pflegt, vom letzten Suppenschnittel.

Zweiter Abschnitt.

§. 12. Friedrichs II. Söhne Meinhard I., Otto V. und Albrecht II. bis zu Meinhards I. Tode im Jahre 1332.

Wir wollen die Geschichte dieser drei Brüder so behandeln, dass wir alle Nachrichten und Urkunden bis 1332 so wie alle wichtigeren Zeitereignisse politischer und kirchlicher Natur schon bei Meinhard berühren, bei Otto und Albrecht aber nur die nach 1332 erfolgten Begebenheiten und die jeden einzelnen derselben betreffenden Nachrichten und Urkunden anführen.

Graf Meinhard scheint im Herbste 1289 den Herzog Albrecht von Österreich auf dessen Feldzuge gegen den Grafen Iban von Güns begleitet zu haben. Die Reimchronik [1] spricht zwar nur von einem Grafen Meinhard von Altenburg, aber dies ist offenbar irrig, da es zu jener Zeit keinen Grafen Meinhard von Altenburg, wohl aber einen Grafen Meinhard von Ortenburg gab.

„Vnd von Altenburg (Ortenburg) Graf Mainhart
Da dew (die) Gegent wart pewart,
Schuef der von Österreich,
Daz von Hewnburg Graf Vlreich
Vnd der Gegent phlegen
Dacz Knuttelveld legen.“

Diese Stelle ist offenbar verdorben und ganz unverständlich; nur aus dem Zusammenhalt derselben mit einer spätern Stelle: „Die muessen nu ze stet die andre Raiz alle varn“ scheint hervorzugehen, dass Graf Meinhard während des ersten Feldzuges im Früh-

---

[1] Reimchronik. Capitel CCCXI. Hier. Pez. III, 276.

jahre 1289 Kärnten, Graf Ulrich das Murthal, Ulrich der Kapeller das Ennsthal gegen den Erzbischof geschützt habe, dass aber alle diese drei den zweiten Feldzug im Herbste mitmachen mussten „wann der Herezog vnd der Pischolf waren mit ainem fried verphlicht, dass man hie ze Steyer nicht sorgte umb dhainer slacht." Von einer besondern Waffenthat Meinhards macht die Reimchronik keine Erwähnung.

1291 bewirkt Graf Meinhard von Ortenburg im Vereine mit Bischof Enicho von Freisingen und Wülfing dem Vicedome von Krain eine Aussöhnung zwischen mehreren Ortenburgischen und herzoglichen Ministerialen.

1291. 24. Mai. Lok.

Enicho Bischof von Freisingen thut kund, dass vor ihm, seinem lieben „Öheim" Grafen Meinhard von Ortenburg, Friedrichs Sohne, und vor Herrn Wülfing Vicedom von Krain und auf der Mark und vor andern biedern Leuten der Streit und die Feindschaft, welche bisher zwischen Gerloch von Grätz (Windischgrätz) einer- und Rüger und Märchlein seines Bruders Söhnen und Hermann Herrn Ulrichs von Waldenberg Sohne andererseits bestanden, beigelegt und ausgeglichen worden sei und die Genannten sich mit einander ausgesöhnt haben.

Hiebei habe Gerloch geschworen, dass er, wenn er die Sühne nicht fünf Jahre hindurch hielte, „unserm lieben Öheim" dem Grafen Friedrich von Ortenburg oder dessen Sohne Meinhard 200 Mark Aglayer (Aquilejer) Pfennige zahlen wolle und habe für diese Summe folgende Bürgen gestellt, ihn, den Bischof selbst, für 50 Mark, Gerloch von Hertenberg für 50 Mark, den Truchsess von Kreikke (Kreig) für 50 Mark, Werner von Lok (Lack) für 25 Mark und Niklas den Chramer seinen Bruder um 25 Mark.

Ebenso haben auch die Brüder Rüger und Märchlein geschworen, dass sie, wenn sie die Sühne nicht fünf Jahre hindurch hielten, „vnserm lieben Herren vnd Magen (Verwandten) dem hohen Fürsten Herczogen Meinharten von Chärnten" 50 Mark Aglajer Pfennige und dem Grafen Friedrich von Ortenburg oder seinem Sohne Meinhard ebenfalls 50 Mark Aglajer Pfennige bezahlen, und haben dem Vicedom anstatt des Herzogs dafür als Bürgen gestellt, ihn, den Bischof selbst, für 25 Mark und Wernher von Lok für 25 Mark.

Mit den Siegeln des Bischofes, Wülfing des Vicedoms, (Gerloch) des Hertenbergers und Konrad des Aglayers. (Ohne Zeugen) [1].

Nach Unterdrückung des steirischen Aufstandes und nach der Einnahme der Stadt Friesach bestätigte Herzog Albrecht daselbst am 20. März 1292 aus freiem Entschlusse die Freiheiten der steirischen Edlen und Ministerialen. In dieser Urkunde erscheinen nach den Geistlichen und zwei Reichsgrafen als Zeugen „vnsre Öheime Mainhart vnd seine Brueder (Otto und Albrecht) Grafen von Ortenburch". Da Herzog Albrecht bei dieser Gelegenheit 50 Edelknechten den Ritterschlag ertheilte und sie aufforderte, ihm auf dem Zuge, den er nach Deutschland vorhatte, zu folgen, so werden wohl auch die jungen Grafen damals den Ritterschlag erhalten und den Herzog, welcher sich um die deutsche Königskrone bewarb, in das deutsche Reich begleitet haben und mit ihm erst im Januar 1293 nach Kärnthen zurückgekehrt sein.

1298 begab sich Graf Meinhard von Ortenburg in Begleitung seines Oheims Grafen Albert II. von Görz in das Benedictiner-Kloster Rosach in der Grafschaft Görz, um sich im Auftrage seines Vaters Grafen Friedrich daselbst bei dem Abte und Convente zu erkundigen, weshalb sie der Stiftung entgegen in dem bei der Kirche St. Ägidii bestehenden und ihrem Kloster gehörigen Spitale keine Armen und Aussätzigen mehr unterhielten.

Jene Kirche mit dem Spitale habe nämlich sein Stammverwandter Graf Ulrich von Ortenburg, Erzdiakon von Aquileja, der zum Patriarchen von Aquileja gewählt, aber von der römischen Curie nicht bestätiget worden sei, als erwählter Patriarch erbaut, mit vielen Mansen, Besitzungen und Eigenleuten, welche zur Grafschaft Ortenburg gehörten, ausgestattet und mit schönen Kirchengeräthschaften versehen und dies alles durch den Patriarchen Peregrin dem Kloster Rosach, dem er auch zwei Pfarren, die eine zu Budrio, die andere zu Henigstein, die ihm als Erzdiakon von Aquileja gehörten, verschafft habe, unter der Verpflichtung dem Kloster übergeben, dass in jenem Spitale Arme und Aussätzige unterhalten werden sollten.

---

[1] Abschrift vom Archivar J. Zahn. Original im kön. bayer. Reichsarchive mit zwei verletzten Siegeln.

Graf Albert von Görz, dessen Vorältern daher ohne Zweifel auch
Wohlthäter jenes Spitales gewesen sein mussten, und Graf Meinhard
von Ortenburg fragten daher den Abt Johann und die Conventualen
des Klosters, warum sie jener Verpflichtung jetzt nicht mehr nach-
kämen. „Weil, sagten diese, einst vom Kloster kein Zehent an die
römische Curie entrichtet wurde, wohl aber jetzt." „Wir, erwider-
ten die Grafen, haben aber unser Eigenthum keineswegs dazu herge-
geben, dass es der römischen Curie zukomme, sondern dazu, dass
davon Arme und Aussätzige verpflegt würden" und standen unter
grosser Entrüstung auf. Schliesslich sprach der Graf von Görz zum
Abte und Convente von Rosach: Ich und meine Neffen (die jungen
Grafen Meinhard, Otto und Albrecht von Ortenburg)
werden Alles, was unsere Anverwandten und unsere Ministerialen
dem Kloster und Spitale gegeben haben, wieder zurücknehmen,
so wie es Ulrich der Erzdiakon und Graf von Ortenburg
(im Falle der Nichteinhaltung der Stiftung) anbefohlen hat (secundum quod Udolricus Archidiaconus et comes de Ortenburg
praecepit). Nach diesen Worten gingen sie in grossem Zorne
davon.

Der Abt berichtete diesen Vorfall dem Bischofe Jakob von Concordia und bath ihn um Rath. Dieser antwortete, es sei wirklich Alles
so, wie es die Grafen gesagt hätten und rieth ihm, die Stiftung zu
vollziehen und wenigstens einige Arme zu unterhalten, damit man
den guten Willen des Klosters sehe. Geschähe dies nicht, so sei zu
fürchten, dass die Grafen, wie sie gedroht, nicht nur das Ihrige zu-
rücknähmen, sondern auch vielleicht das Kloster selbst zerstörten,
denn sie seien überaus mächtig und noch überdies gegenseitig (ex
utraque parte) verwandt, und niemand werde dem Kloster zu Hilfe
kommen, da das Recht auf Seite der Grafen sei.

Auch die alten Mönche riethen, die Stiftung zu beobachten, da
die Kirche des heil. Ägidii und das Spital mit ihren Gütern von jenen
Grafen herrührten und diese daher ein Recht hätten, die Aufrechthal-
tung der Stiftung zu verlangen. Es sei daher gerathener, Arme und
Aussätzige zu unterhalten, als das Geld an die römische Curie zu
schicken, da sonst dem Kloster die grösste Gefahr drohe, indem
die Grafen in ihrem Rechte seien. Auch seien nicht nur einst, sondern
noch bis zu seiner Zeit, sagt der Mönch Osalk, viele verwitwete
Matronen und adelige Einsiedler in jenem Spitale gewesen, welche

diesem zum Unterhalte von Armen und Aussätzigen viele Güter geschenkt hätten [1]).

Hier endigt dies Bruchstück der Rosacher Chronik vom Mönche Osalk; aber es ist kein Zweifel, dass das Kloster aus Furcht vor den Grafen von Görz und Ortenburg sich entschlossen haben werde, der Stiftung des St. Ägidii-Spitales nachzukommen.

Von dem Grafen Ulrich I. von Ortenburg, Erzdiakon und Propste zu Aquileja (1122—1176), ist schon an seinem Orte die Rede gewesen [2]).

1298, von Rosach zurückgekehrt, begleitete Graf Meinhard den Herzog Albrecht von Österreich auf dessen Zuge gegen König Adolph nach Deutschland, wohnte der Schlacht auf dem Hasenbühel bei Göllheim am 2. Juli bei, in welcher K. Adolph Reich und Leben verlor, und zog hierauf mit Albrecht, welcher am 27. Juli zu Frankfurt zum deutschen König erwählt worden war, nach Aachen, wo derselbe am 24. August gekrönt wurde, und später nach Nürnberg, wo am 16. November Elisabeth, K. Albrechts Gemahlin, gekrönt wurde und wo die grosse Festmahlzeit stattfand, bei welcher die Churfürsten ihre Erzämter persönlich verrichteten.

Zu diesem grossen Hoftage war auch Graf Friedrich von Ortenburg trotz seines Alters nach Nürnberg gekommen, um der Krönung seiner Nichte beizuwohnen. Ohne Zweifel hatten ihn seine beiden jüngeren Söhne Otto und Albrecht dorthin begleitet, wenn sie nicht schon im Frühjahre zugleich mit ihrem Bruder Meinhard im Gefolge des Herzogs nach Deutschland gezogen waren.

Meinhard blieb, wie es scheint, bis in den Frühling des Jahres 1300 fortwährend bei K. Albrecht in Deutschland, da man ihn während dieser Zeit nicht zu Hause findet und da man andererseits einen urkundlichen Beweis hat, dass er Anfangs des Jahres 1300 sich noch zu Ulm befand. Denn in der Urkunde ddo. Ulm 5. Februar 1300, worin K. Albrecht I. Blanken, Schwester des Königs Philipp von Frankreich, der Verlobten seines erstgebornen Sohnes Rudolph, Herzogs von Österreich, mehrere Grafschaften, Herrschaften und Städte als Witwenthum und Morgengabe anweist, erscheint unter

---

[1]) Corouini, pag. 242—244.

[2]) Tangl, Die Grafen von Ortenburg in Kärnten. Erste Abtheilung. §. 1, S. 244—250 (Separatabdruck, S. 42 48).

den Zeugen auch Graf Meinhard von Ortenburg. Doch es dürfte vielleicht nicht uninteressant sein, sämmtliche Zeugen kennen zu lernen: sie sind: Venerabilis D. Henricus Episcopus Constantiensis, illustris D. Henricus Dux Carinthiae: spectabiles viri Burchardus de Hohenberg, Ludovicus de Oettingen, Eberhardus de Wirtenberg, Rudolphus de Werdenberg, Meinhardus de Ortenberg comites: strenui viri Henricus et Ulricus fratres de Walsee, Hermannus Mareschalcus de Landenberg, Marquardus de Schellenberg, Dietdegenus de Chastel, Ulricus et Albertus fratres de Clingenberg, Waltherus et Henricus fratres de Butichen et Pilgrimus de Wagenberg [1]).

Man stosse sich nicht an der sonst ganz unüblichen Form Ortenberg. Der Schreiber der Urkunde, der im Vorhergehenden drei auf berg endende Namen geschrieben hatte, schrieb aus Unkenntniss des wahren Namens nun auch Ortenberg statt Ortenburg. In dem bayrischen Grafengeschlechte desselben Namens gab es zu keiner Zeit einen Grafen Meinhard, sondern nur in dem kärntnerischen.

Graf Meinhard befand sich übrigens auch in der Fremde unter Verwandten, denn der König war der Gemahl seiner Cousine Elisabeth, der Herzog Heinrich von Kärnten sein Vetter (Geschwisterkind) und die Grafen von Hohenberg und Werdenberg waren mit ihm verschwägert, indem seine Schwester Euphemia mit Hugo Grafen von Werdenberg, seine Cousine Euphemia Clara aber mit Albrecht dem jüngeren Grafen von Hohenberg vermählt war.

Die Theilnahme des Grafen Meinhard an dem Zuge Herzog Albrechts nach Deutschland und sein zweijähriger Aufenthalt daselbst, wobei er, als im unmittelbaren Gefolge des Königs, fast alle Gegenden und Städte des deutschen Reiches kennen lernte, und sowie Anfangs Schlachten und Belagerungen, so in der Folge Reichstagsberathungen, königlichen Gerichtssitzungen, diplomatischen Verhandlungen und anderen öffentlichen Geschäften jeder Art beiwohnte und an den glänzendsten Hoffesten, wo Alles was durch Geburt, Rang, Würden, Tapferkeit, Bildung und Schönheit hervorragte, versammelt war, Theil nahm, musste für den jungen Grafen von unberechenbarem Vortheile und eine wahre Vorschule des Lebens sein. Was konnte Meinhard, wenn er offene Augen und Ohren, einen ver-

[1] Böhmer, Regesta Imperii 1246—1313. (Neue Bearbeitung.) S. 219—220.

ständigen Sinn und ein empfängliches Gemüth hatte, an Kenntniss der
Länder, Völker, Sitten, Gebräuche, Kriegsführung, Geschäftsbehand-
lung, an Menschenkenntniss, Geschmack, feiner Sitte und an Grund-
sätzen und Vorbildern für sein Leben gewinnen! Dieser Gewinn war
sicher die Hunderte von Mark Silber, die der Zug gekostet haben
mag, mehr als werth und er zeigte sich auch in dem grossen Ansehen
und Einflusse, welchen der Graf bald nach seiner Zurückkunft auf
die Angelegenheiten des Patriarchates gewann und behauptete.

Wann Graf Meinhard zurückgekehrt sei, ist nicht genau bekannt, im Monate August findet man ihn jedoch laut folgender Urkunde
schon zu Udine in Friaul, woraus zu schliessen ist, dass er einige
Zeit vorher nach Hause gekommen sei.

1300. 1. Augusti Utini. Prima die Augusti dedi Mussatto (Ca-
pitaneo de Arisperch) qui portavit unam litteram D. Patriarchae ad
S. Vitum, quia Comes (Meinhardus) de Ortemburch venerat
Utinum [1]).

Graf Meinhard war nach Friaul gekommen, um sich mit dem
Patriarchen, der ihn zum Hauptmann von Friaul ernannt hatte,
persönlich über die Führung des Krieges gegen dessen Feinde zu besprechen. Mit den Angelegenheiten Friauls aber verhielt es sich folgendermassen.

Der Adel dieses Landes, zahlreich, mächtig und kriegslustig, war
von jeher gegen seinen Herrn, den Patriarchen von Aquileja, unge-
fügig, erhob sich aber in seiner Unbothmässigkeit desto mehr, je
weniger die späteren Patriarchen im Vergleiche zu ihren Vorgängern
das Schwert zu führen verstanden. Um der Macht des Adels ein Ge-
gengewicht zu geben, förderten die Patriarchen das Aufblühen des
Städtewesens, was jenen ein Dorn im Auge war. Zum Sinken des
Ansehens der Patriarchen trugen auch die Grafen von Görz viel bei,
deren Politik dahin gerichtet zu sein schien, die Macht des Patriarchates zu schwächen und zu diesem Zwecke die Parteiungen in demselben zu unterhalten. Auch der Adel selbst war getheilt, befehdete sich
untereinander und hielt es, je nach seinem Vortheile, bald mit diesem, bald mit jenem Theile. Darum bietet uns die Geschichte Friauls
zu jener, so wie noch in der folgenden Zeit ein trauriges Bild innerer
Zerrüttung dar, wie wir es kaum in ähnlicher Art in einem andern

---

[1]) Bianchi, Documenti per la storia del Friuli.

Lande finden. Seine Geschichte ist eine Kette von Händeln, die sich unter stetem Wechsel der Parteien und Interessen in endloser Folge dahinziehen, später mit den italienischen Verwicklungen sich verflechten und ein widriges Parteigetriebe um kleinliche Interessen darstellen.

Diese Parteikämpfe wurden mit der grössten Erbitterung und auf eine Weise geführt, welche auf die Cultur des Landes einen höchst nachtheiligen Einfluss haben musste. Man verheerte nicht nur Städte, Marktflecken, Burgen, Kirchen und Dörfer, sondern auch das Land selbst durch Verbrennung der Wälder, Ausrottung der Reben, Frucht- und Ölbäume, Zerstörung der Saaten und Ernten und Tödtung der Hausthiere. Wie sehr bei solchem Wüthen die Bewohner verwildern und das Land zur Einöde werden musste, ist begreiflich.

Die friaulischen Händel, in welche Graf Meinhard von Ortenburg sich verwickeln liess, hatten folgenden Hergang.

Nachdem schon 1297 Streitigkeiten zwischen dem Patriarchen Raimund und dem Grafen Albert II. von Görz bestanden hatten, aber beigelegt worden waren, brachen Anfangs des Jahres 1299 zwischen eben denselben wieder neue aus, die aber einerseits durch den am 23. Februar erfolgten Tod des Patriarchen und andererseits dadurch beigelegt wurden, dass das Capitel zu Aquileja am 19. März Alberts erstgebornen Sohn Heinrich II. zum Hauptmann in Friaul ernannte, der sich auch, obgleich einige Städte und Dynasten ihn nicht anerkennen wollten, durch die Unterstüzung Gerards von Camin, dessen Tochter Beatrix mit einer Aussteuer von 17,000 Mark kleiner Veroneser Münze den Grafen Heinrich II. geheirathet hatte, in seiner Stelle zu behaupten wusste.

Der an Raimunds Stelle am 24. Juni 1299 vom Papste Bonifaz VIII. ernannte Patriarch Peter von Gerra war ein Mann von den vortrefflichsten Eigenschaften und würde in ruhigen Zeiten eine Zierde des Patriarchats gewesen sein. Aber damals passte er nicht für Aquileja, denn er war bereis hoch bejahrt und daher dem unruhigen Friauler Adel gegenüber zu schwach. Er trat das Patriarchat Ende Septembers 1299 an und regierte ruhig über ein halbes Jahr, als ein Ereigniss eintrat, welches die unseligsten Folgen nach sich zog.

Der Patriarch hatte einen Neffen Namens Nicolaus mit sich nach Aquileja gebracht und demselben, da er selbst alt war, wahrscheinlich die Leitung der weltlichen Angelegenheiten übertragen. Dieser verlieh nun im Monate Juni 1300 den Ort Sacile ohne Vorwissen und Einwilligung seines Oheims, des Patriarchen, dem mächtigen Dynasten Gerard von Camin, der auch gleich davon Besitz nahm. Der Patriarch, der Sacile dem Gerard von Castellis hatte geben wollen, zürnte seinem Neffen wegen dessen Eigenmächtigkeit, weshalb auch dieser das Land verliess, und verlangte von Gerard von Camin die Zurückgabe von Sacile, welche aber dieser verweigerte. Da nun dieser nicht nachgeben, der Patriarch aber sein Ansehen behaupten wollte, so kam es darüber zum Kriege.

Auf der Seite des von Camin standen sein Schwiegersohn Graf Heinrich von Görz und die meisten Dynasten von Friaul, auf der Seite des Patriarchen aber nur wenige von dem Adel, jedoch die meisten städtischen Gemeinden. Da dieser sich so vielen und mächtigen Feinden gegenüber zu schwach fühlte, so rief er den Grafen Meinhard von Ortenburg um seinen Beistand an und ernannte ihn, um sich desselben desto gewisser zu versichern, zum Hauptmann von Friaul [1]).

Dieser nahm aus Ehrgeiz und Kriegslust die Stelle an und kam Ende Juli nach Udine, um sich mit dem Patriarchen und dessen Anhängern über den Stand der Angelegenheiten und über die Führung des Krieges zu berathschlagen. Dass er jedoch den Krieg damals noch nicht begann, sondern zuvor noch, wahrscheinlich um Truppen zu sammeln, nach Krain und Kärnten zurückkehrte, beweisen folgende Urkunden.

1300 — — zu Krainburg. Otto von Hertenberg verkauft dem Grafen Meinhard von Ortenburg das Dorf Villach unter Flednik um 45 Mark Aglajer [2]).

Flednik liegt nahe an der Save unweit von ihrer Vereinigung mit der Zayer und südlich von Flednik ist daher auch das, mir übrigens unbekannte Dorf Villach, das auf den Karten nicht verzeichnet ist, zu suchen.

1300 am Erchtag nach St. Augustinitag zu Villach. Graf Walter von Sternberg verkauft dem Grafen Meinhard von Ortenburg seine Mannschaft am Zobelsberg in der Mark um 60 Mark Aglajer [3]).

---

[1]) Dies und das folgende, so weit es Friaul betrifft, ist nach Rubeis pag. 804—806, Coronini pag. 244—247 und Bianchi's Regesten zusammengestellt.

[2]) Apostelen. VIII. Band, Blatt 192.

[3]) Ebendaselbst, Blatt 190.

Unter Zobelsberg ist die bekannte, den Grafen von Ortenburg gehörige Herrschaft gleiches Namens in der Mark Krain zu verstehen, wo Graf Walter von Sternberg noch einige Ministerialen besitzen mochte.

Der Sonderbarkeit wegen und weil er dem Datum nach hieher
gehört, führe ich noch folgenden sein sollenden Urkundenauszug an.
1300. „Auch erhalten Meinhard von Ortenburgh und
Eberhard von Altenburgh die Belehnung" (von Aquileja) [1].

Man möchte hier die Frage aufwerfen, mit welchem Rechte eine
solche in jeder Beziehung ungenügende Nachricht ein Urkundenauszug genannt werde, welchen Nutzen sie gewähre und wie ein
historischer Verein sie in seine Mittheilungen aufnehmen konnte?
Ein vollständiger Auszug dieser Aquilejer Urkunde wäre uns nicht
nur der Sache, sondern auch des Datums wegen wichtig gewesen.

Da Graf Meinhard von Ortenburg sich noch Ende August
zu Villach befand, so konnte er mit den in Kärnten und Krain gesammelten Truppen erst gegen die Mitte Septembers nach Friaul
gekommen sein und die Feindseligkeiten gegen Gerard von Camin
und dessen Bundesgenossen begonnen haben. Seine erste Unternehmung war gegen den Ort Villalta, nordwestlich von Udine gelegen,
gerichtet, den er am 21. September zu belagern begann. Wahrscheinlich um ihn davon abzuziehen, fingen seine Gegner an, die dem
Patriarchen sehr anhängliche Stadt Civitas Austriae (Cividal) zu belagern und setzten ihr dermassen zu, dass sie sich, wenn nicht
schleuniger Entsatz käme, ergeben müsste. Dies bewog den Grafen
Meinhard, die Belagerung von Villalta aufzugeben und der Stadt
zu Hilfe zu kommen, was ihm auch gelang. Er vertrieb die Feinde
und befreite die Stadt, welcher sie den Untergang geschworen hatten.

Der Krieg wurde in gewohnter Weise, indem man sich weniger
in Kämpfe einliess, als sich durch Verwüstung des Landes gegenseitig Schaden zufügte, fortgesetzt, bis endlich durch Vermittlung
des alten Grafen Albert II. von Görz am 7. November 1300 der Friede
zu Stande kam [2]. Die Bedingungen desselben sind zwar nicht zu
unserer Kenntniss gekommen, aber aus späteren Ereignissen weiss

---

[1] Auszüge aus Urkunden des Patriarchates von Aquileja von Peter Hitzinger. Mittheilungen des historischen Vereines für Krain. 1853, S. 87.
[2] Rubeis, pag. 804—805. Coronini, pag. 245—246.

man, dass Gerard von Camin Sacile behielt und somit der Patriarch hatte nachgeben müssen. Graf **Meinhard** von **Ortenburg** hatte als **Hauptmann** von **Friaul** wahrscheinlich viel Geld ausgegeben, aber wenig Ruhm eingeerntet und würde sich deshalb gewiss gern von dem Getriebe der Parteien in Friaul losgemacht haben, wenn ihn nicht die Umstände auch im folgenden Jahre in die Angelegenheiten jenes Landes verflochten hätten, wobei er jedoch eben so wenig Ruhm erntete.

Am 19. Februar 1301 starb zu Udine der Patriarch Peter und schon am 24. Februar schritt das Capitel von Aquileja zur Wahl eines neuen Patriarchen. Der grössere Theil der Domherren wählte hiezu den Domdechant von Aquileja, Paganus de la Turre, einen Neffen des einstigen Patriarchen Raimund, drei Domherren aber, nämlich Jacob, Bischof von Concordia, Gilonus de Villalta, Erzdiacon, und Ulrich de Glemona, Domherr, postulirten (postulaverunt) den Grafen **Otto** von **Ortenburg**, Meinhards Bruder, zum Patriarchen.

Diese Sonderwahl entsprang ohne Zweifel aus Privatinteressen und muss um so mehr befremden, da Graf Otto, wie es scheint, nicht einmal dem geistlichen Stande angehörte. Denn wir haben nicht eine einzige Urkunde, worin er als Domherr irgend eines Capitels oder überhaupt als Geistlicher erschiene.

Ausser der Patriarchenwahl wurde auch jene eines **General-Vicedoms** (Vicedomini generalis) vorgenommen und hiezu einstimmig Vido de Villalta, Domherr von Aquileja, gewählt.

Jene zwieträchtige Patriarchenwahl würde vielleicht keine Unruhen hervorgerufen haben, denn der Papst würde vielleicht den von der Mehrheit gewählten Candidaten bestätigt oder beide Candidaten verworfen und eine neue Wahl angeordnet haben, und die Sache würde somit vielleicht friedlich abgelaufen sein, wenn nicht der General-Vicedom durch eine neue Verfügung den städtischen Gemeinden Veranlassung zur Unzufriedenheit gegeben und dadurch wieder einen neuen Krieg zwischen dem Capitel von Aquileja und dem Adel einer- und den Städten andererseits entzündet hätte. Er wollte nämlich dem Herkommen und seinem Rechte als General-Vicedom gemäss in den Städten neue **Burggrafen** (gastaldiones) einsetzen, wogegen sie sich sträubten, indem sie behaupteten, dass sie von dem verstorbenen Patriarchen Peter jene Burggrafenstellen (gastaldias, wahrscheinlich das Recht, sich ihre Burggrafen selbst zu wählen) erkauft hätten. In dieser Weise äusserten sich die beiden grössten Städte des Landes, Udine und Cividale, und noch einige andere. Und es war für sie damals auch eine Lebensfrage, denn hätten sie die neuen Gastaldione, welche, da der General-Vicedom es mit der Adelspartei hielt, ebenfalls adelsfreundlich gewesen wären, angenommen, so wären sie unter den Einfluss und die Gewalt des Adels gekommen und hätten somit ihre Selbstständigkeit eingebüsst, was dem künftigen Patriarchen sehr zum Schaden gereicht hätte, denn zu allen Zeiten hielten es die Städte mit den Patriarchen gegen den Adel.

Wegen dieser Widersetzlichkeit der Städte gegen die Einsetzung neuer Gastaldione entstand nun eine grosse Bewegung im Lande, indem sich das Capitel und der Adel für den General-Vicedom erklärten, eine grosse Verbindung gegen die Städte bildeten und am 5. Juli 1301 den Grafen Heinrich von Görz zum Hauptmann von Friaul ernannten[1]. Andererseits ernannten der Podestà und Rath von Cividale eine Commission, welche beauftragt wurde, entweder, wenn es möglich sein sollte, mit dem Grafen Heinrich von Görz Frieden zu schliessen, oder wenn dies nicht möglich wäre, sich mit dem Grafen Meinhard von Ortenburg zu verabreden, wie man sich auf eine für Cividale, Udine und Glemona erspriessliche Weise vertheidigen könne[2]. Da eine Ausgleichung nicht zu Stande kam, so wählten die genannten drei Städte den Grafen Meinhard von Ortenburg zum Generalcapitän des Patriarchates. Dieser nahm den Ruf an und stellte sich an die Spitze der städtischen Gemeinden. So standen sich die so nahe verwandten Grafen Heinrich von Görz und Meinhard von Ortenburg, wahrscheinlich zum Schmerze ihrer noch lebenden Väter, die stets in der grössten Eintracht mit einander gelebt hatten, als Führer feindlicher Parteien einander gegenüber, um einen, wenn auch nur kurzen, so doch dem Lande verderblichen Krieg zu führen.

Da Graf Meinhard als Vertheidiger der städtischen Interessen weniger feste Plätze, von wo aus er angreifen und wohin er sich zurückziehen konnte, zu seiner Verfügung hatte, als sein Gegner, der Vorkämpfer der Adelspartei, so suchte er sich durch Verträge mit solchen, welche als Burggrafen (gastaldiones) oder Hauptleute

---

[1] Rubeis, pag. 808.
[2] Bianchi, Documenti per la storia del Friuli.

(capitanei) von dem verstorbenen Patriarchen Burgen innehatten, der Öffnung fester Plätze für sich und seine Parteigänger zu versichern. Solcher Verträge mag er mehrere abgeschlossen haben: einen derselben hat uns Bianchi aufbewahrt, der besonders in e i n e r Beziehung sehr wichtig ist.

1301 am 24. Juli zu Cividale.

Vertrag zwischen Meinhard Grafen von Ortenburg, Generalcapitän des Patriarchates, und Mussato, Capitän der Burg Arisperg.

Meinhard Graf von Ortenburg verspricht bei Busse von 1000 Mark Aquilejer Pfennig den Mussato von Cividale, Burghauptmann von Arisperg, zu vertreten und völlig schadlos zu halten, wenn ihm aus der Öffnung der Burg und aus der Einlassung des Grafen von Ortenburg und seiner Leute in dieselbe wie immer ein Schaden oder Nachtheil erwachsen sollte. „Und wenn desselben (des Grafen Meinhard) B r u d e r der hochwürdige Vater Herr O t t o Patriarch werden sollte (Et quodsi Reverendus Pater Dominus O t t o frater suus erit Patriarcha), so sollte O t t o ihn für die Auslagen und für die geleistete Hilfe entschädigen und ihm die Burghuth belassen. Sollte aber ein anderer Patriarch werden, so sollte Graf M e i n h a r d ihm (dem Mussato) mit Rath, Hilfe und Gunst beistehen unter Strafe von 1000 Mark Aglajer Pfennige. Der Graf dürfe ihm die Burg nicht entreissen etc.

Dagegen verspricht Mussato dem Grafen als Generalcapitän des Patriarchates die Veste Arisberch zu öffnen, ihm treu zu dienen, mit ihm gemeinschaftlich den Krieg gegen den Grafen H e i n r i c h von G ö r z zu führen etc. Die Öffnung der Burg verspricht Mussato auch noch einigen anderen Personen, nämlich den mit Cividale Verbündeten [1]).

Wo die Burg A r i s p e r c h gelegen sei, ist mir nicht bekannt. Bei der völlig unorthographischen Schreibweise der Italiener in Bezug auf deutsche Namen könnte man an die Burg Auersberg denken, wenn diese nicht in Unterkrain und daher vom Schauplatze des Krieges sehr weit entfernt gelegen wäre. Aus demselben Grunde kann unter A r i s p e r c h auch Adelsberg nicht verstanden werden, da der Weg von diesem Orte nach Friaul durch das Gebiet von G ö r z führte,

---

[1]) Bianchi, Documenti per la storia del Friuli.

mit dessen Grafen unser Graf Meinhard gerade damals im Kriege begriffen war. Auch wurde ja dieser Krieg nicht an der Grenze von Krain und Görz, sondern weit davon entfernt in Friaul geführt. Es scheint vielmehr, dass jenes Arisperch eine Burg in Friaul und ein und derselbe Ort mit Urusperg gewesen sei, dessen in der Friauler Chronik von Julian beim Jahre 1306 Erwähnung geschieht. Dass übrigens der Krieg nicht erst mit dieser Verhandlung begonnen habe, ersieht man aus der Nachricht des genannten Chronisten Julianus, dass die Truppen der Stadt Cividale und des Grafen von Ortenburg am 13. Juni den Ort Fagedis (jetzt Faedis) zerstört haben. Der Krieg scheint vielmehr schon im Frühjahre seinen Anfang genommen zu haben.

1301 am 26. Juli zu Cividale.

Paul der Gastaldio und der Rath von Cividale erwählen eine Commission von sechs Männern zu dem Zwecke, dass sie mit den Commissionen von Udine und Glemona und mit dem Grafen Meinhard von Ortenburg vereint versuchen soll, entweder mit dem Grafen Heinrich von Görz als Vicedom und mit Gerard von Camino Frieden zu schliessen oder wenn dies nicht möglich wäre, über die kräftige Fortsetzung des Krieges zu berathen [1]).

Der Friede kam nicht zu Stande, sondern der Krieg wurde mit gegenseitiger Erbitterung fortgesetzt. Wie der Graf von Ortenburg, so suchte auch der Graf von Görz seine Streitmacht durch Aufnahme neuer Dienstmannen zu vermehren.

1301 am St. Oswaldstag (5. August) zu Creman in dem Städtel. Otto von Montparis (Montpreis) bekennt, dass er „ein getrewer Diener wordten (sei) dess Edlen vnd Hachen (Hohen) Graffen Hainrich von Görz gegen den (Grafen Meinhard) von Ortenburch" und gelobt ihm fleissiglich zu warten mit Leuten und mit Gut und ihm, wenn er es befähle und bedürfte, seine Burg und Veste zu öffnen, ohne sein Wissen und Willen mit dessen Feinden sich nicht zu einigen etc. Zeugen: Heinrich der Camerer von Görz, Rudolph von Scherffenberch, Gerold der Rauch, Ulrich von Gutenwerde [2]).

Creman ist wahscheinlich das heutige Städtchen Cormons in der Grafschaft Görz. Die Burg und Veste, welche Otto von Mont-

---

[1]) Bianchi, Docum. per la storia del Friuli.

[2]) Copialbücher. I. Band, S. 651.

preis dem Grafen von Görz zu öffnen verspricht, wird nicht genannt. An seine Stammburg Montpreis ist nicht zu denken, da sie im südlichen Theile der unteren steirischen Mark lag und daher von dem Schauplatze jenes Krieges um die ganze Breite von Krain und Görz entfernt war. Ich nehme vielmehr an, dass unter jener nicht genannten Burg und Veste Creman (Cormons) selbst zu verstehen sei, deren Bewachung ihm der Graf von Görz, als er in dessen Dienste trat, anvertraut haben mag.

Dass der Krieg noch den ganzen August bis gegen die Mitte Septembers fortgedauert habe, ersieht man aus folgenden zwei Urkunden.

1301 am 24. August zu Cividale.

Asquin von Varmo der Podestà und der Rath von Cividale erwählten eine Deputation, dass sie im Vereine mit den Deputationen von Udine und Glemona dahin wirke, dass Graf Meinhard von Ortenburg so lang als Generalcapitän angesehen und beibehalten werde, bis die Friauler einig geworden wären. Es wird der Deputation die Befugniss eingeräumt, über das dem Grafen zu bestimmende Salär und über Alles zu verhandeln, was die gemeinsamen Angelegenheiten Cividale's, Udine's und Glemona's betreffe [1]).

1301 am 7. September zu Cividale.

Die Obigen ernennen eine Deputation zu demselben Zwecke, nämlich dass Graf Meinhard von Ortenburg als Generalcapitän von Cividale, Udine und Glemona bis zur Ankunft des künftigen Patriarchen oder seines Vicärs beibehalten und dass ihm ein Salär bestimmt werde [2]).

Von den Einzelnheiten dieses Krieges wird nur gemeldet, dass der Ort, Villa de Fagedis genannt, am 13. Juni von den Truppen der verbündeten Städte und des Grafen von Ortenburg eingenommen, verbrannt und dem Boden gleich gemacht worden sei. Am sechsten Tage darauf (also am 19. Juni) seien die Truppen der Stadt Udine mit den Deutschen, also mit den Leuten des Grafen von Ortenburg, vor den Ort — — — (wird in der Chronik Julians nicht genannt) gezogen, hätten ihn eingenommen, viele Menschen gefangen und Alles ausgeraubt und verheert. Überhaupt sei in diesem Kriege Friaul sowohl von der einen als auch von der andern Partei gänzlich ver-

---

[1]) Bianchi l. c.

[2]) Ebendaselbst.

wüstet worden. Endlich sei durch Verwendung des Grafen Meinhard von Görz, eines Sohnes des Grafen Albert, am 14. September 1301 ein Waffenstillstand abgeschlossen worden, der bis zum 1. Januar 1302 dauern sollte [1]).

Diese letzte Angabe ist offenbar irrig, da Graf Albert II. von Görz, welcher 1304 starb, nur zwei Söhne hatte, nämlich Heinrich II., den oftgenannten Vorkämpfer des Friaulischen Adels und Albert III., jenen von seiner ersten, diesen von seiner zweiten Gemahlin. Es dürfte daher in der obigen Angabe anstatt Meinhard vielmehr Albert (III.) zu lesen sein.

Aus den Verhandlungen der Stadt Cividale mit dem Grafen Meinhard von Ortenburg ist zu entnehmen, dass jene alle Monate eine neue Militärcommission einsetzte, ihr aber jedesmal die gleiche Instruction ertheilte.

Ob und wie viel Graf Meinhard an monatlichem Salar bezogen habe, ist nicht bekannt; als gewiss aber kann angenommen werden, dass er sehr viel Geld aus dem Seinigen aufgewendet und dafür sehr wenig Ruhm geerntet haben werde. Niemand musste froher sein, als er selbst, endlich einmal seiner Verbindung mit Friaul losgeworden zu sein. Er hatte seine Kriegslust und seinen Ehrgeiz um einen hohen Preis befriedigt. Was ihm dabei zu hoher Ehre gereichte, war, dass er sich der Sache der Städte, welche dem Patriarchen stets treu und anhänglich waren, gegen den selbstsüchtigen und übermüthigen Adel, der sich immer gegen die Patriarchen auflehnte, angenommen hatte.

Papst Bonifaz VIII. machte übrigens den Unruhen in Friaul dadurch ein Ende, dass er beide vom Aquilejer Capitel gewählte Candidaten verwarf, den Bischof Ottobonus von Padua zum Patriarchen, den Candidaten der Mehrheit aber, nämlich Paganus de la Torre, zum Bischofe von Padua ernannte. Diese Ernennung erfolgte am 30. März 1302, den Einzug aber in sein Patriarchat hielt Ottobonus erst im August.

Otto Graf von Ortenburg, der Candidat der Minderheit, ging leer aus, und zwar mit Recht, da er nicht canonisch gewählt worden war und überdies nicht einmal dem geistlichen Stande angehörte.

---

[1]) Juliani Chron. Forojul. bei Rubeis. Appendix pag. 28—29.

In das Jahr 1301 gehört noch folgende Urkunde, welche, um die Darstellung der friaulischen Begebenheiten nicht zu unterbrechen. oben nicht angeführt werden konnte.

1301. 2. Juli. Lok (Bischoflack).

Graf Meinhard von Ortenburg thut kund, dass er den Streit, der zwischen Ritter Werner von Lok und dessen Herrn Enicho Bischof von Freisingen wegen zweier Handvesten, vermöge welcher der Bischof jenem und seinen Brüdern Konrad und Niklas 10 Mark Geltes (Gülten) zu Lehen geben sollte und wegen einiger Leute, die sie mit einander theilen sollten, bestanden habe, auf folgende Weise entschieden und beigelegt habe.

Der Bischof sollte eine der Töchter Werners „mit Heirat beraten" (mit einer Aussteuer versehen) im Lande Krain, wenn Werner dieselbe bis zum 11. November 1301 von den Herzogen von Kärnten, deren Ministerialin sie sei, an das Gotteshaus von Freisingen bringen könnte. Gelänge ihm aber dies nicht, so sollte der Bischof dieselbe ausserhalb oder innerhalb des Landes (Krain), wo er wolle, mit einer anständigen Aussteuer verheirathen.

— — „mit vnserm Insigel vnd auch mit Herrn Witigen des Etzians (sic! Erzdiacons) aus dem Säuntale (Sanuthale) Insigel vnd auch mit dem (des) vorgenannten Herrn Wernhers."

„Diser taidinge sint geziuge Graf Enich probst von Wertse, Graf Enich probst von Inichingen (Innichen), Graf Rudolf von Montfort Chorherre von Chure (Kur in Graubünden), Graf Haug von Jagberch, her Otte der chaplan, her Chunrat von Lok (Werners Bruder), her Friderich der Helle vnd ander biderbe leut genûch" [1]).

Graf Meinhard benutzte seine Musse in diesem Jahre dazu, um seinem Vetter dem Herzog Rudolph von Österreich und Steier bei dessen Anwesenheit zu Gratz seine Ergebenheit zu bezeigen.

Wir finden ihn daselbst laut folgender Urkunde:

1302 am 19. Juni zu Graz in Gegenwart Herzog Rudolphs. Otto von Lichtenstein, Kämmerer in Steier, schenkt mit Einwilligung seiner Söhne Otto und Rudolph sein Eigenthum in Marchwartsdorf bei Oploniz der Karthause Seiz. Testes: Dominus Meinhardus

---

1) Original mit drei Siegeln im königl. bayerischen Reichsarchive, copirt vom Archivar J. Zahn.

spectabilis comes de Ortenburch, Domini Eberhardus, Heinricus et Ulricus fratres de Walsse etc. [1]).

1304 (nach dem 22. März) starb Graf Friedrich von Ortenburg und somit wurde Meinhard, als dessen ältester Sohn, das Haupt seines Hauses, welches er, ausgezeichnet durch Geist, Thatkraft, erworbene Erfahrung, bereits während der letzten Jahre seines Vaters thatsächlich gewesen war. Denn er ist der erste in seinem Geschlechte, der schon bei Lebzeiten seines Vaters in voller Selbstständigkeit auftrat und sich ein solches Ansehen erwarb, wie es bei andern erst die Frucht eines langen Lebens zu sein pflegt. Dass ihn die Städte des Patriarchates zum Generalcapitän desselben ernannten, ist ein glänzendes Zeugniss für seine vortrefflichen Eigenschaften, wenn es ihm auch bei der geringen Macht, die ihm zu Gebote stand und bei der in jenem Lande üblichen Kriegführung nicht möglich war, etwas Grosses auszuführen. Dass er aber grosser und rühmlicher Thaten fähig war, beweist seine mit hohem Muthe und edler Gesinnung bei Horn in Österreich am 2. October 1304 ausgeführte schöne Waffenthat.

König Andreas III. von Ungarn, der letzte aus dem Arpadischen Königsstamme, war 1301, ohne Nachkommenschaft zu hinterlassen, gestorben, worauf von der einen Partei Wenzel III., der Sohn K. Wenzels II. von Böhmen, von der andern aber der neapolitanische Prinz Karl Robert zum Könige von Ungarn gewählt und ausgerufen wurde. Der römische Hof begünstigte letzteren und brachte es dahin, dass K. Albrecht I. sich ebenfalls für ihn erklärte und einen Krieg gegen K. Wenzel unternahm. Um ein grosses Heer aufzubringen, schloss der Kaiser mit verschiedenen Fürsten und Grafen Bündnisse und Verträge. Auch Graf Meinhard von Ortenburg wurde zur Theilnahme am Kriege aufgefordert und sagte dieselbe unter der Bedingung zu, dass ihm zur Entschädigung für die Unkosten Portenau verpfändet werde. Er hatte sich diese in Friaul gelegene herzogliche Besitzung offenbar zu dem Zwecke als Pfand ausgewählt, um in Friaul, wenn er wieder einmal in die dortigen Verhältnisse verwickelt würde, einen festen Stützpunct zu haben.

Graf Meinhard rüstete sich und zog hierauf nach Österreich zu Herzog Rudolph und unterzeichnete nebst andern den am 24. Au-

---

[1]) Seizer Urkunden in Abschrift im st. l. Joanneum.

gust 1304 zu Pressburg zwischen dem Herzog und K. Karl von Ungarn abgeschlossenen Vertrag, in Folge dessen die Ungarn bis zum 29. September desselben Jahres dem K. Albrecht im Kriege gegen Böhmen beistehen sollten.

Der Feldzug begann; aber kaum waren die Ungarn und Kumanen, als Bundesgenossen der Österreicher, eingerückt, so begannen sie eben so in Freundes- wie in Feindesland zu rauben, zu sengen und zu morden und ganz unmenschlich zu hausen. Die darüber entstandenen allgemeinen Klagen bewogen den Herzog, seinen Vetter den Grafen Meinhard von Ortenburg an die Ungarn abzuschicken und sie durch ihn ermahnen zu lassen, diesseits der Thaya keinen Schaden anzurichten, worauf sie sich mit den Gewohnheiten der heidnischen Kumanen und mit ihrer Unkenntniss der Grenzen entschuldigten.

K. Albrecht hatte sich mit seinem Heranzuge verspätet und kam erst am St. Michaelstage bei dem Heere seines Sohnes, des Herzogs Rudolph, an. Obwohl an jenem Tage vertragsmässig ihre Verpflichtung zur Hilfeleistung ablief, so blieben die Ungarn dennoch, den Bitten K. Albrechts nachgebend. Nur allein der Woiwode von Siebenbürgen wollte nicht mehr länger bleiben, sondern zog mit seinen Kumanen ab und führte auch die Österreicher, welche von seinen wilden Kriegshorden in Freundesland gefangen worden waren, mit sich fort. Zweimal wurde Graf Meinhard von Ortenburg vom Herzog Rudolph an ihn abgeschickt, um ihn zu bewegen, die Gefangenen frei zu geben. Allein alle seine Bemühungen waren vergebens, indem der Woiwode sich hartnäckig weigerte, jene Unglücklichen zurückzugeben. Dies erfüllte das ganze Heer mit tiefem Unwillen, und aufgefordert von dem zürnenden Kaiser eilten fast alle Grafen und Edelherren unter Anführung des Grafen Meinhard den Kumanen nach und holten sie, indem sie die ganze Nacht hindurch geritten waren, am Tage darauf (am 2. October 1304) zur Mittagszeit bei Horn ein. Die Heiden hatten ihre Wagen zusammengestellt und die Gefangenen daran gebunden; als sie aber die Banner der Herren sahen, glaubten sie, das ganze Heer setze ihnen nach, ergriffen die Flucht und eilten in grosser Bestürzung und Verwirrung von dannen. Die Nachsetzenden, Berthold von Emmerberg voraus, machten viele nieder, unter denen auch der Woiwode von Siebenbürgen, ihr erster Anführer, sich befand, und noch mehrere wurden, nachdem das Corps zersprengt worden, von den Einwohnern selbst erschlagen.

Die Sieger blieben, nachdem sie die gefangenen Österreicher befreit hatten, fünf Tage zu Kloster Altenburg und theilten die grosse Beute unter sich [1]).

Das Verdienst dieser That gebührte ganz vorzüglich unserm Grafen Meinhard, der, nachdem seine zweimaligen Verhandlungen mit dem Woiwoden erfolglos geblieben waren, endlich mit dem Schwerte die Befreiung der Gefangenen durchsetzte und jenem Unmenschen und dessen wilder Schaar den Untergang bereitete.

Graf Meinhard machte sodann den Feldzug gegen Böhmen mit, welcher jedoch unglücklich ablief. K. Albrecht brach nämlich über Budweis in Böhmen ein und lagerte sich vor der Bergstadt Kuttenberg, von deren Silberbergwerken er 80.000 Mark Silber als rückständigen Reichszehent unter Androhung der Reichsacht forderte. Allein die Bergknappen vertheidigten die Stadt muthig und verderbten das Wasser des Baches, dessen sich das kaiserliche Heer zum Trinken und Kochen bediente, durch hineingeworfenen Staub der Metallschlacken, so dass die Belagerer wieder abziehen mussten. Da die vorgerückte Jahreszeit zur Unternehmung eines neuen Feldzuges nicht mehr geeignet war, so entliess K. Albrecht am 1. November 1304 das Heer.

Graf Meinhard begleitete seinen Vetter Herzog Rudolph nach Wien und erhielt von demselben zur Belohnung seiner geleisteten Dienste die durch den Tod des Nicolaus von Valchenberg heimgefallenen Lehen.

1304 dominica post festum beati Martini Episcopi (15. November) Viennae.

Wir Rudolph — — Herzog von Österreich und Steier, Herr von Krain, der Mark und Portenau — — thun kund, dass wir den ansehnlichen (spectabilem) Mann Grafen Meinhard von Ortenburg unsern lieben Oheim (Meinhard war Geschwisterkind zu H. Rudolphs Mutter) mit den Lehengütern, mit welchen vormals Nicolaus von Valchenberch guten Andenkens von uns belehnt gewesen war, und welche uns durch den Tod desselben Valchenbergers gesetzlich heimgefallen sind, frei belehnt haben und wie es sowohl seine Verdienste als auch seine Ergebenheit fordern, belehnen [2]).

---

[1]) Lichnowsky, Geschichte des Hauses Habsburg. II. Band. S. 251—252.

[2]) Ebendaselbst, II. Band. Reg. Nr. 488, S. CCLII.

Wo diese Lehengüter lagen, wird in der Urkunde nicht angegeben und ist mir nicht bekannt.

Nachdem Graf Meinhard den Krieg mitgemacht und sich durch seine gegen den Woiwoden von Siebenbürgen ausgeführte rühmliche Kriegsthat ausgezeichnet hatte, verpfändete ihm Herzog Rudolph seinem Versprechen gemäss die Stadt und Veste Portenau in Friaul. Die Urkunde darüber ist zwar nicht auf uns gekommen, aber aus einer Urkunde ddo. Wien 15. Juli 1314 ersieht man, dass Portenau dem Grafen Meinhard um 1000 Mark Silber Wiener Gewichtes und 360 Mark Silber Grazer Gewichtes verpfändet worden sei.

1304. 2. Indiction (ohne Monat und Tag) zu Glemona. Patriarch Ottobonus von Aquileja belehnt Ulrich den Freien von Suneck mit allen Lehen, welche er selbst und seine Vorfahrer von der Kirche zu Aquileja innehatten, so wie auch mit den Zehenten in den Pfarren Heiligenkreuz und Poniggl diesseits des Wassers Sotla, welche bisher Ulrich Graf von Pfannberg besessen habe, aber durch den Grafen Meinhard von Ortenburg, der dazu von ihm bevollmächtigt gewesen sei, habe heimsagen lassen. (Item cum magnificus vir Meinhardus comes de Ortenburch fidelis noster nomine ac vice Udalrici comitis de Phannenberch fidelis nostri — — — resignaverit in manibus nostris etc.) [1].

Diese Heimsagung der Zehente mag Graf Meinhard wohl bei der Gelegenheit gemacht haben, als er zur Übernahme von Portenau nach Friaul gekommen war.

1305 in die S. Fabiani et Sebastiani Viennae. Herzog Rudolph von Österreich etc. überträgt auf die Bitte des Abtes von Ossiach die Vogtei über die Capelle St. Jakob und über die andern Besitzungen des Klosters in Rosenthal (in provincia seu valle vulgo Rostal dicta) dem Grafen Meinhard von Ortenburg als seinem Stellvertreter, dass er in seinem Namen und an seiner Statt besagte Vogtei besorge und die Güter des Klosters vertheidige [2].

Wieder ein Beweis des besonderen Vertrauens, welches sowohl der Abt (wahrscheinlich Dietmar II.) von Ossiach als auch der Herzog in den Grafen setzten. Die genannte Capelle ist die jetzige Pfarre St. Jacob in Rosenthal am rechten Ufer der Drau.

[1] Copialbücher. I. Band, S. 892.
[2] Aposteln. VII. Band. Blatt 123.

Im Jahre 1305 betheiligte sich Graf Meinhard wieder an den Wirren Friauls und zwar diesmal nicht als Bundesgenosse des Patriarchen und der diesem wie immer treu ergebenen Städte, sondern als Anhänger seines früheren Feindes Rizzardo (Richard) des Sohnes Gerards von Camin, dem auch sein Schwager Graf Heinrich von Görz und Azzo Markgraf von Este persönlich beistanden, so wie ihm auch Herzog Heinrich von Kärnten Hilfstruppen geschickt hatte. Sie belagerten das feste Spilimberg und brachten es vorzüglich durch Abschneiden des Wassers zur Übergabe. Einer besonderen Waffenthat des Grafen Meinhard wird hiebei nicht erwähnt [1]).

Der Grund, warum Graf Meinhard sich diesmal an die Gegner des Patriarchen anschloss, scheint der gewesen zu sein, weil dieser ihm den versprochenen Gehalt und die für ihn gemachten Ausgaben nicht bezahlt hatte. Ich glaube dies aus nachstehender Urkunde entnehmen zu sollen.

1305 am 15. August zu Udine. Patriarch Ottobonus von Aquileja trägt dem Abte von Obernburg als Stellvertreter des Erzdiacons in Saunien auf das strengste auf, ihm über die im Erzdiaconate Saunien eingehobenen Collecten noch vor dem nächsten St. Michaelistag genaue Rechenschaft abzulegen und zu diesem Behufe persönlich vor ihm zu erscheinen. Et inter alia curae sit tibi Nobis sufficienter ostendere, quantum de collectis nostris comiti de Ortemburch assignaveris aut feceris assignari, ut scire possimus, utrum et quantum eidem comiti de suo salario (solvere) teneamur etc. [2]).

Hieraus geht klar hervor, dass der Patriarch dem Grafen Meinhard den versprochenen Gehalt nicht ausbezahlt hatte.

Wenn der Chronist Julian diesen einen Anverwandten Richards von Camin nennt (et nobilis vir D. Meynhardus comes de Ortenburch venit etiam personaliter ad dictam obsidionem, qui erat similiter cognatus ipsius D. Rizardi), so dürfte dies dahin zu verstehen sein, dass Meinhard als Vetter (Geschwisterkind) des Grafen Heinrich von Görz, der Richards Schwager war (er hatte Richards Schwester zur Gemahlin), auch selbst nach dem gemeinen Sprachgebrauche mit Richard verschwägert war.

---

[1]) Chronicon Juliani bei Rubeis. Appendix, pag. 30.

[2]) P. T. Bianchi, Nonnulla documenta, quae ad partis transalpinae Patriarchatus Aquilejensis historiam referuntur.

Das Verhältniss der Parteien änderte sich bald darauf, indem Herzog Heinrich von Kärnten mit dem Patriarchen Frieden schloss und dessen Bundesgenosse wurde. Auch Graf Meinhard scheint des wahrhaft ekelhaften, nie endenden Parteigetriebes in Friaul endlich überdrüssig geworden zu sein und sich davon zurückgezogen zu haben, da man ihn in der Folge nicht mehr unter den sich daselbst bekämpfenden Parteien angeführt findet.

1306. 2. März. Griez.

Ulrich und Hugo von Toufers theilen das von ihren Vordern erhaltene Erbtheil so, dass Ulrich die Burg zu Niwenhaus, Hugo aber die Burg Toufers nebst 100 Mark Geltes (Gülten) erhält. Zeugen: Heinrich Herzog von Bretzlau (Breslau), Graf Mainhart und Graf Albrecht von Hortenburch (Ortenburg), Heinrich von Rotenburch, Hofmeister des Herzogs von Kernden, Heinrich von Vffenstain, Herr Ute von Matray [1]).

Die beiden Brüder scheinen sich daher damals entweder am Hofe der Herzoge von Kärnten auf dem Schlosse Tirol oder auf ihren eigenen Besitzungen im Ultenthale (siehe Urkunde ddo. 1229. 3. September. Botzen) [2]) aufgehalten zu haben. Die Urkunde kann daher entweder zu Gries bei Lana am Ultenbache oder zu Gries bei Botzen ausgestellt worden sein.

1306 zog Graf Meinhard von Ortenburg mit Herzog Rudolph von Österreich, als er am 22. August 1306 zum Könige von Böhmen gewählt worden war, nach Prag, um dessen Verehelichung mit Elisabeth, der Witwe des Königs Wenzel III., beizuwohnen. Ich kann zwar für meine Angabe keinen Gewährsmann anführen und hätte daher nur sagen sollen: „1306 zog höchst wahrscheinlich auch — — —", aber gewisse Dinge verstehen sich von selbst, wenn sie auch zufällig von niemanden bezeugt werden. Graf Meinhard, dem mit ihm verwandten kaiserlichen Hause mit der innigsten Anhänglichkeit ergeben, der Vetter und Freund Herzog Rudolphs und von diesem durch Beweise der Dankbarkeit und des Vertrauens ausgezeichnet, sollte den zum König erwählten Herzog nicht auch in dessen neues Reich begleitet haben, da doch nicht nur der Erzbischof von Salzburg und die Bischöfe von Passau, Seckau und Gurk, sondern

---

[1]) Lang, Regesta sive Rer. Boicar. Autographa. Vol. V, pag. 94.

[2]) Die Grafen von Ortenburg. Erste Abtheilung, S. 305. (Separatabdruck, S. 103.)

auch alle Edelherren von Österreich und Steiermark ihn begleiteten?
Keiner blieb zu Hause; alle zogen mit, Grafen, Freie, Dienst-
männer.

> „So gar lieb heten jn
> Alle die jn erchanten
> In seinen paiden Landten“

wie Ottokar von Horneck in seiner Reimchronik sagt.

Die grosse Zahl der Begleiter war den Böhmen auffällig, weswegen K. Albrecht, bei dem sie sich deshalb beklagten, dem Sohne
bedeuten liess, sie zu entlassen, da ihr Unterhalt dem Lande schwer
falle. K. Rudolph machte dies seinen Begleitern bekannt. Da erklärte
aber ein jeder: Sollte es ihm das Letzte kosten, so würde er bleiben
und aus eigenem Seckel zehren, mit seinem lieben Herrn aber müsse
er mitziehen. Jedoch auf wiederholtes Bitten sandte ein Jeder die
Mehrzahl seiner Berittenen heim; wer 100 hatte, behielt nur 20, und
trotzdem war die Anzahl der Begleiter noch immer sehr gross [1]).

K. Rudolph von Böhmen starb leider schon im ersten Jahre seiner Regierung, am 3. Juli 1307. Ihm sollte nach dem zwischen Böhmen und Österreich zu Brünn geschlossenen Erbvereine sein Bruder
Friedrich, Herzog von Österreich und Steiermark, folgen; aber
Heinrich, Herzog von Kärnten und Graf von Tirol, welcher mit
Anna, der ältesten Schwester des verstorbenen Königs Wenzel III.
vermählt war, wusste es durch seinen Anhang durchzusetzen, dass
er zum Könige von Böhmen erwählt wurde.

K. Albrecht I., über diesen Vertragsbruch erzürnt, rückte mit
einem Heere in Böhmen ein, um die Rechte seines Sohnes durchzusetzen, erzielte jedoch keine Erfolge und musste sich wegen Ungunst
der Verhältnisse zurückziehen.

Um sich an seinem Nebenbuhler zu rächen, schickte Herzog
Friedrich den Ulrich von Walsee, Hauptmann in Steiermark, mit
einem Heere nach Kärnten, um dieses Land in Besitz zu nehmen.
Da sich auch Erzbischof Konrad von Salzburg, Bischof Heinrich von
Gurk und mehrere vom Adel an Ulrich von Walsee anschlossen und
da andererseits Herzog oder König Heinrich nicht daselbst anwesend
war, sondern sich zu Prag befand und auch den grössten Theil des
ihm anhänglichen Adels mit sich nach Böhmen genommen hatte, so

[1]) Lichnowsky. II. Band, S. 267.

fand Ulrich von Walsee wenig Widerstand und nahm Kärnten für Herzog Friedrich in Besitz.

Da König Heinrich als Herzog von Kärnten auch in Krain und der windischen Mark Besitzungen hatte, so wurden Graf Heinrich von Görz und Graf Meinhard von Ortenburg vom Herzoge Friedrich beauftragt, auch diese in Besitz zu nehmen, was diese auch thaten, wobei sich ihnen in Bezug auf die windische Mark auch Ulrich der Freie von Suneck anschloss.

Leider liess man dabei auch der Rache freien Lauf, indem man die Besitzungen des Königs verwüstete und dessen Leuten grossen Schaden zufügte. Der Nachtheil für die betroffenen Landstriche war um so grösser, da die Besetzung derselben gerade zur Zeit der Ernte geschah und daher die Feldfrüchte noch nicht eingebracht waren.

Ulrich von Walsee kehrte, nachdem er den Bürgern der herzoglichen Städte und Märkte den Eid der Treue abgenommen und Beamte eingesetzt hatte, aus Kärnten wieder nach Steiermark zurück. Die Grafen von Görz und Ortenburg aber verfügten in den Burgen und Vesten, welche sie in Krain und der Mark an sich gebracht hatten, in des Herzogs und ihrem eigenen Namen nach Wohlgefallen und hielten dieselben auch als Pfand für ihre Kriegskosten lange Zeit zurück [1]).

Wir bemerken hiebei, dass dieser Krieg um so bedauernswerther war, weil er unter den nächsten Verwandten geführt wurde. K. Heinrich von Böhmen war ein Schwager K. Albrechts und Oheim des Herzogs Friedrich, den er um den Thron gebracht hatte, und Geschwisterkind zum Grafen Heinrich von Görz und zum Grafen Meinhard von Ortenburg. Am meisten litt wohl Elisabeth über solche Entzweiung zwischen ihrem Sohne Friedrich und ihrem Bruder Heinrich.

Es thut uns ordentlich wohl, dass wir nach fortwährenden Berichten von Kriegen und ihren Gräueln nun auch von etwas Friedlichen und Beglückenden sprechen können.

1307 in vigilia omnium Sanctorum (31. October) in foro Hospitalis (im Markte Spital). Schreiben der Brüder Hermann, Konrad, Heinrich und Albert, Burggrafen von Geschies an Gregor Erzpriester von Silicano, Vicar und Frater Augustin aus dem Eremitenorden,

---

[1]) Joannes Victoriensis. Herausgegeben von Böhmer. Stuttgart 1843. S. 354.

Pönitentiar des Patriarchen Ottobonus von Aquileja, als Bevollmächtigte des Patriarchen zur Untersuchung in Betreff des Patronatsrechtes über die Pfarre von Ortenburg.

In diesem Schreiben bezeugen die genannten Brüder aus eigenem sicheren Wissen:

1. Dass die Pfarre von Ortenburg sich einst im Schlosse von Ortenburg befunden habe und erst von dem Vater (Friedrich) der gegenwärtigen Grafen (Meinhard, Otto und Albrecht) wegen der Schwierigkeit des Aufganges und zur Vermeidung der Gefahr für das Schloss auf die Bitte des Gemeindevorstandes in das Dorf Baldramsdorf unterhalb des Schlosses übertragen worden sei und

2. dass die Grafen von Ortenburg als die Gründer, Erbauer und Stifter der besagten Pfarre mit vollem Rechte die Patrone derselben seien und es stets gewesen seien. Patriarch Raimund habe zwar einst zur Zeit, wo er mit dem Grafen Friedrich in Feindschaft lebte, den von diesem präsentirten Priester Friedrich, Pfarrer von Lifleck, nicht bestätigt, sondern die Pfarre Ortenburg, um den Grafen in seinem Patronatsrechte zu hindern, einem Caplane des Grafen von Görz verliehen. Graf Friedrich habe zwar wegen seiner Verschwägerung mit dem Grafen von Görz jenen Priester nicht zurückgewiesen, habe aber gegen diesen Vorgang Verwahrung eingelegt und sich sein Recht für die Zukunft vorbehalten [1]).

Die Übersetzung der Pfarre aus der Schlosskirche zu Ortenburg in die Dorfkirche zu Baldramsdorf konnte nicht vor 1271 geschehen sein, da Graf Friedrich erst nach dem Tode seines Bruders Heinrich alleiniger Besitzer des Schlosses Ortenburg geworden war. Jene Übertragung scheint zwischen 1271 und 1277 geschehen zu sein, da im letztgenannten Jahre Graf Friedrich sich mit dem Patriarchen Raimund von Aquileja ausgesöhnt und ein enges Bündniss geschlossen hatte und von ihm mit den Aquilejer Lehen belehnt worden war. Dass mit der Errichtung der Pfarre zu Baldramsdorf die Schlosskirche zwar nicht mehr als Pfarre, sondern nur als Caplanei oder Beneficiatkirche noch fortbestand, versteht sich von selbst. Übrigens muss bemerkt werden, dass der Fluss Drau zwischen den Diöcesen Salzburg und Aquileja die Grenze bildete, so dass Spital

[1]) Copialbücher. I. Band, S. 1015—1016.

zum Salzburger, Ortenburg und Baldramsdorf aber zum Aquilejer Sprengel gehörten.

Den Winter von 1307 auf 1308 brachte Graf Meinhard zu Hause zu, da die Lage von Kärnten und Krain, welche für den Herzog von Österreich in Besitz genommen worden waren, seine Anwesenheit erforderte. Um diese Zeit vermehrte er die Besitzungen seines Hauses durch folgenden Ankauf.

1308 an Unserer Lieben Frauen Tag in der Fasten (25. März) —. Graf Walther und Gräfin Katharina von Sternberg verkaufen die Maut zu Villach sammt dem Gute zu Treffen und dessen Zugehör um 278 Mark Aglajer Pfennige den Grafen Meinhard, Otto und Albrecht von Ortenburg[1]).

Dies ist die erste Urkunde, worin alle drei Brüder zugleich genannt werden. Da der Verkauf an alle drei lautet, so scheint es, dass sie damals die väterliche Erbschaft noch nicht getheilt hatten.

Die Maut zu Villach war sehr wahrscheinlich nur jene bei Seebach, wo noch bis in die neueste Zeit eine Maut war. Dort bog von der Poststrasse eine Bezirksstrasse gegen Norden ab, die nach Treffen und längs des Ossiacher See's nach Feldkirchen führte. Etwa eine Meile östlich von Seebach lag das Schloss Sternberg, dessen Name sich noch in der gleichnamigen Kirche erhalten hat. Das Gut zu Treffen war nicht die Herrschaft Treffen selbst, welche dem Patriarchate von Aquileja gehörte, sondern irgend ein anderes, nicht näher bekanntes, daselbst gelegenes Gut. Mit dem Geschlechte der Grafen von Sternberg so wie mit dessen Vermögen ging es damals schon sehr abwärts; 21 Jahre später verkaufte derselbe Graf Walter sogar seine Grafschaft.

Am 1. Mai 1308 zu Udine bestätigte Patriarch Ottobonus den Grafen von Ortenburg das Patronatsrecht über die Pfarre zu Baldramsdorf in folgender Urkunde.

1308 Indictione VI. die primo mensis Maji in festo beatorum Apostolorum Philippi et Jacobi in terra nostra Utini.

„Wir Ottobonus durch Gottes Gnade des heiligen Stuhles zu Aquileja Patriarch — — — wollen hiemit kund thun, dass Wir aus glaubwürdigen, auf unsern Auftrag vor unserem geliebten Sohne Ulrich, unserem Erzdiacone in Kärnten vorgewiesenen und von ihm

---

[1]) Apostolen. VIII. Band, Blatt 191.

sorgfältig geprüften Zeugnissen ersehen und klar entnommen haben, dass die hochansehnlichen und mächtigen Männer (magnifici et potentes viri), die Brüder Meinhard, Otto und Albert Grafen von Ortenburg und ihre Voreltern schon in früheren Zeiten das Patronatsrecht über die Pfarre zu Baldramsdorf, Aquilejer Diöcese, ruhig und unangefochten gehabt und besessen haben." Der Patriarch bestätigt daher den genannten Grafen das besagte Recht [1]). Die Zeugnisse, von denen der Patriarch spricht, waren die Aussagen der vier Brüder Burggrafen von Geschies und vielleicht noch mehrere ähnliche.

An eben jenem 1. Mai 1308, an welchem der Patriarch zu Udine den Grafen von Ortenburg das Patronatsrecht über die Pfarre zu Baldramsdorf bestätigte, wurde K. Albrecht I. von seinem Neffen Johann von Schwaben und dessen Genossen zwischen Baden und Rheinfelden in der Schweiz ermordet. Dies traurige Ereigniss war für Herzog Friedrich und dessen Brüder ein schwerer Schlag, denn sie verloren in K. Albrecht nicht nur den liebenden Vater, sondern auch das sie schützende und für die Vermehrung ihrer Macht besorgte Reichsoberhaupt.

Alle ihre bisherigen Verhältnisse wurden dadurch völlig verrückt und sie mussten bei der Ungewissheit, wer den deutschen Thron besteigen werde, nicht nur auf jede Machtvergrösserung verzichten, sondern selbst sogar für ihre eigene Sicherheit besorgt sein.

Herzog Friedrich schloss daher am 14. August 1308 zu Znaim mit K. Heinrich von Böhmen Frieden, worin er gegen Bezahlung von 45.000 Mark grosser Prager Pfennige, die binnen zwei Jahren geleistet werden soll, seinen Ansprüchen auf Böhmen und Mähren entsagte.

Am 27. November 1308 zu Frankfurt wurde Graf Heinrich von Lützelburg zum deutschen Könige gewählt. Dies war der zweite harte Schlag für K. Albrechts I. Nachkommen; denn K. Heinrich VII. bewies sich vom Anfange bis fast zum Ende seiner übrigens nur kurzen Regierung den Herzogen von Österreich und Steier gegenüber eigennützig, zweideutig, ja feindselig und suchte ihre Macht, wo er nur immer konnte, zu beschränken.

---

[1]) Copialbücher. IV. Band, S. 719—720.

7 *

Beide Schläge empfanden auch die mit den Herzogen verwandten Grafen von Görz und Ortenburg, die bisher den Vortheil genossen hatten, dass ein Mann, der mit ihnen verschwägert und ihnen wohlgesinnt war, den deutschen Thron einnahm.

Als Herzog Heinrich von Kärnten und Herr von Krain 1307 König von Böhmen wurde, mochte er wohl in der Meinung, dass er bis an sein Ende König von Böhmen bleiben werde, Kärnten und Krain seinem älteren Bruder Otto, der sich gleichfalls Herzog von Kärnten nannte und sich stets als solcher betrug, ausschliesslich überlassen haben. Bevor aber dieser, der sich meistens in seiner Grafschaft Tirol aufhielt, nach Kärnten kam, war dieses Land sammt Krain im Sommer des Jahres 1307 bereits für Herzog Friedrich in Besitz genommen worden.

Herzog Otto forderte nun Kärnten und Krain, als ihm, dem ältesten seines Hauses, gehörig, vom Herzoge Friedrich um so mehr zurück, da diese Zurückgabe auch im Znaimer Vertrage versprochen worden sei. H. Friedrich aber wollte davon nichts wissen, bis ihm die in jenem Vertrage versprochenen 45.000 Mark Aglajer bezahlt sein würden.

Um diesen Streit zwischen ihrem Bruder und ihrem Sohne beizulegen, veranstaltete die verwitwete Königin Elisabeth eine Zusammenkunft der beiden streitenden Verwandten, welche auch zu Villach in Kärnten am 16. März und den folgenden Tagen des Jahres 1309 zu Stande kam. Ausser den Hauptpersonen, nämlich Herzog Friedrich von Österreich und Herzog Otto von Kärnten, kamen dahin auch Konrad Erzbischof von Salzburg, Heinrich Bischof von Gurk, Johann Bischof von Brixen, Albert Graf von Görz, Meinhard und Otto Grafen von Ortenburg, Friedrich Graf von Heunburg und viele Adelige aus Tirol [1]). Dass aber auch der Patriarch Ottobonus von Aquileja, der von Horneck nicht angeführt wird, jener Verhandlung beigewohnt habe, geht aus den Urkunden, die wir gleich anführen werden, klar hervor.

Diese Zusammenkunft war erfolglos und man ging unverrichteter Dinge auseinander, da man sich über die Geldfrage nicht einigen konnte, und Kärnten und Krain blieben von H. Friedrich besetzt.

---

[1]) Ottokar von Horneck, Reimchronik, S. 529.

Zunächst zogen nur die Grafen von Ortenburg einen Vortheil von dieser Zusammenkunft, indem sie die Anwesenheit des Patriarchen dazu benützten, um von ihm die Belehnung mit einigen Lehengütern und die Bestätigung eines von ihnen für die Capelle St. Ulrich bei Kellerberg präsentirten Priesters zu erlangen.

1309 die quinto exeunte Martio (27. März) Indictione VII. Villaci. Ottobonus, Patriarch von Aquileja, belehnt seine Getreuen, die Brüder Meinhard, Otto und Albert Grafen von Ortenburg (ad supplicationem magnifici viri Meinhardi comitis de Ortenburch fidelis nostri dilecti pro se et fratibus suis Ottone et Alberto supplicantis — —) mit dem Dorfe Dobriach diesseits Millstatt gelegen, indem sie behaupten, dass dasselbe von Einigen ungerechter Weise besessen und der Kirche von Aquileja, deren Lehen es sei, vorenthalten werde [1]).

Das Dorf Dobriach liegt südöstlich von Millstatt. Die Grafen mussten übrigens dies Dorf erst denjenigen, welche es bis dahin besassen, abnehmen und in ihren Besitz bringen, was ohne Waffengewalt kaum geschehen sein dürfte. Wer es aber bis dahin als verschwiegenes Aquilejer Lehen besessen habe, ist nicht bekannt.

1309 die quinto exeunte Martio (27. März) Villaci. Ottobonus, Patriarch von Aquileja, belehnt seine Getreuen die Brüder Meinhard, Otto und Albert Grafen von Ortenburg mit dem Schlosse Sternegg, Aquilejer Lehen, welches Albert von Sumeregg den genannten Grafen verkauft und zu ihren Gunsten dem Patriarchen aufgesagt hatte [2]).

Die Lage des Schlosses Sterneck ist mir völlig unbekannt; nach meiner Vermuthung dürfte es eher in Krain als in Kärnten zu suchen sein, obwohl man auch im ämtlichen Verzeichnisse der Ortschaften in Krain keinen Ort Namens Sterneck findet.

1309 die quinto exeunte Martio (27. März) Indict. VII. Villaci. „Wir Ottobonus — — des heil. Stuhles zu Aquileja Patriarch thun hiemit — — kund, dass wir auf die Bitte und das Begehren des erlauchten Grafen von Ortenburg, unseres geliebten Sohnes des Grafen Meinhard und seiner Brüder in Gegenwart ihrer Edlen Herrands des Ritters, Konrads Chochl und dessen Sohnes, mit Bei-

[1]) Copialbücher. I. Band. S. 905.

[2]) Ebendaselbst S. 891.

stimmung und Einwilligung Seyfrieds, des Pfarrers von Feustriz, dem Priester Berthold die Capelle St. Ulrich in Kellerberg mit allen sowohl geistlichen als weltlichen Rechten verliehen haben, indem wir ihn daselbst zur Besorgung der Leitung derselben als Caplan und auf seine Lebenszeit als beständigen Besitzer einsetzen und bestätigen. Da es also ausgemacht ist, dass die vorgenannte Capelle von Alters her frei und von den Voreltern der vorgenannten Grafen gegründet und mit Gütern ausgestattet worden sei, so ist es, damit die Rechte derselben (Grafen) durch uns nicht vermindert sondern vielmehr vergrössert werden mögen, unser Wille, dass in Zukunft kein Priester dorthin gesetzt werde ausser durch Uns, und wenn er von den genannten unsern Söhnen Meinhard und seinen Brüdern Uns mit einem schriftlichen Zeugnisse anständig und lobenswürdig vorgeschlagen (präsentirt) worden ist. Zum Zeugniss dessen haben wir gegenwärtige Urkunde durch Anheftung unseres Siegels bekräftigen lassen" [1]).

In dieser Urkunde ist die Stelle: Cum igitur praedicta capella (sancti Udalrici in Kellerberg) ex antiquo dignoscatur esse libera et a progenitoribus praedictorum comitum sit fundata et dotata überaus wichtig, denn sie beweist in Verbindung mit den Urkunden von 1058 und 1149 zunächst die Identität dieser Capelle mit jener, welche Graf Friedrich 1058 den Chorherren zu Salzburg schenkte und somit die Abstammung der Grafen von Ortenburg von eben jenem Grafen Friedrich, wie ich dies bereits im Anfange dieser Abhandlung auseinandergesetzt habe [2]).

Im Sommer 1309 zog H. Friedrich nach Deutschland, um von K. Heinrich VII. die Belehnung zu erhalten, die ihm endlich nach langem Dahinhalten unter sehr schweren Bedingungen ertheilt wurde.

Im Frühlinge des Jahres 1310 findet man alle drei Brüder, Meinhard, Otto und Albrecht Grafen von Ortenburg bei Herzog Friedrich zu Graz, wohin derselbe sich in der Absicht begeben hatte, um auch die Steirer zu dem Kriege, den er gegen Herzog Otto von Bayern vorhatte, aufzubieten.

---

1) Copialbücher. IV. Band, S. 595.

2) Tangl, Die Grafen von Ortenburg in Kärnten. Erste Abtheilung, S. 228—233. (Separatabdruck, S. 26—31.)

1310 am 2. Juni zu Graz. H. Friedrich von Österreich — — erlässt der Karthause zu Seiz den Bergzehent oder die Frohnabgabe von allen Erzgruben, welche sie auf eigene Kosten auf ihren eigenen Gründen aufschliesse und baue, und schenkt dem Kloster überdies die Hälfte der Frohne von den Gruben jedes Metalls, welche auf Seizer-Gründen von andern Gewerken erschlossen und in Bau erhalten würden. Praesentibus Conrado Archiepiscopo Salisburgensi. Henrico Gurcensi. Friderico Seccoviensi Episcopis, Meinhardo. Ottone et Alberto comitibus de Ortenburch, Friderico et Hermanno comitibus de Heunburch, Ulrico de Walse capitaneo Stiriae. Alberto Landscriba Stiriae [1]).

Sehr wahrscheinlich begleiteten die Grafen von Ortenburg den Herzog Friedrich auf seinem Feldzuge gegen H. Otto von Bayern. welcher jedoch keineswegs glücklich und rühmlich ablief, sondern in einen Verheerungszug ausartete.

K. Heinrich von Böhmen, Herzog von Kärnten, Graf von Tirol. empfand in diesem Jahre ebenfalls den Unbestand aller irdischen Dinge, indem er auf Antrieb des deutschen Königs Heinrich VII., der seinem Sohne Johann ein Königreich verschaffen wollte, aus Böhmen vertrieben wurde und sich in seine Grafschaft Tirol zurück begab wo sein Bruder einige Monate zuvor gestorben war. So hatte er den Thron von Böhmen, den er seinem Neffen H. Friedrich streitig gemacht hatte, schon nach drei Jahren wieder schmählich räumen müssen, behielt aber, eitel wie er war, den leeren Königstitel noch fortan bei. Es war eine harte Zeit der Demüthigung für die verwandten Häuser Habsburg, Tirol, Görz und Ortenburg.

1311 am St. Johannistag des Täufers zu Sunwenden (24. Juni) zu Kellerberg.

Meinhard, Otto und Albrecht Brüder Grafen von Ortenburg bekennen, dass sie den Brüdern Herrand und Meinhard von Kellerberg zwei Zehente, von denen der eine zu St. Jacob, der andere zu Lass gelegen sei, für 32 Mark Aglajer Pfennige zu rechten Lehen verliehen haben, jedoch mit der besonderen Vergünstigung. dass es den Kellerbergern und ihren Erben freistehe, jedes Jahr acht Tage vor St. Georgitag die 32 Mark Aglajer Pfennige wieder zurückzufordern, in welchem Falle aber die Zehente den Grafen wieder

---

[1]) Seizer Urkunden in Abschrift im st. l. Joanneum.

104

zurückfallen sollten. Graf Meinhard von Ortenburg hängte der Urkunde sein Siegel an [1]).

Diese Zehente lagen, wie es scheint, im Geilthale, denn dort liegt aufwärts von Mauten das Dorf St. Jacob und nördlich davon Laas.

1311 — — zu Krainburg. Hartwig von Mongospurg und seine Consorten bezeugen, dass Otto von Hertenberg in ihrem Beisein dem Grafen Meinhard von Ortenburg das Dorf Villach (offenbar nur Vellach) verkauft habe [2]).

Über diesen Kauf sehe man die Urkunde ddo. 1300 — zu Krainburg.

1311 am 20. Juli zu Salzburg kam durch Vermittlung der verwitweten Königin Elisabeth der Friede zwischen ihrem Bruder Heinrich Exkönig von Böhmen und ihrem Sohne Friedrich zu Stande und zwar unter folgenden Hauptbedingungen: die 45.000 Mark Silber, die ersterer nach dem Znaimer Vertrage schuldet, sollen gelöscht sein; Herzog Friedrich soll jenem die Städte in Kärnten zurückgeben, dagegen Feistriz (Windisch-Feistriz) und das ganze Sannthal zu beiden Seiten des Flusses Sann behalten.

Somit kam Kärnten wieder an K. Heinrich; seine Besitzungen in Krain aber, welche 1307 auf H. Friedrichs Befehl von den Grafen von Görz, Ortenburg und Babanich besetzt und diesen für gegebene Darlehen und geleistete Dienste verpfändet worden waren, musste K. Heinrich von diesen Grafen auslösen, was auch nach und nach geschah.

1311 am 15. December zu Neustadt. Herzog Friedrich von Österreich bestätiget der Abtei Heiligenkreuz das Patronat über die Pfarre Alland unter gleichzeitiger Anordnung eines Jahrtages für sich und seine Familie. Testes hujus rei sunt hii: Minhardus comes de Ortemburg, Cunradus de Pottendorf, Henricus de Stubenberg, Dietricus de Pilichdorf marscalcus Curiae nostrae etc. [3]).

Aus den Jahren 1312 und 1313 haben wir keine Urkunden über die Grafen von Ortenburg, und es ist deshalb sehr wahrscheinlich, dass sie längere Zeit von Kärnten abwesend waren. Die Vermuthung, dass sie dem deutschen Könige, der 1311 seinen Zug nach Italien

---

[1] Copialbücher. I. Band, S. 935—936.

[2] Apostelen. VIII. Band, Blatt 192.

[3] Fontes Rerum Austriac. XVI. Band, II. Theil, S. 36.

unternommen, sich aber bei der Belagerung von Brescia lange (vom Mai bis Ende Septembers) verweilt hatte, im Winter nachgefolgt seien und ihn nach Rom, wo er am 7. Mai 1312 ankam und am 29. Juni zum Kaiser gekrönt wurde, begleitet haben, hat sehr viel Wahrscheinlichkeit für sich.

Der Tod des Kaisers, der am 24. August 1313 zu Bonconventi am Fieber starb, an welchem er schon lange gelitten hatte, veränderte auf einmal die Lage der Dinge und weckte in den Herzogen von Österreich und Steier die Hoffnung, dass die deutsche Königskrone, welche ihr Vater getragen, in ihr Haus zurückkommen könne, und sie wäre es auch und hätte eine Stirne geziert, die ihrer vollkommen würdig gewesen wäre, wenn nicht die Feinde des Habsburgischen Hauses wieder Unheil und Zwiespalt gesäet hätten. Doch bevor wir zu den Ereignissen des Jahres 1315 übergehen, müssen wir die Nachrichten aus dem Jahre 1314 besprechen.

1314. 6. Februar. — (Ohne Ort.)

Lehenbrief des Grafen Meinhard von Ortenburg an seine Gemahlin Elsbeth über drei Huben zu Chestemberg (Köstenberg) [1].

Durch die Mittheilung dieses Regestes hat der Herr Bibliothekar Dr. Tomaschek zur Genealogie der Grafen von Ortenburg einen wichtigen Beitrag geliefert, indem man den Vornamen der Gemahlin des Grafen Meinhard bisher nicht kannte. Leider müssen wir sowohl bei diesem Regeste als auch bei den meisten andern, welche der Herr Bibliothekar mittheilt, die allzu grosse Kürze bedauern. Aber trotzdem sind wir demselben für deren Mittheilung zu grossem Danke verpflichtet.

1314. 15. Juli. Wien.

Herzog Friedrich von Österreich verpfändet mit Zustimmung seiner Brüder Leopold, Albrecht, Heinrich und Otto die Veste und Stadt Portenau dem Grafen Ludwig de Porciliis um 1000 Mark Silber Wiener Gewichtes und 360 Mark Silber Grazer Gewichtes, wie selbe bisher „unser Oheim" (avunculus noster, unser Vetter) Graf Meinhard von Ortenburg innegehabt hat [2].

---

[1] Archiv für vaterl. Geschichte u. Topographie. VI. Jahrg., S. 134. Urk. Reg. Nr. 38. (Mitgetheilt von Dr. Ignaz Tomaschek.)

[2] Eingeschaltet als Transsumt in einer Urkunde ddo. Wien am 22. März 1332, welche sich in dem niederösterr. landsch. Archive zu Wien befindet.

Dass Graf Meinhard sein 1304 erworbenes Pfandrecht auf die Veste und Stadt Portenau (gewöhnlich Pordenone von Portus Naonis genannt) dem friaulischen Grafen de Porciliis verkaufte, hat seinen Grund darin, weil er seinen Vetter Herzog Friedrich, der sich um die deutsche Königskrone bewarb, mit einem stattlichen Gefolge von Rittern und Knechten zur Wahl nach Mainz begleiten wollte, eine solche Fahrt aber viel, sehr viel Geld kostete, dieses aber nicht anders als durch den Verkauf einer sehr grossen Herrschaft aufzubringen war. Wir werden bald sehen, dass das aus dem Verkaufe von Portenau gelöste Geld zur Bestreitung der grossen Kosten bei weitem nicht ausreichte.

1314. 3. August. Spital bei Ortenburg.

Heinrich König von Böhmen und Polen, Herzog von Kärnten und Graf von Tirol und Görz, verleiht Niklasen von Vreiberch (Freiberg bei St. Veit) und dessen Hausfrau Dietmud und deren Kindern das Haus (Schloss) Hardekke (jetzt Ruine bei Zweikirchen nordwestlich von Ulrichsberg), so wie es weiland Abel von Vreiberch von Herzog Otto zu Lehen gehabt habe [1]).

An dieser Urkunde ist uns hier nur der Ausstellungsort wichtig, indem man daraus ersieht, dass Herzog Heinrich sich damals zu Spital befand, also offenbar bei den Grafen von Ortenburg auf Besuch war, und dass somit diese damals Kärnten noch nicht verlassen hatten.

Im darauffolgenden Herbste unternahm Herzog Friedrich den Zug nach Frankfurt, aber leider nicht mit dem gewünschten Erfolge. Er wurde in die Stadt, welche sein Nebenbuhler Ludwig, Pfalzgraf zu Rhein und Herzog von Bayern mit seinen Anhängern besetzt hielt, gar nicht eingelassen, sondern musste ausserhalb derselben sein Lager aufschlagen. Hier wurde er am 19. October mit zwei Stimmen, in der Stadt aber Tags darauf Ludwig mit drei Stimmen zum deutschen König gewählt.

In Aachen, der gewöhnlichen Krönungsstadt, nicht zugelassen, liess sich K. Friedrich zu Bonn vom Erzbischofe Heinrich von Köln am 25. November 1314 krönen, während K. Ludwig am 26. November zwar in Aachen, aber vom Erzbischofe Peter von Mainz, der zur Krönung nicht berechtiget war, gekrönt wurde. So hatte Deutschland

---

[1]) Copialbücher. I. Band. S. 37.

zwei Könige, welche mit ihren Anhängern feindselig einander gegenüberstanden.

Schon gleich nach der unseligen Wahl im Lager vor Mainz, wo das Kriegsheer grossen Mangel an Lebensmitteln litt, trennten sich Herzog Heinrich von Kärnten, sein Vetter Graf Heinrich von Görz und viele andere Grosse von K. Friedrich und traten den Heimzug an. Die Grafen von Ortenburg aber bewiesen mehr Treue und Anhänglichkeit an K. Friedrich, indem sie ihn trotz seiner unrühmlichen und schwierigen Lage nicht nur nach Bonn zur Krönung begleiteten, sondern auch mit ihm in Deutschland und in der Schweiz herumzogen, wo man sie noch 1315 im Sommer und Herbste findet.

1315 — (ohne Monat und Tag). Baden.

Die Herzoge Leopold und Heinrich von Österreich, Brüder, bestätigen den Grafen Meinhard, Otto und Albrecht von Ortenburg, Gebrüdern, alle Pfandschaften, welche sie von ihren (der Herzoge) Vorfahren K. Rudolph und K. Albrecht, sowie von ihrem Bruder K. Friedrich gehabt haben und noch haben [1]).

Dieser Urkundenauszug hat zwar kein Datum des Monates und Tages, aber nach dem Ausstellungsorte zu schliessen, musste die Urkunde zwischen dem 23. Mai und 11. Juni 1315 ausgestellt worden sein, weil um diese Zeit K. Friedrich und seine Brüder Leopold und Heinrich sich zu Baden in der Schweiz aufhielten, von wo sie sich hierauf nach Konstanz begaben, wo die nächste Urkunde ausgestellt wurde.

Welche Pfandschaften die Grafen von Ortenburg von den genannten Königen besessen haben und noch besassen, wird im Regeste nicht gesagt, dürfte auch in der Urkunde selbst nicht gesagt worden sein.

1315 am 13. Juni. Konstanz.

K. Friedrich erlaubt, dass Meinhard Graf von Ortenburg die Schlösser Kronburg (offenbar irrig statt Krainburg) und Gorschach (Görtschach im Bezirke Krainburg in der Pfarre Höflern in Krain), welche ihm für eine gewisse Geldsumme versetzt worden seien, dem König Heinrich von Böhmen und Polen und Herzog von Kärnten zu lösen geben dürfe [2]).

---

[1]) Apostelen. VIII. Band, Blatt 192.

[2]) Ebendaselbst.

Man darf sich nicht wundern, dass Graf Meinhard schon wieder Geld brauchte und daher sein Pfandrecht auf Krainburg und Görtschach dem König Heinrich verkaufte, da er und seine Brüder nun bereits seit neun Monaten mit K. Friedrich in Deutschland umherzogen und da noch gar nicht abzusehen war, wann sie nach Hause zurückkehren würden. Wenn sie eben so wie der Herzog von Kärnten, der Graf von Görz (und andere nur ihren Vortheil im Auge gehabt hätten und ebenfalls schon im November 1314 nach Hause zurückgekehrt wären, so würden sie sich grosse Ausgaben erspart haben und nicht genöthigt gewesen sein, werthvolle Pfandschaften zu verkaufen. Aber um so rühmlicher war es von ihnen, dass sie mit Hintansetzung des Vortheiles blos der Stimme der Ehre folgten und den König nicht verliessen.   ·

Ob die Grafen von Ortenburg an der unglücklichen Schlacht bei Morgarten am 15. November 1315, welche H. Leopold gegen die Schweizer verlor, Theil genommen haben, ist nicht bekannt. Waren sie dabei, so gehörten sie zu den wenigen Glücklichen, denen es gelang, sich mit H. Leopold durch die Flucht zu retten. Vielleicht aber waren sie nur im Gefolge K. Friedrichs, der sich zu jener Zeit zu Ravensburg aufhielt, im December nach Schaffhausen zog und im Januar 1316 nach Österreich zurückkehrte [1]. Mit ihm scheinen auch sie nach Hause zurückgekehrt zu sein, wo man wenigstens den Grafen Meinhard im Frühjahre findet.

1316 am St. Gregorij Tag (12. März) zu Spital unter Ortenburg. Friedrich und Hermann, Brüder, Grafen von Heunburg versprechen Elisabethen der Gemahlin eben desselben Grafen Hermann, Tochter des Grafen Albert von Görz, bis zum nächsten Pfingstfeste das zu erfüllen, was sie ihr im Eheverträge versprochen haben (nämlich ihr mitgebrachtes Heirathsgut auf liegenden Gütern zu versichern). Zeugen: Heinrich Graf von Görz, Ulrich Graf von Pfannberg etc. [2].

Schon dieser Umstand, dass die Grafen von Heunburg, Görz und Pfannberg mit ihrem Gefolge zu Spital zusammenkamen, beweiset, dass wenigstens einer der Grafen von Ortenburg damals zu Hause war und in seinem Schlosse zu Spital den Wirth machte, weil sonst

---

[1] Böhmer, Regesten K. Ludwigs des Bayern u. a. Zeit. S. 168.

[2] Coronini, pag. 264.

die genannten Grafen wohl nicht zu Spital, sondern zu Luenz oder anderswo zusammengekommen wären. Dass aber Graf Meinhard von Ortenburg damals wirklich zu Hause war, beweist folgende Urkunde.

1316 am Samstag nach St. Pankrazentag (15. Mai) zu Villach. Reinprecht und Ulrich von Heylekke verkaufen dem Grafen Meinhard von Ortenburg sechs Huben und zwei Mühlen bei Krainburg, welche von Heinrich König von Böhmen und Polen, Herzog von Kärnten und Herrn von Krain zu Lehen herrühren [1].

Um diese Zeit entstand oder bestand vielleicht schon länger eine Fehde zwischen dem Grafen Heinrich von Görz und dem Grafen Meinhard von Ortenburg. Da der Graf von Görz noch am 12. März im Ortenburgischen Schlosse Spital sich befand, so konnte die Fehde erst seit jener Zeit ausgebrochen sein, und was ihre Veranlassung betrifft, so scheint sie wegen des Schlosses Auersberg entstanden zu sein, obwohl Näheres nicht bekannt ist; man sehe übrigens die Urkunde ddo. 1325 am Mittwoch vor St. Thomastag (18. December).

Aber trotz dieser Fehde folgten doch beide Grafen dem Rufe ihres Königs Friedrich, der sie aufforderte mit ihm gegen seinen Widersacher K. Ludwig nach Deutschland zu ziehen, wo man sie auch im Monate Juni findet und wo sie sich auch wahrscheinlich auf Vermittlung desselben oder des Herzogs Leopold mit einander verglichen, wie man aus folgenden Urkunden ersieht

. 1316 am 22. Juni zu Mainz. Graf Meinhard von Ortenburg erklärt, dass er sich mit seinem Oheim (Vetter) dem Grafen Heinrich von Görz ausgesöhnt habe und benennt fünf seiner Diener, welche Acht haben sollen, dass diese Sühne fortdaure, wie auch fünf Urtheilsprecher (Schiedsrichter?), welche den Streit wegen Auersberg zwischen beiden entscheiden sollen [2].

1316 am nächsten Freitag nach „Sunwenden" (25. Juni) zu Mainz. Graf Meinhard von Ortenburg und Graf Heinrich von Görz, sein Oheim, schliessen Frieden mit einander. Aller Krieg zwischen ihnen soll aufhören und alle Unbilden sollen gegenseitig ver-

---

[1] Apostelen. VIII. Band, Blatt 192.

[2] Hermann. Ortenburger Urkunden-Regesten.

geben und vergessen sein und in Zukunft Eintracht zwischen ihnen bestehen [1]).

Wie der Streit durch die zehn Schiedsrichter — denn ohne Zweifel hatte auch Graf Heinrich fünf Schiedsrichter ernannt — beigelegt worden sei, ist nicht bekannt. selbst der Gegenstand desselben wird nicht näher angegeben, nur so viel entnimmt man aus dem ersten Auszuge, dass es sich um Auersberg handelte. Das Wort Oheim bedeutet hier so viel als Vetter, denn die beiden Grafen waren Geschwisterkinder.

Graf Meinhard scheint sich damals nicht im Gefolge K. Friedrichs, sondern bei dem Heere H. Leopolds befunden zu haben. Denn K. Friedrich war am 22. Juni 1316 zu Schaffhausen [2]), während Meinhard an demselben Tage sich zu Mainz befand.

Von den Kriegsthaten des Grafen Meinhard in jenem Jahre ist nichts bekannt. Der Krieg zwischen den Gegenkönigen beschränkte sich überhaupt mehr auf Märsche und Gegenmärsche. Am 19. September fiel zwar am Flusse Neckar ein Treffen vor, führte jedoch keine Entscheidung herbei, indem am andern Tage K. Ludwig am Neckar abwärts nach Heilbronn, K. Friedrich aber nach den Gegenden des Ober-Rheins abzog.

K. Friedrich blieb übrigens nicht nur das ganze Jahr 1316, sondern auch noch bis in den Juni 1317 in Deutschland und kehrte erst in diesem Monate nach Österreich zurück. Mit ihm mag auch Graf Meinhard heimgekehrt sein. Dass er im Juli bereits zu Hause gewesen sei, bezeugt folgende Urkunde.

1317 des Mittichens nach St. Jacobstag in dem Snydt (Schnitt) (27. Juli) zu Kellerwerch (Kellerberg). Graf Meinhard von Ortenburg verspricht seinem lieben Bruder Grafen Otto von Ortenburg, dass er den Vertrag, den dieser „mit vnsern gnädigen Herrn Pischoff Friedrich von Salzburch vmb die gericht, die wir mit sampt vnsern Prueder haben dort nyden in Kernden dieshalb Tiernstain" abschliessen werde, unverbrüchlich halten wolle. Mit seinem Siegel [3]).

[1]) Apostelen. VII. Band, Blatt 236.

[2]) Böhmer, Regesten K. Ludwigs. S. 169.

[3]) Urkunden-Abschrift im st. l. Joanneum.

Der hier angedeutete Vertrag kam erst im Jahre 1320 zu Stande.

Aus dem Jahre 1318 haben wir nur eine Urkunde über den Grafen Meinhard, worin er als Beisitzer eines Gerichtes über einen wichtigen Rechtsstreit erscheint. Der Fall war dieser. Graf Ludwig von Porciliis, welcher 1314 dem Grafen Meinhard von Orten- burg den Satz auf Portenau abgekauft hatte, war seitdem gestor- ben. Da er ausser seiner Witwe Margareth nur eine Tochter Ger- traud, aber keinen Sohn hinterlassen hatte, machten seine Brüder Arcicus (?) und Friedrich Grafen von Porciliis Anspruch auf Por- tenau. Das Gericht aber, wahrscheinlich in Anbetracht des Um- standes, dass Graf Ludwig nur mit seinem eigenen Gelde und nur für sich den Satz auf Portenau von dem Grafen Meinhard an sich gelöst habe, wies die Ansprüche der beiden Brüder des Verstorbenen zurück und sprach den Pfandbesitz von Portenau der Witwe und der Tochter Ludwigs zu, wie man aus dem nachstehenden Urkunden- auszuge ersehen kann.

1318 am 11. Juni zu Klosterneuburg. König Friedrich beur- kundet, dass er mit Rath und Zuziehung K. Heinrichs von Böhmen (Herzogs von Kärnten), Bischofs Konrad von Freisingen, des Grafen Heinrich von Görz, des Grafen Meinhard von Ortenburg „vnsers Ohaims" und des Grafen (Hermann) von Heunburg die dem Grafen Ludwig von Porcillis (sonst Porciliis) verpfändete Stadt und Veste Portenau der Witwe des Grafen Margareth und seine Tochter Gertraud gegen dessen Brüder Arcicus und Friedrich von Porcillis zugesprochen habe [1].

Offenbar musste in diesem Gerichte das Zeugniss des Grafen Meinhard, dass er sein Pfandrecht auf Portenau nicht allen drei Brüdern, sondern nur allein dem Grafen Ludwig verkauft habe, von entscheidendem Gewichte gewesen sein.

Im Jahre 1319 findet man ihn laut folgender Urkunde in Unter- Steiermark.

1319 am 4. Juli zu Seiz. Leopold von Gonowiz schenkt der Karthause zu Seiz „gegen Pevilde" das ist gegen seine Bestattung im oberen Kloster (daselbst), wo auch sein Vater begraben liege.

---

[1] Transsumpt einer Urkunde ddo. Wien am 22. März 1332, welche sich im n. ö. ständischen Archive zu Wien befindet.

acht Huben sammt Rücksassen und Zinsen zu Gederichsdorf. Zeugen: Ulrich von Walsee, Hauptmann in Steier, Meinhard Graf von Ortenburg, Peter von Liebenberg, Hauptmann in Feistriz. Niklas von Roetenbüchel, Burggraf zu Hoheneck [1]).

Was unsere Grafen damals in die untere Mark geführt habe, ist nicht bekannt, ich vermuthe jedoch, dass es irgend ein öffentliches Geschäft gewesen sein müsse. Denn blos um bei obiger Schenkung einen Zeugen abzugeben, war gewiss auch Ulrich von Walsee, Hauptmann in Steier, nicht nach Seiz gekommen. Da nun aber sowohl dieser als auch die beiden letzten Zeugen mit einem ämtlichen Charakter erscheinen, so ist zu vermuthen, dass auch Graf Meinhard einen solchen gehabt habe, wenn derselbe auch nicht angegeben wird, nämlich den eines Hauptmanns in Krain und auf der (Windischen) Mark. Diese Vermuthung wird gesteigert, ja fast zur Gewissheit erhoben durch den Umstand, dass Graf Meinhard von Ortenburg 1326 urkundlich als Hauptmann in Krain und auf der Mark erscheint.

1319 nahmen die Grafen Meinhard und Albert von Ortenburg Theil an dem Kriege, welcher in Friaul und Italien zwischen Scaliger von Verona, mit dem Zunamen canis der Hund, und dem Grafen Heinrich von Görz ausgebrochen war, indem sie letzteren mit 50 Reitern und 50 Armbrustschützen unterstützten [2]).

1320 am St. Mathiastag des zwelfpoten (24. Februar) zu Gemunde (Gmünd in Kärnten). Meinhard, Otto und Albrecht Grafen von Ortenburg bekennen, dass sie dem Erzbischofe Friedrich von Salzburg ihr Gericht zu Zeltschach bei Friesach und in Ingolstal (Ingolsthal) bis an den Bunchwald (wahrscheinlich nur Buchwald oder Burchwald) zu dem „Prunn" (Brunnen) und dazwischen als das Regenwasser zu Thal fliesst gegen Friesach, sammt allem Recht, was sie gehabt haben „an Plut an Frävel vnd an allen Gerichten", welches Gericht ein Lehen des Herzogs von Kärnten sei, gegen Anweisung verschiedener Gülten zu Stocklarn, Veltsperg, am Weissen See verkauft haben. Auch soll der Erzbischof die halbe Burg zu Hohenburg, die ihm von Hurtwig (?) ledig geworden sei und die er dem Grafen Otto von Ortenburg blos allein

---

[1]) Seizer Urkunde in Abschrift im st. l. Joanneum.

[2]) Bianchi, Documenti per la storia del Friuli.

für dessen Person als Lehen verliehen habe, allen drei Brüdern und Otto's Gemahlin S o p h i e und allen ihren Erben als Lehen verleihen [1]).

Das obengenannte Gericht erstreckte sich von der Saualpe an westwärts in das Ingolsthal, welches nördlich von der Kuhalpe, südlich von dem Fluss Metniz begrenzt wird und gehörte einst zur Grafschaft Z e l t s c h a c h, von welcher es noch damals den Namen „G e r i c h t z u Z e l t s c h a c h" führte. Wie und wann es von den Nachkommen jenes Grafengeschlechtes, den Freien von P e c k a u, seit 1237 Grafen von P f a n n b e r g, weg und an die Grafen von O r t e n b u r g gekommen sei, ist nicht bekannt. Ich vermuthe jedoch, dass dieses grosse Landgericht einst zu jenem predium provincie in Grazzlupp gehört habe, welches laut Urkunde 1249 am 22. August zu Grazzlupp Graf M e i n h a r d III. von Görz als Hauptmann von Steiermark dem Grafen H e r m a n n von O r t e n b u r g für 600 Mark Silber verpfändete [2]).

Dieses Gericht wurde an Salzburg, heisst es in der Urkunde, verkauft (eigentlich nur vertauscht) gegen Gülten zu S t o c k l a r n, V e l t s p e r g, am W e i s s e n See.

S t o c k l a r n, jetzt Stöcklern, liegt bei Pusarnitz; ebendaselbst lag V e l t s p e r g, die jetzige Schlossruine Feldsberg; der W e i s s e See oder Weissensee liegt zwischen dem Drau- und Geilthale.

Der Tausch war eine für die Grafen vortheilhafte Arrondirung, indem der genannte See etwa eine Meile südlich von O r t e n b u r g, S t ö c k l e r n und F e l d s b e r g aber in der Nähe vom Markte S p i t a l liegen.

Das Schloss H o h e n b u r g, einst dem gleichnamigen Grafengeschlechte gehörig, jetzt Ruine, liegt nördlich von Pusarniz (auf dem Lurnfelde) und südlich vom Hünersberg. Da die Grafen von O r t e n b u r g daselbst schon seit den ältesten Zeiten Besitzungen hatten, so war die Erwerbung von Hohenburg gleichfalls eine vortheilhafte Abrundung ihrer Grafschaft, während das Gericht zu Zeltschach von derselben sehr weit entfernt war.

1320 an St. Laurenzen Tag zu Laibach. Graf M e i n h a r d von O r t e n b u r g bekennt, dass er unter Beistimmung seiner Söhne H e r-

---

[1]) Salzburger Urk. in sehr schlechter Abschrift im st. l. Joanneumsarchive.

[2]) Tangl, Die Grafen von Ortenburg. Erste Abtheilung S. 326—327 (Separatabdruck S. 124—125).

mann und Meinhard zur Beilegung der Fehde zwischen ihnen und Volker und Herbart von Auersberg (Owersperch) auf die Herren Greyf von Reutenberg, Reinher Schenk von Osterwiz, Niklas von Rotenpüchel, Wülfing und Friz von Reutenberg und Härtel von Pilchgraz compromittirt und dass diese folgenden Ausspruch gethan haben:

1. Aller Krieg soll aufhören.

2. Die Auersberger treten den Grafen das Dorf Zliwnitz ab.

3. Alle Gefangenen sollen gänzlich ledig sein; wer aber (schon vor diesem Frieden) für seine Freilassung eine Geldsumme versprochen habe, soll diese bezahlen.

4. Leute, welche von den Gütern der Herren von Auersberg auf Güter der Grafen gezogen sind, sollen wir zurückziehen lassen.

5. Die Auersberger und ihre Freunde und Helfer sollen von den Grafen wieder zu Huld aufgenommen werden.

6. Die Auersberger sollen den Grafen treu dienen, ausgenommen gegen den Herzog von Kärnten und die Grafen von Görz; sie sollen aber auch den Grafen von Görz nicht gegen die Grafen von Ortenburg und gegen Friz von Reutenberg und dessen Söhne dienen.

7. Sollte zwischen den Grafen und den Auersbergern wieder eine Irrung entstehen, so sollten Niklas von Rotenpuch und Friz von Reutenberg Vermittler sein; könnten sich diese zwei nicht vereinigen, so sollte Greyf von Reutenberg Obmann sein.

8. Sollten die Grafen diesen Vertrag in irgend einem Puncte brechen, so sollten Veidel (Veit) und Dominik von Czobelsperch und Geyselher von Stein den Grafen nicht gegen die Auersberger beistehen.

9. Hielten aber die Auersberger den Vertrag nicht, so sollten Friz von Reutenberg und seine Söhne ihnen nicht gegen die Grafen beistehen.

Zeugen: Bruder Friedrich der Steinbacher „Comendewer ze Laibach" und die obigen sechs Schiedsrichter. Siegler: Graf Meinhard und sein Sohn Graf Hermann von Ortenburg, Greyf von Reutenberg, Reinher Schenk von Osterwiz und Niklas von Rotenpuch [1]).

Aus den Jahren 1321—1324 haben wir gar keine Nachrichten über unsern Grafen Meinhard, und doch fällt in diese Zeit ein sehr

---

[1]) Abschrift (aus dem vierten Hefte der Urkunden-Abschriften im Archive zu Auersberg) im Archive des historischen Vereines für Krain zu Laibach.

wichtiges Ereigniss, nämlich die für die Österreicher so unglückliche Schlacht bei Mühldorf am 28. September 1322, worin K. Friedrich und sein Bruder H. Heinrich mit einem grossen Theile ihres Heeres in bairische Gefangenschaft geriethen.

Dass die Grafen von Ortenburg der Schlacht bei Mühldorf beigewohnt haben, wird zwar nirgends ausdrücklich gesagt, aber es versteht sich gewissermassen von selbst. K. Friedrich wollte endlich nach neun Jahren einen Entscheidungskampf herbeiführen und suchte deshalb ein möglichst grosses Heer aufzubringen, weswegen er den König von Ungarn, den Herzog von Kärnten, den Erzbischof von Salzburg und die Grafen von Görz um Hilfstruppen bat und alle Edlen und Ministerialen seiner Länder aufbot. Auch an die Grafen von Ortenburg musste eine solche Aufforderung ergangen sein, da sie, wenn auch reichsunmittelbar, doch auch Vasallen der Herzoge von Österreich waren, indem sie mehrere von diesen zu Lehen her- rührende Güter besassen, und es kann nicht im geringsten bezwei- felt werden, dass die Grafen jener Aufforderung Genüge geleistet haben werden, da Herzog Friedrich auch König von Deutschland war und als solcher von ihnen die Heeresfolge fordern konnte. Aber es bedurfte dessen gar nicht; die Grafen von Ortenburg, stolz auf ihre Verwandtschaft mit den Herzogen von Österreich, hingen diesen wie einst in besseren Zeiten so auch jetzt noch mit unerschütterlicher Treue an und weigerten sich gewiss nicht, ihrem König, als er den Kampf der Entscheidung zwischen sich und seinem Gegenkönige Ludwig zu unternehmen beschloss, nach ihren Kräften Beistand zu leisten.

Welches Schicksal ihnen in der genannten Schlacht zu Theil geworden, ob sie durch Flucht entkommen oder ebenfalls gefangen worden seien, ist nicht bekannt; ich vermuthe letzteres und zwar aus folgendem Grunde. Aus dem Jahre 1323 ist von keinem der drei Brüder eine Urkunde vorhanden; aber dies beweist für sich allein noch nicht, dass sie sich in bairischer Gefangenschaft befanden, denn sie konnten sich auch sonst wo ausserhalb Kärntens befunden haben und der Abgang der Urkunden kann ein rein zufälliger sein. Aber wenn man sieht, wie die Brüder Otto und Albrecht 1324 und in den nächstfolgenden Jahren viele ihrer Besitzungen und darunter selbst bedeutende entweder verpfänden oder verkaufen, so geräth man nicht ohne Grund auf die Vermuthung, dass sie, um sich aus der Gefangenschaft loszukaufen, Schulden gemacht und zur Abtragung dieser Schulden Geld gebraucht haben mögen.

Nachdem ich dies bereits geschrieben hatte, fand ich folgende zwei Nachrichten, welche ich wörtlich aus einer Handschrift Muchars abgeschrieben hatte.

„1324 am 21. October. Graf Otto von Ortenburg — Kriegsschäden und Gefangenschaftslösung in Bayern mit Verpfändung der Beamten (? vielleicht nur Burgen und Ämter) Matray, Stall, Sasenburg (Sachsenburg), Gmunden (? Gmünd?)" [1]).

„1324 am 21. October. Graf Otto von Ortenburg wegen Kriegsschadenersatz vom Erzbischof Friedrich" [2]).

Nun, so unvollständig, um mich des gelindesten Ausdruckes zu bedienen, diese sein sollenden Urkunden-Regesten auch sind, so haben sie doch in dieser Beziehung einen Werth, weil sie beweisen, dass Graf Otto von Ortenburg Kriegsschaden und Gefangenschaft in Bayern erlitt, sich von letzterer loskaufte und dafür vom Erzbischofe Friedrich Schadenersatz forderte und auch erhielt, indem ihm die salzburgischen Burgen und Ämter: Matray, Stall, Sachsenburg und Gmünd verpfändet wurden. Daraus kann gefolgert werden, dass er 1322 im Dienste des Erzbischofes, wahrscheinlich als Anführer der salzburgischen Hilfstruppen, den unglücklichen Feldzug mitgemacht habe, während seine Brüder als Reichsvasallen wegen der Grafschaft Ortenburg Heeresfolge geleistet haben mögen.

Über den Grafen Meinhard findet man aus dem Jahre 1324 nur folgende unbedeutende Nachricht.

1324 — — Bernhard von Rinist, Abgesandter des Grafen Meinhard von Ortenburg, erstattet an die Kammer des Patriarchen zu Aquileja die betreffende Giebigkeit von einem Lehen [3]).

Auch gibt er in diesem Jahre seinem Bruder Otto zum Verkaufe einiger Güter seine Einwilligung und hängte der Urkunde sein Siegel an.

Der Name Rinist, der sonst nirgends vorkömmt, ist offenbar irrig.

---

[1] Muchar, Auszug aus einer Salzburger Urkunde. Handschrift im historisch. Vereine für Steiermark.

[2] Ebendaselbst. Beide wörtlich nach Muchar, der, wie es scheint, die Abschrift der von ihm aus den salzburgischen Kammerbüchern gesammelten Nachrichten nicht mehr durchsah und verbesserte, da die Abschrift höchst fehlerhaft ist.

[3] Bianchi, Documenti per la storia del Friuli.

Im Jahre 1325 hatte Graf Meinhard wieder einen Streit mit
den Brüdern Volker und Herbard von Auersperg, söhnte sich jedoch
Ende des Jahres wieder mit ihnen aus, worüber Wissgrill mehrere
Urkunden-Regesten mittheilt, von denen jedoch die in seinem Schauplatz des niederösterreichischen landsässigen Adels, Artikel Auersperg abgedruckten von jenen, welche sich handschriftlich im niederösterreichischen ständischen Archive zu Wien befinden, bedeutend verschieden sind, obwohl Wissgrill für beide dieselbe Quelle
angibt.

1325 am Mittwoch vor St. Thomas Tag (18. December). Meinhard Graf von Ortenburg vergleicht sich mit Volkhard und Herbard von Auersperg über den Streit, den er wegen des Melezen Hofstatt zu Owersperg (Auersberg) mit ihnen gehabt hat und gelobt,
dass er Frieden und Einigkeit halten wolle nach dem Ausspruche
eilf gewählter Schiedsrichter [1]).

Eine zweite Urkunde desselben Inhalts ist datirt: 1326 am
Samstag, Vorabend vor der hl. hl. drey Könige Tag, den man nennt
Prehentag, zu Laybach [2]).

1325 zu Laybach in der Stadt. Graf Meinhard zu Orten-
burg wird ausgesöhnt mit Volkern und Herbardten von Auersperg
durch Hilfe und Zuspruch (des) Herrn Griffo von Reuttenberch, Herrn
Reinhern des Schenken von Osterwitz, Herrn Ott von Sicherstein
Herrn Ulrich von Silberberch, Herrn Marchwart von Pöllan, Herrn
Marchwart und Hertl von Pillichgräz und anderer unsrer Freund und
Diener Willen und gelobet Fried für sich und seine Brüder etc.
Dabei geschieht Meldung in terminis: Unser Oheim in Kärnten,
unsere Muhme von Görz und unserm seeligen Oheim Graf Heinrich
von Görz. Geben zu Laybach in der Stadt anno 1325. Nebst obigen
sind auch als Zeugen gefertiget: Heinrich von Sicherstein, Marchwart von Pöllan, Jakob und Perchtold von Reuttenberch [3]).

1326. 4. Januar. Laibach.

Meinhard Graf von Ortenburg, Hauptmann in Krain und
auf der March, bekennt, dass er Einigung und Vergleich gemacht
habe mit Herrn Volker und Herwarten Brüdern von Auersperg nach

[1]) Wissgrill, Schauplatz . . . . Ex archivo domestico Auersperg. Nr. 33.
[2]) Ebendaselbst. . . . . Ex archivo domestico Auersperg. N. 264.
[3]) Wissgrill, Handschrift. Ex archivo domestico Auersperg. N. 33.

dem Ausspruche von eilf Schiedsmännern de dato Laybach am Samstag
(feria sexta) vor hl. drei Könige anno 1326 [1]).

Man sieht, das beide Regesten des Jahres 1325 eine und dieselbe Quelle haben, nämlich die Original-Urkunde Nr. 33 des Auers-
bergischen Hausarchives. Allein wie verschieden sind beide Auszüge!
In dem ersten fehlt das Datum des Ortes, die Anführung der Schiedsrichter und der Zeugen und die Erwähnung „Unser Oheim in Kärnten"
etc.; in dem zweiten Auszuge dagegen fehlt das Datum des Monates und des Tages und die Angabe des Streitgegenstandes.

Sind dies Urkunden-Regesten, welche diesen Namen verdienen?
Man sieht, dass Wissgrill bei seinem Verfahren, eine Urkunde in
zwei Theile zu spalten und aus jedem derselben ein eigenes Regest
zu machen, von dem Vertrauen auf seine Glaubwürdigkeit viel ein-
büssen muss.

Dasselbe, was wir an den Regesten von 1325 rügten, that er
auch bei den Regesten von 1326, indem nicht nur das Datum nicht
gleich angegeben ist, sondern in dem einen Regeste die wichtige Angabe von dem öffentlichen Charakter des Grafen Meinhard fehlt.

Übrigens irrt Wissgrill, wenn er die feria sexta für den Samstag hält, da die feria sexta vielmehr nur den Freitag bezeichnet.
Denn die römische Kirche beginnt die Woche mit dem Sonntag, den
sie aber nicht feria prima, sondern dies dominica, den Tag des Herrn,
benennt, und bezeichnet die folgenden Tage mit feria secunda
(Montag), feria tertia (Dienstag) u. s. w. Nach dieser Art zu zählen,
müsste der Samstag feria septima heissen; er wird aber in der Kir-
chensprache nie anders als sabbatum genannt.

Über den Gegenstand des Streites ist nichts weiter bekannt, als
dass er „des Melczen Hofstatt zu Owersperg" (Auersberg) betraf.
Ich vermuthe, dass es sich um denselben Gegenstand handelte, um
welchen Graf Meinhard schon 1316 mit seinem Vetter Grafen
Heinrich von Görz stritt, denn auch damals handelte es sich „um
Auersberg", wie sich Apostelen sehr allgemein ausdrückt. Graf
Heinrich scheint 1316 nicht so fast seine eigene als vielmehr die
Sache der Herren von Auersberg geführt zu haben. Jetzt nach Hein-
richs Tode († 1323) scheint Graf Meinhard denselben Streit wie-
der begonnen zu haben. In dieser Vermuthung bestärkt mich auch

---

[1]) Wissgrill. Handschrift. Ex archivo domestico Auersperg. N. 264.

der Umstand, dass, wie Wissgrill andeutet, in der Urkunde von 1325 auch des seligen Grafen Heinrich von Görz Erwähnung geschehe.

Was uns aber das Wichtigste ist an den angeführten Regesten, ist die Angabe in der Urkunde von 1326, dass Graf Meinhard von Ortenburg Hauptmann in Krain und auf der Mark gewesen sei. Wann er in diese Würde eingesetzt worden sei, ist nicht bekannt; es dürfte jedoch schon im Jahre 1307 geschehen sein, in welchem er gemeinschaftlich mit dem Grafen Heinrich von Görz, und den drei Grafen von Babanich Krain und die Mark für Herzog Friedrich in Besitz nahm. Als in Folge des am 20. Juli 1311 zu Salzburg abgeschlossenen Friedens Herzog Heinrich Kärnten, Krain und die Mark wieder zurückerhielt, mochte er seinen Vetter Grafen Meinhard von Ortenburg in der Hauptmannschaft über Krain und die Mark belassen haben.

Zwischen dem Patriarchen Paganus von Aquileja und dem Grafen Meinhard von Ortenburg hatte sich, wie man aus folgendem Urkunden-Regeste sieht, um das Schloss „Los" sammt Zugehör ein Streit entsponnen.

1327 am 25. Juli — —. Patriarch Paganus von Aquileja stellt Hector von Savorgnano als Richter auf, vor welchem Meinhard Graf von Ortenburg, der das Schloss Los sammt Zugehör noch immer in seiner Gewalt zurückhalte, obwohl er des Lehens bereits verlustig erklärt worden sei, zu erscheinen und sich zu rechtfertigen habe [1].

Aus Mangel an aufklärenden Urkunden weiss man über die Natur dieses Streites nichts Zuverlässliches; ich vermuthe jedoch, dass er daher entstanden sei, weil Graf Meinhard das Schloss Los nicht als ein Lehen von Aquileja, sondern als sein freies Eigenthum angesehen haben mag; denn hätte er sich einer Felonie schuldig gemacht, so würde er nicht nur des genannten, sondern auch aller übrigen Aquilejer Lehen verlustig geworden sein, was nicht der Fall war.

Der Streit überdauerte den Patriarchen und den Grafen und wurde erst 1335 unter des ersteren Nachfolger und des letzteren Söhnen und Neffen beendiget.

1328, sagt Huschberg, begleiteten die Brüder Meinhard und Albrecht Grafen von Ortenburg den König Ludwig zur Krönung

---

[1] Huschberg, Geschichte des Gesammthauses Ortenburg, S. 264.

nach Rom ¹). Hier irrte Huschberg in der Angabe des Jahres, denn nicht erst 1328, sondern schon im Januar 1327 unternahm K. Ludwig den Römerzug und kam, nachdem er sich zu Como, Mailand, Pisa, Lucca und Viterbo längere Zeit aufgehalten hatte, am 7. Januar 1328 zu Rom an, wo er sammt seiner Gemahlin am 17. desselben Monats die römische Kaiserkrone erhielt. Nachdem er Rom erst am 4. August 1328 verlassen und sich in den meisten grösseren Städten Oberitaliens lange Zeit z. B. zu Pisa von Mitte October 1328 bis Mitte März 1329, und zu Pavia von Mitte Juni bis Mitte October 1329 aufgehalten hatte, kehrte er erst am 17. Februar 1330 nach München zurück, so dass sein Römerzug länger als drei Jahre gedauert hatte.

Dass die Grafen Meinhard und Albrecht von Ortenburg diesen Zug mitgemacht und sich erst im August 1329 vom Kaiser getrennt haben, beweisen folgende Urkunden.

1328. 31. Januar. Rom. Albrecht Graf von Ortenburg entlehnt von dem ehrbaren Knechte Heinrich dem Juden eine Summe Geldes und stellt ihm den Ritter Heinrich von Welsberg zum Bürgen ²).

1328. 18. Februar. Rom. K. Ludwig belehnt Friedrich den Burggrafen von Nürnberg mit der Stadt Regentzhof. Testes: Rudolphus dux Bawariae, Henricus dux Brunsvicensis, Ludowicus dux de Tekke, Ulricus Lautgravius de Alsatia, Meinhardus de Ortenburg, Hermannus de Kastel, Otto de Orlamunde, Joannes de clavo monte comites — — ³).

1328. 22. April. Rom. K. Ludwig belehnt denselben Burggrafen mit dem zerstörten Schlosse Stauff und bewilliget ihm, dasselbe wieder aufbauen zu dürfen. Dieselben vier ersten Zeugen, dann Meinhardus comes de Ortenburg, Otto de Orlamunde comes, Chunradus de Truhendingen comes — — ⁴).

1328. 15. Mai. Rom. K. Ludwig nimmt das Kloster Fürstenzell in seinen besondern Schutz, bestätiget dessen Besitzungen, Rechte, Freiheiten etc. Testes: Rudolfus dux Bawariae, Henricus dux Bruns-

---

¹) Huschberg, S. 264.
²) Ebendaselbst, S. 262.
³) Lang, Regesta, T. VI, pag. 248.
⁴) Ebendaselbst, pag. 256.

vicensis, Ludowicus dux de Tech, Meinhardus comes de Ortenburch — — [1]).

1328. — Rom. Compromiss zwischen K. Ludwig und seinen Neffen, Söhnen seines verstorbenen Bruders Rudolph, in Betreff der Theilung der baierisch-pfälzischen Länder. Erste Zeugen: Meinhard und Albrecht Brüder Grafen von Ortenburg, Friedrich Burggraf von Nürnberg, Ulrich Landgraf in Elsass, Ludwig Herzog von Teck — — [2]).

1329. 8. August. Pavia. K. Ludwig macht mit seinen Neffen die Theilung der niederbaierisch-pfälzischen Länder. Erste Zeugen: Meinhard und Albrecht Brüder Grafen von Ortenburg, Friedrich Burggraf von Nürnberg, Ulrich Landgraf in Elsass, Ludwig Herzog von Teck — — [3]).

Zu Pavia mochten sich unsere Grafen gleich mehreren andern Fürsten und Grafen vom Kaiser verabschiedet haben und nach einer Abwesenheit von zwei Jahren in ihre Heimat zurückgekehrt sein. Der lange Aufenthalt in Italien mit einem zahlreichen Gefolge von Rittern und Dienern musste den Grafen sehr viel Geld gekostet und das Herumziehen von Stadt zu Stadt, wobei der Kaiser nicht immer friedlich und freundlich empfangen wurde, sondern häufig die Thore vor sich geschlossen fand und viele Demüthigungen erfuhr, musste ihnen das längere Verbleiben beim kaiserlichen Heere verleidet und sie mit Sehnsucht nach der Ruhe ihres heimatlichen Herdes erfüllt haben, wo wir sie nach dem folgenden, leider sehr unvollständigen Regeste finden.

1329 — —. Wir Meinhard Graf von Ortenburch thuen kund, dass wir mit unserer Söhne Grafen Hermanns und Grafen Meinhards Gunst und Einwilligung mit den Auerspergern Frieden gemacht haben [4]).

Ich glaube nicht, dass seit 1326 ein neuer Streit zwischen dem Grafen Meinhard und den Herren von Auersberg ausgebrochen sei, sondern halte diese Urkunde von 1329 nur für eine Bestätigung des 1326 abgeschlossenen Friedens, zu dessen grösserer Sicherheit

[1]) Lang, Regesta T. VI, pag. 258.
[2]) Hund, Bayer. Stammbuch. II. Theil, S. 19.
[3]) Köhler, Münz-Belustigung. IV. Theil, S. 107.
[4]) Wissgrill, Handschrift. Ex Archivo domestico Auersperg. Nr. 374.

die Herren von Auersberg die Einwilligung und Beistimmung der Söhne des Grafen Meinhard für nöthig gehalten haben mochten.

Die Urkunde hat zwar kein Datum, musste aber nach der Zurückkunft aus Italien im Herbste und in Krain ausgefertigt worden sein, wo die Herren von Auersberg mit dem Grafen Meinhard zusammengekommen sein mögen. Den Winter aber scheinen die Grafen auf ihrem Schlosse Ortenburg in Kärnten zugebracht zu haben, weil man sie Anfangs März zu Feldkirchen im Glanthale findet. wo der Streit, welchen Graf Meinhard wegen der Veste Weinegg in Krain mit Peter von Liebenberg hatte, durch Schiedsrichter beigelegt wurde, wie man aus folgender Urkunde sieht.

1330, des nächsten Erchtages nach Reminiscere (6. März) in der Fasten zu Veltkirchen. Graf Meinhard von Ortenburg verspricht an Eides Statt, dass er den Spruch, welchen Konrad von Auffenstein, Reinher Schenk von Osterwiz und Niklas von Rotenpühel am Montag nach dem Sonntag Reminiscere zu Veltkirchen zwischen ihm eines- und Petern von Liebenberg anderntheils um die Veste Weinegg gefällt haben, treulich halten wolle. Sie hätten aber so gesprochen:

1. Graf Meinhard von Ortenburg oder seine Erben sollten dem Peter von Liebenberg die Veste Weinegg mit allen Leuten, Gütern, Zugehörungen etc. und mit allen Handfesten, welche der von Lavandt oder seine Wirthin oder seine Erben um die Veste Weinegg von den Herzogen von Österreich oder Kärnten haben, spätestens bis acht Tage nach den nächsten Ostern übergeben. Thäte Graf Meinhard dies nicht, so sollte er sechs Ritter oder sechs rittermässige Knechte mit 12 Pferden zu St. Veit in Kärnten am Sonntage nach Ablauf der nächsten acht Tage nach den nächsten Ostern einlegen, welche daselbst so lang einzuliegen hätten, bis die Übergabe von Weinegg sammt Zugehörungen und Handfesten geschehen wäre.

2. Peter von Liebenberg sollte dem von Lavandt und seiner Wirthin und seinen Erben oder dem Grafen Meinhard an ihrer Statt für das Urbar und die Zugehörungen von Weinegg 150 Mark Aglajer Pfennige ratenweise, 50 Mark zu Sonnenwenden, 50 Mark zu St. Michaelis und 50 Mark auf St. Niklastag bezahlen und bis zur völligen Entrichtung sichere Bürgen stellen.

3. Doch sollte Peter von Liebenberg weder zur Zahlung noch zur Bürgenstellung verpflichtet sein, wenn Graf Meinhard die Handfesten nicht auslieferte.

4. Stürbe Graf Meinhard von Ortenburg, so wären seine Söhne Graf Hermann und Graf Meinhard verpflichtet, den Spruch genau zu halten.

5. Graf Meinhard sollte es bewirken, dass der Herzog von Kärnten ihm und seinen Erben die Veste Weinegg als Lehen verleihe und Graf Meinhard sollte dann den Peter von Liebenberg und alle seine Nachkommen, Söhne und Töchter, damit belehnen.

6. Könnte dies nicht bewirkt werden, so sollte Peter von Liebenberg dem Grafen Meinhard von Ortenburg die Veste Weinegg innerhalb der nächsten vierzehn Tage nach den nächsten Pfingsten übergeben und ihm bis zur Übergabe eine Bürgschaft von 500 Mark Aglajer Pfennigen stellen, dass er die Veste wirklich übergeben werde.

Der Urkunde hängten Graf Meinhard von Ortenburg und sein Sohn Hermann, ferner Konrad von Auffenstein und Reinher Schenk von Osterwiz ihre Siegel an [1]).

An demselben Tage stellte Peter von Liebenberg eine gleiche von ihm, seinen Brüdern Ulrich und Hans von Liebenberg, Konrad von Auffenstein und Reinher Schenk von Osterwiz gesiegelte Urkunde aus [2]).

Auch hier ist Vieles unbekannt. Man weiss nicht, wie Graf Meinhard in den Besitz von Weinegg kam und warum er es an Peter von Liebenberg abtreten sollte. Dass sowohl der Graf als auch der Liebenberger Rechte auf Weinegg hatten, geht aus dem Schiedsspruche klar hervor, aber unter welchem Titel wird nicht gesagt.

Ich erkläre mir jedoch die Sache auf folgende Weise. Heinrich von Lavandt (auch von Lawen, de Lavano genannt) mag für eine gewisse Geldsumme die Veste Weinegg, die er als herzogliches Lehen besass, dem Grafen Meinhard aufgetragen und von ihm wieder als Afterlehen empfangen, dann aber eben dies Afterlehen an Peter von Liebenberg verkauft haben.

Auf diese Vermuthung führt der fünfte Punct des Schiedsspruches, von dem auch kaum zu zweifeln ist, dass er in Erfüllung ge-

[1]) Copialbücher. I. Band. S. 923—926.

[2]) Ebendaselbst, S. 926—930.

gangen sei, nämlich dass Graf Meinhard vom Herzoge von Kärnten mit Weinegg belehnt worden sei und seinerseits wieder Peter von Liebenberg damit belehnt habe.

Dass Weineck früher der Familie Lawen gehört habe, ersieht man aus folgendem Urkunden-Regeste.

1314. 30. August. Graz. Herzog Friedrich bestätigt die vom Herzog Otto von Kärnten dem Heinrich Lawen (Lauano quondam suo notario in Carniola) und dessen Erben gemachte und vom Herzog Heinrich, König von Böhmen, erneute Belehnung mit dem Schlosse Weyneck in der Mark beim Kloster Sittich[1]).

Diese Bestimmung der Lage von Weineck „in der Mark beim Kloster Sittich" ist sehr wichtig für die Bestimmung der Ausdehnung der Mark oder der Windischen Mark. Denn da Sittich in geringer Entfernung von Weixelburg liegt, so sieht man, dass die Mark schon von dort begonnen und sich von da nach Osten und Südosten erstreckt und dass somit der grössere Theil des Neustädter Kreises einst nicht zu Krain, sondern zur (Windischen) Mark gehört habe.

Die Veste Weineck oder Weinegg, in der krainerischen Sprache Kraviek genannt, lag nach Valvasor (III. B. S. 631) in Unterkrain, 4 Meilen von Laibach und je 2 Meilen von Weichselberg und dem Kloster Sittich entfernt. Auf den Karten erscheint sie nicht.

1330 des Suntags vor St. Michaeltag (23. September) zu Innsprugg. Heinrich, König von Böhmen und Polen, Herzog von Kärnten, Graf von Tirol und Görz bestätiget dem Stifte St. Paul alle seine Besitzungen, Rechte und Privilegien. „Dess seindt gezeuge Vnser liebe Oheimb Meinhardt, Albrecht (Brüder) vnd Meinhardt (des ersteren zweitgeborner Sohn) die Edlen Grafen von Orttenburch vnd Vnser getrewe Khonrat von Auffenstain, Marschalch vnd Haubtman ze Kärndten, Heinrich der Gralant, Vlrich vnd Peter von Liebenberch, Reinher Schenkh von Osterwiz, Otto von Himmelberch, Cholo, Volker vnd Mattheis von Flaschberch — — —[2]).

König Johann von Böhmen, dessen Sohn Johann Heinrich mit Margareth der Tochter Herzog Heinrichs von Kärnten verlobt war, hatte sich bei diesem zu einem Besuche ansagen lassen und dies mag

---

[1] Lichnowsky, III. Band, CCCL.
[2] St. Pauler Urkunde in Abschrift im st. l. Joanneum.

wohl der Grund gewesen sein, weswegen dieser seine Vettern die Grafen von Ortenburg und mehrere seiner Hofbeamten und Ministerialen aus Kärnten zu sich nach Innsbruck einlud. K. Johann kam auch wirklich und hielt sich von der Mitte bis Ende September zu Innsbruck auf und schloss mit H. Heinrich unter anderem auch den Ehevertrag rücksichtlich ihrer Kinder. Ja wie Einige vermuthen, soll damals sogar schon die Hochzeit gefeiert worden sein, obwohl die Braut erst 14, der Bräutigam aber gar nur 8 Jahre alt war.

1331 — — zu Krainburg. Graf Meinhard von Ortenburg, Hauptmann in Krain und auf der Mark, macht mit Beistimmung seiner Söhne des Grafen Hermann und des Grafen Meinhard eine Schenkung an das Cistercienser Kloster Sittich (in Krain). Zeugen: Giselher von Stein, Dominik von Zobelsberg, Niklas von Toplach, Herbard von Tronplach (vielleicht auch nur Toplach?) [1]).

Worin die Schenkung bestand, gibt Marian leider nicht an.

1331 — — —. Gerhard, Truchsess von Alzai stellt eine Urfehde aus, dass er wegen seines Bruders Gefängnisses und Schadens wider Meinhard Grafen von Ortenburg, dessen Diener und Erben keinen Hass hegen und noch weniger Rache nehmen werde [2]).

Aus welcher Veranlassung Gerhards des Truchsessen von Alzai Bruder von dem Grafen von Ortenburg gefangen genommen worden sei, ist nicht bekannt. Derselbe hiess wahrscheinlich Konrad; denn man findet in vier Bisthum Lavanter Urkunden aus dem Jahre 1331 als ersten oder zweiten Zeugen: Chunrad Truxsaetz von Altzai oder einfach Chunrad von Alzai [3]). Hiess nun Gerhards Bruder wirklich Konrad, so dürfte seine Gefangenschaft in das Jahr 1330 zu setzen sein, da er sich 1331 bereits wieder in Freiheit befand. Gerhard und Konrad die Truchsessen von Alzai scheinen Ministeriale des Bisthums Bamberg gewesen und mit irgend einem Bischofe nach Kärnten gekommen zu sein. Ursprünglich mögen sie wohl aus der Rhein-Pfalz herstammen, wo es in der Nähe von Mainz eine Stadt und Burg Alzai gab. Philipp und Gerhard Truchsessen von Alzai kommen schon in der Urkunde ddo. In campis ad novam civitatem 19. Juni 1269, worin Bischof Berthold von Bamberg

[1]) Marian, Austria sacra. VII. Band, S. 381.
[2]) Apostelen, VIII. Band, Blatt 193.
[3]) Tangl, Reihe der Bischöfe von Lavant. S. 106.

den Herzog Ludwig von Bayern, Pfalzgrafen am Rhein, mit mehreren Gütern im Nordgau belehnt, als Zeugen vor.

1332 des nächsten Sonntags nach St. Philippi und Jakobi Tag (3. Mai) zu Ortenburg. Graf Meinhard von Ortenburg bekennt, dass er dem „erbern Jörgen Judleins aidam von Sachsenburch" und dessen Hausfrau Gertraud zwei Güter zu Patendorf um 20 Mark Aglajer Pfennige verkauft habe [1]).

Patendorf erscheint auf keiner Karte; wahrscheinlich sollte es nur heissen Ratendorf, welches eine Gemeinde in der Pfarre Tröppelach im Bezirke St. Hermagor ist.

1332 am Sonntage vor St. Urbani (24. Mai) zu Kellerberg. Meinhard Graf von Ortenburg verkauft Hausen von Kellerberg und dessen Brüdern zwei Zehente, von denen der eine zu Zeiritsch, der andere zu Schmeiger in dem Gereut gelegen ist, um 27 Mark Aglajer Pfennige und verleiht sie ihnen zu Lehen, jedoch unter der Bedingung des Wiederkaufes zu jeder Zeit. Mit seinem Siegel [2]).

Weder Zeiritsch noch Schmeiger ist auf den Karten zu finden; Gereut (Greut, Kreut) gibt es mehrere in Oberkärnten, z. B. Kreut bei Bleiberg, Greut bei Finkenstein und Greut bei Tarvis.

Dies ist die letzte Urkunde und Nachricht, welche ich über den Grafen Meinhard I. von Ortenburg auffinden konnte. Er starb daher entweder noch im Jahre 1332 oder im Jahre 1333 vor dem Winter. Denn die erste Urkunde, worin seine Söhne selbstständig auftreten, ist datirt: 1333 am Montag vor Weihnachten (23. December). Ist aber die Nachricht Muchars wahr, dass Herzog Heinrich von Kärnten im Jahre 1332 Friedrich den Freien von Sunneck zum Hauptmann in Krain und auf der Mark bestellt habe, so musste Graf Meinhard I. schon 1332 gestorben sein, da durchaus nicht anzunehmen ist, dass einem Manne wie ihm jene Hauptmannschaft schon vor seinem Tode abgenommen worden sei. Sein Tod ist daher mit grösserer Wahrscheinlichkeit in das Jahr 1332 als in das Jahr 1333 zu setzen. Der Sterbetag ist unbekannt. Da er sich 1332 zu Hause befand, so dürfte er wahrscheinlich zu Ortenburg gestorben und zu Spital in der Familiengruft beigesetzt worden sein. Er dürfte, da sein Vater um

---

[1]) Urkunden-Abschrift im st. l. Joanneum.
[2]) Copialbücher. I. Band, S. 9/4—975.

1262 geheirathet haben mag und er der älteste Sohn war, bei seinem Tode nahe an 70 Jahre gezählt haben.

Graf Meinhard I. war an Gemüthsart seinem Vater Friedrich ganz unähnlich; denn wie dieser den Frieden, so liebte jener den Krieg, so dass es scheint, er habe sein kriegerisches Naturell von seiner Mutter Adelheid, einer Gräfin von Görz-Tirol, in deren Stamm jene Kriegslust von jeher zu Hause war, geerbt. Seit 1289, wo er das erste Mal öffentlich erscheint, bis 1332, also durch einen Zeitraum von 43 Jahren war er fast jedes Jahr entweder in Privatfehden verwickelt oder auf kürzeren oder längeren Kriegszügen begriffen, ja selbst noch das Jahr vor seinem Tode nahm er Theil an dem Kriege zwischen Österreich und Böhmen. Übrigens sorgten die seit K. Rudolphs I. Tode eingetretenen Weltverhältnisse reichlich dafür, dass es nicht an Kriegen fehlte.

Durch Einsicht, Tapferkeit und glückliche Erfolge gelangte Graf Meinhard zu dem Rufe eines tüchtigen Kriegsmannes und erwarb sich dadurch, so wie durch seine übrigen trefflichen Eigenschaften das Vertrauen der Herzoge von Österreich und Steier in so hohem Grade, dass sie ihm 1307 die Hauptmannschaft in Krain und auf der (windischen) Mark anvertrauten, die er in ihrem Namen bis zum Jahre 1311 innehatte. Dagegen war er denselben sein ganzes Leben hindurch in unerschütterlicher Treue und Anhänglichkeit in guten und bösen Zeiten unbedingt ergeben, focht alle Schlachten für sie mit und theilte mit ihnen Freuden und Leiden. Auch mit seinem Vetter Herzog Heinrich von Kärnten und Grafen von Tirol stand Graf Meinhard, seitdem sich jener 1311 mit den Herzogen von Österreich und Steier ausgeglichen hatte, auf gutem Fusse und behielt auch unter ihm die Hauptmannschaft über Krain und die Mark bis zu seinem Tode bei.

Nur mit seinen Vettern den Grafen von Görz war er wegen der Wirren in Friaul mehrere Male in eine feindliche Stellung gerathen.

Dass zwischen Meinhard und seinen Brüdern Otto und Albrecht stets Liebe, Friede und Einigkeit geherrscht habe, beweist der Umstand, dass man nirgends, auch nicht eine leise Spur einer zwischen ihnen ausgebrochenen Streitigkeit oder Fehde findet, worüber man sich um so mehr wundern muss, da es doch drei Brüder waren und zwei derselben Söhne und Töchter hatten, mithin Veran-

lassung genug vorhanden war, dass sich entgegengesetzte Interessen
hätten geltend machen können.

Ein Punct in der Geschichte dieser Brüder kann leider nicht
aufgeklärt werden, wann und wie sie die väterliche Erbschaft unter
sich getheilt hatten. Denn wenn auch die Grafschaft Ortenburg
als ein Reichslehen nach einem gewiss hierüber bestehenden Haus-
gesetze als ein untheilbares Ganzes angesehen worden sein mochte,
so konnte, ja musste doch eine Theilung dieser Art stattgefunden
haben, dass jedem der drei Brüder gewisse Güter und Gülten zu seinem ausschliesslichen Besitze und Nutzgenusse überlassen wurden.
Zum Verkaufe von Herrschaften, Gerichten, Gülten u. s. w. war die
Einwilligung aller drei Brüder erforderlich, beim Verkaufe von unter-
thänigen Huben aber war dies nicht nothwendig, da dieselben noch
immer Bestandtheile jener Herrschaft blieben, zu welcher sie gehörten, indem nicht das Ober-, sondern nur das Nutzeigenthum verkauft
wurde. Deshalb konnte allerdings jeder Bruder ohne Einwilligung
der andern solche einzelne Huben, Äcker, Wiesen etc. verkaufen oder
als Lehen verleihen, indem dadurch das Ganze keinen Abbruch
erlitt.

Der zwischen den Brüdern Meinhard I., Otto und Albrecht
abgeschlossene Gütertheilungsvertrag ist zwar nicht auf uns gekommen, aber dessenungeachtet kennen wir, wenn auch nicht vollständig,
die Güter, welche Meinhard I. bei jener Theilung erhalten hatte,
und zwar aus der Urkunde ddo. Villach am Freitag vor St. Laurentii-
tag (7. August) 1338. Nach dieser Urkunde hinterliess sein älterer
Sohn Hermann, nachdem er seinen 1337 verstorbenen Bruder
Meinhard II. beerbt hatte und hierauf 1338 selbst gestorben war,
folgende Güter: Sternberg (in Kärnten), Ortenegg, Grafenwart, Polan, Obernstein, Zobelsberg, Liebenberg (sämmtlich in Krain), zwei Gerichte zu Neumarkt (in Steiermark), die
Vogtei zu Ossiach. Von diesen Gütern war nur Sternberg ein
von Hermann selbst 1335 erworbenes, also mussten die übrigen
ererbte und schon von seinem Vater besessene Güter gewesen sein,
folglich aus der Theilung mit seinen Brüdern herrühren. Somit kennen wir wenigstens einen grossen Theil der Güter, welche Meinhard I. bekommen hatte; wogegen es gänzlich unbekannt ist, wie
sich seine Brüder Otto und Albrecht in die übrigen Güter, z. B.
Reifniz und Radmannsdorf in Krain, Ortenburg. Spital,

Kellerberg, Weissenstein, Hohenburg, Sommereck und
Steierberg in Kärnten getheilt haben.

§. 13. Meinhards I. Gemahlin.

Nach der Urkunde vom 6. Februar 1314 hiess Meinhards I.
Gemahlin Elsbeth (Elisabeth); darüber jedoch, aus welchem
Geschlechte sie abstammte, findet man keinen urkundlichen Auf-
schluss und ist man daher genöthigt, in genealogischen Werken eine
Auskunft hierüber zu suchen.

Alle diesfälligen Angaben älterer Schriftsteller lauten übereinstimmend dahin, dass sie eine Pfalzgräfin bei Rhein, mithin aus
dem Geschlechte der Herzoge von Baiern. Pfalzgrafen bei Rhein,
gewesen sei, aber in Betreff ihres Vaters weichen sie bedeutend von
einander ab.

Um nun entscheiden zu können, welche von den verschiedenen
Angaben die wahrscheinlichste sei, muss man sich vor Augen halten,
dass Graf Meinhard, da sein älterer Sohn Hermann schon 1301
verheirathet war, wahrscheinlich um 1263 geboren worden sein und
etwa in seinem zwanzigsten Jahre, also um 1283 geheirathet haben
mochte.

Nun wollen wir die Angaben prüfen, und zwar so, dass wir gemäss einer jeden Angabe ein kleines genealogisches Schema entwerfen, um den Widerspruch oder die Übereinstimmung desto leichter
aufzufassen.

1. Lazius[1]) sagt: Meinhards I. Gemahlin sei die Tochter
Rudolphs Pfalzgrafen vom Rhein und die Schwester K. Ruperts
gewesen. Demnach fände folgendes Verhältniss Statt:

Geschwister

Rupert III., Pfalzgraf bei Rhein,	Elisabeth
wurde deutscher König 1400.	heirathete 1283.

Ich glaube, bei dem schreienden Widerspruche, der schon in
diesen Zahlen liegt, wäre es völlig überflüssig, auch die übrigen
grossartigen Widersprüche, die in der Angabe des Lazius liegen,
anzuführen.

---

[1]) Lazius, De migratione gentium, pag. 184.

2. Nach Huschberg[1]) war die Gemahlin des Grafen Meinhard I. die Tochter des im Jahre 1328 verstorbenen Churfürsten Adolph von der Pfalz.

Also

Adolph Churfürst von der Pfalz,
geboren am 27. September 1306, gestorben 1327 (1328).

Elisabeth heirathete 1283.

Die Tochter hätte also früher geheirathet, als der Vater geboren ward.

3. Nach Megiser[2]) sei Meinhards I. Gemahlin „eine Pfalzgräfin am Rhein und Rudolphi des Beierfürsten Schwester" gewesen.

Megiser, dieser Lügenschmied, der so viele Märchen in die Geschichte Kärntens einschwärzte und dessen Genealogie der Grafen von Ortenburg in Kärnten nicht minder als jene von Lazius und Huschberg von Irrthümern strotzt, kömmt doch in seiner obigen Angabe um ein Bedeutendes der Wahrheit näher als Lazius und Huschberg, obwohl er nicht sagt, welchen Rudolphs, ob Rudolphs I. oder Rudolphs II. Schwester die Gemahlin Meinhards I. gewesen sei.

Otto der Erlauchte.
Herzog von Bayern Pfalzgraf am Rhein.

| Ludwig II. der Strenge, Herzog von Oberbayern und Pfalzgraf am Rhein geboren 1229 † 1294. 1. G. Maria, Herzog Heinrichs von Brabant Tochter, hingerichtet 1256. 2. G. Anna, Herzog Konrads von Schlesien-Glogau Tochter, † 1273. 3. G. Mechtild, König Rudolphs I. Tochter, vermählt 1273, † 1304. | Heinrich, Herzog von Niederbayern. |

Aus der dritten Ehe

| Rudolph I. der Stammler oder Kahle, geboren 1274, † 1319. G. Mathilde, König Adolphs Tochter. vermählt 1292, † 1315. | Ludwig III. geb. um 1286, wird deutscher König 1314, † 1347. | Elisabeth heirathete um 1283. |

| Adolph der Einfältige. geb. 1306, † 1327. | Rudolph II. der Blinde, geb. 1309, † 1353. | Rupert I. der Rothe, † 1390. |

---

[1]) Huschberg, Gesammthaus Ortenburg, S. 269, nennt als seine Gewährsmänner Paraeus, Hist. Palatina, lib. IV, pag. 165 und Finsterwald, Erläuterte Germania princeps, p. 800.

[2]) Megiser, Annales Carinthiae, pag. 772. Genealogische Tafel.

War demnach Elisabeth, die Gemahlin des Grafen Meinhard I. von Ortenburg, wirklich eine Pfalzgräfin bei Rhein und
Herzogin von Bayern, d. i. stammte sie aus der Linie der Herzoge
von Oberbayern, so konnte sie nur eine Tochter Ludwigs II. des
Strengen aus seiner ersten oder zweiten Ehe gewesen sein. Stammte
sie aber aus der Linie der Herzoge von Niederbayern, so konnte sie
nur eine Tochter Heinrichs gewesen sein. Im ersten Falle war sie
die Schwester, im zweiten die Cousine K. Ludwig des Bayers.

Aber mit den Beweisen für diese behauptete Abstammung der
Gemahlin des Grafen Meinhard I. steht es sehr misslich. Die von
Huschberg angeführten Gewährsmänner Paräus und Finsterwald
kenne ich nicht, da ihre Werke weder in der hiesigen k. k. Univer-
sitäts-, noch in der st. l. Joanneums-Bibliothek vorhanden sind, Lazius aber und Megiser verdienen durchaus nicht unbedingten
Glauben.

In neuern und in den neuesten genealogischen Werken, z. B.
Genealogie der in Europa regierenden Fürstenhäuser von Camill
Behr (1854) findet man auf den Stammtafeln des Geschlechtes der
Herzoge von Bayern, Pfalzgrafen am Rhein aus dem Hause Wittelsbach durchaus keine Spur davon, dass eine Prinzessin dieses Hauses
mit dem Grafen Meinhard I. von Ortenburg vermählt gewesen sei.

Unter den Regesten K. Ludwig des Bayers von Böhmer (2599
an Zahl) so wie unter den Regesten desselben Kaisers von Lang und
Freyberg, welche ein Drittel des V. Bandes, den ganzen VI. und
VII. Band und noch einen Theil des VIII. Bandes (Quartbände) fül-
len, also unter beiläufig 5000 Urkunden aus der Zeit K. Ludwigs
kömmt nicht eine einzige vor, worin der von Paräus, Finsterwald,
Lazius und Megiser behaupteten Abstammung der Gemahlin des Grafen Meinhard I. von Ortenburg auch nur die leiseste Andeutung geschähe. Dass auch in den Ortenburger Urkunden selbst darüber
nichts vorkomme, haben wir bereits oben bemerkt.

In dem zu Rom zu Stande gekommenen Compromiss zwischen
K. Ludwig und seinen Neffen, den Söhnen seines Bruders Rudolph I.,
Pfalzgrafen am Rhein, über die Theilung Bayerns und in der Theilungsurkunde selbst gehen Graf Meinhard und Graf Albrecht
von Ortenburg zwar allen andern Zeugen, dem Burggrafen Friedrich von Nürnberg, dem Landgrafen Ulrich in Elsass und dem Her-

zoge Ludwig von Teck etc. vor; aber dies beweist nur, dass die Grafen von Ortenburg mit dem bairischen Herzogshause überhaupt verschwägert waren. Denn Elisabeth, Otto des Erlauchten Herzogs von Bayern und Pfalzgrafen am Rhein Tochter, des Pfalzgrafen Ludwig und des Herzogs Heinrich Schwester, war mit Meinhard Grafen von Tirol, später Herzog von Kärnten, vermählt, dessen Schwester Adelheid die Gemahlin des Grafen Friedrich von Ortenburg und die Mutter der Grafen Meinhard I., Otto und Albrecht war. Elisabeth war daher eine Schwägerin Adelheidens und eine Tante der genannten drei Grafen; Kaiser Ludwig aber als Sohn des Pfalzgrafen Ludwig und Neffe Elisabethens ein Vetter der drei genannten Grafen von Ortenburg, ein verwandtschaftliches Verhältniss, welches, wie wir schon oft zu bemerken veranlasst waren, zu jener Zeit durch den Ausdruck „Oheim" bezeichnet wurde. Daher gehen in K. Ludwigs Urkunden die Grafen von Ortenburg als Verwandte den übrigen, wenn auch vornehmeren Zeugen vor; mehr aber ist in diesem Vorangehen nicht zu suchen.

Das Ergebniss dieser Untersuchung ist demnach dies, dass die Abstammung der Gemahlin des Grafen Meinhard I. von den Herzogen von Bayern, Pfalzgrafen am Rhein, sehr zweifelhaft sei. Gewiss ist nur, dass jene Gemahlin Meinhards, welche 1314 lebte, Elisabeth geheissen habe; denn es wäre ja möglich, dass er mehrere Gemahlinnen gehabt hätte.

Wann und wo sie gestorben und wo sie begraben worden sei, ist unbekannt.

§. 14. Meinhards I. Tochter Anna.

Meinhard I. erzeugte mit seiner Gemahlin zwei Söhne, Hermann III. und Meinhard II., von denen wir im nächsten Paragraphe handeln wollen, und, nebst vielleicht noch mehreren, auch eine Tochter Anna, welche wir aus folgender Urkunde kennen lernen.

1340 am 23. December zu Pleyburch.

Ich Friedrich von Auffenstain, Marschalich zu Cherndten verjeh — daz ich mit meins lieben Pruder Chunrats von Auffenstain gunst vnd willen dem Gotshaws sant Clarens Ordens ze sant Veyt, daz mein säliger Herr vnd Vatter gestifft hat, durch Got ze vodrist vnd durch (um) meiner lieben Vrowen (Frau) vnd wirtinne

(Gemahlin) Söl (Seele) willen Vrowen Annen Grevinne von Ortenburch — — geben han" — —[1]) (er schenkte dem Kloster, welchem damals die Äbtissin Katharina vorstand, eine Schwaig am Chun-
ratsperg, welche jährlich 400 Käse zinset und ein Bergrecht bei
Marburg von 52 Marburger Eimer).

Friedrich und sein Bruder Konrad waren Söhne Konrads
des älteren von Auffenstein, welcher bis 1335 Hauptmann und
Marschall von Kärnten gewesen war, dann aber beim Übergange dieses Landes an die Herzoge von Österreich und Steier, deren Herrschaft er anerkannte, die Hauptmannschaft niederlegte und nur das
Marschallamt beibehielt, welches Erbamt nach seinem am 6. Dec. 1340
erfolgten Tode an seine Söhne Friedrich und Konrad überging[2]).

Diese hatten von ihrem Vater in Tirol, Kärnten, Krain, auf der
Mark, in Friaul und in Steiermark eine unglaubliche Menge von Herrschaften, theils Eigen- theils Lehengütern, geerbt, die, wenn sie bei
einander gelegen wären, wohl ein schönes Fürstenthum gebildet
haben würden. Es ist daher begreiflich, dass Graf Meinhard I. von
Ortenburg, obwohl er mit den Herzogen von Österreich und
Bayern, dessen Stammhaupt damals die römische Kaiserkrone trug,
und mit den Grafen von Görz verwandt und verschwägert war, kein
Bedenken trug, die Hand seiner Tochter einem so reichbegüterten,
angesehenen und mächtigen Freier zu geben.

Dass Anna, Friedrichs von Auffenstein Gemahlin, eine Tochter
des Grafen Meinhard I. gewesen sei, ergibt sich daraus, weil der
eine Bruder desselben, nämlich Otto, kinderlos war, der andere,
nämlich Albrecht, zwar auch eine Tochter Namens Anna hatte,
diese jedoch mit dem Grafen Dionys von Krupp vermählt war.

Die Vermählung Annens mit Friedrich von Auffenstein
muss schon 1330 oder noch früher geschehen sein, weil in dem im
Jahre 1331 beendigten Kriege zwischen Konrad von Auffen-
stein, Friedrichs Vater einer-, und Friedrich dem Freien von
Suneck andererseits Graf Hermann von Ortenburg, Annens
Bruder, ein Bundesgenosse des Ersteren war.

---

[1]) Ambros Eichhorn, Archiv für Geog. Historie etc. 1819, S. 370.

[2]) Da in dieser Urkunde Konrad, Friedrichs Vater, als „selig" (verstorben) erwähnt
wird, so konnte er nicht erst am 6. December 1341, wie das Nekrologium von
St. Paul angibt, gestorben sein. Sein Tod scheint daher richtiger auf den 6. December 1340 angesetzt werden zu müssen.

Aus der Ehe Annens mit Friedrich von Auffenstein entsprangen nebst mehreren Töchtern auch zwei Söhne, welche beide
Friedrich hiessen [1]) und mit welchen, nachdem sie 1368 in Folge
ihrer Empörung gegen die Herzoge von Österreich Freiheit, Ehre
und Macht eingebüsst hatten, der Mannesstamm der Auffensteiner
erlosch.

Hund in seinem Stammbuche und (nach Huschberg) auch das
Gallische Manuscript, das ich nicht kenne, geben dem Grafen Meinhard I. noch drei Töchter, nämlich Katharina, welche den
Schleier genommen habe und Nonne zu Millestädt (irrig statt Michelstätten in Krain) geworden sei, Agnes, welche sich mit Eberhard
von Walsee, und Clara, welche sich mit Heinrich von Neuhaus in Böhmen vermählt habe.

Allein von Katharinen und Agnesen können wir urkundlich
nachweisen, dass sie Albrechts Töchter gewesen seien und somit
wird auch die Angabe, dass Clara, von welcher mir urkundlich nichts
bekannt ist, eine Tochter Meinhards gewesen sei, immerhin etwas
verdächtig.

Dritter Abschnitt.

§. 15. Meinhards I. Söhne Hermann III. und Meinhard II. bis zum Jahre 1338.

Meinhard I. hinterliess zwei Söhne, nämlich Hermann III.
und Meinhard II. Sie erscheinen 1329, 1330 und 1331 zugleich
mit ihrem Vater. Von einem dritten Sohne Meinhards I. ist
nirgends eine Spur vorhanden und diejenigen, welche ihm noch einen
dritten Sohn, nämlich Albrecht, den nachmaligen Bischof von
Trient, beilegen, sind im Irrthum, indem letzterer, wie wir seiner Zeit
zeigen werden, ein Sohn Albrechts II. war. Was die Namen dieser
zwei Söhne betrifft, so führte der ältere den in ihrem Stamme altherkömmlichen Namen Hermann (III.), der jüngere aber den seines
Vaters Meinhard.

Die Geschichte dieser beiden Brüder können wir um so leichter
gemeinschaftlich behandeln, da sie sehr kurz ist, indem sie ihren

---

[1]) Hermann, Handbuch der Geschichte Kärntens. I. Band, S. 71.

Vater nur um wenige Jahre überlebten und ohne Nachkommen starben.

1301. 8. December. Lok.

Graf Hermann von Ortenburg thut kund, dass er als Heimsteuer (für seine Gemahlin) von seinem „Oheim", Bischof Emich von Freisingen 100 Mark Aglajer Pfennige anstatt 100 Pfund Wiener Pfennige, welche er seiner „Mumen" Agnes, Heinrichs von Schaumberg Tochter versprochen habe, empfangen, dass er aber von demselben noch 100 Pfund Wiener Pfennige zu fordern habe, welche der Bischof jedoch zu zahlen sich weigere, unter dem Vorgeben, dass er sie zu geben nicht versprochen habe. Die Entscheidung des hierüber entstandenen Streites habe man einem Schiedsgerichte überlassen, wozu der Graf seinen Schwiegervater Heinrich von Schaumberg und Friedrich von Stubenberg, der Bischof aber (seinen Bruder) Grafen Gerhard, Dompropst von Freisingen und den Ritter Konrad von Lok als Schiedsleute gewählt habe [1]).

Dies völlig vereinzelte frühe Auftreten des Grafen Hermann, indem er schon 1301 als verheirathet erscheint, während er erst volle 30 Jahre später wieder in einer Urkunde auftritt, setzt uns in keine geringe Verlegenheit, da wir nicht wissen, wie wir dies lange Verschwinden des genannten Grafen uns erklären sollten. Der Grund davon dürfte übrigens wohl in folgenden Umständen zu suchen sein: 1. Dass Hermann, als er heirathete, noch sehr jung war, 2. dass sein Vater Meinhard I. bis zu seinem Tode die Verwaltung seiner Güter selbst führte und seinen Söhnen nur die Nutzniessung einiger Güter überliess, und 3. dass viele Urkunden aus der Zeit von 1301 bis 1331, worin auch Meinhards I. Söhne vorkommen mochten, nicht auf uns gekommen sein mögen.

Noch bei Lebzeiten seines Vaters betheiligte sich Graf Hermann als Schwager Friedrichs von Auffenstein an dem Kriege, welcher wegen des Besitzes der halben Burg und Herrschaft Cilli zwischen Konrad von Auffenstein, Friedrichs Vater, und Friedrich dem Freien von Suneck, dem sein Schwager Ulrich von Walsee beistand, ausgebrochen war und durch den Friedensvertrag ddo. am Freitag vor St. Michaelstag (27. September) 1331 beendigt wurde.

---

[1]) Original-Urk. im königl. baier. Reichsarchive zu München, copirt vom Archivar Zahn.

Nach diesem Schiedsrichterspruche sollte Konrad von Auffenstein seinen halben Antheil an der Veste Cilli, dem Markte, Gerichte, Urbar und allen Rechten daselbst um 250 Mark Silber Friedrich dem Freien von Suneck verkaufen, was auch laut Urkunde ddo.
Cilli am Sonntage Reminiscere (15. März) 1332 geschah [1]).

Aus dem Jahre 1332, in welchem wahrscheinlich ihr Vater
starb, haben wir über unsere Grafen keine urkundliche oder sonstige
Nachricht, worin ihrer ausdrücklich Erwähnung geschähe, wohl aber
eine solche, welche einen indirecten Bezug auf sie hat. Denn 1332
wurde F r i e d r i c h der Freie von S u n e c k vom Herzog Heinrich von
Kärnten zum H a u p t m a n n i n K r a i n u n d i n d e r M a r k bestellt.

Muchar, der diese Nachricht mittheilt [2]), gibt zwar die Quelle,
aus welcher er sie schöpfte, nicht an, musste aber eine solche doch
gehabt haben.

Ist diese Nachricht wahr, und wir haben keinen Grund dies zu
bezweifeln, so folgt daraus, 1. dass Graf M e i n h a r d I. von O r t e n-
b u r g, der jene Hauptmannschaft innehatte, schon 1332 gestorben
sei, da nicht anzunehmen ist, dass sie ihm schon bei seinen Lebzeiten abgenommen worden sei, und 2. dass ihm sein älterer Sohn Graf
H e r m a n n in derselben nicht gefolgt sei.

Diese Übergehung ist auffallend, da sonst in der Regel die
Hauptmannschaft vom Vater auf seinen ältesten Sohn überging, wie
dies bei der Hauptmannschaft in Steiermark der Fall war, die bei
der Familie W a l s e e blieb. Herzog Heinrich musste daher besondere Gründe gehabt haben, mit Übergehung des Grafen H e r-
m a n n von O r t e n b u r g F r i e d r i c h den Freien von S u n e c k als
Hauptmann in Krain und der Mark einzusetzen. Welche diese Gründe
gewesen seien, ist übrigens nicht bekannt.

Aus dem Jahre 1333 haben wir folgende zwei Urkunden-Regesten.

1333 am Erchtag nach dem Sonntage Reminiscere (2. März).—
Greimel (Grimoald) von Werdeneck stellt einen Dienstrevers aus,
worin er verspricht, dass er und seine Kinder den G r a f e n von O r-
t e n b u r g mit treuen Diensten verbunden und mit der Veste W e r-
d e n e c k gewärtig sein wollen [3]).

---

[1]) Tangl, Die Grafen von Heunburg. II. Abth. Arch. f. K. Österr. Gesch.

[2]) Muchar, Gesch. von Steiermark. VI. Band, S. 258.

[3]) Apostelen. VIII. Band, Blatt 196.

Schade, dass die Namen der Grafen nicht angegeben sind, da man so nicht weiss, ob der Revers den jungen Grafen **Hermann** und **Meinhard** oder ihren Oheimen **Otto** und **Albrecht**, welche damals noch lebten, ausgestellt worden sei.

Werdeneck sei das jetzige **Werneck**, südlich von Moraitsch und westlich von Waatsch im Laibacher Kreise.

1333 am Montage vor Weihnachten (20. December). Hans und Uschalk (Udalschalk) von Strassberg bekennen, dass sie den ihnen eigenthümlich zugehörenden Antheil an der Herrschaft **Stattenberg** mit Ausnahme der Hofstatt, wo Traybot aufgesessen ist, dem Grafen **Hermann** von **Ortenburg** lehenbar gemacht und so in Lehensweise denselben wieder von ihm empfangen haben [1]).

Unter dieser Herrschaft **Stattenberg** ist nicht die bei Maxau in Unter-Steiermark gelegene, sondern die zwischen Neustadtel und Nassenfuss in Krain gelegene Veste und Herrschaft **Stattenberg** zu verstehen. Zu Ober-Nassenfuss sieht man noch jetzt die Ruine der einstigen Veste **Stattenberg**.

Bischof Werntho von Bamberg hatte am 8. Juli 1328 mit seinem Capitel das Übereinkommen getroffen, dass der jedesmalige Bischof von Bamberg wie in Franken so auch in Kärnten rücksichtlich der daselbst gelegenen bambergischen Herrschaften als Landesherr angesehen und dass ihm als solchen gehuldigt werden soll. Auch soll ihm das Recht zustehen, zur Verwaltung jener Herrschaften einen **Pfleger** und **Hauptmann** daselbst einzusetzen und wenn es ihm gut dünke, wieder abzurufen und durch einen andern zu ersetzen. Nur soll dieser **Pfleger** (lateinisch Procurator) und **Hauptmann** (capitaneus) stets aus dem **Capitel** von **Bamberg** gewählt werden.

Die Initiative zu diesem Vertrage, der in der Folge noch über 400 Jahre lang in der Hauptsache treu gehalten wurde, ging von dem Capitel aus, das sich dadurch nicht nur eine wichtige und ehrenvolle Stelle sichern, sondern auch die Willkür der Bischöfe rücksichtlich der Verwaltung der kärntnerischen Herrschaften und Einkünfte beschränken wollte.

Neu war nur die Bestimmung, dass der zur Verwaltung der bambergischen Herrschaften in Kärnten einzusetzende **Pfleger** und

---

[1]) Copialbücher. I. Band, S. 980—981.

Hauptmann aus den adelichen Domherren von Bamberg gewählt werden musste und dass beide Stellen, nämlich die eines Pflegers und die eines Hauptmannes, nur durch eine Person, nämlich durch einen Domherrn versehen werden sollten. Von der letzteren Anordnung ging man aber, weil sie sich in der Praxis mehr schädlich als nützlich erwies, denn der beste politische, richterliche und finanzielle Pfleger konnte ein ganz untüchtiger Kriegsmann sein, in der Folge häufig wieder ab und kehrte zu der alten vernünftigeren Einrichtung wieder zurück, nach welcher die Pflege und die Hauptmannschaft getrennt waren und von zwei verschiedenen Personen, jene von einem Domherrn, diese aber von einem weltlichen Herrn versehen wurden.

In der Folge kamen jene beiden Ausdrücke ganz ab und der Statthalter wurde Vicedom (Vicedominus, qui vicem domini gerit) genannt, welche Benennung bis zum Jahre 1759 fortdauerte, in welchem das Bisthum Bamberg seine Herrschaften in Kärnten der Kaiserin Maria Theresia um eine Million Silbergulden verkaufte.

Bischof Werntho nun ernannte seinen Bruder Heinrich Erbschenk von Reicheneck, welcher gemäss dem getroffenen Übereinkommen ein Chorherr von Bamberg gewesen sein musste, zu seinem Pfleger und Hauptmann in Kärnten.

Dieser, bemüht, den damals sehr zerrütteten Zustand der bambergischen Herrschaften daselbst zu ordnen, stiess dabei auf viele Hindernisse und Schwierigkeiten von Seite des Adels, welcher dem Bisthum Güter entrissen hatte und demselben vorenthielt, wichtige, demselben zustehende Rechte bestritt und deren Ausübung nicht zugab, und dessen Unterthanen am freien Handelsverkehre hinderte und sonst vielfach belästigte.

Solche Feinde des Bisthums waren vorzüglich die Grafen Otto und Albrecht und ihre Neffen die jungen Grafen Hermann und Meinhard II. von Ortenburg, Konrad von Auffenstein, Hauptmann und Marschall in Kärnten, mit seinen Söhnen Friedrich und Konrad, an welche sich auch andere, worunter Otto von Weisseneck, anschlossen.

Diese verbanden sich mit einander und erklärten dem bambergischen Hauptmanne den Krieg, der für das Hochstift hätte gefährlich werden können, wenn die Grafen Otto und Albrecht und der alte Auffensteiner, lauter kriegserfahrene Männer, sich persönlich daran betheiligt hätten. Aber sie überliessen, wie es scheint, die Führung des Krieges ihren jungen Neffen und Söhnen. Diese nun, hitzig, auf ihre Macht und Tapferkeit vertrauend und darum minder vorsichtig, fanden an dem bambergischen Hauptmann einen ihnen nicht blos gewachsenen sondern sogar überlegenen Gegner. Denn wenn auch jetzt Domherr, war er doch von Geburt ein Edelmann und daher so gut wie jene von Jugend auf an Waffen und Krieg gewöhnt, ihnen aber jedenfalls wegen seines Alters an Einsicht, Erfahrung und Kaltblütigkeit überlegen. Ob er ihnen einen Hinterhalt legte oder ihnen ein Treffen lieferte und wo das eine oder das andere geschah, ist unbekannt, aber genug, es gelang ihm, gerade d e n aus der Zahl seiner Feinde zu fangen, welcher dem Bisthume Bamberg den grössten Schaden und die meisten Unbilden zugefügt hatte, F r i e d- r i c h von A u f f e n s t e i n.

In welcher bambergischen Veste er verwahrt worden sei, wird nicht gesagt, ich möchte glauben, zu G r i f f e n, welche Veste wegen ihrer Lage damals für uneinnehmbar galt und auf welcher Graf U l r i c h von H e u n b u r g von 1291—1293 der Macht des Herzogs von Kärnten getrotzt hatte.

Die Gefangennehmung musste im Monate Juni geschehen sein, denn schon am 5. Juli 1334 stellte K o n r a d von A u f f e n s t e i n der Vater zu Bleiburg eine Urkunde aus, worin er in seinem und seines Sohnes F r i e d r i c h Namen dem bambergischen Hauptmanne Heinrich Erbschenk von Reicheneck wegen Freilassung seines Sohnes F r i e d- r i c h Bürgen stellt und darunter als ersten den Grafen H e r m a n n von O r t e n b u r g [1]).

Wahrscheinlich getraute sich der bambergische Hauptmann nicht, den Gefangenen, diese Bürgschaft eines günstigen Friedens, ohne Wissen und Willen des Bischofs frei zu lassen und es wäre dies auch gewiss nicht klug gewesen, sondern berichtete das Vorgefallene erst nach Bamberg. Der Bischof kam im August selbst nach Kärnten und kam mit seinen Gegnern dahin überein, die Entscheidung ihrer Streitsache dem Herzog Albrecht von Österreich zu übertragen, wie man aus folgendem Compromisse sieht.

1334 am 4. September zu Graz. Bischof Werntho von Bamberg und sein Bruder Heinrich Schenk von Reycheneck, bambergischer Hauptmann in Kärnten, compromittiren auf Herzog Albrecht zur Bei-

---

[1]) Ortenburger Urkunden-Regest von Hermann aus Eichhorn (aus welchem Werke?).

legung des Streites zwischen ihnen einerseits und den Grafen Otto und Albrecht, Gebrüdern, dann Hermann und Meinhard, Gebrüdern, Grafen von Ortenburg, Konraden von Auffenstein und dessen Söhnen Friedrich und Konrad, und Otto von Weisseneck andererseits wegen der Gefangennahme Friedrichs von Auffenstein [1]).

Nachdem auch des Bischofs Gegner ein gleiches Compromiss übergeben hatten, fällte der Herzog an demselben Tage seinen schiedsrichterlichen Ausspruch, der folgende Puncte enthielt:

1. Villach habe das volle Recht des Blutgerichtes (capitalis jurisdictionis exercendae) auf der Burg, in der Stadt und Gegend bis an den Seebach, und der Bischof von Bamberg die Vollstreckung (d. i. das Recht, die gefällten Urtheile vollziehen zu lassen).

2. Ungestört könne, wie bisher, zu Villach, als Münzstadt (vielleicht Münzstätte?) Geld geprägt werden.

3. Die Einwohner zu Feldkirchen (wo auch Unterthanen der Auffensteiner angesiedelt waren) sollen, wie andere bischöfliche Unterthanen, Dienste, Zoll und Abgaben leisten.

4. Otto von Weisseneck stelle das Dorf Fischern (wahrscheinlich das heutige Pfarrdorf Fischering zwischen St. Andreä und St. Marein im Lavantthale) zurück und empfange es sodann vom Bischofe als Lehen.

5. Friedrich von Auffenstein gebe den Villachern die ihnen wider Recht unterschlagenen (? weggenommenen) Waaren zurück, vergüte den durch Raub, Mord und Feuer zugefügten Schaden und lege künftig dem Transito-Handel der Villacher kein Hinderniss in den Weg.

6. Hingegen soll der Bischof von Bamberg den eingekerkerten Friedrich von Auffenstein loslassen und Frieden mit ihm halten.

7. Sollte sich aber dieser ferner gelüsten lassen, die Waffen wider den Bischof zu führen, so würden die Herzoge von Österreich, Albrecht und Otto, mit Herzog Heinrich von Kärnten, dem angegriffenen Theile mit ihrer ganzen Macht beistehen.

Dieser von Eichhorn [2]) verfasste Auszug ist, wie ich leider zu spät bemerkte, nicht vollständig, indem Mehreres ausgelassen ist.

---

[1]) Bamberger Urkunde.

[2]) Eichhorn, Beiträge zur älteren Topographie und Geschichte Kärntens. II. Abtheilung, S. 225.

Bei 3. soll es heissen: Die Einwohner von Feldkirchen, wären sie auch Leute der Grafen von Ortenburg oder des Auffensteiners, sollen — —

Bei 5. soll es heissen: Die Grafen von Ortenburg und die Auffensteiner sollen den Kaufleuten zu Villach die unrechtmässig aufgefangenen Waaren zurückstellen und den übrigen Leuten bambergischer Orte, denen sie durch Mord, Raub, Brandlegung und auf andere Weise Schaden zugefügt haben, Genugthuung leisten. Die Grafen und die Auffensteiner sollen die bambergischen Kaufleute zu Villach nicht mehr zwingen, ihren Weg durch ihr Gebiet zu nehmen und um freies Geleit bei ihnen anzusuchen.

Bei 7. soll es heissen: Sollten jedoch die Grafen von Ortenburg oder die Auffensteiner den Bischof wieder befehden — —

Ich kann mir es durchaus nicht erklären, wie Eichhorn so ungenau verfahren konnte, dass er der Grafen von Ortenburg gar nicht, sondern nur des einzigen Friedrich von Auffenstein erwähnt, als wäre der Spruch des Herzogs einzig nur gegen diesen und nicht auch gegen dessen Vater und Bruder und gegen die Grafen von Ortenburg erlassen worden.

In einer eigenen Urkunde vom 8. September 1334 zu Graz verbürgten sich sodann Herzog Albrecht, die Bischöfe Albrecht von Passau und Heinrich von Lavant und Graf Ulrich von Pfannberg gegen den Bischof Werntho und dessen Bruder, dass die Auffensteiner den Sühnbrief mit den Insiegeln der Bürgen zwischen hinnen (8. Sept.) und künftigem Martinitage (11. Nov.) überliefern sollen, widrigenfalls Herzog Albrecht und die übrigen Bürgen Friedrich den Auffensteiner binnen acht Tagen wieder in das Gefängniss des Bischofes von Bamberg liefern sollten [1]).

So erlangte Friedrich seine Freiheit wieder. Die Gefangenschaft von zwei Monaten war übrigens eine von ihm wohlverdiente Strafe seines Übermuthes und seiner Habsucht. Doch er war nicht der Einzige dieser Art, wohl aber ein vollkommener Repräsentant seiner Gattung, auf den sich das Virgilianische: Ex uno disce omnes anwenden lässt, und somit ist diese Fehde ein Bild im Kleinen von dem Thun und Treiben des Adels jener Zeit. Eben dies und der Umstand, dass nicht nur die jungen Grafen Hermann und Meinhard, son-

---

[1]) Bamberger Urkunde.

dern auch deren Oheime. die alten Grafen Otto und Albrecht
dabei betheiliget waren, veranlasste mich, länger bei dieser Sache zu
verweilen.

Zu der obigen dem Bischofe so günstigen Entscheidung mag
H. Albrecht nicht nur durch die gerechte Sache des Bischofes, son-
dern wohl auch durch die Politik bestimmt worden sein. Er schloss
nämlich am 17. September 1334 mit demselben ein Schutz- und
Trutzbündniss ab, sich gegenseitig beizustehen für den Fall, dass
Herzog Heinrich von Kärnten stärbe und Kärnten an ihn und seinen
Bruder Herzog Otto käme.

Der Herzog hatte gut vorhergesehen, denn Herzog Heinrich von
Kärnten und Graf von Tirol, einst König von Böhmen, starb schon
am 4. April 1335 auf seinem Schlosse Tirol bei Meran. Da er keinen
Sohn sondern nur zwei Töchter, Margareth und Adelheid hatte, so
machten die Herzoge von Österreich Anspruch auf Kärnten, als ein
erledigtes Reichslehen, da K. Rudolph dieses Herzogthum mit Einwilligung seiner Söhne Albrecht und Rudolph, die bereits damit belehnt gewesen seien, dem Grafen Meinhard von Tirol nur für sich
und seine männlichen Nachkommen verliehen habe. K. Ludwig hatte
dies Recht der Herzoge bereits früher anerkannt und ertheilte ihnen
demgemäss am 2. Mai 1335 zu Linz die Belehnung mit dem Herzogthume Kärnten und beauftragte den bisherigen Hauptmann und Marschall von Kärnten, Konrad von Auffenstein, die Herzoge Albrecht
und Otto als die neuen Landesherren anzuerkennen und ihnen gehorsam zu sein. Dieser, der damals in Kärnten die wichtigste und ein-
flussreichste Person war, wurde durch die grossen Versprechungen,
welche ihm sein Schwager Otto von Lichtenstein, Kämmerer in
Steier, im Namen der Herzoge machte, für diese gewonnen und dadurch auch jede ernstliche Schwierigkeit bei Besitzergreifung des
Landes beseitiget, nachdem einmal die Auffensteiner Konrad und
seine beiden Söhne Friedrich und Konrad mittelst Urkunde ddo. Bleiburg am 15. Mai 1335 die Herzoge Albrecht und Otto als Herzoge
von Kärnten anerkannt hatten, und nachdem auch Erzbischof Friedrich von Salzburg den Herzogen schon am 29. März und dann wieder
am 5. Mai 1335 seine Hilfe zur Erlangung des Herzogthums zugesagt hatte.

Eine ähnliche Zusage ihres Beistandes dürften die Herzoge sich
wohl auch von den Grafen von Ortenburg erbeten und erhalten

haben, wenn auch hierüber — was wir nicht nur hier sondern auch
bei hundert andern Gelegenheiten zu bedauern Veranlassung haben —
keine Urkunde mehr vorhanden ist oder dieselbe noch in irgend einem
Archive modert.

Darauf kam H. Otto selbst nach Kärnten, empfing die Eides-
leistung des Adels und der Städte, bestätigte am 4. Juni die alten
Freiheiten der Kärntner und setzte den Grafen Ulrich von Pfannberg
daselbst als Hauptmann ein.

Hierauf begab sich H. Otto nach Krain und der Windischen
Mark, welche Länder H. Heinrich nur vermöge Pfandrechtes besessen
hatte und bestätigte daselbst Friedrich den Freien von Suneck, welchen H. Heinrich 1332 als Hauptmann eingesetzt hatte, in seiner
Stelle und ermahnte ihn, mit Mässigkeit, gerecht und fest die Verwaltung zu führen.

Dass Graf H e r m a n n den Herzog nach Krain begleitet habe,
beweist folgende Urkunde.

1335 am 18. Juni zu Laibach. Beatrix Gräfin von Görz und ihr
Sohn Graf Hans Heinrich geloben nebst Ulrich Grafen von Pfannberg,
H e r m a n n Grafen von O r t e n b u r g, Cholo von Ulesperch und Georg
von Dywein, dass Graf Hans Heinrich von Görz vor nächst künftigem
St. Michaelstage Anna, die Tochter des seligen Königs Friedrich zur
Gemahlin nehmen werde etc. [1]).

In Krain oder vielleicht in Friaul selbst kam Herzog Otto auch
mit dem Patriarchen Bertrand von Aquileja zusammen, dessen Freundschaft ihm bei der Besitznahme von Kärnten, Krain und der Mark
von sehr grosser Wichtigkeit war, sowie auch der Patriarch des
mächtigen Beistandes des Herzoges und seines Bruders gegen die
vielen Feinde seiner Kirche bedurfte. Das Ergebniss ihrer Zusammenkunft war der Abschluss eines engen Bündnisses zwischen ihnen.

1335 am 24. Juni (ohne Angabe des Ortes). Bertrand, Patriarch
von Aquileja, schliesst mit den Herzogen Albrecht und Otto von
Österreich, Steier und Kärnten ein Schutz- und Trutzbündniss, damit
sie ihm beistehen, um alle in ihren Ländern gelegenen Besitzungen,
Güter und Rechte seiner Kirche, besonders aber das Schloss L o s s,
welches nun Graf H e r m a n n von O r t e n b u r g gewaltsam der Kirche
vorenthalte (specialiter castrum de L o e s, quod nunc detinet comes

---

[1]) Lichnowsky. III. Band, CCCCXXVI.

144

Hermannus de Ortemburch), wieder zurück zu erlangen, und alle, welche gegen ihn aufgestanden seien, zum Gehorsam zurück zu führen, sowie auch er den Herzogen gegen alle ihre Feinde beistehen wolle [1]).

Da der Herzog am 18. Juni sich zu Laibach befunden hatte und am 2. Juli wieder in Kärnten war, wohin er sich von Krain aus wieder zurückbegeben hatte und wo er gewiss schon einige Tage vor dem 2. Juli eingetroffen sein musste, so konnte der obige Vertrag, der vom 24. Juni datirt ist, wohl nicht leicht wo anders als irgendwo in Krain oder, wie ich vermuthe, zu Udine abgeschlossen worden sein.

In diesem Vertrage interessirt uns für unsern Zweck zunächst nur die den Grafen Hermann betreffende Stelle. Unter Loes, wenn dies nicht eine unrichtige Schreibart ist, da man sonst nur die Formen Los, Loss oder Las, Lass (jetzt Laas) findet, ist die ehemalige Veste und Herrschaft Laas, südöstlich vom Zirknizer See zu verstehen. Der wegen dieses Schlosses zwischen dem Patriarchen und dem Grafen Hermann schwebende Streit musste ersterem sehr am Herzen liegen, weil er, um dasselbe wieder zu erlangen, die Herzoge ausdrücklich um ihren Beistand anruft. Herzog Otto brachte aber diese Angelegenheit auf eine ganz friedliche Weise zu Ende, indem er wahrscheinlich den Grafen bewog, Laas dem Patriarchen zurückzugeben, diesen aber dazu bestimmte, es dem Grafen wieder als Lehen zu verleihen, was auch noch in demselben Jahre geschah.

Von Krain kehrte Herzog Otto noch einmal nach Kärnten zurück und unterzog sich, um die Kärntner ganz für sich zu gewinnen, am 2. Juli 1335 der uralten Ceremonie der Herzogseinsetzung auf dem Solfelde.

Ohne Zweifel werden derselben auch die Grafen von Ortenburg als Vetter des Herzogs beigewohnt haben. Übrigens könnte es auffallen, dass die Grafen von Ortenburg bei der Besitznahme Kärntens durch Herzog Otto nicht nur keine hervorragende Rolle spielten, sondern nicht einmal als dabei irgendwie thätig genannt werden. Aber die Sache lässt sich meines Bedünkens nicht schwer erklären. Graf Meinhard I., der als Krieger und Staatsmann stets eine hervorragende Stellung einnahm, war nicht mehr am Leben, seine Söhne aber, auf welche weder sein Geist noch seine Thatkraft

---

[1]) Lichnowsky. III. Band, S. DXLVIII.

übergegangen zu sein scheint, hatten um so weniger einen Einfluss auf die öffentlichen Angelegenheiten, da Hermann seinem Vater als Hauptmann in Krain und auf der Mark nicht nachgefolgt, sondern auffallenderweise durch die Ernennung Friedrichs des Freien von Suneck beseitiget worden war. Von den Brüdern Meinhards I. aber spielte Graf Otto niemals eine bedeutendere Rolle und um so weniger damals, wo er bereits in einem vorgerückten Alter stand, Albrecht aber war 1335 entweder gar nicht mehr am Leben oder sah auf dem Krankenbette seinem Ende entgegen.

Überhaupt aber lag zur Zeit, als Herzog Heinrich von Kärnten starb, der Schwerpunct alles öffentlichen Lebens daselbst in einer ganz andern Persönlichkeit, nämlich in Konrad von Auffenstein, der als Hauptmann und Marschall in Kärnten thatsächlich die höchste Macht besass und den grössten Einfluss auf den Adel ausübte. Um aber diesen Mann für sich zu gewinnen, bedurften die Herzoge nicht der Grafen von Ortenburg, sondern sie hatten bereits an Otto von Lichtenstein, dem Schwager Konrads, den geeigneten Vermittler gefunden. Hätte Graf Hermann die Eigenschaften seines Vaters besessen, so wäre er nicht um die Hauptmannschaft von Krain gekommen; um so weniger taugte er zum Hauptmanne für Kärnten. Für diese Stelle wählten die Herzoge mit glücklichem Tacte den Grafen Ulrich von Pfannberg, der sich als Staatsmann und Krieger bewährt hatte und als einer der Erben des letzten Grafen von Heunburg in Kärnten ansehnlich begütert war.

Dass das Ansehen der Grafen von Ortenburg zu jener Zeit etwas gesunken war, ist daher eine gewisse Thatsache, wozu auch der Umstand nicht wenig beigetragen haben mag, dass keiner der damals lebenden Grafen eine bedeutende Macht besass. Nach Friedrichs Tode wurde seine allerdings grosse Verlassenschaft unter seine Söhne Meinhard I., Otto und Albrecht getheilt und nach Meinhards Tode wurde sein Verlass wieder unter seine Söhne Hermann und Meinhard II. getheilt. Otto war kinderlos und besass daher noch am meisten, aber Albrecht war dafür vom Himmel mit einem so reichen Kindersegen (6 Söhnen und 6 Töchtern) bedacht worden, dass im Verhältnisse zu diesem sein Vermögen völlig unbedeutend erscheinen musste.

Es wurde oben gesagt, dass Graf Hermann wegen der Veste und Herrschaft Laas in Krain, welche er gewaltsam zurückhielt, mit dem Patriarchen Bertrand, welcher dieselbe als ein Eigenthum seiner Kirche zurückforderte, in Streit gerathen, von dem Herzoge Otto aber mit dem Patriarchen auf die Bedingung hin wieder ausgesöhnt worden sei, dass Graf Hermann Laas dem Patriarchen zurückgebe, es aber von demselben als Lehen wieder erhalte, was auch laut folgender Nachricht geschah.

1335 — — — Patriarcha Bertrandus investivit comitem Henricum (irrig, indem es nur heissen sollte Hermannum) de Ortemburch pro se et fratre recipientem, de castro et provincia de Loss: qui comes se obligavit Patriarchae et ecclesiae Aquilegiensi serviturum cum persona propria per tres menses cum 20 elmis et 10 balistariis, suis sumptibus et expensis, quandocumque semel et pluries fuerit requisitus in verris et pro defendendis et recuperandis juribus ecclesiae Aquilegiensis [1]).

1335 — — —. Patriarch Bertrand belehnte den Grafen Heinrich (lies Hermann) von Ortenburg, welcher die Belehnung für sich und seinen Bruder (Meinhard II.) empfing, mit der Veste und Herrschaft Loss. Der Graf verpflichtete sich, dem Patriarchen und der Kirche von Aquileja in eigener Person durch drei Monate mit 20 Helmen und 10 Armbrustschützen auf eigene Kosten dienen zu wollen, so oft er einmal und mehrmal in Kriegen sowohl zur Vertheidigung als auch zur Wiedererlangung der Rechte der Aquilejer Kirche würde aufgefordert worden sein.

Belloni, aus welchem Rubeis obige Nachricht schöpfte, irrte im Namen des Grafen, indem er ihn Heinrich anstatt Hermann nannte, welcher Irrthum auch in andere Werke übergegangen ist. Dass es aber heissen müsse, — — investivit comitem Hermannum — — ersieht man aus der Urkunde vom 24. Juni 1335, die wir bereits angeführt haben und worin es heisst: specialiter castrum de Loss, quod nunc detinet comes Hermannus de Ortemburch. Ferner heisst es in der Nachricht Belloni's: comitem — de Ortemburch, pro se et fratre (für sich und den Bruder) recipientem, was nur vom Grafen Hermann gesagt werden konnte, welcher wirklich nur einen Bruder, nämlich Meinhard II. hatte, während es, wenn wirklich Graf Heinrich zu verstehen wäre, heissen müsste, pro se et fratribus recipientem, da er fünf Brüder hatte.

---

[1]) Rubeis, Monum. eccl. Aquil., pag. 880.

1335 — — —. Graf Otto von Ortenburg und Gräfin Sophie, seine Wirthin, verkaufen (ihren Neffen) den Grafen Hermann und Meinhard von Ortenburg ihre Veste und Herrschaft Sternberg um 1500 Mark Aglajer Pfennige [1]).

1335 am nächsten Sonntag nach St. Ambrosiustag (9. December) — —. Die Grafen Hermann und Meinhard von Ortenburg, Gebrüder, bekennen, dass sie (ihrem Oheime) Grafen Otto von Ortenburg und dessen Wirthin, Gräfin Sophie 300 Mark Aglajer Pfennige schuldig seien [2]).

Ich vermuthe, dass diese Urkunden-Regesten in einem Bezuge zu einander stehen, dass nämlich die Grafen Hermann und Meinhard ihrem Oheime Otto und dessen Gemahlin Sophie an der Kaufsumme für Sternberg nur 1200 Mark Aglajer abbezahlt und für den Rest von 300 Mark Aglajer einen Schuldbrief ausgestellt haben. Demnach wäre auch die erste Urkunde, die kein Datum hat, um die gleiche Zeit, wie die zweite, also am 9. December 1335 ausgestellt worden.

1336 — — zu Treven (Treffen). Die Grafen Hermann und Meinhard von Ortenburg verkaufen dem Konrad von Auffenstein. Marschall in Kärnten, und Diemuden seiner Wirthin, und ihren Kindern Leute und Güter, gelegen in der Gegend bei Radenthein, um 350 Mark Aglajer [3]).

Ich vermuthe, dass diese Güter und Leute zu der Herrschaft (vormals Grafschaft) Sternberg gehört hatten. Der Ausdruck „in der Gegend“ ist hier nicht als Gattungsname, sondern als Eigenname zu verstehen, indem der Landstrich zwischen Afriz und Radentein östlich vom Millstätter See die Benennung „In der Gegend“ noch heut zu Tage führt.

1336. 24. Juni. Villach.

Patriarch Bertrand von Aquileja belehnt den Grafen Otto von Ortenburg, seinen Vasallen, und dessen Neffen, die Söhne seiner Brüder, der Grafen Meinhard und Albert seligen, und deren Erben mit den Schlössern Ortenegg, Polan und Grafenwart — — [4]).

---

[1]) Aposteln, VIII. Band, Blatt 196.
[2]) Ebendaselbst.
[3]) Ebendaselbst, Blatt 197.
[4]) Ebendaselbst.

In einer zweiten Urkunde von demselben Tage belehnt derselbe Patriarch dieselben Grafen mit dem Schlosse Z o b e l s b e r g — — [1]).

Hermann und Meinhard, als Söhne des Grafen Meinhard erhalten daher die Mitbelehnung mit den genannten Schlössern.

1336 am Samstag nach Weihnachten (28. December) — —.

Die Grafen Hermann und Meinhard von Ortenburg verkaufen dem Alblein, damaligem Burggrafen zu Hohenwart einen Zehent zu Puch um 60 Mark Aglajer mit Vorbehalt des Rückkaufes [2]).

Puch am linken Ufer der Drau, zwischen Weissenstein und Villach gelegen, gehörte zur Herrschaft Sternberg.

1337 am Phinztage vor sand Mathiastag (20. Februar).

Hermann Graf von Ortenburg belehnt mit Vorwissen seines Bruders Meinhard die Brüder Konrad und Friedrich von Groppenstein mit einer „Swayg (Alpenwirthschaft) am Ochey.

Mit des Grafen (wohl erhaltenen) Siegel [3]).

Dies ist die letzte Urkunde, worin des Grafen Meinhard II. Erwähnung geschieht. Er muss 1337 gestorben sein, da 1338 bereits sein Bruder als alleiniger Besitzer von Sternberg erscheint. Wo und wie er gestorben und wo er begraben worden sei, ist so wie sein Sterbtag unbekannt. Von seinen Thaten ist gar nichts zu unserer Kenntniss gekommen.

§. 16. Belingeria, Meinhards II. Gemahlin.

Graf Meinhard II. war vermählt mit Belingeria, Tochter des Zumfredinus de la Turre, einer Nichte des Patriarchen Paganus von Aquileja, der aus demselben Geschlechte de la Turre abstammte. Die Ehe wurde, wie man aus folgendem Urkunden-Auszuge sieht, im Jahre 1320 abgeschlossen.

1320 am 1. Januar — —. Paganus Patriarch von Aquileja übergibt durch seinen Vicarius Johann Abt von Rosaz die Zusicherung, dass er der Belingeria, Tochter des Zumfredinus de la Turre Braut des Grafen Meinhard von Ortenburg, eine Mitgift von 800 Mark (Aglajer) Pfennige geben wolle, in die Hände der Bevollmächtigten des Grafen, Bernhard des Pfarrers von Nakel, Nikolaus

---

[1]) Apostelen, VIII. Band, Blatt 197.

[2]) Ebendaselbst.

[3]) Original-Urkunde im gräflich Giech'schen Schlosse Thurnau in Bayern.

von Rottenpurch und Meinhards von Goriach. Von dieser versprochenen Mitgift sollte Jakob Burggraf von Laibach die Hälfte mit 400 Mark bezahlen [1].

Belingeria kömmt in keiner Urkunde ihres Gemables vor und scheint vor ihm gestorben zu sein. Ob Meinhard II. Töchter hinterlassen habe, ist nicht bekannt; Sohn hinterliess er keinen. Daher fielen jene Besitzungen, die bei der Theilung der väterlichen Verlassenschaft ihm zugefallen waren, nach seinem Tode seinem Bruder Hermann als Erben zu. Dasselbe war auch der Fall mit der von ihnen gemeinschaftlich gekauften und besessenen Herrschaft Sternberg, die ebenfalls an den überlebenden Bruder überging, welche dieser aber wieder verkaufte.

§. 17. Hermann III. allein.

1337 erscheinen in einem Kaufbriefe über eine Hube zu Safressniz Christoph und Otto von Ortenburg als Zeugen [2]. Dass diese nicht zu den Grafen von Ortenburg gehört haben, sondern nur Dienstleute derselben gewesen seien, versteht sich von selbst.

1338 — — —. Graf Hermann von Ortenburg verkauft seinen Vettern Heinrich, Otto, Friedrich und ihren übrigen Brüdern Grafen von Ortenburg und ihren Erben die Herrschaft und Veste Sternberg um 1100 Mark Aglajer gegen Wiederkauf [3].

Der Verkäufer behielt sich den Wiederkauf vor und dachte daher gewiss nicht im geringsten an das, was ihm so nahe bevorstand — an seinen Tod, der bald darauf erfolgte. Ob er durch das Geschoss eines Feindes in einem Treffen gefallen, oder durch Meuchelmord umgekommen oder von einer Krankheit hingerafft worden, und wo, wie und warum das Eine oder das Andere geschehen und wo er begraben worden sei, ist völlig unbekannt.

Wahrhaft ein eigenes Verhängniss waltete über den Söhnen Meinhards I. Der jüngere stirbt in seinen schönsten Jahren dahin und schon das Jahr darauf folgt ihm der ältere in das Grab nach, nachdem er alleiniger Besitzer des väterlichen Vermögens geworden

---

[1] Bianchi, Docum. per la storia del Friuli dal 1317—1325. Udine 1844, p. 371.

[2] Hormayr, Archiv für Geographie, Historie etc. 1822, S. 403.

[3] Aposteleu, VIII. Band, Blatt 197.

war, welches immerhin gross genug war, um seinem Stande gemäss
zu leben und auch im öffentlichen Leben sich seines Namens würdig
zu zeigen und sich Geltung und Ansehen zu verschaffen.

Dass Graf Hermann im Jahre 1338 vor dem 10. August
(St. Laurentii Tag) gestorben sei und ansehnliche Güter hinterlassen
habe, und dass diese Güter auf seinen Oheim Otto den älteren und
auf seine Vettern Heinrich, Otto, Friedrich (Albrecht, Rudolph und Ruprecht), Grafen von Ortenburg als seine Erben
übergegangen seien, ersieht man aus nachstehendem Urkunden-
Auszuge.

. 1338 am Freitag vor St. Laurenzitag (7. August) zu Villach.
Graf Otto von Ortenburg der ältere und (seine Neffen) Heinrich, Otto und Friedrich, Gebrüder, Grafen von Ortenburg
leisten gegen die Herzoge Albrecht und Otto von Österreich Verzicht
auf alle Ansprüche, welche sie auf die Vogtei und Herrschaft des
Klosters Sittich hatten und empfangen dagegen die Belehnung mit
allen Lehengütern, welche ihr Vetter Graf Hermann von Ortenburg selig besessen hatte, nämlich mit den Vesten Sternberg,
Orteneck, Grafenwart, Polan, Obernstein, Zobelsberg,
Liebenberg, zwei Gerichten zu Neumarkt und der Vogtei zu
Ossiach [1]).

Man höre nun, was Huschberg[2]) unter Berufung auf Hunds
bayerisches Stammbuch sagt: „Hermann setzte, da er völlig kinderlos war, mit Übergebung seines Bruders Meinhard und seiner
übrigen Geschwister, seine Schwester Clara, Gemahlin Heinrichs
von Neuhaus, zur Erbin ein."

In diesem kurzen Satze sind mehrere bedeutende Irrthümer, wie
denn überhaupt Huschbergs Werk, insoweit es die Grafen von Ortenburg in Kärnten betrifft, von solchen strotzt.

1. Hermann soll seinen Bruder Meinhard übergangen haben, während er ihn doch überlebte.

2. Er soll seine übrigen Geschwister übergangen haben,
wozu Huschberg ausser Anna, Friedrichs (nicht Pauls) von Auffenstein Gemahlin, welche wirklich Hermanns Schwester war, auch
Albrecht, den nachmaligen Bischof von Trient und die Gräfinnen

---

[1]) Apostelen, VIII. Band, Blatt 197.

[2]) Geschichte des Gesammthauses Ortenburg, S. 271.

Katharina und Agnes rechnet, welche drei jedoch, wie wir in der Folge urkundlich nachweisen werden, nicht Hermanns Geschwister waren.

3. Er soll seine Schwester Clara zur einzigen Erbin eingesetzt haben. Aber abgesehen davon, dass man von dieser angeblichen Schwester gar nichts weiss, konnte er weder Allode noch Lehen seines Stammhauses, welche, so lange noch männliche Nachkommen dieses Hauses vorhanden waren, auf diese übergehen mussten, auf eine Schwester vererben. Und um die Sache kurz abzuthun, so finden wir in der zuletzt angeführten Urkunde vom Jahre 1338 nicht die angebliche Schwester Hermanns, sondern dessen Oheim und Vetter im Besitze seiner Güter in Krain, Kärnten und Steiermark.

Somit ist Huschberg auch hier von seinem Gewährsmanne Hund arg getäuscht worden.

§. 18. Agnes, Hermanns III. Gemahlin.

Graf Hermann soll mit Adelheid von Schaumburg vermählt gewesen sein, wie Hund in seinem Stammbuche angibt. Nach Anton von Benedict, der aber auch kein verlässlicher Gewährsmann ist, soll sie die Tochter Heinrichs des älteren Grafen von Schaumburg gewesen sein und nach Hermanns Tode sich mit Heinrich von Rosenberg vermählt haben.

Diese Angaben sind, was die Herkunft der Gemahlin des Grafen Hermann betrifft, richtig, in Betreff des Vornamens derselben aber irrig, da sie nicht Adelheid, sondern Agnes hiess, wie man aus folgender Urkunde ersehen kann.

1301. 8. December. Lok.

Hermann Graf von Ortenburg thut kund, dass er von seinem lieben Herrn und „Oheim“, Bischof Emich von Freisingen, zwar 100 Mark Aglaier Pfennige statt 100 Pfund Wiener Pfennige, „die er vns vnd vnsrer lieben husfrowen Agnesen hern Heinriches tochter von Schowenberch seiner lieben Mümen geheizzen hat“, „an vnsrer heistivr“ (Heimsteuer) empfangen, dass er aber von demselben noch 100 Pfund Wiener Pfennige an der Heimsteuer zu fordern habe, deren Bezahlung aber der Bischof verweigere unter dem Vorgeben, dass er sie nicht versprochen habe. Die Beilegung dieses Streites hätten sie Schiedsrichtern übertragen mit dem Angeloben, sich dem Ausspruche derselben, wie er auch ausfalle, fügen zu wollen. Er (Graf Hermann) habe „hern Heinrich von Schownberch vnsern lieben sweher" (Schwiegervater) und Herrn Friedrich von Stubenberg, der Bischof aber „den erwären (ehrbaren) vnd edelen herrn vnsern Óheim Graf Gerharten den Tvmbrowst (Dompropst) von Freisingen" und Herrn Konrad von Lok den ehrbaren Ritter zu Schiedsleuten gewählt. Mit des Grafen Hermann Siegel [1]).

In der Monographie: Die Herren und Grafen von Schaumberg, von Jodok Stülz, erscheint diese Agnes nicht; auch ist es bei dem Umstande, dass gerade damals gleichzeitig mehrere Herren von Schaumberg Namens Heinrich lebten, nicht möglich, mit Sicherheit zu bestimmen, wessen Tochter sie gewesen sei, und zwar um so weniger, da auf dem von Stülz entworfenen Stammbaume der Schaumberge bei keiner Person eine Jahreszahl angegeben ist. Dies ist ein sehr grosser Übelstand, da eine Stammtafel ihrer Wesenheit nach die Aufgabe hat, die Aufeinanderfolge der einzelnen Glieder eines Geschlechtsstammes, also den Eintritt jeder Person in die Zeitlichkeit, so wie ihr Verschwinden aus derselben übersichtlich darzustellen, wozu chronologische Angaben unerlässlich nothwendig sind. Mindestens sollte das wahre oder wahrscheinliche Sterbejahr nicht fehlen. Kann dies nicht einmal muthmasslich angegeben werden, so sollen wenigstens die Jahre, in welchen eine Person urkundlich erscheint, angeführt werden. Ohne Beisetzung von Jahreszahlen hört eine Stammtafel auf, das zu sein, was sie sein sollte, ein übersichtliches Bild der Aufeinanderfolge der aus einander hervorgegangenen zeitlichen Existenzen, indem man nicht einmal weiss, wann der Strom begann und wann er wieder versiegte.

Da Hermanns Ehe kinderlos blieb, so erlosch mit seinem Tode die Meinhardinische Linie.

Vierter Abschnitt.

§. 19. Friedrichs II. zweitgeborner Sohn Otto V., gestorben 1343.

Wir gehen der von uns aufgestellten Ordnung gemäss zum Grafen Otto V. dem zweitgebornen Sohne des Grafen Friedrich II. über, wobei wir dasjenige, was ihn und seine Brüder gemeinschaftlich be-

---

[1]) Original mit verletztem Siegel im k. bairischen Reichsarchive, copirt vom Archivar J. Zahn.

triff, nur kurz berühren wollen, weil es bei seinem Bruder Meinhard I. bereits besprochen worden ist.

Er erscheint zuerst im Jahre 1292 als Zeuge in der Urkunde, worin H. Albrecht am 20. März zu Friesach den Edlen und Ministerialen von Steiermark ihre Freiheiten bestätigt, empfing bei dieser Gelegenheit vom Herzoge den Ritterschlag, begleitete mit seinem Bruder Meinhard denselben wahrscheinlich nach Deutschland zur Königswahl und kam von dort im Frühlinge des Jahres 1293 zurück.

Wahrscheinlich begleitete Graf Otto — von seinem Bruder ist dies gewiss — auch 1298 den Herzog Albrecht zur Königswahl nach Deutschland.

Nach dem Tode des Patriarchen Peter von Aquileja wurde Graf Otto am 24. Februar 1301 von einem Theile des Capitels von Aquileja zum Patriarchen postulirt, während die Majorität desselben den Domdechant Paganus de la Turre gewählt hatte, von denen jedoch keiner die päpstliche Bestätigung erhielt.

Die Postulirung des Grafen Otto geschah offenbar nur zu Parteizwecken und erscheint um so sonderbarer, da der Gewählte gar nicht dem geistlichen Stande angehörte. Wenn er in dem Vertrage zwischen seinem Bruder Meinhard, General-Capitän des Patriarchates, und Mussato, Capitän der Burg Arisperg, ddo. Cividale 24. Juli 1301 „Reverendus Pater" genannt wird, so geschah dies von den Anhängern jener Partei, von welcher er gewählt worden war und war eine Anticipation der geistlichen Titulatur, die ihm gebührt hätte, wenn er vom Papste bestätigt worden wäre. Dies geschah jedoch nicht und Graf Otto blieb nach wie vor dieser erfolglosen Wahl dem weltlichen Stande angehörig.

1307 war er mit seinen Brüdern thätig, um Krain für H. Friedrich in Besitz zu nehmen und in den Jahren 1308, 1309 und 1310 erscheint er mit seinen Brüdern in den bereits angeführten Urkunden. Ausserdem erscheint er allein im letztgenannten Jahre in folgenden Urkunden.

1310 an Sand Paulstach der Becherunge (25. Januar) ze Villach. Bischof Wülfing von Bamberg vergleicht sich mit den Juden zu Judenburg Jakob, Moschlube dessen Sohne, Suezlein dessen Eidam, und mit den Juden zu Graz Saul, Toblein, Merchlein, dessen Bruder Friedlein und David „vnd mit irer Geselleschafft" und versetzt ihnen für ein Darlehen von 1000 Mark Silber „gewegenes vnd für 4 march

Wiener geloetes" vom 1. Januar 1311 an auf 4 Jahre die Maut zu
Villach sammt der Brückenmaut und stellt ihnen zur Sicherheit der
Erfüllung dieses Versprechens als Bürgen seinen Oheim Grafen Otto
von Ortenburg, seinen Bruder Friedrich von Stubenberg,
Ulrich von Walsee, Hauptmann in Steier und seine Lieben und Getreuen Otto von Ernvelse, Otachar den Geuler, Älblein von Wolfsperch und Ulrich von Hage.

Zahlt der Bischof die Schuld vor Ablauf der 4 Jahre zurück, so
wird für die Benützung der Maut jährlich der Betrag von 100 Mark
abgeschlagen. Zahlt aber der Bischof nach 4 Jahren nicht, so sollen
alle Bürgen (oder deren Stellvertreter) zu Graz oder Judenburg in
ein offenes Gasthaus einfahren und überdies noch die Maut den Juden versetzt bleiben. Statt des Grafen Otto von Ortenburg,
Friedrichs von Stubenberg und Ulrichs von Walsee sollen je drei
Ritter oder rittermässige Knechte einfahren. Zeugen (die genannten
Bürgen) [1]).

Da Graf Friedrich von Ortenburg, Otto's Vater, und Elisabeth, des Bischofs Wülfing Mutter, Geschwister waren, so war
Graf Otto wirklich ein Vetter oder nach dem damaligen Sprachgebrauche ein Oheim des Bischofs Wülfing und dessen Bruders Friedrich von Stubenberg.

1310 an Sand Katrein Abend (24. November) zu Velach. Graf
Albert (III.) von Görz thut kund, dass er dem Grafen Friedrich von
Heunburg und dessen Bruder Grafen Hermann, seinem Eidam, in
Bezug auf das seiner Tochter Elsbeth versprochene Heirathsgut
seinen Oheim Grafen Otto von Ortenburg für die Summe von
250 Mark löthigen Silbers Wiener Gewichtes als Bürgen stelle [2]).

1310 an Sand Katreinabend ze Vellach. Graf Albrecht (III.)
von Görz verspricht seinem Oheim Grafen Otto von Ortenburg,
als welcher sich für ihn um 250 Mark löthigen Silbers Wiener Gewichtes dem Grafen Hermann von Heunburg bei dessen Heirath mit
Elisabethen der Tochter des Grafen Albrecht (III.) von Görz verbürgt habe, allen Schaden zu ersetzen, den er wegen seiner Bürgschaft erleiden könnte [3]).

---

[1]) Gräfl. Stubenbergische Original-Urkunde im st. l. Joannenmsarchive.
[2]) Apostelen, VIII. Band, Blatt 191.
[3]) Ebendaselbst.

. Da Graf Albrecht II. von Görz, Albrechts III. Vater, und Adelheid, Otto's Mutter, Geschwister waren, so waren Graf Albrecht III. von Görz und Graf Otto von Ortenburg Geschwisterkinder, Vettern oder nach dem damaligen Sprachgebrauche Oheime.

Eine etwas verschiedene Angabe über denselben Gegenstand findet sich bei Coronini, indem es daselbst heisst:

1310 (ohne weiteres Datum). Albert und Heinrich Brüder, Grafen von Görz, versprechen dem Grafen Otto von Ortenburg Sicherstellung für seine Bürgschaft, die er den Grafen Friedrich und Hermann von Heunburg geleistet habe rücksichtlich 300 Mark Silber Wiener Gewichtes, welche Graf Albert von Görz seiner Tochter Elisabeth, Gemahlin des besagten Grafen Hermann von Heunburg an der ihr versprochenen Aussteuer noch nicht bezahlt habe [1]).

Nach diesem Regeste verspricht nicht nur Graf Albert (III.), der Vater Elisabethens, sondern auch sein Bruder Heinrich (II.) den Grafen Otto schadlos zu halten rücksichtlich seiner Bürgschaft für die Bezahlung von 300 Mark Silber, während oben nur von 250 Mark Silber die Rede ist. Sollte diese Urkunde früher als die obige ausgestellt und inzwischen der Betrag von 50 Mark bezahlt worden sein?

1311 — —. Erzbischof Konrad von Salzburg belehnt den Grafen Otto von Ortenburg mit einem Theile der Veste Hohenburg [2]).

Dagegen sagt ein Friesacher Manuscript:

1311 verleiht Erzb. Konrad von Salzburg das Schloss Hohenburg nach dem Abgange des Hartnid von Hohenburg an (die Grafen) Otto, Meinhard und Albrecht zu Ortenburg [3]).

Aus den Jahren 1312 und 1313 haben wir über den Grafen Otto keine Nachrichten.

1314 suchte Herzog Friedrich als Bewerber um die deutsche Königskrone eine grosse Heeresmacht zu sammeln, um der Sitte gemäss mit derselben zur Wahl nach Frankfurt zu ziehen. Um nun den Adel zur Theilnahme an diesem Zuge zu bewegen, verpfändete er in Ermangelung baaren Geldes Allen, welche daran Theil nehmen wollten, für ihre zu leistenden Dienste Güter und Einkünfte. In dem lan-

---

[1]) Coronini, Tent. geneal. hist. rer. et comit. Goril. Edit. in Fol. pag. 257.

[2]) Huschberg, Geschichte des Gesammthauses Ortenburg. S. 206—207.

[3]) Archiv des hist. Vereines zu Klagenfurt.

gen Verzeichnisse dieser Verpfändungen kömmt gegen den Schluss auch folgende vor [1]).

„Item comiti Ottoni de Ortenburg pro suis serviciis versus Renum XX marcas argenti ponderati redditus caseorum situati in dem Enstal in dem vrwar ze Noppenberg (offenbar irrig statt Oppenberg) et in der Gulinch pro centum marcis argenti tamdiu tenendas — — —

Diese kurze Nachricht ist in mancher Beziehung sehr interessant. H. Friedrich verspricht nämlich dem Grafen Otto für die Dienste, welche dieser (mit einer gewissen Anzahl Reisiger innerhalb einer bestimmten Zeit) ihm auf seinem Zuge nach dem Rheine leisten soll, 100 Mark gewogenes Silber und verpfändet ihm bis zu deren Bezahlung Einkünfte im Betrage von jährlichen 20 Mark gewogenes Silber aus den Käsen im Ennsthal auf dem Urbar zu Oppenberg und in der Gulinch.

Der Gullingbach, der am Schwarz-Gulling entspringt und unweit des Hammerwerkes Gulling in die Enns fällt, bildet einen langen Graben, der „in der Gulling“ heisst. Am rechten Ufer dieses Baches liegt der Oppenberg mit vielen Alpen und grossem Viehauftriebe, wo noch heutzutage während des Sommers viele Alpenwirthschaften in den sogenannten Sennhütten bestehen. Dass diese schon vor mehr als 500 Jahren bestanden und eine grosse Menge Käse erzeugten, ersieht man aus der obigen Aufzeichnung, wornach dem Grafen Otto von Ortenburg 20 Mark Silber jährlicher Einkünfte auf diese Käseerzeugung angewiesen worden waren.

Wie musste der Herzog bereits alle Vesten, Herrschaften, Mäute etc. verpfändet haben, da er sogar die Einkünfte aus der Käseerzeugung auf den Alpen von Oppenberg verpfändete? Und welch ein Zinsfuss! Von 100 Mark Capital jährlich 20 Mark Zinse! Welchen grossen Mangel an Geld und Credit deutet dieser ungeheure Zinsfuss an!

Graf Otto spielte eine viel bescheidenere Rolle als sein Bruder Meinhard. Denn während dieser, um für seinen zu unternehmenden Zug Geld zu bekommen, die ihm versetzte Veste und Herrschaft Portenau um 1000 Mark Wiener Gewichtes und 360 Mark Grazer Gewichtes verkaufte, liess sich jener für seine zu leistenden Dienste nur 100 Mark Silber verschreiben.

---

[1]) Archiv für Kunde österr. Geschichtsquellen. 1840, S. 337.

Beide Brüder zogen sodann mit II. Friedrich nach Deutschland, wo man sie noch 1315 findet, und von wo sie erst Anfangs des Jahres 1316 nach Hause zurückgekehrt zu sein scheinen.

1317 stand Graf Otto in Unterhandlung mit dem Erzbischofe Friedrich von Salzburg, welcher die den Grafen von Ortenburg gehörigen zwei Gerichte „dort nyden in Keraden dieshalb Tiernstein" (zwischen Neumarkt und Friesach) kaufen wollte, welcher Kauf jedoch erst 1320 zu Stande kam. In dem darüber abgeschlossenen Vertrage wurde die Belehnung mit der Hälfte der Veste Hohenburg, welche 1311 dem Grafen Otto allein verliehen worden war, auch auf dessen Gemahlin Sophie und dessen Brüder Meinhard und Albrecht und alle ihre Erben ausgedehnt.

1322 am St. Florianitag (4. Mai) —. Gräfin Katharina von Sternberg bekennt, dass sie vom Grafen Otto von Ortenburg 110 Mark Aglajer Pfennige erhalten habe [1]).

Wofür? frägt man; aber dem Verfasser dieses Regestes gefiel es nicht, den Rechtstitel anzugeben. Offenbar für Güter, welche sie dem Grafen Otto verkauft hatte, aber für welche?

Bald darauf zog Graf Otto und zwar, wie es scheint, im Dienste des Erzbischofes Friedrich von Salzburg, mit König Friedrich, dessen Bundesgenosse der Erzbischof war, nach Bayern gegen König Ludwig und wohnte der entscheidenden für die Österreicher unglücklichen Schlacht bei Mühldorf am 28. September 1322 bei. König Friedrich wurde besiegt und sammt seinem Bruder Herzog Heinrich gefangen. Dies Loos theilten die meisten seiner Anhänger und darunter auch die Brüder Meinhard, Otto und Albrecht von Ortenburg.

Graf Otto mochte wohl einen grossen Theil des Jahres 1323 in der Gefangenschaft in Bayern zugebracht haben. Auf welcher Veste er sass, mit welcher Summe und wann er sich loskaufte, ist unbekannt. Im Jahre 1324 findet man ihn bereits wieder zu Hause.

1324 am St. Jörgentag (23. April) —. Graf Otto von Ortenburg verkauft mit Einwilligung seiner Brüder Meinhard und Albrecht dem Hartnid von Schlossberg und dessen Vater Friedrich 3 zu Fresniz und Oberdorf gelegene Güter um 40 Mark und 60 Pfennige Aglajer mit Vorbehalt des Wiederkaufes [2]).

---

[1]) Aposteln, VIII, 193.

[2]) Copialbücher, I. Band, S. 1018—1020.

Beide Ortschaften **Fresniz** und **Oberdorf** liegen bei Lendorf in der Pfarre St. Peter im Bezirke Spital.

1324 am St. Florianitag (4. Mai) zu Weissenstein. Graf **Otto von Ortenburg** verkauft dem Stephan von Nutleinsdorf 2 Huben um 20 Mark Aglajer Pfennige auf Wiederkauf[1]).

Die Lage der Huben gibt Apostelen nicht an.

1324 am 21. October — —. „Graf **Otto von Ortenburg** — Kriegsschäden und Gefangenschaftslösung in Bayern mit Verpfändung der Beamten (Ämter?) Matray, Stall, Sasenburg, Gemunde"[2]).

1324 am 21. October —. „Graf **Otto von Ortenburg** wegen Kriegsschadenersatz von Erzbischof Friedrich"[3]).

Leider hat Muchar entweder sich nicht die Mühe genommen oder nicht Zeit gehabt, einen vollständigen Auszug aus den betreffenden Urkunden anzufertigen, deren Abschriften er in den Salzburgischen Kammerbüchern vor sich gehabt zu haben scheint. Dass er geeilt habe, ist aus dem Verstosse, dass er **Beamten** statt **Ämter** schrieb, klar ersichtlich. Denselben Charakter der Unvollständigkeit und Eilfertigkeit trägt leider die ganze Sammlung von Auszügen aus mehreren hundert Salzburger Urkunden, deren genaue Kenntniss für die Geschichte von Salzburg, Steiermark und Kärnten sehr wichtig wäre.

Aus den obigen zwei Urkunden-Auszügen geht wenigstens so viel hervor, dass Erzbischof Friedrich von Salzburg dem Grafen **Otto von Ortenburg**, um ihn für seine im Dienste des Erzbisthums erlittenen Verluste zu entschädigen und ihm das Lösegeld, welches er für seine Freilassung aus der bairischen Gefangenschaft hatte zahlen müssen, zu ersetzen, die Ämter (Windisch-) **Matrei** (bei Lienz in Tirol), **Stall** (an der Möll), **Sasenburg** (Sachsenburg an der Drau nahe ober ihrer Vereinigung mit der Möll) und **Gemunde** (Gmünd an der Liser) verpfändet habe. Auf wie viele Jahre und für welche Summe diese Verpfändung geschehen sei, wird freilich nicht angegeben.

Eben aus dieser Verpfändung muss gefolgert werden, dass Graf Otto im Dienste des Erzbischofes gestanden sei, weil sonst dieser

---

[1]) Apostelen, VIII, 104.

[2]) Muchar, Auszüge aus Salzburger Urkunden. Handschrift im Archive des hist. Vereines für Steiermark.

[3]) Ebendaselbst.

keine Verpflichtung gehabt hätte, jenem den Schaden und das Lösegeld zu ersetzen.

1325 — — zu Kellerberg. Graf Otto von Ortenburg verkauft dem Frowin von Kellerberg 3 Huben in dem Stockenboy
um 20 Mark Aglajer Pfennige mit Vorbehalt des Wiederkaufes [1]).

Stockenboi liegt nordöstlich von dem Weissen-See
zwischen diesem und der Drau.

1326 am 14. Februar — —. Otto, Aschweins Sohn, von Treven, und seine Hausfrau Chunigund verkaufen dem Kloster Millstatt
eine Hube zu Trevlich. Graf Otto von Ortenburg hängte der Urkunde sein Siegel an [2]).

Trevlich ist das heutige Trefling, nordwestlich von Millstatt. Es ist unbekannt, ob Graf Otto als Lehensherr des Verkäufers
oder als Grundherr von Trevlich oder als Vogt von Millstatt die Urkunde gesiegelt habe.

1327 am St. Gregorientag —. Graf Otto von Ortenburg
versetzt dem Heuglein (Hugo) von Sternberg einige Güter um 27 Mark
Aglajer mit Vorbehalt des Wiederkaufes [3]).

Ob dieser Hugo ein Graf von Sternberg oder nur ein Ministerial des Grafen Walther von Sternberg gewesen sei, kann ich
nicht mit Gewissheit entscheiden. Da nach der Urkunde vom 19. Februar 1311 Katharina (Gräfin) von Sternberg ausser Ulrich
und Walther noch mehrere Söhne hatte, so konnte obiger Hugo
wohl einer derselben gewesen sein. Bei dem damals sehr herabge-
kommenen Zustande dieser uralten hochadeligen Familie wäre es
übrigens begreiflich, wenn sich die jüngeren Söhne ihres Grafentitels
enthielten.

In diesem Jahre unternahm König Ludwig seinen Römerzug, auf
welchem ihn die Grafen Meinhard und Albrecht begleiteten. Ob
auch Graf Otto denselben mitgemacht habe, ist zweifelhaft, da ein
Beweis dafür nicht vorhanden ist. Denn der Umstand, dass wir aus
der zweiten Hälfte des Jahres 1327 und aus dem ganzen Jahre 1328
keine Urkunde über den Grafen Otto haben, beweist für sich allein
noch nicht, dass auch er den König Ludwig nach Rom begleitet habe.

---

[1]) Apostelen, VIII, 194.

[2]) Millstätter Urkunde in Abschrift im st. l. Joanneum.

[3]) Apostelen, VIII, 195.

Ich meinestheils möchte vielmehr aus der nächsten Nachricht schliessen, dass er den Römerzug nicht mitgemacht habe.

1329 — — —. „Walther, der letzte Graf von Sternberg verkauft seine Grafschaft Sternberg dem Grafen Otto von Ortenburg" [1]).

Wenn Herr von Benedict die Verkaufsurkunde vor sich hatte, so ist sehr zu bedauern, dass er nicht einen vollständigen Auszug derselben, sondern nur eine so magere Nachricht davon verfasste. Letztere scheint übrigens richtig zu sein, da man den Grafen Otto und seine Gemahlin Sophie wirklich im Besitze von Sternberg findet; nur rücksichtlich des Ausdrucks „Grafschaft Sternberg" habe ich einen starken Zweifel, da in den bald anzuführenden Urkunden immer nur der Ausdruck „Veste und Herrschaft Sternberg" vorkömmt. Übrigens besass Graf Walther die Veste und Herrschaft Sternberg nicht mehr als freies Eigen, sondern nur als ein Lehen vom Herzoge von Kärnten, wie man aus folgender Urkunde sieht.

1311 am 19. Februar zu Graz. Katharina (Gräfin, welches Prädicat offenbar nur durch Unachtsamkeit des Abschreibers ausgelassen worden ist) von Sternberg und ihre Söhne Ulrich und Walther verkaufen für sich, ihre Brüder und Schwestern und Erben die Burg zu Sternberg an König Heinrich von Böhmen, Herzog von Kärnten um 320 Mark Aglajer Pfennige und empfangen sie für sich und ihre Erben wieder als Lehen zurück [2]).

Auch hier heisst es nicht die Grafschaft, sondern nur die Burg zu Sternberg.

Übrigens waren die Grafen von Sternberg in ihren Vermögensverhältnissen so herabgekommen, dass sie ein Gut nach dem andern verkaufen mussten und dem Grafen Walther, als dem letzten seines Geschlechtes, wohl nichts mehr übrig blieb, als seine Stammburg Sternberg und selbst diese nur mehr als ein Lehen.

Wenn Benedict an einer andern Stelle sagt: Graf Walther habe Sternberg an die Grafen von Ortenburg verkauft, worunter alle drei Brüder, Meinhard, Otto und Albrecht zu verstehen wären, und wenn er ferner wieder an einer dritten Stelle sagt: Graf Walther habe Sternberg an den Grafen Meinhard (I.) von Ortenburg

---

[1]) Anton von Benedict, Geneal. historische Nachrichten. Handschrift.

[2]) Copialbücher. I. Band. S. 327.

verkauft, so verdienen diese Angaben minder Glauben als jene oben, welche den Grafen Otto als Käufer nennt. Denn nur dieser erscheint als Besitzer von Sternberg und verkaufte dasselbe wieder, wie wir hören werden; dass seine Brüder alleinige oder Mitbesitzer von Sternberg gewesen seien, davon kömmt nichts vor.

1330 — —. Graf Otto von Ortenburg verkauft seinen Brüdern Meinhard und Albrecht und ihren Erben 90 Mark Gelts (Gülten) [1]).

1331 mochte Graf Otto wohl auch den erfolglosen Feldzug gegen Böhmen und darauf den kleinen Krieg an der österreichisch-mährischen Grenze im Winter mitgemacht haben.

1332 wurde er durch den Tod seines älteren Bruders Meinhard I. das Haupt seines Hauses.

1334 nahm er an der Fehde der Herren von Auffenstein gegen Bamberg Theil, wie bereits im §. 15 erzählt worden ist. Wir tragen hier nur noch folgende Urkunde nach.

1334 an des heiligen Kreuzestag im Herbst —. Konrad von Auffenstein und seine Söhne Friedrich und Konrad versprechen den Grafen Otto und Albrecht von Ortenburg, welche sich für sie beim Bischofe Bernhard (gewöhnlich Werntho genannt) von Bamberg verbürgt haben, volle Schadloshaltung [2]).

1335. Von der Theilnahme des Grafen Otto an der Besitzergreifung Kärntens durch Herzog Otto von Österreich ist gar nichts bekannt. Die Ursachen dieser Passivität haben wir bereits oben zu entwickeln versucht.

In diesem Jahre verkauften Graf Otto und seine Gemahlin Sophie ihren Neffen Hermann und Meinhard die Burg und Herrschaft Sternberg.

Entweder noch 1335 oder Anfangs des Jahres 1336 starb Graf Albrecht, Otto's jüngerer Bruder und es war daher von den Söhnen des Grafen Friedrich nur Otto allein mehr am Leben, der nun mit Recht „major et senior domus suae de Ortenburg" heisst, wie er in der nachfolgenden Urkunde genannt wird.

1336 die XXIV. mensis Junii Villachii.

Patriarch Bertrand von Aquileja belehnt den Grafen Otto von Ortenburg, seinen Vasallen, und dessen Neffen, die Söhne der Gra-

[1]) Apostelen. VIII, 195.
[2]) Ebendaselbst, Blatt 196.

fen **Meinhard** und **Albert** von **Ortenburg** seligen, der Brüder
Otto's, und deren Erben mit den Schlössern **Ortenegg**, **Polan** und
Grafenwart und allen Zugehörungen, Gerichtsbarkeiten, Rechten,
Nutzungen — — derselben, wie die Grafen von **Ortenburg** die-
selben schon von Alters her von der Kirche von Aquileja zu Lehen
getragen haben [1]).

Im Eingange der Urkunde wird Graf **Otto** „vir magnificus **Otto**
comes de **Ortenburg** vasallus noster et Aquilegiensis ecclesiae"
genannt, im Verlaufe der Urkunde aber nennt ihn der Patriarch „majorem et seniorem domus suae de **Ortenburg**".

1336 die XXIV. mensis Junii Villachii.

Patriarch Bertrand von Aquileja belehnt den Grafen **Otto** von
Ortenburg seinen Vasallen und dessen Neffen, die Söhne der Grafen **Meinhard** und **Albert** seligen, der Brüder **Otto's**, mit dem
Schlosse **Zobelsberg** und allen Zugehörungen, Rechten — — wie
es schon von Alters her **Otto's** Vorältern von der Kirche zu Aquileja
besessen haben [2]).

Graf **Otto** überlebte nicht nur seine Brüder, sondern musste
auch seine beiden Neffen, die Söhne seines Bruders Meinhard I. da-
hinsterben sehen, von denen **Meinhard II.** im Jahre 1337, **Hermann** aber im Jahre 1338 im schönsten Mannesalter verschied.

1338 kam Herzog Albrecht nach Kärnten, um Vorkehrungen
gegen einen zu befürchtenden feindlichen Einfall zu treffen. Zu Villach schloss er am 6. August mit dem Patriarchen Bertrand von Aquileja einen Waffenstillstand auf 3 Jahre und verglich sich mit den
Grafen von **Ortenburg** wegen ihrer Ansprüche auf die Vogtei und
Herrschaft des Klosters **Sittich** in Krain.

1338 am Freytag vor St. Laurentijtag (7. August) zu Villach.
Graf **Otto** von **Ortenburg** der ältere und (seine Neffen) **Heinrich**, **Otto** und **Friedrich**, Gebrüder, Grafen von **Ortenburg**
leisten gegen die Herzoge Albrecht und Otto von Österreich Verzicht
auf alle Ansprüche, welche sie auf die Vogtei und die Herrschaft des
Klosters **Sittich** hatten und empfangen dagegen die Belehnung mit
allen Lehengütern, welche ihr Vetter Graf **Hermann** von **Orten-**

[1]) Copialbücher, I. Band. S. 888—889. Abgedruckt in den Mitthheil. des hist. Vereines
für Steiermark. V. Heft, S. 231—232.

[2]) Ebendaselbst, S. 879—880. Abgedruckt (wie oben) S. 232.

burg selig besessen hatte, nämlich mit den Vesten Sternberg, Ortenegg, Grafenwart, Polan, Obernstein, Zobelsberg, Liebenberg, den zwei Gerichten zu Neumarkt und der Vogtei zu Ossiach[1]).

Ich weiss nicht, was ich zu diesem Regeste sagen soll, das mit den Urkunden in so offenbarem Widerspruche steht. Der Herzog sollte die Grafen unter andern auch mit den Vesten Ortenegg, Grafenwart, Polan und Zobelsberg belehnt haben, während wir in den unmittelbar vorhergehenden Urkunden von 1336 lesen, dass Patriarch Bertrand dieselben Grafen mit denselben Burgen belehnt habe und dass diese Burgen von Alters her Lehen der Aquilejer Kirche gewesen seien? Letzteres wird durch so viele andere Urkunden bestätigt, dass darüber nicht der geringste Zweifel erhoben werden kann. Welches Recht konnte der Herzog auf diese Burgen haben, die Eigenthum der Kirche von Aquileja waren? Herzog Albrecht, dieser so überaus gerechte Fürst, sollte sich einen solchen Eingriff in die Rechte des Patriarchen erlaubt haben und dazu noch zu einer Zeit, wo er mit diesem sich an einem Orte befand und wo es ihm sehr daran lag, den Patriarchen für sich zu gewinnen?

Andererseits ist kaum anzunehmen, dass Apostelen den Ausdruck belehnen, wenn er ihn nicht in der Urkunde gefunden hätte, in das Regest aufgenommen haben würde.

1338 am 23. December zu Spital bei Ortenburg. Beatrix, Witwe des Grafen Heinrich von Görz und Mutter des ebenfalls (1338) verstorbenen Grafen Johann Heinrich spricht rücksichtlich einer aus dem Nachlasse ihres Sohnes herrührenden Geldsumme von 3000 Mark Aglajer einen gleichen Antheil mit den Grafen von Görz an[2]).

Ob Beatrix, die mit den Vettern ihres verstorbenen Sohnes wegen ihrer Ansprüche auf dessen Nachlass in Spannung lebte, einen längeren Aufenthalt zu Spital genommen habe oder nur zur Austragung ihrer Forderungen mit den Grafen von Görz daselbst zusammengekommen sei, ist nicht bekannt.

1339 am 1. September zu Udine. Patriarch Bertrand von Aquileja bewilligt dem Grafen Otto von Ortenburg die Errichtung einer Seelsorgstation an der Capelle St. Bartlmä zu Mooswald,

[1]) Apostelen, VIII, 197.
[2]) Coronini. Edit. in Fol. pag. 293.

11*

weil sie zu weit von der Pfarrkirche (welcher?) entlegen sei. Der
Kaplan zu St. Bartlmä soll vom Grafen Otto dem Pfarrer der Mutter-
kirche (nicht genannt) präsentirt werden und soll mit dessen Bewilligung den Gottesdienst abhalten, die kirchlichen Sacramente aus-
spenden und, wenn der Friedhof eingeweiht sein werde, die Gestor-
benen daselbst begraben dürfen, doch alles dieses unbeschadet der
Rechte der Pfarrkirche [1]).

Wo Mooswald liege, ist mir nicht bekannt, aber dass es südlich von der Drau gelegen sein müsse, ergibt sich daraus, weil es in
der Aquilejer Diöcese lag, deren nördliche Grenze eben der Fluss
Drau war. Deshalb kann das obige Mooswald nicht die Ortschaft
Moswald bei Fresach sein, weil diese nördlich von der Drau
liegt; auch gibt es daselbst keine Kirche Namens St. Bartho-
lomäus. Es ist sehr zu bedauern, dass die Pfarrkirche, zu welcher
Mooswald früher gehört hatte, nicht genannt wird, weil man, wenn
sie genannt worden wäre, auch die Lage der Kapelle St. Bartlmä
zu Mooswald bestimmen könnte. Auf der alten Lotterischen Karte
Kärntens findet man eine Kirche St. Bartholomäi westlich vom
Einflusse des Notschbaches in die Gail, südlich von Emmersdorf, östlich von St. Stephan und westlich von St. Cantian. Jedenfalls erwarb
sich Graf Otto durch die Errichtung einer Seelsorgstation an dieser
Kapelle ein grosses Verdienst.

1340 an St. Rueprechtztag in der Vasten (27. März) auf Ortenburch.

Otto Graf von Ortenburg der ältere beurkundet, dass Frau
Alhait Leons Wirthin an der Töpplitz das Gut an der Töpplitz, wo
sie ansässig seien, dem Kloster Millstatt zur Stiftung eines Jahrtages
geschenkt habe [2]).

Es ist nicht bekannt, in welcher Eigenschaft Graf Otto diese
Urkunde ausstellte, ob vielleicht als Vogt von Millstatt, oder ob nicht
vielmehr als Grundherr der Schenkerin, welche eine Ortenburgische
Unterthanin gewesen sein mag. Unter Töpplitz dürfte nicht das
warme Bad ausserhalb der Stadt Villach, sondern die zur Ortsge-
meinde Kellerberg gehörige Steuergemeinde Töpliz am rechten Ufer
der Drau zu verstehen sein.

---

[1]) P. Joseph Bianchi. Notizenblatt zum Arch. f. K. Österr. Gesch. VIII. Jahrg. 1858, S. 434.
[2]) Millstätter Urkunde in Abschrift im st. l. Joanneum.

1341 die XXVI. Februarii Indictione IX. in civitate nostra Aquileja.

Schreiben des Patriarchen Bertrand von Aquileja an Nicolaus Sauri von Villach, seinen Kleriker Aquilejer Diöcese.

Da die Präbende der Kirche des hl. Paternianus Aquilejer Diöcese, womit die Seelsorge verbunden sei und wofür die Präsentation dem Grafen Otto von Ortenburg zustehe, durch den Tod Ulrichs des gewesenen Vorstandes (Rectoris) jener Kirche in Erledigung gekommen und er (Nicolaus Sauri) von dem genannten Grafen dafür präsentirt worden sei, so ernenne er (der Patriarch) ihn zum Vorstande jener Kirche und übertrage ihm die Seelsorge und die Verwaltung der Spiritualien und Temporalien und beauftrage seinen Erzdiakon von Krain und der Mark, ihn oder seinen Stellvertreter (procuratorem) in jene Präbende einzuführen und im Besitze derselben zu schützen[1]).

Von dieser Kirche des hl. Paternianus bekam der ganze Ort daselbst, damals ein Dorf, jetzt ein Marktflecken, den Namen St. Paternian, welcher in der gemeinen Aussprache in St. Paternion überging. In der Folge liess man auch das Sanct hinweg und nannte den Ort einfach Paternion.

1342 an sand Marteinstage (11. November).

Graf Otto von Ortenburg belehnt den „erbñ chnecht" (ehrbaren Edelknappen) Konrad von Kroppenstein (Groppenstein) mit einem halben Zehent, gelegen in der Gegend zu Valchenstain (Falkenstein), einer Hube auf der Ochei, einer Hofstatt bei der Chalchgruben und einer Hofstatt im Dorfe zu Velach (Ober-Vellach).

Mit des Grafen (gut erhaltenem) Siegel[*]).

Dies ist die letzte Urkunde, worin Graf Otto der Ältere, wie er zur Unterscheidung von seinem gleichnamigen Neffen genannt wird, erscheint. Er starb ohne Zweifel bald darauf, da man in der Folge keine Spur mehr von ihm findet. Er stand an kriegerischem Ruhme nicht nur seinem älteren Bruder Meinhard, sondern selbst dem jüngeren Albrecht nach, die er übrigens beide überlebte. Er starb kinderlos und sein Vermögen fiel daher den Söhnen seines

---

[1]) Copialbücher, IV. Band, S. 720—721.

[*]) Original-Urkunde im gräflich Giech'schen Schlosse Thurnau in Bayern.

Bruders Albrecht zu, welche auch bereits seit 1338 Miterben der
Güter ihres Vetters Hermann waren, so dass nun der ganze Umfang der Ortenburgischen Güter wieder vereinigt an die Alberti-
nische Linie kam.

§. 20. Sophie, Otto's V. Gemahlin.

Otto's Gemahlin hiess Sophie. Sie erscheint in 2 Urkunden
vom Jahre 1335 zugleich mit ihrem Gemahle, in folgenden Urkunden
aber allein und zwar theils vor theils nach dem Tode ihres Gemahls.

1338 am 5. August zu Villach. Bertrand, Patriarch von Aquileja, belehnt die Gräfin Sophie von Ortenburg mit einigen Gütern
in der Teich (in villa de Teych) — welche vordem der Graf von
Sternberg als Lehen innegehabt und welche die genannte Gräfin
an sich gekauft habe in der Absicht, um sie, so lange sie lebe, selbst
zu besitzen, nach ihrem Tode aber dem Kloster der hl. Dreifaltigkeit
und der hl. Maria, welches sie zu Spital bei Ortenburg zu gründen
beschlossen habe, zu hinterlassen, — auf ihre Lebenszeit und nach
ihrem Tode sollte das genannte Kloster jene Güter als Aquilejer
Lehen besitzen [1].

Dieses Kloster der hl. Dreifaltigkeit und der hl. Maria, welches
die Gräfin Sophie zu Spital zu errichten beabsichtigte, scheint
nicht zu Stande gekommen zu sein, weil man in der Folge gar keine
Nachricht von einem solchen Kloster daselbst findet. Erst um mehr
als drei Jahrhunderte später wurde am Fusse des Berges, worauf
Ortenburg liegt, das Hieronymitaner-Kloster erbaut, welches daher mit jenem, das die Gräfin Sophie erbauen wollte, nicht verwechselt werden darf. Die Ausführung dieses ihres Vorhabens unterblieb wahrscheinlich deshalb, weil ihr Gemahl bald darauf starb und
weil dessen Neffen zu wenig frommen Sinn haben mochten, um ihre
Tante in der Erbauung und Ausstattung eines Klosters zu unterstützen, wozu auch wirklich kein Bedürfniss vorhanden war, da das
Benedictiner Kloster Millstatt in der nächsten Nähe von Spital lag.
Auch das Unglück ihrer Brüder, welche einige Jahre darauf des Landes verwiesen wurden, mochte die Gräfin Sophie an der Ausführung ihres Vorhabens gehindert haben.

---

[1] Bianchi.

Die Gegend „in der Teich", worin die Güter lagen, mit denen die Gräfin belehnt worden war, noch jetzt „innere und äussere Teichen" genannt, liegt südlich von Gnesau und nördlich von der Görlizer Alpe.

1345 an St. Tiburtii und Valeriani Tag (14. April). — Gräfin Sophie von Ortenburg bewilligt, dass ihre Vettern (Neffen) Grafen von Ortenburg die von ihr versetzten Güter an sich lösen dürfen [1]).

Welche diese Güter waren, wird nicht gesagt.

1349 am St. Margarethentag (13. oder 19. Juli). — Sophie Gräfin von Ortenburg beurkundet, dass sie mit Einwilligung aller ihrer Erben und auch ihrer lieben Vettern Grafen Otto und Friedrich von Ortenburg und aller deren Brüder ihrem getreuen Diener Oswald von Dietrichstein für die ihr geleisteten treuen Dienste 20 Mark Aglajer Pfennige auf 2 Güter angewiesen habe, von denen das eine zu Sumeregg im Dorfe, das andere in der Gosazkin gelegen sei und welche jährlich 2 Mark Geltes bringen; doch soll ihr und ihren Vettern den Grafen von Ortenburg das Recht zustehen, gegen baare Bezahlung der 20 Mark Aglajer Pfennige jene 2 Güter zurückzulösen; doch soll die Aufforderung dazu 8 Tage vor dem St. Georgitage geschehen. Oswald von Dietrichstein habe völlig freie Verfügung über jene 20 Mark Aglajer Pfennige und soll von der Schenkerin und deren Vettern in seinem Eigenthume geschirmt werden. Mit ihrem und ihrer Vetter Otto und Friedrich Grafen von Ortenburg Siegeln [2]).

Wahrscheinlich ist das Siegel, welches sie dieser Urkunde anhängte, eben dasselbe, welches Dr. Eduard Melly in seinen Beiträgen zur Siegelkunde des Mittelalters S. 242 also beschreibt: Sofie Gräfin von Ortenburg (geborne Gräfin Maidburg) 1335. 1345. 1349. † S. SOPHIE · COMITISSE · DE · ORTENBVRCH. Lapidar zwischen Perllinien.

Auf einem Stuhle, der beiderseits in eine Krümmung mit Blumenzierde ausläuft, sitzt die Gräfin, am Kopf eine Reifkappe, an deren beiden Seiten ein Schleier niederwallt. Um die Schultern über dem Untergewand ein faltenreicher über die Knie gezogener Mantel.

---

[1]) Apostelen, VIII, 200.

[2]) Copialbücher, I. Band, S. 944—946.

In der rechten Hand hält die Gräfin einen Sturzhelm mit zwei Flügen, die linke scheint eine Blume zu fassen. Im linken Felde etwas schräg nach Innen gestellt, der Ortenburgische Schild mit den drei Flügen zwischen einem Sparren. Gute Arbeit. Rund. Grösse: 1 Zoll 7 Linien. In ungefärbtem Wachse an einer Urkunde vom Jahre 1349 im k. k. Hofkammerarchive.

Unter obigem Oswald von Dietrichstein hat man sich nicht einen gewöhnlichen Diener, sondern vielmehr einen Ministerial, Hofbeamten, etwa in der Art eines Haushofmeisters und Ehrenritters der Gräfin vorzustellen. Übrigens ersieht man daraus, dass die Herren von Dietrichstein damals noch nicht zu dem freien, höheren Adel zählten, sondern nur zu dem sogenannten Dienst-Adel, zu den Ministerialen gehörten, weil ein Freier (Freiherr, Liber), wenn er nicht etwa verarmt war, es unter seiner Würde hielt, von einem Grafen ein Hofamt anzunehmen.

S u m e r e g g liegt am Westende des Millstätter See's; G o s a z - k i n ist mir völlig unbekannt.

Nach dem Jahre 1349 findet man die Gräfin S o p h i e nicht mehr in den Ortenburgischen Urkunden. Wann sie gestorben sei, ist unbekannt.

Sie dürfte zu Spital, für welchen Ort sie sehr eingenommen gewesen zu sein scheint, da sie dort ein Kloster errichten wollte, gestorben und in der dortigen Ortenburgischen Familiengruft beigesetzt worden sein.

Über die Herkunft der Gräfin S o p h i e gibt ihr oben beschriebenes Siegel keinen sicheren Aufschluss. Es heisst daselbst, die Gräfin halte in der rechten Hand einen Sturzhelm mit z w e i F l ü g e n. Es mag sein, dass die Grafen von M a i d b u r g - H a r d e c k einen solchen Helmschmuck führten; allein er war auch den Grafen von O r t e n - b u r g eigen und kömmt nicht minder auch bei anderen Grafengeschlechtern vor.

Auch in den Urkunden findet man über die Abstammung der Gräfin S o p h i e keine Andeutung und man sieht sich daher lediglich auf das verwiesen, was hierüber ältere Schriftsteller, die jedoch nicht verlässlich sind, und ihre Nachschreiber sagen.

Lazius nennt sie eine Schwester des Burggrafen von Magdeburg, gibt aber den Namen dieses Burggrafen nicht an.

Megiser schreibt dem Grafen O t t o von O r t e n b u r g zwei Gemahlinnen zu: 1. S o p h i e, Schwester Burchardts, Burggrafen von

Magdeburg; 2. N. des Grafen von Hardeck Tochter. — Huschberg sagt, indem er sich auf Hunds bayerisches Stammbuch und Hübners genealogische Tafeln beruft, Folgendes: „Angeblich war er (Graf Otto) mit Sophie, Tochter Burkarts VI., Burggrafen von Magdeburg und edlen Herrn zu Querfurt, vermählt; allein da Sophie schon im Jahre 1261 lebte, Otto aber noch im Jahre 1361 urkundlich erscheint, so gehört diese Vermählung unter die offenbaren Unmöglichkeiten".

Allerdings, wenn es sich so verhielte, aber es verhält sich nicht so. Denn jene Gräfin Sophie, von welcher hier die Rede ist, lebte nicht um 1261, sondern erscheint urkundlich von 1320—1350 und jener Graf Otto, von dem im Vorangehenden die Rede war, Sophiens Gemahl, lebte 1361 nicht mehr, sondern war schon 1343 gestorben. Huschbergs Irrthum aber liegt darin, weil er diesen Grafen Otto V. mit dessen Neffen Grafen Otto VI., welcher 1371 starb, verwechselte und für eine und dieselbe Person hielt.

Übrigens scheint die fragliche Gräfin Sophie die Tochter des Grafen Berthold II. von Maidburg-Hardeck und dessen Gemahlin Agnes gewesen zu sein. Seine Mutter war Wilbirgis, eine geborne Gräfin von Helfenstein und in erster Ehe mit dem Grafen Otto von Hardeck vermählt. Nachdem dieser sammt seinem Bruder Konrad 1260 in einem Treffen mit den Ungarn umgekommen war, ward sie Erbin der Grafschaft Hardeck und heirathete Heinrich von Duino, der sich fortan Heinrich Grafen von Hardeck nennt. Nachdem dieser 1270 gestorben war, schritt Wilbirgis um 1277 zur dritten Ehe mit Berthold (I.), Herrn von Wye und Raberswald, Burggrafen von Magdeburg (oder Maidburg), der sich, nachdem er von K. Rudolph 1278 mit der Grafschaft Hardeck belehnt worden war, einen Grafen von Hardeck nannte. Er starb 1312, sie 1314. Aus dieser Ehe stammte ein Sohn, Berthold II. Graf von Maidburg-Hardeck, welcher mit Agnes — ihre Herkunft ist mir nicht bekannt — vermählt war und 1328 mit Hinterlassung von vier Söhnen Konrad, Burkhard, Otto und N. starb.

Nun dieses Grafen Berthold II. von Hardeck, Burggrafen von Magdeburg (Maidburg), Tochter scheint unsere Gräfin Sophie, des Grafen Otto V. Gemahlin, gewesen zu sein.

Zu einer kleinen Ergötzlichkeit blicke man zurück auf das, was Megiser über die angeblichen zwei Gemahlinnen dieses Grafen Otto sagt: 1. G. Sophie, Schwester Burchardts, Burggrafen von Magdeburg, 2. G. N. des Grafen von Hardeck Tochter.

Der gute Mann sah nicht ein, dass beide Bezeichnungen nur eine und dieselbe Person bezeichnen, nämlich Sophie die Tochter Bertholds II. und Schwester Burkhards Grafen von Hardeck und Burggrafen von Magdeburg.

Sophie, obgleich sie keine Kinder hatte, spricht von ihren Erben im Gegensatze von ihren Neffen, den Grafen von Ortenburg; man weiss nun, wer diese Erben waren, ihre Brüder.

Einer derselben, nämlich Konrad, hatte ohne Wissen und Willen Herzog Albrechts von Österreich sich mit der Herzogin Katharina, Tochter Herzog Leopolds und Witwe Enguerrands VI. von Coucy vermählt und wurde deshalb sammt seinen Brüdern aus Österreich verwiesen, von König Karl von Böhmen aber in sein Reich aufgenommen.

§. 21. Friedrichs II. drittgeborner Sohn Albrecht II., gestorben 1335.

Graf Albrecht erscheint zum ersten Male in der Urkunde ddo. 25. März 1308, worin Graf Walther von Sternberg den Brüdern Meinhard, Otto und Albrecht Grafen von Ortenburg die Maut zu Villach verkauft; dann in jener vom 1. Mai 1308, worin Patriarch Ottobonus denselben das Patronatsrecht über Baldramsdorf bestätigt.

1309 am Freytag nach dem Perchtag —.

Graf Albrecht von Ortenburg verkauft 9 Mark Gült Aglajer Pfennige den Brüdern Herrand und Meinhard von Kellerberg auf Wiederkauf [1]).

1309 am 27. März zu Villach belehnte der genannte Patriarch die Grafen Meinhard, Otto und Albrecht mit dem Dorfe Dobriach.

1310 am 2. Juni zu Graz bezeugt Graf Albrecht mit seinen Brüdern ein von Herzog Friedrich von Österreich der Karthause Seiz ertheiltes Privilegium.

1311 am 24. Juni zu Kellerberg belehnen die Brüder Meinhard, Otto und Albrecht Grafen von Ortenburg die Brüder

---

1) Apostelen, VIII, 191.

Herrand und Meinhard von Kellerberg mit 2 Zehenten zu St. Jakob und zu Lass.

Im Herbste desselben Jahres scheint Graf Albrecht mit seinen Brüdern den Römerzug K. Heinrichs VII. mitgemacht und das ganze Jahr 1312 in Italien zugebracht zu haben.

1313. Pfalzgraf Rudolph (von Bayern) nennt in der Bestallung des Grafen Alram von Ortenberg (in Bayern) den Grafen Albrecht von Ortenburg (in Kärnten) seinen „Oeheim" (Vetter) [1].

1314. 5. December. Meran.

„Heinrich Graf von Görz verieht daz er von seinem Vetter Chunik Heinrich von Behaim und Hertzog ze Chernden hintz Graf Albrechten von Ortenburg an den guthabenden 600 Mark Marken eine Abschlagszahlung von 200 Mark Aglaier Pfennigen erhalten habe" [2].

Was es mit diesem Gelde für ein Bewandtniss habe, ist mir nicht bekannt.

1314 begleitete Graf Albrecht sammt seinen Brüdern den Herzog Friedrich zur Königswahl nach Deutschland, wo er mit demselben noch 1315 blieb.

Aus den nächst darauf folgenden Jahren haben wir keine Nachrichten über ihn.

1319 kämpfte Graf Albrecht sammt seinem Bruder Meinhard in Friaul und Italien als Bundesgenosse des Grafen Heinrich von Görz gegen Scaliger von Verona, gewöhnlich il cane, der Hund, genannt.

1320 am 24. Februar zu Gmünd verkauft er mit seinen Brüdern dem Erzbischofe Friedrich von Salzburg zwei Gerichte bei Neumarkt.

1322 an St. Pauli Bekehrungstag zu Kellerberg verkauft Graf Albrecht von Ortenburg dem Herrand von Kellerberg eine Hube um 30 Mark Aglajer Pfennige [3].

In diesem Jahre zog Graf Albrecht, wie sein Bruder Otto und wahrscheinlich auch sein anderer Bruder Meinhard mit K. Friedrich zum Entscheidungskampfe gegen K. Ludwig und ward in der Schlacht bei Mühldorf am 28. September gefangen. Nachdem er entweder noch 1323 oder Anfangs 1324 aus der Gefangenschaft ent-

---

[1] Hund, Bayerisches Stammbuch. II. Theil, S. 19.
[2] Lang, Regesta. Vol. V, pag. 291.
[3] Apostelen, VIII, 193.

lassen worden war, versetzte er, um das Lösegeld zusammenzubringen, am Kreuzerfindungstage (3. Mai) 1324 zu Laibach seine Veste **Landstrass** in Krain dem Hugo von Scherfenberg um 200 Mark alter Aglajer Pfennige [1]).

Landstrass erscheint jetzt zum ersten Male als eine **Ortenburgische** Besitzung. Wie sie in den Besitz des Grafen **Albrecht** gekommen sei, ist nicht bekannt, wahrscheinlich aber dürfte sie ihm von den Herzogen von Österreich für geleistete Kriegsdienste verpfändet gewesen sein.

1325 — zu Kellerberg verkaufte Graf **Albrecht** den Brüdern Herrand und Meinhard von Kellerberg 2 Huben um 20 Mark Aglajer Pfennige [2]).

1326 am St. Scholasticatag (10. Februar) — versetzte Graf **Albrecht** dem Wilhelm von Pischaz und seiner Gemahlin Elisabeth seine Veste **Landstrass** um 200 Mark Aglajer Pfennige [3]).

Diese Nachricht ist wahrscheinlich dahin zu verstehen, dass Wilhelm von Pischaz dem Hugo von Scherfenberg seinen Satz ablöste und dadurch Pfandbesitzer von Landstrass wurde. Oder es konnte auch wohl der Fall sein, dass Graf **Albrecht** dem Hugo von Scherfenberg nur die **halbe** Veste versetzt hatte und nun dem Wilhelm von Pischaz die andere Hälfte versetzte. Solche Auslassungen des Antheiles (Hälfte, ein Viertel, drei Viertel, ein Drittel etc.) kommen in Urkunden sehr häufig vor.

1327 begleitete Graf **Albrecht** sammt seinem Bruder **Meinhard** den König Ludwig nach Rom, wo derselbe am 17. Januar 1328 die Kaiserkrone erhielt.

Unserm Grafen war das Geld ausgegangen und er war daher genöthigt, gegen Bürgschaft ein Darlehen aufzunehmen, wie man aus Folgendem sieht:

1328 am Sonntag vor dem Lichtmesstag (31. Januar) zu **Rom**. **Albrecht** Graf von **Ortenburg** entlehnt von dem ehrbaren Knechte Heinrich dem Juden eine Summe Geldes und stellt ihm den Ritter Heinrich von Welsberg zum Bürgen [4]).

---

[1]) Apostelen, VIII, 194.

[2]) Ebendaselbst, VIII, 193.

[3]) Ebendaselbst, VIII, 193.

[4]) Huschberg, S. 262.

Nachstehendes Urkunden-Regest theile ich in der Textirung, wie ich es bei Wissgrill fand, mit, obwohl sich mir mehrere Bedenken dagegen zu erheben scheinen.

1329 am 14. April zu Wien. Friedrich, römischer König, und Albrecht, Herzog von Österreich und Steier Gebrüder geloben und verheissen ihrem lieben Oheim Grafen Albrechten zu Ortenburg, da er ihnen gelobt hätte zu dienen mit den Seinigen wider den König von Ungarn und den König von Böhaimb, alles gut zu machen und zu ersetzen, was er dabey Schaden nähme als gewöhnlich und zeitlich war.

Darüber der Brief geben ist zu Wien am Freytage vor dem Palmtage, da man zählt von Gottes Geburt Dreyzehn hundert und im Neun und zwanzigsten Jahr, Unser Kbünig Friedrichs Reiche in dem fünfzehenten Jahre [1].   ·

Ich habe bei diesem Regeste zuerst das Bedenken, wie denn am 14. April 1329, dem angeblichen Ausstellungstage der Urkunde, von einem bevorstehenden Kriege gegen die Könige von Ungarn und Böhmen habe die Rede sein können, da der Krieg gegen Ungarn durch das Übereinkommen vom 21. September 1328 beendigt wurde, und da hierauf (nach Lichnowsky, welcher übrigens mit der Bestimmung der Zeit, wann einzelne Ereignisse vorfielen, sehr sparsam ist) auch mit dem Könige von Böhmen Frieden geschlossen worden sein soll. Es war also am 14. April 1329 kein Bedürfniss vorhanden, die Dienste des Grafen Albrecht von Ortenburg zu einem Kriege gegen Ungarn und Böhmen in Anspruch zu nehmen.

Das Jahr zuvor aber war ein solches wirklich vorhanden und man fühlte sich versucht, den 14. April 1328 als das richtige Datum anzunehmen, wenn dieser Annahme nicht die Angabe des 15. Regierungsjahres K. Friedrichs des Schönen im Wege stände, da am 14 April 1328 erst das 14. Regierungsjahr lief, indem K. Friedrich bekanntlich am 19. October 1314 zum deutschen König erwählt worden war.

---

[1] Manuscript. Wissgrill, wo als Quelle angegeben wird: Raymund Duellius in Friderico Pulchro Austr. Append. Docum. XI. Auch Lichnowsky hat dies Regest aufgenommen III. Band, S. CCCCI, Regest Nr. 775, ohne jedoch ein Bedenken dagegen zu erheben, obwohl es mit dem, was er Seite 180 sagt, im Widerspruche steht. Die vollständige Urkunde steht in Hunds bayerischem Stammbuche, II. Th. S. 19.

Auch steht der Annahme, dass diese Urkunde am 14. April 1328 ausgestellt worden sein dürfte, der Umstand entgegen, dass Graf Albrecht im April 1328 sich mit K. Ludwig in Mittel-Italien befand.

Aber auch am 14. April 1329 konnte obige Urkunde nicht ausgestellt worden sein, wenn es anders wahr ist, was Köhler sagt [1]), dass der Länder-Theilungsvertrag zwischen K. Ludwig und dessen Neffen von den Grafen Meinhard und Albrecht von Ortenburg als Zeugen unterzeichnet worden sei, da dieser Vertrag am 8. August 1329 zu Pavia abgeschlossen wurde, folglich die beiden genannten Grafen sich noch damals beim Kriegsheere K. Ludwigs in Italien befanden, und nicht anzunehmen ist, dass Graf Albrecht im April zu Wien gewesen sei und sich darauf wieder nach Italien zum Kaiser begeben habe.

Wenn Köhlers obige Angabe wahr ist, so konnte Graf Albrecht erst im September oder noch später aus Italien nach Hause zurückgekehrt sein.

Übrigens befindet sich nach Langs Regesten VI. Band, S. 289 die Originalurkunde mit zwei Siegeln im königl. bairischen Reichsarchive.

Dass Graf Albrecht übrigens ein tüchtiger Kriegsmann gewesen sei, dessen Dienste im Falle eines Krieges den Herzogen von grossem Werthe sein mussten, ersieht man aus Folgendem.

Im Jahre 1331 war zwischen den Herzogen Albrecht und Otto von Österreich einer- und König Johann von Böhmen andererseits wieder ein Krieg ausgebrochen, der an der Grenze von Österreich und Mähren geführt wurde. K. Johann stand mit einem starken Heere bei Laa, zog sich aber bei Herzog Otto's Ankunft nach Mähren zurück, worauf dieser Laa durch mehrere Wochen belagerte, die Belagerung jedoch zu Ende Novembers wegen eingetretener ungewöhnlicher Kälte aufheben und sich zurückziehen musste. Einige seiner Anhänger waren jedoch zurückgeblieben und setzten selbst im Winter den Krieg an der Grenze fort. Darunter befand sich nebst den österreichischen Herren von Retz, Meissau und andern, denen der Graf von Hals zu Hilfe gekommen war, auch Graf Albrecht von Ortenburg. Diesem glückte es, den mächtigen Heinrich von der Leippe, böhmischen Hauptmann zu Laa, der Eiserne genannt und

---

[1]) Köhler, Histor. Münz-Belustigung. IV. Th. S. 107.

dessen Bruder **Johann**, welche seit Jahren der Schrecken der Um-
gegend waren, gefangen zu nehmen und so den langwierigen Grenz-
fehden und Verwüstungen des österreichischen Gebietes ein Ende zu
machen.

**1332 am Suntag, da man singt Reminiscere (15. März) ze
Wienn.** Albrecht und Otto Herzoge von Österreich und Steier geloben dem Grafen **Albrecht** von **Ortenburg** für seine Dienste und
den Schaden, den er genommen, als er die von der Lippen gefangen,
bis nächsten Sonntag Mittefasten 600 Mark Silber, je 72 Mark Groschen
auf eine Mark gerechnet, zu zahlen. Bekäme der Graf an jenem Tage das
Geld nicht oder stürbe Herzog Albrecht und bezahlte Herzog Otto dann
die genannte Summe nicht, so sollte Graf Ulrich von Pfannberg den
Heinrich von der Lippen und dessen Gesellschaft, die der (Graf) von
Hals den Herzogen überantwortet habe, so lange innehaben, bis die
600 Mark bezahlt wären. Stürbe aber Graf **Albrecht**, so sollten
die Gefangenen dem Grafen Heinrich von Schaumburg so lange übergeben bleiben, bis er anstatt der Erben des Grafen **Albrecht** oder
dessen, wem dieser es schaffen (testamentarisch bestimmen, ver-
machen) würde, von dem Gefangenen das Geld bekommen haben
würde [1].

1333 am Erchtag vor dem hl. Auffahrtstag. — Graf **Albrecht**
von **Ortenburg** bekennt, dass er dem Grafen Albert von Görz, dessen Bruder und ihren Erben das Viertteil (den 4. Theil) „an dem
Gelait, das man einnimbt zu **Luenz**, zu dem **Spitall** (im Markte
Spital), zu **Traburg** und zu **Peuscheldorf**" sammt dem Dorfe
Dobriach um 300 Mark Aglajer Pfennige in Satz- und Bestand-
weise verschrieben habe [2].

Das **Geleit**, hier so viel als **Geleitgeld**, war das Geld, welches Reisende, insbesondere aber Kaufleute, einem Dynasten dafür
bezahlten, dass er sie durch sein Gebiet von Bewaffneten begleiten
und vor räuberischen Anfällen beschützen liess, wie dies im Oriente
noch heutigen Tags geschieht.

Da jedem Grafen das Geleit nur innerhalb seiner Grafschaft zustand, so begreift man nicht, wie der Graf von **Ortenburg** das
Geleit von **Lünz**, **Oberdrauburg** und **Peuscheldorf** (Venzone

---

[1] Lünig, Spicileg. seculare, pag. 1839. Lichnowsky, III. Urk. Reg. Nr. 920.

[2] Apostelen, VII, 229.

in Friaul) gehabt haben könne, da die ersten zwei Ortschaften doch, wie bekannt, im Gebiete der Grafen von Görz in Kärnten lagen, Peuscheldorf oder Venzone auf der Strasse von Pontafell nach Udine aber entweder dem Herzog Heinrich von Kärnten, dessen Vater Herzog Meinhard es 1287 von Wilhelm von Schallenberg gekauft hatte, oder den Grafen von Görz gehörte. Graf Albrecht von Ortenburg musste daher das Recht auf das genannte Geleit aus einem früheren Vertrage mit den Grafen von Görz, der jedoch nicht auf uns gekommen ist, erworben haben.

Dobriach liegt östlich von Millstatt.

Wozu Graf Albrecht damals die 300 Mark Aglajer Pfennige gebraucht haben mag, nachdem er das Jahr zuvor 600 Mark Silber von den Herzogen bekommen haben musste, ist bei dem Mangel aufklärender Urkunden nicht zu errathen.

1334 nahm er an dem Kriege zwischen den Herren von Auffenstein und dem Bischofe von Bamberg als Bundesgenosse der ersteren Theil und verbürgte sich sammt seinem Bruder Otto beim Friedensschlusse dem Bischofe, dass die Auffensteiner die Friedensbedingungen halten würden, wofür ihm diese volle Schadloshaltung versprachen.

Dies ist die letzte mir bekannte Urkunde, worin Graf Albrecht erscheint. Anton von Benedict aber scheint denselben noch im Jahre 1335 in einer Urkunde gefunden zu haben, führt aber den Inhalt derselben nicht an, sondern sagt nach seiner unglücklichen Gewohnheit, blos Namen und Jahreszahlen auszuheben, nur Folgendes: „Otto und Albert (Grafen von Ortenburg) 1335". Hätte er nur wenigstens auch das Datum des Monates und Tages beigesetzt, da uns dieses zur näheren Bestimmung der Zeit, wann Albrecht gestorben sei, von grossem Nutzen wäre. Da jedoch Benedict dasselbe nicht angab, so können wir nur so viel sagen, dass Graf Albrecht entweder noch 1335 oder in der ersten Hälfte des Jahres 1336 starb, da er in der Urkunde vom 24. Juni 1336, die wir bei dem Grafen Otto angeführt haben, bereits als verstorben erwähnt wird. Denn es heisst darin: Patriarch Bertrand von Aquileja belehnt den Grafen Otto von Ortenburg und dessen Neffen, die Söhne der Grafen Meinhard und Albert „seligen" etc.

Wahrscheinlich starb Albrecht auf dem Schlosse Ortenburg und fand seine Ruhestätte in der Familiengruft zu Spital. Er dürfte bei seinem Tode ein mittlerer Sechziger gewesen sein.

Ein Staatsmann scheint Graf Albrecht nicht gewesen zu sein.
wohl aber ein kriegslustiger, tapferer Degen von grosser körperlicher
Kraft und guter Gesundheit, da er 1331 auf 1332, also 4 Jahre vor
seinem Tode, aus freiem Antriebe mitten in einem ungewöhnlich strengen Winter an der mährisch-österreichischen Grenze den kleinen,
aber darum nicht minder beschwerlichen und gefährlichen Krieg
gegen Heinrich von Lipa, den Eisernen, mitmachte und ihn gefangen
nahm. Dies beweist, dass Graf Albrecht den Krieg entweder zum
Vergnügen oder zum Erwerbe getrieben habe, da er für eine zahlreiche Familie zu sorgen hatte. Für seinen Ruhm brauchte er in seinen alten Tagen wahrlich nicht mehr zu kämpfen, nachdem er seit
seiner frühen Jugend an so vielen Feldzügen Theil genommen und
sich den Ruf eines tapferen Mannes erworben hatte.

§. 22. Helena, Albrechts Gemahlin.

Dass Albrechts Gemahlin Helena oder nach damaliger Schreibweise Hailn oder Hayln geheissen habe, ersieht man aus zwei Urkunden vom 24. August und 17. September 1382, in deren ersterer
die Priorin des Frauenklosters zu Michelstätten reversirt, dass Gräfin
Katharina von Ortenburg, ihre Conventsschwester, für das Seelenheil ihres Vaters Grafen Albrecht und ihrer Mutter Gräfin
Hailn und aller ihrer Vordern einen Jahrtag gestiftet habe. In der
zweiten Urkunde aber stellt der Prior des Augustiner Klosters zu
Laibach den Revers aus, dass Gräfin Katharina von Ortenburg
selig für das Seelenheil ihres Vaters Grafen Albrecht und ihrer
Mutter Gräfin Hayln und aller Vordern einen Jahrtag gestiftet
habe [1]).

Die Form Hailn (oder Hayln) ist offenbar eine Abkürzung für
Hailen, Heilena, Helena. Während ihres Lebens scheint sie ge-
wöhnlich Halweig genannt worden zu sein, wie aus folgenden zwei
Urkunden-Auszügen hervorgeht.

1333 am Samstage nach Sunawendten (26. Juni) —.

Gertrud Ruedleichingerin bekennt, dass Gräfin Halweig von
Ortenburg die ihr (der Gertrud) zur Heimsteuer bestimmten Huben abgelöst habe [2]).

---

[1]) Copialbücher, IV. Band, S. 642—644 und 645—646.

[2]) Apostelen, VIII, 196.

1335 am nächsten Sonntage nach Lichtmesse (5. Februar) —. Gertrud Ruedlacherin bekennt von der Gräfin Halweig von Ortenburg 20 Mark Aglajer Pfennige als Morgengabe erhalten zu haben [1]).

Man sieht, wie man damals mit Namen umsprang. Gertrud, wahrscheinlich eine Zofe der Gräfin, wird einmal Ruedleichingerin, das anderemal Ruedlacherin genannt. Unsere Gräfin wird in diesen beiden Regesten Halweig genannt und scheint demnach, weil die Urkunden bei ihren Lebzeiten ausgestellt wurden, gewöhnlich so genannt worden zu sein.

1335 oder 1336 verlor Gräfin Helena ihren Gemahl, was für sie bei der grossen Zahl ihrer Kinder ein harter Schlag gewesen sein muss.

Wie lange sie ihn überlebt habe, ist nicht bekannt; doch dürfte nachstehendes Urkunden-Regest wahrscheinlich auf sie zu beziehen sein und sie daher 1346 noch gelebt haben.

1346 am St. Jörgentag (24. April) —. Agnes Grosslachtin versetzt der Gräfin von Ortenburg 2 Huben um 20 Mark Aglajer [2]).

Ob der Name der Gräfin schon in der Urkunde gefehlt habe oder von dem Verfasser des Auszuges weggelassen worden sei, weiss ich nicht, möchte jedoch letzteres vermuthen.

In der letzten Zeit ihres Lebens scheint sie ihren Witwensitz zu Radmannsdorf in Krain gehabt zu haben und daselbst gestorben und begraben worden zu sein, wie aus Folgendem zu vermuthen ist.

1383 am Freitag vor dem heiligen Abend der Weihnachten (18. December) (zu Radmannsdorf). Jakob Pfarrer von Rattmannsdorf bekennt, dass die selige Gräfin Hail von Ortenburg das Gut Palowitschach zur Kirche St. Peter zu Rattmannsdorf unter der Bedingung vermacht habe, dass für ihr und aller ihrer Vorfahren und Nachkommen Seelenheil daselbst alljährlich ein Jahrtag mit einer gesungenen und drei gesprochenen Messen abgehalten und dazu der Burggraf von Waldenburg und die übrigen gräflich ortenburgischen Beamten eingeladen werden. Siegler der Urkunde (nämlich

---

[1]) Apostelen. VIII. 196.

[2]) Ebendaselbst. VIII. 199.

dieses vom Pfarrer ausgestellten Reverses): Jakob von Stermol, Pfarrer zu Harlandt und Thomas von Podwein [1]).

Selbstverständlich war diese Jahrtagstiftung nicht erst im Jahre 1383, sondern schon viele Jahre früher gemacht worden. Graf Friedrich, Helena's Enkel, der die Einhaltung aller ähnlichen Stiftungen streng überwachte, mochte vielleicht seine Gründe gehabt haben, von dem Pfarrer zu Radmannsdorf 1383 einen erneuten Revers zu verlangen. In diesem Reverse wird die Stifterin „Gräfin Hail" genannt, wenn nicht etwa der Abschreiber den Buchstaben n am Ende übersehen hat.

In welchem Jahre die Gräfin gestorben sei, ist nicht bekannt, wohl aber ist ihr Sterbtag, 7. Februar, auf uns gekommen und zwar durch das Necrologium Runense (des Stiftes Rein), worin man folgende Angabe findet: [2])

Februarius.

VII. ante Idus. D. Helena comitissa de Ortenburg.

Ich ärgere mich nicht wenig über die Mönche, dass sie in diesen Todtenbüchern blos den Tag und nicht auch das Jahr des Todes der darin verzeichneten Personen angaben. Welch einen grossen Nutzen für die Geschichte würden diese Nekrologien haben, wenn auch das Sterbejahr angemerkt wäre, während uns mit dem blossen Tage wenig genützt wird. Aber freilich dachten die guten Mönche nicht daran, dass ihre Nekrologien einst noch zu etwas anderem dienen könnten, als sie an die Abhaltung eines Jahrtages und an die darauf folgende Bewirthung mit einem besseren Essen und Trunke zu erinnern!

Aber aus welchem Hause war Helena? Zur sicheren Beantwortung dieser Frage bieten weder Urkunden noch sonstige Nachrichten, ja nicht einmal ihr Siegel einen Anhaltspunct dar. Denn Hund, Lazius, Megiser und diejenigen, welche diesen nachschreiben, lassen den Grafen Albrecht unvermählt und kinderlos sterben, obwohl er, wie wir urkundlich nachgewiesen haben, verheirathet und mit einer zahlreichen Nachkommenschaft gesegnet war, so wie sie umgekehrt seinem Bruder Otto, der kinderlos starb, ein halbes Dutzend Kinder zuschreiben.

---

[1]) Copialbücher. I. Band, S. 936—937.

[2]) Diplom. sacr. Styriae, T. II. pag. 336.

Aus dem Umstande, dass Gräfin Helena im Nekrologium des
Stiftes Rein erscheint, könnte man vermuthen, dass sie von den
Grafen von Pfannberg herstammte, deren Stammgüter Peckau
und Pfannberg in der Nähe von Rein liegen und welche noch überdies Vögte dieses Stiftes waren. Aber nichts weiset sonst auf diese
Abstammung hin, und was die Erwähnung Helena's im Todtenbuche
von Rein betrifft, so lässt sich diese wohl dadurch erklären, dass
einer ihrer Söhne, nämlich Graf Friedrich, mit Margareth,
Tochter des Grafen Ulrich von Pfannberg verheirathet war.

Eine andere Vermuthung, die etwas mehr für sich hat, ist die,
dass Helena eine geborne Gräfin von Schaumburg gewesen sein
möge.

In der Urkunde ddo. Wien am Sonntage Reminiscere (15. März)
1332, worin die Herzoge Albrecht und Otto dem Grafen Albrecht
von Ortenburg für die Gefangennehmung Heinrichs von Lippe
600 Mark Silber zu bezahlen versprechen, und worin auch für
den Fall, wenn Graf Albrecht vor dem Empfange des Geldes sterben sollte, vorgesorgt wird, kömmt die Stelle vor: Stürbe aber Graf
Albrecht, so sollten die Gefangenen dem Grafen Heinrich von
Schaumburg so lang übergeben bleiben, bis er anstatt der Erben
des Grafen Albrecht oder desjenigen, wem dieser es schaffen (ver-
machen) würde, von den Gefangenen das Geld bekommen haben würde.

Dies deutet darauf hin, dass Graf Albrecht auf den Fall seines
Todes die Vormundschaft über seine Kinder dem Grafen Heinrich
von Schaumburg anvertrauen wollte. Da nun damals ein Vater
zum Vormunde seiner Kinder gewöhnlich einen seiner Brüder oder
einen seiner Schwäger, Brüder seiner Gemahlin, zu wählen pflegte,
so liegt die Vermuthung nahe, dass Graf Heinrich ein Schwager
des Grafen Albrecht gewesen sein dürfte.

Natürlich bleibt auch dies nur eine Vermuthung, da es ja möglich ist, dass Graf Albrecht mit dem Grafen Heinrich gar nicht
verwandt war, sondern ihm nur als einem alten, bewährten Freunde
die Sorge für seine Kinder übertrug.

Selbst das Siegel der Gräfin gibt über ihre Herkunft keine
Andeutung. Dr. Eduard Melly in seinen Beiträgen zur Siegelkunde
des Mittelalters I. Theil S. 241 beschreibt dasselbe also:

„Hedwig Gräfin von Ortenburg. 1328. († S) hE(DE)
WIGIS . COMI(TISS)E . D' . ORTE(NBVR)C(h). Lapidar zwischen

Perllinien. Die heilige Maria mit dem Jesuskind am Schooss, das die kniende Gräfin segnet. Beiderseits ein Flug des Ortenburgischen Wappens. — Rund. Grösse: 1 Zoll 8 Linien. Das Siegel von ungefärbtem Wachse an einer Urkunde vom Jahre 1328 im k. k. Hofkammerarchive".

Die Deutung, dass hEWIGIS so viel als Hedewigis sei, stammt nur von Dr. Melly her; nach den Urkunden aber scheint hEWIGIS nur eine Abkürzung anstatt Heilwigis zu sein. Dass sie nicht Hedwig, sondern Helena geheissen habe, scheint durch das Nekrologium von Rein ausser Zweifel gestellt zu sein, besonders da auch die Namen Hail, Hailn, Hailen, unter denen sie in den Jahrtagstiftungen vorkömmt, wohl mit dem Namen Helena, nicht aber mit dem Namen Hedwig übereinstimmen.

§. 23. Albrechts II. Kinder.

Die Ehe des Grafen Albrecht mit Gräfin Helena war sehr fruchtbar, indem aus derselben 12 oder 13 Kinder entsprangen, nämlich 6 oder 7 Söhne und 6 Töchter. Heinrich, Otto, Friedrich, Rudolph und Albrecht erscheinen in einer langen Reihe von Urkunden als Brüder; Ulrich kömmt zwar nur in einer Urkunde vor, aber unter Umständen, die kaum einen Zweifel darüber übrig lassen, dass auch er ein Bruder der Obengenannten war. Ruprecht erscheint ebenfalls nur einmal in einem Urkunden-Auszuge von Apostelen und eben dieser Umstand macht mir die Sache einigermassen bedenklich. Denn es wäre immerhin möglich, dass Apostelen oder wer für ihn die Urkunden-Auszüge anfertigte, Ruprecht für Rudolph gelesen oder geschrieben haben könnte. So lange wir aber keinen Beweis dagegen aufbringen können, müssen wir Apostelens Lesung als richtig ansehen und daher auch Ruprecht als Sohn des Grafen Albrecht II. annehmen.

Eben so wissen wir aus Urkunden, dass Graf Albrecht mit seiner Gemahlin Helena 6 Töchter erzeugt habe, Adelheid, Agnes, Anna, Elisabeth, Katharina und N., deren Name nicht bekannt ist.

Da die Mehrzahl der Söhne vor der Mehrzahl der Töchter starb, und somit jene meistens in den frühern, diese aber in den spätern Jahrzehenten des 14. Jahrhundertes urkundlich erscheinen, so dürfte es zweckmässig sein, diesmal von der bisher beobachteten Ordnung abzugehen und zuerst von den Söhnen und dann von den Töchtern des Grafen Albrecht II. zu handeln.

Um Wiederholungen vorzubeugen, werden wir die Söhne nicht einzeln, sondern gemeinschaftlich besprechen, was trotz ihrer Zahl um so leichter möglich ist, da anfänglich nur die älteren Söhne und erst nach dem allmäligen Absterben derselben die jüngeren erscheinen und zwei aus ihnen nur ein m al genannt werden, so dass nirgends eine Überfüllung stattfinden, nirgends die chronologische Ordnung unterbrochen werden wird, und zwar um so weniger, da von den fünf im weltlichen Stande verbliebenen Söhnen nur einer, nämlich Otto, und auch dieser nur einen Sohn hinterliess.

III. Stammtafel.

Hermann II. Graf von Ortenburg
† 1256.
G. unbekannt.

Heinrich III.
† bald nach 1270
wahrscheinlich unvermählt, jedenfalls aber kinderlos.

Otto IV.,
Propst zu Bamberg.

Friedrich II.
† 1304.
G. Adelheid, Tochter des Grafen Meinhard III. (I.) von Görz und Tirol.
† 1283 oder 1284.

Meinhard I.
† 1332.
G. Elisabeth 1314, angeblich Pfalzgräfin zu Rhein, Herzogin von Bayern.

Otto V.
† 1343 kinderlos.
G. Sophie, wahrscheinlich Gräfin zu Hardeck.

Hermann III.
† 1338 kinderlos.
G. Agnes, Tochter Heinrichs von Schaumberg, vermählt 1301.

Meinhard II.
† 1337 kinderlos.
G. Belingeria de la Turre, vermählt 1320.

Anna.
G. Friedrich von Auffenstein.

Albrecht II.
† 1335.
G. Helena unbekannter Herkunft.

Euphemia.
G. Hugo Graf von Werdenberg 1281.

Ulrich,
Domherr zu Salzburg.

N. (Tochter).
G. Konrad von Auersperg † vor 1246.

N. (Tochter).
G. Ulrich III. von Taufern.

Elisabeth.
G. Wülfing von Stubenberg.

Euphemia.
G. Konrad Graf von Playen und Hardeck.
† 1260.

WALDSTEIN'S CORRESPONDENZ.

EINE NACHLESE

AUS DEM K. K. KRIEGSARCHIVE IN WIEN

ZU DEM WERKE:

WALDSTEIN VON SEINER ENTHEBUNG BIS ZUR ABERMALIGEN ÜBERNAHME
DES ARMEE-OBER-COMMANDO'S, VOM 13. AUGUST 1630 BIS 13. APRIL 1632.
WIEN, BEI GEROLD. 1858. 8°. XVI. 495.

MITGETHEILT

VON

Dr. B. DUDIK O. S. B.

(FORTSETZUNG ZU „ARCHIV" BAND XXXII, S. 1—80.)

170. 1632. 4. März. Cöln. Nr. 67, F. 4. — Dechiffrirtes cur-
fürstlich Mainz'sches Schreiben an K. Ferdinand.

Allerdurchlauchtigster!

Allergnädigster Kaisser vnd Herr. Was Eur' Kay. Mt. abermals
an mich, wegen einem zwischen dem König in Schwedn, vnd etliche
Catholische Stendte gesuchter neutralitet, allergdst gelangen lassen,
dass hob Ich in vnderthenigster devotion empfangen, vnd ablesendt
gehorsambst verstanden.

Nun werden Eur Kays. Mt. sich nit allain meines vorigen Schreibens 19 Novbris verwichenen 1631 Jahrs, vnd was an dieselbe Ich
angeregter neutralitet halber vnderthenigst gelangen lassen, wie nicht
weniger, wess Ich mich auf dess französischen Gesandten bey mir ab-
gelegte Commission vnd Werbung erkärt, vernommen, sondern auch
benebens nunmehr allergdst vorführt haben, dass Ich mit Verlusst
meines Erz Stiffts Landt vnd Leuth zu Eur Kays. Mt. beharrlich devotion bestendig gehalten, dabey Ich dann auch also hiefür vorauss-
gesetzt zubeharen niht allain ganz resolvirt vndt entschlossn, sod
(sondern) auch alss Ich vernomen, dass der König auss Schweden
solche neutralitet hin vnd wider durch mitl der von Frankreich etlich
gehorsamr Ständt mit solchen Conditionen, die weder bey Gott, Eur
Kays. Mt., noch der Posteritet zuueranntworden, anerbiett lass, Ich
nichts vnderlasse, was zu abmahnung berürter Stendt Immer dienlich gewesen sein möchte, Wie Ich dann auch meines theilss anders
nicht waiss, alss dass noch zur Zeit, ausserhalb was sich bey Chur-
Thrier etwan dissfals zugetragen haben möchte, davon Ich gleichwol
auch biss dato keine bestendige nachrichtung habe, allenthalben res
integra seyn solte.

Weil aber der König auss Schweden je lenger je mehrers seine
Feindseligkeit fortsetzt, sich auch nunmehr dess Moselstromes nähert,
Chur Trier die Einräumung der Vestung Ehrenbraitstein zugemuttet,

vnd zu besorgen, wo nit ohne Verzug in solcher Anstalt gemacht werden sollte, dardurh seine Vires distrahirt, vnd seine progress in etwas sistirt, es dürffte ein vnd anderen Standt in die gedankhen gerathen, als ob kein rettungsmittl mehr vorhanden, vnd auss Noth vnd gefahr, sich zu solcher resolution bewegen lassen, die hernegst Eur Kayl. Mt. vnd dem Reich beschwerlich genug fallen werden. Deroweg so Ersuche Eur Kays. Mt. hiemit ganz instendig vnd zum höchst, Sie wollen doch mit dem vertrösst, succurs solch anfang allergdst machen lassen, damit die Stendt dermalen ainist eine würkliche Hilff vnd assistenz sehen, sich darob trössten vndt nit alles gleichsam vor verlohren geben, sondern desto mehr in Ihrer ohne das (ohnediess) schuldigster devotion erhalten werden möchten, zu Eur Kayl. Mt. allergdst belieben vndt nachdenkhen stellendt, obschon bey Jetziger beschwerlicher Winter Zeit, mit der ganzen Armada nit fort zu kommen; weil Jedoch der König auss Schweden im Stifft Bamberg, In Meinen: den Chur Pfalz. Schwäb. vnd Frankhisch Landen am Rhein, Mayn, vnd Moselstrom vilfaltig occupirt vndt dessen vires distrahirt, ob nit mit einem Corpo eine defension zu machen, dem Vheindt vnd dessen progressen zu widerstehn, und wie obgemelt den in grosser angst vnd forcht begriffenen Stendt, alss ob schon alle hilff verlohren, die gedankhen zu benemmen seyn möchten. Thue beinebenst

Kayl. Mt. C.

Dat. Cöln den 4. Martiy 1632.

Copia.

De Zifferirt Churfürstl. Mainzisch Schreibens de dato 4. Martij 1632.

Copia.

171. 1632. 9. Mrs. Znaim. Ad 327, F. 4. — Albrecht an die friedländische Kammer.

Albrecht, von Gottes Gnaden Hertzog zu Mechelburg, Friedlandt vndt Sagan, Fürst zu Wenden, Graff zu Schwerin, der Lande Rostokh und Stargard Herr.

Gestrenger, auch Veste, Liebe, Getreue. Euch ist vnergessen, was gestalt wir Euch den Viertzehenden abgelauffenen Monats February, eine richtige specification aller unser schulden, sowoll einen aussführlichen Bericht, was wir einen yeden in specie an hauptsumme vnd interesse restiren, Wie nichts weniger, wie hoch dieselbe schuldt, damit Ihr Kays. Majt. wir wegen der erkaufften Gütter annoch vermaut, in allem sich erstreckhen thuet, aufzusetzen, vndt vnss vnuerlengt anhero zu yberschickhen anbefohlen. Allermassen vnss nun nit wenig befrembdet, das Ihr solchem vnserm Befelch, zumahln Ihr Zeit vndt gelegenheit genug darzu gehabt, biss dato keine Folge geleistet:

Alss thuent wir denselben nochmalss anhero wiederholen, vndt wollen, das Ihr numehr ohn weitern verzug demselben nachkhommen, vnd vns besagte verzeichnüss vndt bericht aller vnser schulden, forderlichst zuschikhen sollet.

Geben zu Znaim den 9. Marty Ao. 1632.

Heinrich Wieman.   Ad mandatum Sereniss. proprium.

Sebastian Marten.

Originale.

172. 1632. 22. März. Hagenau. Ad 126, F. 4.—Ossa an Questenberg.

Wolgeborner Freyherr!

Innsonders hochgeehrter herr. Demselben seind meine gehorsame Dinst zuuor.

Mein hochgeehrten herrn berichte ich, dass, weil mir die schweden gar zu nahennd instelln wollen, hagenau gleichsamb bloquiren, deswegen ich mit stucken geschütz, 1200 zu Fues vnd 1000 Pferdten auf disseit des Reins herab zogen, das Stätlein Pfaffenhofen vnd Wörth, darinne feinds volg gelegt, eingenommen, die Soldaten plündern lassen, desgleichen die Stat Weissenburg, darein 500 zu Fues vnd 2 Cornet reutter Ihre musterplatz gehabt, berennt vnd angreiffen wollen, der Feind aber in Mitternacht forth heraussgewichen, vnd hab ich diesse statt wieder in Ihr Kay. Maj. deuotion gebracht, wie auch den Grafen von hanau gezwungen, sein Volgg abzudancken, sich zu reuersirn, in Ihr Kay. Maj. deuotion zuverbleiben, sich der Schwedischen factionen ganz zu entschlagen, vnd hätte ich ein wenig mehrers volgg, getraute ich bis auff Maintz alle Stette wider zu erobern, aber darf nicht zuuihl wagen. In 2 tagen, gelibts Gott, begebe ich mich wider auf Breisach, so meinem hochgeehrten herrn ich berichtet habe. Denselben götlich allmacht vnd mich Ihm zu Gnade beuehlen solle.

Datum hagenav den 22. Martij 1632.

Meines hochgeehrten herrn gehorsamber Knecht

Ossa.

Originale.

173. 1632. Nr. 57. — Waldstein an den Pabst.

Znaim den 23. Martii 1632.

Beatissimo Padre.

Douendo Fra Valeriano, Capuccino, partir a cotesta uolta con animo di restare in Roma per qualche tempo, non ho uoluto tralassiare di rappresentare con questa occasione alla Santità Sua un negotio molto importante per il bene publico della christianità, ouero di cotesta s^{ta} sede et di vostra Beatitudine. Questa perciò prego notizia dare in certa fede al sudetto che se referisca cosi questo che a viua voce le ho communicato il resto a nuova, che per lettere m'ocorre di sì giustificare incessiuamente alla santità vostra, alla quale assicurandola delli miei deuotissimi servicii humilissimamente bacio liß santi piedi.

Di Znaim a di 23 Marzo Anno 1632.

Di Vostra Santità.

Copia.

174. 1632. 24. März. Znaim. Ad Nr. 258, F. 4. — Albrecht an Ferdinand II.

Ew. Kayl. Mayst. gnädigstes schreiben vom 20. dieses, sambt der einlage, hab ich zurecht empfangen, vnd was dieselbe mir wegen einef vnser lieben Frawen Bildes, so von den Chur-Sächsischen auf der Kirchen zue Alten-Püngel, nebenst anderen, weg genommen, befehlen wollen, darauf vnterthenigst verstanden, vnd verhalte E. Kay. Myt. darauf gehorsamist nit, dass ich alfbalt den Graff Terzke, so gleich anietzo dahie sich befindet, aufgetragen, dahin zu sehen, wie von dem Obristen Hoffkirchen angerürtes bilt hinwieder zu bekommen sein möge, gestalt ich dann im Fal besagter Hofkirchen defwegen etwas an gelt, oder sonsten, begehren solte, demselben solches zu nehmen auch anerbothen.

Anlangent sonsten das mit hinweggenommene golt, silber, vnd anders, achte ich nit rahtsam, deswegen etwaf zu begehrn, denn wir die besorg tragen, dass solcher wegen beidef abgeschlagen, vnd man keinef, so wohl das Bilt, als daf andere, zuruck bekommen möchte. Welches E. Mjt. ich gnädigst berichten, vnd dero mich zu beharlicher Kayserl. Gnade hiemit empfehlen solle.

Originale.

175. **1632.** Nr. 62. — Waldstein an alle Obersten.

Znaim, den 26. März 1632.

Demnach bei den Teutschen Regimentern der Völkerbrauch eingerissen, dass die Piquen der schlechtesten Mannschaft, so sie nicht zu gebrauchen wissen, vndt wann sie nur dieselben auf den achseln tragen khönnen, es alles woll aussgerichtet zu sein vermeinen, gegeben werden, vndt aber auss vbrsachen, dass, wen ein Regiment zu Fuess mit des feindts regiment serriret, die Musqueten gar wenig, die Pikhen aber den meisten effect thuen, wesswegen denn billich den tapferisten vnd besten Knechten die Pikhen geben werden müessen: Als erindern wir den Herrn hiemit, es bei seinem Regiment also in acht zu nehmen, vndt wie denn auch von nöthen, dass diejenigen, so die Pikhen tragen, zum wenigsten mit Brust-Stikhen versehen sein, gleicher gestalt dahin zu sehen, wie er solche Brust-Stikhen bekhommen, vndt da er in der weill selbe nicht auf alle, doch zum wenigsten bey yeder Compagnia, inmittelst bis er die übrigen auch bekombt, wesswegen er sich dann embsich bemühen wirdt, auf zwei oder drei glieder zu wegen bringen, vnd dieselbe damit armirt werden mögen.

Die Nahmen aller Obersten zu Fuss sind: Altsachsen mit 10 Compagnien, Mohr von Wald 10, Schaffenberg 10, Aldringer 10, Max Waldstein 14, Berthold 10, Chiesa 10, Donav 15, Paradies 17, Terzka 15, Götz 10, Böhm 10, Traun 10, Tieffenbach 10, Dietrichstein 10, Waugler 10, Hardeg 7, Gallas 11, Schaumburg 5, Fernimond 6, Mansfeld 5, Colloredo 6, Lichtenstein 5, Illo 5, Grana 4, Golds 4 und Manteuffel 5.

Original-Concept.

176. **1632.** Nr. 65. — Tilly an Waldstein.

Neunkirchen, den 26. März 1632.

Durchlauchtiger, Hochgeborner Fürst, gnediger Herr!

Aus E. f. G. vom 18. dyes Mier zur recht eingebrachten schreibens vernehm ich gehrn, dass derselbe etzlich Volkh in Böhmen commandyrt haben, vmb den feindt aldorthen zu attaquiren, nebenst auch vor sich selbsten ein andere impresa vorzunehmen, gnädigst intentioniret seyen. Darauf E. f. G. vnderdienstliches vleisses bittendt, Sy geruhen mit solchen ihren rhümblich vorhaben vmbsomehr zu maturiren, darmit der feindt in diversion gesetzet, vnd dahero der veldtmarschalch Graff v. Pappenheim, als deme des feindts Schwah

zu schwer zufahllen vnd zu starkh betrenget werden möchte, der Last
etwas enthoben, vnd desto fieglicher sein intent heraufwärts richten
khönne. Danebens gleichfahls gnädig zu verordtnen E. f. G. Ihro
gnädigst wollen gefallen lassen, dass der versprochene succurs von
der Caualleria, daruon bereiths dieser orthen etwass ahngelangt,
möglichkeit nach, zu mir heraus befirdiert werden möge. Im übrigen
aduertire E. f. G. nachrichtlich, dass, nachdeme vf eingelangte verschiedene aduisen ich vernohmen, dass sich der Khönig in Schweden
in Persohn mit meisten theils seiner macht, mir zu schaffen zu
machen, vf Nürnberg zu marchire, ich mich etwas vf Neumarkht
gewendet, vmb daherumb etwas mich aufzuhalten vnd auf des feindts
dissegni vnd actiones vleissige achtung zu geben, bis ich vernehme,
wo sein intent hingerichtet sein möge, mich desto besser darnach zu
richten.

E. f. G. damit Göttlicher protection zue allem fürstlichen wol-
ergehn vnd glücklicher successe treulichst empfelen.

(Auf der Adresse kommt der Ausdruck General nicht vor.)
Originale.

177. 1632. Nr. 78. — Valeriano an Waldstein.
Di Vienna a dì 28. Marzo 1632.

Ser. Principe. In questo punto ricevo lettera di V. A. con una
congiunta per il Prencipe di Polonia. Queste spedirò domani con un
corriere al pressudetto Principe. Hor ritorno dall' audienza di
S. Majestà; questo mi ha commandato, che, ritrouando per grado il
Principe di Eggenperg, Io debbo informarlo di quello, che il Principe
di Polonia mi scrive. Domani parto, e farò, quanto mi commanda
S. Mtà. poi scrivo al Principe Vladislav in conformità di quello, che
accenna Vostra Altᵃ, alla quale per fine desidero di avere maggior
felicità.

Di Vienna a dì 28. Marzo 1632.
D. V. Altᵃ Ser.
Humilᵐᵒ et devotᵐᵒ servo padre Valeriano Capucino.

178. 1632. Nr. 86. — Ferdinand II. an Waldstein.
Wien, den 30. März 1632.

Ferd. der Andere etc. etc.

Hochgeborner lieber Oheimb vnd Fürst. Was vnsers Vetter vnd
Schwagern Pfalz Neuburgs Liebden, beides wegen suchender neu-

tralitet mit Schweden vnd eröffnung etlich gemainnützig habender vorschlag, vns durch neulich eingeschickhte schreiben haben zu vernemmen gegeben, dessen sowol als wie wir dieselben darauf beantworttet, vnd dem Graffen von Merode, als der ortten anwesendt, zu vernembung Irer gedankhen gnädigste Comission aufgetragen, haben Dero Lbd. auss hiebey gefiegten einschlüssen alles mit mehrerem zu ersehen, so wie derselben zur nachrichtung, vndt auf dass sie bei gemelten Graffen ebenmässige verfiegung zu thun wissen mögen, nicht verhalten wollen. Vnd wir beinebens verbleiben derselben mit steten hulden vnd allem guten wolbeigethan. etc. Gheben in vnser statt Wien den 30. Marty in 1632ᵗᵉⁿ Vnserer Reiche des röm. im 13., des hung. in 14ᵗᵉⁿ vnd des Bohamb° im 15. Jahre.

Ferdinand.

Originale.

179. 1632. 2. April. München. Nr. 21, F. 4. — Churfürst Maximilian an Herzog Albrecht.

Hochgeborner Fürst, Insonders lieber Oheimb. E. Ld. kann ich zu Fortsetzung der verthreulichen Correspondenz, vermitls Communicirung hiebei gefiegter Copi nit verhalten, was der Veldtmarschall, Grav von Pappenheimb, vermitels seines beihabenden Kayl. und Bundtsvolckhs danider an der Weser gegen den feindt mit dissegni vnd Aufschlagung vier Regimenter für guelen progress gethan. Dieweilln dann der Feind, wie E. Lbd. wissen, heroben unlengst bei recuperierung Bamberg auch ein guete Strapada empfangen, so ist vmb souil mehr zu hoffen, der Allmechtige werde zu Ehr seiner heiligen Khirchen weiter gnad geben, vnnd insonderheit die von E. L. vorhabenden impresen ebenmässig zu glücklichem Effect vnnd Fortgang dirigirn. Verbleibe Iro beinebens mit angenommener freundtlicher gefallenserweissung alzeit wol beigethan. Datum in meiner Statt Minchen den 2. April anno 1632.

E. L. ganz williger Oheim
Maximilian.

Originale.

180. 1632. 2. April. München. Ad 126, F. 4. — Maximilian Kurz v. Senftenau an Questenberg.

Wollgeborner Freyherr, Sondersgeliebter Herr von Questenberg! Dessen den 20. Martij an mich abgeloffenes Schreiben, samht beygeschlossnen Paget von Ir Fürstl. Gnäden von Mechelburg, ist mir zue recht eingeliefert worden, habe Iro Curfrl. Durchlaucht, meinem Genedigsten Herrn, S'. Frstl. Gnaden Schreiben vnuderthennig vberanteworth, vnd den Inhalt dessen, wass Sy an den Herrn vnd mich geschrieben, gehorsambst referirt, vnd haben Ir Curfrl. Durchlaucht beraits obgemeltes Schreiben in allem seinen Inhalt Ihrer frstl. Gnaden verantworth, vnd zweiflen benebens nit, dem Herrn werde numehr genuegsamb wissent sein, mit wass grosser macht der König in Schwedten, nach seines Veldtmarschalckh von Horn erlitner Niderlage, sich gegen dem Herzogthumb Bayrn wenden thue. Wöllen dann derenthalben den von Ir frstl. Gnaden dem Herzoge von Mechelburg vortrosten Socors schickhen, damit man dem Feindt zur Genüege gewachsen sye, vnd vor geferlichem Vorbruch verwöhren möge, alsso thuen Ir Curfrl. Drl. den Herrn gnädigst ersuechen, den anzug selbiger Caualeria souil möglich zu befürdern, und ich erbiete mich dem Herrn zue allen seine wilferig Dienste willig vnd bereit zu erscheinen, verbleibe dabey

Meines Herrn dienstwilliger Knecht
Maximilian Kurz v. Senftenau.

Datum München den 2. Aprilis Anno 1632.

Originale.

181. 1632. 2. April. München. Nr. 22, F. 4. — Maximilian Kurz v. Senftenau an Herzog Albrecht.

Durchleichtiger Herzog, geuediger Fürst vnd Herr!

Euer Dl. Gnd. do. 18 Marty an mich abgangnes genediges Bevelch Schreiben hab ich mit gebürenter Reuerenz erbrochen, vnd dessen Inhalt gemess Iro Curfrl. Durchlaucht, meinem genedigsten Herrn, den Zuschluss vnderthenigst überreicht, wie dann auch dem Herrn Grauen von Pappenheimb Euer fürstlichen Gnaden an Ime abgangnes Schreiben sicher bestelt, vnd habe Iro Curfrl. Durchlaucht berais durch einen dess Herrn Grauen Tertzkha alhier durchraisenten Quartiermaister E. Dl. gn. Schreiben von Puncte zu Puncte verantworth, ich es aber E. Drl. gl. vnderthenigst zu berichten nicht vnderlassen solle. Deroselben mich benebens zu beharlich Hulde vnd genade gehorsamtlich beuelchen thue. München den 2. Aprilis Ao. 1632.

Euer fürst. Gn. vndthöniger Diener
Maxmilian Kurz von Senftenau.

Originale.

182. **1632. 3. April. Znaim.** Nr 32, F. 4. — Herzog Albrecht an den Grafen Schaumburg.

Albrecht von Gottes gnaden Hertzog zu Mechelburg, Friedlandt vnd Sagan, Fürst zu Wenden, Graff zu Schwerin, der Lande Rostockh vnd Stargard Herr.

Ehrwürdiger, Edler Gestrenger, besonders Lieber Herr Veldtmarschall. Wir haben abermahlss nicht ohne besondere Befrömbdung vernomben, wassgestalt die für diesen von der in Schlesien logirenden Reütterey heüffig verübte straiff- vndt Plünderungen annoch continuiren, besondern täglich zunehmen vndt sogar dardurch alle mittel, dasselbe, was auf das Kayl. Volkh verordnet worden, herauss zubringen, sich gentzlich verlieren sollen.

Allermassen wir vnss nvn keineswegs zu dem Herrn versehen, dass Er alss ein so hohes Capo bei der armada, welchen dergleichen mit ernstlicher Bestrafung der delinquenten ohn einigen respect zu remediren gebühret, bey so heufig vorgehenden excessen, so nicht allein Ihr Kayl. Maj. Dienst zuwieder, sondern auch zu vnausbleiblicher destruction der Armada, sowoll des Landes vnfelbar gereichen, dergestalt stillschweigen, vndt dardurch seinen selbst eigenen respect präjudiciren sollen:

Alss erindern wir den Herrn nochmalss, seiner habenden authoritet sich zu prævalirn, vnd wie es Ihr Kayl. Maj. Dienst vnd die höchste notturft erfordert, in continenti eine ernstliche demonstration zu thun, Vnss auch, wie dieselbe geschehen, folgents zu berichten. Gestalt Er zu thuen wissen wirdt. Verbleiben ihm benebenst zu angenehmen erweisung willig.

Geben zu Znaim d. 3. Aprilis Ao. 1632.

Original-Concept.

P. S.

Ich hette wol vermaint, dass man gewissens halber solche injurien straffen wirdt, aber ich höre von keiner ainigen demonstration, was mich vndt einen jeden ergern muss; will sehen, obs ietzunder wirdt, oder dergleichen landtverderber durch die Feinde gestraft werden.

183. **1632. 3. April. Znaim.** Nr. 35, F. 4. — Herzog Albrecht an Grafen Terzky.

Albrecht von Gottes Gnaden Herzog zu Mechelburg, Friedlandt vnd Sagann, Fürst zu Wenden, Graff zu Schwerin, der Lande Rostockh vndt Stargardt Herr.

Hoch vnd wohlgeborner, Besonders freundtl. geliebter Herr Schwager. Wir haben nicht ohn besonders missfallen vernohmen, wassgestalt seine Reuter in der Schlesien allerhandt hochstraffbahre excesse mit raub vnd plünderungen verüben sollen.

Allermassen sich nun dergleichen also vngestrafft hie passiren zu lassen, keinesweges, besondern vielmehr desswegen eine ernstliche demonstration an den Thätern an Leib vnd Leben zu thuen gebühret: alss erindern wir Ihn hiemit, alsbaldt dieserwegen die detinirten an Leben straffen zu lassen, vnd also sein hiebey habendes missfallen, damit Er in wiederigen die verantworttung nicht auf sich ziehe, vnd wier es dafür halten mögen, ob Er an dergleichen insolentien Belieben trage, mit einer ernstlichen demonstration zuerweissen, Vns auch, was für ein exempel Er statuirt, alsdann zu berichten. Verbleiben dem Herrn benebens zu Angenehmer erweissung willig. Geben zue Znaim den 3. Aprilis Anno 1632.

Copie.

184. 1632. 4. April. Znaym. Nr. 54, F. 4. — Waldstein an Tilly.

Unsern Gruss etc.

Wir haben Eu. Excellenz schreiben vom 30. vorwichen Monats Marti embfangen, vnd daraus, was vns dieselbe vmb maturirung des bewussten succurses abermal ersuchen wollen, verstanden. Vnd verhalten deroselben darauf in antwort nicht, dass so viel die bewusste 5000 Pferde betreffen thut, dieselbe bereits zu Eu. Excell. in dem marsche begriffen, wie denn gleicher Gestalt das Kay. Volk im Königreiche Böhmen kegen den 15. dieses zusammengeführt, vnd ich alsdann den Feind allda anzugreifen nicht unterlassen werde.

Vnd verpleib Eu. Excell. etc.

Concept.

185. 1632. 4. April. Schlackenwald. Nr. 62, F. 4. — Der Oberst des Regimentes Franz Julius von Sachsen an Piccolomini.

Wolgeborner Herr!

Herr General Wachtmeister! Dem Herren Meine willige Dienst ieder Zeit zuvor. Auss meines Herrn schreiben vom dritten dieses verneme Ich, was mein Herr wegen der Wanglischen Infanterie mich avisirt. Ihm fahl Ich Sie vonnöth hab, will Ich dieselbe abforderen, die weil Ich aber noch disser Zeit dem nicht bedürftig, khan es auf dissmalss also verbleyben. Heut schickh Ich den H.

Obrist Wachtmeister Diodad mit 500 Mussquetiren vnd 150 Reuter voran, damit soll er seehen, ob Er sich des Pass zu Joachimsthal bemechtigen khündt, dieweil Ich verneme, dass das Castell von grosser Importanz seyn soll. Nach Elenbogen haben sie wollen 40 Schlitten mit Monition schickhen, dieweil aber meine Reuter, die zu Schlackenwaldt ligen, Ihnen den Pass verlegt, als haben sie die selbe zu Joachimsthal ligen lassen. Bey Eger hab Ich mein Obrist Lieutenant mit einer starkhen Partigen Reuter zu batiren geschiekht, von welchem Ich nichts besonderes avisso habe, als dass der Fürst von Altenburg dieselbe Stadt succuriren wolle. Um Belin hab Ich auch 600 Reuter und 600 zu Fuss logiert, nemlich zu Königsberg und Königswarth. Was nun hierumb neues sich begibt, will Ich nicht unterlassen meiner Schuldigkeit nach dem H. Generalwachtmeister zu berichten.

Actum Schlackenwaldt den 4. April 1632.

Copia.

186. 1632. 4. April. Wien. Nr. 66, F. 4. — Michna an Waldstein.

Osvícený kníže, Pane můj milostivý!

Co jste mě zde poručiti ráčili, všecko jsem učinil, a ráno strojím se odjeti, toliko ještě s španělskými ministry o peníze jednám, a večír ještě u J. M. Císařské zastaviti se mám. Při příjezdu o všem Relaci učiním Kurfürstu Bavorskému. J. M. C. podobně vedle přípisu odpovědi V. knížecí milosti píše. Kníže z Eggenbergu V. Kníž. Milost pozdravuje a těší se budoucímu zhledání. dt. v Vídni 4. Aprilis an. 1632.

V. Knížecí Milosti poslušný služebník
Michna.

187. 1632. 5. April. Znaim. Nr. 75, F. 4. — Herzog Albrecht an die Obersten zu Fuss.

Wir zweifflen nicht, dass Er, Vnseren vilfeltigen Befehligen nach, sich die sterkhung seines Regiments embsig angelegen seyn lasse, nehmlich dasselbe compliret, vnd so woll dasjenige Schantzeüg, so wir ihm bey seinem Regiment zu haben befohlen, verfertigter haben werde, damit Er sich dessen gebrauchen khönne. Erindern ihn derowegen, da ja über Zuuersicht an denjenigen Compagnien, so wir ihm von seinem Regiment gegen den 15. dieses ins Königreich Böhaimb zu den vorigen seinen alda bereits habenden, zuschikhen,

zugeschrieben, noch etwas ermanglen, vndt dieselbe nit für voll.
Jede 300 Mann starkh, sein solten, dahin zusehen, dass biss zu aussgang dieses Monats Aprilis solcher abgang ersetzt, vnd jegliche vnfelbar von 300 Mann complet sein möge. Die übrigen Compagnien
wirdt Er in den Quartirn, biss Aussgang des Monats May, damit sie
alda die ihm gebührende recruten vnd 5 monatliche verpflegungs-
gelder völlig erheben khönnen, verbleiben lassen, welcher behuef
dann, da ihnen solches nicht gutwillig entrichtet werden wolte, die
militärische Execution verstattet werden solle. Das Schantzeug be-
treffendt, Erindern wir Ihn gleicher gestalt, Imfall Er solches noch
nit alles beysahmen, doch soviel dessen verfertigt, auch zu den Compagnien in Böhaimb biss aussgang dieses Monats zu schickhen. So
wir ihm hiemit andeuten wollen, Vnd wirdt Er diesem also nach zu
khommen wissen.

Copie.

188. 1632. 6. Aprill. Znaim. Nr. 88, F. 4. — Herzog Albrecht an
Gallas.

Albrecht.

Was Vns der Obriste Veldtzeugmeister Altringer des Feindes
dissegni halber, berichten thut, Solches geben wir Ihme ab inliegen-
der abschrift zu vernehmen.

Allermassen Uns nun des Herrn eyffer gegen Ihre kayf. Mjt.
bekant, also zweifflen wir nit, Er werde alles vleissigst in acht nehmen, vnd dannehero mit obgedachten von Altringer schlisslich corre-
spondiren, damit auch insonderheit die Reiter, so zu den Herrn
Graffen von Tilly geschickt werden, kheinen schaden vom Feindte
empfangen und sicher durchgeführt werden mögen. etc.

189. 1632. 6. April. Tabor. Nr. 91, F. 4. — Maradas an Herzog
Albrecht.

Durchleuchtigster, hochgeborner Fürst! etc.

An heunt ist der Herr Bräuner mit etlich von E. F. Gd. erthail-
ter Order alhero gelangt, vnd E. F. Gd. Willen vnd Bevelh mir
referirt, welches Ich in allem wohl vernomben, vnd soll deme, so viel
immer möglich gehorsamblich nachgelebt werden, ist auch von
E. F. Gn. meine mainung nicht weit gewest, die darzu sich vergleicht, wie Euer Fürstl. Gn. solches aus meinen, an Herrn Graffen
Michna unterschiedlich abgegangenen Briefen werden gnedig vernomben haben, vnd ist auch noch mein gehorsamblich erachten, dass

man augenscheinlich kriegen soll, wohin sich der Feind wendt, Ihme das Gesicht nach Zeit vnd gelegenheit zu weisen, vnd sonderlichen Vnss selbsten in acht zunehmen, wie Ich dan solches dem Herrn Gallas durch den Herrn Bräuner mündt- und schriftlich auisirt.

Wegen der Bruckhen vber die Mulda am bequemen orth, wo solche am besten wird sein können, hab ich mit Herrn Graffen von Wrtby vnterredt, soll auch an vnsern Vleiss nicht ermangeln, dass solches ins Werk gesetzt werden möge.

Das aus Schlesien ankommende Pulver weiter zu führen, vnd mit guter Conuoi zu versehen, will Ich, soviel möglich, darob sein, dass E. F. Gn. bevelch vollzogen werde.

Dem General Rumor Meister ist E. F. Gn. gnedige Ordonanz angedeut, verspricht sein euseristes darbey zu thun, dass Er so viel immer möglich, mit der Reutterey ehist aufkombe vnd sein Officio versehen möge. Im Übrigen verbleibe allerzeit

di V. A. Ser^{mi}

obligatissimo servitore
Maradas.

Originale.

190. 1632. 6. April. Landskron. Nr. 92, F. 4. — Hynek Severský v. Kulitzkowa, der Herrschaft Landskron Hauptmann, an Herzog Albrecht.

Hochdurchleuchtiger Hertzog.
Genediger Fürst, Herr, Herr etc.!

Euer hochfürstl. Gnad. sein meine demüttig gehorsame Dienste mit Wünschung von Gott dem Allmechtigen aller Glückseeligen wolstandt beuor.

Nachdeme kurtz verschiener Tage Ich bey Ihr F. Gn. Fürst Caroln Eusebio von Liechtenstein zue Troppaw und Jägerndorff Fürsten, Meinem gnedigen Herrn, etzlicher hochwüchtiger Geschäffte halber in der Stadt Wien gewest, vnd daselbst Ihr fürstl. G. die höchste Noth vnd armut der allhirigen Herrschafft Vnderthanen nach Notturfft vorgetragen, ist mir von Ihr Fr. Gn. hiebei dieses anbeuohlen, welches E. hochf. G. ich in tiefster Demut thue andeutten. Beinebenst auch in gehorsamb diess zue berichten, dass diese Meines Genedigen Fürsten vnd Herrn landskhronische Herrschaft auf einer grossen Landt Strass, alss Schlesien, Mähren vnd Böhaimb liegendts, vber alle andere Gütter vnd Herrschaften in diesem Craiss jetziger

Zeit höchlich beschwert wirdt, Also im Fall kheine Linderung hierin
zu hoffen, auf eüsserste Verderben khommen muess auss nachfolgenden Ursachen:

Erstlichen. Sein vor diesem die angeschlagene Contributiones,
alss von Veldt, Fleisch vnd Getraidt, zu nusshaltung eines Fahr-
Knechtes nach der Junge Buntzelau vber die 17 meil abgefürt worden.
Nun aber dauon abkhommen, vnd wiederumb zue Chlumetz, Zeben
meil weit, biesshero contribuirt wirdt. Vnd wass den Vnderthanen auf
der Reiss von Rossen nicht genommen wirdt, die vbrigen vollendts
Meisten theilss erhungern vnd vmbfallen, also, dass solche weite
fuhren soviel alss die Contribution werth seien.

Zum andern. So werden auch die Vnderthanen mit täglichen
Durchzügen vnd Quartierung so wol zu Fuss, alss zu Ross, eine
soldatesca die andere begegnendt, allenthalben beschweret, vnd
nicht wenigere Unkhosten alss die Contributionen khosten, ausssteh
müssen.

Driettens. Müssen öfftermalss die Obersten vnd andere Befelchs-
haber sambt Ihr Khay. Mt. Curirs auf 6 Meil lang mehr oder weniger
befördert werden mit Rossen und bekhöstung, vnd letzlichen, wass nur
immer möglichen Ihr Khay. Mt. zu guetten nutzen geleistet khan werden, hierinne niemalss khein Vleiss gesparet wirdt. Derowegen hiemit
E. h. f. Gn. demüttig vnd gehorsamb an statt der armen Vnderthanen
ich höchliche biette, weiln auf dieser Herrschaft, laut der bekhant-
nus Briefe des 1631 Jahres, nur die helffte der Leute sich befindet,
E. h. f. G. wolle zue weitterer Beförderung vnd allerseits Verhelffung
Ihr Khay. Mj. zum Besten auf so beschwerter Landtstrasse dieses
Meines gnedig. Fürsten vnd Herrn Herrschaft Landskhron zu erhaltung numehr hierauff einer geringen Anzahl des armen Volckhs gnedig beschützen, vnd, da es nicht weniger jedoch 500 Hausssessene
zu uerbleiben, vnd solche Contribution etwas bequemer vnd naheter
einzunehmen, gnedigst verordnen. Wie dann ich mich sambt denen
armen Leuten E. h. f. G. zum gnedigen Schützlichen Indenkhen vnd
bescheidt tröstliche versehn: vndt thue E. h. f. Gn. hiebey zu Gottes
Vorsörg demüttig befehlen.

Dattum Landskhron den 6. Aprilis A° 1632.

Euer hochfürstl. Gn. In tiefer Demut gehorsamber
Hynek Sewersky v. Kulitzkowa, der Herrschaft Landskhron Hauptmann.

Originale.

191. 1632. 7. April. Tabor. Nr. 111, F. 4. — Maradas an Herzog Albrecht.

Durchleuchtigster, Hochgeborner Fürst etc.!

Gnediger Fürst vnd Herr! Dess Löbl. Graff Montecucolis Regiments Leutenant Iwan Hidalgo da Gitarea hat, laut E. F. Gn. beuelch den zu Rakonicz vom Feind vberkombenen Obr. Leutenant, neben 2 Fendrich vnd andern zwayen Soldaten, die Er gefangen gekriegt, vnd in derselben occasion, wie einem Ehrlichen Soldaten gebührt, sich tapfer vndt Manhafft verhalten, alhero gebracht; Alss hab ich Sie an heut dato auf meiner eigenen Carozza neben einen Trompeter vnd von Ihr fürstl. Gn. an herrn Veldt Marschall von Arneimb Brief nacher Prag vberschickt; Er Leutenant aber veraist zu E. F. Gn. deroselben vnterthänig die Füess zu küessen, vnd dass E. F. Gn. Ihme als einen armen Soldaten ferner kennen sollen, sich demütig zu weisen, auch in E. F. Gn. milde Huld gehorsamblich zu ergeben. Vnd darbey, wie allezeit verbleibend

Di V. A Ser^{ma}

Antiq° oblig^{mo}
Maradas.

Originale.

192. 1632. 7. April. Amberg Ad 121, F. 4. — Philipp Conte de Scharpffenstein an Gallas.

Wolgeborner Freiherr, hochgeehrter Herr!

Dem Herrn sein mein jederzeit willige Dienste zuvor, vnd thue dem Herrn zue wissen, dass nunmehr der Feindt Thonauwerth attactirt vnd Ihr Exc^{ell} Hr. General Tylli dasselbe zu succurirn dahin eylet; wie Ich aber von Ihrer Churfürstl. Dchlt. verstehe, soll biss dato Hr. General Tylli nicht pastant genug sein, habe derowegen zu mir einen General Adjutanten geschickht mit begern, dass Ich vff das höchst, so in der Welt sein mag, bey meinem hochgeehrten Herrn vmb Succurs anhalten solle, damit derselbe so tag, so nachts nacher Ingolstatt marchiren möge; Sintemahl es die höchste vnd vnvmbgängliche notturft erfordert. Wie Ich dann nicht zweifle, wie H. Generalzeuchmeister selbst ermessen wird können. Ihre Churfürst. Dhlt. habe meine person per posta erfordern lassen; dahin Ich mich dann alsbald begebe. Diesses alles habe Ich sollen dem H. General Zeuchmeister berichten, mit dienstlicher bitt, diess alles an gebührende ort zu berichten, damit mein gnedigster Herr succuriret werden möge; In wiederigen Fall sehe ich die eusserste ruin an. Hiemit meinen hochgeehrten Herrn in den Schuz dess Allerhöchsten, Mich aber zu dessen besten Dienste befehlendt.

Datum Amberg den 7. Aprilis 1632.

Meines hochgeehrten Hr. Hr. dienstwilliger Diener
Philips Eras. Conte de Scharpffenstein.

Originale.

193. 1632. 8. April. Wien. Nr. 116, F. 4. — Questenberg an Herzog Albrecht.

Durchleuchtig-Hochgeborner Fürst, gndster Herr, Herr! Wass E. F. G. Ir belieben lassen, mich vom 6. Aprilis zue berichten, hab Ich strachs Iro Maj. avisiert, so mihr andworth, dass F. f. G. hierinne habende mainung vnd gethane anordnung nit könne verbessert werden was wegen Erzherzog Leopoldi dem Kaiser vbergeben, vnd, da ich mit dem Moor desswegen mich vnterredt, vnd der mainung wär, dass beste zue sein, E. f. G. diessfals sich gar vertrauen, Er. Moor, mihr für ain Zettel geschrieben, baydes hiebei. Die Croaten treibt der Isolani iezt an, vnd hoffe, dass in kürze dieselben, vnd diesen Freitag, vberall anziehen werden, so haben sie ordinanz. Heut sollen bei 2000 Orossi Paul zue Fisscha vbergesetzt vnd nach Böhmen gefürt werden. Eylendts. Wien den 8. Aprilis 1632.

E. F. G. vnderthenig
Questenberg.

Originale.

194. 1632. 8. April. Znaim. Nr. 120, F. 4. — Herzog Albrecht an Max Waldstein.

Albrecht, von Gottes gnaden Hertzog zue Mechelburg, Friedland vnd Sagan, Fürst zue Wenden, Graff zue Schwerin, der Lande Rostockh vndt Stargardt Herr.

Hoch vnd Wohlgeborner Graff, Besonders Lieber Herr Vetter. Nachdem Ihr Kaj. Maj. Dienste erfordern, das seine Compagnia, so bisshero zue Glaz logiret, von dannen ab- vndt zue seinem Regiment geführet werde, vndt aber Vnvonnöthen, das dass Schlos daselbsten so stark besezet, besonders genung, wan etwa ein hundert Knechte darin verbleiben: alss wolle Er mit Ihr. Khönigl. Maj. Obristen Hofmeister, dem Grafen von Thun, die sachen dahin disponiren, dass dem Landeshaubtman der Grafschaft Glaz hundert Knechte zue Besezung dess Schlosses zu werben anbefohlen werden möge, nit zweiffelnde, weiln Sie daselbsten in der Quarnison verbleiben, ermelter Haubtman werde von Bürger-Söhne vnd Handwerckhs-Leüthen die Mannschaft leichtlich bekommen khönen. Verbleiben Ihme zue angenehmer erweisung willig. Geben zue Znaim den 8. Aprilis Ao. 1632.

Copie.

195. 1632. 8. April. Ingolstadt. Ad 139, F. 4. — Churfürst Maximilian an Gallas.

Von Gottes genaden Maximilian, Pfalzgraf bei Rhein, Herzog in Ober vnd Nider Bayern, des h. Röm. Reichs Erztruchsesse und Curfürst.

Vnser gruess zuvor. Edler besonders Lieber.

Demnach wir gegenwertig vnsern Truchsessen vnd lieben, getreuen Marx Anthonien Welser sach halber, wie du von deme mündtlich mit mehreren vernemmen würdest, zu dir eilfertig abgeschickht: Alss wollst du Ime nit allein anhören vnd Ime, gleich vnss selbst, völlig glauben beimessen, sonder auch dich hierüber also erweisen, wie Vnser gdstes Vertrauen zu dir gestellt ist. Seind dir dabei mit gn. wol gewogen. Datum Ingolstatt den 8. April Ao. 1632.

Maximilian.

196. 1632. 10. April. Pilsen. Nr. 139, F. 4. — Gallas an Herzog Albrecht.

Durchlauchtiger, Hochgeborner Fürst, Gnediger Herr!

Euer Fürstl. Durchl. berichte Ich vnderthenigst, dass Ihr Churfl. Durchl. in Bayern dato ihren Truchsessen Herrn Marx Anthonien Welser mit beiliegendem Original Creditifschreiben an mich abgefertiget, vnd die verzeichneten Puncte mihr gnedigst vorbringen lassen.

Worauf Ich ihme dann Euer Fürstl. Durchl. grossen Eifers vnd sorgfeltigkeit versichert, vnd zuuernehmen geben, dass Euer Fürstl. Durchl. bereits gnedig anbeuohlen, die geringste zeit nicht zu uerseumen, vnd alle das kay. Volckh bei einander kommen zulassen, dehren fernern befehl ich dann alle Stund erwarten thete. Darauf er mit allen freuden sich wieder zuerückh begeben.

Alss berichtet auch gedachter Truchsess, dass aus allem einkommenden bericht der König von Schweden Augspurg bereith in handen haben möchte vnd mit Regenspurg in gutter Correspondentz stehe.

Ihr Churfl. Durchl. begeben sich selbsten ins Velt, vnd würden nicht weit von Ingolstadt logiren.

Auss eingebrachten Kundschafften hetten Ihr Churf. Durchl., dass der König in 25 Tausent starckh gewehsen, vnnd dann noch der Panier vnd Herzog von Weimar mit 15ᵐ zu ihm gestossen.

Sonsten habe ich einen gutten Spion mit 200 Pferden gegen Sachsen zu recognosciren ausgeschickt, die haben bei den Voigtländischen Gränzen 2 Compag. Sächsische Pferd antroffen, dieselben mehrentheilss niedergehauet, vnd ein Cornett auch etliche Officirer gefangen bekommen.

Die Croaten zue Beraun haben auch 35, so von Brandeiss herauss vf der Beut gewehsen, niedergehauet, vnd einen eingebracht, so sich dess Graffen von Thurn Jäger genennet hatt.

Euer Fürstl. Durchl. habe ich solches vnderthenigst berichten, vnd zue derer Fürstl. Gn. mich gehorsamlich befehlen wollen. Dat. Pilsen den 10. Aprilis Ao. 1632.

Euer Fürstl. Gn. vnderthenig treu gehorsambst Diener

Mathias Gallas.

Originale.

197. 1632. 10. April. Pilsen. Ad 139, F. 4. — Memorial.

Wass der Churfürstl. Dhl. in Bayern Abgeordneter Truchsess Herr Marx Anthoni Welser auss Ihr Churfürstl. Dhl. Beuelch dem Herrn Obristen Gallass vorbracht den 10. April Ao. 1632.

1. Vergangenen Dinstag den 6. April ist Donauwert vnd die Bruekhen daselbst nach starckhem Trotze von dem Khönig in Schweden eingenohmen worden, wardurch dan nunmehr ein freyer vnd offner Pass in die Chur Bayrisch Erblandt disseit dess Lechs, vnd Er alle augenblickh khan für vnd einbrechen.

2. Vnd diss sein Intento khan Er auch vmb so uil mehr effectuirn, dieweil der Oberst Panier vnd Herzog von Weimar sich erst den 7. April mit Ime coniungirt, vnd also sich dergestallt besterckhet, dass man denselbigen genugsamen widerstandt allerorthes zu thuen, sich sowol mit der Röm. Kay. Maj. vnd dess Bundts Volckh zur genüege gewachsen, nicht pastant sich befindet, In sonderbarer erwegung man auch auf souil orth nothwendig acht haben muess. Denn allen ansehen nach würdet Er sich auf Augspurg begeben, vnd solcher Stadt impatroniren wellen.

3. So last Er sich auch ohngescheudt vernehmen, das Er sich des Donawstrombes nothwendig bemechtigen müesse, wordurch Er die gelegenheit hette, mit seiner Armada in der Röm. Kay. Maj. Erblande in Ober vnd Vnderösterreich zu rückhen.

4. Ob sich nun wol Herr Graff von Tylli an ietzo an dem sich befindet, vnd auf des Feindes Vorhaben sein ansehen und achtung thuet haben, so ist doch sein macht also nicht beschaffen, dass Er Ihme vnd seinen feindlichen attentatis würdet khönnen allerorhtes begegnen, dahero onuehlbar muess eruolgen, dieweil er albereit den meisten Theil des Röm. Reichs in seiner deuotion vnd macht, dass er sich der vbrigen gehorsamben Stände zu höchsten der Röm. Kay. Maj. Schaden würdet khönnen impatroniren, Auss dieser vrsach Ihr Churfl. Dhl. bey Herrn General Zeugmeister Freyherrn von Gallas zue desto schleiniger gewinnung der Zeit durch deren Truchsessen Herrn Marx Anthoni Welser wegen eines succurs erinderung zuethuen, abgeordnet, vnd ietzigen statum nottürfflig refferirn auch begehrn lassen, dass Er indessen ein Theil volckh, so Er bey Im hette, vnd wass er möglichst endtrathen khönne, Ir Churfürstl. Dhl. zuschickhen wolle, sie versicherte In, dass Ir. Kay. Maj. damit wol zufriden sein würden, wie sie dessentwegen an Ir Kay. Maj. bericht gethan hetten.

5. Haben auch Ir Churfl. Dhl. ein Gesandten, auch vnderschidliche Posten an Ir Kay. Maj. abgeordnet vnd Ir Maj. dieses Alles hinderbringen lassen.

Actum Pilsen den 10. April A°. 1632.

198. 1632. 8. Aprll. Wien. Nr. 115, F. 4. —Ferdinand II. R. K. an Herzog Albrecht.

Hochgeborner Fürst, lieber Ohaimb. Zaiger diss ist von dess herzog von lotringen Liebden abgefertiget worden, einer loeblichen bellica anzuezaign, habe ein sonderbare notturft geacht, Ime proprio motu zue E. L. zue schickhen, deme wöllen sie anhören, und mier dero mainung zu einem vnnd anderen endte wissen lassen. Dero ich mit kaiserlicher Genad alle Zeit beygethan verbleibe.

Dattum Wien d. 8. Aprilis Anno 1632.

E. L. Breitwilliger Freundt
Ferdinand.

199. **1632. 8. Aprll. Ingolstadt.** Nr. 123, F. 4. — Churfürst Maximilian an Herzog Albrecht.

Hochgeborner Fürst, Insonders lieber Ohaim.

Demnach Ich zu E. L. den Edlen, meinen Camerer-Rath vnd lieben gethreuen, Wolf Dietrichen, Herrn von Törring zum Stain, in angelegnen sachen abgefertiget, bey deroselben mündtliches anbringen zuthuen, wie Sie von Ime mit mehrerm zuuernemen; als ersueche Ich E. L. hiemit freundtlich, ermeldtem von Törring nit allein guetwillige Audienz zuuerstatten, vnd seinen anbringen völligen glauben beyzumessen, sonder sich auch hierüber also zu ercleren, wie es der sachen höchste notturft erfordert, vnd mein sonders Vertrauen zu E. L. gestellt ist, dero Ich beinebens freundtlich angenemes gefallen zu erweisen allzeit berait bleibe. Datum in meiner Vestung Ingolstatt den 8. Apr. 1632.

Der Feindt wird teglich sterckher, vnd ist vns an der anzal sehr vberlegen; wann E. L. nit eilen, vnd ein anders weisen, wird er vorbrechen; ess stinckht Ihm das maul nach der Dona vnd Österreich.

E. L. ganz williger Oheim
Maximilian.

Originale.

200. **1632. 9. Aprll. Schweldnltz.** Nr. 134, F. 4. — Stredell v. Montani an Herzog Albrecht.

Durchleuchtigster, hochgeborner Herzog, Genediger Fürst u. Herr!

Auf E. fürstl. Genaden vom 3 vnd 4. diss vnderschidlich an mich abgegangene gnedige Befelchschreiben durch den aignen Courir gestert zu beantwordten, der dieselben hieher gebracht, bin ich Gott weiss durch solche ehehaffte verhindert worden, die mir solches ize nit zuegelassen haben. Es seind aber die maisten darinnen begriffenen Puncte dermassen alberaits incaminiret, dass E. fürstl. Genaden darob hoffentlich guetchen contento empfangen haben vnd zu seiner Zeit sehen werden. Das Artigliariawesen ist fasst ganz in Ordnung, ausser der pferde, mit denen wir auch von denen zur Bestellung aussgeschickhten personen eigentlich souil alle stunde verhoffen vnd gewardten, dass man darmit nit anstehe. Mit der ammonition seind wir Gott Lob gefasst, wehgen dess Vorraths aber wolten wir zwar auch wohl aufkhumben, dürffen Vnss aber mit der ganzen Summa nit wohl einlassen, die weil man baare bezahlung haben will, die vorhandnen Geltmitl darzue ganz nit erklekhlich sein wollen, müessen also wider vnser willen gemach thuen, vnd wie wir khünnen. Die 500 Centner nach Behemb zu führen, ist ein aigne Person nach der Neusse abgefertigt, Vnd alles mit Vleiss bestellt worden. Wehgen der Prouiant vnd wormit ich darunder am maisten verhindert würde, dauon werden E. fürstl. Gn. durch Herrn Grafen von Waizenhofen ausführlichen Bericht auss vnderschiedlich meinen schreiben verstanden haben, vnd weiss ich nit zuersünnen, warumb doch der Herr Burggrafe von Dohna einen ainzigen Mann von der kays. Camer zu so nothwendigem Ihrer Mjt. Dienst nicht herleihen wolle. Bey der Statt Bresslau habe ich dass Begehren auf 50^m R. Taller gestellt, würde wohl gewisslich alles eusseristes Zuthuen nit ermanglen, wann sie aber dem gebrauch nach gar zu guethe wührth sein wolln, alssdann eine mehrere schärpfe gegen ihnen zu gebrauchen vonnöthen sein. Anlangende E. Fürstl. Gn. particular Forderung, würdet von nöthen sein, dass ich mich wass mehrers mit Herrn Torno vernehme, wie ich gewiss thuen E. Fürstl. Gn. von allem part geben will. Von der Soldatesca auf allen strassen verübende insolentia habe ich zwar niemals ermanglet, wass mir daruon vohrkumb, alsobald führzubringen, vmb abstraffung zu pithen, sonderlich aber auch erst heundt aufs Neue einen Specialcasum führzutragen, wass nuhn darauf folgen wärdet, dessen Falls E. Fürstl. Gn. gehorsamblich berichtet werden vnd derosselben thue ich mich dabey vnderthennig befelchen. Geben zur Schweidnitz den 9. April 1632.

> Ever fürstl. Gn. vnderthennig vnd gehorsamber Diener
> Stredell v. Montanie.

Originale.

201. 1632. 10. April. Wien. Nr. 138, F. 4. — Questenberg an Herzog Albrecht.

Durchleuchtig, Hochgeborner, gdster Fürst vnd Herr, Herr!

Was vber dasjenige, so E. f. G. beraiths heut geschickt, ist von Chur Bayrn einkommen, das haben Er. f. Gn. hiebey auf beuelch Ihrer khayl. Maj. zue empfangen vnd die notturft anzueordnen, massen Ihre khay. Mt. gern wissen vnd bericht werden möchten, was E. f. Gn. drauf verordnet. Disen abendt hoffe Ich, dass die Croatische des pauly Orossi reutter die Mährische graniz werden können erreichen, dan sy die vergangne nacht zue Wolckerstorf gelegen. Der vbrigen

Croaten bin Ich tag und stündlich auch gewärtig, sollen ebenfalss fort befürdert werden.

Die orossische sein bey gestrig starken windt mit grosser gefahr vber die Dona zu Fisscha gesetzt, wissen ethwa villeicht, dass sy zum Versaufen nit praedestinirt.

Eylendts. Wien den heyl. osterabendt 1632.

Er. Fürstl. Gn. vndertheniger
Questenberg.

Originale.

202. 1632. 10. April. Wien. Ad 138, F. 4. — Questenberg an Herzog Albrecht.

P. S.

Alss ich beraiths Er. f. G. schreiben auf die post geschickt, empieten mihr Ir M. beim H. bischoffen, Er. f. G. zue schreiben, sy zweiffelten nit, dass E. f. G. den succurs nachher Bayrn zue schicken.

Er. f. G. vndthenig
Questenberg.

Originale.

203. 1632. 10. April. Znaim. Nr. 153, F. 4. — Albrecht an Arnheimb.

Albrecht von Gottes gnaden Hertzog zue Mechelburg etc. etc.

Edler Gestrenger, Besonders Lieber Herr Veldtmarschalch. Wier haben dess Herrn Schreiben vom ain vnd zwanzigisten Marty zu recht empfangen vnd darauss, dass Er des Herrn Cardinals von Dietrichsteines Ld vnd herrn Grauen von Waizenhoffen heüsser in Prag nicht verwüesten zu lassen, dem Obristen von Hoffkirchen zugeschrieben, verstanden. Allermassen wir nun solches gerne vernohmen, verhalten wir dem herrn, so viel den Obristen Leutenandt Rauchhaubt, Obristen Leutenandt Passern, vnd Obristen Wachtmaistern Rachorn, welche bey der Kay. Armada gefangen, betrifft, in antwohrt nicht, dass wir bereits vor diesem Gedachten Obristen Leutenandt Rauchhaubt zu erlassen befohlen, auch wegen der ander Beeden gleichergestalt, wo dieselbe sein, vnss erkundigen, da es dann wegen erlassung derselben keine difficultet haben wirdt; thuen aber den herrn hiebey auch berichten, dass der Obrist Leutenandt Veit Kyzi, vnangeseben wir bereits mehrgedachten Obristen Leütenandt Rauchhaubt vnd andere Officierer ohne ranzion lossgeben, biss datto noch nicht erlassen worden, Ersuechen Ihn derowegen, E hingegen an seinen orth auch befürdern wolle, dass ermelter Obrister Leutenandt Kyzi, für welchen wir die ranzion erlegen wollen, erlassen werden möge. Wie dann denjenigen Gefangenen, so dieser seiten sich befinden, hinwieder alle courtesia erwiessen werden solle.

Dess herrn vorigen Trompeter behalten wir annoch der vrsachen dahier, biss wir die designation der gefangenen, wie auch eigentliche nachrichtung, wie hoch dess herrn Rest bey den Polnischen Geldern, dessen wir dann täglich gewärtig, sich erstreckhen thuet, bekommen. Alssdann wir denselben nicht lenger aufhalten, sondern bey Ihm solche verzaichnus dieser beyder posten dem herrn ꝰberschickhen, wie auch dasselbige gelt den Flandernnien zu Presslaw zuerlegen befehlen wollen. Verbleiben Ihme benebens zu angenehmer erweissung willig. Geben zu Znaim, den 9. Aprilis Ao. 1632.

Originale.

204. 1632. 10. April. Znaim. Nr. 155, F. 4. — Albrecht an Chur-Bayern.

E. Ld. schreiben vom 2. dieses, nebenst der beilage, habe ich zurecht empfangen, vnd was dieselbe mir wegen des veltMarschalch Grafen von Pappenheimb wieder den feind gethaner gueter progresses berichten wöllen, daraus verstanden. Allermassen mir nun solches zu vernehmen gar lieb gewesen, auch solcher comunication halber ich gegen E. Ld. bedancken thue, Also zweifele ich auch nit, der Almechtige noch weiters gewünschte success wieder die feinde verleihen werde. So ich E. Ld. dero ich zu hcharlicher affection empfele, in Antwortt nicht verhalten solle vndt alles zu ein gewünschten effect bringe E. L. etc.

Originale.

205. 1632. 10. April. Znaim. Nr. 156, F. 4. — Albrecht an den Herzog v. Lothringen.

E. Ld. schreiben vom 20. des verwichnen Monatss Marty habe ich zurecht empfangen, darauss, wie auch auss des (tit.) P. Meryot mündtlichen bericht, deroselben mir vorhin auf viel wegen bereits bekannte, beharliche gutte affection, zusambt den, so sie auch von denjenigen, so der ohrten vorgehet, avisiren lassen wollen, verstanden. Allermassen ich nun sowol solcher verspirter anneigung als der communicirten Zeitung halber gegen E. Ld. mich höflich bedancke, ich dieselbe higegen, dass ich ihro bei allen Vorfalle der begebenheiten

angenehme dienste zu bezeigen vnd meine ebenmässige zu deroselben
tragende affection zw remonstriren eiserister möglichkeit mich be-
fleissen werde, versichern, Alss hab ich auch, wass ich E. Ld. drauf
in antwohrt zu vermelden vnd sonsten in einem vnd dem andern berichten für noth erachtet, ermelten (tit.) Patri eröfnet, welcher denn
bei seiner Zurückkunfft solches ausfihrlich referieren wirt, gestalt ich
mich auch auf denselben hiemit remittiren thu, vnd verpleib E. Ld.

Originale.

206. 1632. 12. April. Thürhaupten. Nr. 174, F. 4. — Maximilian
an Albrecht.

Hochgeborner Fürst, besonder lieber Ohaimb. Bey gegenwert-
tiger gelegenhait hab Ich zu Continuirung der guetten verthreulichen
Correspondenz nit vorbey gehen mögen E. L. zuberichten, dass Ich
auss beharlichem getbreuem eüffer, vnnd damit Ich disem, Ihrer Kay.
May., dem gemainen Catholischen weesen vnd meinen Landen so
mercklhlich angelegenem Khriegsweesen desto bösser valor geben
vnnd selbsten zu den sachen sechen möge, nunmehr in aigener
Person bey der armada, vnd zumahln alhier in dem haubt Quartier
zue Thürhaubten, angelangt; Vnnd weiln Ich waiss, dass der Kayserische Gen. Zeugmaister von Aldringen deroselben von der be-
schaffenhaitt dess Feindts vnnd des Khriegslauffs nach vnd nach
aussfiehrlichen bericht gibt, so will Ich dieselbe nit darmit bemiehen:
Allain weiln sich der feindt yber seine ohne dass diser orthen bey-
sammen habende grosse Khriegsmacht annoch von allen orthen
teglich ie lenger vnd mehr sterckht, vnnd Ich stündtlich annderst
nichts zu erwartten hab, alss dass Er vnfürsechenss mit aller seiner
macht weitter in meine zumahln offene Lande einbrechen, vnd mich
attaquiren wirdt: Vnnd man sich aber der Zeit einmahl alhier nit
bastant befündt, dem Feindt testa zu machen, sonndern sich nur vf
dass bösste, alss möglich defendiren muess: Alss ersueche Ich hiemit
E. L. nochmahln ganz freündtlich, sie wollen meinem sonnderbaren
zu Iro habenden verthrauen vnd ihrem löblichen eüffer nach, yber
den vorhero bewülligten vnd verordtneten sucurs der 5000 Pferdt,
noch mit aller ehistem, weiln summum periculum in mora, vnd Ihrer
Kay. Mt. vnd dem ganzen gemainen weesen so mörcklich, ja dass
ganze hail vnnd conseruation daran gelegen ist, die maiste macht
eylferttig gegen diesem feindt wenden, damit hernechst E. L. nit

allein dass Kayserische, sondern auch der Liga volckh, wohin sie es
vonnöten haben vnd begehren werden, desto freyer emploiren
mögen; Vnnd Ich verbleibe Ihro beynebenss mit angenemmer freündt-
licher gefallensserweisung alzeit wol beygethan.

Datum in Haupt Quartier Thürhaubten den 12. Apriliss Ao. 1632.

E. L. ganz williger Oheim
Maximilian.

Originale.

207. 1632. 13. April. Wien. Ad 176, F. 4. — Ferdinand II. an
Albrecht.

Wass Ihrer Kay. May. der Erzherzog Leopold, wegen des aus
Genff vnd der Eydtgenossschaft Bern vndt Zürch, durch Schafhausen
in das Land Würtembergh dem Marggrafen zue Durlach zugelosse-
nen, geworbenen volckh avisiret, dass geben die abschriften zu
erkhennen, Ihr May. hatten ess E. F. G. beischliessen wollen, die
würden darauf anzuordnen nit vnterlassen.

1. Beilage, ist Copia schreibens an I. Kay. May. vom Erzherzog
Leopold, vnter dato 26. Marty, darin er deroselben communiciret, dass
aus Genff vnd der Aydtgenossschaft Bern vndt Zürch, durch Schafhausen in das Landt Würtembergh dem Marggrafen von Durlach
Volch zulaufen solle.

Hierbey seindt vnterschiedliche avisen von des Erzherzoges
Beambten, darin Sie denselben Berichten, das der Durlacher mit hülf
der Aydtgenossen heimblich bei der nacht vnd vnangehalten aui
Würtembergh zu kommen wehre. Ess wehre auch die gewisse Khunt-
schafft, dass deren Bey dreyer Regimenter für die zue Hailbrunn
Befindende Obristen herausser Truppenweis ferners folgen solten.

2. Beilage, ist Copia schreibens vom Erzherzog Leopold an die
13 orth der Eydtgenossschaft de dato 26. Marty 1632.

Er wehre berichtet worden, dass für den Schweden auss etlichen
der Landtgenossschafft gebieten dem feindt Volk zuziehen vnd
vnterweges seine vnterthane blindern solten. Ermanet Sie derwegen,
weiln der Schwede sich für einen offenen feindt der Kayl. May. nunmehr ercleret, dass sie sich der nachtbarschafft erindern vnd den
beschehenen syncerationen nach solche anordnung thun wolten,
damit weder zu Schafhausen, noch an andere orthe dem Feinde der
Pass gestattet, vielweniger vorschub gegeben werde.

Originale im Auszuge.

14*

208. **1632. 13. April. Wien.** Ad 177. F. 4. — Ferdinand II. an Albrecht.

Es wahre bei Ihr May. der Pfalzgraf Wolfgang Wilhelm zue Neuburgh wegen verschonung des Fürstenthumbs Neuburgh, vndt wass weiters darbey angeheftet, einkomen, wie die abschrift A ausweisete, welche Ihr May. dan beandwortet, vnd sich auf vorige gethane erklerung bezogen, nach laut der Beilage B. Und weiln Ihr May. gleichwohl nach Beschaffenheit dess Beschehenen feindlichen Schwedischen Einbruchs gegen den Beyrischen Creis, eine notturft zu sein erachten, damit die Stadt Neuburgh mit einer guarnison versichert würde: Alss hette Ihr May. den hinterlassenen Fürstl. Statthalter vndt Rath daselbst zugeschrieben, Wie E. F. Gn. hiebei in originali vndt zu dero nachrichtung in abschrift sub C zu empfangen, dessen sich dann E. F. Gn. auf den nohtfahl zu bedienen haben würden.

Copie im Auszuge.

209. Ad 177, F. 4. — Pfalzgraf von Neuburgh an K. Ferdinand III.

Abschrift des schreibens an Ihr Kay. May. vom Pfalzgraffen, darin Er Bittet, Ihr May. wolten dem Churfürsten zue Beyern vnd Krieges Commendanten Befehlen, dass Sie auss seinen Landen das Krieges volckh, auf sein vndt seiner Leihte begehren, vneingestellet abführen, vndt sich aller einlegerung, Musterpletz vndt abforderung einiger contributionen enthalten, vndt vber dass ihme die erclerung, dass Ihr May. Khünftig aller seiner Lande, so lange es vom Schweden beschehe, verschonen wollten, ehist zuschickhen, Vndt da ihn Chur Beyern nit vnmolestirt lassen wolte, ihme gestatten, dass Er an ermelten Churfürsten, vnd dessen Land, sein heil wieder versuchen, vnd sich seines erlittenen schadens durch zugelassene Wege erholen mögte.

Copie der Abschrift A.

210. Ad Nr. 177, F. 4. — Ferdinand II. an Pfalz-Neuburg. Beilage B.

Ihr May. möchten nichts Liebers sehen, den dass sein, des Pfalzgrafens Landt, verschonet werden khönte, vndt stelten Ihr May. in kheinem Zweifel, es würde ihre auf seine vnterschiedliche schreiben gethane andwordt ihme zu kommen sein, vnd weiln Er darauss die Bewantnüss des mit dem Schweden führenden Kriegs, vnd dass die neutralitet mit demselben nit stat haben khönte, auch den Unterscheidt der mit den Staaden in hollandt zugelassener neutralitet verstanden haben: Alss liessen es Ihr May. bey gethaner andwort bewenden, versehen sich, ess würde er, der Pfalzgraf, nebenst seinen Statthalter vnd Rethen bey diesen gefehrlichkeiten alles das thuen, wass zu abwendung gehörig sein mögte.

Copie.

211. 1632. 13. April. Wien. Ad 177, F. 4. — Ferdinand II. an die Stadthalter und Räthe zu Neuburg.

Lit. C. ist Copia Kaysl. schreibens an die Stadthalter vndt Rethe zu Neuburgh, datiret Wien 13. April.

Ihnen wehre wissent, dass der Beyrisch- vndt Schwebischer Creiss wegen des schweden feindlichen vorbrechen in solche noht gerahten, dass man dannenhero auf die abwendung gedenken, vnd die mittel, so an die hand gegeben würden, in obacht nehmen solte. Darunter den das Fürstenthumb Neuburgh mitbegriffen wehre.

Wan nun Ihr May. wo es von nöthen wehre, dasselbe prae-caviren wolten, So hetten Sie desswegen dem Pfalzgrafen selbsten zugeschrieben; die weil aber derselbe sich der enden nit befände, Ihr May. aber demselben in seinem statu einiges praeiudicium zuzu-ziehen nit gemeinet wehren, sondern Ihr May. intention allein zu abwendung der antrohenten gefahr dirigiret wehre;

Alss Befehlen Ihr May. den Stadthaltern vnd Rethen, dise gefahr in obacht zu nehmen, vnd sich kheine sicherheit von den Reichsfeinden einzuhilden, sondern in erwegung, dass Ihr May. vnd dem Reich an der Stadt Neuburg, ihrer situation vndt des Thonaw-stromb halber, gelegen, eine leidenliche Guarnison in gedachte Stadt zunehmen, sich nit zu verweigern, vnd die Verandwortung widriges falls nit vber sich zu nehmen.

Copie.

212. 1632. 14. April. Taber. Nr. 180, F. 4. — Maradas an Albrecht.

Durchlauchtigster, Hochgeborner Fürst!

Gnediger Fürst vnd Herr. Laut Euer Fürstl. Gnd. gnedigen beuelch thue Ich hiermit die Lista der Soldateska zu Ross vnd Fuss, so Sich in diesen Reuir herumb befinden, auch was mir der Herr Gen. Wachtmeister des fours, neben Verzaichniss der gefangenen, welche bey Ihme vnd den Herrn Obristen Fernemont verbleiben, geschickt, gehorsambist vbersenden. Von dem Herrn Gallas hab Ich solcher bissdato nicht vberkomben; wan Ich derselben habhaft werde, will nicht vnterlassen, E. F. Gn. sie schleünigist zu vberschicken. Das volck von tag zu tag marchirt herein in Böhaimb, vnd Ich

auanzier dasselbe alles über die Mulda, doch was sein kan, tratenier
Ich bey Piska, Strakoniz vnd den orthen, dass nicht alles vber Hauffen
auf Pilssen kombe, vnd dieselben örther grauiren sollen, nichts destoweniger in 3 oder 4 Tagen kann alles zusamben gebracht werden.

Die Strozzischen 4 Compag. hab Ich gegen Pilssen incaminirt,
des Don Annibal Gonzaga aus Vnter Oesterreich ankombende
4 Compag. aber in Ihre örther logirt, wie auch die Colloredische
Infanterie anstat der Chiesischen nach Tabor berueffen. Von welchen
E. F. Gn. gehorsambst parte zu geben ich nicht vnterlassen wollen
Darbey verbleibendt

di V. A. Ser᎐᎐.   Antiq᎐᎐ oblig᎐᎐

Maradas.

Originale.

213. 1632. 14. April. Ad 186, F. 4. — Extract.

Der Soldateska zu Ross vnd Fuss von den Regimentern, so zu
dem Haubt Quartier Tabor gehörn: Wie folget:

Des Grav Max v. Waldstein Alt Rgt. ist stark	. .	953 Man.
Logiren zu Budweiss . . . . . . .561 Man.		
Auf Pilssen commandirt . . . . . 252 „		
zu Selczan . . . . .140 „		
Des Graven Dietrichstein 5 Fendle befinden sich	.	576 „
Logiren zu Poržicž . . . . . . 184 Man.		
zu Beneschaw . . . . .200 „		
zu Khonopisst . . . . .100 „		
zu Deinacz . . . . 92 „		
Des Obristen Chiesischen Regiments 4 Comp.	. .1039	„
Seind logirt gewest:		
Zu Wlaschin vnd Domaschin . . . 200 Man.		
„ Nalschowitz . . . . .100 „		
„ Sternberg . . . . .50 „		
„ Tabor . . . . .689 „		
Seind alle nach Pilssen ordinirt vnd gemarschiret.		
Graf Rudolph Colloredo		539 „
davon zu Tabor . . . . .479 Man.		
zu Vorlickh . . . . .30 „		
zu Klingenberg . . . . .30 „		
Des Kosteleczky Compag. zu Budweis	. . . .	291 „
		3398 Man.

Cauagleria.

Don Balthasar 1 Comp. Courazier . . . . 114 Pferdt.
    Logiren zu Selczan.

Graf Strozzi 3 Comp. . . . . 279 „
    Seind nach Pilssen commandirt, wie auch
die 4", so aus Mähren komben.

Don Luigi Gonzaga, 2 Comp. . . . . 200 „
    Logiren zu Strakoniz 1
    Vnd zu Wolin 1

Von den Obr. Egkstedt Regiment,
    Logiren in Piska vnd Wilenowicz . . . . 325 „
    Aniezo komben noch 3 Comp. dern anzahl in die 245 „
Ligen zu Blattna, Kaschowicz vnd Sedliz.

Des Obr. Lucas Hrastouachky . . . . 6 Comp. 600 „
    Logiren zu Kaurzim . . . . . . 3 „
      „ Beneschaw . . . . . 2 „
      „ Nebeklow . . . . . 1 „

Von dener allen Ausschuss.
    Zu Tabor . . . . 50 Pferdt.
    „ Porzicz . . . . 25 „
    „ Nalschowitz . . . . 20 „

Der Marches Don Anibal Gonzaga 4 Comp. aus
Vnter Oesterreich sollen stark sein ohne des
des Ersten Plat . . . . 365 „
    Logiren zu Wistricz . . . . . . 2 Comp.
    „ Kamberg . . . . . . 1 „
    „ Lukawacz . . . . . . 1 „

Summa 2128 Pferdt.

214. 1632. 14. April. Pilsen. Nr. 188, F. 4. — Gallas an Albrecht.
Durchlauchtiger, Hochgebohrner Fürst, Gnediger Herr.

Euer Fürstl. Gnaden befehlich habe von dehro Cammerern,
Freyherrn von Breunern, Ich in allem gehorsamlich vernommen, vnd
denselben etliche tage vnd darumben aufgehalten, weilen ich vermeinet,
Ess würden E. Fürst. Gn. vielleicht etwas weiters mihr befehlen
lassen, vnd auch, weilen ich etliche Leute zu dem Herrn von
Aldringer, gewisse nachricht von dem Feinde einzuholen, ab-
geschicket habe, ob etwass einkommen würde, damit wolgedachter

Breuner Euer Fürst. Gn. es desto besser referiren könte. Weiln aber von dehnen noch keiner wieder angelanget, Alss hat sich gedachter Herr Breuner wiederumb zuruckh begeben, der dann E. Fürst. Gn. wie es alhier in einem vnd andern beschaffen, gehorsamblich berichten wirdt. Euer Fürstl. Gnaden thue ich mich damit in Vnterthenigkeit befehlen. Dat. Pilsen den 14. Aprilis Ao 1632.

Euer fürst. Gn. vndthenig treu gehorsambister Diener
Mathias Gallass.

Originale.

215. 1632. 17. April. Ingolstadt. Nr. 221, F. 4. — Maximilian Ch. v. B. an Albrecht.

Hochgeborner Fürst, besond. lieber Oheimb. Worauf diser Zeit der khrieges status beruhe, das werden E. L. auss beikhommenden meinem schreiben nun in particular vernemmen, vnd demnach vber allen Fleiss vnd der Soldateskha angewendte valor dem feindt den Pass vber Lech nit zu störren gewest, so hab ich mit rhat der Hochen Officier vnd Obristen mich resoluirt, ehende dem feindt mein Land bif an den Ihnstromb Preif zu geben, alss das algemeine wesen vnd Ir Khay. Mt. Erbland in gefahr zu sezen, wann diser Armada etwass widriges begegnet werr, hab alsso mich mit solcher hieher mit gueter ordnung retierirt, so lang, biss der khayserlich genuegsame Socors ankhombt. Mit dem grafen v. Tilly will hoffnung erscheinen, dass er mechte aufkhommen: Aber mit dem von Aldringen steet es sehr zweiflich; wann er dann dauor auch schon mit dem Leben dauon khombt, in geraumer Zeit seiner von E. L. ihme anbefohlner charche nit wirdt vorsteen khinden. Alss hab ich sehr nötig eracht, E. L. dessen zu berichten, damit sie sein Persohn auf Ir beliebende weis ersezen lassen khönden. So ich Ir in guten Vertrauen freündtlich anzudeitten nit vnderlassen soll. Verbleibe Ir auch zu aller freündtlich willigkheit wol beigethan. Datum Ingolstatt, den 17. Aprill 1632.

E. L. ganz williger Oheim Maximilian.

Originale.

216. 1632. 17. April. Beraun. Ad 243, F. 4. — Graf v. Schlick an Gallas.

Wollgeborner Herr, Herr!

Ihr Excellentz seindt meine gehorsahme Dienste besten vermögens iederzeit bevor; vnd habe nicht vnterlassen können, Ihr

Excellentz gehorsamb zu berichten, dass Ich gleich aniezo gewisse adviso bekommen, wie dass der junge König auss Dennemarkh von Schmetzna mit 1000 Kürissiren nacher Praag ankommen, vnd wie die gemeine rede aldort ist, so soll der Churfürst selbst mit mehrerm volckh folgen, welcher zu Dresden seinen vornehmen Rath einen mit dem schwerdt hat richten lassen, vorgebendt, dass derselbe mit dem Herzog von Fridtlandt hatt Correspondenz gehalten; berichte auch Ihr Excellentz, dass etlich volkh von Praag herauss gerückt, vnd sich mit etlichen stuckhen vor den Weissen bergh bey der Kirchen logirt, vermeyne, dass Sie dem ankommenden volkh platz gemacht. Hiemit Ihr Excellentz göttlicher Obacht vnd Mich zu deroselben Diensten gehorsamb embpfehlendt. Geben Beraun den 17. Aprilis Ao 1632.

Ihr Excellentz Gehorsahmer Diener und Knecht
Georg Graf v. Schlick, Obrist.

P. S.

Habe auch noch einen auss, sobald als derselbe kommen wirdt, soll es Ir Excellentz berichtet werden.

Originale.

217. 1632. 18. April. Ingolstadt. Ad 268, F. 4. — Maximilian an Albrecht.

Hochgeborner Fürst, besonders lieber Oheim, befinde ich gegenwerdtigen Khriegesstand also bewandt, dass Ich nit Zweifl, sondrn ganz bestendig daruor halte, wann E. L. sich mit dero Persohn dem Reich etwass mehrer nähern khondten, Ess Ir Khay. May. Dienst vnd dem gemainen wesen sehr nützlich sein würde. Die fürderliche abordnung eines General Commandanten an des v. Aldringer stöll, befinde ich je lenger, jemehr hochnotwendig. E. L. schreib ich khein mass für, aber weil der General-Zeugmeister Gallas auch bey der Liga officieren vnd Soldaten wol bekhandt vnd in gutem Credit, so werden ohne Zweifel E. L. ein reflexion darauf haben. Das Volkh muss alhie sehr nache zusammen quartiert werden, Also wirdt man der fouragien halber sich nit lang alhie aufhalten khönden. Dahero ich vmb souil mehr alles Volkhs zeitliche ankhunfft mit Verlangen erwardte, vnd nit zweifl, E. L. ess nach aller möglichkheit befördern werden. Dat. Ingolstatt den 18. Aprill.

E. L. ganz williger Oheim
Maximilian.

Originale.

218. **1632. 18. April. Jechnitz.** Nr. 242, F. 4. — Holke an Piccolomini.

Hochgeborner Herr Graff.

Insonnders Hochgeehrter Herr Obrister. Ich hab seiner Ld.
Schreiben durch dessen Adiutanten Jetzunder empfangen, vnd vernommen, dass desselben Reutterey wohl genug verlegt. Meines er-
achtens würdt er zuethuen haben wider gegen Eiger, dann wegen
des hiesigen Feindtes ist es nicht nöttig, dass wür naher zuesammen
ruckhen, alss wür Jetz sein, Waÿhlen dass er sich nicht zue Schlaun,
sonndern zue Prag auf dem weisen Berg versambelt vnnd verschantzt.
Ime Vbrigen habe Ich dem Herrn General Zeugmeister geschriben,
vnnd erwartte biss morgen, wass für ordre Er wegen meines heeres
vnnd bey sich habenden Volckhes will ferner vsstheilen. Im Vbrigen
verbleibe Meines hochgeehrten Herrn Graven geflissner

Diener vnnd Knecht
Henrich Holk.

raptim Jechnitz den 18. Aprilis Anno 1632.

Originale.

219. **1632. 18. April. Pilsen.** Nr. 244, F. 4. — Gallas an Albrecht.

Durchleuchtig, Hochgeborner, Gnedigister Fürst vnd Herr.

Euer fürstl. Gn. werden durch dero Cammerer, Herrn von
Brönner, sowol mündlich alss schriftlich gehorsamblich berichtet sein,
dass Demjenigen, was sie mir durch gedachten Herrn Brönner, auch
Jetzo beÿ disem Curierer gnedigist anbeuolchen lassen, mit allem
vleiss ich souil möglich nach khomben werde. Von gestern Spatt hab
ich auisi bekhomben, dass der feindt von Prag auss mit 2 Regiment
zue Pferdt vnd 3 Regiment zu fuess, auch 8 Stuckh geschütz auss-
gezogen, vnd bey Schlan ankhomben sey, alda der andern 3 Regimenter Pferdt so vmb Laun vnd Prix logirn, zu erwarten, vnd
villeicht Beraun oder Rakhonitz zu attagirn, vnd dan solle der
Churfürst In Persohn mit allem seinem Volckh gegen Leitmeritz zu
marchiren, derowegen Ich alles volckh, so alhier ankhomben, vnd
wass Ich sonsten aufbringen khönnen, wie inligender Zetul auss-
weisset, bei Cralowitz versamblen lassen. In deme Ich aber gleich
aufsitzen, mich zue dem Volckh begeben vnd sehen wollen, wass
dabey zu thuen ist, khombt von Ir Churfürsten Dhl. auss Bayern
einer vom Adel mit Inligenden Schreiben, welches E. fürstl. Gn.
auch, wass Ir Churf. Dhl. an mich schreiben, Ich hiemit gehor-

samblich überschickhen thue. Der vom Adel berichtet mündtlich, dass der Feind sein Volkh in zwey Theil getheilt habe, Ein Theil gegen Augspurg zu schickhen, vnd das andere bei Rain vber den Lech zu setzen Im willens sei. Auch solle Herr G. Velt Zeugmeister von Altringen mit einem Stukh von einer Stuckkhugl etwas an dem Khopf, wie auch an ein schenckhl, gestreift sein, soll aber kein gefahr haben. Eur. fürstl. Gn. hierüber mich zu beharrlichem fürstl. Gn. vnderthenig beufehlendt. Dat. Pilsen den 18. April Anno 1632.

E. f. G. vndthenig treu gehorsambist Diener
Matthias Gallas.

ad 244.

Verzeichniss der Reuterey:

Holckha, Piccolomini,   Manteuffel, Chiesa,
Alt-Neu-Sachsisch,   Wangler.
Witterhorst, Maracini,   In den Quartieren verbleiben:
Crabatten.   Wallenstein,
Fussvolkh, so zusammen gefüh-   Schaffenberg
ret ist: Maussfeldt,
Marques de Grana, Aldringer,   Gallass,
Donauisch, Tieffenbach, Man-   Veltz.
teuffel, Chiesa, Wangler,   Die andern vom Schaffenberg vnd
     Originale.   Veltz sind noch nit ankommen.

220. 1632. 19. April. Znaim. Nr. 252, F. 4. — Albrecht an alle Obersten.

Wir khommen in erfahrung, wass gestalt etliche Regimenter sich beschweren sollen, dass ihnen von den Officieren dasselbe, so einen jeglichen von den fünf Monatlichen verpflegungsgeldern gebühret, nicht richtig gereichet, besondern zum Theil zurückbehalten werde. Wann vnss nun solches hochwunder nimbt, auch dasselb zu gestatten, keinesweges gemeinet sei: Alss wollen wir den Herrn hiermit ermahnet haben, bey seinem Regiment die vnfelbare anstellung zu thuen, damit ein ieder dass seine bekommen vndt nicht vhrsache, sich desswegen zu beschweren, haben möge, inmassen wir den diessfals fleisig nachforschen, vndt da sich befinden solte, dass ein oder der ander officier den seinigen ein mehres, alss wir für die armaturen, jedoch allen denselben, welchen er solche aufs Neue geben, nicht aber denen, so die ihre conserviret, dann sonsten vnbillich sein würde, dass auch dieselben, so keine empfangen, solche bezahlen

solten, abzuziehen bewilliget, zuruck behalten, wir denselben nicht
nachsehen, sondern die justitz der gebühr administriren lassen werden.

Originale.

221. 1632. 19. April. Znaim. Nr. 255, F. 4. — Albrecht an
Paul Grafen v. Lichtenstein.

Wir geben euch hiermit zu vernehmen, dass wir in kurtzem
vnsern Hoffstedt von Pardubitz ab vnd zu Vns zue fordern vorhabens, befehlen Euch derwegen mit dem (T.) Hardech euch zu
vnterreden, wie Vnsere Pagage aufs beste fortgebracht werden
khönne, wie er denn sonsten vnsere meinung in einen vnd den andern von dem Grauen von Terzka vernehmen, auf welchen wir Vns
hiermit remittiren, ihr auch was derselbe in Vnseren nahmen Euch
andeuten wird, demselben nachzukommen wissen werdet.

Originale.

222. 1632. 20. April. Znaim. Ad 259, F. 4. — Albrecht an Don
Balthasar, in simili an Gallas.

Albrecht von Gottes gnaden Hertzog zu Mechelburg, Friedtlandt
vnd Sagann, Fürst zu Wenden, Graff zue Schwerin, der Lande
Rostokh vnd Stargardt Herr.

Hoch Ehrwürdig, hoch vnd wohlgeborner, Besonders lieber
Herr Graff. Nachdem wir vnserm Cammerern Philip Friederich
Preunner, Freyherrn, in unserm Nahmen dem Herrn gewiesse sachen
anzudeuten, anbefohlen; Alss wolle Er demselben in allem glauben
geben, auch demjenigen, so er ihm andeuten wirt, wie es Ihr kay.
Myt. Dienste erfodern, nachkommen. Verbleiben dem Herrn Benebens
zu angenehmer erweissung willig. Geben zu Znaim am 20. Aprilis
Anno 1632.

Originale.

223. 1632. 20. April. Znaim. Nr. 261, F. 4. — Albrecht an
Chur-Bayern.

E. Lbd. werden aus meinem, dieser Tagen an sie gethanen
schreiben, wassgestalt das zu ihro ich den (Tit.) Preunner schickhen
vnd durch denselben in etzlichen angelegnen sachen parte geben
wolte, geschrieben, verstanden haben. Wen ich nun denselben solcher
wegen hiemit abgefertiget, Als ersuche E. Ld. ich hiemit dieselbe in
seinem anbringen völligen glauben beimessen wollen.

Originale.

224. 1632. 20. April. Pilsen. Nr. 264, F. 4. — Gallas an
Albrecht.

Ser™ sig.!

Dal Coriero mandatomi, come da quello spedito al ser™ P. Eletor
di Bauiera et sig. Aldringen, me son stato date le due gracios™ littere di
V. A. delli 16. di questo, in conformità di quelle ho subito alogiato
la giente, et dato li ordini in tal maniera, che nesuno si potera da me
inmaginar il Comando recenuto da V. A. Il biscotto si fa in deligenza,
et al coriero ho fato mostrar la più sicura strada, non auendosi qui
intratenuto minimo ponto. Con questo a V. A. Ser™ facio Humilli™ Reu.
Di Pilsen 20 Aprile a due hore di Giorno; 1632.

D. V. Alt·

Humilli™ et oblig™ seruitore

Matthias Gallas.

Originale.

225. 1632. 20. April. Ingolstadt. Nr. 268, F. 4. — Maximilian
an Albrecht.

Hochgeborner Fürst, besonders lieber Oheim.

Zu E. L. hab ich bringern diss meinen Cammerer Maximilian
Fugger abgefertiget, derselbigen von hiesigem Zuestand relation zu
thuen, vnd demnach der Feind vns teglich stringiert, patron di Campagna ist, die Stadt Augspurg mit dem Canon, mein land aber mit
dem brandt vnd niderhauen weib vnd Khind erger, alss der Türkh
angriffen, alss ist er Fugger befehligt, E. L. vmb maturierung des Kbey.
versprochnen socorss ganz instendig anzusuechen, dieweiln der General Zeugmaister Gallas E. L. verner ordinanz erwardten thuet. Ich
glaub wol, dass der Schwed durch den Churfürsten v. Saxen disen
högstnötigen socorss zu diuertiren vermaindt; E. L. werden aber
hoch vernünftig erwegen, wenn er den Donawstromb abschneidt, wie
er thuen khan, weil er patron di Campagna, wass dem Khönigreich
Behemb sambt andern Khays. Erblanden darauss zu gewardten, vnd
dass wür einander weitter nit soccorieren mögen; hergegen, wenn
der Feind diss ordt repufsirt wirdt, dass Überige sich selbs reconciren
wirdt. An General Officieren steet man in mangl des grafen v. Tilly
vnd des v. Aldringen nit wenig bloss, E. L. würden dem gemainen
wesen ein grosse Fürdung geben, wenn sie dem Gen. Zeugmaister
Gallas Ordinanz geben wolten, dass er ohn allen Verzug per posta
sich zu gubernierung der Khayl. Truppen alhier verfiegte, hiss

der von Aldringer wider seinem Carigo vorstehen khan. Hab ich E. L. der sachen hoher noturſt noch anfiegen wollen, dero ich zu alle annemlich freundtschaſft bereidt verbleibe. Dat. Ingolstatt den 20. Aprill. 1632.

E. L. ganz williger Oheim
Maximilian.

Original in eigener Handschriſt.

226. 1632. 20. April. Ingolstadt. Nr. 270, F. 4. — Tilly an Albrecht.

Durchleuchtig Hochgeborner Fürst, Genediger Herr! etc. Auss E. Frl. Gn. ahn Herrn Generalen Zeugmaister Freyherrn von Aldringer gethanen schreiben de dato Znaim den 16. dies hab ich ganz gern vnd erfreulich vernomen, wassmassen Sye entschlossen, vnd im werkh begriffen, dero bekhandten, hochlobwirdigen Eyſſer nach in der Persohn mit dem Verlangten succurss hieherowerts ahnzuziehen, vnd sich zu befürdern, Vnd wie nun ein solches auch die eüsseriste notdhurſſt erfordert, Vnd E. Frl. Gn. ab meinem Vnterm heütigen dato ahn Sy aussgelassenen, embssigen ersuech: Vnd pitt schreiben mit mehrerm zuuernehmen haben werden, Also hab ich auch mich khürze halber biemit nochmals dahin beziehen wollen, nit zweifelend, Sye werden zue vermehrung dero vnsterblichen Namens vnd Nachruehmbs dass eusseriste verwenden, vnd der Marche halber khein zeit verabsäumen lassen. Im Iberigen hab ich mich auch E. Frl. Gn. ruhmwirdigen Angedenkens gegen mir nit weniges hoch zue erfreyen vnd zu bedanckhen, vnd thuet mir hergegen ebenmässig nit wenigers zum höchsten verlangen, deroselben gepihrend auf den dienst zu wartten, gestald auch sonsten der Prouiands halber solche anstald gemacht wird, dass hieran sicherlich khein mangel erscheinen solle, wolle bey E. Frl. Gn. Ich vber Voriges hiemit vnverdrüsslich vnerindert nit lassen, vnd deroselben mich zue beharrender, herzoglicher, gueter affection beuelchen.

Dat. Ingolstadt, den 20. Aprilis 1632.

E. fr. Gn. underdenigst und bereithwilliger
Tilly.

Originale.

227. 1632. 20. April. Schweidnitz. Nr. 271, F. 4. — Stredell an Albrecht.

Durchleuchtiger vnd Hochgeporner Herzog, Gnediger Fürst vnd Herr etc.

Von E. Fürstl. Gn. seind mir vnder Datiss 14 vnd 15. diſs vnderschiedliche vier Befelchschreiben eingehenndiget worden, die ich mit gehorsamber Reuerentz empfangen, will auch, souil Immer an mir ist, nit ermanglen, darob zu sein, damit die noch vorhandene Colloredische Reütter in aller eyll forth marschiren, nit weniger des obristen Wimpfen Compagnien, souil ledessmals verhannden seind, gemustert, vnd des herrn Grꝛꝛl Wachtmeister Cosakhen, sobald ers begehrt, der Sambelplatz im Teschnischen gegeben werde. Betreffend die Arthellerey pferde, haben wir Vuss lang shinhirt, ein Person zu bekhumben, welche dieselben E. Fürstl. Gn. intention nach auf sich nähme, Innsonderheit verhofft, der herr Ob. Leutt. Stranze sich darumb annehmen würde, Aber alles vergebens, will sich Kheiner finden, Er herr Ob. Lieut. weil er Jetzt seꝛnist (sic!) accomodirt ist, dieselben auch nit annehmen, vuderdessen hat der herr Graf Grꝛꝛl Zeugmeister, vnd ich derwenige es dahiꝛn gebracht, dass es nunmehr mit etlich anderen Zeigofficieren eben solcher weiss richtig, dass sie nehmblich alle Stuckh mit der ihnen enigehendigten anzabl pferde gegen denn monathlichen Zehen gulden Solde bespannter zuerhalten vbernehmen, vnd sich verobligirt. Jetzt erwardten wir die bestelten führerleuth vmb gleichen Lohn teglich, denenselben verhoffen wir die bespannung der ſbrigen wähgen, mit vbergebung der vorhandenen Khay. Pferde, auch einzuthaillen, vnd also die sache per minuta Inn solche terminos zu richten, wie es ainer Person allain per Pausch Inn Khopf zubringen, ultra captum, Inn disem Lande sein will, vnd darmit thue E. Fürstl. Gn. ich mich zu beharrlichen gnaden gehorsamblich befelchen.

Geben zue Schweidniz den 20. April 1632.

Ewer Fürstl. Gn. vnderthenig vnd gehorsamber Diener
Stredell v. Montani.

Originale. Eigene Handschrift.

228. 1632. 20. April. Lindau. Ad 340, F. 4. — Ossa an Albrecht.

Durchleuchtiger, Hochgeborner Fürst, Gnediger herr!

E. Fürstl. Gn. berichte ich vnderthenig, dass ich auf dero gnedigen beuelch hierauss gezogen, vndt weilen die sach nunmehr mit augspurg in einen andern Stand kommen, hab ich mich alhie aufgehalten, vermeinent, mit Hülff der Catholischen Lanndt-Ständte dem Feind das Streiffen in's Ober Schwaben zuuerwehren; aber da hab ich keinen Mann bekommen können, Jedermann, Geist- vndt weltliche, hat sich in die Fluecht begeben, vnd ins Schweitzerland saluirt. Die Stätte, als Bibrach, Memmingen, Kembten, Beykirch, Wangen, Yseua, vnndt alle anndere, biss auff Überlingen vnnd allhie, sind dem Feind ergeben. Die 2 Comp. reütter, so ich mitt auss dem Elsas gebracht, alss meine vnd dess Vitzthumbs, seind vom feind umbringet gewesen, die meine ist, biss auf 15 man, die sich saluirt, sambt allen Beuelchshabern niedergemachet vnndt gefangen worden, dess Vitzthumbs aber hat sich saluirt, die ich wiederumben inns Elsas comandirt, alsso dass diser gantzer Bezürckh, ausser besagter 2 stett, überling vnd lindaw, inss feindts gewalt ist. Nun kann ich mich alhie nicht aufhalten, weilen diss orth nicht gegen gewalt gebauhet, dass ich mich nothwendig in ein ander ortth ins Schweitzerlandt retirirn muss. Die Artilleriepersonen vnd pferdt hab ich saluirt, so sich iezo auf Ihrer Dhrl. Erzherzog Leopoldt herrschaft Bregentz aufhalten, alda man aber alles bey einen heller zahlen müssen, welche dazu an denselbigen orth, weil alles schlecht hergehet, nicht verwahret sein. Diss alles hab ich herrn Aldringern bericht, weil ich auch meiner Leibsdisposition halber nicht wohl fort kann, weiss ich nicht, wo ich mich aufhalten solle. So E. fürstl. Gn. ich vnterthenigst berichten sollen, dieselbe Göttlicher Allmacht, mich ihr zue Gnaden beuehleonndt. Datum Linndaw den 20. Aprilis 1632.

E. Fürst. Gn. vnderdenigher
Wollf. Ossa.

229. 1632. 22. April. Tabor. Ad 340, F. 4. — Albrecht an Gallas.
Wir haben des herrn schreiben vom 20. dieses zurecht empfangen, vnd daraus, was er wegen des Königs aus Schweden weitterm progress, und dass derselbe die stadt Augsspurg mit accordo eingenommen, vnd fürters seine intention auf Regenspurg oder Passaw gerichtet haben solle, berichtet, verstanden.

Nun vermeinen wir, dass im fall derselb dem bericht nach seine intention nacher besagten Regenspurg gerichtet, ragion zu sein, dass auch des herrn Churfürsten in Beyern Ld. dieser seitten der Donaw dahin ziehen, da dann dieselben, wenn sie dem feint vorkommen, dieweil sie bereits eine guarnison darin haben, leicht mehr volckh hinein bringen können, auch dem König aus Schweden, wenn des II. Churfürsten Ld. mit der armada diesseits der Donaw sich alda befinden

werden, der lust auf Passaw vnd Österreich zu rumpiren, insonderheit, wenn er vermerket, dass man dieser orthen auch nicht feirt,
besondern das volk zusammenführet, vergehen würdt. So wir dem
herrn in antwort nicht verhaltten wollen.

Originale.

230. 1632. 22. April. Isalm. Nr. 291, F. 4. — Albrecht an
Ferdinand II.

Allergnedigster Kayser vnd Herr!

Eur. Kay. Maj. hiermit vnterthenigst zuuernehmen zu geben,
hab Ich nicht vmbgehen khönnen, wassgestalt mir vnterschiedlicher
orthen her allerhand Klagen wieder heinrich Wilhelm von Starnberg,
Freyherrn, alss dem im Landt ob der Enss verordneten Comissari,
einkhommen, dass nemblich derselbe nicht allein wegen der Artigleria
Ross, so dahin angewiesen worden, weder Quartier noch einige Verpflegung verschaffen, auch den dahin remittirten General Stabs Per-
sohnen, sowoll dem Obristen Isolani, biss auf diese Stunde, das ihnen
verordnetes deputat nicht reichen lassen, Vndt also Eur. Kayl. Maj.
Dienst, anstat Er dieselbe seiner schuldigkeit nach befördern sollen,
verhindert, besondern auch vber das alles die von der Landtschafft
annoch einkhommene gelder, dauon zum Theill das Volch hette befriedigt werden khönnen, anders wohin vndt etlichen particularen für
Victualien vndt anders, welche doch bey Jetziger Beschaffenheit, vndt
da Eur Kayl. May., dem algemeinen Wesen, wie auch einen Jeglichen
insonderheit, dass dem Volck das seine gereichet, vndt mit gutem
Contento zu Felde geführet werden khönne, zum höchsten gelegen,
billich Eur. Kayl. Maj. Dienste suchen vnd ihren eigenen nutzen dem
publico nicht vorziehen sollen, zu fünf, Sechs vnd mehr Tausend
gulden, wie berichtet worden, dauon ausszuzahlen, die Regimenter
aber entgegen zu praeteriren ihm vnterstanden;

Wann aber Eur Kayl. Maj. Dienste mit dergleichen eigennützig-
keiten keineswegs befördert, besondern zum höchsten praeiudiz dess
algemeinen wesens gesterkhet werden:

Alss habe deroselben Ich dieses gehorsambst berichten vnd dieselbe benebenst bitten wollen, Sie ermelten von Starnberg von dem
commissariat amouiren vndt solches einer andern vnpartheyischen
Persohn hinwieder aufzutragen, vndt nicht zuzulassen, dass wegen
solcher partialität die Regimenter leiden, vnd Eur Kayl. Maj. Erb
Königreich vndt Lande, sowoll des algemeinen wesens wolfahrt, in

grössere gefahr gesetzt werden möge. Eur Kayl. Maj. mich benebenst
zu beharlichen Kay. gnaden gehorsambst empfehlendt.

Geben zu Znaim den 21. Aprilis Ao 1632.

Eur Kay. Maj. vnderthenigst gehorsambster
Fürst vnd Diener.

Originale.

231. 1632. 22. April. Znaim. Ad 328, F. 4. — Albrecht an den
Böhmischen Kammerpraesidenten.

Wass gestalt Ihr Kayss. Mayt. vnss dieienige schulden, damit deroselben wir wegen der von Ihro Mayt. erkauffter güter annoch restiret,
vnd bis in die 400™ fl. sich erstrecken möchten, gnädigst nachgelas-
sen, sölches wirt der herr aus beikommenden Ihr Kayss. Majt. an ihn
vnd die sämbtliche königliche herrn Cammer Rähte des Königreichs
Böhmen haltende schreiben mit wahren vernehmen.

Wann Wir nun solcher wegen berührte hinterstellige schulden
gerne abgeschrieben, vnd von der Königlichen Cammer auf besagte
400™ fl. quitiret sein möchten, als ersuchen wir den herrn, Er dass
solche quittirung förderligst verfertigter Vns zugeschicket werden
möge befördern wollen, versichern ihn, dass wir solches auf Begeben-
heit kegen dem Herrn, dem wir zu angenehmer erweisung willig verpleiben, zu verschulden nicht vnterlassen wollen.

Originale.

232. 1632. 25. April. Neuhaus. Nr. 301, F. 4. — Albrecht an
Zinzendorf und Montecucoli.

Albrecht von Gottes gnaden Herzog zue Mechelburg, Fridlandt
vnd Sagann, Fürst zu Wenden, Graue zu Schwerin, der Lande
Rostokb vnd Stargart herr.

Wohlgeborner, Besonders Lieber Herr Graff. Nachdem der
König auss Schweden in Bayern grossen progress thuet, Alss wolle
der Herr dahin sehen, dass die Jenige Knechte, so er im Stifft Passaw
auf dem Muster Platz hat, alssbalt bewehret werden, vnd alssdann
derselben örther, so sich vor des Feindes einbruch defendiren
khönnen, sich bemechtigen vnd aufs beste versichern, Gestalt Ihme
den der Administrator daselbst alle assistenz darzue laisten würdt,
der Herr auch also zuthuen weiss. Geben zu Neuhauss den 25.
Aprilis, Anno 1632.

Originale.

233. 1632. 27. April. Tabor. Nr. 304, F. 4. — Albrecht an Ferdinand II.

Allergnedigster Kaysser vnd Herr!

Eur. Kay. May. geruhen ab dem Copeylichen Beyschluss gnädigst zu ersehen, was die Königl. Wrd. zu Dennemark vnd Norwegen mir wegen einer Friedens tractation zwischen Eur May. vnd den König auss Schweden zugeschrieben, Vndt bitte Eur Kayl. May. gehorsambst, dieselbe mir, wie gedachte Ihr Königl Wrd. Ich darauf beanttwortten solle, gnedigst befehlen wollen. Eur Kay. May. Mich zu dero beharlichen Kayserl. gnaden gehorsambst empfehleudt.

Geben zu Tabor den 27. Aprilis 1632.

Eur Kay. May. unterthenigst gehorsambster
Fürst vnd Diener.

Originale.

234. 1632. 18. März. Glückstadt. Ad 304, F. 4. — An die Röm. kays. Majestet von Christian IV.

Durchleuchtigster. Welcher massen viell Edle vndt vornehme in die mehrern Prouintzen vndt Lande des Römischen Reiches, nun viel Jahr hehr mit schrecklichen Bluettstürtzungen vberschwemmet, vndt erbermlich ruinirt vnd verwüstet worden, Solches ist vielmehr mittleidentlich zu bedawren, alss mit vielen worten beizubringen. Wir vor Vnser Person haben solch leidiges ohne Zweiffel durch Gottes gerechten Zorn vber erwehnte Lande verhengtes vnwesen nicht allein tieff zu hertzen genom̃en, Sondern auch denselben einen träglichern zustandt vielmahls sehnlich gewünschet, welches Vns dan auch bewogen, dass E. Kayss. Maj. vnd Ld. vor vngefehr 2 Jahren Wir durch des Hochgebornen Fürsten, Vnsers besondern lieben Freundes, des Hertzogen von Friedtlandt Ldl. antragen lassen, wan deroselben gefellig were, das zwischen Ihr vnd des Königs in Schweden Ld. Wir Friedenstractaten versuchen, vnd dardurch einen anfang zu gentzlicher pacification des Röm. Reichs machen möchten, Wir solche mühewaltung dem gemelnen wesen zum besten gerne vber Vnss nehmen, vndt dazu des Königs in Schweden Ld. vermuthlich auch disponiren wolten.

Nun haben E. Kayss. Mayt. vnd Ld. zu der Zeit ihr, zu wiederbringung des heilsamen Friedens, vnd verhütung ferneren leidwesens inclinirendes milt keysserliches gemüthe, beneben Ihres in Vnss gesetzten, günstigen vertrawens, durch beliebung solcher

handlung vnd abordenung Ihres vornehmen Comissary, daruor Wir
derselben annoch hohen danck wissen, genugsam erwiesen. Ess ist
aber dahmahlss der progress dieses werckes durch allerhandt ein-
gefallene verhinderungen, davon E. Kayssl. Mayt. vndt Ld. von
Ihrem dahmaligen comissario ohne Zweiffel satsamen bericht werden
erlanget haben. im anfang gehemmet, vndt endtlich gar ins stecken
gebracht worden. Weilln nun seithero vnd nach der handt das
blutige Kriegswesen, ie lenger, ie mehr vmb sich gegriffen, vndt die
rühmliche Verfassung des Römischen Reichs in grössere confusion,
alss vor nihmals, gesetzet hatt, Vndt Wir nicht zweiffeln, E. Kayss.
Mayt. vndt Ld. bey Ihrer friedtfertigen Intention rühmlich verharren:
So haben Wir alss einer am Röm. Reich nicht allein wegen der
Nachbarschafft, Sondern auch wegen Vnsers darin belegenen vndt
von E. Kayss. Mayt. vndt Ld. lehenrürigen Fürstenthumbs Holstein,
höchlich interessirten Potentat, Vnss abermahls bey des Königs in
Schweden Ld. durch eine anitzo dahin abgehende schickung eigentlich erkundigen wollen, Ob dieselbe gütliche tractaten zu hinlegung
des Kriegswesens durch einen bestendigen Frieden leiden, vnd Vnns
mitt zuziehung anderer, so anseiten E. Kayss. Mayt. vnd Ldt. dahin
möchten benennet werden, einräumen wolle.

Welches wir dann E. Kayss. Mayt. vndt Ld. in hergebrachten
vertrawen zu notificirn nötig erachtet, Seind daneben erbötig, die
Vnss einkommende erklerung alsshaldt derselben zuzuschicken, vnd
mit Ihr durch expresse Abgeordnete daraus weiter zu comunicirn,
in freundtlicher Zuuersicht, E. Kayss. Mayt. vndt Ld. diese vnsern
auss sonderbahrer zu derselben, vnd dem Röm. Reich tragender
affection herrührende sorgfalt im besten vermerken, vndt wie vor
diesem allzeit geschehen, also auch fürtens zu Friedtfertigen consilijs
Ihrer bekandten Keysserlichen güte vndt miltigkeit nach, incliniren
werde, Sie wirt dardurch nicht allein viell tausent iemmerlich win-
selnder Schlen erquicken, Sondern auch den hohen vnd alle triumphe
vbertreffenden Ewigen nachruhmb eines Christlichen, vndt das heill
vndt wollstandt seiner vnderthanen mehr, alss ichtes anders suchen-
den Potentaten erlangen, Vndt wir seind es daneben wol (sic) dieselbe.
Datum in vnser veste Glückstatt, den 18. Marty Ao. 1632.

Originale.

235. 1632. 24. Mrs. Glückstadt. Ad 304, F. 4. — Christian IV.
von Dänemark an Albrecht.

Christian der Vierdte, von Gottes gnaden, zu Dennemark, Norwegen, der Wenden vndt Gotten Königh, Herzog zu Schlesswig-Holstein, Stormann vndt der Dithmarschen, Graff zu Oldenburg vndt Delmenhorst etc.

Vnsere Freundtschafft, vnd was Wir sonsten mehr liebes vnd gutes vermögen, zuvor. Hochgeborner Fürst, besonder lieber Freundt. Nachdem Wir aus tragendem, bedaurlichen mitleiden vber den erbermlichen, vnd ie lenger, ie gefehrlicher sich ereugenden Zustandt des Römischen Reichs, eine Schickung an des Königs in Schweden Ld., dieselbe zu Friedenstractaten zu disponiren, abgeordnet, So haben Wir die Röm. Kaissl. Mayt. vnd Ld., vnsern freundtlichen lieben herrn Oheimb, desswegen gebührender massen auisiren wollen, Vndt weil Wir Vnss hierbey nicht allein E. L. bestendiger gegen Vns tragenden, vndt vielfeltig im werck sowoll gegen Vnss, alss die Vnserigen erwiesenen affection, Sondern auch der hohen vnd nutzbarn officien, die Sie bey anstellung voriger zu Dantzig vorgehabter tractaten geleistet, freundtdankbarlich erinnert: So hat Vns keines weges gebühren wollen, E. L. hierunter vorbey zu gehen, Sondern ersuchen vielmehr dieselbe instendig, Sie in der guten neigung gegen Vnss continuirn, vnd die wiederbringung eines heillwertigen Friedens durch Ihre vielgeltende authorität befürdern wolle. Wass Wir an die Röm. Kayss. Mayt. vndt Ld. gelangen lassen, dauon ist copia beigefügt. Wir wollen auch, Sobaldt Vnss erklerung von des Königs in Schweden Ld. zukombt, solche mit E. L. communiciren, dieselbe Göttlicher obhut hiemit freundtlich empfehlend. Datum in vnser Veste Glückstatt, den 24. Marty, Anno 1632.

Christian.

Originale, mit des Königs eigener Unterschrift.

236. 1632. 27. April. Passau. Ad 312. F. 4. — Max Schwendi an Ferdinand II.

Allerdurchleuchtigister, Grossmechtigister vnd vnvberwündtlichister Römischer Khayser, auch zue Hungarn vnd Behaimb Khönig.

Allergenedigister Khayser vnd Herr. E. Röm. Kays. May. allergenedigstes schreyben, de dato 24 dito, hab Ich mit allervndterthenigister reverentz empfangen, vnd dieweyln an heut die laidige Zeittung wegen Augspurg einkhomben, wie E. Röm. Kays. Mayt. auss dem beyschluss (welche auch Ihr Fr. Dhl. Herzoge zu Mechelburg durch aignen vberschickht) Allergenedigist zu uernemmen, hab dero-

selbcn Ich solches bey aignem Curier allergehorsambist auisiren, dabey auch erinnern sollen, in was grosser Gefahr nvnmehr das Stifft vnd
Statt Passaw uersire, in bedenckhung diser Orth zur defension von
Natur unbequem, vmb dass solches auf allen seitten mit pergen vmb-
geben, alss dass ausser ainer sehr grossen Macht, an disem orth khein
defension mag bestelt werden, für welche aber proviant zetrachten, vnd
herzu zebringen, da man auch das gelt in henden hette, ganz vnd gar
khaine möglichkeit, in bedenckhung man für die noch in khlainer anzahl
anwesende vngemusterte, vnd nit bewehrte Soldaten, mit eüsserister
mühe vnd höchster arbeit die Notturfft schwerlich aufbringen khann.

Dahero dann allem ansehen nach, auch reiffer Erwegung aller
vmbstendt, Beuor ab des orths gelegenheit die defension bei diser
Statt wenig fürtragen möchte, vnd da nit dem so starkhen Feindt,
bey gueter Zeit, und ehe dann Er dise refier betritt, begegnet würdet,
der alhiesige Pass zu grossem Schaden E. Röm. Kays. May. Landen
nottwendig müsse verlohren werden, Dann weyln sich Augspurg mit
so starckher besazung, vesten vnd gelegnem orth ergeben müssen, ist
der Ausschlag mit Passaw leichtlich zu machen.

Das hab E. Röm. Kays. May. Ich zu Ihrer Allergdsten Nachrichtung vnd weitterer verordnung allergehorsambist berichten sollen.
Deroselben zu beharlich Khayserlicher Hulde mich allervndtertheni-
gist beuelchent.

Dat. Passaw den 27. Aprilis Ao. 1632.

Euer Röm. Khays. May. vnderthenigister Caplan
Max v. Schwendi.

Originale.

237. 1632. 28. April. Tabor. Nr. 313, F. 4. — Albrecht an
Ferdinand II.

Allergnedigister Kaiser vnd Herr.

Was Eur. Kay. May. mir wegen dessen, dass der Burggraff von
Dona, mit complirung seiner in Ober Hungarn habender Teutscher
Händel nicht werde aufkhomen khönnen, angedeutet, auch mein guet-
achten, wie hierunter Rath zu verschaffen, vnd ob durch gemeltes
von Dona gethanen vorschlag dem werkh abzuhelffen, deroselben zu
eröffnen, gnedigst befohlen, Solches habe auss Eur May. vom 21. di-
ses, sambt eingeschlossenen des von Dona schreiben, Ich vndertheni-
nigst vernomben. Vnd verhalte E. Kays. Mayt. darauf gehorsambst
nicht, dass sobalt ich disserwegen deroselben gnedigsten willen, vnd

wie uil volckh Sie dahin haben wollen, wissen werde, desswegen alssbalt nothwendige anordnuug thun will.

Dieweil aber auch der (tit.) Donah in seinem schreiben wegen dess, dass das Volck so übel alda gehalten werde, dis auch theils den gantzen Winter vnter kein dach kommen, meldung thuet: Alss bit Ich Eur May. nicht zulassen wollen, dass dass volckh alda nicht so vbel hinführo möge gehalten werden, dan sonnsten khein Mensch hineinzubringen sein würde. Welches Eur Kay. May. Ich vnterthenigst nicht verhalten wollen, vnd thue deroselben mich zu beharlilichen Kay. genaden gehorsamist empfehlen.

Geben zu Tabor den 27. April Ao. 1632.

Eur Kay. May. vnterthenigst gehorsambster Fürst vnd Diener.

Originale des Secretarius.

238. 1632. 28. April. Tabor. Nr. 339, F. 4. — Albrecht an Gallas.

Wir berichten Ihn hiemit, wass gestalt wir den (tit.) Zinzendorff mit etzlicher artigleria nacher Pilsen zu dem Heer voranschicken thun, welcher er dann bei seiner ankunfft, wass nöthig sein wirdt, anbefehlen wolle. So seind wir auch vorhabens, vns ehistens dahin zu begeben, gestalt wir der Meinung, dass wir vielleicht wohl ehende, denn ermelter von Zinzendorff, alda bei ihme anlangen mögten, welches wir dem Herrn hiermit zu seiner nachrichtung anfiegen wollen.

Originale.

239. 1632. 28. April. Tabor. Ad 339, F. 4. — Albrecht an Zinzendorf.

Demnach Ihr Kay. Mai. Dienst erfodern, dass er mit bei sich habender artigleria vngesäumbt nacher Pilsen zu dem M. Gallas sich begebe, Als befehlen wir Ihm mit derselben morgendes Tages, oder doch vbermorgen, gewiss vnfehlbar aufzubrechen, vnd gegen Pilsen zu ziehen, vnd dann ferners demselben, was ihm der (tit.) Gallas alldort befehlen wird, nachkommen, auch solches dem (tit.) Böheim, dass er mit dem rest der artillerie auch ehist gegen berürtem Pilsen sich verfige, zu avisiren. Wie ihme dann, was er für einen wegh damit nehmen soll, der (tit.) Michna andeuten wirt.

Originale.

240. 1632. 29. April. Tabor. Nr. 326, F. 4. — Albrecht an den Administrator zu Passau.

Albrecht von Gottes Gnaden Hertzog zue Mechelburg etc. etc.

Hoch Ehrwürdiger, Wolgeborner besonders Lieber Herr vnd freündt. Wier haben auss seinem schreiben vom 27. dieses, vnd den beilagen verstanden, was vns Er wegen occüpierung der Stadt Augspurg berichten wollen.

Wie nun dem Herrn satsamb wüssend, wie vnbillicher weiss Er vnd dass Capitel zu Passau, Ihr Kay. May. volckh den Samblungs Platz alda zu verstatten, sich verweigert, auch wenn solches nicht geschehen, anietzo alda bereitst ein guter Theil an Volckh sein, vnd man also der ohrten für den feind vmb so viel mehr gesichert sein würde; So haben wier doch nichts desto weniger Ihr Kay. May. Dienste vnd dem Catholischen weesen zum besten, daselbst hin volckh aus dem Landt ob der Enns zueziehen verordnet, dannenhero wir denn auch nit zweifeln, Er die Anordnung thuen, dass bei ankhunft desselben die vnterhaltung verschaffet, vnd was zum Baw vnd sonsten von nöthen, ihnen alle beförderung erwiesen werde. Verbleiben Ime benebenst zu angenember erweissung willig. Geben zu Tabor, den 20. April Ao. 1632.

Originale.

241. 1632. 29. April. Tabor. Nr. 329, F. 4. — Albrecht an Cardinal Dietrichstein.

E. Ld. geben wir ab inliegenden abschriften zu ersehen, was wir dem (tit.) Dietrichstein, Strozi vnd Wangler vor schickung etlicher Comp. in dies Königreich Boheimb zugeschrieben. Sintemalen nun I. Kay. Maj. Dienste ein solches erfodern, als ersuchen E. Ld. Wir hiemit freundtlich, dieselbe dieses also zugeschehen auffs beste beförderen, auch sonsten die verfigung thun wollen, auf dass die verpflegung für dass Kayserl. Volckh recht erfolge, vnd nit wegen mängl derselbe I. Majt. Dienste vnd das Vaterlant periclitiren mögen. Verbleiben E. Ld. zu allen angenehmen Diensten.

Originale.

242. 1632. 29. April. Tabor. Nr. 338, F. 4. — Albrecht an Lichtenstein.

Weiln wir Vns aniezo zu der Kayserl. armada begeben thuen, als befehlen Wir Euch, mit Vnserer Hofstadt von Pardubitz Vns nachzueziehen, vnd Eure Reise so viel möglich zu befördern. Den Bereiter mit den Haubtrossen betreffent sol derselb alda verpleiben, wie ihr denn auch andere Vnsere mobilien daselbst wol erwarten vnd Jemants, so darauf achtung gebe, hinterlassen werdet, Gestalt Ihr zu thunn wisset.

Originale.

243. 1632. 28. April. Cralowiz. Ad 338, F. 4. — Holke an Graf Piccolomini.

Hochgeborner Herr Graff.

Eben disse Stundt zwischen 7. vnd 8, wie ich hab wolln auf-sizen, vnd mich nach Saz begeben, hab ich sein Schreiben empfan-gen, welche raiss ich desswegen iezunder einstelle, vnd fahre eylich nach Pilssen, dan ich khein näher orth, vmb wan es von nöthen thuen Solt, wol zu schaffen habe. Weilln aber die Ihenige, so in Falkhenaw, sich etliche tage khönen halten, ist Zeit genung, wan man waiss für gewiss, dass der orth angegriffen. Den wir haben die Grannische, Wanglerische, Donauische vnd Chisesche bei der Handt auf ein 2 od. 3 meill von Ludiz, Ingleichen mein Rgmt zu Pferdt im Schwam-bergischen. Vnd ist des H. General Zeugmaister intention, wie dan auch ihrer fürst. Gn. Herrn Gen. beuelch, still zu sein, vnd das Volkh lassen ruhen, biss auf ihr selbst aigne ankunfft, vndter dessen wolle mein Herr Graf ihme belieben lassen, wan etwas weiters vorfallen möchte, auch auf Pilsen zu berichten, dan ich daselbsten bei dem Hern Gen. Zgmstr. oder zu Neumarkht im Stifft Texel (sic?) lasse verbleiben.

Cralowiz den 22. Aprilis 1632. Vmb 8 Vhr frue.

Meins Herrn grosser Diener vnd knecht
Hennrich Holke.

Originale.

244. 1632. 27. April. Pilsen. Ad 338, F. 4. — Gallas an Graf Octavio Piccolomini.

Hoch Ehrwürdiger, Hoch vnd wohlgeborner Graff, Hoch-geehrter Herr Obrister.

Demnach der wol Edle vnd Gestrenge Herr Dominico de Clari zum Kay. Comissario deputiert worden, Meines hochgeehrten Herrn vnderhabendes Regiment zue mustern, Alss wolle derselbe Ihme be-lieben lassen zue beuelchen, dass solches den 29. diss zue Walsch, sobald der Tag angehet, ohnuelbar erscheine, vnd von wolgedachtem Herrn Commissario sich Mustern lasse, demselben auch allen gebüh-renden respect beweise, deme dan Mein Hochgeehrter also recht zue thun wol waiss, vnd ich verpleibe dabenebens nechst götlicher protection

Meines hochgeehrten Herrn dienstbeflissener
M. Gallass.

Pilssen, den 27. April Ao 1632.

Originale.

245. 1632. Ad 328, F. 4.

Verzeichnüss derer Posten,

Darvor E. ehrsamer Rath der Stadt Sagan vor Ihre Kays. Mjt. in Bürgschaft hafften.

30.000 Taler kegen Herrn Niclass von Rattenburger, besagn Ihr Kays. Mjt. Schadloss Assecuration de dato Prag den 25. July, Anno 1601.

In dieser Post hafften, nebenst E. ehrsamen Rathe, der Herr Abtt vnd das Convent zue Sagan, Herr Michael von Kiettlig auf zaucha vnd Ochelhermessdorff, H. Caspar von Rechenbergh auf Primb, Kunaw vnd Petersstorff, Melchior von Rosch auf Grosstschirna, Carol von Skapp zu Heintzendorff, Caspar von Rechenberg zu Klitzschdorff, Hans Fabian von Kottwiz zu Buntzelwaldaw, Tobias von Knobelsdorff vnd der Rahtt zue Freystadt, Sprottaw, Brünberg vnd Vüber.

16.000 Taler kegen Herrn Caspar von Rechenberg, Röm. Kays. Mjt. Rahtt vnd Hauptmann zum Jawer, Inhalts der Kay. Cammer zu Bresslaw Interims Schadtloss assecuration sub dato Bresslaw den 8. Aprilis Anno 1611.

In dieser Post hafftet nebenst Einem Rathe, Herr Adam von Kiettliz auff Gustaw, Herr Friedrich von Knobelsdorff auf Lantzendorff, Herr Abraham von Geissdorff auf Seichaw, Herr Jacob von Brauchitzsch aufm Burglehen Buntzlaw, H. Sigmund von Lest auf Ranssdorff vnd Tham vnd der Rahtt zu Bunzlaw vnd Sprottaw. In diese Post vnd Burgschafft hatt sich obgemelter Friedrich von Knobelsdorff andergestalt nicht einlassen wollen, es würde Ihm da Ein Rahtt alhier Schadtloss Bürge davor; weil aber ein Rahtt auss allerhandt Vrsachen, vnd dass es gleichsamb eine Verwirrung verursachen würde, es zu thuen, bedenken gehabt, vnd nun solche bürgschafft nicht ettwa verhindert werden dürfte; Als hatt Ein Raht an eines Bürgen, als des von Knobelsdorffes, stelle zu tretten, vnd wan einer oder der Ander auss den Bürgern gemahnet vnd angefochten werden möchte, so viel einen Bürgen betreffe, nach inhalt der Haupt Obligation darvor zu hoffen, verwilliget vnd zugesaget.

2000 Taler kegen Herrn Hanss Georges von Schönaich zue Hasel, Besage Ihr. Mjt. Schadtloss verschreibung de dato Prag, den 24. Juny, Anno 1604. In dieser Post hafften nebenst Rathe allhier, der Herr Abt vnd das Convent zu Sagan.

5000 Taler gegen Herren Sigmunden von Kottwitz auf Harttaw vnd Kantop, vermöge Ihr Mjt. Schadtlossvorsicherung sub dato Prag. den 1. January Anno 1608.

In dieser Post haften, nebenst E. E. Rathe, George von Haugwiz zu Niederteschen, Hanss von Dyhren zum Kölmichen, Hanss Georg von Rechenberg vnd Ein Rahtt zue Sprottaw.

10.000 Taler kegen Doctor Martin Krum Krügern, besage der Haupt Obligation de dato den 23. Aprilis Anno 1603.

In dieser Post hafften nebenst E. E. Rathe, Balthasar von Stackel zue Kipper, Seyfriedt v. Tader auf Gähren vnd Alten Rauden. Max Johan von Sehlfrang zu Hirschfelda, David von Less auf Wilkaw vnd Töppersdorf zue Wiesen, Balthasar von Knobelsdorf zu herttwigsdorff vnd der Rahtt zu Guraw vnd Schwiebussin.

16.000 fl. H. Dr. Treuttlern, darvor hafften Herr Heinrich Ansshelm Herr von Promuiz, Herr Carol Herr v. Kittliz, Herr Abt zum Sagan, Herr Dechant zu Budissin, die Städte Buntzlav, Sprottav, Sagan, Görliz vnd Guben nebenst andern Sieben von Adell. Diese Post ist bis auf 4000 Th. gezahlet.

30.000 fl. Bei der Stadt Erfurtt, davor Bürge Gross Glogaw, Sagan, Freystadt, Guhraw, Sprottaw, Geunburg, Schwiebussen vnd Polckwiz.

Andere vnd mehre nachricht ist beim Rathhause vnd in dessen Archivis nicht zu finden, es ist auch E. E. Rathe, weil die Personen des mittels mehren Thailes von Newen darzu kommen, gar nicht wissendt, ob auf die specificirte posten an Capitalien oder Interessen icht was oder nichts gezahlet, so ist auch E. E. Rahtt von Vielen Jahren hero wegen dieser Posten gar nicht gemahnet worden. —

246. 1632. 21. Mrz. Inalm. Ad 328, F. 4. — Albrecht an den Landtshaubtmann zu Sagan.

Albrecht von Gottes gnaden Herzogh zue Mechelburg, Friedtlandt vnd Sagan, Fürst zu Wenden, Graff zue Schwerin, der Lande Rostock vndt Stargart Herr.

Wohlgeborner, Lieber Getrewer. Wier verhalten Euch hiermit nicht, was gestalt wier berichtet worden, dass für Ihr Kay. Majt. Vnsere Stadt Sagan auf etliche Hundert Tausent Reichssthaler in Bürgschafft hafften solle. Wenn wier denn desswegen eigentliche nachrichtung haben, auch wenn vnnd mit wie vielen dieselbe einen

Jeglichen solchergestalt verhafftet, berichtet sein wollen, Alss befehlen Wier Euch, Vnnss, wie hoch sich solche Bürgliche Schuld belauffen, auch was Besagte Vnsere Stadt Sagan desswegen für andere Versicherung vnd schadtloss Bürgen habe, förderlichst zu berichten, Gestalt Ihr zuethun wissen wirdt. Geben zue Znaim den 21. Marty Anno 1632.

Ad Mandatum Serenissimi Proprium.

Originale.

247. 1632. 31. März. Znaim. Ad 328, F. 4. — Albrecht an Graf Maximilian v. Wallenstein.

Demnach wir vnsern Raht, den Doctor Baltasar Wesselium zu abschreib vnd vidimirung etlicher sachen aus vnserem Cammerarchiven naher Wien schicken thun, Als wolle Er demselben hierunter assistiren, vnd nit allein dahin sehen, dass die von vns in der Vns überschickten designation besagten vnsern Cammerarchives ausgezeichnete stücke fleissig abcopiret vnd vidimiret, besonderen auch die originalia ordentlich wiederumb eingeleget, vnd auf vorig mass beschlossen vnd verwahret werden mögen.

Originale.

248. 1632. 2. April. Sagan. Ad 328, F. 4. — Landeshauptmann von Sagan an Albrecht.

Durchlauchtiger, Hochgeborner Fürst, gnedigster Fürst
vnd Herr.

Welcher gestald E. Fürstl. Gn. unterm dato 21. Marty gnedigst anbefohlen, dass deroselbten ein aussführlichess bericht, wie hoch die Stadt Sagan in Burgschafft vorhafftet, zugeschicket werden solte, das habe Ich auss Deme den 31. ejustem eingereichtem rescript gehorsamblich verstanden, auch nicht vnterlassen, dem Rath anzubefehlen, dass Sy in der Stadt archiven aufsuchen lassen, vnd Mir desswegen Notdurfftige Information einstellen solten. Wass nun ein Raht pro Informatione eingeschickett, das thue E. Frst. Gn. Ich Inliegent gehorsamblich vbersenden, vnd dero beharlichen Fürstl. gnaden Mich in vntertheniglikeit befehlen. Sagan den 2. Aprilis Ao. 1632.

E. F. G. vnterteniger, gehorssamer Diner
Dr. Kauniz.

Originale.

249. 1632. 11. April. Znaim. Ad 328, F. 4. — Albrecht an die Cammer zu Gitschin.

Nachdem an Bestellung beiligenden Schreibens gelegen, als befehlen Wir Euch, solche alsbalt nach empfahung dessen vnserm Landeshaubtmann zue Sagan zu schicken, Gestalt ihr zu thuen wissen werdet.

P. S.

Schickts durchaus nicht durch die Laussnitz, sondern durch das Schweidnitzische Fürstenthumb.

Originale.

250. 1632. 11. April. Inalm. Ad 328, F. 4. — Herzog Albrecht an den Landeshauptmann zu Sagan.

Wir haben ewer schreiben vom 2. dieses nebst der eingeschlossenen specification, wie hoch für Ihr kay. Mt. die studt Sagan in bürgschaft verhaftet, empfangen.

Wenn nun die in besagter specification aufgesezte posten sich nit viel vber hundert tausend thl. belauffen, vns aber hiebevorn der Obr. St. Julian, dass sich solche für Ihr. k. Mjt. contrahirte bürgerliche schuldt in die viermal hunderttausend, vnd drüber erstreken solle, berichtet: Als befehlen wir euch solcher wegen nochmals fleissigere vnd bessere inquisition anzustellen, euch aus denen Saganischen archiven, und wo sonst mehr, gewissheit zu erlangen, eygentlich zu informiren, zeitt genueg dazu zunehmen, und vns folgent die gantze beschaffenheit mit allen circumstantien ausführlich zu berichten, gestaltt etc.

Originale.

251. 1632. 19. April. Inalm. Ad 328, F. 4. — Albrecht an Schaumburg, in simili Stredeln, Tornau.

Albrecht von Gottes gnaden Herzog zue Mechelburg, Fridlandt vnd Sagan, Fürst zue Wenden, Graue zu Schwerin, der Lande Rostockh vnd Stargart herr.

Dieweil Wir sehen, dass das Kayssl. Oberambt in Schlesien Keine lust, Vns in Vnser rechtmessiger forderung satisfaction zu geben, Als haben wir abermahl den Graff Tertzka dieserwegen mit dem Herrn gewisse sachen zu conferiren aufgetragen, thun Vns demnach auf denselben hiemit remittiren, nicht zweifelnd, der Herr ihn deshalb, so ermelter Graf Tertzka ihm in vnsern nahmen anzeigen wirt, aufs beste anbefohlen sein lassen werde, vnd verpleibe etc.

Originale.

— — —◆◆◆— —

DIE

UTRAQUISTEN IN BÖHMEN.

QUELLENMÄSSIG DARGESTELLT

VON

Dr. CLEMENS BOROVY.

Vorbemerkung.

Während sich in der Gegenwart allenthalben ein reger Fleiss offenbart, die Geschichte der verflossenen Jahrhunderte unmittelbar aus den noch vorhandenen Originalquellen kennen zu lernen, und mit Hilfe dieser Quellen viele traditionell gewordene Irrthümer zu berichtigen, neue Aufschlüsse über Thatsachen, die bisher von den Historikern übesehen oder nicht nach Verdienst gewürdiget wurden, zu gewinnen, — ist man auch in Böhmen seit einer Reihe von Jahren bemüht, die in den zahlreichen Archiven des Landes vorhandenen, ehedem ganz unberücksichtigten historischen Schätze möglichst auszubeuten, um auf Grundlage der hiedurch erzielten Resultate zu einer richtigeren Kenntniss der vaterländischen Geschichte zu gelangen. Der bekannte Landes-Historiograph Dr. Franz Palacký hat hierin die Bahn gebrochen und einen rühmlichen Anfang gemacht, indem er viele dieser Quellen veröffentlichte und das Resultat seiner Forschungen in seiner „Geschichte Böhmens" niederlegte. Ihm zunächst hat der durch seine „Geschichte der mährischen Brüder" bewährte Landesarchivar Dr. Gindely sich die Lebensaufgabe gestellt, die Geschichtsquellen Böhmens zu sammeln und nach Art der Monumenta Germaniae von Pertz zu veröffentlichen.

Bereits im Frühjahre 1864 hat die Herausgabe dieser „Monumenta historiae bohemica" in Prag (bei Kober) begonnen. Die ersten Hefte enthalten Decrete der mährischen Brüder-Union im 16. Jahrhunderte. Die weiteren Hefte brachten zunächst einen Theil der bisher im Manuscript gebliebenen Geschichte Böhmens aus den Jahren 1602—1623 von dem Protestanten Paul Skála; darauf aber folgt eine von dem eifrigen Verfechter des Katholicismus Wilhelm Graf von Slawata verfasste Geschichte derselben Zeitperiode. Diese Quellen werden gewiss einen nicht unbedeutenden Beitrag zur Kenntniss der Kirchengeschichte Böhmens bilden. Einen ausschliesslich kirchlichen Charakter aber wird ein weiterer Theil der

16*

Monumenta haben, welcher unter dem Titel: „Acta oder Correspondenz des katholischen und des utraquistischen
Consistoriums" nächstens veröffentlicht werden soll, und der für
die Geschichte der katholischen Kirche in Böhmen, sowie insbesonders
dere für die Geschichte der Calixtiner oder Utraquisten äusserst wichtige Beiträge bietet; die allmälige Protestantisirung Böhmens im
16. Jahrhunderte und die durch Ferdinand II. bis 1630 zum Abschluss
gebrachte Gegen-Reformation erhalten durch die erwähnte Correspondenz ihre historische Motivirung.

Diejenigen Quellen, welche von den Erzbischöfen Prags oder
dem katholischen Consistorium ausgingen, sind grösstentheils in lateinischer oder deutscher Sprache abgefasst und werden somit
der Gelehrtenwelt vollkommen zugänglich sein. — Hingegen sind die
vom utraquistischen Consistorium herrührenden Quellen mit Ausnahme einer kleinen Anzahl lateinischer Urkunden durchwegs in
böhmischer Sprache verfasst und daher zunächst nur dem böhmischen Publicum verständlich. Allein gerade diese officiellen Schriftstücke sind am meisten geeignet, dem Kirchenhistoriker vollkommen
verlässliche Aufschlüsse zu geben über die „Communicantes sub
utraque", eine Partei, welche in ihrem Entstehen, in ihrer eigenthümlichen Disciplin und endlich in ihrer allmälig erfolgten Amalgamirung mit dem Protestantismus einzig in der Geschichte dasteht.

In neuester Zeit hat man sich mit einer gewissen Vorliebe dem
Studium des Hussitismus und seiner Folgen zugewendet, und haben
besonders Janssen, Gindely, Höfler, v. Helfert u. A. sich hierin ein Verdienst erworben. Die allgemeine Theilnahme, mit welcher ihre Werke
aufgenommen wurden, scheint dafür zu bürgen, dass auch nachstehende Bemerkungen, welche die durch den Hussitismus hervorgerufene
Partei der Calixtiner zu ihrem Gegenstande haben, einiges Interesse
erregen dürften. Dem Verfasser liegen die zum Drucke bereiteten
Abschriften der Quellen sammt Originalien vor, indem derselbe nach
dem Wunsche und unter wirksamer Beihilfe des Professors Gindely
die Veröffentlichung der erwähnten Correspondenz beider Consisto-
rien übernommen hat. Auf Grundlage dieser, in den Archiven des
Erzbischofes, des Domcapitels, der Statthalterei, Universität und anderen bis jetzt im Original vorfindlichen Quellen ist die vorliegende
Abhandlung entstanden; sie enthält somit keine blossen Conjecturen,
sondern durchwegs historisch begründete Angaben.

Bevor wir jedoch zur Lösung unserer Aufgabe schreiten, halten wir es für angemessen, in einer allgemeinen Übersicht die von uns benützten Quellen namhaft zu machen.

Die ältesten bisher aufgefundenen Acta der utraquistischen Partei reichen zurück bis zum Jahre 1525; die nächstfolgenden Decennien bis zum Schlusse des 16. Jahrhunderts sind durch eine bedeutende Anzahl von Schriftstücken documentirt, welche nach ihrer äusseren Form sich in zwei Gattungen scheiden lassen, nämlich: 1. Correspondenzen des Consistoriums im eigentlichen Sinne (Missivae, liber Missivarum, Rotulus Missivarum oder blos Literae Consistorii genannt), also Erlässe desselben an einzelne Decane, Pfarrer, Gemeinden und die Kirchenpatrone (Collatores), Bitt- und Klagschriften an den Erzbischof, Oberstburggraf, Obersthofmeister, die Statthalter, den Kaiser; — 2. Acta Consistorii, auch liber actionum, vom Consistorial-Secretär ex officio verfasst, worin Alles, was in den einzelnen Sitzungen des Consistoriums verhandelt wurde, so wie die Aussagen, welche die Parteien in dem canonischen Process oder auch ausserhalb desselben beim administrativen Verfahren machten, mit protokollarischer Genauigkeit sich aufgezeichnet finden.

Während in den erstgenannten „Correspondenzen" nach der zu jener Zeit gewöhnlichen Methode ein bedeutender Theil jedes Schreibens auf Titulaturen, weitschweifige Begrüssungs- und Abschiedsformeln etc. entfällt und dadurch der sachliche Inhalt meist auf ein Minimum zusammenschrumpft (eine Ausnahme findet sich fast nur bei den an den Kaiser oder die höchsten Behörden gerichteten Supplicationes), so sind hingegen die „Acta" von solchem Ceremoniel frei und bieten überall reichliches Material zu einer ziemlich erschöpfenden Kenntniss der kirchlichen Zustände jener Zeit. Nicht selten bieten originelle Vergleichungen, urwüchsiger Humor und kernige Satyre dem Leser eine interessante Würze, die seine Aufmerksamkeit auch bei längeren Partien nicht so leicht ermüden lässt.

Zu dem Zwecke einer genaueren Sichtung der Resultate, welche sich aus den oberwähnten Quellen schöpfen lassen, kömmt hier zunächst über die Disciplin der Utraquisten zu handeln, worauf in einem zweiten Abschnitte die Liturgie derselben einer näheren Betrachtung gewürdigt werden soll.

Disciplin der Utraquisten.

I. Kirchliche Organe.

1. Consistorium.

Das Consistorium war die oberste Kirchenbehörde für die Utraquisten in Böhmen und Mähren.

Das Consistorium bestand aus einem **Administrator**, der zugleich Rector oder Pro-Rector der Universität, Prediger in der Bet-
lehems-Capelle oder Dechant der St. Apollinarkirche war; und 10 bis
12 **Räthen**, Consistoriani, Assessores Consistorii, unter denen gewöhnlich einige Magistri vorkommen, die Mehrzahl besteht aus Prager Pfarrern. Beispielsweise mögen die Mitglieder des Consistoriums
aus einigen Jahren hier namentlich angeführt werden.

Im Jahre 1526:

Magister Gallus Žacensis, **Administrator**. — Räthe: 1. Mag.
Laurentius, capellae Betlehem praedicator; 2. Joannes Marek, Laetae
Curiae (im Teyn) plebanus; 3. Andreas a s. Adalberto de Smradař;
4. Joannes a s. Henrico plebanus; 5. Nicolaus de lacu miseriae plebanus; 6. Nicolaus a s. Clemente plebanus; 7. Georgius d. Stephani
plebanus; 8. Georgius Halířek a s. Petro; 9. Joannes a s. Martino ;
10. Hieronymus a s. Gallo.

Im Jahre 1531:

Wenceslaus Unhostius, ecclesiae s. Apollinaris in monte ventoso
decanus, **Administrator**. — Räthe: 1. Mag. Joannes Přestice-
nus; 2. Mag. Georgius Pilsnensis; 3. Mag. Joannes Chočna; 4. Mag.
Martinus Klatoviensis; 5. Joannes concionator capellae Betlehem;
6. Joannes plebanus Laetocuriensis; 7. Nicolaus plebanus de lacu ;
8. Paulus plebanus s. Aegidii; 9. Andreas plebanus s. Adalberti in
Smradař; 10. Petrus plebanus a s. Clemente; 11. Joannes plebanus
a s. Petro; 12. Wenceslaus plebanus a s. Michaele in Wopatoric;
13. Nicolaus plebanus a s. Stephano.

Im Jahre 1543:

Joannes Mystopolus, A d m i n i s t r a t o r. (Derselbe war 1542 Pfarrer bei S. Niklas auf der Altstadt; 1548 Dechant bei St. Apollinar und
1551 Prediger der Betlehem-Kapelle, und wir finden ihn als Administrator in den Jahren: 1542—1545, 1548, 1551—1553 und 1564 bis
1565 angeführt). — R ä t h e: 1. Martinus Glatovinus, concionator sacelli
Betlehemitici (derselbe war in den Jahren 1539 und 1540 Administrator); 2. Mag. Henricus Curio, rector Universitatis; 3. Mag. Joannes Kumstatt Pragensis; 4. Mag. Jacobus Philetus Rokycanensis;
5. Joannes plebanus d. Aegidii; 6. Wenceslaus Subule, parochus a
laeta Curia; 7. Wenceslaus Larbiciae, parochus u d. Henrico;
8. Christophorus parochus a d. Stephano; 9. Joannes Niger parochus a s. Michaele; 10. Petrus parochus a s. Wenceslao in Zderaz
et 11. Gallus parochus s. Martini.

Die W a h l des Administrators und der Consistorialräthe wurde
in der Regel bei Gelegenheit der Abhaltung des Landtages in Prag
vorgenommen; berechtiget zur Wahl waren alle Stände des Königreiches, die sich zur communio calicis bekannten. Doch pflegten die
Stände dieses Recht öfter auf die „Domini Pragenses" zu übertragen,
und als Grund wurde angeführt: „Utpote qui majorem notitiam habent peritiamque personarum tam ex numero magistrorum quam ple-
banorum" ¹).

In der späteren Zeit ereignete es sich jedoch manchmal, dass
die Neuwahl (Renovatio) des Consistoriums Jahre lang auf sich warten liess; einestheils deshalb, weil die Landtage nicht mehr so regelmässig abgehalten wurden wie ehedem, anderntheils nahmen sich die
versammelten Stände selten die Mühe, nach den Consistorial-Ange-
legenheiten zu fragen, da ihre Aufmerksamkeit ohnehin durch die
häufigen Steuerauflagen, Kriegsrüstungen u. dgl. hinreichend in Anspruch genommen war. Auf diese Weise kam es, dass theils durch
Todesfälle, theils durch Beförderung oder Transferirung einzelner
Mitglieder das Consistorium oft so stark gelichtet wurde, dass kaum
die Hälfte der Assessoren übrig blieb. Daher die häufigen Klagen des
Consistoriums, dass es bei einer so geringen Zahl von Personen unmöglich sei, alle Geschäfte zu besorgen, ja dass manche Parteien
dem Consistorium den Gehorsam kündigten unter dem Vorwande, es

¹) Acta Cons. Utr. 1528.

sei bei der kleinen Anzahl von Räthen Parteilichkeit zu befürchten, und erst nach seiner Completirung werde das Consistorium wieder die Fähigkeit erlangen, Recht zu sprechen. — Als aber in der Folge weder die Stände des Königreiches, noch auch die Prager den Bitten des Consistoriums Gehör gaben, sah sich dasselbe genöthigt, seine Zuflucht zum Kaiser zu nehmen. Dies ist besonders der Fall in den letzten vier Decennien des 16. Jahrhunderts. Schon Kaiser Ferdinand I. hatte im Jahre 1562 die Mitglieder des Consistoriums selbst ernannt, ohne das Wahlrecht der Stände zu berücksichtigen; in derselben Weise verfuhren auch seine Nachfolger. Seitdem ferner Maximilian II. im Jahre 1575 und Rudolph II. 1589 sämmtlichen Städten des Königreiches befohlen hatten, dass sie in allen kirchlichen Angelegenheiten als: Lehre, Liturgie, Besetzung der Pfarreien u. s. f. sich lediglich an die Verfügungen des utraquistischen Consistoriums halten sollten, konnte sich letzteres auf diese zwei kaiserlichen Sendschreiben berufen und auf die Exequirung derselben in jenen Fällen dringen, wo man die kaiserlichen Befehle zu umgehen trachtete und fortfuhr dem Consistorium einen hartnäckigen Widerstand entgegenzusetzen. Aber auch die Kaiser liessen es eben bei dem blossen schriftlichen Erlasse bewenden und zeigten keinen ernstlichen Willen, das Ansehen der utraquistischen Behörde wieder herzustellen. So wurde die geistliche Jurisdiction des Consistoriums immer mehr zu einer illusorischen gemacht; immer inständiger werden daher die Bitten, immer bedenklicher die Klagen, deren einige ein schauerliches Bild der damaligen religiösen Zerrüttung entwerfen. Im Jahre 1589 beklagt sich das Consistorium darüber, dass es vom Beginn seiner Existenz an (1421) durch den ganzen Zeitraum von 168 Jahren nie solchem Spotte und einer so grossen Verachtung preisgegeben worden sei, wie eben jetzt, weshalb es der energischen Beihilfe des weltlichen Armes in keiner Weise mehr entbehren könne.

Eine die Stellung der Utraquisten in Böhmen charakterisirende, für die ganze Zukunft folgenreiche Verfügung war jene, welche die drei Stände des Königreiches auf dem Landtage vom Jahre 1531 (11. Juni) erliessen und welche als siebenter Artikel den über die Verhältnisse der Utraquisten getroffenen Bestimmungen eingereiht wurde. Dieser siebente Artikel verlangte, dass gegen die vom Consistorium getroffenen Entscheidungen keinerlei Appellation stattfinden dürfe, indem die Stände zu dem Administrator und Consistorium das volle Vertrauen hegten, sie würden, eingedenk der ihnen obliegenden Pflichten, ihr Amt so verwalten, dass eine Appellation gar nicht als nothwendig erscheinen dürfte.

Diese in der That merkwürdige Verfügung, das Consistorium als erste und letzte Instanz gelten zu lassen, mag sich wohl zum Theile aus dem Umstande erklären, dass die Utraquisten eben eine ganz specifische Partei im Lande bildeten, welche sich vor jeder Amalgamirung mit den Katholiken (sub una) hütete und deshalb auch nicht unter einer und derselben Jurisdiction mit diesen stehen wollte. Doch von diesem Standpunkte aus würde höchstens das erklärlich sein, warum das Consistorium nach Art der exemten Bisthümer eine vom Erzbischofe unabhängige Stellung erhielt; es scheint auch die Grundintention jenes siebenten Artikels zunächst blos auf den Erzbischof sich bezogen zu haben. So lange nämlich der erzbischöfliche Stuhl vacant war und das Metropolitan-Capitel die kirchliche Regierung Böhmens ausübte (1421—1560), hegten die Utraquisten noch keine Befürchtungen für die Zukunft; es standen einander das „obere" (sub una) und „untere" (sub utraque) Consistorium als coordinirte Behörden gegenüber. Als aber die Ernennung eines Erzbischofes in baldige Aussicht gestellt wurde (und dies scheinen die Utraquisten bereits im Jahre 1531 befürchtet zu haben), da mochten es die Stände, welche sich zur communio calicis bekannten, für eine im Interesse der Selbsterhaltung gebotene Massregel erachten, dass sie gegen jegliche Unterstellung unter die Jurisdiction des Erzbischofes durch Erhebung ihres Consistoriums zur absolut inappellablen Instanz schon im vorhinein Protest einlegten.

Allein unbegreiflich erscheint es, dass einem jeden Utraquisten selbst die Zuflucht zu der letzten Instanz, zum päpstlichen Stuhle nämlich, abgeschnitten war, während doch auch die exemten Bischöfe — wie dies im Princip der kirchlichen Verfassung begründet ist — dem römischen Papste unterworfen bleiben und ihre Exemtion sie eben nur von der Instanz des Metropoliten entbindet. Wir wären im Irrthum, wenn wir etwa die Behauptung aufstellten, als hätten durch den siebenten Artikel die Utraquisten auch die oberste Kirchengewalt des Papstes ignoriren wollen. Denn das Consistorium beruft sich häufig auf Disciplinarentscheidungen des Trienter Concils wie des Papstes [1]),

[1]) Vgl. die Acta Cons. noch vom Jahre 1589.

es duldet keinerlei Herabsetzung des päpstlichen Stuhles, rügt und straft diejenigen Prediger, welche sich gegen denselben ungebührliche Äusserungen zu Schulden kommen liessen, — Alles dies beweist, dass die Utraquisten zwar Niemanden nach Rom appelliren lassen wollten, dass sie aber in anderen kirchlichen Fragen nichts desto weniger die Autorität des Papstes aufrecht zu erhalten gedachten. Wie hätte es auch anders sein können, da ja die Utraquisten auch das wesentliche Merkmal ihrer Partei, die communio calicis nämlich, von einer Concession der allgemeinen Kirche oder des Papstes herleiteten?

Was nun die Folgen des erwähnten siebenten Artikels betrifft, so entsprachen selbe keineswegs den früher gehegten Hoffnungen. Man legte auch nach dem Jahre 1531 Appellationen ein beim Erzbischofe wie bei dem Papste [1]. Ja Manche aus dem Herren- und Ritterstande weigerten sich, das Consistorium auch nur überhaupt als competentes Gericht anzuerkennen [2], indem sie Niemandem als dem obersten Landrichter und der böhmischen Kammer untergeordnet sein wollten. Dagegen wehrte sich nun freilich das Consistorium auf das Nachdrücklichste, es wies unzähligemal darauf hin, dass ihm als einem „kaiserlichen Tribunal" (der Ausdruck: Konsistoř stolice Jeho milosti Císařské war in den Schriftstücken stereotyp geworden) von allen Ständen ohne Ausnahme Gehorsam zu leisten sei. Als aber dessenungeachtet von einer immer grösseren Anzahl der Adeligen und Städte Böhmens dem Consistorium jeder Gehorsam gekündiget wurde, sah sich dieses mit einem Male durch die Tücke des Schicksals in eine Art Inconsequenz hineingetrieben, indem es gezwungen war, dasjenige, wozu es früher Andern die Befugniss hartnäckig zu verweigern pflegte, nun selbst zu thun — nämlich zu appelliren. Das Consistorium appellirte an die Statthalter, an den Erzherzog, an den Kaiser. Eine Menge dieser Appellationen blieb gänzlich unbeantwortet, und wenn endlich auf wiederholte ungestüme Bitten dann und wann eine Antwort erfolgte, so enthielt diese nur die Vertröstung auf eine bessere Zukunft, höchst selten eine Abhilfe für die Gegenwart, und so wurden die Mitglieder des Consistoriums gezwungen das äusserste Mittel zu ergreifen, welches sie aus

---

[1] Ein Beispiel der letzteren kömmt bereits im Jahre 1533 vor.
[2] Acta Cons. 1589 vom 25. Mai.

ihrer verzweiflungsvollen Lage befreien konnte, indem sie nämlich beim Kaiser ihre Resignation einreichten.

Wenn die Sachen bereits am Ende des 16. Jahrhunderts also standen, dann finden wir es allerdings begreiflich, dass die allmälig dahinsiechende utraquistische Kirchenbehörde dem täglich mächtigeren Umsichgreifen des protestantischen Elementes keinen Halt gebieten konnte, und dass sie endlich mit der auf dem Landtage 1609 erfolgten Annahme der böhmischen Confession ohne Sang und Klang begraben wurde [1]).

2. Decani districtuum.

Eine zwischen dem Consistorium und den einzelnen Geistlichen vermittelnde Behörde bildeten die Dechante, decani districtuum genannt, deren Stellung so ziemlich jener unserer gegenwärtigen Bezirks-Vicäre (die in einigen Diöcesen auch jetzt Dechante heissen) gleichkommt. Es scheint, dass das utraquistische Consistorium auf eben denselben Beneficien Dechante zu bestellen pflegte, wo bereits unter den früheren Erzbischöfen die Beneficiaten sub una dieses Amt bekleideten. In den Jahren 1578, 1579 und 1580 wird in den böhmischen Correspondenzen folgendes Verzeichniss der Decanate angeführt:

1. Benešov (Beneschau.)
2. Beroun.
3. Boleslav mladá (Jungbunzlau).
4. Brod český (Böhmisch-Brod).
5. Brod německý (Deutsch-Brod).
6. Bydžov.
7. Čáslav (Čáslau).
8. Domažlice (Tauss).
9. Hora Kutná (Kuttenberg).
10. Chrudím.
11. Jičín.
12. Klatovy (Klattau).
13. Kolín (Neu-Kolin).
14. Kostelec (Elbe-Kosteletz).
15. Kouřím.
16. Králové Hradec (Königgrätz).

---

[1]) Gindely, Rudolph II. und seine Zeit. Band II. pag. 22.

17. Ledeč.
18. Litoměřice (Leitmeritz).
19. Litomyšl (Leitomyschl).
20. Louny (Laun).
21. Mělník (Melnik).
22. Mejto (Hohenmauth).
23. Načeradec.
24. Nimburk.
25. Pardubice.
26. Peldřimov (Pilgram).
27. Písek.
28. Polička.
29. Příbram.
30. Rakovník (Rakonitz).
31. Roudnice (Raudnitz).
32. Sedlčany (Sedletz).
33. Slaný (Schlan).
34. Stříbro (Mies).
35. Sušice (Schüttenhofen).
36. Tábor.
37. Turnov (Turnau).
38. Velvary (Welwarn).
39. Vodňany (Wodnian).
40. Žatec (Saaz).
41. Žlutice (Luditz).

Diese 41 Decanate [1]) sind ein sprechender Beweis dafür, wie verbreitet die utraquistische Partei im 16. Jahrhunderte gewesen sei; denn die geographische Gruppirung der Decanate erstreckt sich fast gleichmässig auf das ganze Königreich Böhmen. — Die Vereinigung mehrerer Decanate unter Ein Archidiakonat, wie dies bei den Katholiken gebräuchlich war, haben die Utraquisten nur in Königgrätz beibehalten; es heisst gewöhnlich am Ende der hieher bezüglichen Consistorialerlässe: „Nach Königgrätz mögen kommen (um sich die hh. Öle abzuholen u. s. f.) die Dechante von Hořic, Jaroměř, Königinhof, Elbekosteletz und Náchod". Wenn wir diese Dechanteien (mit Ausnahme der bereits im obigen Verzeichnisse genannten von

---

[1]) Dem Dechant von Raudnitz wird gewöhnlich der Titel Probst beigelegt.

Elbekosteletz) zu den 41 früher angeführten hinzurechnen, so ergeben sich im Ganzen 45 utraquistische Decanatsdistricte.

Der Dechant nahm unter dem gesammten Klerus seines Districtes den ersten Rang ein und hatte die gehörige Verwaltung der Seelsorge von Seite der Pfarrer und Capläne zu überwachen. Die Dechante hatten ferner an das Consistorium Bericht zu erstatten über die einzelnen Geistlichen des Districtes, ihre moralische Haltung, ihren Eifer für die Verwaltung der Lehre und Liturgie. Insbesondere sollten sie darüber wachen, dass sich auf keiner Pfarrei ein Geistlicher aufhalte, der nicht früher dem Consistorium Gehorsam gelobt hatte oder gar ein Sectirer, der, ohne von einem ordentlichen Bischof ordinirt zu sein, sich in den Besitz eines Beneficiums eindrängte. Eben so hatten sie die verheiratheten oder im Concubinat lebenden Priester dem Consistorium regelmässig namhaft zu machen.

Eine alljährlich immer wiederkehrende Function der Dechante betraf die heiligen Öle, sacri liquores. Dieselben wurden vom Consistorium bald nach den Osterfeiertagen im April oder Mai an die einzelnen Dechante versendet mit einem Begleitschreiben des Inhaltes: Der Dechant solle sämmtliche Pfarrer seines Bezirkes zu sich berufen, die heiligen Öle unter sie vertheilen und im Auftrage des Consistoriums dieselben ermahnen, dass sie sich bei Spendung der Sacramente wirklich der kirchlichen Vorschrift gemäss der heiligen Öle bedienen und die altshergebrachten gottesdienstlichen Gebräuche überhaupt fleissig einhalten, endlich dass sie auch in ihrem priesterlichen Wandel dem Volke zur Erbauung dienen möchten [1]).

Auch auf die Besetzung der Pfründen erstreckte sich die Wirksamkeit der Dechante. So z. B. kommen Fälle vor, in denen das Consistorium, wenn es nicht über alle vacanten Beneficien des Districtes genaue Kenntniss erhalten hatte, den Candidaten zu einem Dechant schickte, mit der Weisung, dass dieser dem Überbringer eine von den eben vacanten Pfründen nach eigenem Gutbedünken verleihen möge [2]).

Endlich waren die Dechante verpflichtet, nach erfolgtem Ableben eines jeden Priesters in ihrem Districte das etwa vorfindliche Testament alsbald in Verwahrung zu nehmen, und dem Consisto-

---

[1]) Missivae Cons. 9. März 1580.

[2]) Ebendaselbst.

rium zur Approbation vorzulegen, und weiterhin sowohl in dem erwähnten Falle als auch bei etwaiger Intestaterbfolge für die unversehrte Erhaltung und rechtmässige Vertheilung des Nachlasses Sorge zu tragen.

Jeder utraquistische Priester musste sich vor Antritt seines Amtes durch ein besonderes Versprechen zum Gehorsam gegen seinen Dechant und das Consistorium verpflichten. Dies ist ausdrücklich vorgeschrieben in den sechs Artikeln, von denen gesagt wird: „Ista sunt breviter, quae nostrae Christianae religioni incorporatus servare tenebitur" [1]). Daselbst heisst es: „Sexto: obediens Administratori et Decano suo, in necessitatibus suis citra propriam vindictam ad illos recurrat, nec locum citra scitum superioris immutare praesumat. In dubiis aut majoribus negotiis superiores consulat. Et id se facturum Domino Administratori manu stipulata promittat".

3. Pfarrer.

Diejenigen Geistlichen, denen vom Consistorium die selbstständige Führung der Seelsorge in einer Gemeinde anvertraut wurde, hiessen nach dem allgemeinen kirchenrechtlichen Ausdrucke Pfarrer, parochi, plebani.

Durch den 10. Artikel der Landtagsbeschlüsse vom Jahre 1531 war bestimmt worden: „Es solle Niemand in anderer Weise zum Pfarrer einer utraquistischen Gemeinde eingesetzt werden, als mit der Bewilligung und Confirmation von Seite des Administrators und Consistoriums. Auch sollte dem Consistorium das Recht zustehen, jeden Pfarrer mit Einverständniss des Patrons auf eine andere Pfarrei zu transferiren".

Die Praxis bei Besetzung der Beneficien, wie sich selbe unter den Utraquisten gestaltete, ist eine ganz eigenthümliche und divergirt von der gegenwärtigen Besetzungsform in mehreren Punkten.

War nämlich ein Beneficium erlediget, so ging die Ernennung des neuen Pfarrers nicht alsogleich vor sich, sondern erst vom nächsten Georgi- oder Galli-Termin, wie ja diese beiden Zeit-

---

[1]) Acta Cons. Utr. 1539.

punkte noch jetzt bei manchen Mieth- und Dienstcontracten in Böhmen als massgebend gelten. Wenn sonach inmitten dieser Zeit ein Pfarrer starb, so wurde entweder (bei grossem Priestermangel) die Seelsorge der verwaisten Gemeinde interimistisch einem benachbarten Pfarrer übertragen (der somit eine Zeit lang zwei Beneficien zu verwalten hatte), oder es wurde ein eigener Administrator mit dem Titel eines Vice-Pfarrers oder Vice-Dechantes [místofarář, místodékan] bestellt, der bis zur definitiven Besetzung der Pfründe die Seelsorge verwaltete. War jedoch das Beneficium dadurch erlediget, dass der bisherige Pfarrer auf eine andere Pfründe versetzt transferirt) wurde, so musste er bis zum nächsten Georgi- oder Galli-Termin auf seinem ersten Beneficium verharren, wenn er auch die Confirmation auf das zweite bereits vom Consistorium erhalten hatte. — Es galt daher als grober Verstoss gegen die Regel, wenn ein Pfarrer zu sonst einer Zeit als jenen zwei Wanderungsfristen von seinem Beneficium enthoben und auf ein anderes transferirt zu werden wünschte; er musste auch in dem Falle, wenn er von der Gemeinde bereits Abschied genommen hatte, auf seiner Pfarre verbleiben, bis ihm vom nächsten Termin an die Übersiedlung nach seinem neuen Bestimmungsorte gestattet wurde.

Zunächst nun erschien es bei einer jeden Vacatur als Pflicht des Patrons und der Eingepfarrten, sich um einen neuen Pfarrer zu bekümmern. Der Patron (Collator) meldete dem Consistorium den erfolgten Tod des Pfarrers schriftlich oder persönlich und bat, es möchte ein von ihm Präsentirter, oder falls er keinen namhaft machte, überhaupt ein utraquistischer Geistlicher auf das erledigte Beneficium confirmirt werden. Gehörte das Patronatsrecht einer Commune, z. B. einer Stadtgemeinde, so verlangte die Sitte, dass eine Deputation von Bürgern (páni vyslaní, starší osadní = Gemeinde-Ältesten) im Namen der ganzen Pfarrgemeinde (doch mussten die Deputirten immer mit einem Beglaubigungsschreiben versehen sein) die Bitte um Bestätigung des Pfarrers mündlich in der Consistorial-Kanzlei vortrug, worauf die Räthe mit dem Administrator nach gepflogener kurzer Berathung sogleich eine mündliche Antwort ertheilten, oder aber wenn sie hinsichtlich der Fähigkeit des Präsentirten irgend welche Bedenken trugen, die Abgesandten mit dem Versprechen entliessen, es werde der Gemeinde die schriftliche Erledigung ihrer Bitte zugesendet werden.

Hatte das Consistorium gegen den Präsentirten nichts einzuwenden, so erfolgte die Bestätigung (Confirmatio) desselben
ohne allen Anstand.

Doch gab es der Fälle genug, in denen gegen die Confirmation
Schwierigkeiten erhoben oder diese gänzlich verweigert wurde.
Wenn nämlich ein Priester eigenmächtig und ohne die Clausel, welche
den Vorbehalt der Consistorialbestätigung enthielt, einen Contract mit
der Gemeinde abschloss oder sogar vom Patron oder der Gemeinde
sich hatte in die Pfarrei einführen lassen, dann erklärte das Consistorium ein solches der Landesordnung zuwiderlaufende Verfahren
für unrechtmässig und den geschlossenen Contract für ungiltig und
verweigerte die Confirmation, oder es liess sich dasselbe nur durch
wiederholte inständige Bitten bewegen, den Pfarrer zu bestätigen.

Seit Beginn der zweiten Hälfte des 16. Jahrhunderts gibt sich
bei den Patronen und Stadtgemeinden immer häufiger das Bestreben
kund, sich von den alten Satzungen der Utraquisten allmälig zu eman-
cipiren; und dieses Bestreben geht Hand in Hand mit der immer
offener zu Tage tretenden Hinneigung zu der Augsburgischen Confession. Man präsentirte daher dem Consistorium solche Priester,
welche verheirathet waren oder im Concubinate lebten, oder welche
sich um die liturgischen Vorschriften wenig bekümmerten und will-
kürliche Änderungen im Gottesdienste einführten; man präsentirte
sogar Geistliche, die in Wittenberg, Leipzig, Frankfurt eine sogenannte „Ordination" erhalten hatten, die somit nach utraquistischer
Anschauung gar nicht giltig geweiht waren. Alles dieses geschah in
der Absicht, damit solchergestalt acquirirte Pfarrer sich jederzeit
als bereitwillige Werkzeuge hergäben, um bei Verkündigung der
Lehre wie bei Anordnung des Gottesdienstes sich ausschliesslich
nach dem Commandowort ihrer Beschützer zu richten.

Gegen derartige Übergriffe wehrte sich das Consistorium mit
allen ihm zu Gebote stehenden Mitteln. Dasselbe verweigerte mit un-
beugsamer Consequenz die Bestätigung einem Jeden, der die nothwendige Bedingung des Gehorsams zu erfüllen sich sträubte, der
einen unsittlichen Lebenswandel führte, oder der gar nicht giltig
ordinirt war. Wenn die ernste Gegenvorstellung, welche der Partei
gemacht wurde, ihren Zweck verfehlte, so pflegte das Consistorium
alsbald eine Klagschrift an die Regierung oder den Kaiser selbst zu
richten, worin es auf die der katholischen Religion so gefährlichen

Folgen aufmerksam machte, die ein fortgesetzter Ungehorsam der böhmischen Städte nothwendig herbeiführen müsse, und worin es zugleich um eine wirkliche Abhilfe diesen Missständen gegenüber dringend ersuchte.

Nicht selten ereignete es sich, dass eine Pfarre durch längere Zeit unbesetzt blieb, und zwar aus dem Grunde, weil sich Patron und Gemeinde um die Einsetzung eines neuen Pfarres gar nicht bekümmerten. In solchen Fällen wurde vom Consistorium selbst, nachdem es vergeblich auf eine Präsentation von Seite der hiezu Berechtigten gewartet, ein beliebiger Priester auf die vacante Pfründe confirmirt.

Unter allen utraquistischen Geistlichen nahmen die Prager Pfarrer neben dem Consistorium den hervorragendsten Platz ein. Soweit die Acten nachweisen, gab es zu Prag im Ganzen 20 utraquistische Pfarrsprengel, nämlich:

1. Teyn (laeta Curia); 2. St. Castulus; 3. St. Stephan; 4. St. Heinrich; 5. St. Nikolaus auf der Altstadt; 6. St. Galli; 7. St. Peter am Poříč; 8. St. Martin; 9. St. Michael in Opatowič; 10. St. Wenzel am Zderaz; 11. St. Apollinar; 12. St. Adalbert in Smradař; 13. St. Aegyd; 14. St. Nikolaus auf der Kleinseite; 15. St. Maria in lacu miseriae; 16. St. Jakob; 17. St. Leonard; 18. St. Valentin; 19. St. Michael auf der Altstadt; 20. St. Clemens am Poříč [1]).

Dazu kam noch die Predigerstelle an der Betlehemskapelle, welche ein selbstständiges Amt bildete und gewöhnlich vom Administrator oder einem Consistorialrath versehen wurde, dann einige kleine Kapellen (z. B. die Kreuzkapelle auf der Altstadt) und gegen das Ende des 16. Jahrhundertes befand sich eine Zeit lang auch der Abt von Emaus unter der Obedienz des Consistoriums.

Der erwähnte Vorzug, welcher den Prager Pfarrern eingeräumt wurde, war einerseits begründet durch den Vorrang der königlichen Hauptstadt vor den anderen Ortschaften; anderseits hatte auch der Umstand, dass in Prag das Consistorium seinen Sitz hatte, dass die Mehrzahl der Assessoren, manchmal auch der Administrator selbst aus der Zahl der Prager Pfarrer erkoren wurden, bedeutend dazu beigetragen, auch die übrigen nicht zum Consistorium gehörigen

---

[1]) Acta Cons. Utr. 1526.

Archiv. XXXVI. 2.

Pfarrer der Hauptstadt gleichsam als ein erweitertes Consistorium anzusehen.

Man muss den Acten gemäss zweierlei Arten von Versammlungen des Prager Klerus unterscheiden: Erstens ordentliche, periodisch wiederkehrende, und zweitens ausserordentliche, bei einzelnen besonderen Anlässen veranstaltete Zusammenkünfte.

Erstere wurden regelmässig innerhalb der vier Quatemberwochen des Jahres abgehalten. Wie aus den meisten Actenstücken erhellt, pflegten bei jeder dieser Versammlungen zunächst die Statuta vorgelesen zu werden. Worin diese Statuta bestanden, ist mit ziemlicher Sicherheit aus einer Urkunde vom Jahre 1540 zu erschliessen, deren (von späterer Hand angebrachte) Überschrift also lautet: „Leges Consistorii, quae diebus Angariae (Quatember) praeleguntur". Hier wird die im Collegium Caroli unter dem Vorsitz des Administrators Mag. Martinus Klatovinus tagende Versammlung genannt: „Plena Convocatio totius cleri Pragensis utriusque partis", und wir hätten somit eine Parallele oder ein Analogon zu den Convocationes Cleri, welche katholischerseits vom Erzbischof oder den Archidiakonen zu jener Zeit abgehalten zu werden pflegten. In jenen leges Consistorii werden einige allgemeine Verhaltungsregeln aufgestellt, welche das gegenseitige Verhältniss zwischen Kaplan und Pfarrer, die rechte Verwaltung des Predigeramtes und der Liturgie, so wie das äussere Decorum der Priester normirten. Nachdem die Statuten vorgelesen waren, wobei Pfarrer und Kapläne (kněží mladí) zugegen sein mussten, pflegte der Administrator nach Umständen noch besondere Wünsche, Ermahnungen oder Rügen beizuschliessen. So wurden in der Convocation vom 13. December 1564 einige Verordnungen bezüglich des Gottesdienstes, Gesanges und Geläutes während der nächsten Weihnachtsfeiertage gegeben. In einer anderen Convocation vom 26. Februar 1540 wurde dem Klerus aufgetragen, in der Fastenzeit die Gläubigen zur Beichte zu ermuntern und bei der Liturgie der Osterfeiertage die gehörige Ordnung einzuhalten.

Neben diesen periodischen Convocationen gaben aber besondere Vorfälle öfters Anlass zu einer ausserordentlichen Versammlung des Prager Klerus. In einer solchen wurde z. B. im Jahre 1540 (am 26. Juli) der Beschluss gefasst, dass alle Pfarrer insgesammt sich auf das Alt- und Neustädter Rathhaus begeben und den Bürger-

meistern zureden sollten, dass sie den sich immer mehr häufenden
Vergehen gegen die öffentliche Sittlichkeit einmal Einhalt
thäten; es wurden in Folge dessen die Gemeinde-Ältesten, Hauptleute und Zunftvorsteher zusammenberufen; sie versprachen nach der
vom Administrator an sie gerichteten Ermahnung dafür zu sorgen,
dass der überhandnehmenden Unsittlichkeit nach Kräften gesteuert
werde. — Am 10. Mai 1541 wurden abermals die Prager Pfarrer
und die Magistri der Universität zu einer Versammlung erbeten; man
einigte sich dahin, dass sowohl das Consistorium als die Universität
ihre Rechte gegen die Übergriffe der Prager Städte werden
zu wahren suchen. Zugleich wurde als Grundsatz ausgesprochen:
Das Recht, die Testamente der Geistlichen zu approbiren, gebühre
dem Consistorium, nicht aber der weltlichen Behörde. — Als im
Jahre 1564 die Pest in Prag wüthete, wurden die Pfarrer auf Anordnung des Erzherzoges Ferdinand am 6. October zusammenberufen
und ihnen vom Consistorium aufgetragen, sie mögen jeden Sonntag
immer ein genaues Verzeichniss der von der Pest Dahingerafften dem
Bürgermeister einhändigen. — Einen anderen Anlass zur Convocation bot der Landtag vom J. 1565, auf welchem die für den Tür-
kenkrieg erforderlichen Kriegsrüstungen berathen wurden. Der Erzbischof hatte befohlen, dass die Priesterschaft sub una mit den Gläubigen eifrig dem Gebete obliege, um dem kaiserlichen Heere den
Sieg über die Feinde der Christenheit zu erflehen; diesen Gebeten
schloss sich nun auch das utraquistische Consistorium mit den
Pfarrern und Gläubigen an [1]).

4. Kapläne.

Denjenigen Beneficiaten, welche für die geistlichen Bedürfnisse
einer zahlreicheren Population zu sorgen hatten, wurden jüngere
Priester als Vicarii oder Capellani beigesellt. Wir finden solche
auf sämmtlichen Pfarreien Prags und in den meisten Landstädten.

Über das gegenseitige Verhältniss zwischen Pfarrer und Kaplan
bieten uns einige Actenstücke interessante Angaben [2]). Wie ein Vater
seinen Sohn, so soll der Pfarrer seinen Kaplan behandeln, ihn unter-
richten, ermahnen, zurechtweisen, in Wort und That ihm mit gutem

---

[1]) Acta Cons. Utr. 4. Juli 1565.
[2]) Acta Cons. Utr. 1526. 1540 (10. März).

Beispiele voranleuchten; der Kaplan soll dem Pfarrer gehorchen.
Sollte sich der Kaplan unfolgsam gegen seinen Pfarrer benehmen, so
möge ihn dieser in sein Zimmer rufen und ihn zurechtweisen. Hätte
umgekehrt der Kaplan sich in etwas über den Pfarrer zu beschweren,
so möge er es ihm wie ein Sohn seinem Vater melden und ihn um
seine väterliche Liebe bitten. Sollte dies erste Mittel nicht zum
Zwecke führen, dann mögen beide noch einen oder zwei Pfarrer
zu sich erbitten, damit diese den entstandenen Zwist schlichten. Erst
dann, wenn auch dieses zweite Mittel erfolglos bliebe, möge die Klage
dem Administrator selbst vorgetragen werden.

Vor jeder Predigt musste der Kaplan das Elaborat derselben
dem Pfarrer vorzeigen, damit man sicher sei, dass er wahrhaft das
Wort Gottes verkünde, nicht aber irrige Ansichten vorbringe; auch
sollten sich die Kapläne auf der Kanzel jeder strengen Zurechtweisung der Gläubigen enthalten, indem dieses nur den älteren Priestern
zustehe.

Auch in seinem häuslichen Leben solle der Kaplan vom
Pfarrer überwacht werden, so zwar, dass er ohne Erlaubniss des
Pfarrers gar nicht aus dem Hause gehe. In der Kost solle der Kaplan nicht wählerisch sein, sondern sich mit dem, was ihm am Tische
des Pfarrers verabreicht wird, zufriedenstellen und überhaupt die
möglichste Demuth und Geduld in Allem bewahren.

Jeder Kaplan musste wenigstens drei Jahre in der Seelsorge
gearbeitet haben, bevor er um ein Beneficium petirte. Diese Einrichtung ist im allgemeinen Kirchenrechte zwar nirgends begründet,
allein in Böhmen gilt sie auch heutzutage noch als Gesetz. Nebstdem
bestand auch eine andere eigenthümliche Gewohnheit unter den Utraquisten. Nach der Ordination nämlich musste jeder Priester alsbald
vor dem Administrator und Consistorium den feierlichen Obedienzeid leisten; hierauf erst erhielt er eine Kaplanstelle, wobei ihm auch
die Zeit vorausbemessen wurde, wie lange er auf seinem Posten als
Kaplan zu verbleiben habe, in der Regel 3, 4, 5, höchstens 6 Jahre.
Zwei Bürgen mussten unter eventueller Strafe von 50 Schock
Groschen dafür haften, dass der Kaplan sich vor Ablauf der festgesetzten Frist von seinem Posten nicht entfernen werde. Während
dieser Zeit durfte sich der Kaplan um keine Pfarre bewerben, ausser
er hätte früher die ausdrückliche Erlaubniss des Consistoriums dazu
erhalten; diese wurde ihm jedoch unbedingt in dem Falle verweigert,

wenn er noch nicht volle drei Jahre seiner seelsorgerlichen Thätigkeit aufweisen konnte.

Mit Rücksicht auf die ganz eigenthümlichen Verhältnisse der Ordinanden [1]) gestattete das Consistorium nicht selten, dass ein Studierender der Theologie noch vor Empfang der Priesterweihe einen Vertrag eingehen durfte, worin er einer Gemeinde oder deren Pfarrer versprach, die ersten 3 oder 4 Jahre nach seiner Ordination als Kaplan daselbst verbleiben zu wollen.

Es erübriget noch die Bemerkung, dass ein jeder Priester, der von den Katholiken sub una zur utraquistischen Partei übertrat, selbst dann, wenn er bisher Pfarrer gewesen, einige Zeit hindurch als Kaplan fungiren musste; gewöhnlich wurde er einem Prager Pfarrer beigegeben, damit er von ihm in allen Sitten und Gebräuchen der utraquistischen Partei gründlichen Unterricht erhalte.

II. Befähigung zum Amte.

1. Ordination.

Ein charakteristisches Moment des eigentlichen und echten Utraquismus bildet die mit grösster Consequenz befolgte Unterscheidung zweier zur Verwaltung eines kirchlichen Amtes nothwendigen Acte, nämlich der Ordination und Jurisdiction.

Diese Unterscheidung ist zum Zwecke einer richtigen Beurtheilung des Utraquismus von wesentlichem Belange. Das katholische Kirchenrecht hält nämlich principiell den Satz aufrecht: Dass die Ertheilung des Sakramentes der Priesterweihe ein von der Jurisdictionirung wesentlich verschiedener Act sei. Hingegen haben sämmtliche ausserhalb der katholischen Kirche stehende christliche Confessionen die Sakramentalität des Priesterthums fallen lassen, so zwar, dass bei ihnen die actuelle Übertragung eines bestimmten kirchlichen Amtes (Jurisdiction) auch schon die habituelle Befähigung zur Verwaltung des Priesteramtes überhaupt (Quasi-Ordination) in sich schliesst, mit ihr also zusammenfällt.

Somit dient uns das Festhalten an der Sakramentalität der Priesterweihe als Probirstein, an welchem wir die wahren Utraquisten zu erkennen vermögen, und zugleich als Scheidegrenze, über

---

[1] Siehe weiter unten über die „Ordination".

welche hinaus der Übergang in das protestantische Lager statt-
findet.

Wenn wir nun auf die Utraquisten vom Jahre 1525 zurück-
blicken, so finden wir die Ordination als eines der sieben Sakra-
mente ausdrücklich angeführt in den dogmatischen Bestimmungen,
von denen es heisst: „Accedentibus ad partem utriusque speciei isti
offeruntur articuli". Die hieher bezügliche Stelle lautet: „Ordinem
Clericorum Christi ordinationem nemo est qui dubitat, dum
aliquos elegit, asseclas vocavit ac designavit, quibus dedit auctoritatem baptizandi, praedicandi, infirmos curandi ... et post suam resurrectionem [1]) .. insuper potestatem conficiendi corpus et sanguinem
suum dicens: „Hoc facite" etc. et absolvendi: „Accipite" etc. —
Und damit durchaus kein Zweifel übrig bleibe, wird hinzugesetzt:
„Tamen vero excludimus omnes, qui ordinem clericorum contemnunt,
se ipsos omnes consecratos a Christo summo pontifice (das sogenannte allgemeine Priesterthum) ajunt, vel qui temerarie soli
non consecrati alios consecrant, manus imponunt et per sortem
ex se eligunt." — Bei dem Abschnitte über die heilige Messe wird
endlich gesagt: „Tamen abhorremus ejusmodi homines, qui sine
charactere et dignitate sacerdotali soli temerarie in locis
obscuris aut cavernosis consecrant ..., contra ritum ecclesiasticum
consecrantes missas peragunt et alios ejusdem farinae communicant".

Die Priesterweihe galt demnach als Sacrament und als conditio
sine qua non zur Bekleidung eines kirchlichen Amtes. Es durfte Niemand unter die Zahl der ordentlichen utraquistischen Priester (v po-
čet jiného kněžstva pořádného strany pod obojí spůsobou) aufgenommen werden, ausser er konnte den Beweis liefern, dass er die Priesterweihe giltig empfangen habe.

Zur Beurtheilung der Giltigkeit oder Ungiltigkeit der
Weihe ist es aber von grösster Wichtigkeit, dass wir uns die Frage
beantworten: Von wem wurden die utraquistischen Priester ordinirt?

Die Natur der Sache und die Analogie des katholischen Kirchenrechtes musste nothwendig das Postulat eines eigenen utraqui-

---

[1]) Es scheint, dass im Manuscript an dieser Stelle eine Zeile ausgelassen wurde; denn
die „potestas conficiendi corpus etc." hat Christus bereits vor seinem Tode den
Aposteln gegeben.

stischen Bischofes aufstellen, welcher durch die jährlich vorzunehmende Ordination von Klerikern, die unter seiner Aufsicht erzogen wurden, den geistlichen Bedürfnissen der ihm anvertrauten Gläubigen entgegengekommen wäre. Allein die Utraquisten hatten eben nie einen eigenen Bischof; der Administrator übte zwar mit den Consistorialräthen die kirchliche Regierung aus, d. h. Jurisdictionsrechte da er aber selbst nur Priester war, so war er nach katholischem Dogma nicht befähigt, Jemanden zu weihen; auch finden wir in der Geschichte kein einziges Beispiel, dass irgend ein Administrator sich das Weiberecht angemasst hätte.

Ein anderes dem eben erwähnten am nächsten kommende Auskunftsmittel bezüglich der Ordination wäre somit nur bei dem Prager Erzbischof zu suchen gewesen. Aber auch der erzbischöfliche Stuhl blieb vom Jahre 1421 bis 1560 vacant; daher können wir erst nach diesem letztgenannten Jahre die Frage stellen, ob sich die Prager Erzbischöfe dazu herbeigelassen haben, utraquistische Kleriker zu ordiniren.

Zunächst jedoch kommt die Zeit von 1421 bis 1560 in Betracht. Aus dem 15. Jahrhunderte sind bisher keine diesbezüglichen Quellen eruirt worden'; zwar finden wir einige Aufklärung in der aus der Zeit des Compactatenabschlusses uns aufbewahrten Notiz, es habe der mit dem päpstlichen Legaten in Prag weilende Bischof Philibert einer Menge von Klerikern sub una und sub utraque die Priesterweihe ertheilt [1]). Doch im Ganzen mochten sich ähnliche Fälle, dass nämlich ein Bischof sich in Prag zur Ordination eigens eingefunden hätte. nicht oft wiederholen, und es wird uns somit erlaubt sein, aus der in der ersten Hälfte des 16. Jahrhundertes vorwaltenden Praxis eine berechtigte Schlussfolgerung auch für das 15. Jahrhundert zu ziehen.

Es ist nicht sichergestellt, wie lange die Candidaten des Priesterstandes bei den Utraquisten sich dem Studium der Theologie an der Prager Universität widmeten. So viel jedoch erhellt aus einer Menge von Actenstücken, dass dieselben zur Beendigung ihrer Studien in fremde Länder geschickt wurden, zumeist nach Italien, besonders nach Venedig, wo sie auch gewöhnlich die Weihen empfingen.

---

[1]) Palacký, Geschichte Böhmens III. Bd., zum Jahre 1436.

Zu einer so weiten und mühsamen Reise, so wie zur Bestreitung
des nothwendigen Lebensunterhaltes in der fremden Stadt mussten
nun die Theologen allerdings sich mit dem erforderlichen Gelde
versehen. Da es aber den meisten Studierenden an eigenem Vermögen
gebrach, so hat sich allmälig ein ganz besonderer Modus herausge-
bildet, wornach sich die Candidaten Geld auf ihre Reise verschafften.
Es geschah dies in der Weise, dass ein Pfarrer oder eine Pfarrgemeinde, die eines Kaplans bedurfte, dem jungen Theologen eine
bestimmte Summe Geldes darlieh, wogegen dieser sich verpflichtete,
nach seiner Rückkehr aus Italien einige (manchmal 2, zumeist 3—4,
höchstens 5) Jahre hindurch die Kaplanstelle in jener Pfarrgemeinde versehen zu wollen [1]). Durch dieses Mittel erhielt einerseits
die Gemeinde schon im voraus eine Bürgschaft dafür, dass sie nach
einem oder zwei Jahren einen Kaplan bekommen werde, was bei dem
häufig vorkommenden Priestermangel nicht gleichgiltig erscheinen
konnte; anderseits war dem zukünftigen Kaplan in der erwähnten
Weise eine leichte Gelegenheit geboten, seine Schuld nach und nach
abzutragen. Ein solcher Fall wird z. B. bei dem Jahre 1546 angeführt. Die Gemeindeältesten der St. Wenzelspfarre am Zderaz in
Prag hatten dem Johann Knechtowič auf seine Reise nach Italien
15 Schock Meissner Groschen geliehen. Da er jetzt als Priester zurückgekehrt war, musste er seinem Versprechen gemäss 3 Jahre als
Kaplan bei St. Wenzel verbleiben; auf die Zahlung von 5 Schock
verzichtete die Gemeinde sogleich; zur Deckung der noch übrigen
Schuld von 10 Schock wurden dem Kaplan alljährlich 3 Schock und
20 Groschen von seinem Gehalte abgezogen. — Ein andermal betrug
die dargeliehene Summe 15 Thaler, bei einem Kaplan im Teyn
24 Schock Meissner, einmal auch 27 Schock Meissner (bei jährlicher
Abzahlung von 5 Schock blieb dem Kaplan ein jährlicher Gehalt von
3 Schock), 20 ungarische Gulden u. s. f. [2]).

Bevor aber die jungen Theologen die Reise nach Italien antra-
ten, mussten sie ein Examen vor dem Consistorium bestehen, damit
sich dieses die Überzeugung verschaffen könnte, dass die jungen
Männer wirklich Fortschritte in den theologischen Wissenschaften
gemacht und daher fähig seien, bald die Weihen zu empfangen.

---

[1]) Siehe Acta Cons. Utr. 1537, 1538, 1546.

[2]) Acta Cons. Utr. 1531, 1538, 1546, 1555.

Nach glücklich überstandener Prüfung erhielten die Candidaten
die sogenannten Dimissorialien, d. i. ein ämtliches Schreiben,
worin das Consistorium den italienischen Bischof ersuchte (respective
bevollmächtigte), er möge den Überbringern die heiligen Weihen
ertheilen. Da nach dem allgemeinen Kirchenrechte nämlich ein jeder
Bischof nur die ihm untergeordneten, unter seiner Jurisdiction stehenden Kleriker weihen darf, so mussten die utraquistischen Theologen aus der Gewalt des Consistoriums auf eine Zeit lang entlassen
(dimittirt) werden und kehrten erst nach erlangter Weihe abermals
unter die Jurisdiction des Consistoriums zurück.

Allein selbst wenn diese Theologen mit genauer Mühe das er-
forderliche Reisegeld zusammengebracht, wenn sie das Examen bestanden und mit Dimissorialien versehen sich auf den Weg gemacht
hatten, konnten sie doch bei den italienischen Bischöfen nicht
immer die freundlichste Aufnahme gewärtigen. Da nämlich in Italien
die mit Böhmen geschlossenen Compactaten keine Geltung hatten,
auch überdies vorauszusetzen ist, dass sie den italienischen Bischöfen
kaum dem Namen nach bekannt waren, so mochte sich nicht leicht
ein Bischof entschliessen, ohne ausdrückliche Genehmigung des apostolischen Stuhles utraquistische Kleriker zu ordiniren; wie denn im
Jahre 1562 auf dem ökumenischen Concil von Trient das Recht, die
communio sub utraque specie den Gläubigen zu gestatten, ausdrücklich dem Papste reservirt wurde [1]).

Um jeder Verlegenheit auszuweichen, ordinirte der italienische
Bischof die Utraquisten unter der Bedingung, dass sie sub una
communicirten. Diese Bedingung ist schon im römischen Ordi-
nationsritus an und für sich begründet. Die neugeweihten Priester
celebriren nämlich zugleich mit dem Bischof die heilige Messe, sprechen alle Gebete laut mit und empfangen aus der Hand des Bischofs
die heilige Communion — jedoch nur unter Einer Gestalt, der des
Brodes. — Zugleich mussten sich die neugeweihten utraquistischen
Priester verpflichten, auch den Gläubigen die Communion unter
Einer Gestalt zu spenden.

Waren die in solcher Weise Ordinirten nach Prag zurückgekehrt, so traten sie vor das Consistorium und leisteten einen
Widerruf in folgenden Worten: „Wir N. N. etc. klagen uns an

---

[1]) Tridentinum sess. XXII. Decr. super petit. concessionis calicis.

vor Gott dem Allmächtigen und Ihnen Allen an Statt der Kirche
Christi, dass wir uns gegen Gott und gegen die Einigkeit dieser heiligen utraquistischen Kirche versündiget haben, indem wir in Italien
vor dem Bischofe, der uns zu Priestern weihte, ein ungebührliches
Versprechen gegen das Wort Gottes ablegten; auf dieses Versprechen
hin haben wir gegen die Anordnung Jesu Christi unter Einer Gestalt
die heilige Communion empfangen. Diese Sünde bereuen wir vom
ganzen Herzen, klagen uns vor Gott und seiner Kirche und Ihnen
Allen an Statt der Kirche an, damit Sie für uns beten, auf dass uns Gott
diese Sünde verzeihe und uns zu seinen Dienern aufnehme. Und Sie,
Herr Administrator, so wie die Herren Magistri, Consistorialräthe und
Pfarrer bitten wir demüthigst, dass Sie uns verzeihen und uns als
Söhne gnädigst aufnehmen möchten. Und wir wollen gerne Busse
thun und Ihren Willen in allen Stücken jetzt und zukünftig erfüllen" [1]).

Wir können uns aus diesem Schriftstücke eine ziemlich klare
Vorstellung machen von dem deprimirenden Eindrucke, welchen das
sittliche Gefühl der jungen Priester erleiden musste, wenn diese gezwungen waren, gleich beim Beginn ihrer priesterlichen Wirksamkeit einen Treubruch zu begehen, falls sie überhaupt im Verbande
des Utraquismus bleiben wollten. Kaum dürfte sich der Leser beim
Durchblättern der späteren Acta, welche unzählige Beweise von dem
Ungehorsam utraquistischer Priester bieten, des Gedankens an die
rächende Nemesis erwehren. Oder sollte es einem Priester, der in
Gegenwart und mit Zustimmung des Consistoriums sein dem ordini-
renden Bischofe feierlich gegebenes Wort brach, gar so schwer
fallen, auch seinen, jenem Consistorium geleisteten Obedienzeid
zu verletzen?

Doch wir wollen wenigstens in manchen Punkten das Consistorium entschuldigen; wir wollen gerne anerkennen, dass der Drang
der Umstände eine Massregel aufrecht erhielt, die man vom Standpunkte des Rechtes nicht billigen kann. Das Consistorium zeigt sogar
selbst ein aufrichtiges Streben, die Sache besser zu machen.
Als nämlich um das Jahr 1548 die grossen mit der Reise nach Italien
verbundenen Unkosten und Gefahren den Studierenden die Theologie
so sehr verleidet hatten, dass ein grosser Priestermangel eintrat,
stellte das Consistorium an den berühmten Bischof Friedrich Nausea

---

[1]) Acta Cons. Utr. 1543 (23. Mai).

zu Wien das Ersuchen, er möchte fünf Jünglingen die heiligen Weihen
ertheilen und auch in Zukunft möchte er die utraquistischen Theologen ordiniren. Allein es wird die Bitte hinzugefügt: „Ne adolescentes isti ad communionem unius speciei teneantur ac obligentur, donec de hac re a tota Ecclesia certo aliquid conclusum fuerit". Zur Begründung dieser Bitte wird wohl gesagt: „Siquidem Italiae Episcopi, dum aliquos nostrae partis ad sacerdotalem dignitatem evehunt, tales eorum more ac ritu religionis communicare domi suae sinunt". Es lässt sich aber mit diesem Brief an Nausea recht gut das in Einklang bringen, was oben berichtet wurde, dass die italienischen Bischöfe nämlich bei der Ordination selbst (also zwar nicht „domi suae", aber doch in Italien) den Utraquisten die Communio nur sub una reichten. Deshalb scheint nicht ohne Absicht das Wort „domi suae" gewählt zu sein, indem die italienischen Bischöfe allerdings das nicht verhüten konnten (sinunt), was die neugeweihten Priester zu Hause in Böhmen thaten, wie jener oben angeführte Widerruf bezeugt.

Es ist sehr zu bezweifeln, dass der Wiener Bischof auf diesen Antrag des Consistoriums eingegangen sei; wenigstens verlautet nirgends etwas von einer bejahenden Antwort desselben; im Gegentheile finden wir, dass in den nächstfolgenden Jahren 1549, 1550, 1551 u. s. f. die Kleriker abermals in Italien die Priesterweihe erhielten.

Einige Briefe, welche das Consistorium in den Jahren 1549—1551 an den Bischof Titus Cheronensis zu Venedig richtete, enthalten abermals die Bitte um Ordinirung der Theologen und zugleich um Zuschickung der heil. Öle: ein Beweis, dass die Unterhandlungen mit dem Bischof Nausea zu keinem günstigen Resultate führten. Zugleich aber geben uns diese Briefe Aufschluss über eine frappante Schwierigkeit, welche sich bezüglich der Ordination der Kleriker dem Consistorium entgegenstellte. Der Bischof Titus Cheronensis hatte nämlich durch einige von ihm geweihte Priester nach Prag sagen lassen, er werde in Zukunft keinen einzigen Utraquisten mehr ordiniren, wenn ihm das Consistorium nicht ein schönes Pferd (equum aliquem elegantem) zum Geschenke verehre. Darüber gerieth das Consistorium in eine grosse Bestürzung; in der 1550 an den Bischof gerichteten Antwort bedauert dasselbe, dass es einen solchen equus elegans nicht schicken könne, indem die Böhmen

selbst die schönsten Pferde aus Moskau, Russland überhaupt und aus
Preussen holten; und selbst wenn ein solches Pferd zu kaufen wäre,
so habe das Consistorium keinen verlässlichen Mann, der das Pferd
glücklich bis nach Venedig schaffen könnte. Gerne wolle es dem
Bischofe bezüglich anderer Geschenke, die in Böhmen leichter zu haben
wären, willfährig sein; nur möge er jetzt die drei ihm zugeschickten
Jünglinge zu Priestern weihen.

In unserer Zeit würde die Forderung des Bischofes Titus als
eine unerlaubte, simonistische überall zurückgewiesen werden. Damals
aber — vor Beendigung des Trienter Concils — war sie eben nichts
Ungewöhnliches. Auch lag wohl der Grund einer derartigen Forderung in den ziemlich beschränkten Einkünften des Titus Cheronensis, der als blosser Weihbischof (Episcopus in partibus)[1] den
Wunsch nach einem equus elegans am leichtesten auf fremde Unkosten befriedigen zu können vermeinte. Da er aber keine so grossartigen Geschenke erwarten durfte, begnügte er sich auch mit sechs
Dukaten, welche ihm mit der Bitte um die heil. Öle im Jahre 1551
das Consistorium überschickte; ja bei einer ähnlichen Gelegenheit im
Jahre 1549 nahm er auch ein Dutzend böhmischer Messer (cultros
bohemico artificio paratos) dankbar an. —

Zum Beweise der wirklich erfolgten Ordination musste jeder
von den neugeweihten Priestern sich von dem Bischof die sogenannten
literae formatae geben lassen, worin dieser bezeugte, dass er
dem Überbringer wirklich die heil. Weihen ertheilt habe. Diese
formatae musste Jeder bei seiner Ankunft in Prag dem Consistorium
vorzeigen, worauf ihm erst ein Amt angewiesen wurde.

Die im Vorigen angedeuteten mannigfachen Schwierigkeiten bezüglich der Ordination utraquistischer Theologen liessen erwarten,
dass das Consistorium die im Jahre 1561 erfolgte Besetzung des
Prager Erzbisthums durch Anton von Müglitz mit Freuden be-
grüssen werde. Denn jetzt endlich glaubte man sich der vielen Sorgen und Beschwerden überhoben, mit welchen bisher die Aussendung
der Theologen in die verschiedenen Bisthümer und die Ordination
derselben verbunden gewesen. Man sollte leider gar zu bald erfahren,

---

[1] Der Bischof von Venedig war seit 1451 Patriarch, welchen Titel ihm gewiss auch
das Consistorium gegeben hätte. Auch wird als Kirche des Bischofes Titus nicht
St. Marcus, sondern St. Maria dell' Orto genannt.

dass sich auch zu Hause Schwierigkeiten ernster Natur, wenn gleich von ganz anderer Art als die früheren, darboten.

Ausführliche Actenstücke darüber besitzen wir erst aus dem Jahre 1564. Es scheint, dass in den Jahren 1562 und 1563 der Prager Erzbischof in der That die utraquistischen Theologen ordinirt habe. Das Consistorium wenigstens gibt noch im Juni 1564 die sichere Voraussetzung kund, dass die um die Ordination bittlich gewordenen Theologen in kürzester Frist vom Erzbischof die heil. Weihen erhalten dürften. Am 28. August wurden 15 Candidaten examinirt; am 29. August wurden sie dem gesammten Consistorium vorgestellt und von demselben über ihr zukünftiges Verhalten belehrt; zugleich ward ihnen verkündiget, dass sie durch den Consistorial-Sekretär dem Erzbischof nächstens vorgeführt werden sollten, und somit „nicht nöthig hätten, hundert Meilen weit zu reisen und daher ihre Gesundheit schonen könnten.“ Allein schon an demselben Tage (29. August) wurde dem Consistorium berichtet, der Erzbischof habe geäussert, er wolle mit den Utraquisten nichts zu thun haben, indem „ihm Seine päpstliche Heiligkeit bezüglich derselben gar nichts Bestimmtes anbefohlen hätte.“ Doch sei es, dass man diese Äusserung nicht für vollen Ernst hielt, oder dass man durch dieselbe die früheren Rechtsansprüche auf die Ordination nicht für gefährdet erachtete: schon am 15. September wurde den Ordinanden vom Consistorium die Versicherung ertheilt, dass sie in den nächsten Quatember tagen (somit vom 20. — 23. September) vom Erzbischof die heil. Weihen empfangen würden. Am 22. September jedoch langte vom Erzbischof die Meldung an, dass die Weihen wegen der gerade jetzt wüthenden Pest auf eine Zeit lang aufgeschoben werden müssten. Das Consistorium weiset wohl darauf hin, dass dies auf den ausdrücklichen Wunsch des Erzherzoges Ferdinand so geschehe, und dass der Erzbischof geäussert habe, die Ordinanden sollten sich noch ein paar Tage gedulden. Allein die Theologen sind über diese Verzögerung ganz untröstlich, indem sie all ihr Geld bereits ausgegeben hätten und daher unmöglich länger in Prag warten könnten. Sie weisen darauf hin, dass ja „gestern und heute der Erzbischof seine eigenen Kleriker am Strahow ordinirt habe; warum sollte er nicht auch die Utraquisten ordiniren können?“ Diese Bemerkung ist wichtig; denn sie bestätiget die Annahme, es habe schon dazumal der Erzbischof gar nicht die Absicht gehabt, Utraquisten zu weihen, und er

habe blos das Consistorium durch unbestimmte Versprechungen noch
einige Zeit hinhalten wollen. Denn als die Pest allmälig aufgehört
hatte, wiederholten die Theologen am 25. Oktober ihre Bitte um baldige Ordination. Das Consistorium beauftragt sogleich den Pfarrer
im Teyn und jenen von St. Heinrich, die Bitte der Ordinanden beim
Erzbischof vorzubringen. Da endlich scheint der Erzbischof eine entschieden ablehnende Antwort gegeben zu haben. Das Consistorium
bat die Prager um eine Vermittlung in dieser Angelegenheit, und
erhielt von ihnen das Versprechen, sie wollten bei der demnächst
bevorstehenden Ankunft des Kaisers in Prag gemeinschaftlich mit
den böhmischen Ständen von ihm die Verfügung erwirken, dass der
Erzbischof sowohl die Theologen sub una als jene sub utraque ordiniren möge. Unterdessen aber seien die utraquistischen Theologen
wie ehedem einem fremden Bischof zum Behufe der Ordination
zuzuschicken.

Die in Aussicht gestellte Vermittlung des Kaisers mag in der
That bald erfolgt sein; denn am 15. Jänner 1565 bringt der Administrator Johann Mystopolus zur Kenntniss der Consistorialräthe, dass
der Erzbischof 12 utraquistischen Theologen die hl. Weihen
ertheilt habe, ohne ihnen eine andere Verpflichtung aufzuerlegen,
als dass sie sich nach den für die utraquistische Partei geltenden
Bestimmungen richten sollten. Nachdem der Administrator die Neugeweihten zur gewissenhaften Verwaltung ihres Amtes aufgemuntert
hatte, wurde jedem von ihnen alsogleich eine Kaplanstelle angewiesen.

Dieses gute Einvernehmen mit dem Erzbischof sollte bald eine
abermalige Störung erleiden. Während noch am 15. März 1565 das
Consistorium meldete, der Erzbischof werde abermals die utraquistischen Theologen ordiniren, brachten am 30. März zwei in dieser Angelegenheit abgesandte Consistorialräthe vom Erzbischof den Bescheid herab, er könne im gegenwärtigen Augenblicke ihrer Bitte
nicht willfahren, indem „Viele von den Ordinanden die Beichte
missachteten, weswegen sie vor dem Erzbischof sich früher einem
Examen unterziehen müssten". Den Bitten der böhmischen Stände
gelang es aber, den Erzbischof zur Ordination zu vermögen; einigen
Ordinanden wurde jedoch ihr ungebührliches Betragen vor dem Erzbischof, so wie Unkenntniss der kirchlichen Ceremonien verwiesen·
Es wurden diesmal 32 Theologen ordinirt.

In demselben Jahre 1565 finden wir einen eigenthümlichen Umstand erwähnt, welcher als einer von jenen Factoren anzusehen ist, die allmälig an der Auflösung des Utraquismus arbeiteten. Bei Gelegenheit einer Convocation des Prager Klerus am 4. Juli ordnet das Consistorium zur Erflehung des Sieges über die Türken öffentliche Gebete an, und beruft sich auf den Befehl des Erzbischofes; einige Pfarrer erwidern, sie hätten nur dem Consistorium Gehorsam gelobt, nicht aber dem Erzbischof. Hierauf entgegnet das Consistorium, dies könnten nur jene Priester sagen, welche ordinirt wurden zur Zeit, da es noch keinen Erzbischof in Prag gegeben habe. Als derselbe aber eingesetzt worden, „habe der Kaiser alsbald das Consistorium mit dem Prager Klerus zu sich beschieden, und ihnen mitgetheilt, dass mit Einverständniss des Papstes der neue Erzbischof sowohl über die Katholiken sub una als auch sub utraque gesetzt sei und beiderlei Theologen ordiniren werde".

Wenn es bei dieser Unterordnung des Consistoriums unter den Erzbischof immer geblieben wäre, so hätte der Utraquismus auf dem kirchlichen Boden zu frischem Leben erwachen und an der Auctorität des Erzbischofes eine mächtige Stütze seiner bereits schwankenden Stellung finden können; so aber berief sich das Consistorium ganz egoistisch nur auf die zweite Hälfte jener kaiserlichen Anordnung, nämlich die Ordination der Utraquisten, war aber nicht mächtig genug, die Opposition zu unterdrücken, welche ein grosser Theil des Klerus gegen die erste Hälfte der genannten Verfügung machte, indem er dem Erzbischof zu gehorchen sich weigerte. Ja es wurde nur zu bald dem Consistorium selbst das Gefühl seiner Abhängigkeit vom Erzbischof gar unbehaglich. Im October 1565 will dasselbe den Adam Wrschowský nur dann an den Erzbischof appelliren lassen [1]), wenn er früher beim Consistorium 30 Meissner Schock erlegt hätte; und in einem besonderen Schreiben frägt dasselbe überdies den Erzherzog Ferdinand, ob es die Appellation an den Erzbischof zulassen dürfe, da bei der Sedisvacanz des Prager Erzbisthums vom utraquistischen Consistorium stets nur an den Papst appellirt worden sei.

---

[1]) Missivae Archiepiscopi Prag. ad Imperatorem et Principes von 1565—1570.

Wir müssen nun über den weiteren Verlauf der Ordinationsan-
gelegenheit wegen Mangels an diesfälligen utraquistischen Actenstücken Einiges aus der katholischen Correspondenz herüber-
holen[1]). Hier finden wir zunächst ein Antwortschreiben des Erzbischofes von Prag, datirt vom 19. Februar 1566, worin er über Aufforderung des Kaisers Maximilian II. die Gründe auseinandersetzt,
weshalb er die Utraquisten nicht ordiniren wolle. Diese Gründe
bestanden in Folgendem: Das Consistorium hatte dem Erzbischof
etwa 35 Ordinanden vorgestellt, ihm jedoch nicht gestatten wollen,
dass er mit seinem Offizial und Notar sie examinire. Dennoch liess
sich endlich, um Ärgeres zu vermeiden, der Erzbischof herbei, sie zu
weihen, und ertheilte ihnen die ordines minores. Bei dieser Gelegenheit aber fand er sie „meistentheils so ungeschickt und untaug-
lich zum priesterlichen Stande, dass sich nicht allein die Priester,
so dabei gewesen, sondern auch das Gesinde darüber geärgert
haben"; weshalb sie der Erzbischof vor sich erfordert, und ihnen
„bei zwei Stunden lang vorgesagt und gepredigt, was sie bedenken
und wie sie sich in die Sachen schicken sollen, vornehmlich . . . dass
die Priester nicht auf die Gewissen der Menschen sehen, und Niemand
darnach fragt, wie der gemeine Mann das hochw. Sakrament des
Altars empfängt, würdig oder unwürdig, zum Seelenheil oder Ver-
derbniss. Darum wäre nöthig, dass sie darauf sehen, dass ohne
Beicht und Absolution (welches bei denen sub utraque darniederge-
stossen liegt) Niemand zugelassen würde. Sowohl sollten sie auch
Fleiss verwenden, dass der gräuliche Missbrauch der Kinderspei-
sung, dabei sich grosse Ärgernisse viel und dick zutragen, auch
allgemächlich (da man auf einmal nicht könnte) abgestellt würde".
Dies Alles haben die Ordinanden „mit Dank gebilliget und angenommen".[2])
Aber schon zwei Tage darnach kamen die „Administratores und
Etliche aus ihrem Consistorio" zum Erzbischof, „legten seine Worte
zum übelsten und ärgsten aus", und der Pfarrer auf der Kleinseite er-

---

[1]) Die schon citirten Missivae Archiepiscopi Pragensis ad Imperatorem et Principes
1565—1570.

[2]) In den Actis Consist. Utr. vom Jahre 1572 werden mehrere unter den Utraquisten
verbreitete Irrthümer, namentlich: De invocatione Sanctorum, de oratione pro
mortuis et de sacrificio Missae als Grund angeführt, weswegen der Erzbischof
mehrere Jahre hindurch keinem Utraquisten die heiligen Weihen ertheilen wollte.

weckte „ein erdichtetes Geschrei" wider den Erzbischof, „als unterstünde sich dieser ihnen ihre Priester abwendig zu machen". „Weil
sie nun", so fährt der Erzbischof im Briefe an den Kaiser fort, „ihren
Ordinanden einen anderen Weg weisen, und ich nicht weiss, wen
ich ordiniren soll, und soll blos da sitzen und mir sie schaffen lassen:
Ordinire uns jetzt Diesen, bald einen Anderen, den ich nicht kenne,
und w e d e r f r a g e n n o c h e x a m i n i r e n d a r f, hab' ich mich bald
gegen ihnen hören lassen, dass ich meinem Gewissen das nicht aufladen könne und sie möchten mich, weil die Sachen also gestellt, mit
ihrer Priesterweihe unbekümmert lassen, und also ist die Ordination
eingestellt und unterlassen worden".

Hierauf erwähnt der Erzbischof noch Mehreres, wie er die
Utraquisten vergeblich zur Annahme des C o n c i l i u m T r i d e n t in u m zu bewegen gesucht, wie sie auch mit dem C a r d i n a l Com e n d u n u s, als er in Prag anwesend war, wegen der Ordination
ihrer Theologen n i c h t s verhandeln wollten, um von Rom aus die
nöthige Erlaubniss zu erwirken, da doch der Erzbischof Gefahr laufe,
excommunicirt oder ab officio suspendirt zu werden, wenn er ohne
päpstliche Erlaubniss die Ordination vornähme. Endlich stellt der
Erzbischof an den Kaiser das Ersuchen, er möchte durch Einige aus
den Ständen die Sache berathen lassen, und sich dann mit der päpstlichen Heiligkeit oder dem Nuntius in weitere Verhandlung setzen.

Der Erfolg weist darauf hin, dass derartige Verhandlungen in
der That gepflogen wurden; denn am 16. August 1566 berichtet
der Erzbischof dem Kaiser, dass sich „der Administrator und die
Consistorianen in allen Punkten mit d e r k a t h o l i s c h e n K i r c h e
v e r g l i c h e n, auch erboten hätten, dass sie auf des Kaisers allergnädigsten Geheiss d i e C o m m u n i o n d e r K i n d e r allgemächlich gerne
wollen abgehen und schwinden lassen"; hierauf habe der Erzbischof
am 13. August 30 u t r a q u i s t i s c h e P r i e s t e r ordinirt.

Allein in den Jahren 1567—1571 scheint dieses freundschaftliche Verhältniss zwischen dem Erzbischof und dem Consistorium
nicht mehr fortbestanden zu haben, obgleich wir erst in den Acten
vom Jahre 1572 directe Aufschlüsse darüber finden. Als nämlich am
29. August der Administrator mit einigen Räthen sich beim Erzbischof einfand, wurde er zwar sehr freundlich aufgenommen und
ihm bedeutet, es möge das Consistorium ein Verzeichniss von 30—50
Ordinanden dem Erzbischof übergeben, worauf dieser sich vom

Apostolischen Nuntius die Erlaubniss erwirken wolle, um die Utraquisten ordiniren zu können. Die vom Erzbischof eingeleiteten Unterhandlungen führten indessen zu dem Resultate, dass derselbe nur in
dem Falle die Utraquisten ordiniren dürfe, wenn sie die von Pius IV.
vorgeschriebene **professio fidei Tridentina** ablegen würden [1]).
Da sich nun hierauf das Consistorium nicht einlassen wollte, so unterblieb die Ordination gänzlich, und zwar in der Art, dass, wie das
Consistorium in einer an den Kaiser gerichteten Bittschrift selbst zu-
gesteht, vom Jahre 1567—1578 auch nicht ein einziger Utraquist
vom Erzbischof ordinirt wurde. Die Acten nennen in dieser Zwischenzeit Priester, welche in Passau, Breslau, Olmütz, Posen
u. s. f. die heiligen Weihen erhielten.

Über den weiteren Verlauf dieser Angelegenheit fehlen uns
nähere Angaben. Das in den Jahren 1579—1590 erfolgte Überhand-
nehmen von unordentlichen Geistlichen „der Frankfurter oder Leip-
ziger Ordination", sowie die unaufhörlichen Klagen des Consistoriums
über den herrschenden Mangel an ordentlichen Priestern lassen vermuthen, dass nur ausnahmsweise manchmal einige Utraquisten vom
Erzbischof ordinirt worden sein mögen. Jedenfalls ist so viel gewiss,
dass sich die Prager Erzbischöfe fortan zur Ordination utraquistischer
Theologen nur unter der Bedingung herbeiliessen, wenn die Ordinanden die **professio fidei Tridentina** ablegten; dies bezeugt
Paul Skála in seiner „Historie česká", indem er berichtet, dass die
Ordinanden sub utraque bis zum Jahre 1609 vom Erzbischof verhalten worden seien, das Tridentinische Glaubensbekenntniss (welches
Skála in einer böhmischen Übersetzung mittheilt), abzulegen [2]). Seit
der Renovation des unteren Consistoriums im Jahre 1609 ist
selbstverständlich mit der Einführung des neuen Ordinationsmodus
die Verpflichtung zur Ablegung jenes, der Augsburgischen Confession stracks zuwiderlaufenden Glaubensbekenntnisses weggefallen.

2. Jurisdiction.

Die geistliche Gerichtsbarkeit war im eigentlichen Sinne die
Sphäre, in welcher das Consistorium ganz unabhängig sich bewegte,
ja mit einer gewissen zähen Eifersucht darüber wachte, dass keine

---

[1]) Acta Cons. Utr. 1572 (4. Dec.)

[2]) Monumenta hist. bohem. 5. Heft. pag. 69.

andere geistliche oder weltliche Behörde, noch weniger aber Private,
dessen Jurisdiction zu beeinträchtigen sich unterfingen.

Es wurde bei Besprechung der Ordination bereits darauf hingewiesen, wie die Ordinanden stets ihre literae dimissoriales vom
utraquistischen Consistorium erhielten, wenn sie von einem fremden
Bischof geweiht werden sollten. Sobald sie dann nach Empfang der
heiligen Weihen wieder nach Böhmen zurückgekehrt waren, mussten
sie die literae formatae vorweisen und wurden auf Grund derselben
„in die Zahl der ordentlichen Priesterschaft sub utraque communi-
cantium" aufgenommen. Dieser Act der Aufnahme in den calixtinischen Klerus wurde stets als conditio sine qua non zur Verwaltung
eines kirchlichen Amtes angesehen. — Sobald das Consistorium in
Erfahrung brachte, dass auf irgend einem Beneficium sich ein Geistlicher befinde, der bisher in das Verzeichniss der utraquistischen
Priester noch nicht eingetragen war, so wurde er nach Prag berufen,
woselbst er seine Formaten vorlegen und um Gewährung der Aufnahme in den Klerus bittlich werden musste. Bei Gelegenheit dieser
Aufnahme musste ferner ein Jeder geloben, dass er dem Administrator und Consistorium gegenüber einen unverbrüchlichen Gehorsam
bewahren wolle. Damit nun ein Jeder genau wisse, woran er sich bei
Ausübung seines Berufes zu halten habe, pflegte gewöhnlich ein
Mitglied des Consistoriums dem betreffenden Bittsteller, welcher dem
Klerus sub utraque beigezählt zu werden wünschte, die Statuten oder
„Artikel" vorzulesen, wornach dieser das Versprechen leistete,
diese jetzt vernommenen Artikel gewissenhaft zu beobachten [1]).

Nur einem solchen in die Zahl des Klerus wirklich aufgenom-
menen Priester wurde von Seite des Consistoriums ein Amt übertragen, nur ein solcher wurde für einen Pfarrer- oder Kaplanposten
jurisdictionirt.

Die Bestellung oder Wahl der Person des Beneficiaten oder
Kaplans konnte auch von Anderen ausgehen, z. B. den Collatoren, Stadtgemeinden oder Pfarrinsassen, jederzeit aber geschah die Übertragung des Amtes durch das Consistorium allein und ausschliesslich.

Hierüber finden sich in den „Artikeln" der Utraquisten vom
Jahre 1526 und 1531 ausführliche Bestimmungen. Die Dechante der
einzelnen Districte hatten darüber zu wachen, dass nirgends unor-

[1]) Acta Cons. Utr. 1540, 1541, 1548, 1552 etc.

dentliche, d. h. vom Consistorium nicht approbirte Geistliche sich
in die Verwaltung der Seelsorge eindrängten; kam ein solcher Fall
dennoch vor, so hatten die Dechante entweder selbst das Nöthige zu
veranlassen, oder alsbald die Anzeige an den Administrator zu erstatten; worauf der „unordentliche" Geistliche zum Gehorsam verhalten, oder im Weigerungsfalle von dem unrechtmässig occupirten
Posten abgeschafft wurde.

Das Confirmations-Decret pflegte in zwei Exemplaren
ausgefertiget zu werden, wovon eines dem Beneficiaten selbst,
das andere dem Patron des Beneficiums (oder der das Patronatsrecht ausübenden Stadt-Commune) zugeschickt wurde. Beiderlei
Zuschriften enthielten die gleiche Clausel: „Wir confirmiren den N. N.
zum Pfarrer in der Art, dass er als ein unverheiratheter
Priester in der Religion und den althergebrachten Ceremonien unserer Partei sub utraque getreu ausharre und in seinem
priesterlichen Wandel sammt seinem Hausgesinde ein gutes
Beispiel gebe".

Die erstangeführte Bemerkung: „als ein unverheiratheter Priester" findet sich regelmässig in den Confirmationsdecreten seit der
zweiten Hälfte des 16. Jahrhunderts, weil zu dieser Zeit nicht blos
viele utraquistische Priester Concubinen hielten, sondern manche sich
sogar von einem benachbarten Pfarrer auch trauen liessen, daher als
„verheirathet" galten und sich selbst ungescheut für solche ausgaben.
Durch die kirchliche Disciplin sowohl, als auch durch kaiserliche
Mandate war aber strenge verboten, einem verheiratheten (uxorirten)
Priester eine Pfründe zu verleihen. Deshalb wurde jene Clausel gewöhnlich beigefügt, weil man dem Vorwurfe begegnen wollte, als ob
das Consistorium verheirathete Geistliche auf den Pfarreien tolerire·
War sonach ein Priester als Uxorat diffamirt, so wurde er vor dem
Antritte eines neuen Beneficiums zur Rede gestellt und aufgefordert,
die Concubine oder sogenannte Gattin zu entfernen. Wenn er dieses
that, oder wenn er kurzweg leugnete in einem solchen Verhältnisse
zu leben, so stellte das Consistorium obige Clausel ohne alle Beschränkung auf mit den Worten: „als ein unverheiratheter Priester"
(„nejsa kněz ženatý"). Falls aber das Consistorium keine nähere Untersuchung über den Leumund des Beneficiaten angestellt hatte,
deckte es sich gegen jeden möglichen Einwand gewöhnlich durch die
in parenthesi beigesetzte Bemerkung: „wie wir nicht anders von ihm

erwarten" oder „soweit uns bekannt ist" [1]); hiemit sollte nur gesagt sein, dass keine ämtlichen Klagen bisher beim Consistorium einliefen, wodurch der gute Ruf des Geistlichen angetastet worden wäre.

Die weitere Bestimmung: „in der Religion und den Cere-monien getreu auszuharren" pflegte manchmal näher specialisirt zu werden; es hiess dann z. B. „dass der N. N. dem Berufe eines ordentlichen und treuen Priesters gemäss sich verhalte sowohl beim Verkünden des göttlichen Wortes als auch bei der heil. Messe und sonstigen religiösen Übungen und althergebrachten Ceremonien un-serer Partei sub utraque, wie dieselben das Prager Consistorium und die ihm unterstehende treue Priesterschaft beobachtet". Diese nähere Determinirung des Anstellungsmodus ist deshalb von grosser Trag-weite, weil in jenen seit der zweiten Hälfte des 16. Jahrhunderts immer häufigeren Fällen, wo einzelne Pfarrer die kirchliche Liturgie nach lutherischer Art eigenmächtig umzubilden trachteten, das Con-sistorium unter Hinweisung auf jene Bedingungen, unter welchen ihre Anstellung erfolgt war, Viele zur Besinnung brachte, so dass sie ihre Tendenzen aufgaben; Andere hingegen, die von ihrem Beginnen nicht ablassen wollten, wurden nach fruchtlos gebliebenen Ermah-nungen bestraft oder selbst ihrer Pfründen entsetzt.

Als besonderer Zusatz wurde gewöhnlich in den Consistorial-decreten, worin dem Collator (oder der Stadt-Commune) die Bestätigung des neuen Beneficiaten officiell gemeldet war, eine dop-pelte Aufforderung beigesetzt: erstens, dass der Patron oder die Stadt ihrem Pfarrer bei Verwaltung seines Amtes, insbesondere be-treffs der kirchlichen Ceremonien keine Hindernisse in den Weg legen, und zweitens, dass sie ihm den Bezug seines Pfründen-Einkommens, des jährlichen Gehaltes, des Zehnten, der Stolge-bühren u. s. w. ungeschmälert belassen mögen. Der Grund dieser Clausel ist in dem Umstande zu suchen, dass bei der Provision der Pfründen sehr oft Capitulationen der mannigfaltigsten Art ver-sucht wurden, indem der zur Präsentation Berechtigte nicht selten das Beneficium irgend einem Priester anbot, unter der Bedingung, dass dieser die Ceremonien nach lutherischer Sitte umändere, den Gottesdienst in der Volkssprache abhalte, den Willen (eigentlich die

---

[1]) **Rotulus Missivarum Consist.** Ulr. 1578—1580, in welchem zahlreiche Confirma-tionsdecrete vorkommen.

launenhafte Willkür) des Patrons als oberste Richtschnur der Liturgie betrachte u. s. f. Oder es wollte der Patron materiellen Gewinn aus der Wiederbesetzung der Pfarre ziehen, und deswegen stipulirte er einen simonistischen Contract mit dem Beneficiaten, worin dieser auf einen Theil seines Pfründen-Einkommens zu Gunsten des Patrons verzichtete. Beiderlei Capitulationen mussten allerdings vom kirchenrechtlichen Standpunkte aus als unerlaubt erscheinen. Da aber nichts desto weniger viele Geistliche sich zu dergleichen Stipulationen durch die Aussicht auf einen guten Posten bewegen liessen, pflegte das Consistorium in den Confirmationsdecreten die oberwähnten Clauseln beizusetzen. Wenn auch diese Massregel unerlaubte Verträge nicht vollkommen verhindern konnte (wie der Erfolg bezeugt), so gewährte sie doch der kirchlichen Behörde den Vortheil, dass von nun an dergleichen Capitulationen als ungeschehen betrachtet wurden und vor dem Forum der Öffentlichkeit gar keinen Beweis bildeten. Es wurde nämlich die Erörterung der Frage: Ob ein solches Übereinkommen abgeschlossen worden sei oder nicht? als überflüssig erachtet, und sowohl der Pfarrer als der Patron einfach auf den klaren Wortlaut des Confirmationsdecretes verwiesen, nach welchem sich beide Parteien zu benehmen hätten. Ämtlicherseits war somit hinreichende Fürsorge getragen nicht nur für die Integrität der Beneficialgüter, sondern auch für die genaue Befolgung der liturgischen Vorschriften ; und es ist einzig und allein dem Verschulden der Pfarrer selbst zuzuschreiben, wenn trotzdem die kirchlichen Ceremonien an vielen Orten vernachlässigt wurden und die Klagen über Entziehung des pfarrlichen Einkommens durch die Patrone sich täglich häuften.

III. Standespflichten der Kleriker.

1. Ehrbarkeit des Wandels.

In dem hochwichtigen Berufe des Priesters liegt die beste Begründung jener Forderung, welche die katholische Kirche von jeher an ihren Klerus stellte, durch Exemplarität des eigenen Wandels nämlich einen ergiebigen Beitrag zum Aufbau des Reiches Gottes auf Erden zu liefern. Zwar hat die Kirche den häretischen Rigorismus des Hus, als ob durch schwere Sünden auch die geistliche Macht verloren gehe, nie gebilliget; nichts destoweniger hat sie aber stets die volle Bedeutung des Spruches zu würdigen gewusst: Verba movent, exempla trahunt. Daher hat dieselbe eine lange Reihe von Gesetzen erlassen, um das Leben der Geistlichen in vollen Einklang mit der Lehre des Evangeliums zu bringen.

Auch hierin haben sich die Utraquisten an die Kirche eng angeschlossen und liessen es an wohlweisen Vorschriften rücksichtlich des klerikalen Wandels nicht fehlen. So wird in den Articuli vom Jahre 1525 der Charakter des Klerikers in folgenden Worten geschildert: „Erudiendus est clericus diu, in vita et moribus approbandus, bonis disciplinis instructus et humilitate (atque) obedientia munitus; et diu sub longa experientia ac tutela aliorum teneatur; ut sit sine crimine, incomprehensibilis, sobrius, prudens, pudicus, non vinolentus, non somno deditus aut otio et torpore vel ignavia oppressus". Insbesondere wird den Geistlichen die Friedensliebe empfohlen: „Item quisque clericorum fiat pacis amator atque custos: omnes autem contumeliae . . . sunt postponendae". Überdies wird ihnen die Theilnahme an Tanzunterhaltungen und der Besuch unehrbarer Orte verboten: „Item quisque clericorum fugiat . . . loca inhonesta laicorum et choreas . . . et impudicos homines".

In den Acten des Jahres 1526 wird unter der Aufschrift: „Wahl des Prager Klerus" (Volení kněžstva Pražského) unter Anderem verordnet: Kein Priester solle einen Pfarrer an seinem guten Ruf benachtheiligen oder die Pfarrkinder gegen ihn aufbringen, um alsdann dessen Stelle zu erhaschen. Ferner wird den Pfarrern sowohl als Kaplänen verboten, sie mögen weder Nachts noch bei Tage verdächtige Orte oder Wirthshäuser besuchen.

In den eilf Artikeln, welche im Jahre 1531 von der Partei sub utraque festgesetzt wurden, lautete eine besondere Bestimmung dahin: Das Consistorium solle nur brave und wohlverhaltene Leute durch Ertheilung der Dimissorialien zum priesterlichen Amte befördern; wer hingegen auf eine hinterlistige Weise, ohne Dimissorialien erhalten zu haben, die priesterliche Würde erlangte, den sollte kein Patron als Priester auf irgend eine Pfarrei annehmen, und die Dawiderhandelnden sollten bestraft werden.

Die Tugend der Mässigkeit wird dem Klerus öfter anempfohlen; so in den leges Consistorii vom Jahre 1540, wo verordnet wird, die Geistlichen mögen sich bei Vermeidung schwerer Strafen der Völlerei und Trunkenheit, so wie unziemlicher Gespräche enthalten; am Schlusse steht die Bemerkung: Contra commensationes, ebrietatem,

fornicationem omnes et semper praedicent, quia inde omnia mala in
rectoribus et populo manant. Doch war laut Bericht der Consistorial-
acten die Trunkenheit eine von jenen Untugenden, welche sich bei
dem utraquistischen Klerus ziemlich häufig vorfanden.

Ohne dass wir es für angezeigt hielten, hierorts auf eine nähere
Schilderung der einzelnen klerikalen Tugenden und der hieher bezüglichen Verordnungen einzugehen, da hierin zwischen der katholischen und utraquistischen Disciplin kein wesentlicher Unterschied
bemerkbar ist, verweisen wir nochmals auf die in den Confirmationsdecreten der Beneficiaten jederzeit ausdrücklich hervorgehobene dritte
Clausel: Dass der Pfarrer in seinem priesterlichen Wandel
sammt seinem Hausgesinde ein gutes Beispiel der ganzen Gemeinde
geben solle.

2. Tonsur und klerikale Kleidung.

Die Beibehaltung der Tonsur von Seite der Utraquisten ergibt
sich schon aus dem Umstande, dass dieselben sich in Allem, was die
Ordination betraf, den Bestimmungen der katholischen Kirche fügten.
Daher verordnen die Artikel vom Jahre 1525: „Honestam ton-
suram . . . honestus gerat clericus". Dasselbe wird im Jahre 1526
wiederholt. Im Jahre 1572 kommen einige Fälle vor, wo den Geistlichen das Tragen der Tonsur ausdrücklich anbefohlen wurde, so
z. B. dem Dechant von Welwarn, bei welcher Gelegenheit sich das
Consistorium ausdrücklich auf eine früher in derselben Sache erlas-
sene Verordnung zurückbezieht. Auch in Prag selbst mögen zu jener
Zeit nicht alle Geistlichen die Tonsur getragen haben, weshalb in
demselben Jahre Einige wegen Vernachlässigung derselben vom Administrator zur Rede gestellt wurden. Auch das Tragen des Bartes
war den Geistlichen verpönt. Der Pfarrer von Miliczin entschuldiget
sich zwar (1575) damit, dass es in seiner Gemeinde keinen Bader
gebe, der ihm den Bart scheeren könnte; nichts desto weniger verurtheilt ihn das Consistorium zum Kerker, nebst anderen Gründen auch
deshalb, weil er einen langen Bart getragen.

Was die Kleidung anbelangt, so wird bei liturgischen
Functionen überall der lange Talar (Soutane) vorausgesetzt, bevor
der Priester die eigentlichen rituellen Gewänder anlegt. An diesem
Orte aber sprechen wir von jener Kleidung, deren sich die Geistlichen bei dem gewöhnlichen Verkehr. des bürgerlichen Lebens zu

bedienen hatten. Im Allgemeinen sollte diese Kleidung eine anstän-
dige sein; habitum honestum honestus gerat clericus, lautet eine
Bestimmung vom Jahre 1525; in weiterer Detaillirung wird hinzugesetzt: Nec saecularem habitum habeat nec scissas manicas (auf-
geschlitzte, weite Ärmel) . . . nec serico cancellatus incedat. Überhaupt war Seide und Sammt von der klerikalen Kleidung ausgeschlossen; so wird im Jahre 1540 in den leges Consistorii bestimmt,
dass die Geistlichen keine sammtenen Hüte tragen möchten; im
Jahre 1572 tadelt das Consistorium den Welwarer Dechant, weil er
einen sammtenen Mantel trug. Ferner schreiben die leges Consistorii
1540 vor, die priesterliche Kleidung solle nicht gar zu kurz sein;
die Priester sollen nicht in weltlichen Barreten einhergehen und
sich nicht in Pantoffeln (sollte vielleicht eine besondere Art Pon-
tifical-Schuhe gemeint sein?) zum Altar begeben. Auch wird eine
besondere Aufmerksamkeit den Hemden gewidmet und mehrmals das
Tragen der Hals- und Handkrausen verboten. Ebenso war das
Tragen von Fingerringen den Geistlichen nicht erlaubt. Auch das
Tragen von Waffen war untersagt: „nec arma sub veste pendentia
habeat" [1]).

Diese meistentheils negativen Bestimmungen abgerechnet geben
die Quellen keine nähere Nachricht über die geistliche Kleidung bei
den Utraquisten; sie scheint im Allgemeinen dieselbe gewesen zu sein,
wie bei der katholischen Geistlichkeit zu jener Zeit. Dafür spricht
auch der Umstand, dass bei dem Übertritte eines Priesters sub una
zu der utraquistischen Partei ihm zwar mancherlei Weisungen bezüglich der Liturgie u. dgl. gegeben wurden, über eine etwa vorzunehmende Änderung des Anzuges aber auch nicht die leiseste Notiz vorkömmt.

3. Cölibat.

Schon die bisher aufgewiesene Conformität, in welcher sich die
Disciplin der utraquistischen Partei mit jener der katholischen Kirche
befand, dürfte die begründete Folgerung zulassen, dass auch in Ansehung eines der wichtigsten Punkte der kirchlichen Disciplin, des
Cölibates nämlich, keine Differenz zwischen beiden Parteien ob-

---

[1]) Acta Cons. Utr. 1525, 1565, 1572.

waltete. Durch den Bericht der uns vorliegenden Quellen wird diese Folgerung über jeden Zweifel erhoben.

Die ofterwähnten Artikel des Jahres 1525 sprechen die richtige Ansicht über den ehelosen Stand und das Gelübde der Keuschheit im Allgemeinen in folgenden Worten aus: „Dignum judicamus, qui voto seipsos continentiae totos dedicarunt et huic abrenunciarunt saeculo, et solenni voto astricti, seipsos munditiei et castitati perpetuo consecraverunt, ut liberati terrenis, facilius imo liberius valeant Christo adhaerere". Hierauf folgt die specielle Bestimmung über die Ehelosigkeit der Geistlichen: „Si quis autem presbyterorum vel episcoporum id sacerdotibus consecratis aut suadet aut jubet, (ut sint) uxorati, aut soli seipsos post consecrationem matrimonio immergunt, tales a nobis nec tolerantur nec ad sacros ordines admittuntur; qui autem posthabito sacerdotio a nobis ad conjugium abierunt, reversi non suscipiuntur".

Somit galt der Cölibat für alle utraquistischen Priester als unverbrüchliche Regel. Die Consistorialbehörde hat auch in der That während der ganzen Zeit ihres Bestehens an dieser Regel strenge festgehalten; nicht so die untergeordnete Geistlichkeit, wenigstens ein grosser Theil derselben. Wir finden eine Unzahl von Disciplinarfällen in den Acten verzeichnet, welche davon Zeugniss geben, dass es Vielen mit der Beobachtung des Cölibates eben nicht recht ernst war. Denn obgleich in den Artikeln vom Jahre 1525 die ausdrückliche Vorschrift erlassen worden: „Item quisque clericorum fugiat conversationem mulierum et colloquia earum"; obgleich im Jahre 1526 verordnet wurde, es solle sich jeder Geistliche des Verkehrs mit verdächtigen Weibspersonen enthalten, so kommen dennoch sehr häufige Übertretungen dieses Disciplinargesetzes vor; manche Priester pflegten Umgang mit ledigen oder auch verheiratheten Personen; viele Pfarrer nahmen übel berüchtigte Mägde und Haushälterinnen auf und konnten zumeist nur durch Androhung harter Strafen bewogen werden, sie zu entlassen.

Dies war aber nur der Anfang der späteren Übelstände, welche sich bald in einer erschrecklichen Grösse und Ausdehnung zeigten. Die Analogie des Protestantismus, welcher überall gegen die Ehelosigkeit auftrat, verfehlte nicht eine nachhaltende Einwirkung auf den utraquistischen Klerus in Böhmen zu üben. Bald trachteten Manche, das unerlaubte Verhältniss, worin sie lebten, in eigenmächtiger und unbefugter Weise zu einem erlaubten zu erheben, indem sie wirkliche Ehen eingingen, d. h. einzugehen versuchten; denn vom Standpunkte des katholischen Kirchenrechtes aus besehen war jede derartig versuchte Eingehung der Ehe ungiltig. Das Consistorium musste natürlich energisch gegen ein derartiges Beginnen auftreten; allein es fand hierin seine Gegner nicht nur an manchen hartnäckigen Geistlichen, sondern auch an den Patronen oder Collatores, ja nicht selten selbst an den politischen Regierungsorganen.

Bereits im Jahre 1548 weisen die Quellen einen Fall auf, in welchem der Pfarrer von Kamenitz in Mähren, Wenzel Bradatý, selbst eingestand, dass er mit seiner Gattin Magdalena feierlich getraut sei. Das Consistorium gestattete ihm (wie es auch den übrigen damals verheiratheten Priestern in Böhmen dies zulassen musste), dass er die Gattin unterdessen bei sich behalte, bis in dieser Angelegenheit ein Beschluss des Landtages oder ein königlicher Befehl erfolgt sein werde.

Für den Pfarrer von Marschowic in Böhmen, Petrus, legte dessen Patron Herr Wilhelm Malowec im Jahre 1565 die Fürbitte ein, dass ihm seine Gattin belassen werde. Das Consistorium beruft sich jedoch in der abschlägigen Antwort diesmal auf eine ausdrückliche Verordnung des Kaisers und erklärt, es sei bisher keinem einzigen Priester erlaubt gewesen zu heirathen. Der Pfarrer von Herrndorf (Kněžoves), Andreas, gesteht vor dem Consistorium im Jahre 1566, er sei selbst verheirathet und habe auch den Priester Nikolaus getraut.

Erzherzog Ferdinand liess im Jahre 1566 mittelst des Consistoriums allen verheiratheten Priestern die Weisung zugehen, sie möchten ihre Weiber von sich entfernen. Ob die Weisung befolgt wurde oder nicht, ist in den Acten mit Stillschweigen übergangen. Wohl aber weiset uns der Verlauf der drei letzten Decennien (von 1572 angefangen) abermals ein gewaltiges Sinken der kirchlichen Disciplin auf.

Der Pfarrer von Brozan hatte eine gewisse Martha gegen den Willen ihrer Eltern in Gegenwart von fünf Pfarrern zur Gattin genommen; die Eltern verklagten ihn beim Consistorium; sie berufen sich in der Anklageschrift (1572) auf einen Landtagsbeschluss vom Jahre 1526, wornach kein verheiratheter Priester in Böhmen geduldet werden solle. Weiterhin berufen sie sich auf ein Decret des

Erzherzoges Ferdinand, wodurch dem Priester Mathias, und auf zwei Erlässe der böhmischen Regierung, wodurch den Priestern Mathias von Dobruschka und Simon Práza wegen ihrer Verehelichung die Ausübung des priesterlichen Amtes untersagt wurde. — Nach langer Verhandlung dieses Processes ward im April 1573 der Brozaner Pfarrer zu einer Gefängnissstrafe verurtheilt.

Der Erzdechant von Königgrätz war angeklagt, dass er eine Frauensperson von zweifelhaftem Rufe, Namens Eva, bei sich habe, und vor den Leuten öffentlich behaupte, er sei mit ihr getraut. Trotzdem dies der Erzdechant läugnet, wird ihm doch vom Consistorium der Auftrag ertheilt, die Eva alsogleich aus seinem Hause zu entfernen.

Der Dechant des Náchoder Bezirkes erstattet dem Consistorium Bericht darüber, dass es auf mehreren Beneficien seines Districtes verheirathete Geistliche gebe; von einigen derselben wisse er nicht einmal mit Bestimmtheit, ob sie ordinirt seien oder nicht; die Patrone hätten etliche Prediger aus Schlesien nach Böhmen hereingenommen.

Der Pfarrer von Domaschin, Peterka, wurde wegen seiner Verehelichung vom Consistorium zu einer Gefängnissstrafe verurtheilt. Ebenso wurden noch andere Priester in demselben Jahre 1572 wegen Verletzung des Cölibates verklagt und Strafen über sie verhängt.

Auch eine Witwe nach dem verstorbenen Priester Christoph meldete sich beim Consistorium, vielleicht mit Erbansprüchen; sie wurde jedoch mit der einfachen Bemerkung abgewiesen, „dass das Consistorium weder mit den verheiratheten Priestern noch ihren Weibern etwas zu schaffen habe".

Im folgenden Jahre wurde Johann Príbram, Pfarrer in Nebuzel, vor das Consistorium citirt; Herr Sigmund Berka wollte ihn auf die Pfarre Wysoká präsentiren; die Kirchenbehörde jedoch weigerte sich, ihn zu bestätigen, da er verheirathet sei. Der Pfarrer gestand, es habe ihn in der That der Pfarrer von Mscheno mit der Köchin getraut, aber es sei das nur so im Scherz geschehen; denn er habe dabei lateinisch gesagt: „Accipio te non in meam". Nichts destoweniger wurde er zu einer Geldstrafe verurtheilt, und ihm befohlen, dass er die Köchin entlasse.

Der Dechant von Beneschau, Martin Jewický, war verheirathet und hatte ausserdem noch ein Spottlied auf das Consistorium verfasst und verbreitet; derselbe wurde in's Gefängniss geschickt, gegen sichere Bürgschaft wieder freigelassen, musste aber schriftlich geloben, dass er sein Weib aus dem Hause entfernen werde.

Martin, Pfarrer sub una in Limperk, der vom Breslauer Bischof die heiligen Weihen erhalten, hatte sich verheirathet und begehrte hierauf in den utraquistischen Klerus aufgenommen zu werden; das Consistorium versprach ihm die Aufnahme nur unter der Bedingung, dass er früher sein Weib entlasse.

Um das Jahr 1589 finden wir die Lehre Luthers und anderer Pseudo-Reformatoren bereits derart in Böhmen verbreitet, dass manche Städte, ohne das Consistorium zu befragen, sich ungeweihte Prediger zu Seelsorgern erwählten, von ihnen mit stürmischem Eifer die Abschaffung der althergebrachten gottesdienstlichen Gebräuche verlangten, hingegen es gerne geschehen liessen, wenn der Pfarrer sich verehelichte und mit Weib und Kindern in dem Pfarrhause wohnte. So z. B. gab es in der Stadt Schlan mehrere verheirathete Geistliche nach einander; den Wenzel Písecký, den Dechant Johann Deporta liessen die Bürger heirathen; den Priester Laurenz Leander behielten sie volle vier Jahre als Dechant sammt Weib und sieben Kindern; dann nahmen sie ohne Wissen des Administrators zum Seelsorger den Martin Štyrsko, ebenfalls mit Weib und Kindern. Ebenso behielten sie einen unordentlichen Priester bei sich als Kaplan sammt Weib und Kindern. Das Hochzeitsmahl der Geistlichen und den Taufschmaus bei der Geburt ihrer Kinder feierte jedesmal die ganze Bürgerschaft im Pfarrhause und zwar auf Gemeinde-Unkosten!

In ähnlicher Weise wie Schlan — so lautet der Bericht des Consistoriums an den Kaiser — machen es auch andere Städte. Wenn ein unverheiratheter Priester zu ihnen kommt als Pfarrer oder Kaplan, so laufen die Vornehmsten unter der Bürgerschaft um die Wette zu ihm und drängen so lange, bis er eine von ihren Töchtern zur Ehegattin wählt. Will er dies aber nicht thun, so entziehen sie ihm einen Theil seiner Einkünfte und zwingen ihn sogar, dass er von diesem geringen Einkommen noch calvinische Schullehrer verköstige oder einen sectischen Prediger ernähren helfe. So hatte die Stadt Beraun zwar den vom Consistorium bestätigten Dechant aufgenommen, neben ihm jedoch einen unordentlichen, verheiratheten Geistlichen mit acht Kindern da gelassen und zu seiner Sustentation einen Theil der Ein-

künfte des Dechantes verwendet; dabei schärfte man dem Dechant
ein, er solle ja den unordentlichen Prediger in keiner Weise beun-
ruhigen; dieser hingegen durfte ungestraft den Dechant öffentlich
schmähen und ihm sogar drohen, dass er ihn vergiften werde!

Am 11. August 1589 beklagt das Consistorium in seiner an den
Kaiser gerichteten Eingabe den Verfall der Disciplin unter dem utraquistischen Klerus; es gebe nur sehr wenige unverheirathete
Priester im ganzen Königreiche Böhmen; die meisten seien in Irrlehren gerathen, vernachlässigen die kirchliche Liturgie, ja sie liessen
sich zum Wucher und sogar zu Sacrilegien herbei, um nur ihre
Frauen und Kinder versorgen zu können. Insbesondere hatte Mat-
thäus Beneschowský, der damalige Abt des Stiftes Emaus (na Slo-
vanech) in Prag, durch seine Verheirathung ein böses Beispiel gegeben; er fuhr öffentlich mit seiner Frau herum, liess im Kloster selbst
eine Kegelbahn, eine Schiessstätte und einen öffentlichen Weinschank
einrichten, auf den Klostergütern liess er viele Waldungen ausroden,
um das eingelöste Geld unnütz zu verschwenden; er vernachlässigte
endlich auch den Gottesdienst im Emauser Stifte und gab überhaupt
durch seine unkirchliche Lebensweise ein allgemeines Ärgerniss.
Denn da er kurz zuvor sich der Partei sub utraque angeschlossen und
dem Consistorium Obedienz gelobt hatte, so beriefen sich andere unordentliche Geistliche darauf, dass ja der Emauser Abt in Prag selbst
ungestraft habe heirathen können; und die Folge davon war, dass
sich abermals mehrere Geistliche verehelichten. Das Consistorium bittet daher den Kaiser, er möge den gegenwärtigen Emauser
Abt gänzlich absetzen, gleichwie der Erzbischof den verheiratheten
Abt von Kladrau deponirt habe. Das Consistorium erinnert den Kaiser
endlich an das Unheil, welches durch die Verheirathung des Bischofes
von Köln (Churfürst Gebhard im Jahre 1583) verursacht worden und
beschwört denselben, dass er gegen den Abt von Emaus und andere
verheirathete Priester bald eine wirksame Hilfe schaffe.

Hierauf erliess Kaiser Rudolph II. in demselben Jahre (1589)
einen strengen Befehl, es sollten aus allen Städten Böhmens die un-
geweihten, unordentlichen und dem Consistorium unfolgsamen Geistlichen alsbald entfernt werden; allein es achtete Niemand auf diesen
kaiserlichen Befehl; die Städte Beraun, Tauss, Schüttenhofen, Nim-
burg und Jaroměř weigerten sich auch jetzt, die ihnen vom Consistorium confirmirten Pfarrer zu acceptiren, indem sie sich darauf aus-

redeten, der Administrator sei ja nicht mehr Utraquist, sondern er sei zur Partei sub una übergetreten.

Das Consistorium fleht neuerdings den kaiserlichen Schutz an; doch scheint auch diesmal der Hilferuf dieser bemitleidenswerthen kirchlichen Behörde an der Lethargie der Regierung und dem Widerspruchsgeiste des Klerus wirkungslos verhallt zu sein. Denn wir vernehmen im nächstfolgenden Jahre 1590 dieselben Klagen, ohne die geringste Spur von einem Erfolge derselben wahrzunehmen. Bei dieser ungehinderten Prosperirung der neuen reformatorischen Lehren in Böhmen bildete die Aufhebung des Cölibates einen mächtigen Pfeiler jener Brücke, welche am Anfange des 17. Jahrhunderts die Utraquisten vollends in das protestantische Lager hinüberführte.

IV. Rügen und Strafen.

Wir beabsichtigen keineswegs an dieser Stelle eine umständliche Schilderung des kirchlichen Processes zu bieten, wie sich derselbe in dem gerichtlichen Verfahren bei Civil- und Criminalangelegenheiten in der damaligen Praxis des calixtinischen Consistoriums kennzeichnet. Hiezu sind die Quellen einestheils noch nicht hinreichend gesichtet, und anderseits müsste die Darstellung des Processes unumgänglich einen so bedeutenden Umfang gewinnen, dass dieselbe als eine vollkommen selbstständige Abhandlung zu betrachten wäre.

Wir halten uns daher für jetzt innerhalb der durch obige Aufschrift dieses Capitels gesteckten Grenzen, indem wir die in Folge des Processualverfahrens oder auch ausserhalb desselben auf administrativem Wege angewendeten Straf- und Besserungsmittel in's Auge fassen.

An rechtzeitigen Ermahnungen und Warnungen den Laien sowohl als Geistlichen gegenüber liess es das Consistorium nie fehlen; es erhob seine Stimme gegen die Patrone der Beneficien, wenn sie sich Bedrückungen des Pfarrers, Verkürzung seines Einkommens oder Eingriffe in die kirchliche Jurisdiction erlaubten; mit rücksichtsloser Freimüthigkeit tadelte es an dem Adel wie an den Städtebewohnern, wenn sie zur Ausbreitung von Irrlehren, zur Depravation der Sitten und zum Ruin kirchlicher Zucht hilfreiche Hand darboten; Niemand war von der Gerichtsbarkeit des Consistoriums exemt, somit auch Niemand sicher vor dessen mahnendem oder warnendem Rufe. Kaum hätte sich der Protestantismus damals in Böhmen festsetzen, nie hätte er sich jenes reissenden Fortschrittes, den er gehabt, erfreuen können, wenn man von utraquistischer Seite sich es nicht zum Princip gemacht hätte, die Mahnrufe der kirchlichen Behörde gleichgiltig zu überhören.

Gegen L a i e n scheint das Consistorium eigentliche Disciplinarstrafen nur selten in Anwendung gebracht zu haben; häufiger kommen im kirchlichen Processe Geldstrafen vor, besonders wegen Verfall der Bürgschaft. — Im Jahre 1548 lesen wir folgendes Beispiel einer Kirchenstrafe: Ein Landmann von Sazená hatte in der Kirche zu Chrżín während des Gottesdienstes ungebührliche Schmähworte und unfläthige Reden laut vorgebracht und Flüche gegen den Pfarrer ausgestossen. Zur Busse dafür sollte er an der Thürschwelle der Chrżíner Kirche ein offenes Bekenntniss seiner Schuld ablegen mit den Worten: „Ich N. bekenne vor Gott, vor Maria seiner Jungfrau, vor allen Heiligen, und Euch Allen guten Leuten insgesammt, dass ich in dieser Wohnung Gottes das, was ich nicht hätte thun sollen, gethan habe, indem ich unehrbare und unziemliche Worte gesprochen. Ich bereue das aufrichtig; ich bitte Euch, dass Ihr für mich zu Gott betet, damit er mir verzeihen möge". Ferner sollte derselbe binnen eines ganzen Vierteljahres jedesmal vom Sonnenuntergang am Samstag bis zum Sonnenuntergang am Sonntag mit beiden Füssen in einem Stocke (v kládě) sitzen. Endlich sollte er auf zehn Schock Groschen Bürgschaft leisten, dass er, den Fall einer Reise ausgenommen, während eines ganzen Jahres in kein Wirthshaus gehen werde.

Gefängnissstrafen pflegten vom Consistorium zumeist nur in Folge eines Eheprocesses wegen Bigamie, Ehebruch u. dgl. über die der Schuld überführten Laien verhängt zu werden.

Was nun die Vergehen der G e i s t l i c h e n anbelangt, so haben wir schon früher darauf hingewiesen, dass zunächst der P f a r r e r den Kaplan wegen geringer Fehltritte unter vier Augen ermahnen, und erst im Falle dies fruchtlos wäre, die Ermahnung vor Zeugen wiederholen oder endlich den ganzen Vorfall dem Consistorium anzeigen solle.

Die D e c a n i districtuum übten manchmal im Auftrage des Consistoriums eine delegirte Strafgewalt aus, indem sie die Unfolgsamen zu ermahnen, und wenn sie hartnäckig blieben, dem Consistorium nach Prag zu übermitteln, oder aber propter periculum in mora auf kurze Zeit in ein Interimsgefängniss zu sperren hatten.

Die ordentliche Strafgewalt blieb jedoch stets in den Händen des Consistoriums allein. Dasselbe pflegte in der Regel eine zweimalige citatio simplex und dann die dritte peremtoria zu erlassen; in dringenden Fällen aber erfolgte blos eine citatio peremtoria. Wollte ein Priester auch nach der peremtorischen Vorladung sich nicht vor das Consistorium stellen, so pflegte dieses entweder selbst die Hilfe des weltlichen Armes in Anspruch zu nehmen, oder es ertheilte dem Kläger das „Standrecht" (stanné právo), vermöge dessen der Angeklagte vor den weltlichen Gerichten belangt werden durfte. Dagegen wurde es stets als Eingriff in die kirchlichen Rechte betrachtet, wenn ein Priester ohne Einverständniss des Consistoriums von einem weltlichen Gerichte belangt oder in Haft gebracht wurde.

Während der Dauer des vor dem Consistorium gepflogenen Processes musste der Angeklagte entweder im Gefängniss verbleiben, oder sich wenigstens in Prag aufhalten. Nur in besonders dringenden Fällen, z. B. wenn die Verhandlung sich in die Länge zog und die Pfarrgemeinde hätte während dieser ganzen Zeit verwaist bleiben müssen, oder auf vielseitige Fürsprache, besonders von Seite der Consistorialräthe oder Collatores, wurde der Angeklagte nach Hause entlassen. Wenn es sich dabei um eine geringfügige Sache handelte, so geschah die Entlassung auf das Ehrenwort des Priesters hin, dass er nämlich auf die weitere Vorladung des Consistoriums sich alsbald in Prag wieder einfinden wolle.

Wo hingegen der Process wichtige Dinge betraf, pflegte man selbst wohlverhaltene und verlässliche Geistliche nicht anders nach Hause zu entlassen, als wenn sie an ihrer Statt sichere Bürgen stellten (na rukojmě). Gewöhnlich erbat sich der Angeklagte zwei Prager Bürger oder in Prag ansässige Priester als Bürgen; diese verpflichteten sich dafür zu sorgen, dass der Angeklagte nach geschehener Vorladung im Amtslocale des Consistoriums binnen der festgesetzten Frist von 1, 2, 3, 4 Wochen erscheine; konnten ihn jedoch die Bürgen nicht stellen, weil er z. B. entflohen, und ihnen sein Aufenthalt nicht bekannt war, so verfielen sie in die vorausbestimmte Geldbusse von 10, 20, 50 — 100 Schock Groschen.

Nach gefällter richterlicher Sentenz wurde die Strafe zumeist alsogleich in Vollzug gesetzt. Da nämlich eine Appellation an höhere Instanzen durch das Gesetz verboten war, so stand der Execution des Urtheilsspruches kein Hinderniss entgegen. — Die Strafen der Geistlichen waren mehrfacher Art. Die häufigste war Gefängniss im Alt- oder Neustädter Rathhause; es scheint jedoch — seltene Fälle ausgenommen — diese Haft nie lange gedauert zu haben; gewöhnlich 1—4 Wochen; ohne Bewilligung des Consistoriums durften die städtischen Richter Niemanden seiner Haft entlassen. Es finden sich auch Fälle vor, in denen das Consistorium dem Verurtheilten die Wahl freiliess: entweder zehn Schock Groschen zu zahlen oder einen Monat lang im Gefängniss zu verbleiben. Überhaupt waren Geldstrafen ziemlich häufig und war das Consistorium so zu sagen an dieselben angewiesen, weil es neben den spärlichen Confirmationstaxen sonst beinahe gar keine Einnahmsquellen hatte, und dennoch zur Erhaltung der Kanzlei nicht unbedeutende Ausgaben machen musste.

Eine besondere Strafe wurde in der Regel über solche Priester verhängt, die in Wort oder Schrift irrthümliche, häretische Äusserungen vorgebracht hatten. Diese mussten alsdann einen feierlichen öffentlichen Widerruf (palinodia) der ausgesprochenen Irrthümer leisten und zwar zuerst in Prag, gewöhnlich in der Teynkirche, oder wenigstens in Gegenwart des Prager Klerus; dann aber musste der Schuldige die Palinodie zum zweiten Male wiederholen in derselben Kirche, wo er die Irrthümer vorgebracht hatte. Wie aus einer vom 23. Mai 1578 datirten Eingabe des Consistoriums an die böhmischen Statthalter erhellt, war es Regel, dass die Vornahme ähnlicher Revocationen der Regierung zuvor angezeigt wurde; und in dem erwähnten Jahre hatte sich nebstdem das Consistorium bezüglich der Palinodie des Priesters Johann Schlomnický auch mit dem Prager Erzbischof in's Einvernehmen gesetzt.

Die zwei strengsten Strafen, welche gegen unfolgsame Geistliche in Anwendung gebracht wurden, sind endlich: erstens die Degradirung vom Pfarrer zum Kaplan; diese Strafe wurde öfter verhängt über Dechante und Pfarrer, wenn sie irrige Lehren verbreiteten oder einen ärgerlichen Lebenswandel führten und trotz mehrmaliger Ermahnungen und Strafen sich nicht besserten. — Die zweite dieser Strafen war die gänzliche Suspendirung vom

priesterlichen Amte; sie wurde nur in den äussersten Noth-
fällen bei besonders gravirenden Vergehen angewendet. So war
(1542) der Priester Johann Machek bereits mehrmals mit Gefängniss
gestraft worden, hatte aber bald darauf in Mährisch-Budweis geheirathet, dann Weib und Kinder verlassen und wieder in mehreren
Dörfern geistliche Functionen verrichtet; dann führte er abermals
einen so abscheulichen Lebenswandel, dass er gerichtlich zum Verluste der Ehre und des Lebens verurtheilt wurde. Nachdem das Consistorium den Rath der Prager Pfarrer, sowie der Landdechante eingeholt hatte, fasste dasselbe folgenden Urtheilsspruch: „Wir belassen
zwar aus Gnade den Priester Machek am Leben, suspendiren ihn
jedoch von heute an für alle künftigen Zeiten gänzlich von seinem
priesterlichen Amte, so dass er unter Todesstrafe aller geistlichen
Verrichtungen sich enthalte und ausserhalb der Prager Erzdiöcese
einen anderen ehrlichen Lebensunterhalt sich verschaffe". Im Jahre
1534 sprach das Consistorium dieselbe Strafe aus über den Priester
Johann Polák, Kaplan bei St. Stephan in Prag; dieser hatte sich längere Zeit hindurch „mit Visionen und Nigromantie" (Geisterbe-
schwörung) viel zu schaffen gemacht; das Consistorium fasste den
Beschluss, „weil die Canones sacri dergleichen Dinge den Geistlichen
verbieten, so sei der Priester Johann von der Ausübung des priesterlichen Amtes in Böhmen und Mähren suspendirt".

ÜBER DEN

CHARAKTER UND DIE ENTSTEHUNGSZEIT

DES

ÄLTESTEN ÖSTERREICHISCHEN LANDRECHTES.

VON

Dr. VICTOR HASENÖHRL.

Maurer in seiner Anzeige [1]) des Siegel'schen Aufsatzes über die beiden Denkmäler des österreichischen Landrechtes und ihre Entstehung [2]) hat bereits, indem er den Verdiensten des gelehrten Verfassers volle Anerkennung zollte, sich dahin ausgesprochen, dass durch die Arbeit Siegel's die Frage über die Entstehungszeit dieses Landrechtes noch nicht als endgiltig entschieden angesehen werden könne. Es scheint auch in der That, dass bei näherem Eingehen in die Beweisführung Siegel's dessen Ansichten über den Charakter sowohl als über die Entstehungszeit des Rechtsdenkmales sich nicht aufrecht erhalten lassen.

Mit der nachfolgenden Abhandlung soll nun ein neuerlicher Versuch zur Lösung dieser vielbesprochenen Frage geliefert werden. Es soll in derselben zuerst der Charakter des uns überlieferten Denkmales untersucht und auf Grund der dadurch gewonnenen Resultate die Zeit der Entstehung desselben fixirt werden; denn nur wenn festgestellt ist, was für eine Urkunde zur Beurtheilung vorliegt, ist es möglich, mit Sicherheit auf die Entstehungszeit derselben zu schliessen.

[1]) Kritische Vierteljahrsschrift für Ges. Gbg. u. Rechtswissch ft. III. 1861. S. 157.
[2]) Sitzungsberichte der ph. h. Cl. d. kais. Akad. XXXV. S. 109 ff.

294

Den Resultaten dieser Abhandlung gemäss werden die beiden Denkmäler des österreichischen Landrechtes hier als die ältere und jüngere Recension bezeichnet, wobei unter der älteren Recension das von Ludewig³) und Meiller⁴), unter der jüngeren hingegen das von Senkenberg⁵) und Meiller⁶) herausgegebene Landrecht verstanden wird.

---

³) Reliq. Manusc. IV. S. 3 ff.
⁴) Archiv f. K. öst. Gesch. X. S. 148 ff.
⁵) Visiones S. 213 ff.
⁶) Archiv f. K. öst. Gesch. X. S. 159 ff.

1.

Während die früheren Schriftsteller über diesen Gegenstand die beiden bisher durch den Druck bekannt gewordenen Denkmäler des Landrechtes nur als zwei verschiedene Recensionen ein und derselben Urkunde ansahen, findet Siegel [1] in denselben so durchgreifende formelle Unterschiede, dass er zu der Ansicht gelangt, die Charaktere der beiden Denkmäler seien formell ganz verschieden. Er sieht nämlich in der kürzeren, älteren Recension eine Aufzeichnung des zu einer bestimmten Zeit geltend gewesenen Rechtes; in der längeren, jüngeren Urkunde hingegen den Entwurf einer Landesordnung.

Der Charakter der älteren Recension ist nun allerdings der einer Rechtsaufzeichnung. Es werden darin keine neuen Anordnungen getroffen, sondern es will damit nur das bereits bestehende Recht fixirt werden. Darauf weiset die Überschrift hin: „Das sind die Recht nach Gewonheit des Landes"; ebenso auch die Betrachtung, dass in den einzelnen Artikeln des Denkmales die Rechtssätze stets als bestehendes Recht hingestellt und meistens mit den Worten eingeleitet werden: „Ez sol" oder „So sol" in einem gewissen Falle dieses oder jenes Rechtens sein [2], oder: „Ez ist Recht nach Gewonhait des Lands" [3]. Nirgends erscheint ein Gesetzgeber, der neue bisher noch nicht zu Recht bestandene Anordnungen zu Recht erhebt.

Das Gesagte findet auch darin seine Bestätigung, dass sich im Einzelnen die Quellen nachweisen lassen, aus welchen das Landrecht geschöpft hat und dass somit das von dem Landrechte Vorgetragene

---

[1] A. a. O. S. 110 f.

[2] Z. B. II[1], III[1], IV[1] u. s. w.

[3] So in XXXIV[1], XLIV[1], LIV[1], LVII[1], LIX[1].

wirklich zur damaligen Zeit bereits bestehendes Recht war. Zieglauer[4]) war der erste, welcher darauf aufmerksam gemacht hat, dass
mehrere Bestimmungen des Landrechtes aus Landfriedensgesetzen
der damaligen Zeit wörtlich abgeschrieben sind, und es ist nicht unmöglich, dass auch noch manche andere Artikel des Landrechtes
nichts als wörtlich abgeschriebene Bestimmungen kaiserlicher oder
herzoglicher Verordnungen sind, von welchen wir dies jedoch nicht
nachweisen können, weil die Quellen, aus denen geschöpft wurde,
verloren gegangen sind oder in irgend einem Archive noch unbenützt
schlummern.

Andere Stellen des Landrechtes entsprechen, wenn auch nicht
wörtlich, so doch dem Inhalte nach, verschiedenen Gesetzen der damaligen Zeit[5]). Die wenigen landrechtlichen Bestimmungen hingegen,
von welchen sich eine solche Übereinstimmung mit Verfügungen der
gesetzgebenden Gewalt nicht nachweisen lässt, scheinen das gewohnheitsrechtliche Element des Landrechtes zu bilden, welches übrigens
durchaus nicht so stark vertreten ist, als es dem Wortlaute nach der
Fall zu sein scheint. Es wird nämlich manches im Landrechte als
Recht nach Gewohnheit des Landes hingestellt, das nachweisbar
nicht dem Gewohnheitsrechte, sondern Verfügungen der gesetzgebenden Gewalt seine Entstehung verdankt. So finden sich insbesondere mehrere Artikel, deren Redaction auf die Weise erfolgte, dass
man die Worte: „Es ist Recht nach Gewohnheit des Landes" vor-
setzte und dann eine Stelle aus einem bestehenden Gesetze wörtlich
aufnahm. Dies ist der Fall bei den von Siegel[6]) hervorgehobenen
Art. LIV[1] und LVII[1], welche, wie später nachgewiesen werden soll,
aus dem Landfriedensgesetze Ottokar's für Österreich von c. 1251[7])
entnommen worden sind, und bei Art. LIX[1], in welchem Art. 1. *a* des
fridericianischen Landfriedens von 1235[8]) aufgenommen ist. Diese
Artikel zeigen übrigens, wie flüchtig bei der Redaction des Landrechtes verfahren wurde. Obwohl bemüht, den Inhalt dieser Artikel

---

[4]) Über die Zeit der Entstehung des sog. ältesten österreichischen Landrechtes, in
den Sitzungsberichten der ph. h. Cl. d. k. Akad. XXI. S. 71 ff.

[5]) Dies im Einzelnen hier nachzuweisen, muss unterlassen werden, indem dadurch
die Grenzen dieses Aufsatzes weit überschritten würden.

[6]) A. a. O. S. 111.

[7]) Archiv f. K. öst. Gesch. I. 1. S. 55 ff.

[8]) Mon. Germ. IV. S. 572.

als gewohnheitsrechtliche Normen hinzustellen, vergass der Verfasser dennoch in LIV[1] und LVII[1] die befehlende Redeweise des ihm vorliegenden Landfriedens in eine objectiv gehaltene Darstellung des Rechtes umzuwandeln, so dass darin trotz der einleitenden Worte: „Es ist Recht nach Gewohnheit des Landes" im Verfolge der Gesetzgeber in der ersten Person sprechend erscheint. Gerade dieser Umstand spricht mehr als jeder andere dafür, dass das Landrecht eine Aufzeichnung des bestehenden Rechtes sein sollte, und nicht etwa ein Gesetz oder ein Gesetzentwurf.

Mit der älteren Landrechts-Recension sind in der neueren Bearbeitung mannigfache Änderungen vorgenommen worden. Es lassen sich dieselben in 3 Kategorien bringen:

1. Veränderungen des Textes oder Zusätze zu den Artikeln der älteren Recension. Diese beginnen mit ganz unwichtigen Abänderungen der Textirung, welche zum Theile füglich auf Rechnung der Abschreiber gesetzt werden können, und steigen auf bis zur Umformung der ganzen Satzfügung[9]). Zusätze zu den Artikeln der älteren Recension sind nur in den wenigsten Fällen beigesetzt worden[10]).

2. Kürzungen der älteren Recension, bestehend theils in der Auslassung ganzer Sätze in einzelnen Artikeln[11]), theils in der Auslassung ganzer Artikel der älteren Recension[12]).

---

9) Vgl. IV[1] mit IV[2], VI[1] mit VI[2], XVII[1] mit XVII[3], XLVI[1] mit LXXI[2] und LXVI[1] inf. mit LXXXVI[2].

10) Vgl. VI[1] mit VI[2], I.[1] mit LXVIII[2] und LXVI[1] mit LXXXV[2]. Dazu würde eigentlich auch XVI[1] vgl. mit XIII[2] gehören. Die vorliegende Fassung des Art. XIII[2] kann jedoch unmöglich richtig sein und muss auf dem Versehen irgend eines Abschreibers beruhen. Die volle Unabhängigkeit von den Erben bei dem Verkaufe von anerstorbenem Eigen, wie sie dieser Artikel in der vorliegenden Fassung normiren würde, hat im Laufe des ganzen Mittelalters in Österreich nie bestanden. Zahlreiche Urkunden beweisen dies. Selbst Walter in seinem c. 1560 (Mittermaier, deutsches Privatrecht, 7. Aufl. I. S. 52 n. 12) verfassten Tractate über die österreichischen Rechte, welcher in einigen Ausgaben von Suttinger's consuet. Austr. als Anhang herausgegeben worden ist, lehrt noch S. 898: Der Landesgebrauch verfügt, wenn einer ein liegendes Gut zu verkaufen willens ist, dass er schuldig sei, dasselbe seinen gesippten Freunden anzufeilen, welche dann an einem solchen Gut vor männiglich den Vorkauf haben, ob aber der Käufer den Freunden die Anfeilung nicht thät und das Gut einem fremden zu kaufen gäbe, so haben die Freunde Fug und Macht, in den Kauf einzustehen.

11) Vgl. IV[1] mit IV[2], VIII[1] mit IX[2], XIII[1] mit X[2], XXI[1] inf. mit XIV[2] und XLVI[1] mit LXXI[2].

12) XXV[1], XXVI[1], XXIX[1], XXX[1], XL[1] und XLIII[1].

3. Endlich enthält die jüngere Recension eine ganze Reihe von Artikeln, die in der älteren gar nicht vorkommen [13]).

Es entsteht nun die Frage, ob und in wie weit durch diese Abänderungen der formelle Charakter der Rechtsurkunde eine Veränderung erlitten hat. Es müssen hiebei die älteren Bestandtheile (1) von den in der jüngeren Recension neu hinzugekommenen Artikeln (3) unterschieden werden.

Die älteren Bestandtheile sind nun einer Veränderung ihrer Textirung in formeller Beziehung durchaus nicht unterworfen worden. Das Formelle der Redeweise: „Es soll" und „Es ist Recht nach Gewohnheit des Landes" ist wörtlich unverändert geblieben, ja selbst bei Stellen, wie die oben hervorgehobenen LIV[1], LVII[1] und LIX[1], hat die jüngere Recension in den correspondirenden Art. LXXIII[2], LXXVI[2] und LXXVIII[2] die von dem Redactor der älteren Recension beigefügten Einleitungs-Worte: „Es ist Recht nach Gewohnheit des Landes" beibehalten. Nur an zwei Stellen kommt eine formelle Änderung der Redeweise vor. Der Eingang der älteren Recension: „Das sind die Recht nach Gewohnheit des Landes bei Herczog Livpolten von Österreich" ist weggeblieben, und statt dessen sind die Worte: „Wir seczen und gepieten" vor Art. I gesetzt worden, und ebenso sind die Eingangsworte des übrigens wohl stark corrumpirten Artikels XLII[1] in LIX[2] in: „Wir seczen und gepieten" umgewandelt worden. Diese Änderungen sind nun gewiss nicht gewichtig und zahlreich genug, um daraus eine formelle Umarbeitung des ganzen Textes der älteren Urkunde ableiten zu können.

Etwas Anderes ist es mit den neu hinzugekommenen Artikeln. Diese unterscheiden sich durchgehends ganz charakteristisch von den älteren Bestandtheilen der Urkunde. Die überwiegende Mehrzahl dieser Artikel [14]) beginnt regelmässig mit den Worten: „Wir seczen und gepieten" oder „Wir wellen und gepieten", und enthält ganz kurze Anordnungen meist polizeilichen Inhaltes. Würden diese Artikel den ganzen Inhalt des Landrechtes ausmachen, so könnte man allerdings im Zweifel sein, ob sie nicht ein Gesetz oder einen Gesetzentwurf bilden; denn, wenn auch die meisten der darin enthaltenen Rechtssätze nur damals bereits bestandenes Recht enthalten und sich in

---

[13]) VIII[2], XXXI[2] bis LVIII[2] und LXXXIV[2].

[14]) Alle mit Ausnahme von VIII[2], LI[2] und LXXXIV[2].

ähnlicher Weise in Gesetzen vorfinden, welchen eine unzweifelhafte Priorität vor dem Landrechte zukommt, so könnte dies doch nicht als Gegenargument angeführt werden, da im Mittelalter häufige Republicationen derselben Gesetze bekanntlich an der Tagesordnung waren [15]. In die ältere Recension des Landrechtes eingeschaltet, können diese neuen Zuthaten aber nur als eine Erweiterung des Inhaltes der älteren Urkunde angesehen werden. Die stereotype Formel: „Wir seczen und gepieten" beweiset nur, dass der neue Redactor es mit der Stylisirung nicht so genau nahm und die Gesetze in der Form niederschrieb, in welcher er sie in seinen Quellen vorfand, ohne sich die Mühe zu nehmen, sie formell als Gewohnheitsrechtssätze hinzustellen. Alles spricht dafür, dass diese zweite Recension mit ausserordentlicher Flüchtigkeit vorgenommen worden ist. Die Kürze der einzelnen Bestimmungen macht es wahrscheinlich, dass der Verfasser Manches aus den ihm vorgelegenen Quellen nur auszugsweise aufgenommen hat, so wie er ja auch zahlreiche Kürzungen in den Artikeln der älteren Recension vorgenommen hat. Einzelne Bestimmungen kommen zweimal vor, oder wären doch bei sorgfältigerer Redaction in einen Artikel zu vereinigen gewesen [16]. Endlich finden sich zwei Artikel, welche nur in einem Gesetze, das zu einer bestimmten Zeit erlassen wird, einen Sinn haben, sich aber in einer Rechtsaufzeichnung allerdings sonderbar ausnehmen. Es sind dies LI², worin von

---

[15] Ich erinnere an die zahlreichen Republicationen des fridericianischen Landfriedens a. 1235.

[16] XXXI² wird befohlen: das dem Landesherren niemant sein Münss irre. Wer es tut der sol das puessen mit Leib vnd gut; und LXVIII²: Wer die Münss hindert vnd irret, vnd ir nicht furdert, als er zu Recht sol, der sol dem Landesherren seinen schaden pessern vnd abtuen, als der Münss Recht ist. Die Anordnung in XXXVIII² das kain Mautter — kein vnrecht Maut — nem. Wer das darüber tut, vber den sol man richten, als vber ain rauber, wird in LXIX² wiederholt: Es sol auch niemant — newe Maut legen, noch nemen. — Wer es darüber tut, da sol man gegen richten, als gen aim Strassrauber. Die Bestimmung in XLV²: das fürbas kain gebuer kain aigen nicht kauffe, ist ganz überflüssig, da schon XI² anordnet, dass nur ein Hausgenosse des Eigens Erbe oder Käufer desselben sein dürfe. Endlich wäre auch die Bestimmung LII², dass das Haus, in welchem ein Geächteter beherbergt wurde, verbrannt werden solle, und die Anordnung LVII², worin das Verbot der Beherbergung eines Geächteten ausgesprochen und die Strafe für den Beherberger festgesetzt wird, in eine nähere Verbindung zu bringen gewesen. Vgl. auch XXXVI² mit LXX² und Siegel a. a. O. S. 129.

den „nagsten Suunwenten, die nu koment" gesprochen wird, und LIII², worin geboten wird, dass die Burgen und Festen, die „in zwainczig Jarn gepaut sein", gebrochen werden sollen [17]). Diese Artikel haben viel dazu beigetragen, die Beurtheilung des Charakters der Urkunde zu verwirren. Doch ist die sonderbare Fassung derselben viel richtiger der Unachtsamkeit des Verfassers zuzuschreiben, als dass daraus ein Schluss auf den formellen Charakter des ganzen Denkmales gezogen werden könnte.

Die neuen Bestandtheile der jüngeren Recension unterscheiden sich von den älteren in so charakteristischer Weise, dass selbst wenn die ältere Urkunde sich nicht erhalten hätte, eine doppelte Recension vermuthet werden müsste. Siegel's Behauptung [18]), in der älteren Recension werde, was Rechtens ist, berichtet, in der jüngeren hingegen das, was in Zukunft Rechtens sein solle, geboten, ist also nur insofern richtig, als das Erstere von der älteren Urkunde, sowie von den damit identischen Bestandtheilen der jüngeren Aufzeichnung, das letztere hingegen von den neueren Bestandtheilen der jüngeren Recension gilt. Die hervorgehobenen Unterschiede zwischen den beiden Bestandtheilen der jüngeren Recension beweisen eben, dass wir es mit einer zweiten erweiterten Ausgabe des Landrechtes, nicht aber mit einer durchgreifenden formellen Umarbeitung der älteren Urkunde zu thun haben; denn die neuen Zuthaten sind zu wenig zahlreich, um gegenüber den aus der älteren Urkunde formell ganz unverändert herübergenommenen Artikeln eine Veränderung des ganzen Charakters der Urkunde erkennen zu lassen. Wir müssen daher aus denselben Gründen, aus welchen wir in Übereinstimmung mit Siegel in dem älteren Denkmale eine Rechtsaufzeichnung erblicken, auch die jüngere nur als eine solche zu Privat-Zwecken verfasste Rechtsaufzeichnung, und nicht als den Entwurf eines Gesetzes ansehen.

Die Erörterungen Siegel's über den Charakter der Landrechtsdenkmäler haben übrigens nur den Zweck, seine Hypothese über die Art der Entstehung der beiden Denkmäler im Jahre 1237 zu unterstützen. Nach ihm soll die hier als ältere Recension bezeichnete Urkunde die Vorlage gewesen sein, welche die österreichischen Landesherren zusammenstellen liessen, um Kaiser Friedrich II. bei sei-

---

[17]) Dazu gehört auch das „fürbas" in XLV².
[18]) A. a. O. S. 110.

ner Anwesenheit in Österreich im Jahre 1237 mit den Rechten und Freiheiten bekannt zu machen, deren Bestätigung sie von ihm wünschten [19]). Die hier als jüngere Recension bezeichnete Urkunde hingegen soll der Entwurf der Handveste sein, die Kaiser Friedrich II. den österreichischen Landesherren über ihre Rechte und Freiheiten zu ertheilen gesonnen war [20]).

Diese Erzählung von der Entstehungsart des Landrechtes setzt voraus, dass es eben nur zwei Bearbeitungen desselben gebe, eine Voraussetzung, welche schon jetzt, obwohl noch bei Weitem nicht alle existirenden Handschriften des Landrechtes bekannt gemacht worden sind, als unrichtig bezeichnet werden muss. Kurz, in seinem Werke über die österreichische Militär-Verfassung [21]), erwähnt eine leider noch nicht edirte Handschrift des Landrechtes, welche viel weniger Artikel, als die beiden bisher gedruckten Exemplare, aber einen reineren Text in ganz veränderter Reihenfolge der Artikel enthalten soll. Wir haben also hier offenbar eine dritte Recension des Landrechtes, deren Vorhandensein allein genügt, um Siegel's Hypothese fallen zu machen.

Ich schliesse mich daher der Ansicht Kurz's [22]) an, wornach das Landrecht in beiden Recensionen eine blosse Privatsammlung ist, „welche jeder spätere Abschreiber und auch die Beamten, welche es benützten, nach Wohlgefallen umformten, und nach ihren Einsichten und Bedürfnissen gestalteten".

Durch das Gesagte rechtfertigt sich auch die bisherige Bezeichnung als ältere und jüngere Recension. Eben der Umstand, dass sich in der als jüngere Recension bezeichneten Urkunde zwei charakteristisch verschiedene Bestandtheile unterscheiden lassen, und dass eine Gattung dieser Bestandtheile mit dem Inhalte des älteren Denkmales beinahe vollkommen identisch ist, beweist, dass das von Senkenberg herausgegebene Landrecht wirklich die jüngere, und das Ludewig'sche Landrecht die ältere Ausgabe sei, und dass es ganz unglaublich ist, dass letztere etwa nur ein Auszug aus dem Senkenbergischen Landrecht sein könne.

---

[19]) Siegel a. a. O. S. 120.

[20]) Siegel a. a. O. S. 128.

[21]) S. 261 a. *).

[22]) Österr. Milit.-Verf. a. a. O.

Eine Geschichte der Redactionen des Landrechtes zu liefern ist übrigens vorläufig noch ganz unmöglich, so lange nicht mehr als zwei Handschriften desselben bekannt sind. Es muss dies bis auf den Zeitpunct aufgeschoben bleiben, in welchem die sämmtlichen uns übrig gebliebenen Handschriften dieses Rechtsdenkmales [22]) vorliegen.

2.

In der schon oft erwähnten Abhandlung Siegel's wird dessen Ansicht über die Entstehungszeit des Landrechtes mit so blendenden und scheinbar unwiderleglichen Gründen verfochten, dass, bevor zu der Aufstellung einer eigenen Ansicht geschritten werden kann, vor Allem eine Widerlegung Siegel's nothwendig erscheint.

Die Kette der Schlussfolgerungen in Siegel's Abhandlung ist folgende: Die jüngere Recension (der Gesetzesentwurf, nach Siegel) kann nur der Entwurf eines kaiserlichen oder königlichen Gesetzes sein, und zwar aus einer Zeit, wo Österreich unmittelbar unter einem Kaiser oder Könige gestanden ist; dies war aber nur zweimal der Fall, vom Ende des Jahres 1236 ab unter Kaiser Friedrich II. und von 1276 — 1282 unter Rudolf I. Aus inneren Gründen kann nun der Entwurf nicht aus der zweitgenannten Frist herrühren, er muss also in der Zeit von 1236 ab entstanden sein.

Es sollen nun die Gründe dieser Behauptungen Siegel's einer näheren Prüfung unterzogen werden.

1. Die jüngere Recension soll der Entwurf eines kaiserlichen oder königlichen Gesetzes sein. Dies wird von Siegel [1]) damit begründet, dass darin von dem Landesherrn Österreichs stets in der dritten Person, „der Landesherre" gesprochen wird, woraus hervorgehe, dass dieser eine von dem in der ersten Person sprechenden Gesetzgeber verschiedene Persönlichkeit sein müsse. Dieses Argument ist kaum im Stande irgend etwas zu beweisen, und zwar deswegen nicht, weil in III[1] und III[2] ja auch vom Kaiser in der dritten Person gesprochen wird. Zur damaligen Zeit nahm man es mit der Stylisirung von Gesetzen eben nicht sehr genau. Auch in Rechts-

---

[22]) Meiller, über eine Hypothese i. B. d. Entstehungszeit des österreichischen Landrechtes in d. Sitzungsber. d. ph. h. Cl. d. Akad. XXI. S. 138, und Siegel a. a. O. S. 128, not. 2.

[1]) A. a. O. S. 113.

urkunden, welche unzweifelhaft von Babenbergischen Landesfürsten ausgestellt worden sind, wird von dem Landesherrn in der dritten Person gesprochen. In der Satzung für die nach Österreich handelnden Regensburger Bürger, welche Herzog Leopold V. (VI.) denselben a. 1192 ertheilte, heisst es[1]): si forte iudicem in compositione minus districtum inuenerit, componat cum domino terre, si uoluerit. In dem von Herzog Leopold VI. (VII.) a. 1212 ertheilten Stadtrechte für Enns[2]) spricht der Herzog im Eingange von sich in der ersten Person, späterhin aber heisst es: §. 6: Si autem quis aliquem temerarie cecauerit, iudicio ducis reseruetur. §. 14: In arbitrio quoque sit uidue, non nubere uel nubere cuicumque uelit quod dominus terre de hoc nichil facere habeat. §. 16: ... infra terminos ducis ... in usum ducis ... §. 17. In arbitrio quoque ducis sit[4]).

Zur weiteren Begründung seiner Ansicht hebt Siegel die Worte XXXII[3]: „das hab wir ablassen von vuserm kunigkleichen gewalt", hervor. Hält man jedoch den Charakter des Landrechtes als einer Rechtsaufzeichnung fest, so kann in diesen Worten nur eine aus einem dem Verfasser des Landrechtes vorgelegenen Königsgesetze entnommene Stelle gesehen werden. Dieses Gesetz mag allerdings[5]) aus einer Zeit herrühren, wo Österreich unmittelbar unter einem Könige stand, daraus folgt aber noch nichts für die Zeit der Entstehung des Landrechtes. Es ist auch noch die Frage, ob dieses Gesetz gerade von einem deutschen Könige herrührt. Ich sehe wenigstens nicht ein, warum es nicht ebenso gut ein Ottokarisches Gesetz gewesen sein kann. Ottokar war zwar für Österreich nur Herzog, dass er aber in seiner Eigenschaft als solcher von seiner königlichen Gewalt sprach, ist urkundlich nachweisbar[6]).

---

[1]) Arch. f. K. österr. Gesch. X. S. 04, Z. a v. u.

[2]) Gaupp, Deutsche Stadtrechte, II. S. 224.

[4]) Ebenso auch in §§. 24 und 28.

[5]) Wie Siegel a. a. O. S. 113 aus dem deutschen Lehenrechte nachweiset.

[6]) Urk. Ottokar's für Tulln a. 1270 (Lorenz, deutsche Gesch. im 13. und 14. Jahrh. I. Urk. Anhang. S. 464, N. 14): ciuitati supradicte et eius incolis hanc gratiam de. nostra Regia magnificencia duximus faciendam. Und weiterhin (S. 466): si quos inuenerint, qui iura prefate ciuitatis uiolare presumpserint vel turbare, ... ut hec nostra regalia potencia intercipiat. Urk. Ottokar's für Ardacker a. 1273. (a. a. O. S. 477): hanc duximus gratiam nostra Regia munificencia liberaliter concedendam u. dgl. m.

2. Dass das Landrecht nicht zur Zeit Rudolf's I. (1276—1282) entstanden sei, wird von Siegel [7]) damit begründet, dass die Bestimmungen des Landrechtes über den Burgenbau und die Anordnungen, welche Rudolf I. hierüber erlassen hat, nicht übereinstimmen. Dies ist aber durchaus nicht der Fall, es findet sich im Gegentheile, dass nahezu alle Bestimmungen des Landrechtes über den Burgenbau in ganz gleicher oder doch ähnlicher Weise in Gesetzen Rudolf's vorkommen.

Man vergleiche folgende Stellen:

a. XXXIV[2]: Wir seczen vnd gepieten, das niemant dem andern neher pau, denn vber ain Rast. Wo das geschehen ist, die sol man prechen. Rudolf's I. Landfriede für Österreich a. 1276[8]): Item imperiali providentia strictissime inhibemus, ne quisquam in preiudicium alterius infra leucam castrum edificet vel munitionem; et si factum fuerit, per ipsos judices precipimus demoliri.

Privileg Rudolf's I. für Wien a. 1276[9]): Wir verpieten auch noch dem alten pot der fursten ze Österreich. Daz dhain person hohe oder nider oder ainuoltig. Geistleich oder wertleich. dhain haws oder vest sul oder geturr pawen oder aufmachen in dem Purchfrieden oder ziln der Stat in einer Rast lauch. Wer diez vnsers potes widrer oder vbergeer ist. des selben paw schol man auz Reutten gar auz dem grunt [10]).

b. XXXV[2]: Wir wellen vnd gepieten, das niemant ein purkch oder vest pawe, er habe vmb die vest XXX. tl. gelts, vnd sol auch pawen gar an der Lantleut schaden.

[7]) A. a. O. S. 117.

[8]) Mon. Germ. IV. S. 411. Z. 36—38.

[9]) Rauch, Scriptores rer. Austr. III. S. 10.

[10]) Lorenz, über die beiden Wiener Stadtrechtsprivilegien Rudolf's I. (Sitzgsber. d. ph. h. Cl. der k. Akad. XLVI. S. 72 ff.) weiset zwar nach, dass dieses Privilegium gefälscht worden sei. Damit ist aber noch nicht der Beweis geliefert, dass die im Texte abgeschriebene Stelle (wie Lorenz S. 36 des Separatabdruckes seiner Abhandlung meint) zu den gefälschten Theilen der Urkunde gehöre. Das Vorhandensein derselben Anordnung im Landfrieden a. 1276 spricht vielmehr dafür, dass das Verbot des Burgenbaues innerhalb einer Rast von der Stadt auch in dem echten, verloren gegangenen Privilegium Rudolf's für Wien enthalten gewesen sei. Die ausgeschriebene Stelle des Rudolfinischen Privileg's ist übrigens in das Stadtrechtsprivileg Albrecht's I. für Wien wörtlich übergegangen. (Hormayr, Wien II. Urkdb. S. 47, Z. 6 ff.)

Rudolf's I. Regensburger Landfriede a. 1281 §. 24 [11]): Ez en sol nieman dehein burch haben, er habe sie dann an des landes schaden [12]).

c. XXXVI[2]: Wir seczen und gepieten, das kain Landesherr Jemant kain vest erlawb ze pawen an der Lantherrn Rat. LII[1] und LXX[2]: Ez sol auch nieman dehain edels Haus noch dehain Burg bawen an des Landesherrn gunst, und an sin vrlaub.

Rudolf's I. Landfriede für Österreich a. 1276 [13]): Castra — et municiones, que per sententiam et juris ordinem sunt destructa, reedificari nullatenus permittimus sine nostra licentia speciali, et si constructa sunt, precipimus per nostros judices demoliri.

Rudolf's I. Sententia de constructione munitionum a. 1279 [14]): per communem omnium astancium senteniam est obtentum, quod nullus homo qualiscunque condicionis fuerit, in alicuius comitis comicia, castrum vel municionem aliam qualemcumque erigere sive construere debeat, nisi prius ipsius comitis super eo requisito beneplacito et obtento. Quam sententiam . . . confirmantes etc.

d. LIII[2]: Wir seczen vnd gepieten, was purg oder vesten in zwainczig Jarn gepaut sein, das man die preche.

Privileg Rudolf's I. für Wien a. 1276 [15]): So gepieten wir alle die vesten nider ze brechen, die nach herczog Fridreichs Tod selig in den selben gemerchten (der Stadt Wien) gepawt sind.

Wie sich aus allen diesen Stellen ergibt, war Rudolf I., so wie alle Fürsten seiner Zeit, also durchaus kein Begünstiger der zahlreichen Burgen des Adels und gerade nach der Eroberung Österreichs hatte er nicht den geringsten Grund, dem Burgenbau besonders hold zu sein [16]). Siegel [17]) ist anderer Meinung, und findet, dass Rudolf die volle Freiheit zum unbeschränkten Baue und zur Befestigung von Burgen ertheilt habe. Er gründet diese Ansicht auf folgende

[11]) M. Germ. IV. S. 428.

[12]) Ähnlich in Rudolf's I. Landfrieden für Franken a. 1281 §. 5. (M. Germ. IV. 434), im Mainzer Landfrieden a. 1281 §. 5 (M. Germ. IV. 438) und wiederholt in den späteren Landfriedensgesetzen a. 1287 §. 23. (M. Germ. IV. 450), a. 1291 (M. Germ. IV. 456) und a. 1303 §. 16. (M. Germ. IV. 481).

[13]) M. Germ. IV. S. 411, Z. 43—45.

[14]) M. Germ. IV. S. 422.

[15]) Rauch, Script. rer. Austr. III. S. 11. Von dieser Stelle gilt das oben not. 10 Gesagte. Auch diese Stelle ist in das Stadtrecht von 1296 übergegangen.

[16]) Lichnowsky, Gesch. d. H. Habsburg. I. S. 224.

[17]) A. a. O. S. 117.

Stelle des Landfriedens a. 1276: Item imperiali munificentia indulgemus, ut reedificandi et muniendi habeant liberam facultatem omnes, qui preter juris ordinem et sine causa legitima destructionem castrorum et munitionum per regem Boemie vel quoscunque alios sunt perpessi, et nihilominus inhibitiones factas per dictum regem vel quoscunque alios de non muniendis castris vel municipiis finaliter revocamus.

Diese Stelle kann nur im Zusammenhange mit den darauf unmittelbar nachfolgenden, oben zu c. neben XXXVI² abgedruckten Worten des Landfriedens aufgefasst werden. Rudolf spricht in der ersten dieser beiden Stellen von den Burgen, welche preter juris ordinem et sine causa legitima zerstört worden sind, in der zweiten von dem Gegensatze, den Burgen, welche per sententiam et juris ordinem zerstört wurden. Der Nachsatz der ersten Stelle: et nihilominus inhibitiones, etc. kann also dem Zusammenhange nach nur von den Burgen der ersten Gattung, von den unrechtmässig zerstörten Burgen verstanden werden, so dass Rudolf damit sagen will, dass er die inhibitiones, welche dem Wiederaufbaue der unrechtmässig zerstörten Burgen und Befestigungen entgegenstehen, aufhebe. Würde man diesen Satz ganz allgemein dahin interpretiren, dass jede Beschränkung des Burgenbaues aufgehoben worden sei, so würde dies nicht nur mit der oben neben XXXIV² abgedruckten Stelle des Landfriedens und mit den übrigen oben angeführten Rudolfinischen Bestimmungen, sondern auch mit der ganzen Politik, welche Rudolf den zahlreichen Burgen des Adels gegenüber befolgen musste, in Widerspruch stehen. Es findet sich auch gar nicht, dass nach Erlassung des Landfriedensgesetzes vom 3. December 1276 eine solche unbeschränkte Freiheit des Burgenbaues in Österreich bestanden hat: im Gegentheile wird auch späterhin bei Erbauung von neuen Burgen oder Befestigungen die Einwilligung des Landesherrn eingeholt und die Ertheilung derselben als eine besondere Gnade angesehen [18]).

---

[18]) Am 13. December 1276, also 10 Tage nach Erlassung des Landfriedens, ertheilt Rudolf dem Bischofe von Passau ein Privileg, worin es heisst (Mon. Boic. XXVIII. 2. S. 495): Volentes . . . . Petrum Pataviensem Episcopum ob probata fidei sue merita. — favore prosequi benevolentie singularis, eidem suisque successoribus de benignitate regia liberaliter duximus indulgendum, ut villas suas, scilicet S. Ypolitum, Everdinge, Amstelen et Mautarn muris, fossatis, turribus et ceteris congruis edificiorum structuris firmare valeat et munire et nichilo-

So wären wir denn zu dem negativen Resultate gekommen, dass Siegel's Beweisführung nicht geeignet sei, die Zeit der Entstehung des Landrechtes festzustellen. Ich wende mich nun zu dem positiven Theile meiner Aufgabe, nämlich zur directen Beantwortung der Frage, in welche Zeit das Landrecht gesetzt werden müsse.

3.

Die Bestimmungen des Landrechtes haben grosse Ähnlichkeit mit vielen Gesetzen des 13. und 14. Jahrhunderts. Trotzdem ist es sehr schwer, daraus vom blossen Standpuncte der äusseren Rechtsgeschichte aus auf die Entstehungszeit des Landrechtes zu schliessen und in diesen Gesetzen Quellen des Landrechtes, oder umgekehrt im Landrechte eine Quelle dieser Gesetze zu finden. Siegel [1] bemerkt treffend, dass man bei derlei Filiationen von Rechtsdenkmälern sehr vorsichtig sein müsse, weil häufig dasselbe Bedürfniss zu gleicher Zeit an verschiedenen Orten die Aussprechung derselben Rechtsgrundsätze veranlasst, ohne dass deswegen an eine quellenmässige Verbindung zwischen den einzelnen übereinstimmenden Rechtsquellen zu denken sei. Ich werde mich daher in dieser Auseinandersetzung darauf beschränken, das Landrecht nur mit solchen Rechtsquellen zu vergleichen, in welchen Stellen vorkommen, welche mit einzelnen Sätzen des Landrechtes wörtlich übereinstimmen, weil dann und nur dann mit Sicherheit auf ein Quellenverhältniss zwischen beiden geschlossen werden kann.

Es findet sich nämlich, wie bereits erwähnt worden ist, dass einige Artikel des Landrechtes mit Stellen aus Gesetzen des 13. Jahrhundertes wörtlich übereinstimmen.

Eine solche Übereinstimmung findet sich:

zwischen XVIII[1], XVI[a] und dem österreichischen Landfrieden Rudolf's I. a. 1276 [2]);

---

minus alias in suo ac Ecclesie sue fundo edificia sive structuras erigere, prout sibi et Ecclesie sue commodis magis noverit expedire. — Urk. a. 1282 (Kurz, Österreich u. Ottokar und Albrecht I., I. S. 198, Beil. XIV), worin eine von Albrecht von Habsburg, als Verweser Österreichs, ertheilte Baubewilligung der Feste Volchensdorf beurkundet wird.

[1]) A. a. O. S. 126.

[2]) M. Germ. IV. S. 411, Z. 14—24.

zwischen XXXIV² und demselben Landfrieden ³):

zwischen XLII¹ und demselben Landfrieden ⁴);

ferner zwischen LIV¹, LXXIII². dem Landfrieden Kaiser Friedrich's II. a. 1235 §. 11 ⁵)' und dem Landfrieden Ottokar's von c. 1251 Abs. 13 ⁶);

und zwischen LVII¹, LXXVI², dem Landfrieden a. 1235 §. 3 ⁷), und dem Landfrieden von c. 1251 Abs. 6 ⁸);

endlich zwischen LIX¹, LX¹, LXXVIII² und dem Landfrieden a. 1235 §. 1. a. ⁹);

und zwischen LXI¹, LXII¹, LXXIX² und demselben Landfrieden §. 1. b. ¹⁰).

Es ist nun zu erörtern, ob diese Landfriedensgesetze dem Verfasser des Landrechtes als Quelle vorgelegen sind, oder ob das umgekehrte Verhältniss stattgefunden habe.

1. Dass dem Landfrieden vom Jahre 1235 die Priorität vor dem Landrechte gebühre, ist noch von Niemanden bestritten worden, denn es lässt sich durchaus nicht annehmen, dass Kaiser Friedrich II. bei Erlassung seines Landfriedens auf dem Reichstage zu Mainz sich das österreichische Landrecht als Vorbild genommen und darin enthaltene Satzungen wörtlich abgeschrieben habe ¹¹).

2. Zweifelhafter ist die Sache rücksichtlich des Landfriedens von c. 1251, da es allerdings denkbar wäre, dass Ottokar bei Erlassung dieses Gesetzes auf eine ihm, dem Fremden, vorgelegte Aufzeichnung österreichischer Rechtsgewohnheiten Rücksicht genommen habe. Trotzdem müssen wir auch diesem Landfrieden die Priorität vor dem Landrechte wahren.

Siegel ¹²) spricht sich für die Priorität des Landrechtes aus, weil der dem §. 11 des Landfriedens a. 1235 beigefügte Zusatz: „wann

---

³) M. Germ. IV. S. 411, Z. 36—38.

⁴) M. Germ. IV. S. 411, Z. 24—27.

⁵) M. Germ. IV. S. 579.

⁶) Archiv f. K. österr. Gesch. I. 1. S. 57, Z. 21 ff.

⁷) M. Germ. IV. S. 575.

⁸) Archiv f. K. österr. Gesch. I. 1. S. 56, Z. 18 ff.

⁹) M. Germ. IV. S. 572.

¹⁰) M. Germ. IV. S. 572.

¹¹) Zieglauer a. a. O. S. 99.

¹²) A. a. O. S. 127.

wer sein voglei selb raubt, die er pillich schermen solt, der hat die mit recht verlorn", welcher sowohl in LIV[1] und LXXIII[2], als im Otto-karischen Landfrieden vorkommt, sich an den Gedankengang des un-mittelbar vorhergegangenen Satzes nicht genau anschliesst. Diese ganz richtige Bemerkung Siegel's findet ihre ausreichende Erklärung darin, dass dieser Zusatz dem §. des Landfriedens a. 1235 nachträg-lich von dritter Seite beigesetzt worden ist. Diese Beisetzung eines mit dem Vorangegangenen nicht ganz logisch zusammenpassenden Rechtssatzes kann ebenso gut dem Verfasser des Landfriedens Otto-kar's, als dem Compilator des Landrechtes zur Last gelegt werden; für Ersteres spricht sogar der Wahrscheinlichkeitsgrund, dass dies der einzige Fall wäre, in welchem das Landrecht an wortgetreue Ausschreibungen von Gesetzesstellen einen selbstständigen Zusatz gemacht hätte.

Übrigens haben wir auch einen directen Beweis für die Priorität des Landfriedens. In §. 3 des Landfriedens a. 1235 heisst es: Wil aber im der den hantfrid gemachet oder enphangen hat, nicht gesten des rehtes daz er an im gebrochen si, dem sol der richter daz ge-bieten bi des keisers hulden, daz er im sins rehtes helfe, oder zen heiligen swere, daz er niht darumbe entwizze. Lat er daz durh manschaft (magschaft), oder durh deheiner slahte dinch, er ist dem keiser und dem richter seiner hant schuldech. Der Landfriede Ottokar's sagt dagegen an der betreffenden Stelle Abs. 6: Wil aber, u. s. w. dem sol der richter gebieten bei unsern hulden daz er im sins rechtes helfe oder daz er sin niht enwizze, lat er daz durch magschaft oder durch dehein ander dinch er ist uns und dem rihter seiner hant schuldich. Und in gleicher Weise LVII[1] (sowie auch LXXVI[2]): dem sol der Richter gebieten bei unsern hulden u. s. w. Lat er daz durch furcht, durch magschaft oder durch dehainer slacht ding, er ist vns vnd dem Richter sine hant schuldich.

Wäre diese Landrechts-Stelle aus dem fridericianischen Land-frieden abgeschrieben worden, so bliebe es ganz unerklärt, wie der Verfasser, der ja nach den Eingangsworten des Artikels bestehendes Gewohnheitsrecht darstellen wollte, die Worte: „des keisers" und „dem keiser" in die erste Person: „uns" umwandeln konnte, anstatt dieselben unverändert zu lassen, wie dies der Redeweise in III[1] und III[2] entsprechen würde, oder „des Landesherren" an die Stelle zu setzen. Die erste Person in diesem Landrechts-Artikel erklärt sich

eben nur daraus, dass in dem bei Abfassung des Landrechtes vorgelegenen Gesetze dieses „uns" bereits gestanden habe und gedanken-
los nachgeschrieben worden sei. Es muss demnach dem Landrechts-
Verfasser bei dem Ausschreiben dieses Artikels der entsprechende §.
des Ottokarischen Friedensgesetzes, in welchem der Ausdruck „uns"
bereits vorkommt, vorgelegen sein. Dass das Ottokarische Gesetz
hingegen die Worte „des Kaisers" u. s. w. in seiner Vorlage, dem
Landfrieden a. 1235, in „uns" verwandelt habe, ist ganz erklärlich,
weil Ottokar in diesem Gesetze stets in der ersten Person sprechend
erscheint und es in seiner politischen Stellung lag, seine Person an
die Stelle der kaiserlichen Autorität zu setzen.

3. Schwieriger ist es, die Priorität des Landfriedens a. 1276
vor dem Landrechte festzustellen.

Hiefür spricht jedoch der Charakter des Landrechtes, als einer
Compilation bestehender Gesetze, in welcher nachweisbar mehrfache
Stellen aus Gesetzen ausgeschrieben worden sind, während es ganz
unwahrscheinlich ist, dass gerade in diesem Landfriedensgesetze
Aufnahmen aus anderen Gesetzen enthalten sind, da es sonst durchaus
selbstständige Anordnungen enthält und insbesondere die zahlreichen
und ganz zerstreut darin vorkommenden Anklänge an den soeben
geendeten Kampf mit dem böhmischen Könige die Ursprünglichkeit
seiner Normen verbürgen.

Der Landfriede übrigens ist lateinisch, das Landrecht deutsch
geschrieben. Es muss also eine Übertragung aus einer Sprache in
die andere erfolgt sein. Eine jede Übersetzung hat das Eigenthümliche, dass um einen Gedanken auszudrücken, welcher in der Ursprache oft nur mit einem einzigen oder mit wenigen treffenden Worten ausgesprochen wird, ein bedeutend grösserer Aufwand an Worten und Umschreibungen nöthig werden, um den Sinn der Ursprache
zu geben. Man vergleiche nun folgende Ausdrücke der lateinischen
mit den entsprechenden der deutschen Urkunde (XVIII¹, XVI³ und
die entsprechende Stelle des Landfriedens a. 1276): conquirente
domino, und: der herr, der nach Im clagt,

receptor, und: iener, der in gesessent hat,

causa pendente, und: in der zeit . . . da noch nicht vertaidingt
ist, noch verrichtet umb in.

Wie ganz am Platze, wie prägnant ist die lateinische Ausdrucks-
weise, wie schwerfällig hingegen, wie mühsam zusammengesucht

erscheinen die vielen Worte des Landrechtes! Es ist beinahe nicht
zu bezweifeln, dass der Verfasser des Landrechtes diesen Artikel aus
einer ihm vorgelegenen lateinischen Urkunde, nämlich eben aus dem
Landfrieden a. 1276 übersetzt habe [18]).

4.

Nachdem wir zu dem Resultate gelangt sind, dass das Landrecht
nach dem 3. December 1276, als dem Tage der Erlassung des Rudolfinischen Landfriedensgesetzes für Österreich entstanden ist,
handelt es sich darum, einen zweiten Zeitpunct aufzufinden, vor
welchem das Landrecht verfasst worden sein musste. Doch geht es
jetzt nicht mehr an, auf die bisherige Weise vorzugehen, und etwa
Gesetze aufzusuchen, welchen das Landrecht als Vorlage gedient hat,
da solche, bis jetzt wenigstens, nicht aufgefunden worden sind. Wir
müssen daher auf einem anderen Wege das erwünschte Ziel zu erreichen suchen.

Es ist keinem Zweifel unterworfen, dass es im 13. und 14. Jahrhunderte Niemanden beifiel, rechtshistorische Abhandlungen zu verfassen [1]), dass also auch im Landrechte nur das bestehende Recht
fixirt werden wollte. Der Inhalt des Landrechtes passt auch vollkommen auf die Zeit nach dem Jahre 1276; es findet sich bei einer Betrachtung des damaligen Rechtszustandes, wie sich derselbe aus
anderen Quellen ergibt, eine vollkommene Übereinstimmung mit den
Rechtssätzen des Landrechtes. Wenn wir nun im Verlaufe der rechts-
historischen Entwicklung auf einen Zeitpunct kommen, in welchem
solche Veränderungen im Rechtszustande eingetreten sind, welche
mit den landrechtlichen Bestimmungen im Widerspruche stehen, so
werden wir berechtigt sein zu schliessen, dass das Landrecht dar-

---

[18]) Einige technische Ausdrücke wusste der Übersetzer, wie es scheint, gar nicht zu
verdeutschen, und zog es vor, sie ganz zu übergeben; so: alio justo titulo alteri
attinentes, und: coram competente judice. Statt des letzteren Ausdruckes heisst
es in XVI²: vor aim richter. Woher der Ausdruck: ein Richter, während sonst
in dem ganzen Art. XVI² immer nur von dem Richter gesprochen wird? Offenbar,
weil der Landrechtsverfasser hier im Latein nicht das einfache „judex" fand, welches er regelmässig mit „der Richter" wiedergab, sondern „competens judex", wofür er keinen geeigneten deutschen Ausdruck hatte. (In XVII² steht zwar statt:
„aim", „dem" Richter. Ich halte aus eben dem angegebenen Grunde die Lesart
der jüngeren Recension, „aim" für die richtigere.)

[1]) Zieglauer a. a. O. S. 108.

312

nach nicht mehr entstanden sein konnte, sondern dass seine Entstehung aus einer früheren Zeit her datiren müsse. Ein solcher Zeitpunct findet sich einige Decennien nach dem Jahre 1276, wenn man die Veränderungen in's Auge fasst, welche die Verfassung der herzoglichen Gerichte in Österreich unter der Enns in der ersten Hälfte des 14. Jahrhunderts erlitten hat und damit die im Landrechte vorgetragene Gerichtsverfassung vergleicht.

Bevor dies dargestellt werden kann, ist es jedoch nothwendig, zwei Hauptgrundsätze hervorzuheben, ohne welche die Competenzbestimmungen mittelalterlicher Gerichtsverfassungen nicht richtig aufgefasst werden können.

Der erste Grundsatz ist der, dass der niedere Richter immer als der Stellvertreter des nächst höheren betrachtet wird [2]), daher sobald, der höhere Richter als der eigentliche Träger der Gerichtsbarkeit erscheint, der niedere Richter zu weichen hat [3]). So wie also, wenn der König erschien, die von ihm mit der Gerichtsbarkeit belehnten Fürsten vor ihm weichen mussten [4]), so hatten auch in den Territorien die niederen Richter, deren Gerichtsbarkeit ein Ausfluss der landesherrlichen ist, bei dem Erscheinen des Landesfürsten oder des von ihm bestellten höheren Richters zu weichen.

Der zweite Grundsatz ist der in seiner Naturgemässheit im deutschen so wie im römischen Rechte vorkommende, dass die Gerichtsbarkeit im Processe sich nicht nach dem Kläger, sondern nach der Person des Geklagten zu richten hat. (Actor sequitur forum rei.) Dass dieser Grundsatz (abgesehen von Ausnahmen) auch im mittelalterlichen Processe die Regel bildete, zeigen insbesondere die zahlreichen Urkunden, in welchen eine Exemtion von der allgemeinen Gerichtsbarkeit zugestanden wird, und worin den Exemtions-Berechtigten regelmässig die Gerichtsbarkeit in Klagen gegen ihre Hintersassen verliehen wird. Ausdrücklich ausgesprochen ist der Grundsatz in einer Privilegien-Bestätigung für das Stift St. Florian aus dem Jahre 1213 [5]): causas siue peccuniarias siue prediales siue in personas siue in dampna, hannos, pugnarum expurgationes — officiales

---

[2]) Unger, Altdeutsche Gerichtsverfassung. S. 200.
[3]) S. Sp. 1. 58. 2 u. 3. 60. 2, Schw. Sp. Lassb. 133. 134.
[4]) Zöpfl, Rechtsgeschichte. S. 467. IV. u. 493.
[5]) Stülz, Gesch. v. St. Florian. S. 292.

ecclesie exequantur ita, ut actor semper forum rei sequatur, id est si homo extraneus de homine ecclesie conqueri habeat, a preposito suisque officialibus iudicium expetat.

a. Gerichtsverfassung zur Zeit der Babenberger.

Unter den babenbergischen Landesfürsten findet sich in Urkunden

1. das Gericht des Herzogs (placitum ducis) erwähnt, welches an drei Dingstätten, Neuburg, Tulln und Mautern [6]) abgehalten wurde. Es kommt wenigstens kein Beispiel vor, in welchem der Herzog in Angelegenheiten, welche Österreich unter der Enns betreffen, an einer anderen Dingstatt zu Gericht gesessen wäre. Nur eine scheinbare Ausnahme ist die Versammlung der Edlen und Ministerialen zu Krems, vor welcher durch den Herzog ein Streit zwischen dem Stifte Klosterneuburg und Ortolf von Isenberch wegen eines Lehens zu Celdramendorf geschlichtet wurde [7]), denn dies war wohl nicht ein eigentliches placitum publicum, sondern mehr eine Zusammenkunft zu einer gütlichen Ausgleichung zwischen den Streittheilen, welche auch durch Vermittlung des Herzogs zu Stande kam. Das placitum generale hingegen, welches Herzog Friedrich II. im Jahre 1235 ante castrum Sitzenberge abhielt [8]), war eine Gerichtsversammlung, welcher Friedrich als Herzog von Steier und nicht als Herzog von Österreich vorsass, da die darin entschiedene Streitigkeit auf die Advocatie des Klosters Garsten Bezug hatte, und Garsten erst in Folge des Theilungsvertrages vom 25. September 1379 [9]) zu Österreich kam.

In diesen Gerichtsversammlungen hatten die Landesfürsten den Vorsitz persönlich zu führen; ein Gewohnheitsrecht, welches in der

---

[6]) Beispiele in Meiller's Regesten a. 1137 S. 24 reg. 1 u. 2; a. 1163 S. 46 reg. 61 u. 62; a. 1203 S. 90 reg. 39; a. 1209 S. 100 reg. 73 u. 74; eod. a. S. 101 reg. 75 ; a. 1217 S. 119 reg. 141. Dies wird rücksichtlich Mautern als altes Herkommen bestätigt in dem Schiedsspruche über die durch den Tod Friedrich's des Streitbaren frei gewordenen Passauer Lehen aus dem Jahre 1253 (Mon. Boic. XXVIII. 2. 374 n. 111): Ipso anno habebit etiam Dux placita provincialia in Mautern, juxta quod habuit Dux Leopoldus et secundum consuetudines antiquas et approbatas.

[7]) Meiller's Regesten a. 1171 S. 50 reg. 79.

[8]) Meiller a. a. O. S. 153 reg. 31.

[9]) Rauch, Scriptores er. Austr. III. 393.

kaiserlichen Constitution a. 1234 [10]) seinen Ausdruck fand. Es kommt
unter den Babenbergern auch kein Beispiel vor, dass das placitum
generale, welches übrigens wie bekannt auch zu anderen als Gerichtszwecken abgehalten wurde, von Jemand anderem als dem Landesherrn
geleitet worden wäre.

II. Neben dem Herzogsgerichte kommen in Urkunden dieser
Zeit auch häufig judicia provincialia vor, deren Gerichtsbarkeit sich
jedoch nicht über ganz Österreich erstreckte, sondern welchen bestimmte Gerichtsbezirke zugewiesen waren, daher sie auch regelmässig mit dem Namen dieser Bezirke bezeichnet werden, z. B. judices
provinciales circa Ibs [11]), judices provinciales in Tulln [12]). Ein solcher
Landrichter (wenn auch nicht in Österreich unter der Enns) war
auch der insbesonders in St. Florianer [13]) und Kremsmünsterer Urkunden häufig vorkommende judex provincialis Ortolf von Volchinstorf. Er
wird als derjenige Richter bezeichnet, in dessen Bezirk (provincia)
die Klöster St. Florian [14]) und Kremsmünster [15]) liegen, und hatte sein
Gericht als Lehen von der Kirche Regensburg und als Afterlehen vom
österreichischen Herzoge [16]).

b. Gerichtsverfassung unter König Ottokar.

Unter Ottokar blieb die Gerichtsverfassung der Babenberger
den Hauptgrundzügen nach bestehen. Es wird jedoch bereits den
geänderten Zeitverhältnissen durch Einfügung einiger neuen Einrichtungen in das alte Gebäude Rechnung getragen.

I. Als oberstes Gericht im Lande ist das des Herzogs geblieben.
Derselbe führt jedoch nur mehr in besonders wichtigen Fällen den

[10]) M. Germ. IV. S. 301, Z. 17 u. 18.

[11]) Meiller, Regesten a. 1240 S. 164 reg. 72.

[12]) Urkunde a. 1232, Diplomataria et Acta VIII. 296. Meiller, Regesten a. 1243 S. 176
    reg. 125.

[13]) Meiller a. a. O. a. 1212 S. 109 reg. 100, a. 1212 S. 110 reg. 104, a. 1213 S. 111
    reg. 105, a. 1213 S. 112 reg. 109.

[14]) Urkunde a. 1212 in Stülz's Gesch. v. St. Florian. S. 281 n. 46.

[15]) Meiller a. a. O. a. 1217 S. 119 reg. 141.

[16]) Von Berchtold, Landeshoheit Österreichs S. 167, als eine Vermuthung ausgesprochen, deren Richtigkeit bestätigt wird durch eine Urkunde a. 1217 (Urkundbch.
    Kremsmünster S. 74 n. 57): Ortolfus de Volchenstorf, qui fuit judex provinciae in
    praedijs ejusdem Monasterij (Kremsmünster) resignaret judicium illud in manus
    Ottonis Ratisponensis Ecclesie advocati, a quo tenebat in feodo, idemque advocatus resignaret illud manibus — Ducis.

Vorsitz persönlich, indem die Gerichtsbarkeit in den übrigen zur herzoglichen Cognition gehörigen Fällen den weiter unten zu erwähnen-
den Landrichtern überlassen wurde.

Die Fälle, welche der persönlichen Gerichtsbarkeit des Herzogs
vorbehalten blieben, sind:

1. Die, in welchen es sich um Leib und Eigen von Grafen,
Freien und herzoglichen Dienstmannen handelt. Landfriede Ottokar's
von c. 1251 Abs. 21 [17]): Wir wellen auch und setzen vier Lantrihtaer, zwen enhalb tunowe, zwen dishalb. di suln rihten alle chlag di
für si choment, an uber dienstman leib und aeigen, und lehen. Der
Landfriede spricht zwar nur von Dienstmannen, es ist aber wohl
keinem Zweifel unterworfen, dass die höheren Standesclassen der
Grafen und Freiherren nicht schlechter gestellt sein konnten als die
Dienstleute [18]).

2. Processe gegen Persönlichkeiten, welchen durch besondere
Privilegien das Vorrecht ertheilt worden war, nur von dem Herzoge
in Person gerichtet zu werden. Privilegium für das Stift Heiligenkreuz von c. 1265 [19]): Ottokar erklärt suis judicibus prouincialibus per
Austriam — quatenus omnes causas, querimonias, actiones, que
contra predictum abbatem et conuentum (zu Heiligenkreuz) de prediis
suis a quibuscunque emerserint, relinquentes in iudiciis vestris totaliter indiscussas, discutiendas usque ad nostram presenciam
suspendatis, quia commune jus ministerialium huius terre eis
fauorabiliter conferentes nec querimoniis respondere, nec aliis astare
volumus iudiciis nisi nostris [20]).

Trotz dieses beschränkteren persönlichen Wirkungskreises war
es Ottokarn bei dem ausgedehnten Ländergebiete, das er beherrschte,
nicht möglich, seine Gerichtssitzungen in Österreich immer in Person
abzuhalten. Neben dem ständigen Institute der Landrichter für min-

---

[17]) Archiv f. K. österr. Gesch. I. 1. S. 59, Z. 16 ff.

[18]) Vgl. auch die Stelle bei not. 19. — Urkunde a. 1257 (Kurz, Beiträge II. 455
  n. 13): König Ottokar erklärt in der Klagsache des Abtes von Lambach gegen
  Gundacker von Stahrenberg über die Advocatie von Lambach — dictis partibus
  diem de suo negotio antedicto prefiximus ad Nivvenburch ad placitum generale,
  quod nos sollempniter duximus celebrandum.

[19]) Dipl. et Acta XI. S. 164 n. 174.

[20]) Bestätigung dieses Privilegs durch Herzog Albrecht I. a. 1286, Pez, Cod. dipl. II.
  147 n. 241.

der wichtige Fälle, führte er daher ein ausgedehntes System von Delegationen ein. In zahlreichen Rechtshändeln, welche seiner persönlichen Entscheidung vorbehalten waren, wurden von ihm eine oder mehrere Personen, meist Landrichter oder andere Amtspersonen, wie Landmarschälle, Kämmerer u. dgl. zur Entscheidung einzelner Fälle delegirt. Gewöhnlich erfolgten diese Delegationen zur Durchführung eines ganzen Processes. Beispiele: Im Jahre 1259 werden Otto von Meissau und Otto von Haslau als judices racionabiliter constituti zur Entscheidung eines Rechtsstreites zwischen der nobilis domina von Eggenburg und dem Ministerialen und Landmarschall in Österreich Heinrich von Weitra wegen der durch Letzteren gewaltsam entrissenen Feste Rapottenstein [21]). — Albert Truchsess von Feldsperg, judex provincialis Austriae, und Conrad von Wehingen, Marschall von Österreich, werden (1267) von Ottokar in einem Streite zwischen dem Grafen von Hardeck und den Brüdern von Ruprechtsdorf zu compositores und judices ernannt [22]). — Im Jahre 1267 wird von König Ottokar dem Heinrich Grafen von Hardeck und Albert Truchsess von Feldsperg, judicibus provincialibus per Austriam und dem Otto von Perchtoldsdorf, Kämmerer plena jurisdictio übergeben, eine causa zwischen dem Kloster Lilienfeld und den Schwestern von Altenburg zu entscheiden [23]). — In einem Streite zwischen dem Kloster Lilienfeld und Conrad von Lilienfeld [24]) (1268) wird Heinrich Graf von Hardeck, judex provincialis per Austriam von Ottokar (jussu regis) zur Entscheidung abgeordnet (deputatus) [25]). — Gerichtsbrief Otto's von Haslau, judex provincialis per Austriam a. 1275. worin er als Bevollmächtigter und Stellvertreter König Ottokars (ex parte domini nostri — regis Bohemie receperimus in mandatis. und: vicem suam per omnia gerentes) einen Streit zwischen dem Stifte Heiligenkreuz und dem Sohne des Mazelin entscheidet [26]). — Mitunter erfolgte die Delegation aber auch nur zur Leitung

---

[21]) Dipl. et Acta I. 47 n. 44.

[22]) Archiv f. K. österr. Gesch. II. S. 190.

[23]) A. a. O. II. 191. Die Altenburger waren eine Ministerialen-Familie. Hanthaler, Recensus dipl.-geneal. I. S. 239.

[24]) Die Lilienfelder werden als Edle (nobiles) bezeichnet. Hanthaler a. a. O. II. S. 83 not. c.

[25]) A. a. O. II. 193.

[26]) Dipl. et Acta XI. S. 198 n. 215.

der Untersuchung, während die Endentscheidung dem Könige selbst vorbehalten blieb. So wurde Heinrich von Hardeck von Ottokar (1267) dem Bischofe Conrad von Freisingen gegeben als auditor super suis querimoniis in Austria; als solcher führte Heinrich die Untersuchung in dem Rechtsstreite des Bischofs wider Offmia von Pottendorf[27]) über das Gut Herrantstein [28]), wovon er das Ergebniss dem Könige zur Entscheidung einzusenden hatte [29]).

Die Orte, an welchen das Herzogsgericht, sowohl unter dem persönlichen Vorsitze des Landesfürsten als bei erfolgter Delegation gehalten wurde, sind die alten Dingstätten der Babenberger [30]), Neuburg [31]), Tulln und Mautern [32]). Es kommt jedoch schon vor, dass derlei Gerichte auch an anderen Orten, insbesondere in Wien [33]) oder Krems [34]) gehalten wurden.

II. Wie bereits erwähnt, setzte Ottokar [35]) Landrichter ein, denen er einen Theil der herzoglichen Gerichtsbarkeit übertrug. Die Gründe dieser Neuerung sind bereits angedeutet worden. Sie liegen in der allgemein gefühlten Nothwendigkeit, den Gang der Rechtspflege von der zufälligen Anwesenheit des Landesfürsten unabhängig zu machen,

---

[27]) Eine Ministerialin. Hanthaler u. a. O. II. S. 83 u. c

[28]) Archiv f. K. ö. G. XXVII. S. 271.

[29]) Meichelbeck, Hist. Frising. II. 2. S. 54 n. 65.

[30]) Lorenz, Deutsche Geschichte im 13. und 14. Jahrh. I. S. 358 not. 1 verwechselt die herzogliche Gerichtsbarkeit mit der der neu eingeführten Landrichter (s. unten), wenn er von einer Veränderung des Ortes, wo das Herzogsgericht abgehalten wurde, spricht.

[31]) Vgl. die Stelle not. 18.

[32]) Schiedsspruch a. 1253. s. not. 6. Die bei not. 21 angeführte Entscheidung zwischen der Frau von Eggenburg und Heinrich von Weitra erfolgte in foro judiciali in Mautern, ebenso die bei not. 28 citirte Untersuchung Heinrich's von Hardeck in placito generali apud Mautern.

[33]) So die bei not. 23 vorkommende Entscheidung zwischen Lilienfeld und den Schwestern von Altenburg: ad Judicii sessionem.

[34]) Die bei not. 25 angeführte Entscheidung. Möglich, dass Krems als grösserer Ort statt des benachbarten Mautern gewählt wurde.

[35]) Die erste Einführung von Landrichtern für ganz Österreich scheint bereits aus den unruhigen Zeiten des österreichischen Interregnums vor Ottokar herzurühren. Heinrich von Habsbach wird schon im Jahre 1244 (wenn anders die Jahrzahl richtig ist) urkundlich als judex provincialis tocius Austriae bezeichnet. (Dipl. et Acta XI. S. 108 n. 102.)

und führten gleichzeitig auch in anderen Theilen Deutschlands [36]) zu ähnlichen Einrichtungen [37]).

Die Einführung des Landrichteramtes in diesem Sinne erfolgte durch Ottokar gleich nach der Eroberung Österreichs durch den oft erwähnten Landfrieden von c. 1251.

Abs. 21 [38]): Wir wellen auch und setzen vier Lantrihtaer, zwen enhalb tunowe, zwen dishalb. di suln rihten alle chlag di für si choment, an uber dienstman leib und aeigen, und lehen. Wirt aber nein dinstman umb grozze schulde bechleit, den sol der lantrihter bringen in den furban, di aeht sol man uns behalten. Uber Rittaer und uber chneht, di unser sint. oder unser dinstman aeigen sint, oder swes si sint, da sol der lantrihter uber rihten. uber leip und uber gut als reht ist.

Abs. 22 inf. [39]): Wir wellen auch daz zwen lantrihter bei anander sitzen an dem gerihte so si mugen.

Abs. 33 [40]): Wir wellen auch daz die lantrihtaer Aepten, Probsten, Chlostern, Pfaffen und allen geistlichen liuten, reht foderen, alle ir chlage an unsere stat [41]).

---

[36]) Walter, Deutsche Rechtsgesch. I. S. 342.

[37]) Das Vorbild aller dieser Einrichtungen war der von Kaiser Friedrich II. im Mainzer Landfrieden (1235) §. 15 (M. Germ. IV S. 317) eingesetzte Hofrichter.

[38]) Archiv f. K. ö. G. I. I. S. 59 Z. 18 ff.

[39]) A. a. O. Z. 28 f.

[40]) A. a. O. S. 60 Z. 22 ff.

[41]) Lorenz, a. a. O. S. 346 findet in diesem Landfrieden auch die Einsetzung eines „Hofrichters“ mit zwölf Beisitzern aus dem Lande. Diese Annahme, welche mit den, niemals von einem „Hofrichter“ sprechenden Urkunden in Widerspruch steht, gründet sich auf den im Archiv f. K. ö. G. I. I. enthaltenen Abdruck des Landfriedens, in welchem der erste Theil des Abs. 22 (S. 59 Z. 27 u. 28) folgendermassen lautet: Wir haben auch unsern (Rihter?) mit zwelf herren aus dem lande. Die Conjectur des Wortes „Rihter“ ist durch eine, wie mir scheint, unzulässige Zusammenziehung des ersten, und des im Texte abgedruckten zweiten Theiles des Abs. 22 entstanden. Die Ernennung von 12 Gerichts-Beisitzern wäre für die Zeit Ottokar's etwas vollkommen Unerklärliches, da damals und noch lange nachher die Gesammtheit der anwesenden Grafen, Freien und Dienstmannen, und nicht etwa ein auserlesener Ausschuss derselben das Schöffenamt im Herzogsgerichte versah. Wenn es erlaubt ist, eine Conjectur zu machen, so würde ich statt „Rihter“ das Wort „Rat“ vorschlagen, denn das Vorhandensein eines Rathes Ottokar's aus österreichischen Landesherren ist erwiesen durch eine Göttweiher Urkunde a. 1264, worin Otto von Meissau, Otto von Haslau, Heinrich von Seefeld, Heinrich von Lichtenstein, Heinrich Truchsess von Leughbach und Wernhard Preusl

Nach diesen Stellen erstreckte sich die Gerichtsbarkeit der Landrichter:

1. Auf Processe gegen Grafen, Freie (s. das oben S. 315 Gesagte) und Dienstleute, welche nicht gegen deren Leib oder Eigen gerichtet waren. Also Streitigkeiten um deren fahrende Habe und Criminalfälle minderer Art, mit Ausnahme der vor Special-Gerichte gehörigen lehenrechtlichen Angelegenheiten.

2. Über die Ritter und rittermässigen Knechte, wenn es sich um deren Leib und Gut handelt.

3. Über die Geistlichkeit des Landes [41]).

4. Für die Landrichter galt aber auch der oben hervorgehobene Grundsatz, dass in ihrer, der höheren Richter Anwesenheit die Gerichtsbarkeit der niederen Richter suspendirt wurde. Es war nämlich Aufgabe der Landrichter, nebst dem dass sie einen Theil der eigentlich herzoglichen Gerichtsbarkeit verwalteten, auch noch im Lande herumzureisen, in den niederen Landgerichten an der Stelle der niederen Landrichter Gericht zu halten, und insbesondere die damals übliche inquisitio terrae generalis gegen Übelthäter vorzunehmen.

L. F. a. 1251 Abs. 28 [42]): Wir gebiten auch allen den di in dem lantgerihte sint gesezzen, iz sin dinstman ritter oder chneht, arm oder riche, swa di lantrihter irin lanttaeidinch hin legen, daz si dar chomen, dem geriht ze helf.

Abs. 32 [43]): Die lantrihter suln vrag haben schedelicher leute und swer ubersagt wirt, uber den sol man richten als recht ist.

Diese höchst heilsame Massregel, wornach das Eingreifen der höheren Landrichter in die Gerichtsbarkeit der niederen Landgerichte denselben zur Regel gemacht wurde, ist dadurch nothwendig geworden, dass es den niederen Landrichtern häufig an der nöthigen Macht fehlte, um ihre Sprüche geltend zu machen.

---

consiliaril per Austriam genannt werden (Dipl. et Acta VIII. S. 310. Vgl. Lorenz u. a. O. S. 349). Dieser Rath war der Vorgänger des von Rudolf I. zur Verwaltung Österreichs eingesetzten Rathes (Lichnowsky, I. 288).

[41]) Gerichtsbrief a. 1255 des Heinrich von Habsbach, judex a duce Ottocharo per Austriam constitutus, worin derselbe den Streit eines Bürgers von Stein wider das Kloster Lambach wegen eines Weingartens zu Suzenberg entscheidet. (Urkdb. d. Landes ob der Enns III. S. 214 n. 219.)

[42]) Archiv f. K. ö. G. I. 1. S. 60, Z. 10 ff.

[43]) A. a. O. Z. 20 ff.

21

Die von Ottokar eingesetzten vier[45]) Landrichter sind demnach von den niederen Landgerichten, welche, wie unten nachgewiesen werden soll, unter Ottokar noch fortbestanden, wohl zu unterscheiden. Sie hiessen, zum Unterschiede von den schlechtweg judices provinciales genannten niederen Landrichtern, judices per Austriam constituti[46]), judices provinciales per Austriam[47]) oder judices provinciales Austriae[48]). Ihre Gerichtsbarkeit erstreckte sich, wie schon durch ihre Benennung ausgedrückt wird, über ganz Österreich[49]). Der im Abs. 21 des L. F. gewählte Ausdruck, dass zwei Richter diesseits, und zwei jenseits der Donau zu richten haben, bezieht sich nicht auf eine eigentliche Bildung von vier Gerichtssprengeln, sondern hat nur den Sinn, dass zwei Landrichter das rechte, und zwei das linke Donauufer zum Hauptsitze ihrer Thätigkeit und ihrer Bereisungen der niederen Landgerichte zu machen hatten. Von einer strengen Abgrenzung der Bezirke konnte schon deswegen keine Rede sein, weil ja nach Abs. 22 die Landrichter wo möglich immer zu zweien zu richten hatten, was auch thatsächlich sehr häufig der Fall war[50]). Die eigentliche herzogliche Gerichtsbarkeit scheint von den Landrichtern an den alten herzoglichen Dingstätten zu Neuburg, Tulln[51]) und Mautern, sowie in dem letzteren gegenüberliegenden Krems[52]) ausgeübt worden zu sein[53]). Zur Ausübung der niederen

---

[45]) Lorenz a. a. O. S. 346 irrt, wenn er im Widerspruche mit dem Wortlaute des L. F. von 4 Landgerichten mit je 2 Landrichtern, zusammen also von 8 Landrichtern spricht.

[46]) Urk. a. 1255, Urkdb. des Landes ob d. Enns III. S. 214 n. 219.

[47]) Gerichtsbrief a. 1267, Arch. f. K. ö. G. II., S. 191; Urk. a. 1268, Urkdb. des Landes ob d. Enns III. S. 355 n. 378; Urk. a. 1275, Dipl. et Acta XI. S. 194 u. 199.

[48]) Urk. a. 1262. Meichelbeck. Hist. Frising. II. 2. S. 33 n. 85; Urk. a. 1264, Pez, Cod. dipl. II. S. 110 n. 196; Urk. a. 1267, Arch. f. K. ö. G. XXVII. S. 271; Urk. a. 1267 a. a. O. II. S. 190.

[49]) Ob auch Österreich ob der Enns dazu gehörte, ist zweifelhaft. Ich möchte mich beinahe dafür entscheiden, dass dies nicht der Fall war, weil gleichzeitig auch judices provinciales Austriae superioris (Urk. a. 1264, Kurz, Beiträge II. S. 558; Urk. a. 1282, Urkdb. des Landes ob d. Enns III. S. 541 u. 588) oder judices provinciales supra Anasum (Urk. a. 1282. a. a. O. S. 543 n. 590) vorkommen.

[50]) Ein Beispiel statt vieler in Urk. a. 1263. Dipl. et Acta XI. S. 150 n. 165.

[51]) Urk. c. 1256. Dipl. et Acta XI. S. 122 u. 117.

[52]) Urk. a. 1255, Urkdb. des Landes ob d. Enns III. S. 214 u. 219.

[53]) Doch getraue ich mir nicht, dies mit apodiktischer Gewissheit hinzustellen, da so wenig Urkunden über den Punct vorliegen.

Landgerichtsbarkeit reisten sie in den einzelnen Landgerichten umher, L. F. Abs. 28. Der Ausdruck „Landgericht" in dieser Stelle kann nur im Sinne von niederen Landgerichtssprengeln genommen werden, denn der Auftrag, dass alle Insassen des Gerichtes, arme und reiche, sich zu versammeln haben, kann sich nur auf die weit kleineren Sprengel der niederen Landgerichte beziehen. Es wäre ganz undenkbar, dass an alle, auch die ärmsten Insassen, sei es ganz Österreichs, sei es auch nur Österreichs auf einer Seite der Donau, die Aufforderung gestellt worden wäre, bei dem Gerichte der höheren Landrichter als solcher zu erscheinen.

III. In gleicher Weise wie unter den Babenbergern bestand eine Eintheilung des Landes in mehrere [54]) Sprengel der niederen Land- oder Grafschafts-Gerichte, welche theils mit landesfürstlichen Beamten (judices provinciales) besetzt, theils lehenweise vergeben waren. Von der ersten Gattung muss das Landgericht zu Tulln fortbestanden haben, weil es sich urkundlich [55]) noch unter den Habsburgern vorfindet.

Beispiele von lehenweise vergabten Landgerichten in Österreich unter der Enns [56]) finden sich mehrere in Urkunden: Das Grafschaftsgericht Retz, welches sammt der Grafschaft von Ottokar und der babenbergischen Margaretha an Woko von Rosenberg verliehen wurde (1260): Comitiam in Ratz contulimus cum suo jure, scilicet Patronatum Ecclesiarum de jam dicta Comitia, homines beneficiatos

---

[54]) Mehrere judicia provincialia theils ob, theils unter der Enns erwähnt in einer Urkunde Ottokar's für das Kloster Erlau a. 1262 (Pez, Cod. dipl. II. S. 108 u. 191): Quod in Judicio nostro provinciali infra flumen Troyen (Traun) et flumen Anasum nullus nostrorum Judicum provincialium in bonis Abbatiae (Erla) nullas causas debeat judicare, praeter eas, quae mortis supplicium respiciunt. — Item in provinciali Judicio ex ista parte Anasii et in Judicio provinciali in alia parte Danubii, quod dicitur in Achlande, et in Judicio inferiori ultra Amstedeu, universa, que praemisimus, volumus et mandamus inviolabiliter observari.

[55]) S. unten not. 74.

[56]) Das Gericht des Volchinstorfers in den damals noch zu Steiermark gehörigen Theilen des heutigen Österreichs bestand ebenfalls noch zu Ottokar's Zeit. Privil. f. Garsten a. 1234 (Urkdbuch. ob d. Enns III. S. 209 u. 215): in omnibus possessionibus nullus judicum secularium, sicut in nostris, iurisdicionem aliquam habeat, — Hoc idem in indiciis Ortolfi de Wolchenstrof (sic) et quorumlibet aliorum — observandum a(v)olentes. Dasselbe wiederholt im Privileg für dasselbe Kloster a. 1265 (a. a. O. III, S. 333 u. 358).

feuda in ea habentes, judicia, Advocatias. — dotes, quae vulgariter Lippgedinge nominantur, sive possessiones per obligationem expositas, quae suo tempore absolute ad antedictam debent pertinere, et omnia alia jura — jure et titulo feudali [57]).

In der Gegend von Zwettl besassen die Kunringer ein Landgericht; vgl. die Urkunde a. 1251, worin Albero von Kunring die Freiheiten des Klosters Zwettl bestätigt [58]): Decreuimus ut nullus iudicum in praefate ecclesie possessionibus ius antiquum et hactenus obseruatum infringere presumat vel aliquatenus infirmare. Si vero in eisdem possessionibus in furto et illata vi que wlgo notuvnft dicitur vel homicidio deprehensus fuerit quis et coram iudicibus cenobij veraciter conuictus rebus illius ex integro in potestatem ecclesie redactis extra portam cuiuslibet uille ubi tale quid acciderit iudici assignetur. De ceteris causis vero videlicet pugne vel wulneris vel de aliqua mutilacione membrorum se nullus iudicum intromittat. — Intendimus etiam in hoc ipsius ecclesie libertati, ut nullus iudicum in placito generali quod uulgo lantaidinch dicitur audeat presidere sed nostra (des Albero von Kunring) ibidem presentia debent gaudere et hoc tantum semel in anno uidelicet quando necessitas generalem exegerit inquisitionem. Ferner, Urk. a. 1269 [59]), mit welcher Heinrich Graf von Hardeck und Heinrich von Kunring dem Frauenkloster zu Meilan gewisse Besitzungen schenken: cum omni iure proprietatis advocatiae ac indiciorum quod nobis — competit, excepto — iudicio sanguinis videlicet pro homicidio furto raptuque mulierum, quod utrique nostrum in bonis que ipse contulit — prout sibi de iure competit, remanebit. Die Grafen von Hardeck hatten mehrere Landgerichte. Eines um Zwettl, vgl. die vorige Urkunde und die Urk. a. 1254 [60]), worin Otto und Conrad Grafen von Play [61]) dem Kloster Zwettl die villa Zwetlern schenken und die Bestimmung treffen: Fur deprehensus ante portam eiusdem uille ut est cinctus nostro iudicio presentetur. Homicidia etiam et

[57]) Kurz, Österreich unter Ottokar und Albrecht I., II. S. 173. Beil. I. 9.

[58]) Dipl. et Acta III. S. 223.

[59]) A. a. O. III. S. 241, und wiederholt a. a. O. VI. S. 151.

[60]) A. a. O. III. S. 113.

[61]) Die Grafen von Play und die von Hardeck sind bekanntlich eine Familie. Hunthaler, Recensus dipl.-gen. II. S. 7. Wiegrill, Schauplatz des n. ö. Adels IV. S. 94.

scelera quecumque morte digna absque omni dampno ipsorum nostro iudicio et sentencijs subiacebunt. Früher gehörte den Har deckern auch das Landgericht der ehemaligen Grafschaft Peilstein (südlich von Melk), welche nach dem Aussterben der Grafen von Peilstein an Leopold VI. (VII.) gefallen war (1218)[62]), und das Provincialgericht zu Heybs (Scheibbs); vgl. folgende Urkunde a. 1277[63]): Ottoni Comiti de Hardeke, qui dictum provinciale judicium (in Heybs) una cum judicio in Peilstein a Ducatu Austrie obtinebat in feodum.

c. Gerichtsverfassung unter den Herzogen aus dem Hause Habsburg im 13. und 14. Jahrhunderte.

Unter der Herrschaft der Habsburger wurde Anfangs keine Veränderung in der Verfassung der Gerichte vorgenommen. Die Herzoge Österreichs[64]) hielten ihre Landtaidinge persönlich[65]) theils an den alten Dingstätten[66]), theils aber auch schon häufig in Wien[67]).

Auch das Institut der an der Stelle des Herzogs richtenden Landrichter blieb bestehen, wie insbesondere durch das häufige Vorkommen von „Landrichtern in Oesterreich" als Siegelzeugen in Urkunden ausser Zweifel gestellt wird. Neben den schon in Ottokars Zeiten vorkommenden Bezeichnungen judex provincialis Austriae[68])

---

[62]) Fischer in Dipl. et Acta IV. S. 260.

[63]) Meichelbeck, Hist. Frising. II. 2. S. 81 u. 134.

[64]) Rudolfs I. Handlungsweise kann nicht maassgebend sein, da er nicht als Herzog, sondern als deutscher König in Österreich, und zwar stets in Wien dem Provincialgerichte vorsass. Urk. a. 1277 (Arch. f. K. ö. G. XXVII. S. 274): Gerichtsbrief a. 1280 (Mon. Boic. XXVIII. 2. S. 415 u. 136); Urk. a. 1280 (Chmel, Österr. Geschichtsforscher I. S. 563); vgl. auch den Gerichtsbrief a. 1279 in Dipl. et Acta XI. S. 218 n. 237.

[65]) Gerichtsbrief a. 1307 Herzog Friedrichs, worin über das Eigen eines Edlen, des Otto von Chyaw geurtheilt wird, im Notizenblatt 1851 S. 12.

[66]) Z. B. in Neuburg. Urk. a. 1301 (Meiller, über eine Hypothese in Betreff der Entstehungszeit des österr. Landrechtes in d. Sitzungsber. d. ph. h. Cl. d. k. Akad. XXI. S. 142); Gerichtsbrief Herzog Rudolfs a. 1303 (u. a. O. und vollständig im Notizenblatt 1851, S. 318 n. 19).

[67]) Gerichtsbriefe Herzog Albrechts I. a. 1283 (Dipl. et Acta XI. S. 232 n. 253), a. eod. (Mon. Boic. V. S. 389) und a. 1285 (Dipl. et Acta VI. S. 156).

[68]) So genannt wird Otto von Haslau in Urkunden von den Jahren 1277 (Arch. f. K. ö. G. XXVII. S. 274), 1282 (Fischer, Schicks. von Klosterneuburg II. S. 261 u. 104), 1282 (Dipl. et Acta X. S. 20 n. 35), und Ulrich von Wolfersdorf a. 1300 (Dipl. et Acta III. S. 261).

und judex provincialis per Austriam [69]) findet sich für diese Landrichter nun auch die Benennung judex generalis Austriae [70]), welche
als ganz gleichbedeutend mit den beiden älteren Bezeichnungen gebraucht wurde [71]).

Obwohl es noch immer mehrere höhere Landrichter gab [72]), so
wurde doch die Ottokarische Verordnung, dass wo möglich zwei
Richter mitsammen Gericht halten sollen, nicht mehr beobachtet; wenigstens findet sich kein Beispiel hiefür in Urkunden.

Auch die Competenz des Herzogsgerichtes ist dieselbe geblieben, sowie auch kein Grund ist, anzunehmen, dass eine Veränderung
in dem Verhältnisse der persönlichen Gerichtsbarkeit des Herzogs
und der Gerichtsbarkeit der Landrichter eingetreten sei [73]).

Die niederen Landgerichte haben auch in der alten Weise fortbestanden. Es finden sich noch einige hievon unter ganz derselben
Benennung, wie sie in den Babenbergischen und Ottokarischen Zeiten vorgekommen sind.

Für den Fortbestand des herzoglichen Landgerichtes zu Tulln
haben wir urkundliche Nachweise aus den Jahren 1277 und 1281.
Urkunde a. 1277 [74]) wird dem Bischofe von Passau zugesichert judicium criminale vel sanguinis in S. Ypolito, in Mautaren, in Zeizen-

---

[69]) Z. B. Otto von Haslau a. 1283 (Kurz, Österreich unter Ottokar und Albrecht I., II.
   S. 200. Beil. XVI), Ulrich von Wolfersdorf a. 1297 (Dipl. et Acta III. S. 400).

[70]) Titulatur Otto's von Haslau in Urkunden von 1279 in Dipl. et Acta XI. S. 218
   n. 237 und S. 219 n. 238. In der zweiten Urkunde wird er abwechselnd einmal
   judex provincialis und einmal judex generalis Austriae genannt.

[71]) Dies ergibt sich daraus, dass für Otto von Haslau bald die eine, bald die andere
   Bezeichnung gebraucht wurde; vgl. die vorhergegangenen Noten.

[72]) Als Zeugen in einer Urkunde a. 1301 (Notizenblatt 1851, S. 317 n. 4) kommen
   vor: Graf Berthold von Rabenswalde, Hermann Marschall von Landenberg, Leutold von Kunring, Stefan von Meissau, Ulrich von Capellen, Albrecht der Stuchs
   von Trautmannsdorf, Ulrich von Wolfgerstorf, „die ze den zeiten Lant Richter
   waren in Österreich". Von diesen waren der Kunringer und der Meissauer Mar-
   schälle (vgl. rücks. des Letzteren die Urk. n. 19 a. a. O. S. 317), Ulrich von Capellen war judex prov. superioris Austrie, so dass nur die beiden Letztgenannten
   Landrichter unter der Enns waren.

[73]) Gerichtsbrief Ulrich's von Wolfgersdorf a. 1300 (Dipl. et Acta III. S. 281), worin
   er in placito generali eine Klagsache der Kinder Otto's von Wersenslage wider das
   Stift Zwettl entscheidet.

[74]) Mon. Boic. XXVIII. 2. S. 409 n. 134.

mawr, in Chungsteten et alias in bonis et possessionibus ac hominibus Ecclesie Pataviensis sitis in Tulne judicio — non obstante quod idem judicium ad dominum terre Austrie pertinebat. Stiftsbrief für das Frauenkloster Tulln a. 1281 [75]): nullus Judex aut capitaneus Tulnensis — in conventus bonis — judiciariam aliquam potestatem exercere — exceptis delictis sanguinis mortis penam irrogantibus, quo in casu oeconomus reum secura custodia comitatum et cinctum judici extradat. — Das Bisthum Passau war nach der ersten dieser Urkunden im Besitze eines Landgerichtes, welches aus seinen im Bezirke des herzoglichen Tullner Gerichtes gelegenen Besitzungen gebildet war [76]). — Das Bisthum Freisingen erscheint als Gerichtsherr des Provincialgerichtes zu Scheibbs, welches früher [77]) von den Grafen von Hardeck lehenweise besessen worden war; Urk. a. 1277 [78]): Episcopum — omnibus juribus provinciali judicio in Heybs attinentibus — volumus plene et libere congaudere. — Im Jahre 1290 wird auch ein herzogliches Gericht zu Traiskirchen erwähnt, welches auch ein Landgericht gewesen sein muss, weil demselben der Blutbann zustand; Urk. a. 1290 [79]): Albertus — judici suo in Draeskirchen — tantum in causis sanguinum, que in mortem vel in penam mortis vergunt, tibi ac ceteris nostris judicibus in hominibus et colonis eorum (des Stiftes Heiligenkreuz) judicium est indultum. — Ein solches Landgericht wird wohl auch dasjenige gewesen sein, welches nach einer von Meiller [80]) angeführten Urkunde a. 1338 das für die Nonnen von Minnebach competente Gericht war.

Diese Gerichtsverfassung nun, wie sie unter den ersten Habsburgern nach der Abschaffung oder dem Abkommen des gleichzeitigen Vorsitzes mehrerer höherer Landrichter sich vorfindet, ist genau dieselbe, welche im Landrechte als bestehend vorgetragen wird.

Abgesehen von den XLI² erwähnten besonderen Gerichten, den Stadt-, Berg-, Lehen- und gutsherrlichen Gerichten, wird darin auch

---

[75]) Lambacher, Interregnum. Urk. n. 100.

[76]) Vgl. die Grenzbestimmung des Passauer Landgerichtssprengels zu Zeiselmauer aus dem 14. Jahrhundert im Notizenblatt 1853, S. 57.

[77]) Vgl. n. 63.

[78]) Dieselbe, welche n. 63 citirt worden ist.

[79]) Dipl. et Acta XI. 262 n. 292.

[80]) Über eine Hypothese u. s. w. Sitzgsb. XXI. S. 143.

von zweierlei Arten herzoglicher Gerichte gesprochen, beide Landgerichte, Landtaidinge[81]) genannt. Es sind dies:

I. das Herzogsgericht, bei welchem entweder der Herzog selbst
vorsitzt (I[1] I[2], IX[1] IX[2], LXXXV[2]) oder ein Stellvertreter desselben,
der entweder als oberster Landrichter (XXXIX[2], LXXXVI[2]) oder als
der Richter bezeichnet wird, welcher an Statt des Herzogs richtet
(IV[1], XLIII[1], LXVI[1], LXXXVI[2]). Für dieses Gericht bestehen drei
Dingstätten zu Neuburg, Tulln und Mautern (I[1] = I[2], LXVI[1]), woselbst nicht nur der Landesherr, sondern auch der oberste Landrichter[82]) seine Gerichtssitzungen hielt. Aus dem Landrechte zeigt sich
auch, dass diese Dingstätten nicht etwa als Hauptorte verschiedener
Gerichtsbezirke aufgefasst werden dürfen, sondern als reine Dingstätten, an welchen abwechselnd ein und dasselbe Gericht gehalten
wurde; denn es wird ausdrücklich gesagt, dass sie in den Bezirken
der niederen Landgerichte gelegen sind (LXXXVI[2]). Es kommen
nämlich:

II. im Landrechte ausser dem an der Stelle des Herzogs richtenden oder obersten Landrichter auch andere Landrichter vor,
welche in den niederen Landgerichten richten (XLIII[1]). Diese werden in beiden Recensionen von dem obersten Landrichter scharf
unterschieden (IV[1], IV[2], XLIII[1], LXVI[1], LXXXVI[2]). Es sind ihnen
eigene Bezirke zugewiesen (XIX[1] = XIX[2], X[1] = LXIV[2]), welche
Landgerichte (XIX[1] = XIX[2]) oder auch Grafschaften (IV[2]) genannt
werden.

Die Competenz aller dieser Gerichte ist in folgender Weise
festgesetzt:

I. das höhere Landgericht ist A. das Gericht der Grafen, Freien
und Dienstmannen (des Herzogs), welche nach LXXXV[2] nie vor
einem anderen Richter zu stehen hatten. Und zwar gehört hier: a.
vor den Herzog Alles was Leben, Ehre oder Eigen dieser drei Standesklassen betraf (II[1] = II[2]), und nach einer anderen Bestimmung
(LXXXV[2]) auch noch alle übrigen Processe gegen Glieder dieser
Standesklassen, mit Ausnahme der Rechtsstreite wegen Übertretung
eines Gebotes des obersten Landrichters, wegen Gewaltthätigkeiten
oder wegen fahrender Habe. Ebenso darf auch ein Kampfgericht nur

---

81) IV[1] wird dieser Ausdruck auf beide Arten dieser Gerichte bezogen.
82) Dies ergibt sich aus einer Vergleichung von LXVI[1] mit LXXXVI[2].

vor dem Herzoge stattfinden (IX¹ = IX²). b. Vor den obersten Landrichter gehören die Processe gegen Grafen, Freie und Dienstmannen
wegen ihrer fahrenden Habe, wegen Übertretung eines Gebotes dieses Richters und wegen Gewaltthätigkeiten (LXXXV²). B. Angelegenheiten, welche sentmässigen Leuten an das Leben gehen, gehören
auch vor dieses höhere Gericht, nämlich vor den obersten Landrichter (XXXIX²).

II. Die Competenz der niederen Landgerichte beschränkt sich
daher A. auf die Gerichtsbarkeit über Sentmässige in Sachen, die
nicht an das Leben gehen, und B. auf die Gerichtsbarkeit über Mitglieder noch niederer Standesklassen, insoferne dieselbe überhaupt
dem Herzoge zukömmt, also insbesondere nicht in den Wirkungskreis
eines Stadtrichters fällt (XLI²) oder nicht zu der regelmässig dem
weltlichen Gutsherrn (XL¹) oder geistlichen Immunitätsherrn ⁸³) zustehenden Gerichtsbarkeit über die Guts-Hintersassen gehört.

Die geschilderte Gerichtsverfassung erleidet die erste durchgreifende Veränderung durch die Einführung des herzoglichen Hof-
gerichtes⁸⁴) an der Stelle der bisherigen höheren Landgerichte
und als oberstes Gericht in Österreich unter der Enns⁸⁵). Die Zeit
der Einführung des Hofgerichtes lässt sich nicht mit voller Bestimmtheit festsetzen. Die erste Erwähnung des Hoftaidings findet sich in
den Jahren 1311⁸⁶) und 1312⁸⁷); doch ist es zweifelhaft, ob das

---

⁸³) Vgl. die zahlreichen Immunitätsprivilegien dieser Periode.

⁸⁴) Zieglauer u. a. O. S. 107.

⁸⁵) In Österreich ob der Enns, das seit jeher eine getrennte Gerichtsverfassung gehabt hatte, blieb das früher bestandene Landgericht supra Anasum bestehen: in
der Theilungsurkunde der österreichischen Länder a. 1379 (Rauch, Scriptores III.
S. 306) wird die Hofschranne zu Wien und die Hauptmannschaft ob der Enns unterschieden, ebenso a. 1406 (a. a. O. S. 457 n. 2): Item er (der Vormund des
Herzogs) sol auch das Recht die Hofschrann vnd das launtgericht halten, als das
von alter her komen ist. (Die Urkunde bezieht sich auf Unter- und Oberösterreich; unter dem Landgerichte ist eben das obderennsische verstanden, im Gegen-
satz zu dem obersten Gerichte unter der Enns, der Hofschranne.) Vgl. auch das
Privilegium Herzogs Albrecht III. für Passau a. 1372 (M. Boic. XXX. 2. S. 302
n. 404), worin diesem Bisthume die Gnade gethan wird: daz die seinen hintz den
vnsern ichts ze klagen, oder ze sprechen haben, darumb suellen si das Recht von
in nemen — es sei vnderhalb der Enns in dem Hoftayding, oder ob der Ens in
handtayding.

⁸⁶) Dipl. et Acta VI. S. 242.

⁸⁷) Meiller, Über eine Hypothese u. s. w. S. 142.

Hofgericht in seiner späteren Bedeutung damals schon bestand, oder ob dadurch nur die Anfänge einer Entwicklung angedeutet werden, welche erst etwa zwei Jahrzehnte später ihren Abschluss fand; denn erst seit beiläufig 1330 lässt sich das Bestehen des Hofgerichtes in seiner späteren Einrichtung nachweisen. Vgl. die weiter unten folgenden Urkundenstellen. Dafür, dass es schon im ersten Jahrzehent des 14. Jahrhunderts errichtet worden ist, spricht übrigens der Umstand, dass von da ab von einem herzoglichen Landtaiding unter der Enns keine Spur mehr zu finden ist. Es kommt zwar auch noch nach 1311 ein „Landrichter in Oesterreich" in der Person des späteren Hofrichters Weichhart von Topel vor[88]), dies beweist aber nichts für den Fortbestand des früheren Landtaidings, weil der Ausdruck Hofrichter überhaupt erst später üblich wurde und der Richter im Hoftaiding in den ersten Jahren auch nur als „Landrichter" bezeichnet wird[89]).

In der Einrichtung, in welcher das Hoftaiding seit c. 1330 hervortritt, ist es aber nicht etwa nur ein neuer Name für eine alte Sache, sondern es ist damit an die Stelle der alten Herzogsgerichte im Landtaiding wirklich eine neue Einrichtung getreten.

Abgesehen von der Verschiedenheit der Benennung äussert sich diese Veränderung darin, dass nun das Wechseln des Ortes, an welchem das Herzogsgericht gehalten wurde, aufhörte, da das Hofgericht seinen ständigen Sitz in Wien hatte[90]), auch findet sich nun immer nur ein Hofrichter[91]), während früher mehrere mit der Ausübung der herzoglichen Gerichtsbarkeit betraute Landrichter gleich-

---

[88]) Urkunden a. 1320 in Huber, Austria illustrata S. 59 n. 10 und S. 60 n. 12, und im Notizenblatt 1853 S. 45; Urkunden a. 1324 in Huber a. a. O. S. 63 n. 33 und in Dipl. et Acta X. S. 210 n. 212.

[89]) Der erwähnte Weichhart von Topel, welcher a. 1325 (Hanthaler, Recens. II. S. 285) und a. 1329 (Huber a. a. O. S. 67 n. 8) bereits als Hofrichter vorkommt, nennt sich noch a. 1337 (Dipl. et Acta XVIII. S. 210 n. 185) als Vorsitzender im Hoftaiding Landrichter in Österreich.

[90]) Es kommt wenigstens kein einziges Beispiel vor, dass dasselbe an einem anderen Orte abgehalten worden wäre.

[91]) Aus den Urkunden ergibt sich folgende Reihe der Hofrichter: bis c. 1352 der erste Hofrichter Weichhart von Topel, c. 1359 — c. 1371 Berthold von Pergau, c. 1374 Ulrich von Pergau, c. 1383 — c. 1390 Markard von Tiernstein, c. 1394 — c. 1408 Albrecht von Ottenstein. Von 1408 hören die Nachrichten, wie über das Hofgericht selbst, so auch über die Hofrichter auf.

zeitig bestanden. Die wichtigste Neuerung aber lag darin, dass die Persönlichkeit des Herzogs bei den Verhandlungen des Hofgerichtes beinahe ganz in den Hintergrund tritt, so dass die Einführung des Hofgerichtes auch einen bedeutenden Schritt weiter zur Eximirung des obersten Gerichtes in Österreich von der persönlichen Anwesenheit des Landesfürsten bildet. Die Herzoge führen zwar mitunter den Vorsitz persönlich, es ist dies jedoch ein sehr seltenes Vorkommniss [92]), und daneben findet es sich, dass unter dem Vorsitze des Hofrichters selbst die wichtigsten, sonst dem Landesfürsten ausschliesslich vorbehaltenen Entscheidungen gefällt wurden. Ein genaues Bild der Competenz des Hofgerichtes lässt sich zwar nicht geben, so lange nicht das von Schlager [93]) nur auszugsweise veröffentlichte Hoffrohnbuch der Wiener Hofschranne vollständig vorliegt: so viel lässt sich aber durch das schon jetzt vorliegende Urkunden-Material nachweisen, dass der Hofrichter die früher dem Landesfürsten ausschliesslich vorbehaltene Gerichtsbarkeit mit der des obersten Landrichters vereinigte. Die Überlieferungen des Hoffrohnbuches zeigen, dass unter dem Vorsitze des Hofrichters nicht selten principielle Entscheidungen der Hofschranne zur Fixirung des bestehenden Gerichtsgebrauches und Gewohnheitsrechtes erflossen. So a. 1369 [94]): Ich Perchtolt von Pergaw di Zeit Hofrichter in Österreich vergich offentlich an dem fronnpuch. Also daz ich sass an dem Rechten in dem Hoftayding ze wien — die Zeit die Lantherren mit veraintem Rat vnd auch von in vor mir verfolget wart, daz fürbas mer ewigleichen in allen Hoftaydingen einen igleichen chlager dem fronn ertailt wird, daz sich der ynner vier Wochen wol bedenckhen mag, waz er dem Antwurter fronn well u. s. w. Ferner a. 1371 [95]): In dem Hoftayding ze Sand Michels tag die Lantherren mit veraintem Rat der Hofschrann ze einem rechten erfunden habent daz fürbas chain Purger in dez Hertzogen steten allen in dem Land ze Osterreich, vmb der Gewalt noch anrecht noch vmb dhain ander sach in

---

[92]) A. 1361 und 1376, Schlager, Wiener Skizzen II. S. 71 und 75. — Citationsschreiben Herzogs Wilhelm an den Abt von Formbach a. 1406 (M. Boic. IV. S. 179): empfelen wir dir, daz du — auf an das nächst künftig Hoftayding herfür uns chomst.

[93]) A. a. O. S. 65 ff.

[94]) Schlager a. a. O. II. S. 70.

[95]) A. a. O. S. 74.

der Hofschrann antwurten soll noch zurecht sten di selben aygen gericht haben in iren steten vnd anders nicht pflegen denn irr chaufmanschatz ynnerhalb irer Mawer, aber awzgenomen die Purger gesessen in den vorgenanten steten die auf dem Land gevest sind vnd dorffer vnd gueter vnd holden habent da von herren Rittern vnd chnechten vnd auch andern lewten Gewalt von mag widerfaren di selben Purger schullen sich in der Hofschrann verantwurten vnd daz schol in der Hofschrann stetichleich gehandelt werden. Bei mir Perchtolten von Pergaw erfunden. Endlich a. 1384 [16]): da ich Marchert von Türenstain die Zeit Hofrichter in Osterreich saz, an dem rechten in dem Hoftayding ze wienn — vor mir zu Eynem rechten erfunden ist, ze Gegenburt meines gnedigen Herrn Hertzog Albrechts in Oesterreich [17]) vnd ander erbar Herren Ritter vnd chnecht Vil vnnd genug also das ein igleicher antwurter der do gechlagt wirt vmb den Gewalt oder anrecht vnd auch daruber gefronnt wird vnd sich selber darumb awz der fronn nympt damit er auf sein antwurt chompt, sich vmb den Gewalt selb dritter mag awsgereden u. s. w. In zahlreichen Gerichtsbriefen erscheint der Hofrichter auch als Richter über das Eigen von Ministerialen und Edlen des Landes. — Gerichtsbrief Weichharts von Topel a. 1342 über eine Klage des Klosters Melk wider Rudolf von Lichtenstein wegen einer Gülte von 5 Pfund Pfennige [18]). Ein Urtheilsspruch desselben Hofrichters aus dem Jahre 1347 gegen Otto von Hohenstain vmb ain Viertel an dem Haus Hohenstain wird von Schlager [19]) erwähnt. Gerichtsbrief Ulrichs von Pergau, Hofrichters in Österreich a. 1374 [1]) über die Klage des Abtes zu den Schotten gegen Albert den Stuchs von Trautmannsdorf (einen Ministerialen), daz von sein vnd seins gescheltz wegen in vnd seinem Goczhaus — ein hold geuangen u. s. w. sei —, worüber das Urtheil erging, man solle den Abt der gueter, die er gefront hiet vnd auch selb aus der fron genomen hiet gwaltig machen vnd an die gwer seczzen. — Gerichtsbrief des Hofrichters Marchart von Tiernstein über die Klage

[16]) A. a. O. II. S. 72.

[17]) Der Herzog war also in der Sitzung gegenwärtig, der eigentliche vorsitzende Richter war aber nach den im Texte gesperrt gedruckten Worten der Hofrichter.

[18]) Huber, Austria illustrata S. 72 n. 4.

[19]) A. a. O. S. 77.

[1]) Dipl. et Acta XVIII. S. 332 n. 302.

des Probstes zu Heigelwald wider Hans von Schönberg [2] u. 1383 [4], darumb daz von im (dem Schönberger) und von seines geschefts wegen er eines weingartens zu Weinzürl bei Krems entwert sey an recht. — Gerichtsbrief Albrechts des Ottenstainers, Hofrichters in Österreich a. 1394 [4] über die Klage des Schottenklosters wider Jörg den Stadler, in deren Verfolg der Abt von den Schotten der ihm gefrohnten Güter des Stadlers gewaltig gemacht und an deren Gewer gesetzt wird.

Dass auf den Hofrichter auch die Gerichtsbarkeit des obersten Landrichters gekommen ist, weisen insbesonders die zahlreichen Urtheilsbriefe über Sprüche gegen den Clerus Österreichs [5] nach [6]; ebenso auch der von Schlager [7] mitgetheilte Urtheilsspruch Weichharts von Topel a. 1355 wider den Penzen von Geuel wegen einer von ihm genommenen beweglichen Sache (eines Viehes).

Die Einführung des Hofgerichtes ist nun die oben erwähnte Veränderung in der Gerichtsverfassung, deren Bestand mit den Bestimmungen des Landrechtes sich nicht vereinbaren lässt [8]. Während nach dem Landrechte die Gerichtsbarkeit des Herzogs auf Landtaidingen an den drei alten Babenbergischen Dingstätten ausgeübt wurde, hat nun das oberste Gericht seinen Sitz in Wien und heisst Hofschranne; während der an der Stelle des Herzogs richtende Richter im Landrechte oberster Landrichter genannt wird, kommt nun der Titel Hofrichter auf; die alten Bestimmungen des Landrechtes über die Competenz endlich sind ganz ausser Übung gekommen und durch die allgemeine Gerichtsbarkeit des Hofrichters ersetzt. Diese Verschiedenheiten sind so durchgreifend, dass sie zu dem Schlusse berechtigen, dass die Bestimmungen des Landrechtes vor Einführung des Hofgerichtes niedergeschrieben worden sein müssen. Das Land-

---

[2]) Aus einer Ministerialenfamilie. Meiller, Regesten S. 68, reg. 49.

[3]) Notizenblatt 1851, S. 322.

[4]) Dipl. et Acta XVIII. S. 436 n. 362.

[5]) Vgl. Ottokars Landfrieden, Abs. 33.

[6]) Urtheilsbriefe aus den Jahren 1344 (Dipl. et Acta X. S. 304 u. 311), 1349 (Fischer, Schicksaale von Klosterneuburg S. 377 u. 165), 1350 (Huber, Austria illustrata S. 78 u. 21), 1352 (Dipl. et Acta X. S. 336 u. 345), 1374 (Dipl. et Acta X. S. 456 u. 460).

[7]) A. a. O. S. 77.

[8]) Zieglauer a. a. O. S. 106 f.

recht muss daher aus der Zeit vor 1311, oder doch vor 1330 her datiren.

Dagegen können die scharfsinnigen Auseinandersetzungen Meiller's[9]) nicht geltend gemacht werden, womit er Zieglauer's Ansicht bekämpft, dass das Landrecht zur Zeit der Opposition und Empörung der österreichischen Ministerialen gegen Herzog Albrecht I. (1288 bis 1295) entstanden sei. Meiller's Gründe beziehen sich theils auf die Zeit noch vor der Einführung des Hofgerichtes, als noch die alten Landtaidinge bestanden, theils, insoferne Meiller Daten aus der Zeit nach Einführung des Hofgerichtes bringt, liegt ihnen eine Verwechslung des herzoglichen oberen Landgerichtes mit den niederen Landgerichten zu Grunde, welch' letztere allerdings noch mit und neben dem Hofgerichte fortbestanden, und zwar nicht nur, wie Meiller[10]) meint, während der ersten Hälfte des 14. Jahrhunderts, sondern vielmehr das ganze 14. Jahrhundert hindurch und noch im 15., so dass sie die Existenz des Hofgerichtes[11]) überdauert haben. In einer Urkunde a. 1406[12]) ist von einem Landgerichte zu Herzogenburg die Rede, dessen Besitz zwischen dem Abte von Formbach und Otto von Meissau streitig war. Noch 1448[13]) ist die Rede von einem Landgerichte, „das emalen gen Wolffstain ist gehandelt worden", das nachmals weiland Jörg der Scheck inne hatte, und welches als dasjenige bezeichnet wird, in dessen District das Kloster Melk liegt[14]).

Die Untersuchung hat sohin zu dem Ergebnisse geführt, dass das Landrecht aus den ersten 30—50 Jahren der Habsburgischen Herrschaft über Österreich herrührt. Es ist dies ein Ergebniss, welches zwar nicht so glänzend ist, wie das Siegel's, der die Zeit der Verfassung des Landrechtes beinahe auf den Monat und Tag bestim-

---

[9]) Über eine Hypothese u. s. w. S. 140 ff.

[10]) A. a. O. S. 143.

[11]) Schlager, a. a. O. S. 129.

[12]) Mon. Boic. IV. S. 179.

[13]) Huber, Austria illustrata S. 120 n. 32.

[14]) Vgl. Urk. a. 1394 (Urkdbuch. Kremsmünster S. 346 n. 325), in welcher von einem Landgerichte auf dem Moos (wahrscheinlich jedoch in Oberösterreich) die Rede ist. In Oberösterreich bestanden neben dem Landrichter supra Anasum, dessen Wirksamkeit sich auf das ganze Land erstreckte, mehrere niedere Provincialgerichte, z. B. das im Machlande, zu Wildenstein (Österr. Archiv a. 1829 S. 159, Urk. a. 1460) u. s. w.

men zu können glaubt, welches aber eben in seiner Unbestimmtheit
eine grössere Gewähr für seine Richtigkeit hat, da nur in der längeren Dauer des Zeitraumes, in welchem die einzelnen Recensionen
des Landrechtes entstanden sind, die Verschiedenheiten dieser Recensionen eine genügende Erklärung finden [15]).

---

[15]) Maurer, kritische Vierteljahrschrift III. 1861 S. 157.

WOLFGANG GRAF ZU FÜRSTENBERG

LANDHOFMEISTER DES HERZOGTHUMS WIRTEMBERG

ALS

OBERSTER FELDHAUPTMANN DES SCHWÄBISCHEN BUNDES

IM

SCHWEIZERKRIEGE DES JAHRES 1499.

MIT URKUNDLICHEN BEILAGEN.

VON

Dr. K. H. FREIHERRN ROTH von SCHRECKENSTEIN,

VORSTAND DES F. FÜRSTENBERGISCHEN HAUPTARCHIVS.

Die quellenmässige Darstellung des ganzen Verlaufes des zwar
kurzen aber blutigen[1] Schweizerkrieges, wäre keineswegs
eine überflüssige, aber eine schwierige, wenigstens eine sehr müh-
same Arbeit. Keineswegs überflüssig: denn die zahlreichen Widersprüche, offenbaren Übertreibungen und greifbaren Ungenauigkeiten,
die man in vielen älteren und neueren Druckwerken findet, zeigen
überaus deutlich, dass hier der historischen Kritik und dem emsigen
Sammelfleisse noch ein weites Feld geblieben sei; sehr schwierig
und mühsam: weil die in Betracht kommenden Urkunden und Actenstücke, soweit man nämlich von deren Existenz im Allgemeinen
Kenntniss hat, grossen Theils noch nicht oder nicht vollständig abgedruckt sind, und weil man mit Zuversicht annehmen kann, dass
eine weitaus grössere Menge, als jene Stücke, deren Inhalt man noth-
dürftig kennt, völlig unbeachtet in verschiedenen Archiven liegen
werde[2].

Die Schweizer freilich haben alle Ursache auf diesen Krieg,
den sie aber den Schwabenkrieg nennen, nicht ohne Genugthuung zurückzublicken, denn kecke Mannbarkeit, Begeisterung für

---

[1] Man hat angenommen, dass im Schweizerkriege über 20000 Mann umkamen,
dass bei 2000 Städte, Dörfer, Flecken und Burgen abgebrannt wurden und dass
das Land auf 30 Meilen verwüstet wurde. Glutz-Blozheim (Fortsetzung von
Joh. v. Müller) 153, nach Fugger's Ehrenspiegel 1126.

[2] Namentlich in den Archiven und Registraturen von kleinen Städten, die damals
eine Rolle spielten, jetzt aber zur Unbedeutendheit herabgesunken sind. So befinden sich, um nur ein Beispiel zu geben, im Archive des germ. Museums zu Nürnberg Correspondenzacten und Missive zur Geschichte des Schweizerkrieges, die
ursprünglich aus dem Archive der Stadt Windsheim stammen und desshalb von Interesse sind, weil sich aus denselben wird ersehen lassen, inwieferne sich —
ausser Nürnberg, dessen Theilnahme allbekannt ist — auch andere fränkische
Reichsstädte gegen die Eidgenossen betheiligten.

ihr schönes Vaterland und dessen Selbständigkeit, verbunden mit
praktischer Erfassung der traurigen Lage des zerklüfteten deutschen
Reiches, mit einem Worte politischen Verstand und werkthätigen
Patriotismus, — hohe Gaben fürwahr —, die wird Niemand den auf
der Neige des 15. Jahrhunderts stehenden Eidgenossen absprechen
wollen. Demgemäss ist auch der Schwabenkrieg von ihnen öfter und
mit Glück dargestellt worden[1]). Für uns dagegen ist der am
22. September 1499 durch den Basler Frieden beendigte Kampf
nur der letzte, ruhmlose Abschnitt der seit geraumer Zeit vorbereite-
ten Losreissung der Eidgenossenschaft. Dieser Umstand mag es mit
sich bringen, dass wir, die Schrift des gelehrten Zeitgenossen Wili-
bald Pirkheimer[2]) abgerechnet, keine vom deutschen Standpuncte aus geschriebene, umfassende Darstellung besitzen. Wenigstens keine genügende und dem Fortschritte der historischen Wissenschaft einigermassen entsprechende[3]).

In Erwägung der Thatsache, dass die Forschung noch lange
nicht als abgeschlossen betrachtet werden kann und dass zusammen-
fassende lebendige Schilderungen erst dann möglich sein werden,
wenn ihnen auf Einzelnheiten eingehende Monographien vorausge-

---

[1]) Was die Darstellungen der eidgenössischen älteren und neueren Historiker betrifft, so nimmt man in denselben mit Vergnügen das Streben nach Unparteilich-
keit wahr. Obwohl die Berichte des Val. Anshelm, Etterlyn und Stumpf
(die auch für deutsche Historiker massgebend geworden sind), sowie die Reime
des Niel. Schradin und Joh. Lenz, einige Überschwänglichkeiten enthalten,
so kann man sich doch mit der Art und Weise, in welcher Tscharner, Füess-
li, und nach ihnen Glutz-Blozheim, Zellweger und Kirchhofer (welche letztere aber auch viele Archivalien benützt haben) jene und ähnliche Quellen
verwertheten, im Allgemeinen sicherlich einverstanden erklären.

[2]) Hist. belli Suitensis sive Helvetici. Mehrfach gedruckt. Hier wird nach dem im
Thesaur. hist. Helvet. Tiguri 1735. fol. gegebenen Abdrucke citirt.

[3]) Die älteren Compendien der Reichsgeschichte. z. B. Struv. corp. hist. Germ.,
M. J. Schmid und selbst der fleissige Häberlin, entsprechen hier keineswegs jenen
Anforderungen, die man jetzt an ein gutes Handbuch zu stellen berechtigt ist.
Gerh. de Roo hat sich sehr kurz gefasst und der Fugger-Birken'sche
Ehrenspiegel scheint grossentheils nur die Stumpf'sche Schweizerchronik zu wie-
derholen. Eine eingehende Vergleichung anderweitiger Quellen dieses Werkes lag
nicht in meiner Aufgabe. Noch ungenügender sind einige neuere Darstellungen.
z. B. in Mailáth's Gesch. von Österreich. In K. Hagen's deutscher Geschichte
und in F. C. Schlosser's Weltgeschichte für das deutsche Volk, glaubt man den
Schweizerkrieg mit einigen Sätzen abfertigen zu können.

gangen sind, dürften wohl auch kleinere Beiträge zur Geschichte des
Schweizerkrieges noch immer ihre Berechtigung haben, wenn sie
nämlich auf selbständiger Benützung bisher gar nicht, oder nur mangelhaft ausgebeuteter Quellen fussen. Die hier folgenden Blät-
ter haben, insoweit sie Selbständigkeit beanspruchen,
hauptsächlich nur die Leistungen der Grafen Wolfgang
und Heinrich zu Fürstenberg zum Gegenstande, und
selbst diese nur im Hinblicke auf die im fürstlichen
Hauptarchive in Donaueschingen befindlichen Urkunden und Actenstücke, welche besonders die Stellung des Grafen Wolfgang, des obersten Feldhauptmannes des schwäbischen Bundes, gründlich beleuch-
ten. Was von sonstigen Quellen und Hilfsmitteln beigezogen wurde,
das soll nur dazu dienen, die hier zum ersten Male vollständig publi-
cirten Materialien in das richtige Licht zu stellen. Eine abgerun-
dete, dem überhaupt vorhandenen Quellenmateriale völlig Genüge
leistende Darstellung der von den beiden Brüdern im verhängniss-
vollen Jahre 1499 entfalteten, ungemein grossen Thätigkeit zu geben, wird freilich erst dann möglich sein, wenn weiter ausgedehnte
Forschungen in auswärtigen Archiven zur Unterlage genommen werden können. Immerhin sind aber die uns hier zu Gebote stehenden
Archivalien hinreichend wichtig, um deren anspruchslose Publication
zu rechtfertigen.

Vorarbeiten zu einer richtigen Würdigung der nur nach dem
Erfolge beurtheilten und daher vielfach verkannten Kriegsthaten der
dem Kaiserhause treuergebenen Grafen Wolfgang und Heinrich sind
allerdings vorhanden, aber es lassen dieselben gar viel zu wünschen
übrig.

E. Münch[1]), dem doch unsere Urkunden zur Verfügung standen, hat dieselben in seiner Weise benützt, so nachlässig und unge-

---

[1]) Gesch. des Hauses Fürstenberg 1, 429 — 430. Auf Seite 437 Note 1 behauptet
Münch, dass viele Briefe über diesen Feldzug, die sich im F. F. Archive vorfän-
den, weder genaues Datum noch genaue Ortsangabe enthielten, und dass es daher
äusserst schwer sei, die bekannten Ereignisse mit den unbekannten Notizen (sic!),
welche meist auf gegebene Avisos, Vollmachten und Geheimbriefe sich bezögen
und Manches nur leise andeuteten, mit Sicherheit zusammenzuschmelzen. Man
urtheile nun selbst, was von einem solchen Vorgeben zu halten ist! Es folgen in
den Beilagen sämmtliche im F. F. Archive befindliche Urkunden und Acten, die

340

nügend, dass jener Abschnitt, der über den Schweizerkrieg handelt.
zu den schwächsten Theilen seines im Allgemeinen ziemlich unzuver-
lässigen Werkes gehört.

    Ungleich besser ist, was L. F. Heyd in seiner fleissig gear-
beiteten Geschichte des Herzogs Ulrich von Wirtemberg [1]), ebenfalls
auf Grundlage der im Archive zu Donaueschingen befindlichen Originale [2]), recht getreu und übersichtlich zusammengestellt hat. Es
lag aber nicht in der Aufgabe eines Biographen des Herzogs von
Wirtemberg, auf die kriegerischen Leistungen der Grafen von Fürstenberg näher einzugehen. War auch Graf Wolfgang Landhofmeister des Herzogthums Wirtemberg, ein wichtiger Umstand, den Münch
unbegreiflicher Weise ganz übersehen hat, so tritt doch, in Hinsicht
auf den Schweizerkrieg, nicht der Landhofmeister, sondern der oberste
Feldhauptmann des schwäbischen Bundes in den Vordergrund.

    Die älteren wirtembergischen Geschichtsschreiber Steinho-
fer [3]) und Sattler [4]) geben über den Antheil, welchen das damals
noch junge Herzogthum am Schweizerkriege nahm, ganz auffallend

---

sich auf den Schweizerkrieg beziehen. Darunter ist aber auch nicht ein einziges
Stück, auf welches Münch's Bemerkung ganz passen würde. Münch hat mehrfach
die Urkundendata falsch reducirt und hiedurch die Chronologie der Ereignisse ver-
wirrt. Er hat aber auch, zu weiterem Überflusse, verschiedene Urkunden citirt,
die gar nicht zum Jahre 1499 gehören, als ob sie aus diesem Jahre wären. So
gehört z. B. das Seite 433 Note 2 angezogene Schreiben des Herz. Ulr. v. Wirtemberg, dd. voc. jucund., ins Jahr 1504, das Seite 441 Note 5 citirte Schreiben
K. Maximilian's ins Jahr 1500. Ich führe dieses hier an, damit man nicht vermuthe,
es seien Quellen, die Münch benützt habe, in dieser Darstellung übersehen worden.
Endlich verstümmelt Münch sogar die Originaldata, indem es ihm z. B. gar nicht
darauf ankommt, „dat. Lindau nach St. Jacobstag" statt „Sambstag nach St. Jacobstag" zu setzen.

[1]) Tüb. 1841. 1, 56—73.
[2]) Einige Stücke, welche erst später durch mich aus verschiedenen Sectionen des
    F. Archivs ausgehoben worden sind, konnte Heyd nicht benützen. Es sind dieses
    die Beilagen: XVII, XIX, XXIV und XXV. Andere Urkunden, die ich beigezogen
    habe, schloss seine Aufgabe aus.
[3]) Neue wirt. Chronik. Tüb. 1744 ff., besonders 3, 789 ff. — bekanntlich ein an Os-
    wald Gabelkhover begangenes Plagiat. Vergl. hierüber Sattler, Herzoge 1, 53 und
    Stälin, Wirt. Gesch. 3, 11.
[4]) Gesch. des Herzogthums Wirtemberg unter den Herzogen. Tüb. 1769. 1, 50—52.
    Derselbe gibt einige ganz falsche Nachrichten, z. B. über das Treffen am Schwa-
    derloche.

wenig. Mithin dürften die hier folgenden archivalischen Aufschlüsse auch als Beiträge zur wirtembergischen Geschichte nicht völlig unerwünscht sein [1]).

Die Grafen Heinrich und Wolfgang sind Söhne des im Jahre 1484 verstorbenen Grafen Konrad zu Fürstenberg und der Gräfin Kunigunde von Mätsch [2]). Heinrich, im Jahre 1464 geboren, war niemals verheirathet, obgleich er der ältere Bruder gewesen ist. Wolfgang, geboren am 3. April 1465, vermählte sich im Jahre 1488 mit der Gräfin Elisabeth von Solms. Die beiden Brüder hatten 'nur eine einzige Schwester, Anna, die zuerst an den Grafen Eberhard von Sonnenberg, dann aber an den Freiherrn Sigmund von Schwarzenberg verheirathet war.

Bald nach dem Tode ihres Vaters vermehrte sich der Besitzstand der beiden Grafen recht ansehnlich, da zwei Linien ihres Hauses ausstarben: die Geisinger schon im Jahre 1483 [3]), die Wolfacher im Jahre 1490.

Graf Wolfgang [4]) wurde frühzeitig mit K. Maximilian persönlich bekannt und schon am 5. April 1486, bei der zu Aachen vollzogenen Krönung, im Alter von einundzwanzig Jahren zum Ritter geschlagen [5]).

---

[1]) Namentlich auch deshalb, weil sogar in fleissig gearbeiteten und zuverlässigen Werken ganz irrthümliche Behauptungen zu finden sind. Man vergl. z. B. Zellweger, Gesch. des Appenzeller Volkes 2, 286, wo die ganze Stellung Wirtembergs zum Schwabenkriege gründlich verkannt wird.

[2]) S. die als Mspt. gedruckte Stammtafel des Hauses Fürstenberg, systematisch geordnet von F. K. Fürsten zu Hohenlohe-Waldenburg 1861, eine sehr zuverlässige Arbeit, auf die wir uns im Folgenden, für die das Haus Fürstenberg betreffenden genealogischen Angaben, statt aller weiteren Citate beziehen.

[3]) Also noch zu Lebzeiten des Grafen Konrad, der aber von dieser Erbschaft keinen Nutzen ziehen konnte, da er bald darauf selbst starb. Die für die Fürstenbergische Hausgeschichte nicht unwichtige Erbtheilung zwischen Heinrich und Wolfgang, sowie die Begründung des Fideicommisses, haben mit den hier zu behandelnden Ereignissen nichts gemein, können also unberührt bleiben.

[4]) Über Wolfgang's Jugendjahre konnte ich bisher nur sehr wenige Nachrichten sammeln. Er scheint, noch vor dem Tode seines Vaters, zu seinem Vetter, dem unverheiratheten Grafen Heinrich von Fürstenberg-Wolfach († 1490) gekommen zu sein und war wohl als dessen Erbe designirt. Im Jahre 1483 finde ich ihn, mit seinem besagten Vetter, zu Offenburg auf der glänzenden Fastnacht, die der Pfalzgraf abhielt. Mone, Zeitschrift 16, 264. Im Jahre 1489 wird er von Heinrich in Geschäften zum Grafen Eberhard d. ä. v. Wirtemberg geschickt. Schreiben vom 8. Dec. (Concept. Marine) 1489, aus Wolfach, im F. F. Arch. Orig.

[5]) Fürst Lichnowsky, Geschichte des Hauses Habsburg 8, 83. Münch 1, 411.

Nicht sehr lange hierauf, am 30. August 1492, ernannte ihn Maximilian zu seinem Rathe und, auf die nächstfolgenden sechs Jahre, mit einem Dienstgelde von jährlich 200 Gulden, zu seinem Diener von Haus aus [1]). Aber auch am wirtembergischen Hofe wurde er eine gewichtige Persönlichkeit. Wolfgang trug am 21. Juli 1495 zu Worms, als Graf Eberhard im Barte von K. Maximilian die herzogliche Würde erhielt, bei der feierlichen Belehnung unter den fünf Fahnen die zweite, nämlich die von Teck [2]). Übrigens war Graf Wolfgang schon vor dem Jahre 1492 wirtembergischer Rath geworden. Seine Dienstzeit endigte an Weihnachten des genannten Jahres und K. Maximilian machte in dem oben angeführten Bestallungsbriefe vom 30. August die Bedingung, dass der Graf von Fürstenberg, wenn seine Dienstzeit bei dem Grafen Eberhard d. ä. werde abgelaufen sein, keine weiteren Dienste annehme, es sei denn mit seiner, des Königs, ausdrücklicher Genehmigung [3]). Als nun aber der treffliche Herzog Eberhard im Barte gestorben war († 1496 Feb. 24), übernahm Graf Wolfgang bei dessen Nachfolger dem Herzoge Eberhard d. j. das, vermöge der Persönlichkeit dieses weniger versprechenden Regenten, ganz besonders wichtige Amt eines Landhofmeisters, welches er auf Jacobi 1496 angetreten hat [4]). Der Ernennung zum Landhofmeister ging übrigens die Erneuerung der von Herzog Eberhard d. ä. gegebenen Bestallung als Rath und Diener voraus [5]). K. Maxi-

---

[1]) Urk. K. Maximilian's dd. Strassburg, pfintztag nach St. Augustinstag 1492. Orig. im F. F. Arch. Bei Chmel, Urkk. zur Gesch. K. Maximilians, 6, die am 27. Sept. 1493 dem Regimente zu Innsbruck gegebene k. Weisung, dem Grafen Wolfgang das Dienstgeld zu reichen.

[2]) Stälin, Wirt. Gesch. 3, 563.

[3]) Aus dem oben citirten, bei Chmel a. a. O. abgedruckten Schreiben K. Maximilians vom 27. Sept. 1493 ist auch ersichtlich, dass Graf Wolfgang in Diensten der Pfalz gestanden war. Ich habe aber bisher keine weitere archivalische Bestätigung dieses Umstandes im F. F. Arch. finden können.

[4]) Heyd 1, 16 Note 10, nach dem Dienerbuche im Stuttgarter Archive. Über das durch den s. g. Esslinger Vertrag vom 2. Sept. 1492 begründete Amt eines Landhofmeisters vergl. Stälin 3, 614. Wolfgangs Vorgänger als Landhofmeister war Graf Hug von Werdenberg. Sattler 1, 9.

[5]) Urk. Herz. Eberhards d. j. dd. Montag nach Margaretentag 1496 (Juli 18.). Orig. im F. F. Arch. Es ist aus dieser Urkunde auch ersichtlich, dass Graf Wolfgang schon früher einmal „in vergangem" Dienste des Herzogs (Grafen) Eberhard d. j. angenommen hatte.

milian gab in einer am 5. August 1496 zu Landeck ausgestellten Urkunde [1]) seine Erlaubniss dazu, dass der Graf von Fürstenberg, unbeschadet seiner Eigenschaft als königlicher Rath, auch anderer Fürsten und Herren Dienste annehmen dürfe.

Weder des Grafen Verrichtungen in königlichen Diensten, noch dessen Betheiligung bei jenen bekannten Ereignissen, die mit der Absetzung des Herzogs Eberhard d. j. endigten, berühren uns hier. Es genügt vielmehr zu wissen, dass Wolfgang auch im Jahre 1498 als Landhofmeister an der Spitze des für den minderjährigen Herzog Ulrich (geboren 1487) bestellten „geordneten" oder „verordneten" Regiments des Herzogthums Wirtemberg stand [2]).

Mittlerweile hatte sich aber der Schweizerkrieg vorbereitet. Schon auf dem im Frühlinge des Jahres 1497 beendigten Reichstage zu Lindau war eine merkliche Verstimmung ganz offenkundig geworden [3]). Gründe hiezu waren viele vorhanden. Unkluge Drohungen des patriotischen Reichserzkanzlers Berthold von Henneberg, Kurfürsten von Mainz, sollen wesentlich zur Vermehrung der Spannung beigetragen haben [4]). Die Eidgenossen, die sich besonders seit den rühmlichst bestandenen Burgunderkriegen und ihren mehr oder minder glänzenden Waffenthaten in Italien ganz ungemein viel zutrauten und von Frankreich unablässig aufgestachelt wurden, zählten nur dem Namen nach zum deutschen Reiche. Hiedurch unterschieden sie

---

[1]) Orig. Urk. im F. F. Arch., erwähnt bei Heyd 1, 41 Note 27. Durch diese Urkunde und die oben erwähnte, vom 30. Aug. 1492, wird Münch 1, 412 berichtigt, der nämlich angibt, die Ernennung zum königlichen Rathe scheine 1497 oder 1498 erfolgt zu sein, ebenso diejenige zum „Oberhofmeister und Oberhofmarschall". Auch das ist ein Irrthum. Graf Wolfgang wurde erst nach dem Tode seines Bruders Heinrich K. Maximilians Hofmarschall. Die Ernennungsurkunde ist gegeben zu Innsbruck am 14. März 1502. Orig. im F. F. Arch.

[2]) Heyd 1, 24 ff. Sattler 1, 38. Am 28. April 1498 wurde Graf Wolfgang v. Fürstenberg, für den jungen Herzog Ulrich, von K. Maximilian zu Reutlingen mit dem Herzogthume Wirtemberg belehnt. Heyd 1, 28 Note 43. Die Urkunde steht bei Sattler, Herzoge 1, Beil. 14, Seite 34 ff.

[3]) Klüpfel, Urkunden zur Gesch. des schwäb. Bundes 1, 223. Leider ist das in diesem Buche verarbeitete schöne Material nicht immer mit der gehörigen Sorgfalt behandelt worden.

[4]) Bei Val. Anshelm, Berner Chronik 2, 311 die bekannten Anekdoten. Dem Reichskanzler legt man in den Mund „der Fund wäre gefunden, dass er wollte die Eidgenossen mit Papier, Federn und Dinte zähmen", dem Eidgenossen aber die Antwort: das habe man vormals mit Spiessen und Büchsen nicht erlangt.

sich freilich von andern Gliedern des selbst in seiner Ohnmacht noch
ehrwürdigen Körpers nur sehr wenig. Die Eidgenossen — sind die
Worte des gelehrten Ildefons von Arx — [1]) hatten sich bisher gegen
den Kaiser und das Reich nach der Art anderer mächtigen Reichsstände benommen; sie erkannten den Kaiser als ihr Oberhaupt und
betrachteten sich als Angehörige des Reichs, gehorchten ihm aber
nur so viel als sie es für gut fanden.

Was K. Maximilian für Deutschland an wirklich zweckdienlichen
Einrichtungen mühsam zu Stande brachte, nämlich die sich gegenseitig ergänzenden Institute des ewigen Landfriedens (1495), der
Kreiseintheilung und des Reichskammergerichtes, das wurde in der
Eidgenossenschaft gleichgültig oder mit Misstrauen betrachtet. Die
Macht des Adels und der Ritterschaft, die sich besonders in Schwaben und Franken oftmals als ein hartnäckiger Feind aller Ordnung
und des friedlichen Verkehrs erwiesen hatte[2]), war in der Schweiz
längst gebrochen. Mithin war auch ein Bedürfniss, sich durch An-
rufung von Kreishauptleuten und schwachen Reichsgerichten gegen
Raubfehden zu schützen, daselbst nicht vorhanden. Wohl aber
sträubte man sich gegen die Entrichtung der zur Besoldung der
obersten Reichsgerichte bestimmten Kammerziele. Auch mag der
Widerwille gegen die römische Rechtsgelehrsamkeit, die durch das
Ansehen der kaiserlichen und fürstlichen Gerichte über deutsche
Rechtsanschauungen den Sieg davontragen sollte, nicht ganz un-
wesentlich mitgewirkt haben. Die häufigen Citationen des Reichs-

---

[1]) Geschichten des Kantons St. Gallen 2, 435. Man vergl. z. B. auch bei Chmel, Urkk.
zur Gesch. Maxim., die wahrscheinlich ins Jahr 1496 zu setzende Instruction K.
Maximilians für Dieperskircher zur Unterhandlung mit den Eidgenossen (p. 161)
und ebendaselbst (p. 185) den Bericht des Hans von Liebenfels gen. Lanlz, vom
13. Mai 1497. Die beiden Actenstücke zeigen, dass der König in der Eidgenossenschaft so gut als nichts vermochte.

[2]) Daher wirft ihr auch Pirkheimer bell. Suit. 17 vor: nam nobiles illi non tam au-
daces erant ad resistendum hosti armato, quam apti ad exercenda latrocinia et de-
praedationes viatorum. Dieser Vorwurf ist indessen viel zu allgemein gehalten.
Was insbesondere den schwäbischen und unter diesem den hegauischen Adel betrifft, so sollte man nicht vergessen, dass die Gesellschaft des St. Jörgenschildes
älter als der schwäbische Bund und ein wichtiger Factor beim Abschlusse dieser
denn doch zur Befriedung Schwabens viel bewirkenden, gemeinnützigen Conföderation gewesen ist. Und auch in Hinsicht auf Tapferkeit konnte sich die Ritterschaft des Hegaus füglich mit den reichsstädtischen Truppen messen.

kammergerichtes, besonders in Schwendiner's und Varnbühler's
Angelegenheit, machte in Appenzell und St. Gallen sehr böses
Blut [1]).

Nicht minder wird der gemeine Pfenning, jene allgemeine
Reichssteuer, die aber K. Maximilian nicht einmal in den eigentlichen
Reichslanden völlig in Fluss bringen konnte [2]), den Eidgenossen als
eine recht bedenkliche Neuerung erschienen sein. Mit dem im Jahre
1487 auf 1488 gegründeten schwäbischen Bunde wollten sie ebenfalls nichts zu schaffen haben. Das Ansinnen, ein Glied desselben und
des schwäbischen Kreises zu werden, fand natürlich Widerspruch.
Hatten sich doch auch Fürsten, Städte und Rittergesellschaften ebenfalls gegen den Eintritt in diesen Bund gewehrt!

Das seiner Zeit [3]) mit dem jüngst, am 4. März 1496, verstorbenen Erzherzoge Sigmund von Österreich abgeschlossene Bündniss
war abgelaufen. Die Eidgenossen aber hatten keine Lust dazu, dasselbe mit seinem Erben K. Maximilian zu erneuern. Ebensowenig
wollten sie sich die Hände binden und sich von ihren, für Glieder des
Reiches ganz unstatthaften, freundlichen Beziehungen zu Frankreich [4])
abwendig machen lassen. Mit einem Worte: die Eidgenossenschaft sträubte sich, im Gefühle ihrer Stärke, gegen
jeden ihr von Kaiser und Reich gemachten Vorschlag und
beharrte bei einer die Interessen Deutschlands geradezu gefährdenden, oder doch gänzlich ignorirenden,
selbständigen Politik. In den Kriegen K. Maximilians mit
Frankreich dienten die Eidgenossen unbedenklich auch dem Reichs-
feinde, der sie bezahlen konnte und sich viel klüger erwies, als man
von deutscher Seite aus gewesen ist. Die Wirkung der den Oberen
gespendeten Jahrgelder und goldenen Gnadenketten und des den Gemeinen nebst der Beute zufliessenden reichlichen Soldes, konnte
nicht ausbleiben [5]).

Während aber französische, mailändische, päpstliche Gesandte
und Emissäre ihr Gold und ihre schönen Worte nicht sparten, gefiel

[1]) Zellweger, Gesch. des Appenz. Volkes 2, 245 und I. v. Arx 2, 435.

[2]) Über die Resistenz der Reichsritterschaft habe ich im Anzeiger für Kunde der
deutschen Vorzeit, Jahrg. 1859, einige archivalische Nachweisungen gegeben.

[3]) Im Jahre 1484. Vergl. Mailáth, Gesch. v. Österreich 1, 352.

[4]) Vergl. Stälin, Wirt. Gesch. 3, 635 Note 3.

[5]) Vergl. Glutz-Blozheim 74.

sich der deutsche Adel, vielleicht sogar in K. Maximilians unmittel-
barer Umgebung, darin, von den groben, bösen, rebellischen Bauern,
den Unterdrückern des Adels und aller Ehrbarkeit zu sprechen. Endlich darf nicht übersehen werden, dass K. Friedrich IV., Maximilians
Vater, mit den Eidgenossen mancherlei Zwist gehabt hatte [1]). Ein
blutiger Zusammenstoss war mithin unvermeidlich.

Schon im Jahre 1497 rüstete man auf beiden Seiten [2]) und
mehr noch, schon im Frühlinge dieses Jahres sah man in Schwaben
nicht ohne Besorgniss einem kriegerischen Überfalle entgegen [3]). Am
8. April 1497 wurde in Überlingen von Seiten des schwäbischen
Bundes ein Tag abgehalten, auf dem man sich mit dem königlichen
Hauptmanne Hans Jacob von Bodmann (d. ä.) wegen der zu treffenden Sicherheitsmassregeln verständigte. Es wurden folgende Sam-
melplätze verabredet: das feste Städtchen Fürstenberg [4]) in der Baar
für die Unterthanen der Grafen von Fürstenberg, ferner für Herrn
Konrad v. Schellenberg, Heinrich von Randeck, die von Almendshofen
und Heinrich Sigmund von Hödorf. Das Commando sollte Konrad von
Schellenberg übernehmen [5]). Auch und Engen waren für die Grafen,
Freiherren und die vom Adel in Hegau bestimmt; Sernatingen (jetzt
Ludwigshafen am Bodensee) für die Grafen von Werdenberg - Hei-
ligenberg, den Abt von Salem, den Landcomthur deutschen Ordens
zu Alshausen, die Herren Marquart und Eck von Königsegg sowie die
Reichsstädte Überlingen und Pfullendorf; Ravensburg für die Äbte
von Schussenriet, Weingarten und Weissenau, Grafen Hans von Sonnenberg, Herrn Hans Truchsessen von Waldburg zu Waldsee und

---

1) Vergl. Stälin, Wirt. Gesch. 3, 462 ff. Werthvolles Material bei Schreiber, Urkundenbuch der Stadt Freib. 2, 404 ff.

2) Vergl. Im-Thurn u. Harder, Chronik v. Schaffhausen 1, 99. Kirchhofer, Neujahrsgeschenk für die Jugend des Kant. Schaffhausen 1843, S. 1. Ildef. v. Arx, Gesch.
von St. Gallen 2, 436 ff. und besonders die bei Glutz-Blozheim 69 Note 31 gegebenen Stellen.

3) Das Vertheidigungsproject steht bei Klüpfel 1, 223 und Zellweger, Urkk. zur Gesch.
des Appenz. Volkes 2ᵃ, 276.

4) Dasselbe ist erst in unseren Tagen vollständig abgebrannt und nicht mehr auf dem
Berge, sondern am Fusse desselben, wieder aufgebaut worden.

5) Graf Wolfgang von Fürstenberg befand sich am wirtembergischen Hofe als Landhofmeister und hielt sich überhaupt mehr in seinen kinzigthaler Herrschaften als
in der Baar auf. Graf Heinrich war bereits des K. Maximilian Hofmarschalk und
daher ebenfalls abwesend.

die Reichsstädte Ravensburg, Wangen und Leutkirch; Langenargen für die Grafen von Montfort, Herrn Hans Truchsessen von Waldburg den alten, und die Reichsstädte Kempten und Issny; Biberach für die Reichsstädte Ulm, Nördlingen, Giengen, Memmingen und Biberach; Stockach für die Grafen von Werdenberg - Sigmaringen, das Frauenstift Buchau und die Städte Riedlingen, Mengen [1]) und Saulgau; Mühlheim an der Donau für die Rittergesellschaft am Neckar, doch mögen jene Glieder die näher an Fürstenberg gesessen sind, sich dorthin wenden. Ulm zu und von dort für und für dem Geschrei nach, wird das Ritterviertel am Kocher instradirt. Nach Waldsee und Biberach ziehen Esslingen, Gmünd, Aalen und Weil.

Man erwartete von allen Bundesverwandten, dass sie, auf die durch Büchsenschüsse und Sturmgeläute zu gebenden Signale, mit ihrem Kriegsvolke eiligst herbeiziehen sollten. Insbesondere aber wurde verlangt, dass man die Reisigen vor den Fussknechten absenden solle.

Dieser zu Überlingen entworfene Vertheidigungsplan war durchaus zeitgemäss, ja trefflich, wenn nämlich die einzelnen Bundesverwandten ihre Schuldigkeit thaten und wenn es nicht an einer kräftigen Oberleitung des Ganzen fehlte. Er wurde, mit wenigen Abänderungen, auf einem zu Ulm am 18. Mai 1497 abgehaltenen Tage angenommen [2]) und bildete auch noch im Jahre 1499 [3]) die eigentliche Grundlage für den strategischen Aufmarsch der Bundestruppen. Für Wirtemberg wird Tuttlingen als Sammelplatz bezeichnet, jedoch mit einem Beisatze, der es in die Hand des Herzogs stellte auch an einem anderen passenden Orte seine Truppen zu sammeln.

Nun war aber, wie der schlimme Erfolg deutlich gezeigt hat, nicht von allen Gliedern des schwäbischen Bundes, der weiter vom voraussichtlichen Kriegstheater abgelegenen Reichsstände gar nicht

---

[1]) Ich verbessere unbedenklich Wangen, wie bei Klüpfel 224 steht, in Mengen, denn es handelt sich hier offenbar um die vorderösterreichischen s. g. Donaustädte. Wangen war Reichsstadt, ist schon oben genannt und liegt auch zu weit ab. Bei Zellweger. Urkk. 2ᵃ, 277 steht richtig Mengen.

[2]) Klüpfel 1, 229.

[3]) Der im Wesentlichen ganz mit den am 8. April 1497 gefassten Beschlüssen übereinstimmende Vertheidigungsplan dd. Constanz 20. Januar 1499 ist bei Anshelm 2, 292 ff. und Zellweger. Urkk. 2ᵃ. 291 ff. abgedruckt, bei Klüpfel 1, 272 nur erwähnt.

zu gedenken, ein kräftiger Beistand zu erwarten. Die Stimmung war eine getheilte. Gegen die Eidgenossen eingenommen war ein grosser Theil des schwäbischen Adels, der einerseits die seit dem 14. Jahrhunderte häufig genug erlittenen Niederlagen nicht vergessen, anderseits aber dem demokratischen Principe der Eidgenossenschaft unmöglich sonderlich gewogen sein konnte [1]).

Die Anhänglichkeit des schwäbischen Adels an das von den Eidgenossen geschädigte Haus Habsburg trug ebenfalls wesentlich zu fortgesetzten Reibungen bei. Die starke Abneigung gipfelte sich in einigen besonders leidenschaftlichen Schweizerfeinden zu fanatischem Hasse. Auch die Eidgenossen blieben ihren Gegnern wenig oder gar nichts schuldig. Es wurden die in der Eidgenossenschaft gesessenen Edelleute vielfach angefeindet und verdächtigt, wegen ihrer Verwandtschaft mit dem schwäbischen Adel, wenn sie auch ihre Pflichten als Eidgenossen getreulich erfüllten [2]). Zu den Schweizerfeinden gehörten fernerhin die deutschen Landsknechte, schon aus Handwerksneid und eingedenk mancher blutigen Lection, die sie von den eidgenössischen Reisläufern, als ihren Meistern [3]), da und dort erhalten hatten.

Ziemlich neutral verhielten sich die Reichsstädte, die es indessen doch nicht ganz vergessen haben mochten, dass sich im grossen Städtekriege des 14. Jahrhunderts die Eidgenossen sehr zurückhaltend gegen sie gezeigt hatten [4]). Natürlich fehlte es auch im Reiche nicht an ruhigen, versöhnlichen Naturen, welche vermitteln wollten, wie uns auf der anderen Seite einige königliche Räthe namhaft gemacht werden, denen man vorwarf, sie hätten den Unwillen des Königs gesteigert. Jörg Gossenbrot, einen geborenen Augsburger, aber königlichen Rath und Pfleger zu Ehremberg, Herrn Paul von Lichtenstein, den Secretarius Cyprian Sernteiner u. a. m. traf dieser Vorwurf [5]).

---

[1]) Vergl. den im Thesaur. hist. Helv. gegebenen Auszug aus des Felix Malleolus (Hemmerlin) Dialogus de Suitensibus, besonders p. 2 u. 3, und Pirkheimer, bell. Suit. 6.

[2]) Vergl. I. v. Arx 2, 447, Kirchhofer, Neujahrsgeschenk 1843, p. 9 und Pupikofer, Gesch. des Thurgaus 1, 308.

[3]) Pirkheimer, bell. Suit. 11 sagt: et profecto omnes Germani arma et eam militandi disciplinam, qua nunc utuntur, ab Helvetiis accepere, abjectis scutis, quibus antea omnium nationum more utebantur.

[4]) Stälin, Wirt. Gesch 3, 339. Auch die bei Speicher (1403) im Appenzellerkriege erlittene Niederlage der Seestädte mochte noch nicht ganz vergessen sein.

[5]) Pirkheimer, bell. Suit. 15. Anshelm 2, 286 u. 292. G. Edlibach ed. Usteri 212 u. a. m. Bei Heyd 1, 57 Note 2, werden nach Fugger 2, 176 (Handschr.) die Gra-

Sobald einmal der schwäbische Bund militärische Vorkehrungen traf, konnte auch das Herzogthum Wirtemberg als ein namhaftes Glied desselben nicht zurückbleiben [1]). Wollte man selbst die dem Reiche drohende Gefahr und stündlich zugefügte Missachtung übersehen, so war man doch dem Hause Habsburg von Bundes wegen einigen Beistand schuldig.

Auf einem zu Ravensburg am 27. August 1497 abgehaltenen Tage wurde bereits bestimmt, dass Herzog Eberhard d. j. 40 Reisige nach Tuttlingen schicken sollte [2]). Diese Bestimmung ist desshalb wichtig, weil sie deutlich zeigt, dass nicht erst durch die Vertreibung dieses Herzogs und eine hiedurch bedingte, gegen die Wünsche K. Maximilians allzu nachgiebige Politik des verordneten Regimentes, die Betheiligung des Herzogthums beim Schweizerkriege herbeigeführt worden ist.

Freilich stand auch der schwäbische Bund auf schwachen Füssen, denn obgleich derselbe wenig über ein Decennium alt war, so zählte er doch bereits viele Feinde [3]). Auch bedurfte es eines besondern königlichen Mandats vom 27. October 1497, um ihn auf zwölf weitere Jahre zu erstrecken [4]).

Nachdem sich nun das drohende Ungewitter, das sich während der in St. Gallen zwischen dem Abte Ulrich und der Stadt ausgebrochenen Händel, dem sogenannten Klosterbruche, bei dem insbesondere der Bürgermeister Varenbühler eine Rolle spielte [5]), beinahe über ganz Schwaben entladen hätte, noch einmal hatte beschwichtigen lassen, gaben bekanntlich Streitigkeiten in den tirolischen Erb-

---

fen von Lupfen, Fürstenberg, Sulz, Werdenberg u. a. m. unter denen genannt, die den frommen König auf die Schweizer verhetzten. Diese Angabe hat, was die Grafen von Fürstenberg betrifft, wenig Gewicht den Urkunden gegenüber, von denen in der Folge die Rede sein soll.

[1]) Anderer Meinung ist Kugler in seiner jüngst erschienenen Schrift über Herz. Ulrich v. Wirtemberg S. 15. Das heisst aber die Rechtsfrage gänzlich verkennen, wenn man den Regenten zumuthet, sie hätten die Neutralität des Herzogthums aussprechen sollen. Zum Gegentheile hievon waren sie verpflichtet. Vergl. Sattler, Herzoge 1, Beil. Seite 60.

[2]) Klüpfel 1, 243 und Zellweger, Urkk. 2ª, 287.

[3]) So sagt z. B. Pirkheimer, bell. Suit. 12: mox igitur foederatio suevica eam induit arrogantiam, quam Bavari nuper exuerant.

[4]) Datt. de pace publ. 247.

[5]) Vergl. I. v. Arx 2, 298 ff.

landen die Veranlassung zum offenen Kriege[1]). Nachdem Engadiner, Graubündner und Chur'sche Gotteshausleute, die seit kurzer Zeit mit der Eidgenossenschaft in Bündniss standen[2]), das im Vintschgau gelegene Kloster Münsterthal eingenommen hatten, rief die österreichische Regierung in Innsbruck die Hilfe des schwäbischen Bundes an. Hiezu war sie jedenfalls berechtigt. Eine andere Frage ist es aber, ob ihr Verhalten vor dem Ausbruche des Krieges und in dem ersten Stadium desselben das richtige war[3]).

In Wirtemberg war mittlerweile Herzog Eberhard d. j. abgesetzt worden. Der neue Regent, oder richtiger gesagt die für den erst zwölfjährigen Herzog Ulrich und in seinem Namen das Steuerruder führende Regentschaft, erklärte sich aber nicht sofort hinsichtlich der Ausdehnung der von dem Herzogthume zu erwartenden Hilfe, obgleich sich die in Constanz versammelten Bundesräthe, wahrscheinlich schon auf St. Sebastianstag (Januar 20), schriftlich nach Stuttgart gewendet hatten[4]). Wenigstens schrieb Hans Ungelter, der in der Folge auch im Kriegsrathe des Bundes sass und zur Zeit der Abfassung seines Schreibens als Abgeordneter der Stadt Esslingen in Constanz war, am 1. Februar nach Hause[5]): Herzog Ulrich habe noch nicht geschrieben, ob er den ersten Anschlag[6]) annehmen wolle oder nicht, auch höre man nicht, dass dessen Kriegsvolk ins Hegau gekommen sei.

Erwägt man nun, dass schon Herzog Eberhard d. j. Reisige nach Tuttlingen hatte schicken sollen und dass dessen Absetzung von K. Maximilian förmlich gebilligt worden war[7]), so konnte hinsichtlich

[1]) Vergl. A. Jäger, der Engadeinerkrieg im Jahre 1499. Innsbruck 1838. (Bes. Abdruck aus der neuen Zeitschrift des Ferdinandeums, Bd. 4).

[2]) Vergl. Glutz-Blozheim 72 Note 46.

[3]) Nach der von Jäger a. u. O., unter fleissiger Benützung von Archivalien, gegebenen Darstellung, scheint die Statthalter zu Innsbruck mehrfach wohlbegründeter Vorwurf treffen zu müssen.

[4]) Aus Beil. IV, dem Schreiben des Herz. Ulrich an die Bundesräthe, ist wenigstens ersichtlich, dass am 16. Februar bereits mehrere Schreiben des Bundes bei der wirtembergischen Regierung eingelaufen waren.

[5]) Klüpfel 1, 279.

[6]) Ohne Zweifel die am 20. Januar 1499 neuerdings sanctionirten Bestimmungen des 8. April 1497.

[7]) Bei Sattler, Herzoge 1, Beil. 13 (der s. g. Horber Vertrag) und Beil. 16, das gedruckte Ausschreiben Herz. Ulrichs vom 15. Juni 1498. In dem letzteren, Seite 42

des Verhaltens der Regentschaft, in dieser den König so ungemein nahe berührenden kriegerischen Angelegenheit, kaum ein Zweifel bestehen. Das verordnete Regiment schickte ganz zu Anfang des Jahres 1499 tausend Fussknechte nach Tuttlingen, welcher Ort schon im April 1498 von ihm [1]) mit Kriegsbedarf versehen worden war. Nur über das Mass des zu gewährenden Beistandes scheint man sich noch nicht verständigt zu haben.

Wahrscheinlich befand sich der Landhofmeister Graf Wolfgang zu Fürstenberg [2]) schon im Februar bei den in und um Tuttlingen gesammelten Truppen [3]), doch fehlen uns hierüber nähere Angaben. Am 16. Februar schrieb Herzog Ulrich, mit geordnetem Regimente, an den Grafen sowie auch an den demselben beigegebenen Secretarius Konrad Breuning [4]). Diesem Schreiben [5]) war die Abschrift eines vom gleichen Tage datirten, an die Bundesräthe in Constanz gerichteten Bescheides [6]) beigegeben. Es sind diese beiden Actenstücke, die sich gegenseitig ergänzen, desshalb wichtig, weil sie die Stimmung der wirtembergischen Regentschaft charakterisiren. Die Bundesräthe hatten sich, wie bereits bemerkt wurde, schon früher an Wirtem-

---

ist auch des Grafen Heinrich v. Fürstenberg, des königl. Hofmarschalks, Erwähnung gethan. Er hatte ohne Zweifel dazu beigetragen, dass K. Maximilian die neue Ordnung der Dinge billigte.

[1]) Heyd 1, 58 Note 6. Da die Absendung dieses Kriegsbedarfes am 28. April 1498 erfolgte und Herzog Eberhard d. j. sich schon am 4. April auf der Flucht in Ulm befand (Heyd 1, 23), so erscheint schon diese Massregel als eine vom verordneten Regimente ausgeführte.

[2]) Am 10. Febr. 1499 schreibt K. Maximilian aus Mecheln an den Erzbischof Berthold von Mainz bezüglich des der Acht verfallenen Bischofs Heinrich von Chur (eines Herrn von Hewen) — er solle den Bischof Friedrich von Augsburg und den Grafen Wolfgang von Fürstenberg damit beauftragen, zwischen den königlichen Statthaltern zu Innsbruck und dem genannten Bischofe von Chur ohne Verzug den Frieden zu vermitteln. Weitere Nachrichten über diese Angelegenheit, d. h. die Betheiligung des Grafen von Fürstenberg, fehlen. Bei Jäger, Engadeinerkrieg 89, ohne Angabe des betr. Archives erwähnt.

[3]) Wenigstens schreibt derselbe v o r dem 3. Februar 1499 nach Stuttgart und gibt Nachrichten über die Truppen. Klüpfel 1, 282.

[4]) Ohne Zweifel die gleiche Persönlichkeit, welche am 27. Sept. 1517 so traurig endigte. Heyd 1, 486.

[5]) Beil. III. Münch 1, 436 verwerthet dieses Schreiben des Herzogs als ein Schreiben des Grafen Wolfgang!

[6]) Beil. IV.

berg gewendet und schleunigen Anmarsch zu Ross und zu Fuss begehrt [1]).

Hierauf erwiederte der junge Herzog, dass seine Kriegsvölker in merklicher Anzahl unterwegs und wohl schon angekommen seien und dass auch sein Landhofmeister die nöthigen Befehle erhalten habe. Bald werde man es verspüren, dass von Wirtemberg an tröstlicher Hilfe kein Mangel sei. Dagegen gibt er den Bundesräthen zu bedenken, was es denn bedeuten solle, wenn man mit solchen Kosten Truppen zusammenziehe, um dann nichts weiter zu thun als stillzuliegen und abzuwarten was die Eidgenossen thun würden. Damit sei der Sache nicht gedient und dem Bunde gereiche das zu merklichem Abbruche. Wer zuerst herbeigeeilt sei, der werde der Kosten halber nicht bis zuletzt ausharren können. Man solle daher sobald als möglich alle Bundesverwandten an einen schicklichen Ort zu einer Tagfahrt einladen und daselbst beschliessen, was man vornehmen wolle, sei es im Wege des täglichen (kleinen) Krieges oder des Feldstreites. Dann werde auch der Herzog alles leisten, wozu er verbunden sei, mit Anstrengung aller seiner Kräfte, mehr sogar und jedenfalls nicht weniger. In dem an den Landhofmeister und an Konrad Breuning gerichteten Schreiben wird dem ersteren zur Pflicht gemacht, seinen ganzen Einfluss bei den Bundesräthen aufzubieten, damit jener entscheidende Tag bald abgehalten werde. Die grossen Kosten werden auch hier betont. Beinahe wie ein Tadel lautet es, wenn die Hoffnung ausgesprochen wird, es werde auch von andern Bundesverwandten das Nöthige geschehen. Beachtenswerth ist eine Stelle, in der sich ein gewisses Misstrauen ausspricht. Der Landhofmeister soll nämlich der Sache ernstlich und fleissig Aufsehen haben, damit nicht uns, dem Herzogthume Wirtemberg, der meiste Schaden zugefügt werde „alls villicht ettlicher meynung sein möcht“. Am 21. Februar war Graf Wolfgang in Engen, welches damals ziemlich feste Städtchen eine Zeit lang Standquartier der Wirtemberger blieb. Wir besitzen einen in Gemeinschaft mit dem Ritter Diepolt Späth abgefassten sehr interessanten Bericht [2]) an den Herzog.

---

[1]) Eines generaliter erlassenen dringenden Aufrufes vom 14. Februar 1489 gedenkt Klüpfel 1, 285.

[2]) Beil. V. Münch 1, 436 schreibt diesen Bericht allein dem Diepolt Späth zu. Das kömmt daher, weil er nicht einmal wusste, dass Graf Wolfgang Landhofmeister war Vergl. den Abdruck des Schreibens in βne.

Im Eingange ist davon die Rede, dass der Landhofmeister ein Schreiben erhalten habe, in welchem ihm auseinandergesetzt wurde, wesshalb es jetzt nicht möglich sei, die von ihm verlangten weiteren Truppen zu senden. Man befürchte nämlich, der vertriebene, oder richtiger gesagt kleinmüthig entflohene Herzog Eberhard d. j. veranstalte Rüstungen, um sich mit Gewalt wieder in den Besitz seines Herzogthums zu setzen [1]). Es war, wie es scheint, diese Vermuthung ziemlich allgemein verbreitet, denn auch Hans Ungelter, der Bundesrath, schrieb am 15. Februar nach Esslingen [2]): Herzog Ulrich habe dem Bunde die Antwort gegeben: Der Pfalzgraf solle 1200 gerüstete Pferde beisammen haben, um gemeinschaftlich mit Herzog Ott und den Bischöfen von Wirzburg und Strassburg den Herzog Eberhard wieder einzusetzen. Daher falle es ihm jetzt zu schwer aus dem Lande zu ziehen, doch werde er sogleich aus dem Amte Tuttlingen und Balingen mit 2000 Mann und etlichen Reitern ins Hegau aufbrechen und auch noch weitere 1000 Mann nachfolgen lassen.

Aus dem Schreiben des Landhofmeisters erfahren wir fernerhin, dass dieser zwei Hauptleute nach Wirtemberg zurückschicken musste, und dass man sogar eine grössere Zahl von Hauptleuten von ihm verlangt hatte, die er aber nicht abgeben konnte, weil seine Truppen vertheilt lagen. Zur Besatzung von Engen verwendete Wolfgang 400 Mann, die übrigen wirtembergischen Truppen aber schickte er nach Tuttlingen zurück, damit sie sich dort aufstellen sollten, bis auch von den anderen Bundesgenossen das Nöthige geschehen sein werde, um dann den Eidgenossen mit Aussicht auf Erfolg die Stirne bieten zu können. Ausser der wirtembergischen Besatzung waren freilich auch andere Truppen in Engen. Wenigstens schreibt Hans Ungelter am 22. Februar von 5000 Mann, die sich daselbst befänden [3]). Diese Zahl scheint indessen doch etwas hoch gegriffen zu sein, denn ausser den Wirtembergern lagen damals nur die vom Adel und der Ritterschaft [4]) zusammengebrachten Streitkräfte im genannten Städtchen. Die ganzen wirtembergischen Streitkräfte, die sich im

---

1) Vergl. auch Beil. XVII wegen der weiteren Verhandlungen.

2) Klüpfel 1, 287.

3 Klüpfel 1, 293.

4) Ein Theil davon auch in Aach. Anshelm 2, 336 meint, in Engen und Aach seien die „rechten Burenfresser und Süfer" beisammen gewesen, ein Vorwurf, der sich auf die Ritterschaft im Hegau zu beziehen scheint.

Hegau befanden', bevor der Landhofmeister den Rückzug nach Tuttlingen anordnete, schlägt Ungelter in einem am 20. Februar gegebenen Schreiben[1]) auf 3000 Mann zu Fuss und einige Reiter an, eine Angabe, die richtig zu sein scheint und wahrscheinlich auf officielle, dem Bundesrathe gemachte Mittheilungen der herzoglichen Regierung zurückführbar sein dürfte[2]). Mit so wenig Truppen konnte der Graf unmöglich die Eidgenossen angreifen oder sich einem Angriffe derselben aussetzen, denn dieselben lagen nach Wolfgangs Bericht, über 12000 Mann stark[3]), im Hegau.

Der erste Zug ins Hegau erfolgte ohne Zweifel, um den dort gesessenen Adel für seine feindselige Gesinnung zu strafen. Graf Sigmund von Lupfen, Landgraf zu Stühlingen, zu dessen Besitzungen Engen gehörte, war als königlicher, beziehungsweise vorderösterreichischer Hauptmann am Wald, bereits in die Reihe der Feinde der Eidgenossenschaft eingetreten. Er organisirte in und um Waldshut Truppensammlungen[4]).

Die trostlose Lage des Hegaus können wir nicht besser schildern, als mit den eigenen Worten des Landhofmeisters, der über die Eidgenossen nach Stuttgart berichtet. „Da zogen sie herum mit gewaltiger Herrschung, ungehindert von Jedermann, alle Dörfer niederbrennend". Denen von Randeck hatten sie das Schloss Heilsberg[5]), dem Grafen Sigmund von Lupfen aber sein Schloss Roseneck[6]) verbrannt, dessgleichen den Viehhof zu Homburg[7]) und andere Dörfer.

---

1) Klüpfel 1, 290.

2) Vergl. Seite 353 Anm. 2.

3) Glutz-Blozheim 83 Note 97 berechnet nach Archivalien 10000 Mann. Kirchhofer, Neujahrsgeschenk 1843, Seite 6 ist geneigt, eine geringere Anzahl anzunehmen (8000 Mann).

4) Dessen Ausschreiben an die Stadt Freiburg i. B. vom 28. Januar 1499 bei Schreiber, Urkundenbuch 2, 637.

5) Heilsberg, Mauerreste davon zwischen Randeck und Gottmadingen. Vergl. Kolb, hist. top. Lexicon von Baden 2, 54.

6) Roseneck, Rosenegg, zwischen Gottmadingen und Rielasingen. Vergl. Kolb 3, 123.

7) Homburg, bei Steisslingen, denen von Homburg gehörig. Auch die Burg litt Noth. Am 8. Aug. (Montag vor St. Lorenzentag) 1502 verständigten sich die Brüder Wolf und Wendel und die Brüder Adam und Heinrich Sigmund, alle von Homburg, über den wegen der Zerstörung nothwendig gewordenen Neubau an ihrem Schlosse Homburg. Mittheilung meines verehrten Freundes des Freih. R. v. Stotzingen in Steisslingen, in dessen Besitze sich die betreffende Urkunde befindet. Bei Mone,

In Steisslingen [1]) — fährt der Landhofmeister in seinem Berichte fort — hätten die Eidgenossen in der jüngstvergangenen Nacht eine Wagenburg aufgeschlagen. Erst heute, am Tage von welchem das Schreiben datirt ist, seien drei Dörfer von ihnen verbrannt worden und eines, das nicht eine Viertelmeile von Engen entfernt liege, hätten sie gebrandschatzt. Auch versehe man sich stündlich, dass sie sich dazu anschicken würden, Engen zu belagern [2]). Ein gefangener Knecht habe ausgesagt, die Eidgenossen hätten den Plan, das ganze Hegau zu verheeren [3]). Leiste man ihnen daher nicht tapfern Wider-

---

Zeitschrift 16, 428 ff. steht ein interessanter Burgfrieden von Homburg, errichtet am 12. März 1388 durch die Gebrüder Rudolf, Konrad, Albrecht und Heinrich von Homburg.

[1]) Hans Ungelter, 1499 Febr. 22. an Esslingen, gibt die Zahl der zu Steisslingen befindlichen Eidgenossen auf 8000 Mann zu Fuss und anderthalb (hundert? tausend?) Pferde mit vielen Büchsen und Wagen an. Klüpfel 1, 293.

[2]) Über die Verwüstungen im Hegau vergl. Stumpf, Schweizerchronik 766; Anshelm 2, 328 ff.; den im Geschichtsforscher 5, 198 gegebenen Auszug aus der Constanzer Chronik des Christ. Schultheiss; Walchner, Gesch. der Stadt Radolfzell 59 ff.; die betreffenden Schreiben bei Klüpfel 1, 283 ff.; v. Martens, Gesch. von Hohentwiel 19; v. Stadlinger, Gesch. des wirtemb. Kriegswesens 200, und insbesondere die fleissige Arbeit Kirchhofers in den beiden Neujahrsgeschenken für die Jugend des Kantons Schaffhausen 1843 u. 1844. Leider ist Kirchhofer in einigen Puncten durch Münch irregeleitet worden, und auch in Angabe von Familien- und Ortsnamen zuweilen etwas ungenau. Eine genaue, kritische Darlegung der in den drei verschiedenen (aber sämmtlich ins Jahr 1499 fallenden) Streifzügen dem Hegau zugefügten Drangsale wäre nicht unverdienstlich, selbst wenn sie nur auf Grundlage des gedruckten Materials erfolgen würde. Ich habe im Staatsarchive des Kantons Zürich — wo man meine Desiderien in freundlichster Weise berücksichtigt hat — drei Convolute (Sch. 610) Missive und Correspondenzacten aus dem Schwabenkriege, im October des Jahres 1865, eingesehen und benützt, kann aber, ohne vom Ziele abzuschweifen, hier nur spärlichen Gebrauch von meinen Notizen machen.

[3]) Diesen Plan führten sie auch so ziemlich aus, denn ausser den schon genannten Burgen und Orten wurden im Laufe des Jahres 1499 noch verwüstet oder gebrandschatzt: Randeck, Welschingen, Worblingen, Wiechs, Gailingen, Singen u. s. w. Anshelm 2, 333 gibt an, dass innerhalb acht Tagen über 20 Schlösser, Burgen und Dörfer im Hegau beraubt und verbrannt wurden und bemerkt hiebei, wohl mit Recht, dass die Mehrzahl hievon gegen das Verbot der Obrigkeit verwüstet worden seien. Die Angabe in Im-Thurn und Harder's Chronik von Schaffhausen 1, 102. dass die Schlösser auf Hohenstoffeln verbrannt worden seien, ist irrthümlich und scheint eine Verwechslung mit Staufen (bei Hilzingen) zu sein. Die Eidgenossen liessen die grösseren Burgen unangefochten. Vergl. Glutz-Blozheim 84 Note 103,

stand, ist die Meinung des durchaus ritterlichen Landhofmeisters,
so würden sie bis nach Ulm vordringen und vor den Thoren dieser
Stadt ihre Wagenburg schliessen. Auch die lupfenschen Besitzungen
in der Landgrafschaft Stühlingen, die fürstenbergische Landgrafschaft Baar und selbst das Herzogthum Wirtemberg könnten möglicher Weise von ihnen schwer heimgesucht werden.

Unter solchen Umständen war der vom Landhofmeister den Regenten ertheilte Rath, die wirtembergischen Truppen bei Tuttlingen
zu sammeln, militärisch und politisch durchaus gerechtfertigt. Würden nämlich die Eidgenossen, während man sich von Streitkräften
entblösst, an irgend einem Puncte in das Herzogthum einfallen, so
glaubt Graf Wolfgang eine allgemeine Flucht der Bewohner der
betreffenden Gegenden voraussagen zu müssen. Die Haltung der
Eidgenossen dagegen sei ungemein trotzig. Sie liessen sich grosses
Geschütz nachführen und würden eine offene Feldschlacht sicherlich
nicht verweigern. Obgleich nun aber der Bund Jedermann ermahne,
so werde doch eine solche Mahnung wenig oder gar nicht beachtet.
Er, Graf Wolfgang, sei ein guter und treuer Bundesgenosse und
doch schwinde seine Hoffnung und Neigung bis zu gänz-
licher Verachtung des Bundes. Dagegen preise man den
Herzog von Wirtemberg, der seine Bundespflicht so stattlich erfülle.

Allerdings war es damals um den Bund geschehen, wenn das
Herzogthum Wirtemberg sich zurückhielt und seine Kräfte sparte.
Dass gleichwohl der Schweizerkrieg einen so durchaus ungünstigen
Verlauf für das Reich nahm, das fällt in erster Linie jenen Bundes-
gliedern zur Last, die ihren Verpflichtungen gar nicht oder saum-
selig nachgekommen sind.

Trotz dieser höchstbedenklichen Lage verlor Graf Wolfgang
von Fürstenberg, den wir auch aus anderen Ereignissen als einen
ebenso tapfern als standhaften Herrn kennen [1]), den Muth und die

---

Über die Einnahme des Städtleins Blumenfeld (des deutschen Ordens) gibt ein Bericht der Züricher Hauptleute dd. Zinstag am Maihend (Apr. 30), im Staatsarchive
zu Zürich, nähere Auskunft. Vergl. über den zweiten Zug ins Hegau. Klüpfel 1,
325 f.

[1]) Besonders durch seinen in Orig. im F. F. Arch. befindlichen Bericht über die im
Jahre 1506 mit K. Philipp von Castilien auf dem stürmischen Meere ausgestandene
Gefahr. Derselbe ist, der Hauptsache nach, bei Münch 1, 437 mitgetheilt. Nur
erfolgte die Abreise nicht am h. Dreikönigstage, sondern, was Graf Wolfgang ausdrücklich sagt, am Tage darauf.

Zuversicht keineswegs. Er ist im Gegentheile der Ansicht, dass sich Alles noch gut gestalten könne, wenn man sich ermanne und fest zusammenhalte. „Wäre nur dieser erste Schweizerhaufe geschlagen, ein zweiter sei dann nicht mehr zu fürchten". Da man aber wegen Mangels an hinreichender Mannschaft die Eidgenossen im freien Felde nicht bestehen konnte, liess Wolfgang wenigstens die Schlösser im Hegau besetzen[1]), um aus denselben Ausfälle machen und vereinzelt herumschweifende Abtheilungen aufreiben zu können.

Auch diese Massregel war durchaus zweckmässig und gerecht, da sie eine Hauptgeisel des Krieges, die kleinen plündernden Haufen bedrohte, den „muthwilligen Blutharst und die Kistenfeger", wie sie der Berner Chronist Anshelm nennt.

Graf Andreas von Sonnenberg, nächst dem Grafen Wolfgang der oberste Feldhauptmann der Wirtemberger[2]), lag zu jener Zeit schwer erkrankt in Engen. Er fühlte sich so schwach und elend, dass er die heil. Sterbsakramente empfangen wollte, wenn sich nicht bis morgen Besserung einstelle. Sonnenberg[3]) war ein tüchtiger Kriegsmann, dem der Gedanke, in so schwerer Zeit krank und unthätig daliegen zu müssen, besonders schwer zusetzte. Um die Abhaltung eines entscheidenden Bundestages zu bewirken, schickte Graf Wolfgang den Jörg von Werenwag und Konrad Breuning nach Constanz.

Man sagt wohl gewiss nicht zu viel, wenn man die Lage des Landhofmeisters als eine ungemein missliche, sein Verhalten aber als das den schwierigen Umständen durchaus entsprechende bezeichnet.

Was die von Seiten der übrigen Bundesverwandten in so überaus schläfriger Weise geleistete Hilfe betrifft, so hat diese Klage ihre gute Richtigkeit. Zuweilen stellte man sich die Sache als viel zu unbedeutend vor. Der kluge Hans Ungelter schreibt noch am 30. Januar 1499[4]) von Constanz aus an die Stadt Esslingen, die, wie

---

[1]) Welche Schlösser von wirtembergischen Truppen damals besetzt wurden, habe ich nicht ermitteln können. Ich denke zunächst an Hohentwiel und Mägdberg.

[2]) Vergl. bei Steinhofer 3, 725 den 29. Absatz der 1498 entworfenen Regimentsordnung. Zu Feldhauptleuten wurden damals ernannt: der Landhofmeister Graf Wolfgang zu Fürstenberg, Graf Andreas von Sonnenberg und Dietrich v. Weiler.

[3]) Derselbe wurde bekanntlich im Jahre 1511 vom Grafen Felix von Werdenberg erschlagen. Vanotti, Gesch. der Grafen von Montfort 453. Sattler, Herzoge 1, 120.

[4]) Kläpfel 1, 278.

es scheint, stärker rüsten wollte, er glaube es wäre für sie an e i n e r
Schlangenbüchse genug. Da aber der Zug „ein Wochen drei" während
könne, so solle man sich mit Lieferung der Nothdurft versehen. Und
auch am 21. Mai berichtet er nach Hause: er habe bisher wohl
30 Knechte minder gehabt (als der Anschlag) und damit 80 Gulden
erspart [1]).

Ähnliche Beispiele unverantwortlicher Sparsamkeit und sträf-
licher Unentschlossenheit könnte man noch mehrere anführen. Eines
die Ritterschaft betreffenden Falles wird in der Folge noch Erwähnung geschehen. Wenn ein Theil der Knechte entlief, schickte man
wohl auch zur Ersparung diejenigen fort, die bei der Fahne bleiben
wollten. Lauteten aber die Nachrichten nur um etwas weniges
besser, als insgemein der Fall war, gleich bemächtigte man sich solcher
Gerüchte zum Behufe der Verzögerung des Nachschubes an Truppen [2]).

Ungelter gehörte, wie aus einer Menge seiner Schreiben hervorgeht [3]), zu jener zwar ehrlichen aber kleinlich rechnenden Partei,
die sich mehr zu den praktischen und vom Erfolge begünstigten Eidgenossen, wenigstens zu den in den Städten auf der Rathsbank
sitzenden Patriciern und reichen Zunftgenossen, als zu ihrem bedrängten Herrn und Könige hingezogen fühlte. Er glaubte daher,
der Obrigkeit in der Eidgenossenschaft sei es vermuthlich leid, wenn
es zum Kriege komme [4]), die vom Bunde dagegen, womit die aristo-
kratischen Glieder gemeint sind, seien fast begierig dass der Krieg
angehe. Allerdings mögen einige leidenschaftliche Gegner der Eidgenossen im Bundesrathe gewesen sein, auch mussten königliche
Schreiben, wie jenes aus Antwerpen, dessen Ungelter am 1. Februar
gedenkt, die Aufregung und Selbstüberschätzung vermehren. Die
Eidgenossen kurzweg als böse, unruhige Bauern zu bezeichnen, die
man strafen müsse, war königlicher Räthe sicherlich nicht würdig
und entsprach auch nicht im geringsten den thatsächlich vorhandenen Machtverhältnissen. Wie vorsichtig sich dagegen einzelne auf die
zweifelhafte Hilfe des schwäbischen Bundes angewiesene Reichs- und

---

[1]) Kläpfel 1, 334.

[2]) Z. B. Kläpfel 1, 339.

[3]) Kläpfel 1, 286, 324, 333 u. a. m.

[4]) Bern suchte allerdings noch am 1. Februar 1499 zu vermitteln. Vergl. die beiden
Schreiben an Lucern und K. Max bei Anshelm 2, 307 ff.

Kreisstände zurückhielten, ist am besten am Verhalten des Bischofs Hugo von Constanz zu sehen. Dieser hatte sich mit den Eidgenossen verbündet [1]) und sendete im August 1497 den Domherrn Johann Konrad von Bodmann und seinen Hofmeister Walther von Hallwil an das königliche Hoflager, um sich desshalb entschuldigen zu lassen [2]). Der Umstand, dass Hugo von Landenberg den Grafen Heinrich von Fürstenberg, K. Maximilians Hofmarschall, hiebei um seine Vermittelung bat, zeigt ziemlich deutlich, dass dieser vor Dorneck [3]) erschlagene Feldherr nicht zu den beschränkten und fanatischen Schweizerfeinden gehörte. Auch Bischof Albrecht von Strassburg beglaubigte, beinahe zu gleicher Zeit, seinen Boten beim Grafen Heinrich, als er in den Varenbühlerschen Händeln vermitteln wollte [4]). Die Grafen Wolfgang und Heinrich zu Fürstenberg kamen sicherlich in mehrfache Beziehungen zu einzelnen Orten der Eidgenossenschaft, da ihr Vater Graf Konrad in Zürich verburgrechtet war [5]). Dass im Jahre 1493 zwischen Fürstenberg und Zürich freundnachbarliche Verhältnisse obwalteten, ist urkundlich sicher [6]).

Zum schwäbischen Bunde trat Bischof Hugo von Constanz erst am 2. Februar 1499, nachdem sein Domcapitel diesen Schritt schon am 20. Januar gethan hatte [7]). ·

Die Stadt Constanz musste am 13. December 1498, auf K. Maximilians dringenden Befehl, dem Bunde beitreten [8]).

[1]) Vergl. bei Chmel, Urkunden zur Gesch. K. Maximilians 185, den Bericht des Hans von Liebenfels genannt Lantz, vom 13. Mai 1497, an den König.

[2]) Beilage II.

[3]) Dorneck und Dornach, beide Formen sind urkundlich.

[4]) Beil. I. Über die Angelegenheit des Bürgermeisters Varenbühler enthält besonders Zellweger, Urkunden zur Gesch. des Appenzeller Volkes Bd. 2ᵃ, mehr brauchbares Material.

[5]) Vergl. die amtl. Sammlung der älteren Eidgenössischen Abschiede, Bd. 3, Abth. 1. Zürich 1858, bearbeitet von A. Ph. Segesser, besonders S. 48, 68, 122 u. 170.

[6]) Die Grafen Heinrich und Wolfgang, Gebrüder, verwenden sich bei Zürich für einen ihrer Unterthanen in Sumpfohren, dem im Züricher Gebiete eine Erbschaft zugefallen war, und ersuchen um Nachlass des Abzugs. G. Samstag vor exaudi 1493 (Mai 18.). Orig. im Staatsarchive zu Zürich (Sch. 50).

[7]) Klüpfel 1, 278. In directem Widerspruche mit dieser Angabe steht aber ein Schreiben des Bischofs Hugo an den Bürgermeister Roist in Zürich. Hugo versichert nachdrücklich, dass er den Bund nicht angenommen habe. Geben zu Costenz Mittwoch nach Agathe (14)99. (Feh. 6.) Orig. Staatsarchiv Zürich.

[8]) Marmor, gesch. Topogr. von Constanz 56.

Bevor man sich indessen in Stuttgart dazu entschlossen hatte, seiner Bundespflicht in deren ganzem Umfange stattlich nachzukommen, scheint allerdings daselbst eine Partei an eine Verbindung mit den Eidgenossen gedacht zu haben. Unter den Acten des schwäbischen Bundes befindet sich ein am 3. Februar 1499, von Stuttgart aus, an den Bürgermeister von Esslingen gerichtetes Schreiben eines gewissen Hans Nyffer[1]), in welchem davon die Rede ist: Herzog Ulrich habe den Abschied, des Büchsenschiessens und Sturmschlagens halb, nicht angenommen; vielmehr sei er damals in Übung gewesen, sich mit den Eidgenossen zu verbinden.

Der junge, zwölfjährige Herzog stand, wenn überhaupt seine persönliche Auffassung massgebend sein konnte, sicherlich nicht auf der Seite der Eidgenossen und auch das verordnete Regiment war so zusammengesetzt, dass sich starke Sympathien für die Feinde K. Maximilians gewiss nicht bei ihm voraussetzen lassen. Dagegen mochte man allerdings reiflich und pflichtmässig erwogen haben, in wie weit es dem Lande Wirtemberg zuträglich sei, sich in erste Linie zu stellen. Denn dass von den Reichsstädten und der Ritterschaft nicht übermässig viel geschehen werde, das war vorauszusehen. Am 11. Februar erhielt Nördlingen einen scharfen Verweis vom Bunde, weil es keinen tapfern Zuzug thue, und auch andere Städte hatten theils zu wenig, theils zu langsam Hilfe geschickt[2]). Am 29. April ermahnt Ulrich von Frundsberg zu Mindelheim, Ritter, als Verweser der Hauptmannschaft St. Georgenschilds des Viertels an der Donau, die Mitglieder dieser Gesellschaft in einem gedruckten Ausschreiben, die ihnen auferlegte Mannschaft besser zu stellen, als bisher geschehen sei und sie auch zu bezahlen, damit sie nicht davon laufe[3]).

Die Ansicht, dass der ganze Handel nicht sowohl das Reich als das Haus Österreich betreffe, scheint namentlich in den Städten vielfach verbreitet gewesen zu sein.

---

[1]) Kläpfel 1, 281. Der daselbst gegebene Auszug genügt keineswegs zur völligen Aufklärung der Sache. Es wäre daher ein vollständiger und genauer Abdruck dieses Schreibens sehr am Platze gewesen. Desgleichen ist es, hier und anderwärts, vom Übel, dass nur das reducirte Datum, nicht aber das Originaldatum gegeben wird. Hiedurch wird die zuweilen ganz unerlässliche Prüfung der Reduction leider ausgeschlossen.

[2]) Kläfel 1, 283.

[3]) Kläpfel 1, 327.

Mittlerweile that der Bischof von Constanz, was sich für ihn als Kirchenfürsten geziemte, er unterhandelte mit den Eidgenossen [1]).

Die Züricher hatten ihm schreiben lassen: der Obrigkeit in der Eidgenossenschaft thue der Handel leid, allein die unchristlichen Worte, welche gegen die Ihrigen ausgestossen würden, erzürnten den gemeinen Mann so sehr, dass sie Sorge hätten die Gemeinde in Ruhe zu halten [2]).

Das bezieht sich auf jene Schmutzreden, deren die Chroniken vielfach Erwähnung thun. Man hatte die Eidgenossen Kuhmäuler gescholten und sie sogar, in frevelhafter Weise, in Gassenhauern und unzüchtigen Abbildungen der Bestialität beschuldigt [3]).

Während nun in erfolgloser Weise unterhandelt wurde und die Eidgenossen, auf anderen Theilen des von Maienfeld bis Basel sich erstreckenden Kriegstheaters, blutige Lorbern pflückten, blieb dem Grafen von Fürstenberg nichts übrig als die Ausführung seines bereits erwähnten Planes, den vereinzelten Raubschaaren tüchtig Schaden zuzufügen. Hiebei setzte er seine eigene Person ein.

Constantin Ebinger, der Hauptmann der Stadt Esslingen, schreibt am 23. Februar aus dem Städtchen Aach [4]): er sei nur auf Befehl des Schenken Christoph von Limburg [5]) und auf Bitten des Grafen

---

[1]) Hinsichtlich der früheren, in Gemeinschaft mit dem Bischofe von Chur angestellten Vermittelungsversuche des Bischofs von Constanz vergl. Val. Anshelm 2, 312 f. und Jäger, Engadeinerkrieg 79.

[2]) Klüpfel 1, 284.

[3]) Val. Anshelm 2, 282 und anderwärts, l. v. Arz 2, 438, Glutz-Blosheim 65.

[4]) Klüpfel 1, 294. Während der Graf von Fürstenberg dem kleinen Kriege persönlich oblag, sorgte der vorsichtige Bundesrath Hans Ungelter dafür, dass die von seiner Stadt gestellte Mannschaft nach Constanz verlegt wurde, wo sie weniger in Gefahr war. Schreiben vom 9. März 1499 bei Klüpfel 1, 300. Theils in Aach, theils in Engen lag die hegauische Ritterschaft unter Konrad von Schellenberg. Anshelm 2, 334. Sie war allerdings viel zu schwach, um die Eidgenossen im Feldstreite bestehen zu können, hätte aber auch ihre Lage besser begreifen und nicht durch unnütze Demonstrationen das Ungewitter herbeiziehen sollen. Namentlich war Herr Burkhart v. Randeck, der in der Folge ritterlich erschlagen wurde, als leidenschaftlicher Schweizerfeind bekannt. Vor Beginn des Krieges musterte der Adel im Hegau in allen Dörfern seine Bauern. Auch stritt man sich darum, wer die Ehre des Vorstreites haben sollte. So wenigstens Anshelm 2, 327 und Stumpf 766.

[5]) Schenk Christoph v. Limburg commandirte in der Folge auf der Nellenburg bei Stockach. Ich finde denselben noch 1512 Dec. 13. als königlichen Vogt zu Nellenburg. F. F. Arch. alte Abschrift.

Wolfgang zu Fürstenberg in Aach stehen geblieben, um die armen Leute zu beschützen. Im Ganzen lägen etwa 400 Mann in dem Städtlein, aber die Eidgenossen streiften beinahe bis an die Mauern. Heute hätten aber Graf Wolfgang und Diepolt Späth, mit einigen Reitern und 250 Mann zu Fuss, etwa 60 Schweizerknechte, die zu weit zurückgeblieben seien, erstochen. Gefangene wurden im Schweizerkriege wenige gemacht, denn die Erbitterung war so gross, dass man weder Pardon gab noch nahm.

Endlich, am 8. März 1499 [1]), wurde zu Überlingen jener Tag abgehalten, auf dessen Nothwendigkeit man von wirtembergischer Seite dringend hingewiesen hatte. Das wichtigste Ereigniss desselben war die Erwählung des Grafen Wolfgang von Fürstenberg zum obersten Feldhauptmann des schwäbischen Bundes. Er erhielt acht Kriegsräthe beigeordnet, vier vom Adel und vier von den Städten, nämlich den Grafen Hug von Werdenberg, den Landcomthur Deutschordens [2]), Ulrich von Westerstetten, Eglof von Rietheim, Rudolf Ehinger, den Bürgermeister von Überlingen [3]), den Stöbenhaber von Memmingen und Hans Ungelter von Esslingen [4]). Rudolf Ehinger war nur provisorisch ernannt, bis zur Rückkehr des Walther Ehinger, der vom Bunde mit dem Grafen Wolfgang von Öttingen zu K. Maximilian gesendet worden war [5]).

Da der Feldhauptmann des Bundes ohne Truppen nichts unternehmen konnte, so beschloss man schleunige Sendung von Kriegsvölkern ins Hegau und nach Constanz. Das Hegau hatten die Eidgenossen wieder verlassen, weil es noch früh im Jahre und kalt war, weil sich ein Widerstand leistender Feind ihnen nicht hatte zeigen können und weil zwischen den einzelnen Orten keineswegs die nöthige Übereinstimmung herrschte [6]).

Constanz, das sich vermöge seiner geographischen Lage vor andern Orten zum Sammelplatze der Bundestruppen eignete und

[1]) Klüpfel 1, 297.
[2]) Wolfgang von Clingenberg? Vergl. Geschichtsforscher 5, 190.
[3]) Clemens Reichlin?
[4]) Die Namen der Räthe aus einem Schreiben Ungelters bei Klüpfel 1, 302.
[5]) Sie berichten vom 28. März 1499 aus Cöln. Klüpfel 1, 306.
[6]) Anshelm 2, 334, Stumpf fol. 776 verso, und Gluts-Blozheim 83. Der erste Zug ins Hegau war zu Zürich auf die junge fassnacht (Febr. 12.) beschlossen worden. Anshelm 2, 320.

gewissermassen der Schlüssel zum Thurgau war, wurde von den Eidgenossen militärisch beobachtet. Dieselben hatten im Schwaderloch [1]), also ziemlich nahe an der Stadt, ein Standquartier bezogen [2]).

Die wichtige Burg Gottlieben hatte der Bischof von Constanz dem Bunde überlassen müssen [3]), was ihn den Eidgenossen gegenüber in Verlegenheit brachte.

Die Truppen, welche man dem Bundesfeldherrn mehr in Aussicht als zur Verfügung stellte, sollten, was Adel und Städte betrifft, spätestens bis zum Sonntage Judica (März 17.) eintreffen. Doch erwartete man auch von Kurfürsten und Fürsten weitere Hilfe. Noch immer war es aber allein nur der schwäbische Bund, der sich rührte, und innerhalb desselben nur das Herzogthum Wirtemberg, welches auch wirklich etwas Bedeutendes leistete. Das Reich hatte noch keinen Beschluss gefasst, wie denn überhaupt allgemein bindende Reichs-

---

[1]) Es handelt sich nicht um ein Loch (eine Vertiefung, Mulde), sondern um löch, lô, niedriges Holz, Busch. Übrigens ist die Form Schwaderloch, gegen die Marmor, gesch. Topogr. von Constanz 68 Note 2, Bedenken hat, keineswegs unrichtig. Vergl. Müller-Zarnke, Wörterbuch 1, 1041.

[2]) Hans Ungelter bei Klüpfel 1, 280 erwähnt dieses Lager schon am 1. Febr. 1499. Was bei Anshelm 2, 346 über die auf Oculi (März 3.) zu Zürich beschlossene Besetzung des Schwaderlochs berichtet ist, bezieht sich nur auf eine Verstärkung oder Ablösung dieses Postens. Jeder der alten acht Orte und Freiburg i. Ü. sollte je 100 Mann stellen, also im Ganzen 900 Mann, ohne die Thurgauer und Kyburger. Als Zweck wird angegeben, die aus Constanz und der Au (Reichenau) zu befürchtenden Ausfälle zurückzuschlagen.

[3]) Bei Klüpfel 1, 280 gibt Hans Ungelter (zum 1. Febr. 1499) Nachrichten über Unterhandlungen des schwäbischen Bundes bezüglich des Schlosses Gottlieben, beziehungsweise der Übergabe dieses Schlosses an den Bund. Ein Schreiben der im Schwaderloche liegenden Hauptleute an Zürich, gegeben auf Zinstag nach halbfasten 1499 (März 12.), fixirt diesen Tag als denjenigen, an welchem aus dem Schlosse Gottlieben die Feindseligkeiten gegen die Eidgenossen eröffnet wurden, und beschuldigt den Bischof von Constanz, er habe, auf einem Samstag vor Oculi (März 2.) in Zürich abgehaltenen Tage, schriftlich die Versicherung geben lassen, er wolle aus dem Schlosse Gottlieben die Eidgenossen nicht schädigen lassen. Orig. Staatsarchiv Zürich (Sch. 610). In einem an den Bürgermeister Roist in Zürich gerichteten Schreiben dd. Freitag nach Lätare (März 15.) stellt sich der Bischof selbst als einen Gefangenen des Bundes dar. „Das wir, als ein gefangene person, noth und leibs sorgen halb haben müssen geschehen lassen". Kirchhofer, Neujahrsgesch. 1843, S. 12. In ganz ähnlicher Wendung in einem Schreiben des Bischofs dd. Mittwoch nach Lätare, an die eidgenössischen Hauptleute in Stein. Orig. Staatsarch. Zürich.

beschlüsse in dieser wichtigen Angelegenheit gar nie zu Stande gekommen sind [1]).

Im Ganzen wollte man zunächst aufbringen: von Mainz 300 Reiter [2]), Trier 50 Reiter, Brandenburg 300 Reiter, Wirtemberg
100 Reiter und 1000 Fussknechte, Baden 30 Reiter und 400 Fussknechte, Augsburg 50 Reiter und 400 Fussknechte, von Adel und
Städten 100 Reiter und 3100 Fussknechte. Hiezu sollten die Städte
noch überdiess 5 Schlangenbüchsen stellen. In Summa macht das
950 Reiter und 4900 Fussknechte.

Wenn diese Truppen wirklich zusammenkamen und sich mit
den bereits vorhandenen verbanden, so war allerdings ein ganz stattliches Heer auf die Beine gebracht, denn man darf nicht vergessen,
dass es sich hier zunächst nur um eine Truppensammlung im Hegau
und bei Constanz handelt, nicht um die ganze Armee. Zu Beginn des
Monats März waren ja bereits mehrere entscheidende Treffen geschlagen worden, an St. Luciensteig, zu Trisen und am Harde, — die
kleinen Gefechte abgerechnet, alle zu Gunsten der Eidgenossen. Es
war also wahrlich nicht zu früh, an eine tüchtige Verstärkung des
Centrums zu denken.

Für den Fall, dass die Eidgenossen weiter vordringen würden,
war dem Feldhauptmanne und seinen Räthen gestattet, einen zweiten grösseren Anschlag zu verlangen. Dann sollten Wirtemberg
3000 Mann zu Fuss, 1 Quarton und 1 Schlangenbüchse, Augsburg
50 Reisige und 1200 Mann zu Fuss, Baden 50 Reisige und 1200 Mann
zu Fuss und die Städte noch 1 Quarton und 1 Schlangenbüchse
stellen. Auch von Mainz und Brandenburg erwartete man dann weitere Hilfe [3]).

Entsprach wohl, so fragen wir billig, der Anschlag der Reichsstädte dem Reichthume und der thatsächlichen Macht derselben?

Dem Adel wurde es gestattet statt der ihm auferlegten Fussknechte selbst auszurücken — zu reiten — und es sollte dann ein

---

[1]) Vergl. Ranke, deutsche Gesch. im Zeitalter der Reformation 1, 140.

[2]) Für 200 Reiter hatte der Erzbischof Berthold, mit Schreiben vom 8. Febr. 1499,
von der Stadt Freiburg i. B. Quartier verlangt. Schreiber, Urkb. 2, 639.

[3]) Brandenburg leistete dieselbe, wie aus der Autobiographie des Götz von Berlichingen allgemein bekannt ist, in stattlicher Weise. Um Fasnacht 1499 hatte der
Markgraf Friedrich schon zwei Züge nach einander hinweggeschickt. Mit dem
dritten zog er selbst. S. 10. der Ausg. von Schönhuth, Mergentheim 1858.

Reisiger für drei Fussknechte gerechnet werden. Im Allgemeinen erwartete man gute, geschulte Knechte, nicht Bauern und ungeübte Leute, die man nur sparen solle. Auch sollte jeder Knecht wenigstens einen Krebs (Brustharnisch) haben.

Da nun aber der ganze Krieg hauptsächlich königliche Majestät als Erzherzog von Österreich berühre, so wurde fernerhin beschlossen, dass der königliche Marschalk und Hans Jacob von Bodmann der königliche Hauptmann, in Überlingen oder an einem schicklichen Orte, mit den acht zugeordneten Räthen den ständigen Kriegsrath bilden sollten, damit Graf Wolfgang zu Fürstenberg dieser Sache entschlagen sei und ganz als Feldhauptmann wirken könne [1]).

Auch das religiöse Moment wurde von den Bundesräthen beachtet. So lange der Krieg dauere, sollten Kreuz- und Bittgänge stattfinden. Auch wurde öffentliches Gebet für den Sieg der Waffen in allen Pfarrkirchen vorgeschrieben. Hiezu kam aber noch, dass gegen die Eidgenossen gepredigt wurde, nach der Versicherung des Valerius Anshelm nicht anders als gegen Türken und Heiden.

Das ehrenvolle aber schwierige Amt eines obersten Feldhauptmannes des schwäbischen Bundes trat Graf Wolfgang noch im März 1499 an, nachdem er die Erlaubniss des Herzogs von Wirtemberg erhalten hatte. Er berichtete — abermals in Gemeinschaft mit dem Ritter Diepolt Späth — am 18. März von Engen aus [2]), dass er selbst nach Überlingen geritten sei und dort, ganz im Geheimen, in Erfahrung gebracht habe, was der Landvogt zu Hagenau Jacob von

---

[1]) Kläpfel 1, 298. Unter dem königlichen Marschalk verstehe ich Herrn Paul von Lichtenstein, der zum 27. Jan. 1499, bei Kläpfel 1, 277, und auch am 25. Aug. 1499, bei Zellweger, Urkk. 2ª, 312, in dieser Eigenschaft erscheint, und auch in Chroniken, z. B. bei Schradin, Geschichtsf. 4, 17, Edlibach 212, so genannt wird. Man könnte auch an den Grafen Heinrich von Fürstenberg denken, der in einer ganzen Reihe von Originalschreiben aus den Jahren 1496, 1497 und folgenden, die sich im F. F. Archive befinden, abwechselnd bald der k. majestät marschalk, bald der k. majestät hofmarschalk betitelt wird. Hiegegen spricht aber der später zu berührende Umstand, dass Graf Heinrich, als oberster Feldhauptmann der in den vorderen Landen gesammelten Truppen, ebensowenig als sein Bruder Wolfgang in der Kriegskanzlei sitzen konnte. Herr Paul von Lichtenstein führte seinen Titel wahrscheinlich als Marschalk der gefürsteten Grafschaft Tirol. Der war — wenn meine Deutung die richtige ist — am 10. März und am 24. März in Überlingen anwesend. Kläpfel 1, 303 u. 304.

[2]) Beilage VIII.

Fleckenstein [1]) dem Bunde mitgetheilt habe, nämlich dass die Eidgenossen kürzlich zu Lucern einen Tag abgehalten [2]) und dabei beschlossen hätten in den kommenden Osterfeiertagen [3]) mit ganzer Macht und mit ihrem Hauptgeschütze durchs Schwabenland zu ziehen, und sollten sie gleich alle erschlagen werden. Sie müssten eine Richtung zu Stande bringen, denn sie könnten den täglichen Krieg aus Mangel an Lebensmitteln nicht mehr aushalten. Das Malter Kernen gelte bei ihnen acht Gulden. Weil nun die Sachen so stünden, so habe man im Bundesrathe beschlossen, dass von Stunde an noch ein Viertel des grossen Anschlages gerüstet werde. Im Ganzen würden hiedurch 10000 Mann zur Verfügung gestellt werden [4]).

---

[1]) Derselbe war als Botschafter des Pfalzgrafen anwesend und wollte zum Frieden unterhandeln. Klüpfel 1, 302 und 304, und Anshelm 2, 377. Auch die Bischöfe Albrecht von Strassburg und Caspar von Basel und die Städte Strassburg, Basel Colmar, Schlettstadt mit den anderen Zugewandten des niederen Bundes wollten unterhandeln. Schreiben derselben vom Sonntage Reminiscere (14)99 (Febr. 24.) an die zu Zürich versammelten Boten von Städten und Ländern der Eidgenossenschaft. Orig. Archiv Zürich. Das Schreiben ist unter dem Siegel der Stadt Colmar gegeben.

[2]) Dass ein Tag in Lucern abgehalten wurde, scheint seine Richtigkeit zu haben. Schultheiss und Rath zu Lucern laden, mit Schreiben dd. Freitag vor dem Sonntage Oculi (14)99, auf kommenden Mittwoch (März 6.) den Bürgermeister und Rath von Zürich zu einem in ihrer Stadt abzuhaltenden Tage ein, beziehungsweise zur Beschickung dieses Tages durch eine Botschaft. Als Gegenstand der Berathung wird bezeichnet: „die unsern allenthalben an anstössen gegen unsern vjend mit eim träfenlichen zusatz ze bedenken" und zwar desshalb, weil die Nachricht eingelaufen sei, dass die in beiden Heeren, im Hegau und im Oberlande, zu Feld gelegenen Eidgenossen von Städten und Ländern „das veld gebrochen und harheim siehend". Orig. im Staatsarchive Zürich.

[3]) Ostern fiel auf den 31. März.

[4]) Der Sinn des im Schreiben des Grafen (Beil. VIII) ziemlich unklaren Satzes ist wohl: das nunmehr zu weiterer Verwendung aufgebotene Viertel des grossen Anschlages betrage ebensoviel, als die ganze bereits in Anschlag gebrachte erste kleinere Hilfe. Diese berechnet sich, wie wir oben gesehen, auf 950 Mann zu Ross und 4500 Mann zu Fuss, also reichlich auf 5000 Mann. Nun berechnet Hans Ungelter in einem Schreiben vom 9. März, bei Klüpfel 1, 301, den grossen Anschlag zu 20000 Mann. Ein Viertel davon ist = 5000 Mann. Mithin kommt die Summe von 10000 Mann richtig heraus, wenn man ein Viertel des grossen Anschlages zur ersten Hilfe addirt. Übrigens hat Ungelter die Reiter nicht mit berechnet. Auch stimmt die Angabe nicht überein mit einem gleichzeitigen Schreiben der Bundeshauptleute, bei Klüpfel 1, 303, wo dieselben die Hälfte des grossen Anschlages oder 10000 Mann verlangen.

Fernerhin stellte Graf Wolfgang in Aussicht, dass, durch die in
Bälde zu erwartende Ankunft des Königs, auch solche Reichsstände
die nicht im schwäbischen Bunde sind, sich dazu veranlasst sehen
würden, eine entsprechende Hilfe zu schicken [1]. Einstweilen solle
man in Wirtemberg 1000 gute ausgesuchte Knechte in Sold nehmen
oder ausheben, um sie im Falle der Noth sogleich verwenden zu
können. Er selbst habe, für monatlich 2 Gulden, 114 freie Knechte
angenommen, deren Sold und Harnisch aber auf die wirtembergischen
Städte und Ämter geschlagen werden solle. Weitere Hilfe werde er
erst dann begehren, wenn dringende Noth solche verlange. Er hoffe
aber vielmehr mit 10000 Mann die Eidgenossen in einer offenen
Feldschlacht bestehen zu können.

Wegen der Hauptmannschaft bittet Wolfgang um baldige Nachricht, ob es nämlich dem Herzoge genehm sei, dass er die auf ihn
gefallene Wahl annehme. Factisch sei er schon früher in der Lage
gewesen, die ganze Sache in die Hand nehmen zu müssen. Endlich
berichtet der Graf noch, dass er am letztvergangenen Donnerstage
(März 14.) eine Recognoscirung gegen Schaffhausen habe vornehmen
lassen, wobei vier Dörfer verbrannt worden seien, und dass auf
kommenden Mittwoch (März 20.) abermals ein Anschlag ins Werk
gesetzt werden solle.

Mittlerweile wurde aber in Stuttgart, wohl hauptsächlich wegen
der Rüstungen, ein Landtag abgehalten [2]. Es ergaben sich hiebei
Anstände, die das persönliche Erscheinen des Landhofmeisters dringend nothwendig machten. Er wurde daher durch ein vom 22. März
datirtes Schreiben des Kanzlers [3] schleunigst herbeigerufen. Während
seiner Abwesenheit sollte Diepolt Späth das Commando über die
wirtembergischen Truppen führen.

Ob Graf Wolfgang wirklich nach Stuttgart abreisen konnte,
wissen wir nicht sicher. Jedenfalls aber dauerte seine Abwesenheit

---

[1] Dass Graf Wolfgang richtig sah, bezeugt Pirkheimer, bell. Suit. 18, indem er
sagt: Nurnbergenses nihil praeter Caesaris obedientiam in Helvetios armaret.

[2] Das Einberufungsschreiben ist, nach Heyd 1, 60 Note 12. und Steinhofer 3, 793,
vom 12. März, die Ladung aber auf den 19. März. Dagegen ist bei Klüpfel 1, 290
zum 19. Februar davon die Rede, dass die Stadt Urach auf den wegen des Krieges gegen die Schweizer angesetzten Landtag zwei Abgeordnete nach Stuttgart
schicken werde.

[3] Beil. IX. Kanzler war damals Dr. Lamparter.

vom Kriegsschauplatze nur ganz kurze Zeit, denn am 4. April unternahm er mit dem Ritter Hans Dietrich von Blumeneck, der damals in Thiengen commandirte, einen Zug gegen Neunkirch und Hallau, ein Städtchen und ein Dorf, welche dem Bischofe von Constanz gehörten, aber am 22. März von den Eidgenossen, die am Tage vorher bei Stühlingen 6 Dörfer verbrannten, eingenommen worden waren [1]).

Dieser Zug erfolgte mit der stärksten zu Gebot stehenden Macht, denn auch die Eidgenossen sollten 5000 Mann stark sein. Dieselben waren aber schon wieder abgezogen, bis auf 400 Mann, die sich nach einem Verluste von ungefähr 40 Todten in den festen Kirchhof von Hallau warfen. Hier ergab es sich nun aber, dass die wirtembergischen Knechte nicht stürmen wollten. Desshalb liess auch Hans Dietrich von Blumeneck die seinigen nicht vorrücken [2]), doch verbrannte man das Dorf.

Zwei zu Stuttgart am 7. April 1499 gegebene Schreiben des Herzogs an den Landhofmeister [3]) beweisen fernerhin, dass derselbe sich wieder auf dem Kriegsschauplatze befand. Die schon früher berührte Besetzung von Engen wird gebilligt. Hinsichtlich der grossen Kosten, die auch dieses Mal wieder betont werden, tröstet sich das verordnete Regiment damit, man werde sich hiedurch sowohl die königliche Majestät verbinden, als auch bei den Bundesverwandten Dank erwerben [4]).

[1]) Aus dem Originalberichte des Hauptmanns Ulrich zur Kinden an den Rath zu Zürich dd. Fritag an unser frowenabent in der fasten anno (14)99. Staatsarchiv Zürich. Hinsichtlich der Reduction dieses Urkundendatums vergl. Weidenbach, Calend. medii aevi 193. Da im Jahre 1499 Annunt. Mar. zwischen Palmar. und Quasim. fiel, so wurde das Fest anticipirt und zwar auf den Samstag vor Palmarum. Die Richtigkeit der Reduction wird bestätigt durch ein ebenfalls im Staatsarchive Zürich befindliches Schreiben dd. Frytag vor dem heiligen balmstag, welches über die gleichen Ereignisse berichtet (Sch. 810, 11, 9).

[2]) Bericht Blumenecks dd. Fritag nägst nach Ostern (April 5.) in Schreibers Urkb. der Stadt Freiburg 2, 651, und im Auszuge bei Mone, Bad. Archiv 1, 107. Über die glänzende Vertheidigung des Kirchhofs zu Hallau vergl. Im-Thurn und Harder, Chronik von Schaffhausen 103 ff., und besonders Kirchhofers Neujahrsgeschenk 1843, S. 13.

[3]) Beil. X und Beil. XI.

[4]) Was den König betrifft, so stattete derselbe seinen Dank allerdings ab, und zwar in Bälde, durch das zu Constanz am 18. Juli 1499 dem Herzoge Ulrich verliehene Zollprivilegium, in dem ausdrücklich die im gegenwärtigen Schweizerkriege geleisteten Dienste erwähnt sind. Steinhofer 3, 795.

Dagegen missfiel den Regenten, nicht minder als dem Landhofmeister, die Haltung der im Hegau liegenden wirtembergischen Truppen, die sich, wie wir eben gesehen, zu Hallau nicht ausgezeichnet hatten, nunmehr aber, weil starker Nachschub beschlossen worden war [1]), sich nicht länger im Felde wollten halten lassen.

Hinsichtlich der nach Hause zurück begehrenden Landwehr erhielt der Landhofmeister den Auftrag: er solle mit Hans von Reischach und Diepolt Späth dem ganzen Heere verkündigen, dass die Regierung alle ungehorsam hinwegziehenden Leute an ihrem Leibe, Leben und Gut hart bestrafen werde, denn deren Zeit sei nicht auf einen Monat minder oder mehr gestellt; auch dürften sich diejenigen, welche jetzt vor dem Feinde lägen, nicht beklagen, als ob sie für andere, die jetzt zu Hause lägen, „reisen“ müssten.

Dagegen wird dem Landhofmeister gestattet, solche Leute, die schon einen Monat bei ihm im Lager gewesen sind und einen anderen Monat nicht bleiben wollen, nach Hause zu entlassen, wenn sie nämlich einen tauglich befundenen Knecht für sich stellen und diesem den Sold, zwei Gulden für den Monat, geben können.

Das Geld, um welches der Graf geschrieben habe, werde der Landschreiber in Bälde schicken. Da Wolfgang den Hans von Reischach gerne bei sich behalten wolle, so werde Balthasar Herter an dessen Stelle nach Mömpelgart geschickt werden.

Aus dem zweiten Schreiben heben wir hervor, dass darin von Konrad Thumb von Neuburg [2]) die Rede ist und zwar von dessen baldiger Ankunft beim Heere. Er solle frischgeworbene Knechte ins Hegau führen, darunter auch solche die anderwärts schon Hauptleute waren. Zu diesen gehöre der Gall von Waldenbuch.

Die Stellung des Landhofmeisters und Oberbefehlshabers über die Bundestruppen hatte sich also, wie man recht deutlich sieht, wo

---

[1]) Nach Stadlinger, Gesch. des wirtemberg. Kriegswesens 199, wurden aufgeboten: 7319 Mann Landwehr, darunter 3863 mit Spiessen, 2456 mit Musketen und 1000 mit Hellebarden. Hiezu kamen 313 Wagen, 6 Hauptbüchsen, 6 Karthaunen (Quarton oder Viertelsbüchsen), 4 grosse Schlangen, 20 Schlangen und Steinbüchsen und 40 Hackenbüchsen. Ein hievon etwas abweichendes Verzeichniss (Spiesse 3700, Büchsen 2429, Hellebarden 1044, in Summa 7183) gibt Heyd 1, 68 Note 36.

[2]) Nächst dem Grafen Wolfgang waren Konrad Thumb von Neuburg, in der Folge Erbmarschalk des Herzogthums, der Kanzler Lamparter und Konrad Breuning die Hauptpersonen in der Regentschaft. Heyd 1, 43.

möglich noch verschlimmert. Dass die Eidgenossen gute Kriegsleute
waren, wusste man schon lange. Dass sie sich massenhaft sammelten,
war ebenfalls seit langer Zeit bekannt. Dass die auf den Frieden
abzielenden Unterhandlungen nur dann von Nutzen und Erfolg sein
konnten, wenn man widerstandsfähig war und sich nicht einen ungünstigen Frieden dictiren lassen musste, das konnte und sollte man
ebenfalls wissen. Und doch geschah von Seiten des Bundes nur das
Allernothdürftigste, was freilich nicht befremden kann, wenn man
erwägt dass diese Conföderation, statt einer einheitlichen Spitze, einen
alle Möglichkeiten erwägenden, bedächtigen Bundesrath besass, in
dem auch Leute wie Hans Ungelter ihre Weisheit leuchten liessen.
Nur Wirtemberg strengte sich an, aber die aus den Ämtern ausge-
hobenen, nicht im gleichen Grade wie die Eidgenossen oder die freien
Landsknechte des Krieges kundigen Landleute, waren nur durch
strenges Gebot ihrer Obrigkeit bei der Fahne zu halten [1]). Auch
anderwärts machte man gleichzeitig die gleiche Erfahrung. Auf einem
zu Ensisheim am 8. Mai abgehaltenen Landtage, lautete der erste
Punct, über den man sich beim Abschiede geeinigt hatte, man solle
2000 gute freie Knechte bestellen und die Bauern zu Hause lassen,
auf dass sie den Acker bestellen [2]). Auch den Bundesstädten wird am
13. April 1499 vom Bunde geschrieben: Sie sollten keine so uner-
fahrene (ungenietete) Leute schicken, von denen man Spott und
Schande habe [3]).

Gleichwohl durfte Graf Wolfgang nicht stillstehen, denn er wurde
ja durch seine eigene Regierung zur Action gedrängt. So kam denn
die Niederlage beim Schwaderloche [4])!

---

[1]) Auch im Standlager der Eidgenossen am Schwaderloch wollten sich die Leute
nicht halten lassen. Dominicus Frauenfeld schreibt am Samstag zu vergehender
Osterwuchen (14)99 (April 6.) an den Rath in Zürich — nachdem der wechsel
jetz ist vnd die gesellen nit mer beliben wellent, wie wol ich mit jnen verschaff
das deheiner abziechen sölle, er hab denne ein un sin statt, das will aber nit
allenthalben helffen — so sind ettlich die wellent nit mer beliben vnd vermainent
jr manett aye vss vnd gand hinweg vngefragett. Staatsarchiv Zürich (Sch. 610,
1, 28).

[2]) Schreiber, Urkb. der Stadt Freiburg 2, 657.

[3]) Klüpfel 1, 313.

[4]) Münch 1, 436 sagt über dieses denkwürdige Treffen nur: An dem Tage auf der
Malserheide und bei Ermatingen stritt Wolfgang tapfer aber unglücklich. Freilich
berichtigt er den Irrthum Fuesslin's, der in seiner Abhandlung über den Schwaben-

Über die am 11. April[1]) am Schwaderloche, richtiger unweit Triboldingen, bei Constanz erlittene schwere Niederlage der bündischen Truppen liegen verschiedene aber im Wesentlichen übereinstimmende Berichte vor[2]).

Als Thatbestand ergibt sich aus denselben, dass Graf Wolfgang zu Fürstenberg am 10. April bei Constanz sein Kriegsvolk zusammengezogen hat[3]), um einige im Thurgau gelegene Dörfer zu überfallen. Ein Theil der Bundestruppen lag auf der Reichenau. Auch dieser scheint sich bei dem Überfalle betheiligt zu haben[4]). Als Hauptleute

---

krieg, im Schweizer Museum 3, 577 ff., den Grafen Wolfgang zu Ermatingen erschlagen werden lässt, ein Irrthum, der sich auch in Haller von Königsfelden, Schweizerschlachten 393 und anderwärts findet, aber schon durch Ochs 4, 628 und Glutz-Blozheim 136 berichtigt worden war. Auf der Malserheide, die Münch in ungeschickter Weise mit dem Treffen bei Ermatingen oder am Schwaderloche confundirt, hat Graf Wolfgang gar nicht mitgewirkt.

[1]) Der 11. April ist festzuhalten nach Anshelm 2, 383, Schultheiss. Constanzer Chron. im Ausz. im Geschichtsforscher 5, 199, Schradin's Reimchronik im Geschichtsfreund 4, 26, Etterlyn, Bl. CVIII, Ger. Edlibach's Chron. herausgeg. von Usteri 215 u. a. m., sowie namentlich den bei Klüpfel 1. 314 f. gegebenen Berichten. Den 18. April nennt meines Wissens zuerst Stumpf fol. 468, der vielleicht das jetzt bei Mone. Quellensammlung 2, 60 abgedruckte Stiftungsbuch von St. Blasien, wo ebenfalls der Schlachttag um eine Octave zu spät angesetzt ist, hatte benützen können. Mehrere Geschichtschreiber, wie Häberlin, Reichshistorie 9, 159, Mailáth, österr. Gesch. 1, 252, Ochs, Gesch. von Basel, Sattler, Herzoge 1. 51 u. a. m. folgen ihm. Andere, wie Heyd 1, 62 u. 64, nehmen zwei Treffen an und setzen das letztere auf den 18. oder 13. April. Den 15. April hat Stadlinger, Gesch. des wirt. Kriegswesens. Doch scheint das nur ein Druckfehler, statt des, freilich ebenfalls irrthümlichen, 18. Aprils zu sein.

[2]) Schreiben des Landhofmeisters Grafen Wolfg. v. Fürstenberg an Herzog Ulrich. Engen d. 15. April 1499, im Staatsarchive Stuttgart, von Heyd 1. 62 benützt; ferner die Berichte des Constantin Ebinger an Esslingen vom 13. April, Hans Ungelter vom 13. April und Georg von Emershofen vom 14. April, im Auszuge bei Klüpfel a. a. O. Emershofen, bei Klüpfel, sagt zwar, am Samstag früh (13. Apr.) seien die bündischen Truppen, die er einen lustigen feinen Haufen nennt, beisammengewesen — was nicht möglich ist, — allein das Original des betreffenden Schreibens hat, wie mich Herr Oberstudienrath Dr. v. Stälin brieflich belehrt, nicht Samstag, sondern Donnerstag. Somit ist durch diese freundliche Mittheilung der scheinbare Widerspruch der Quellen beseitigt.

[3]) Ein Theil desselben lag schon geraume Zeit in der Stadt und in einem in s. g. Paradiese aufgeschlagenen Zeltlager. Chr. Schultheiss im Geschichtsforsch. 5, 196.

[4]) Anshelm 2, 384 — ze der Au ze schiff vnd ze land. Auch der bei Etterlyn Bl. CVIII gegebene Bericht, der überhaupt mancherlei aufklärt, erwähnt die Truppen aus der Reichenau.

unter ihm werden genannt: Niklas Graf von Salm [1]), Hans Truchsess
von Trauchburg [2]) und Diepolt Späth [3]). Herr Hans Truchsess d. j.
war den Reichsstädten als Hauptmann gegeben worden [4]). Die Zahl
des bündischen Kriegsvolkes wird verschieden angegeben. Die Angaben schwanken zwischen 400—600 Reisigen und 4500—6000
Fussknechten [5]).

Die Eidgenossen lagen zu Ermatingen, wie man angab
4000 Mann stark, mit zwei Schlangen versehen [6]). Des Standlagers
am Schwaderloch haben wir bereits gedacht. Die Entfernung desselben von Ermatingen, besonders von Triboldingen, ist nicht sehr gross [7]).
Genauere Angaben über die Stellung der Eidgenossen liegen nicht
vor, doch so viel scheint sicher zu sein, dass nicht nur die Dörfer
Triboldingen, Ermatingen und Mannenbach besetzt waren, sondern
dass ein Theil der eidgenössischen Truppen, der aber bei Beginn des
Treffens nicht ins Handgemenge kam, in seiner festen Stellung am
Schwaderloche verharrte [8]).

In Constanz war man wegen der drohenden Haltung der Eidgenossen sehr bestürzt. Der Bundesrath befand sich daselbst in einer
so peinlichen Situation, dass es bereits zu Ausgang des Monats
Februar vorkam, dass die Einwohnerschaft keinen von den Bundesräthen zur Stadt hinaus lassen wollte. Namentlich murrten diejenigen
Bürger, die nur ungern den Eintritt ihrer Stadt in den schwäbischen
Bund gesehen hatten [9]). Dagegen drängten prahlerische Landsknechte

---

[1]) Emershofens Bericht.

[2]) Ebingers Bericht.

[3]) Emershofens Bericht.

[4]) Schreiben vom 27. März 1499, bei Klüpfel 1, 305.

[5]) Die höheren Angaben hat Ebinger, die niedrigeren Emershofen. Ungelter hat
600 Ross und 5000 Mann zu Fuss. Die eidgenössischen Chroniken übertreiben
stark. Anshelm 2, 384 hat „ob siebenzehntusend man". Andere Angaben ver-
steigen sich von 9000 bis 18000 Mann. Vergl. Glutz-Blozheim 102 Note 173.
Auch Pupikofer, Gesch. des Thurgaus 1, 303 nimmt 18000 Mann an!

[6]) Angabe Ungelters vom 31. März 1499, bei Klüpfel 1, 309.

[7]) Eine starke Stunde von Triboldingen, nach brieflichen Mittheilungen des Herrn
Dr. Marmor in Constanz.

[8]) Anshelm 2, 385 sagt ausdrücklich, Rudolf Has, der Hauptmann der Lucerner, habe
am Morgen der Schlacht zwei Halbschlangen mit 20 Knechten vom Schwaderloch
nach Triboldingen gesendet.

[9]) Schreiben des Haus Ungelter vom 22. Febr., bei Klüpfel 1, 293.

zu Angriff und Plünderung. Andere liessen sich zu mangelhaft vor-
bereiteten, unüberlegten Unternehmungen hinreissen, durch welche
das Ganze zu Schaden kommen konnte[1]. Freilich musste etwas
geschehen, um der nach Thaten begierigen allgemeinen Stimmung
Rechnung zu tragen. Daher war der vom Grafen Wolfgang angeordnete Überfall ein durchaus zweckmässiges Unternehmen, ein Act der
im richtigen, das heisst im offensiven Style geführten Vertheidigung.

Mehr zu wagen als defensive Schritte, war dem Grafen nicht
vergönnt. König Maximilian, der doch in doppelter Eigenschaft, als
Reichsoberhaupt und als Erzherzog von Österreich, auf eine baldige
und glückliche Beendigung des Krieges gar sehr angewiesen war,
konnte sich gleichwohl von den Niederlanden noch nicht losmachen.
Die Geldern'schen Händel — ohne Zweifel von Frankreich an-
gezettelt — verlangten freilich seine Gegenwart. Am 28. März, von
Cöln aus, berichteten Graf Wolfgang von Oettingen und Walther
Ehinger an den Bund[2], der König sei zwar entschlossen, in eigener
Person, mit Hilfe des Reiches und des Bundes, gegen die Eidgenossen
zu handeln und in wenigen Tagen nach Freiburg i. B. abzureisen[3],
aber eine „endliche Antwort" konnten sie doch nicht erlangen. Die
Ursache mochte sein, dass die Unterhandlungen des Königs mit dem
Herzoge Albrecht von Bayern, dem die Hauptmannschaft von Reichs
wegen war angetragen worden, bis zu dem Grade in Stockung gerathen waren, dass man in der königlichen Kanzlei annahm oder vor-
gab, es müssten Briefe verloren gegangen sein[4].

Die Stimmung Wirtembergs kennen wir bereits, nicht minder
diejenige der Reichsstädte und des Adels. Wir sind desshalb dazu
berechtigt anzunehmen, dass Graf Wolfgang nicht mehr unternehmen
wollte, als was durch die Sachlage verlangt wurde.

Der von ihm angeordnete und auch persönlich geleitete Überfall
war gegen die Dörfer Triboldingen, Ermatingen und Mannenbach
gerichtet. Alle drei liegen im Thurgau, nahe am See zwischen

---

[1] So war Ermatingen am 26. März von wenigen bündischen Knechten alarmirt worden. Emershofen an Nördlingen 27. März. bei Klüpfel 1, 306.

[2] Klüpfel 1, 306.

[3] Was auch geschah. Am 9 April war K. Maximilian in Mainz, am 16.—20. April in
Strassburg und am 21. April in Freiburg. Stälin. in den Forschungen zur deutschen
Gesch. 1, 358.

[4] Klüpfel a. a. O.

Constanz und Steckborn. Zuerst, früh Morgens, wurde Triboldingen angegriffen und verbrannt. Oberhalb des Dorfes standen 200 Eidgenossen, die von 20 Reisigen und 40 Fussknechten überfallen wurden und 60 Todte verloren [1]).

Hierauf ging der Zug nach Ermatingen, wo über 1000 Eidgenossen standen. Auch diese wurden aus dem Dorfe geschlagen. Gegen 150 Mann sind hiebei erstochen worden. Gegen Mannenbach rückte Graf Niklas von Salm vor. Abermals hielten die Eidgenossen Stand, doch wurden sie auch hier, mit einem Verluste von gegen 300 Todten, mühsam zurückgedrängt [2]). Ermatingen und Mannenbach wurden ebenfalls ein Raub der Flammen.

Der erste Theil des Treffens geschah in früher Morgenstunde. Ein Theil der Eidgenossen wurde noch in den Betten überrascht und floh ohne Schuhe und Waffen [3]).

Bis der Sieg erfochten war, wurde gute Ordnung gehalten. Nun aber fing die Meisterlosigkeit an, trotz der Mahnungen der Hauptleute, die das zuchtlose Volk nicht mehr bändigen konnten [4]). Man

---

[1]) Emershofens Bericht. Ich erlaube mir die Bemerkung, dass ich auf Zahlenangaben in Schlachtberichten nur einen sehr untergeordneten Werth legen kann. .

[2]) Nach Emershofens Bericht, der am ausführlichsten ist. In Summa schätzt also dieser im Allgemeinen sehr zuverlässige Berichterstatter den Verlust der Eidgenossen auf ungefähr 510 Mann, während Ebinger ungefähr 400 Schweizer erstochen sein lässt und Hans Ungelter die Zahl der Erstochenen auf 500 Mann angibt. In Schultheiss' Chronik im Geschichtsforscher 5, 199 ist ohne Zweifel statt V oder VI mann V^c oder VI^c mann zu lesen.

[3]) Glutz-Blozheim 102 unter Berufung auf Tschudi (Handschr.). Anshelm (2, 383) und ein Schreiben von Lucern an Solothurn vom 13. April 1499 im Solothurner Archive. Vergl. auch Pupikofer, Gesch. des Thurgau's 1, 303. Nach Pupikofer war der in Ermatingen liegende Zürcher Hauptmann Bluntschli gewarnt worden, ohne die Warnung zu beachten. Das hat grosse Ähnlichkeit mit dem Ausspruche, welchen man dem bei Dorneck überfallenen und erschlagenen Grafen Heinrich von Fürstenberg in den Mund legt. Beide Anführer sollen nämlich gesagt haben: Wer sich fürchte, der möge einen Harnisch anziehen. Anshelm a. a. O. gibt an, man habe in Constanz „die bruggen mit mist überzettet (überstreut)", damit man die Reisigen nicht gehört habe. Wenn diese Nachricht richtig ist, so lag ein Theil der Truppen nicht im Paradiese, sondern in Petershausen. Man kann indessen, mit Pupikofer, nicht an die Rheinbrücke, sondern an die Ausfallpforten der Stadt denken.

[4]) Auch die eidgenössischen Hauptleute hatten im Verlaufe dieses Krieges oftmals Ursache, sich über den Ungehorsam ihrer Leute zu beschweren. Vergl. Geschichtsforscher 5, 246 und Glutz-Blozheim 86 Note 112.

plünderte und zechte in den verwüsteten Dörfern und beging, nach glaubwürdigen, wenn auch vom Feinde herrührenden Berichten, Rohheiten und Grausamkeiten gegen Wehrlose [1]). Die Strafe folgte aber auf dem Fusse nach. Beim Schwaderloche hatte sich ein Theil der Eidgenossen wieder gesammelt [2]). Durch Sturmgeläute waren andere beim ersten Treffen nicht betheiligt gewesene Schaaren herbeigerufen worden. Oswald von Rotz, Hauptmann der Unterwaldner und Rudolf Has von Lucern [3]) boten alles mögliche auf, um die Schmach und Niederlage blutig zu rächen. Gegen 2000 Mann standen auf einer Waldblösse [4]). Als nun die siegreichen bündischen Truppen mit Raub und Beute beladen ohne Ordnung nach Constanz zurückzogen, wurden sie während des Marsches in ihrer rechten Flanke angegriffen. Die Hauptleute suchten einen Aufmarsch zu bewerkstelligen, aber ihre Anordnungen wurden vom Fussvolke nicht gehört. Graf Wolfgang von Fürstenberg blieb während des ganzen Gefechtes stets im dicksten Gedränge. Er liess das Geschütz auffahren, woran die Bundestruppen sehr überlegen waren. Man schoss zwar mit 10—12 Büchsen, aber viel zu hoch. Die Eidgenossen stürmten unversehrt von der Anhöhe herab, trotz des heftigen Feuers und des Pulverdampfes, der so stark war, dass kein Theil den anderen sehen konnte [5]).

Auch bei diesem Anlasse hielt sich das aus Wirtembergern, Badnern, Reichsstädtern und geworbenen Knechten bestehende Fussvolk sehr schlecht, denn es floh ohne Noth vor einem der Zahl nach untergeordneten aber tapfern Feinde. Die Reisigen dagegen hielten wacker aus und ihnen hauptsächlich hatte man es zu danken, dass die

---

[1]) Burkhart von Randeck wird derselben beschuldigt. Anshelm 2, 385.

[2]) Etterlyn, Bl. CVIII sagt ausdrücklich „do die so in dem zusatz im Schwaderloch lagent, die mere vernament do besamlottent sy sich schnel und hattend ein gemeinde ze Alttersehwyle".

[3]) Ein Rudi Has von Lucern blieb in der Folge bei Dornach. Diepolt Schillings handschr. Chronik, fol. 196[b], bei Amiet als Beil. 16 abgedruckt, soweit sie die Schlacht von Dornach betrifft.

[4]) Die Zahl nach Glutz-Blozheim 103 Note 182, der sich auf Archivalien beruft. Anshelm 2, 388 gibt 1500 Mann an. Kmershofen lässt 1400—1500 Eidgenossen sich sammeln, ebensoviele seien aber an dem Holze gestanden, „da sie am allerersten erstochen worden". Ungelter gibt im Ganzen 1500 Mann, Ebinger aber „nicht über 2000 Mann" Eidgenossen an.

[5]) Anshelm 2, 389. Wegen der Zahl der Büchsen aber Ebingers Bericht.

Niederlage nicht eine vollständige Aufreibung der ganzen Truppe
wurde. Wären die Reisigen nicht gewesen, nicht der dritte Theil der
Knechte wäre entronnen, berichten übereinstimmend Constantin Ebin-
ger und Georg von Emershofen. Auch Hans Ungelter schreibt: die
Reisigen hätten es gerne gesehen, wenn sich die Knechte wieder (von
der Flucht) gewendet hätten, aber alles sei vergebens gewesen.
Emershofen gibt Einzelnheiten an, aus denen hervorgeht, dass das
Fussvolk panischer Schrecken ergriffen hatte, und auch der oberste
Feldhauptmann, Graf Wolfgang, dem die Eidgenossen selbst das
Zeugniss geben, dass er ritterlich gefochten habe [1]), ist, in seinem an
den Herzog von Wirtemberg erstatteten Berichte, sehr ungehalten
über die Fussknechte, die er ein flüchtig und schnöd Volk nennt [2]).
Keiner von ihnen hatte seinen Spiess geneigt, keiner einen Schuss
gethan. Ohne Noth drängten sie an den Rhein. Alle wollten über-
setzen. Wehr, Degen, Harnisch und Rock wurden hinweggeworfen,
um sich nackt in den Fluss zu stürzen, der viele dieser Unglücklichen
verschlang [3]).

Aus den Reihen der Reisigen wurde eine nicht eben beträcht-
liche Zahl in mannbarem Kampfe erschlagen. Es fielen Heinrich und
Burkhard von Randeck, beide Ritter, Hans von Neuneck, Karl Brei-
sacher ein Patricier aus Constanz, und zehn reisige Knechte [4]). Hans
von Reischach erhielt einen Schuss durch den Schenkel. Als die
Fussknechte ihre Schuldigkeit nicht thaten, stiegen die Reisigen von
ihren Rossen ab und traten mit guten Spiessen in das vorderste Glied,
„strengten sich trefflich an" und wehrten sich dermassen, dass, wenn
die Anderen dessgleichen gethan hätten, ihnen nichts anzuhaben gewesen wäre [5]).

---

[1]) Anshelm a. a. O. nennt ihn ausdrücklich als den Führer der Reisigen, die allein
Stand hielten.
[2]) Heyd 1, 62 Note 18.
[3]) Emershofen. Nach Ungelter ertranken 80 Knechte im Rhein.
[4]) Ungelter und Emershofen, übereinstimmend.
[5]) Anshelm 2, 389, meist mit dessen Worten. Derselbe nennt auch noch den Junker
Heinrich von Langenstein unter den Tapfern. Das ist aber ein Irrthum, denn die
von Langenstein sind schon zu Anfang des 14. Jahrhunderts ausgestorben. Wahrscheinlich ein Klingenberger, wie Frhr. Joseph von Lassberg in seinem Handexem-
plare von Pupikofer's Gesch. des Thurgau's 1, 305 handschriftlich beigefügt hat.

Der Verlust an Fussvolk war sehr gross, denn es gingen auf der wilden regellosen Flucht über 1300 Mann zu Grunde. So wenigstens nach den Angaben des Berner Chronisten Anshelm, der aber doch seine Zahlen etwas hoch gegriffen zu haben scheint und auch überdies wohl an 1000 Mann im Rheine und im See ertrinken lässt. Nach seiner Angabe wären auch 130 Constanzer Bürger erschlagen worden [1].

Was aber die Niederlage ganz besonders empfindlich machte, das war der Verlust des schönen und theueren Geschützes. Die Bündischen hatten den Eidgenossen beim Beginne des Kampfes zwei Schlaugen abgenommen [2]. Diese gingen aber wieder verloren, nebst den eigenen Stücken, zehn bis fünfzehn an der Zahl [3].

Die reichsstädtischen Truppen liessen sich nicht einmal in Constanz aufhalten, sondern eilten über den See nach Überlingen, Mörsburg, Ravensburg und Lindau „wie wol sie niemand jagt" [4].

Graf Wolfgang konnte sich daher mit seinen Wirtembergern und geworbenen Landsknechten ebenfalls nicht halten. Er zog sich wieder ins Hegau zurück, nach Engen, wo wir ihn am 15. April wie-

---

[1] Heyd 1, 63 hat diese Zahlen unbedenklich angenommen. Mir scheinen sie jedoch zu gross zu sein und zwar aus folgenden Gründen. Hans Ungelter schreibt, es seien nicht über 20 Mann erstochen worden und 80 im Rhein ertrunken, was sich indessen, wenn auch nur auf den ersten Anlauf bezogen, doch als viel zu niedrig herausstellen wird, oder sich vielleicht nur auf die Reisigen beziehen soll. Nun heben aber Ebinger und Emershofen hervor, durch die Tapferkeit der Reisigen seien die Fussknechte zum Theile gerettet worden, sonst wäre nicht der dritte Theil derselben davon gekommen. Wären nun aber in der That, wie Anshelm will, über 1300 Mann erschlagen worden und 1000 Mann ertrunken, so möchte doch diese Zahl, 2300 Mann der Vernichtung von zwei Dritteln aller Fussknechte ziemlich nahe kommen. Die Verluste der Constanzer gibt Schultheiss a. a. O. 199 auf 20 Mann an. Da fernerhin die Eidgenossen nur gegen 2000 Mann stark waren, und die Verfolgung nur bis Gottlieben ausgedehnt wurde, so dürfte auch aus diesem Grunde an eine so massenhafte Zahl von Erschlagenen nicht zu denken sein. Übrigens lässt Edlibach S. 215 auch 1300 Mann erschlagen werden. Der Wahrheit am nächsten wird Etterlyn kommen. Der sagt Blatt CVIII in tergo: „vnd erstochent dern so vil, das man die zal nit wüssen mocht".

[2] Nach Pupikofer 1, 304 thaten es die Constanzer, die dann, wegen dieser Geschütze, mit ihrem Oberbefehlshaber Grafen Wolfgang von Fürstenberg gehadert hätten, eine Nachricht, die auch Anshelm 2, 392 hat.

[3] Die Angaben sind etwas verschieden. Vergl. die betreffenden Berichte bei Klüpfel und Anshelm 2, 392.

[4] Anshelm 2, 391.

der finden [1]). Unterwegs hatte er aber nochmals Gelegenheit, sich
von der Unzuverlässigkeit seiner Leute überzeugen zu können. Als
man bei Engen durch ein Holz zog, gab ein falsch aufgefasstes Trom-
melsignal, das die hinteren Fähnlein auf den Anmarsch der Eidgenossen deuteten, jenen Veranlassung zu feiger Flucht [2]).

Das Schlimmste war aber, dass auch solche Knechte die persönlich tapfer waren, sich bei einem geschlagenen Volke nicht mehr
halten lassen wollten, weil ihnen mit dem Solde allein nicht gedient
und zur Beute wenig Aussicht gegeben war.

Um aber die Calamität zu einer möglichst vollständigen zu
gestalten, weigerten sich jetzt auch die Reisigen mit den ausgehobe-
nen oder geworbenen Fussknechten gemeinsam zu fechten [3]).

In Engen mag dem Grafen Wolfgang das vom 13. April datirte
Schreiben [4]) des Herzogs Ulrich mit den schlimmen Nachrichten aus
Mömpelgart zugekommen sein. Ulrich eröffnet seinem Landhofmeister, dass jene Grafschaft, die „ein Portt sei des deutschen und
welschen Landes und keines der geringsten Kleinode seines Fürsten-
thumes", von den Eidgenossen bedroht werde, so dass er, der Herzog, sich gleichzeitig mit seinem Schreiben an den Landhofmeister,
an K. Maximilian gewendet habe, damit dieser Geschütz gebe, um
es in Mömpelgart zu gebrauchen. Am 17. April wendete sich Graf
Sigmund von Lupfen an den Grafen Wolfgang [5]), um wo möglich die

---

1) Heyd 1, 62 Note 18.

2) Heyd 1, 63. Da Graf Wolfgang am 15. April in Engen war und zwar auf dem
Rückzuge, so fällt jene Annahme Heyds 1, 64, dass am 18. April nochmals bei
Ermatingen gekämpft worden sei, als völlig unhaltbar in sich selbst zusammen. Zu
weiterem Überflusse citirt Heyd hiefür nur Ochs, Gesch. von Basel 4, 567. Ochs
aber, der keine Quelle nennt, hat wahrscheinlich Stumpf benützt und meint das
am 11. April stattgefundene Gefecht. Wer hätte denn am 18. April mit den Eidgenossen vor Ermatingen kämpfen sollen? Die reichsstädtischen Truppen waren
über den See entflohen. Für den bei v. Stadlinger 200, ohne Quelle genannten
15. April weiss ich keine Belegstelle anzugeben. Da sich v. Stadlinger auf Heyd
bezieht, so ist der 15. April wahrscheinlich nur ein Druckfehler für den, freilich
ebenfalls irrthümlichen, 18. April. Was dagegen den mit Pulver gesprengten Thurm
betrifft, so wird wohl eine Verwechslung mit dem Gefechte in Thayingen stattfinden, von dem unten die Rede sein wird.

3) Klüpfel 1, 315 und 317.

4) Beil. XII.

5) Schreiben bei Klüpfel 1, 318. Der daselbst gegebene Auszug lässt an Klarheit
gar viel zu wünschen übrig. Während offenbar der Graf von Lupfen an den Grafen

hartbedrohte Stadt Thiengen im Klettgau zu retten. Das war aber zu spät, denn schon am 18. April fiel Thiengen, ein Unfall, der den Muth der Bundesgenossen vollends herabstimmte und auch die Entschlossenheit des Hans Dietrich von Blumeneck, der seinen bedrohten Posten verliess, in wenig günstigem Lichte zeigt [1]).

Mittlerweile war auch K. Maximilian dem Kriegstheater näher gerückt. Am 21. April finden wir ihn in Freiburg i. Br. [2]) und am 24. April ernannte er daselbst den Grafen Heinrich von Fürstenberg, seinen Hofmarschalk, zum obersten Feldhauptmann [3]) über alle in den vorderösterreichischen Erblanden, also insbesondere im Breisgau und Sundgau gelegene Truppen, unter denen die sogenannte freie welsche Garde, eine Schaar von 400 Reitern unter dem Befehle des Loy (Louis) de Wadere, und die Geldrischen Landsknechte, die Erzherzog Philipp seinem bedrängten Vater zu Hilfe schickte [4]), besondere Beachtung verdienen.

Graf Heinrich zu Fürstenberg befand sich schon im Jahre 1493 [5]) in der unmittelbaren Umgebung des Königs und wurde von diesem zu wichtigen Geschäften vielfach verwendet. Als königlicher Hofmar-

---

von Fürstenberg berichtet, heisst es auf einmal bei Klüpfel: „Fürstenberg meldet noch dabei, dass sie (die Eidgenossen) viele Hauptstücke und Büchsen mit sich führten.

[1]) Vergl. besonders den Bericht des Hans Rütach in Mone's bad. Archiv 1, 105 ff. Glutz-Blozheim 106 und das daselbst im Anhange S. 520 abgedruckte Schreiben vom 18. April, Klüpfel 1, 318 u. 323 und Schradin's Reimchronik im Geschichtsfreund 4, 32.

[2]) Ein Schreiben von Schultheiss und Rath zu Solothurn an Zürich, dd. St. Marxtag in der X stund nachts anno 99 (April 25.) setzt die Ankunft des Königs auf den vergangenen Sonntag (April 21.) und gibt demselben 2000 Mann zu Ross und 5000 zu Fuss, mit denen er auf heute (Datum des Briefes) nach Ensisheim gezogen sei. (Das bezieht sich aber wohl auf den Zug des Grafen Heinrich von Fürstenberg, denn der König war am 25. April in Villingen.) Orig. im Staatsarch. Zürich.

[3]) Beil. XIII. Man vergl. daselbst die wegen des Datums gemachte Bemerkung.

[4]) Anshelm 3, 3. Lentz schreibt Vandre, Wandre und Vadre. Vergl. Amiet, Denkmale der Schlacht von Dornach 23.

[5]) Schreiben K. Maximilians an den Grafen Heinrich zu Fürstenberg, Linz 1493, Juni 15. Der Graf erhält den Auftrag, es nicht zu dulden, dass Jemand vom königlichen Hofgesinde in Wels sich in jene Thätlichkeiten einlasse, zu denen es zwischen Herrn Weichhart von Polheim und denen zu Lambach gekommen sei. Graf Heinrich wird „vnser rat" genannt. Orig. im F. F. Arch. Münch kannte dieses Schreiben, hat es aber missverstanden (Bd. 1, Seite 412, Note 5).

schalk ist derselbe, seit dem Jahre 1496, in einer ganzen Reihe von Schreiben, besonders aus dem Jahre 1497 nachgewiesen [1]).

Am gleichen Tage gab K. Maximilian auch dem Grafen Wolfgang zu Fürstenberg den Auftrag, auf Sonntag oder Montag früh (28. oder 29. April) in Hüfingen 300 Landsknechtsspiesse in Empfang nehmen und zu weiterer Verfügung nach Villingen bringen zu lassen [2]).

Wo sich aber Graf Wolfgang damals aufhielt, das ist nicht genau ermittelt und ebensowenig mit Sicherheit aus dem Schreiben zu entnehmen, welches K. Maximilian am 29. April, von Überlingen aus, an ihn gerichtet hat. Wir erfahren aus demselben, dass ein Secretarius des Königs von Neapel [3]) (K. Ferdinand) beim Könige gewesen war und nun von demselben nach Freiburg gesendet wurde. Diesen soll Graf Wolfgang, der wahrscheinlich noch in Engen sein Standquartier hatte, am folgenden Tage (April 30.) mit sich nach Tuttlingen reiten lassen und von dort aus, durch einen zuverlässigen Knecht, über Villingen und Tryberg nach Freiburg das Geleit geben. Mithin war dem Könige bereits bekannt, dass ein Rückzug bis nach Tuttlingen in Aussicht genommen war.

Durch des Königs langersehnte Ankunft wurde aber nicht viel gewonnen, denn die mittlerweile erlittenen schweren Niederlagen hatten in demoralisirender Weise gewirkt. Wenn auch jetzt das ganze Reich aufgeboten wurde, so kam doch dieses Aufgebot gar spät. Die Person des Fürsten, der Hauptmann über die Reichshilfe werden sollte, sagte einem Theile der Glieder des schwäbischen Bundes sicherlich sehr wenig zu. Auch nahm sich Herzog Albrecht von Bayern, der am 13. April mit 250 Pferden in Überlingen eingetroffen war [4]), einer verlorenen Sache nicht mit Energie an.

Es mochten ihm übrigens durch die persönlichen Anordnungen des Königs die Hände gebunden sein. Die Stimmung war jetzt eine so gedrückte, dass Hans Ungelter am 18. April nach Hause schrieb: die Mehrzahl des Adels habe des Bundes genug und wäre lieber daraus, hätte lieber, dass gar kein Bund mehr würde; Augsburg und

---

1) Im F. F. Arch. Vergl. z. B. auch Beil. I. u. II.

2) Beil. XIV.

3) Bei Jäger. Engadeinerkrieg 122 sehen wir, dass neapolitanisches Kriegsvolk, auf der Seite des K. Maximilian, bei Latsch und Taufers focht.

4) Klüpfel 1, 317.

andere Städte sagten, dass dieser Krieg sie nichts angehe. Am 24. April aber: wenn der König nicht anders in den Handel sehen wolle, so sorge er, er werde vertrieben werden und jedermann werde sehen, wie er sich helfen müsse; am 25. April: wenn die Eidgenossen weiter vordrängen und in Herzog Ulrichs Land kämen, so stehe zu besorgen, dass sich die Bauern alle zu ihnen schlagen würden [1]).

Unter solchen Umständen war gewiss wenig damit gewonnen, dass der ritterliche König bei seiner Durchreise in Villingen [2]) und hierauf auch in Überlingen [3]) das Reichsbanner wehen liess, womit freilich nicht ganz übereinstimmt, dass Eglof von Rietheim den königlichen Befehl erhielt, auf Enten und Reiher Acht zu haben und dessen Bruder Konrad, sich als Jägermeister mit Hunden gerüstet zu halten, da K. Maximilian auf die Jagd gehen wolle [4]).

In den ersten Tagen des Monats Mai, so berichtet uns Hans Ungelter [5]), schrieb nun K. Maximilian an den Grafen Wolfgang von Fürstenberg, er solle mit den 2000 Knechten, die Herzog Ulrich von Wirtemberg in Tuttlingen liegen habe, eiligst nach Bregenz kommen und seinem Bruder dem Grafen Heinrich von Fürstenberg das Reichsbanner schicken. Graf Heinrich lag damals in der Nähe von Basel. Auf einem zu Ensisheim am 8. Mai abgehaltenen Landtage bitten die versammelten Stände den königlichen Statthalter zu Freiburg i. Br., er möge es bei königlicher Majestät bewirken, dass der Marschalk Graf Heinrich mit der Garde und dem reisigen Zeuge in oder bei diesen Landen bleibe [6]).

Das Hauptquartier des Grafen war am 2. Mai zu Terwil bei Basel [7]). Hier lag er mit der s. g. welschen Garde und anderen

---

1) Die betreffenden Schreiben bei Klüpfel 1, 319 ff.

2) Am 21. April nach Klüpfel 1, 323, was indessen ein Irrthum zu sein scheint. Vgl. Stälin in den Forschungen 1, 358 und Klüpfel 1, 326, wodurch die Ankunft Maximilians in Villingen auf den 23. April festgestellt wird.

3) In Überlingen war K. Maximilian am 28. April. Stälin a. a. O. und Klüpfel 328.

4) Schreiben des Jörg v. Emershofen vom 9. Mai, bei Klüpfel 1, 332.

5) Schreiben vom 9. Mai, bei Klüpfel 1, 333.

6) Schreiber, Urkb. der Stadt Freiburg 2, 656.

7) Ochs, Gesch. von Basel 4, 582, nach einem Schreiben des Rathes. Auch am 13. Mai correspondirt Graf Heinrich mit dem Rathe zu Basel, beziehungsweise dem Altbürgermeister Hartung von Andlaw. Ochs a. a. O. 588.

Streitmitteln, hauptsächlich den Bernern und Solothurnern gegenüber.

Die an den Grafen Wolfgang gestellte Anforderung, sich mit den
wirtembergischen Streitkräften bei dem gegen das Engadin vorbe-
reiteten Zuge zu betheiligen, konnte unmöglich in Sinne der wirtembergischen Regierung sein. Wie dieselbe abgelehnt wurde, wissen
wir nicht, wohl aber ist sicher, dass Graf Wolfgang um die Mitte des
Monats Mai, zugleich mit dem Markgrafen Christoph von Baden, in
Villingen war. K. Maximilian schrieb nämlich, von Lindau aus, am
17. Mai[1]) an dieselben und beauftragte sie, von Stunde an eilends
mit allen Reisigen gen Radolfzell, Stockach und Überlingen zu ziehen,
das Fussvolk aber in die Reichenau zu legen[2]). Weiteren Bescheid
werde der Hauptmann Reinprecht von Reichemburg[3]) überbringen.

Der erneuerte Besuch, welchen die Eidgenossen damals dem
Hegau zukommen liessen, war die Ursache dieses Eilmarsches. Am
22. Mai erliessen die Bundesräthe einen Aufruf[4]), die an den
10000 Mann fehlende Mannschaft schnell zu ergänzen, weil der
Feind mit Macht von Stein, Schaffhausen und Diessenhofen ins Hegau eingefallen sei. Markgraf Christoph von Baden und des Bundes
Hauptleute und Räthe hätten daher den Entschluss gefasst, am 25. Mai
bei Tuttlingen im Felde zu stehen, um der Sache durch Kampf ein
glückliches Ende zu machen. Die königlichen Hauptleute hätten desshalb auch an den Grafen Wolfgang von Fürstenberg geschrieben.

Ganz klar ist dieser Plan nicht. Von Seite des Bundes gedachte
man also bei Tuttlingen ein Heer zu sammeln, um dann mit einem
grossen Schlage den Krieg zu beendigen, während K. Maximilian,
wie wir gesehen haben, die Besetzung von Radolfzell, Stockach und
Überlingen verlangte. Dass zwischen dem schwäbischen Bunde und
dem Könige nicht durchaus das beste Einvernehmen herrschte, ist

---

[1]) Beil. XVI.

[2]) Der Anwesenheit des Markgrafen Christoph von Baden in Villingen zum 13. Mai,
und seiner Ankunft in Überlingen gedenkt ein Schreiben des G. Fleschner, bei
Klüpfel 1, 334. In Villingen lagen, nach diesem Schreiben, Mainz mit 100,
Brandenburg mit 300, Markgraf Christoph mit 100, der Adel mit 100, die Städte
mit 150 und der Bischof von Augsburg mit 40 Pferden.

[3]) Auch bei Klüpfel 1, 328 erwähnt — als Reinprecht von Richenpurg, — das
Schreiben hat Reihemburg.

[4]) Klüpfel 1, 335.

sicher und nachweisbar. Ungelter schreibt schon am 9. Mai [1]): „des Königs Fürnehmen gefällt mir fast übel und fürchte ich, wenn wir vom Bunde uns nicht anders in den Handel wollen schicken, wir werden zusammt unserem Verderben nicht viel Gnad' erhalten".

Während nun die Schweizer das Hegau bedrohten, dachte man aber in Stuttgart allen Ernstes daran, seine Truppen zurückzuziehen, weil dieses ja auch von Baden und anderen Bundesverwandten bereits geschehen sei. Das an den Grafen Wolfgang gerichtete Schreiben vom 19. Mai [2]) zeigt zu weiterem Überflusse, dass dem Landhofmeister Verhandlungen wegen des Herzogs Eberhard d. j., der sich dieses Mal auf den Herzog Albrecht von Bayern stützen zu können glaubte, auch in jüngster Zeit obgelegen hatten.

K. Maximilian war am 22. Mai in Feldkirch, am 23. in Neuzingen, am 24. bis 26. Mai in Landeck [3]). Also gerade damals als die Eidgenossen Stockach bedrohten.

Am 23. Mai berichtet Hans Ungelter an den Bürgermeister zu Esslingen, der Feind habe sich 10000 Mann stark vor Stockach gelagert [4]); Emershofen, der am gleichen Tage an Nördlingen berichtete, schätzt die Zahl auf 8000 Mann [5]).

Über die Stärke der in Stockach gelegenen Besatzung fehlen nähere Angaben. Sicher ist nur, dass die eine starke halbe Stunde von der Stadt gelegene Nellenburg von den Königlichen besetzt war [6]) und dass sich auch der Markgraf Christoph von Baden, mainzische, brandenburgische und wirtembergische Truppen zum Entsatze einstellten [7]). Ohne die Energie der Grafen Wolfgang und Heinrich zu Fürstenberg wäre es ohne Zweifel um die belagerte Stadt geschehen gewesen. Heinrich hatte durch den Abmarsch der Berner [8]) im Sundgau freie Hand gewonnen und zog nun eiligst herbei. Wolfgang aber bot in seinen Herrschaften im Kinzigthale und vor dem Walde Alles

---

[1]) Klüpfel 1, 334.
[2]) Beil. XVII.
[3]) Stälin a. a. O.
[4]) Klüpfel 1, 336.
[5]) Ebendaselbst.
[6]) Unter dem Schenken Christoph von Limburg.
[7]) Nach Emershofens Schreiben, bei Klüpfel 1, 336. Vergl. Kirchhofer, Neujahrs- geschenk 1844, S. 4.
[8]) Ochs 4, 595. Vergl. auch Ungelter an Esslingen 21. Mai, Klüpfel 1, 335.

auf, um den Entsatz Stockachs zu bewerkstelligen. Wir wissen dieses zuverlässig aus einem höchst merkwürdigen Schreiben des Bürgermeisters und Rathes der Stadt Schaffhausen vom 26. Mai [1]).

Obgleich die Stadt Schaffhausen damals noch zum Reiche gehörte, hatte sie sich seit geraumer Zeit mit den Eidgenossen näher
verbündet und auch während des Schweizerkrieges zu wiederholten
Malen die Waffen gegen das Reich getragen. Nunmehr berichtet die
Stadt an die Eidgenossen, sie habe in letzter Nacht einen Gefangenen gemacht und der habe ausgesagt, dass Graf Wolfgang zu Fürstenberg sowohl im Kinzigthale als vor dem Walde alles aufgeboten
habe, „was wachtbar sei und Stab und Stange zu tragen vermöge".
Es gelte die vor Stockach liegenden Eidgenossen anzugreifen. Es sei
auch noch ein anderer Herr dabei, entweder der Pfalzgraf oder der
Markgraf von Brandenburg — welcher von beiden, konnte der Gefangene nicht angeben, — der habe sich erboten Schaffhausen zu belagern und zu gewinnen, falls man ihm die Stadt lasse [2]). Der Angriff
auf das Lager solle am nächsten Mittwoch geschehen (Mai 29.) Man
halte diesen Anschlag geheim und wolle die vor Stockach liegenden
Eidgenossen überrumpeln. Auch in Tuttlingen und Villingen läge ein
grosser Zug zu Ross und zu Fuss, der ebenfalls werde beigezogen
werden.

Um diese wichtige Nachricht sicher in die Hände der Eidgenossen gelangen zu lassen, schickten die von Schaffhausen zwei Boten ab, den einen an die zu Stein gelegenen Hauptleute, den andern
direct ins Lager [3]).

Gegen die mit vereinter Macht herbeieilenden königlichen und
bündischen Truppen hatten die Eidgenossen keine Lust das Feld zu
behaupten.

Am 28. Mai meldet Georg von Emershofen, heute seien die
Eidgenossen von Stockach aufgebrochen [4]).

---

[1]) Beil. XVIII.

[2]) Ohne Zweifel eine jener vielen Erfindungen, mit denen man sich damals trug, und
in die gleiche Kategorie gehörig, wie jenes Gerücht, vermöge dessen der Graf
Sigmund von Lupfen sich die Grafschaft Kyburg als Siegesbeute sollte ausbedun-
gen haben. Kirchhofer, Neujahrsgesch. 1843, S. 3.

[3]) Geht aus dem Schreiben selbst hervor.

[4]) Klüpfel 1, 339.

Es war in der That ein stattliches Heer, welches sich gegen sie im Anmarsche befand, denn Graf Heinrich zu Fürstenberg mit der welschen Garde sammt dem Fussvolke aus dem Breisgau und Sundgau, Markgraf Friedrich von Brandenburg in eigener Person und das Volk des Pfalzgrafen rückten an. Man hoffte in kurzer Zeit 15000 Mann zu Fuss und 3000 Mann zu Ross beisammen zu haben. Auch Herzog Ulrich von Wirtemberg, von der Dringlichkeit des Unternehmens überzeugt, stellte nochmals seine ganze Macht zur Verfügung [1]).

Wie weit Graf Heinrich von Fürstenberg vorgerückt war, als die Eidgenossen abzogen, ist aus unseren Quellen nicht ganz deutlich zu erkennen. Übrigens schreibt Hans Ungelter an den Bürgermeister von Esslingen am 30. Mai 1499: da Wirtemberg mit 4000 Mann zu Fuss und 200 zu Ross, Graf Heinrich von Fürstenberg mit 3000 Mann zu Fuss und 1000 zu Ross ankommen und die ganze Nachbarschaft aufs stärkste auf sei, so dass man in wenigen Tagen 15000 Mann beisammen haben werde, so sei er über den Rückzug der Schweizer erschrocken [2]).

Wir wissen aus einem Schreiben des Hauptmanns der Stadt Freiburg i. Br., Hans Ulrich Lupp, dass Graf Wolfgang nebst seinem Bruder Heinrich — der erstere mit 800 Knechten, 500 Rossen und 11 Büchsen — auf den 31. Mai in Hüfingen erwartet wurden [3]). Graf Wolfgang traf in der That zur vorausgesehenen Zeit ein und befahl noch am gleichen Tage allen in Hüfingen und Bräunlingen liegenden Hauptleuten, darunter auch demjenigen der Stadt Freiburg, am nächstfolgenden Morgen mit ihm nach Engen zu ziehen [4]). Auf diesen Zug wird sich die Nachricht beziehen, dass die Gemeinde Buch im Hegau sich an den Grafen Wolfgang gewendet habe, weil die von

[1]) Klüpfel 1, 338 und Anshelm 2, 443. Dieser letztere erklärt den Abzug der Eidgenossen besonders durch Mangel an Munition und durch Uneinigkeit im Lager. Nach Kirchhofer a. a. O. S. 5 entstand sogar die üble Nachrede: „St. Johann mit dem goldenen Munde sei den Führern vor Stockach erschienen". Kirchhofer kannte das, meines Wissens, bisher noch niemals benützte Schreiben nicht, welches ich im Staatsarchive zu Zürich (Schr. 610) gefunden habe und als Beil. XVIII hier gebe.

[2]) Klüpfel 1, 341. Am gleichen Tage schrieb Sachs — damals in Ulm — an Esslingen, und übersendet einen Brief Ungelters, mit dem Zuschicken des Volkes nicht zu eilen. Klüpfel a. a. O. 342.

[3]) Schreiber, Urkb. der Stadt Freiburg 2, 664.

[4]) Nochmals Hans Ulr. Lupp am 31. Mai, bei Schreiber a. a. O. 665.

Klingenberg auf Hohentwiel, ungeachtet einer dem Dorfe auferlegten Brandschatzung, viele Dorfbewohner als Gefangene mit sich fortgeschleppt, auch Pferde, Kühe und Schweine auf ihre Veste gebracht hätten [1]). Auch Graf Heinrich, der sich nach Bewerkstelligung des Entsatzes von Stockach in das neuerdings von den Eidgenossen bedrohte Sundgau begeben musste, berührte Hüfingen [2]) auf dem Rückmarsche.

Herzog Ulrich zog jetzt seine Truppen zurück, mit Ausnahme von 2000 Mann, die er dem Bunde schuldig war [3]).

Das harmonirte freilich nicht mit K. Maximilians Wünschen. Der König war nämlich der Ansicht, man solle, mit den Truppen des Herzogs von Wirtemberg und denen des Grafen Heinrich, von Constanz aus etwas unternehmen und wenigstens den Brand angehen lassen, damit er desto besser im Gebirge handeln könne [4]).

Am 3. Juni lag K. Maximilian in Rodunt [5]).

Die Bedrängung des Sundgaues hatte aber begreiflicher Weise auch auf Mömpelgart Einfluss. Daher schrieb Herzog Ulrich am 15. Juni an den Grafen Wolfgang [6]), um ihm neue Mähre aus den bedrohten Gegenden und namentlich auch mitzutheilen, dass der

---

1) Kirchhofer, Neujahrsgesch. 1844, S. 4 Note 6, nach einem im Staatsarchive Schaffhausen befindlichen Schreiben der Gemeinde an den Grafen Wolfgang zu Fürstenberg dd. Montag nach Corp. Christi (Juni 2.).

2) Schreiben Ungelters vom 5. Juni, bei Klüpfel I, 344. In einem Schreiben des Rathes von Solothurn an Zürich dd. ipsa die corporis Christi (Mai 30.) ist bereits wieder davon die Rede, dass sich im Sundgau deutsche und welsche Truppen sammelten, deren oberste Hauptleute Graf Heinrich von Fürstenberg und Herr Friedrich Kappenler (Kappeler) seien. Orig. im Staatsarch. Zürich.

3) Das in Note 2 erwähnte Schreiben Ungelters. Möglicher Weise trugen die in dem Schreiben vom 19. Mai (Beil. XVII) erwähnten Machinationen Herzog Eberhards d. j. auch dazu bei, die wirtembergische Regierung etwas misstrauisch gegen K. Maximilian zu machen.

4) Abermals das erwähnte Schreiben Ungelters vom 5. Juni. Es wäre ohne Zweifel sehr lehrreich, die Ungelter'schen Schreiben in vollständigen Abdrücken zu besitzen, um besser beurtheilen zu können, inwieferne die von dem besagten Bundesrathe fortwährend geübte Kritik eine berechtigte war. Hiezu genügen Auszüge nicht.

5) Beil. XIX.

6) Beil. XX.

König von Frankreich (Ludwig XII.) den Eidgenossen Büchsen geschickt habe [1]).

Der Zug, welchen K. Maximilian ins Engadin unternahm und zu
welchem er, wenigstens nach der Meinung des Bundesrathes Hans
Ungelter [2]), auch die auf 12000 Mann angeschlagenen Truppen des
Grafen Heinrich von Fürstenberg beiziehen wollte, trug allerdings
wesentlich dazu bei, die Schrecken und Drangsale des fürchterlichen
Krieges zu vermehren, war aber im übrigen ohne sonderlichen Erfolg. Ein zu Landeck am 24. Juni gegebenes königliches Mandat,
vermöge dessen der schwäbische Bund mit Macht nach Bregenz ziehen sollte [3]), blieb unbeachtet. Dagegen drängte man von Seiten
des Bundes den König zur Rückkehr, die auch erfolgte. Am 2. Juli
war Maximilian wieder in Lindau [4]). Von hier aus schrieb er, an diesem Tage, an den Grafen Wolfgang zu Fürstenberg, er habe dessen
Schreiben wegen einer nach (Langen)Argen mit den Fürsten und
Hauptleuten des Bundes verabredeten Zusammenkunft erhalten und
seinen Fleiss mit Wohlgefallen gespürt. Obgleich nun die Schweizer
zum Theile aus Graubünden abgezogen seien, so sei ihm doch glaub-
liche Nachricht geworden, dass ein Theil bei den Graubündnern
bleibe und sogar ins Vintschgau gezogen sei. Bei Mals und Glurns
hätten sie ein Lager bezogen und von dort aus wollten sie sein Etsch-
land schädigen. Darum sei es dringend nöthig, mit den Fürsten
und Hauptleuten des Bundes zu rathschlagen. Er schicke desshalb ein
Jagdschiff, auf dem sie hinüber fahren möchten. Auch er, Graf Wolfgang, möge es ja nicht versäumen, persönlich zu erscheinen. Wolfgang war also dazumal in Überlingen, wo der Bund seine Sitzungen

---

[1]) Vergl. Anshelm 2, 451 und Edlibach 223.

[2]) Schreiben vom 13. Juni, bei Klüpfel 1, 346. Der gute Ungelter erinnert mich an
den Schulmeister von Esslingen, der K. Rudolf I. so scharf kritisirte. Im gleichen
Schreiben meldet Ungelter, es habe Graf Heinrich von Fürstenberg bei Basel
200 Schweizer erschlagen. Ochs 4, 596 behauptet von jener Zeit, es sei in der
Nachbarschaft von Basel kein kriegerisches Ereigniss vorgefallen. Trotz dieser Behauptung muss doch etwas von einigem Belange geschehen sein, denn auch Ulrich
Strauss schreibt am 15. Juni an Nördlingen, die Grafen Heinrich und Wolfgang
von Fürstenberg hätten geschrieben, dass Herr Friedrich Cappeler bei Lauf, dem
Bischofe von Basel gehörig, ob 600 Eidgenossen erstochen hätte. Klüpfel 1, 349.

[3]) Klüpfel 1, 355.

[4]) Stälin a. a. O. 359 und Beil. XXI.

hielt, bei denen sich auch der junge Herzog Ulrich selbst eingefunden hatte [1]).

Ob dieser Aufforderung des Königs von den Fürsten und Hauptleuten Folge geleistet wurde oder nicht, darüber fehlen urkundliche Anhaltspuncte. Wohl aber schreibt K. Maximilian am 5. Juli nochmals an den Grafen Wolfgang [2]): er sei Willens gewesen, heute von Lindau nach Überlingen zu kommen, aber durch Geschäfte davon abgehalten worden. Nun werde er aber sicherlich morgen kommen und am nächstfolgenden Sonntage (Juli 7.) mit den wirtembergischen Truppen unterhandeln. Es waren diese Truppen, wegen des langen Ausbleibens des Königs, schwierig geworden und Graf Wolfgang erhielt daher den Befehl, deren in Aussicht stehenden Abmarsch zu verhindern. Der König, tapfer und unternehmend wie er war, beabsichtigte wohl mit jenen Truppen, die er vermöge des letzten Bundesabschieds am 1. Juli in Überlingen im Lager finden sollte, einen Angriff vorzunehmen. Wirtemberg hatte auch dieses Mal wieder seine Schuldigkeit gethan. Da aber auch dieses Mal wieder die anderen Bundesgenossen zögerten, so wurden auch die wirtembergischen Kriegsvölker unwillig und gedachten sich nach Hause zu begeben [3]). Am 11. Juli lagen die Wirtemberger bei Wahlwies [4]).

Von Überlingen begab sich K. Maximilian nach Constanz, beziehungsweise Petershausen, wo er vom 12. bis 18. Juli gewesen ist [5]). Bei ihm waren viele Fürsten: Markgraf Friedrich von Brandenburg mit seinem Sohne Casimir, der junge Pfalzgraf, der Markgraf Christoph von Baden und wahrscheinlich auch Herzog Ulrich von Wirtemberg mit einer grossen Anzahl von Reisigen und Fussknechten. Man rechnete, dass jetzt ungefähr 2500 Reisige und 10000 Fussknechte beisammen wären [6]).

---

[1]) Heyd 1, 67 und 93. Etwas auffallend ist es mir indessen doch, dass in den bei Klüpfel gegebenen Schreiben nirgends, weder in Überlingen noch in Constanz, von der persönlichen Anwesenheit des Herzogs die Rede ist.

[2]) Beil. XXII.

[3]) Dieser Hergang ist ersichtlich aus dem Ausschreiben des Bundes vom 4 Juli und dem Schreiben des Michel Senft und Clement Rejchlin vom 7. Juli, beide bei Klüpfel 1, 364.

[4]) Klüpfel 1, 365.

[5]) Die Nachweisungen bei Stälin a. a. O.

[6]) Ungelter am 16 Juli, bei Klüpfel 1, 365. Herzog Ulrich ist nicht genannt.

Die Schweizer, so nahm man an, lagen ungefähr 15000 Mann stark hart an der Stadt. Das Standlager im Schwaderloche war noch vorhanden.

Bevor Maximilian nach Constanz zog, wahrscheinlich am 11. Juli, war er auf der dem Deutschorden gehörigen Insel Mainau gewesen. Hier hatte er eine französische Botschaft empfangen, einen Bischof [1]) mit 50 Pferden, der, wie man sagte, den Frieden vermitteln sollte [2]). Man konnte sich aber nicht verständigen, ebensowenig als dieses in früheren Stadien des Krieges der Fall war, als der Pfalzgraf bei Rhein, die Bischöfe von Basel und Strassburg, die Städte Strassburg, Colmar, Basel u. a. m. ihre guten Dienste anboten.

War bisher das Einvernehmen zwischen K. Maximilian und dem Bunde durch mancherlei kleine Zwistigkeiten getrübt worden, so gestaltete sich nunmehr das Missverhältniss noch schroffer, nachdem in Überlingen und Constanz die Pläne des Königs durchkreuzt wurden. Fehlen uns auch näher eingehende Nachrichten, so sprechen doch die Ereignisse oder richtiger der Mangel an Thaten und Ereignissen deutlich genug. Die beabsichtigte grosse Feldschlacht unterblieb, obgleich man wie zum Angriffe aus der Stadt gezogen war [3]).

Dass sich der König bis zu dem Grade ereifert habe, dass er seinen Blechhandschuh zu Boden warf und mit dem Ausspruche: es sei nicht gut, Schweizer mit Schweizern zu schlagen, den Kriegsrath und bald darauf die Stadt verliess, mag nur der Sage angehören. Immerhin aber war man auf beiden Seiten zu einem ziemlich hohen Grade von Erbitterung gekommen. Am 18. Juli verliess Maximilian die Stadt [4]).

---

[1]) Herr Tristan von Salazar, Erzbischof von Sens? Seiner als eines vor Anfang des Krieges nach Genf geschickten Botschafters gedenkt Anshelm 2, 353.

[2]) Klüpfel a. a. O. Über den Gang der diplomatischen Verhandlungen fehlen, so scheint es mir, zuverlässige Nachrichten, die sich aber in deutschen, französischen und italienischen Archiven denn doch sollten erheben lassen.

[3]) Heyd 1, 68. Glutz-Blozheim 127 Note 285. Götz von Berlichingens Autobio-. graphie 10.

[4]) Vergl. Stälin a. a. O. 359. Man nennt insgemein den 18. Juli als den Tag, an welchem K. Maximilian sowohl angreifen wollte, als auch im Unwillen abzog. Hiegegen spricht aber ein Brief des Hans Ungelter vom 16. Juli, bei Klüpfel 1, 365. Derselbe berichtet, der König sei heute mit 2500 Reisigen vor die Stadt gezogen und habe Ordnung gemacht — gemustert. Übermorgen (Juli 18.) werde man vermuthlich etwas unternehmen. Auch bei Götz von Berlichingen a. a. O. handelt es

Welch hohen Grad die Verstimmung jetzt erreicht hatte, das
geht unter anderem auch aus den völlig respectswidrigen Briefen
hervor, welche Hans Ungelter nach Hause schreiben konnte. Am
24. Juli theilt dieser dem Rathe von Esslingen mit, der König sei
etliche Tage in Constanz gewesen, jetzt aber in Lindau. Er habe von
vielen Anschlägen geredet und sei immer von dem einen auf das
andere verfallen, sein Fürnehmen sei ganz ungegründet und kin-
disch [1]).

Allerdings fehlte dem Könige ein fester Plan, aber wie sollte er
einen solchen haben können, da nichts zweifelhafter war, als die zu
Gebot stehenden Mittel.

Am 23. Juli zog das wirtembergische Kriegsvolk ins Hegau
ab [2]). Damals kam es zu jenem Gefechte in Thayingen, welches Götz
von Berlichingen in seiner Autobiographie geschildert hat und bei
welchem Diepolt Späth den Kirchthurm mit Pulver sprengte [3]).

---

sich deutlich um zwei Tage, den ersten, an dem nichts geschah, und den zweiten,
wo es wieder zu keinem ordentlichen Treffen kam. „Wäre man aber den ersten
tag, wie es der keyser fürgenommen hatte, angetzogen, so glaub ich es sollt vff
vnser seilten, souil ich gehört hab, recht vnd wol zu sein gangen. Wann man
aber viel rüth vnd viel köpff hatt, so gehet es nicht anderst zu." Pupikofer, Gesch.
des Thurg. I, 311, lässt K. Maximilian am 15. vergeblich ausziehen, und verlegt
einen zweiten Auszug, der aber nur den Zweck gehabt habe, die Dörfer bei Constanz bei der Ernte zu schützen, auf den 17. Juli. Die Angabe des Chr. Schultheiss, im Geschichtsforscher 4, 201, scheint sich auf den 17. Juli zu beziehen. Es
heisst nämlich „vf Wilibaldi" (Juli 7.) sei K. Maximilian nach Constanz gekommen
und Mittwoch hierauf (Juli 10.) habe er gemustert. Die erste Angabe ist entschieden irrthümlich, denn K. Maximilian kam erst Freitag nach Wilibaldi in Constanz an. Der darauf folgende Mittwoch ist aber der 17. Juli. Das städtische Archiv in Constanz, welches seit einigen Jahren durch Herrn Dr. Marmor in gute
Ordnung gebracht wird, enthält leider — ausser den Schultheissischen Collectaneen — keine weiteren Angaben über den Schweizerkrieg, wie mich Marmor
brieflich versichert.

[1]) Klüpfel 1, 366.
[2]) Klüpfel a. a. O.
[3]) Autobiographie des Götz v. Berlichingen, 12. Im-Thurn und Harder, Chronik von
Schaffhausen 105. Kirchhofer, Neujahrsgeschenk 1844, S. 10. Das Gefecht in
Thayingen fiel auf den St. Jacobstag (Juli 25.) oder vielleicht erst den Tag darauf. Auf diesen Zug scheint sich auch zu beziehen, was Schultheiss im Geschichtsforscher 5, 198 bemerkt. Nach ihm lag Graf Wolfgang in Radolfzell.
Übrigens ist bei Schultheiss keine Zeitangabe zu finden und es kann seine Nachricht auch auf frühere Ereignisse sich beziehen, was sogar sehr wahrscheinlich
ist, da sich der Graf am 28. Juli in Wolfach befand.

Gleichzeitig beinahe mit diesem kleinen Treffen war die entscheidende Schlacht von Dornach oder Dorneck, in welcher Graf Heinrich von Fürstenberg erschlagen worden ist, 1499 am 22. Juli [1]).

Graf Heinrich, das ist ausser Zweifel, versäumte die nöthigen Vorsichtsmassregeln [2]), die einem kecken, unternehmenden Feinde gegenüber gewiss sehr am Platze waren. Mit ihm fielen der Graf Wilhelm Wecker von Bitsch, Freiherr Mathias von Castelwart u. a. m.

Zur Zeit als Graf Heinrich erschlagen wurde, befand sich Wolfgang im Kinzigthale. Am 28. Juli, von Wolfach aus, wendete er sich an Bürgermeister und Rath von Freiburg i. Br. [3]) mit dem Ansuchen, seinen an den Ritter Hans von Gilgenberg [4]), sowie an den Rath der Stadt Basel gerichteten Brief dahin befördern zu wollen, da derselbe, wegen der Feinde, von Wolfach aus nicht direct könne abgesendet werden. Das an Basel gerichtete Schreiben [5]), ebenfalls vom 28. Juli datirt, hatte die Auslieferung des Leichnams seines Bruders zum Gegenstande. Basel, das wie Schaffhausen dem Namen nach noch zum Reiche gehörte, sollte sich bei Solothurn desshalb verwenden.

Trotz dieses Schrittes gelang es aber nicht, die Sieger zur Erfüllung der wohlbegründeten Bitte zu vermögen. Am 24. Juli berichten die Hauptleute und Venner von Bern, im Felde unter Dor-

---

[1]) Schilderungen der Schlacht haben gegeben Haller von Königsfelden in den Schweizerschlachten, Glutz-Blozheim 130 f. und Amiet, Denkmale der Dornacherschlacht, Solothurn 1859, eine mit 33 archivalischen Beilagen versehene Gelegenheitsschrift, deren freundliche Mittheilung ich dem Herrn Verfasser danke. Münch hat Glutz-Blozheims Schilderung seinem Werke einverleibt. Die Angabe bei Ochs 4, 628, aus der man schliessen könnte, Graf Wolfgang sei kurz vor der Schlacht, oder während der Schlacht selbst bei seinem Bruder gewesen, ist sicherlich ein Irrthum.

[2]) Vergl. auch die Autobiographie des Götz v. Berlichingen 13, der sich auf einen Bericht beruft, der in seiner Gegenwart dem Markgrafen Friedrich von Brandenburg erstattet wurde.

[3]) Schreiber, Urkh. der Stadt Freiburg 2, 671.

[4]) Der österreichisch gesinnte Bürgermeister. Sein vollständiger Name ist Hans Immer von Ramstein, Herr zu Gilgenberg. Er soll unter dem angenommenen Namen Pfefferhaus mit dem Grafen Heinrich correspondirt haben. Ochs 4, 625. Amiet 23. und Beil. 16, S. 48.

[5]) Abgedr. bei Ochs, Gesch. von Basel 4, 645.

nach an ihre Stadt über die gewonnene Schlacht, die von Basel hätten Boten geschickt und begehrt, die Grafen von Fürstenberg, Bitsch, den von Castelwart und Richenstein in geweihtes Erdreich begraben und heimführen zu lassen. Das sei aber abgeschlagen oder vielmehr der Entscheidung der Solothurner überlassen worden. Diese aber hätten den Bescheid gegeben, „die Edlen müssten bei den Bauern bleiben"[1].

Diese ersten Schritte waren aber, so scheint es, nicht vom Rathe zu Basel, sondern von der Priesterschaft ausgegangen. Am 26. Juli, zu St. Jacob bei Basel, berichten die Hauptleute von Solothurn nach Hause[2], es seien die Barfüsser- und andere Mönche ins Lager gekommen, um die Leichname der genannten erschlagenen Grafen und Herren zu erbitten und sie nach Basel in die Kirche zu führen, allein die Eidgenossen hätten das nicht zugelassen, obgleich man ihnen gerne tausend Gulden bezahlt hätte. Dagegen seien ihnen, den Solothurner Hauptleuten, die Körper der erschlagenen Anführer überlassen worden, doch unter dem ausdrücklichen Vorbehalte „kein Geld dafür zu nehmen". Sie hätten daher die drei Leichname nach Dorneck führen und allda begraben lassen. Übereinstimmend hiemit antwortete die Stadt Basel dem Grafen Wolfgang am 7. August[3]: „Sie hätte es bei den Eidgenossen nicht erlangen können". Die Barfüsser aber hätten ihnen berichtet, dass sie den Leichnam des Grafen von Fürstenberg, auf Anzeige eines Knechtes, der bei ihm gedient, aufgefunden und in der Kirche zu Dorneck, zunächst bei dem Sakramentshaus, neben dem Grafen von Bitsch und dem Herrn von Castelwart in geweihte Erde bestattet hätten. Man habe einen „merklichen Kalk" auf den Körper in das Grab geworfen, daher erachteten sie, derselbe werde wohl zum Theile in Verwesung übergegangen und nicht mehr zu finden sein.

Graf Wolfgang beruhigte sich aber bei dieser Nachricht nicht. Er wendete sich später nochmals an die zu Zürich tagenden Rathsboten der Eidgenossenschaft und verlangte, unter Bezugnahme auf den mittlerweile abgeschlossenen Frieden, mit einem Schreiben vom

---

[1] Bei Amiet Nr. 15, nach einem Auszuge, den Glutz-Blozheim aus der Fr. v. Müllinen'schen Actensammlung, XV. Jahrh. Bd. VII., gemacht hatte und der sich in der Solothurner Stadtbibliothek befindet. Vergl. auch Glutz-Blozheim 136.

[2] Abgedr. bei Glutz-Blozheim Nr. XIV, S. 527 ff.

[3] Bei Ochs, 4, 645 im Auszuge.

8. Februar 1500 [1]) die Überlassung des Leichnams, um denselben in der Ahnengruft beisetzen lassen zu können.

Aber auch des Grafen Wolfgang, ja selbst des Königs erneuerte Versuche scheinen ohne den gewünschten Erfolg gewesen zu sein, denn auf einem am 5. Mai 1500 zu Zürich gehaltenen Tage wurde laut des Abschieds beschlossen, Bern möge seine treffliche Botschaft gen Solothurn fertigen und im Namen gemeiner Eidgenossenschaft möglichen Fleiss anwenden, damit die Körper der drei Herren, die zu Dornach geblieben sind, römisch-königlicher Majestät zu Ehren, der Freundschaft (den Verwandten) verwilligt würden, sie abholen und ehrlich bestatten zu lassen [2]).

In der erbeuteten seidenen Schaube des Grafen zu Fürstenberg stolzirte, während zu Basel der Friede unterhandelt wurde, ein gewisser Bitterlin aus dem Leimenthale herum. Als der Bischof von Worms, Johann von Dalberg, einer der Gesandten, ihn und seine Gesellen fragte, was denn dieser Aufzug zu bedeuten habe, erhielt er die Antwort: sie seien die Bauern, die den Adel strafen [3]).

---

[1]) Beil. XXVI. Das Schreiben ist erwähnt bei Glutz-Blozheim 136 Note 328. Demnach war die Verwendung aller Orte der Eidgenossenschaft fruchtlos gewesen. Auf einem 1499, Freitag vor Nativ. Marine (Sept. 6.) zu Basel abgehaltenen Tage steht, nach Amiet's freundlicher Mittheilung, im Abschiede — besonder ouch der heren halb so vor Dornegk sind beliben, vund mit grosser bitt begert worden heim zu füren zu irn vorderan, vund dannacht der kilchena daselbst darumb ze tuud wie sich wirdt gebüren, das ouch alle ortt der Eidgnoschafft zugesagt haben an (ohne) Solloturn, das soll daselbs mit gantzem ernst angebracht werden, wie das alles die hotlen wol zu tun wissen. — Staatsarchiv Solothurn. Vergl. auch den in der amtlichen Sammlung der Tagsatzungsabschiede von Segesser 3. 633 gegebenen Auszug. Fernerhin verwendete sich die Tagsatzung bei Solothurn vermöge eines Abschiedes dd. Dienstag nach Lichtmess 1500 (Febr. 4.) Aus diesem Abschiede, den mir Amiet ebenfalls aus dem Solothurner Archive mitgetheilt hat, ist ersichtlich, dass man der Capelle, in welcher die drei erschlagenen Anführer lagen, 200 Gulden verehren wollte und dass auch K. Maximilian seinen in Zürich befindlichen Boten Auftrag gegeben hatte desshalb zu unterhandeln.

[2]) Mittheilung des Herrn Staatsschreibers und Archivdirectors J. J. Amiet in Solothurn, nach Tschudi, Samml. 2, 8. Über die Tschudische Sammlung vergl. Glutz-Blozheim im Vorworte S. XI. Auch Anshelm 3, 15 bemerkt, die drei Herren seien zu Dornach begraben.

[3]) Anshelm 3. 54. Daselbst wird die Schaube beschrieben „mit einem breiten wyssen crütz wie ein mess cassel" (casula). Die Farbe scheint aber ein Irrthum zu sein, denn das Kreuz des Bundes war Roth auf Weiss, während die Eidgenossen weisse Kreuze auf Roth trugen. Haller v. Königsfelden s. a. O. spricht von der

Nach der entscheidenden Schlacht von Dornach geschah im Felde nichts mehr, wenigstens nichts von Belang. K. Maximilian hatte freilich den Muth noch nicht verloren, wohl aber die Mittel zur Fortsetzung des Krieges. Am 27. Juli, von Lindau aus, schrieb er an den Grafen Wolfgang [1]), der ihm angezeigt hatte, dass er sich auf kurze Zeit auf seine Herrschaften im Kinzigthale begeben müsse. Dieses in mancher Hinsicht merkwürdige Schreiben ist, seinem Eingange nach, ein rühmender Nachruf auf den für das Reich und eine gute Sache erschlagenen Grafen, dessen treue und vielseitige Dienste gebührend anerkannt werden. Was den Urlaub betrifft, so genehmigt ihn der König, doch solle sich Graf Wolfgang nach Rothenburg am Neckar verfügen, auf einen Tag, dessen Beginn man ihm noch mittheilen werde und auf welchem man neue Streitmittel beschaffen zu können hoffte. Dieser Tag kam aber gar nicht zu Stande, denn in der Nachschrift kündigt Maximilian an, dass er sich selbst persönlich von Stunde an erheben und auf den Marsch begeben werde, um die bei Pfeffingen im Sundgau gelegenen Feinde zu bestrafen. Auch er, Graf Wolfgang, möge sich augenblicklich mit ganzer Macht erheben und dem Sundgaue zueilen.

Aber auch dieser Plan des Königs kam nicht zur Ausführung. Maximilian selbst blieb noch am folgenden Tage in Lindau [2]). Von hier aus gab er dem Reichserbmarschalk Wilhelm von Pappenheim den Befehl, mit seinem Kriegsvolke nicht in die Richtung von Engen zu marschiren, sondern bis auf weitere Weisung in Überlingen liegen zu bleiben. Am 28. Juli war Maximilian in Constanz, am 3. August in Radolfzell, am 9. in Villingen und an den Donauquellen, am 11. und 12. in Hüfingen und am 13. in Freiburg i. Br. [3]).

weissseidenen Schaube des Feldherrn, erklärt aber dieselbe höchst ungeschickt durch einen Hut. Schaube ist ein Gewand; das mundartliche Schöpe der schwäbischen Bauern und das bayrische Joppe hängt damit zusammen. Vergl. Schmeller 3, 306. Dass das Kreuz der Eidgenossen schon 1499 weiss war, ist actenmässig, aus mehreren Schreiben im Züricher Staatsarchive, z. B. Sch. 610, 1, 39.

[1]) Beil. XXIII.

[2]) Beil. XXIV.

[3]) Nachweisungen bei Stälin a. a. O. 360. Über ein an den Donauquellen gefeiertes Fest sagt Pirkheimer, bell. Suit. 25: „Et quia Danubius fluvius non procul inde (von Villingen) in villa haud magna Donn Esching nomine e colle quodam medio juxta limpidissimae aquae scaturiginem ingenti oritur fonte, Caesar cum Regina sub tentoriis juxta scaturiginem positis magnificum celebravit convivium, ubi et

Wie es aber um jene Zeit bezüglich der Stimmung des schwäbischen Bundes aussah, davon gibt uns der vielgenannte Hans Ungelter in einem Schreiben vom 13. August bedauerliche Nachrichten [1]). Er theilt den Esslingern mit: „Schier alle Tage kommen Befehle vom König, jetzt dahin, jetzt dorthin auf den Anschlag zu ziehen; sie haben es aber bisher nicht thun wollen, er berufe sie denn vorher auch dazu und gebe zu verstehen, was die Anschläge bedeuten; bedünke sie (natürlich die Bundesräthe) es dann dienlich, so werde es ihrenthalben keinen Mangel haben".

Das ist eine sehr deutliche Sprache, die hinreichend erklärt, wesshalb der König, trotz seines ausgesprochenen Vorsatzes, nicht ins Sundgau ziehen konnte. Ein am 17. August in Freiburg erlassenes Mandat [2]) erhärtet ebenfalls die schlimme Lage Maximilians. Dasselbe ist an sämmtliche Herren von Pappenheim gerichtet und zeigt deutlich, dass unter solchen Umständen der Krieg nicht weiter fortgesetzt werden konnte. Das Reichsoberhaupt beklagt sich nämlich darüber, dass man ihm die nöthige Hilfe nicht leiste, gebietet augenblicklich in Person und mit der auferlegten Zahl von Knechten sich im Felde einzufinden und droht zum Schlusse mit dem Verluste aller Regalien und Privilegien. Das betreffende Ausschreiben scheint ein, mutatis mutandis, an verschiedene Stände des Reiches gerichtetes Generalmandat zu sein.

Was die Abschliessung des Friedens betrifft, so erfolgte dieselbe bekanntlich unter Vermittelung des Ludwig Moro Herzogs von Mailand [3]). Die Eidgenossen gewannen das Landgericht im Thurgau,

---

choreis et multiplicibus indultum est voluptatibus, perinde ac tam celebris amnis origo jucundo illo et celebri honoraretur conventu." Donaueschingen war erst im Jahre 1488 durch die Brüder Heinrich und Wolfgang Grafen zu Fürstenberg von der Witwe des Diepolt von Habsberg und deren Söhnen Ulrich und Diepolt erkauft worden. Was die Königin Blanca Maria betrifft, so nahm dieselbe auch an Geschäften thätigen Antheil, wie unter anderem mehrere den Schweizerkrieg betreffende Schreiben bei Schreiber, Urkb. der Stadt Freiburg 2, 642 ff. beweisen. Dass es sich aber auch in Donaueschingen nicht nur um Feste handelte, sondern auch um Geschäfte, ersehen wir aus Klüpfel 1, 372.

[1]) Klüpfel 1, 372.
[2]) Beil. XXV.
[3]) Häberlin, Reichsgeschichte 9, 165.

und die vollständige Trennung der Eidgenossenschaft vom Reiche
war und blieb jetzt eine vollendete Thatsache. Bald hierauf lösten
sich auch Schaffhausen und Basel von Deutschland ab. Das war das
Ende des Schweizerkrieges! Was den Grafen Wolfgang zu Fürstenberg betrifft, so leistete derselbe dem Kaiser und dem Reiche noch
manchen guten, erheblichen Dienst. Die Stelle eines wirtembergischen Landhofmeisters legte er nieder, als er als Hofmarschalk
ganz in König Maximilians Dienste trat. Maximilian ernannte den
Grafen auch zu seinem Landvogte in der Ortenau und im Elsasse,
und König Philipp von Castilien nahm ihn im Jahre 1505, vor seiner letzten Reise nach Spanien, auf welcher ihn der Graf zu Fürstenberg als getreuer Rathgeber begleitet hat, unter die Zahl der
Ritter des hohen Ordens vom goldenen Vliesse auf. Gestorben ist
Graf Wolfgang am 31. December des Jahres 1509. Er war ein
durchaus ritterlicher, kluger und gottesfürchtiger Herr und stand im
ganzen Reiche in verdientem hohen Ansehen. Als Feldherr des schwäbischen Bundes hat er geleistet, was überhaupt unter den gegebenen
Umständen geleistet werden konnte. Ihn persönlich kann wegen des
unglücklichen Verlaufes des Feldzuges kein Vorwurf treffen. Sein
Bruder Graf Heinrich dagegen hat die nöthige Vorsicht nicht angewendet. Seine glänzende Tapferkeit war nicht mit der dem Feldherrn
unentbehrlichen Umsicht gepaart. Doch sollte man nicht vergessen,
dass sein rascher Zug ins Hegau wesentlich dazu beigetragen hat,
die von den Eidgenossen schwer bedrängte Stadt Stockach zu retten.

URKUNDLICHE BEILAGEN.

I.

1497. Aug. 14. Zabern.

(Fürstlich-Fürstenbergisches Archiv.)

Albrecht von gottes gnaden bischoff zu Straspurgk, pfaltzgraue by Rine, hertog jm Beyern vnnd lanndgraff zu Elsass.

Vnnsern fruntlichen grüss zuuor, edler lieber besonnder, als wir vnnsern rat vogt zu Rufach vnnd lieben getrüwen, Jacoben von Lanndspergk den eltern, bewiser diß briefs, mit andern des nydern bünds fursten vnnd stetten verordenotten, der Farenbülere vnnd Sanct Gallen mißhell by der Romisch königlichen Mayestat zu hanndlen, von vnnsern wegen abgevertigt, jne ouch etliche suplication, du vernemen wirdest, vnnser selbs gescheft berürende, der königlichen mayestat mit dinen ratt vnd furdernüs zu vbergeben haben beuolhen, bitten wir dich mit flys früntlich, benanttem vnnserm abgevertigoten siner müntlichen werbung dißmals jnmossen vns selbs zu gloüben, vnnd die suplication zu vberanttwurten für die königliche mayestat zu verhelffen, so vill dir auch gebüren will, vnnser zymplichen begere, vnnd vorabe der lösung zweyer dorffere Merxheym vnd Rettersheym, von der königlichen mayestat schrifftlich bewilligung vnnd commission zu erlanngen, dorjnne dich zu bewisen, jnmossen wir vns sonderlich zu dir getrösten vnd jn allem gutten wellen beschulden vnnd erkennen. Datum Zabern vff vnnser lieben frouwen obendt assumptionis anno etc. XCVII.

Aufschrift: Dem edlen vnnserm lieben besonndern Heinrichen grauen zu Furstennpergk, lanndgrauen jn der Bare vnnd herren zu Hüsen jm Kintzigentall, der Romisch königlichen mayestat marschalck.

Pap. Orig. mit Siegelspuren.

II.

1497. Aug. 19. Constanz.

(Fürstlich-Fürstenbergisches Archiv.)

Vnsern früntlichen dienst voran, wolgeborner lieber herr vnnd fründ, als wir éch vormals schriftlich gebetten, vns von wegen der vereinung, so wir mit gemain Aidgnossen anzenemmen bewiligt, gegen vnserm allergnedigisten herren dem Römischen künig ze uerantwurten, haben wir hern Johansconraten von Bodman, thûmbhern vnsers thûmbstiftz Costentz, vnd Walthern von Hallwil vnsern hofmaister, anderer sachen halb zû küniglicher mayestat gefertigt, vnd jn dabj befolhen vnns witter gegen siner küniglichen mayestat zu uerantwurten, darumb bitten wir éch, jr wellen jnen hierjnn fürderlich hilflich vnnd ratlich sin vnnd bewysen, als wir éch sonder wol getruwen; stat vnns widerum früntlichen ze uerdienen vnd ze verglichen. Datum Costentz sambstag nach assumptionis Marie, anno etc. LXXXXVII.

Hugo von gottes gnaden
bischoue zu Costentz.

Aufschrift: Dem wolgebornen herren Hainrichen grafen zû Fürstenberg, lantgraf in Bar, hern zû Husen jm Kintzgental, marschalk, vnserm lieben hern vnnd fründ.

Pap. Orig., mit dem stumpfen aber noch zu erkennenden Ringsiegel des Bischofs.

III.

1499. Febr. 16. Stuttgart.

(Fürstlich-Fürstenbergisches Archiv.)

Vlrich von gots gnaden hertzog zu Wirttemberg etc., mit geordnetem regiment.

Vnnsernn früntlichenn grus zuuor, wolgepornner lieber öheim vnnd getrüwenn. Wir habenn houptlüttenn vnnd rüttenn des Swäbischen punds, yetzo zu Costenntz versamellt, geschriben lutt hierjnnligender copy [1]), vnnd ist vnnser guttbedunckenn ouch ernnstlich meynung vnnd befelh, jr wöllet by den bemellten houptlütten vnd rätten fürdernn vnd mit vlyß daran sein, das alle rätt vnnd stennd des punds

---

[1]) Nr. IV.

an ain gelegen målstatt fürderlich vnnd vnuertzogenlich beschribenn vnnd durch dieselben gerautslagt vnnd beslossenn werde, wie man sich zum krieg schickenn vnnd ob man den auff ain veldstritt oder täglichenn krieg stellenn wölle, damit sich yederman daryn wißte zu schickenn vnnd den vinden dester stattlicher widerstannd geschehenn möcht, wie dann die obberürtt copy mit ferrerm begriff aigentlich antzeigt; dann nachdem wir nüner ain merckliche antzal jnn vnnserm costenn habenn, wo man dann also sölt still ligenn, wißt jr, das jnn vnnserm vermögen nit ist denselben costenn zu erlydenn, deßglichen achten wir anndern ouch geschehen würde; so man sich aber wie obstett ainer beslüßlichen meynung vereint, wöllen wir, es sig zum veldstritt oder teglichen krieg, vnnser vermögen zum allerhöchstenn getrülich darstreckenn, vngezwiuellt es werde von andern pundsuerwandten dermassenn ouch geschehenn. Wöllet vns ouch verstentlich berichtenn, wie die sachenn diser zytt gestallt syen, mit was macht die Eidtgenossenn auf vnnd was jr fürnemen sig, deßglichenn wie sich der pund dargegenn schicke, wie sich iederman dariun mit dem zuziehenn hallt, ouch ettwar dem pund oder den Eidtgenossenn zuziehe, vnnd wer dieselbenn syen, mitsampt annderer nottürfftiger vnnderrichtunge, souil jr des von üch selbs vnnd usser erfarung wissenn hapt, damit wir vnns demselbennach ouch destbaß wissenn zu halltenn. Ouch so wöllet der sach desternstlicher vnnd vlyssiger auffsehenn habenn, damit vnns, alls der sach dem gelegnestenn, nit am maistenn beschedigung zugefügt werde, alls villicht ettlicher meynung sein möcht, vnnd herinn getrüwen vnnd vngespartten vlyß nach vnnsrem vertrüwenn fürkerenn, wöllen wir vnns zu üch gentzlich versehen, ouch mit sonndern gnaden beschulden vnnd erkennen. Datum Stutgartten Sampstags nach Valentinj, anno etc. LXXXXVIIII.

Aufschrift: Dem wolgepornnen vnnserm lieben öheym, landthoffmaister vnnd getrüwen Wolffgangenn grauen zu Fürstemberg etc. vnnd Conrattenn Brüning, vnnserm secretarien, sament vnnd jedem besonnder zu aigenn hanndenn.

Pap. Orig. mit Siegelspuren.

Erwähnt bei Münch 1, 435, jedoch unter dem nicht ganz zutreffenden Datum „Valentini 1499" und bei Heyd 1, 58, am letzteren Orte mit dem richtigen Datum.

400

IV.

1499. Febr. 16.

(Fürstlich-Fürstenbergisches Archiv.)

Vlrich von gots gnaden hertzog zu Wirttemberg vnnd zu Teck etc.,
mit geordnettem regiment.

Vnnsern fründtlichen vnnd günstlichen grus zuuor, wolgebornne
lieben öheimen vnnd besonndern, vf hüt an morgen jst vnns üwer
schryben aber zukomen, darjnn jr vnns der Aydtgnossen fürniemen
vnd beschedigung gen königlicher mayestet vnd puntsverwanten [1])
(zu erke)nnen geben, mit ernnstlicher vfmannung mit macht zu (roß
v)nd fuß zuzeziehen etc., das wir haben vernomen vnd achten (wir,
da)s nuemer, vf üwer vnns nechst derglych schreiben, die v(nn)sern
jn mercklicher zal daoben vnd ouch noch vf dem weg syen, wie wir
dann vnserm landthofmaister deshalben zu handeln ouch geschriben
vnd beuolhen haben, vngezwyuelt jr werden by demselben abnie-
men, das vnnsernhalb an tröstlicher hilff nit mangel sy; aber so man
also zusamen kompt, vnd mit solichem mercklichen costen nicht mér
schaffen sol, dann also stil zu ligen vnd zuwarten, was die Aydtgnossen tun wellen, bedunckt vnns damit der sach nit geholfen, sonnder sölichs dem pundt ain mercklicher abbruch sin, dann mit dem
costen, des man sich hernach zu eroberung der sach gebruchen solt,
jn die her oder ainem yllenden fürniemen, wurdet yetzo vergeben
nicht gehandelt, vnd jn niemands vermügen also mit macht vngeschafft
alda zu uerharren, sonnder wellher by den ersten zuzücht, der wurdet des costen halb des letsten nit mögen erwarten, vnnd mag dadurch zerstörung vnnd schaden disem des punts fürniemen wol begegnen; aber so wir das anligen diser vfmannung so ernnstlich mercken, wolt vnns nochmals (not)türfftig vnnd gut ansehen, wie wir
üch jn nechster vnser (schri)fft ouch angezögt haben, das zum fur-
derlichsten ain tag (au dartz)u gelegen end fürgenomen vnd dartzu
allen puntsue(rwandten) zu schicken geschriben, vf dem der handel,
nachdem er (mercklich) vnnd gross ist, für ougen genomen vnnd
statlich ge(re)dt vnd geratschlagt wurd, wie vnd was darjnn, es wer
zu täglichem krieg oder mit ainem stryt, fürzuniemen wer, vnnd jn
demselben ouch die mas gehalten, damit yedermans hilf statlich dartzu

---

[1]) Hier ist ein Loch im Papiere. Die wahrscheinlich zu ergänzenden Buchstaben und
Worte sind in Klammern gestellt.

gedienen möcht, das beducht vnns dem ganntzen hanndel eroberlich
vnnd nützlich ouch verantwürdtlich sin, darumb wir üch ouch sölichs
(in) gutter maynung anzögen, ongezwyuelt von üch, (jr werden)t darjnn
die vnnd ander nottürfft nit vnder(lassen) betrachtlich vnd wol zu
erwegen, dann al (da)s, so wir schuldig syen, sol by vnns nicht
mang(el) haben, dasselbig nach vnnserm vermögen zu thund vnd mer
vnd nit minder. Datum Stutgarten vf Sampstag vor dem sontag
jnnuocavit, anno etc. LXXXXIX.

Aufschrift: Den wolgebornnen vnnsern lieben oheimen vnd be-
sönndern gemain houptlüten vnd räten des punts zu Schwauben
zu Costentz versamelt.

Pap. Copie aus der herzoglichen Canzlei, dem unter Nr. III abgedruckten
Originalschreiben beigelegt und darin erwähnt.

V.

1499. Febr. 21. Engen.

(Fürstlich-Fürstenbergisches Archiv.)

Durchlüchtiger hochgebornner fürst, gnediger herr, üwer gnaden schryben mir yetzo zügesanndt, hab ich seins jnnhallts vernommen, vnd am ersten, das üwer gnad nit mer volcks heruff schickenn
köndt, mit antzeigung der bewegenden vrsach, sich des gewerbs
hertzog Eberhards halb erögennde etc., des trag [1]) ich müglich mit
üwer gnaden sorg [2]) vnd darumb die zwen hoptman [3]) zu üwern gnaden hinab verordnet (vnd kundt diser zyt, in ansehung vile des volcks
hieoben, vnd das es tailt ist, nit mer hinab schicken, sonder were
man noch mer hoptlüt heroben ze haben nottürftig) [4]); vnd gib üwer
gnad zu erkennen, das ich mit rät annderer alhie von üwern gnaden
fussvolck by IIII\.c. mannen vssgeschossen, dieselben alhie zu Enngen
zu dess besatzung behallten, vnd hab das überig üwer gnaden volckb
widerumb gein Tutlingen geschickt, alda by den annderen üwern gnaden zügehorigen zu beliben, bis von anndern des punts verwanndten
ouch zugezogen vnd den Aydtgnossen stattlicher widerstannd, das

[1]) Statt trag stand hab, was aber ausgestrichen ist.

[2]) befrembden vnd sorg (ausgestrichen).

[3]) Die Worte: „die zwen hoptman" sind zwar gestrichen, müssen aber im Texte
bleiben, wenn nicht der Satz ganz unvollständig werden soll.

[4] Die hier und an folgenden Stellen in Klammern gestellten Sätze und Worte stehen
im Originale in margine beigefügt.

ain grosse macht eruordert, beschehen mag; denn sie ligenn ob
zwelff tusennt starckh allennthalb jm Hewgew, vnd ziehen darjnn mit
gewalltiger herschung vnuerhindert aller menschen vnd brennen alle
dorffer darjnn, haben den Randeckern ain schloss Halsperg genant
vnd grauen Sigmunden [1]) von Lupffen ain schloss Rosseckh gehaissen
(vnd der vêhoff zu Hoburg) [2]) zůsampt allen jren dörffern verbrennt,
vnd yetzo ob dryssig tusennt guldin schadenn gethon, vnd sonnder
vff hüt dato dreuw dörffer verbrennt, vnd nemlich ain dorff das nit
ain viertail myl wegs von Ennngen gelegen ist gebrantschaczt. (Sie
haben ouch vff hinacht zů Stysslingen ain wagennburg vfgeschlagenn)
vnd versich mich allstund ouch jr maynung zu sind Enngen zu be-
legern. Es sagt ouch ain knecht, den wir vß jnen gefangen hand [3]),
das jr ernstlich fürgefaßt mainung vnd anslag sye, das ganntz Hew-
göw zu uerhergen. (Vnd, als mich die sach ansicht, wa jnen dan
nit dapfferer wyderstand geschicht, so ist müglich, nachdem sie mit
ordnung vnd ainer wagenburg ziehen, das sie jr wagenburg vor Vlm
schlissen werden, oder an ainem anndern ennd, da man sich des
velycht nit versehen möcht) [4]). Darumb ich üwer gnad mit trüwen
rat, die jren byennander zů Tutlingen des anndern zůzugs warten
zu lassen, dann söllten sie üwer gnad an ainem ort ynfallen, so
besorg ich, das yederman mit vorcht vnd schrecken beladen vor jnen
hinweg fliehen möcht, dann sie ziehen vnbetaidigt aller welt so trutzig
vnd mechtig davmb, das sie one zwyfel kain schlacht waigern, vnd lassen jnen gros geschütz nachbringen, darab zu mercken ist jr gemüt
wyters begerennde; vnd wiewol man yederman lut des pundts
aynung zum ernnstlichsten schryht vnd vffmant, so gêt es doch so gar
klain vnd behertzigt so wenig, das sich min hoffnung vnd getrüw
naigung, so ich als ain sonnder gůter getrüwer pundtsgnoss zum
pund gehept hat, zu desselben ganntzer verachtung genaigt hat,
aber üwer gnad wirdt gebryßt jrer eerlichen halltung, das sich die
lut jr verschrybung des pundts aynung bewyßt vnd one zwyfel sö-

---

[1]) Hainrichen (ausgestrichen).

[2]) Ohne Zweifel Homburg.

[3]) der hy jnen gelegen vnd albie betretten vnd augnomen ist (ausgestrichen).

[4]) Statt der in Klammern stehenden, längeren Stelle stunden die nachfolgenden ausge-
strichenen Zeilen: vnd alsdan gein Stülingen über graue Sigmunden von Lupfen vnd
ouch durch min herschaft die Bare zu ziehen, desshalb ich besorg, wa jnen nit
tapfferer widerstannd begegnen, sie werden an uwer gnaden fürstenthum, als sie jm
bisher noch glych gethon hond, dannoch nit erwünden, so sein sie yetzo nach daran.

ichs zů gůt nimmer vergessen. Ich hoff aber, so man noch trüw-
lichern zuziehen, man werde lob vnd eer erlanngen vnd gross verderben verhütten, dann so diser huff geschlagen, würd es, mins ver-
mains, der anndern halb nit not haben. Es ist geratschlagt, das ich
mich vf morn mit ůwer gnaden rayssigen (vnd andern) hie hinweg
vnd vff die schloss hieumb glegen thůn söll, daruss gegen den fyn-
den, so vsserthalb der rechten ordnung vnd macht abschwaiff vmbzie-
hen, wann es statt haben müg, zů handeln, das ich von ůwer gnaden
wegen vngespart mins lybs vnd vermögens gantz begierig bin, doch
willens, schaden vnd vnwegs, als ůwer gnad begert, souil möglich
ist, zu uerhütten. Graue Andres von Sonnemberg ligt albie mit söli-
cher krankhait befanngen, das er vermaint, so es sich bis morgen
nit zů besserung schicke, zů bychten vnd von trüwer begird vnd
hertz, das er yetzo so gern in vermugen stuud, meret er sin kranck-
hait. Verner als ůwer gnad begert sie zů berichten der vrsach vnd
des fugs, so vnsers tails gegen den Aydtgnossen sye etc., will ich
vnuerlenngt zu wissen thůn. Des angesetzten tags der versamlung
halben haben wir vff hüt dato Jörigen von Werennwag vnd Conrad
Breuning gein Costenntz ze rytten vnd by den houptluten zu arbeiten,
das der angezeigt versamlung tag neger vnd so verst als sin möge
(angesetzt werde), abgeuertigt vnd hinweggschickt. Das sind diser
zyt die löff vnd henndel hieoben, die ich ůwer gnaden, sich jn allweg
darnach haben zu richten, nit hab wollen verhallten. Datum Enngen
dornstags nach jnuocauit anno etc. XCVIIII.

Wolfgang etc.,
vnd Diepolt Spät ritter etc.
Pap. Originalconcept mit vielen Correcturen.

Es ist dieser wichtige Bericht im Auszuge gegeben bei Heyd 1, 59.
Dass derselbe an Herzog Ulrich und das verordnete Regiment gerichtet
ist, bedarf keiner besonderen Nachweisung.

VI.
1499. März 12. Feldkirch.
(Fürstlich-Fürstenbergisches Archiv.)
Den hauptlewtten zu Bregentz.

Item das die vnnsern, so zu Glurns jm zusatz gegen den finden
so jm Münstertal ligent, nachdem vnd si Nüders[1]) das dorff juge-

---

[1]) So! Im Folgenden immer Nawders.

nomen vnd geblundert, dartzu ettlich vnnser knecht jn das sloss, demnach vnd jr ain klain antzal gewesen, jrem vortail nach redlich gewichen vnd das sloss Nidersperg redlich jnngeballten, sind her Vlrichen von Hapsperg vnd annder mit dem zewg von Glurns gester sontags (März 10.) herauff geen Nawders geruckt, zwen hauffen gemacht; alsballd das vnser find gewar worden, haben die Nawders angezündet doch nit halbs verbrennt, sich von stund die find jn die flucht gestellt, an ain berg, darnach sich gewenndt, mit vnnserm hauffen troffen vnd darnach aber die flucht zum anndern mal an sich genommen. Item die vnnsern haben der find ain gutt tail erslagen, wissent aber nit wieuil, dartzu haben aber die vnnsern Nawders wider eingenommen vnd da gelegert. Es sind die Engadiner mit sampt den finden all in das Engadin schanntlich geflohen. Lieben herren vnd gutt fründ, ich will gar in ainer kurtzen zeitt, als ich euch wol zu wissen thun will, bey euch sein mit ainem gerüstenn zewg, daran jr kein zweifel sollt haben. Das han ich euch jm besten nit vnuerkunndt wollen lassen.

Frannz Schennck von Schennckenstain.

Lieben herren vnd gütt fründ, ich schick euch hie jn eyl ain abschrifft wie obstat, vnd will aber euch von stunnd all sachen vnd notturfft weitter berichten. Datum zu Veltkirch auff zinstag nach letare 99.

Her Hannsjacob von Bodman hauptman.

Gleichzeitige Copie, ohne Spuren der Besiegelung.

VII.

1499. März 18.

(Fürstlich-Fürstenbergisches Archiv.)

Min fründtlich willig diennst zuuor, wolgeborner fründtlicher lieber ôhaim, nauchdem minen brüdern vnd mir vff gehaltem tag zü Vberlingen von hauptlütten vnnd rätten in yetzigen zug in das Hegöw achtzig füßknecht vnd drew pfärd ze schicken vfferlegt sind, hab ich, souil minem bruder graue Hugen vnnd mir daran gepurn, nämlich viervndfünfftzig mit sampt zwayen pfärden geschickt, vnngezweyfelt min brüder graue Vlrich habe sin anzal auch abgefertiget, mit flyß pütennde, du wöllest die all in truwlicher vnnd gnediger beuelh haben, wie deß vnnd vil grössers vnnser fründtlich vertrüwen zü dir steet, wöllen min brüder vnnd ich früntlich vmb dich verdienen. Datum vff möntag uauch judica anno etc. LXXXXVIIII.

Jörg graue zü Werdennberg etc.

Aufschrift: Dem wolgebornnen Wolffgangen grauen zü Fürstennberg landthoffmaistern etc. minem früntlichenn lieben öhaim.

Pap. Orig. mit dem stumpfen aber noch kenntlichen Ringsiegel des Grafen.

VIII.

1499. März 18. Engen.

(Fürstlich-Fürstenbergisches Archiv.)

Durchlüchtiger hochgebornner furst, gnediger herr, in diser nechstuergangen wochenn haben wir vernomen, das die hoptlut vnnd räte des pundts, zü Ѵberlingen besamelt, willens sein sollten ain grosser hilff (vfzlegen) [1]. Vnd bin daruff ich der lanndthofmaister, solhs zu erkoundigen, selbs gein Ѵberlingen geritten. Alda ist mir enntdeckt, doch ganntz in gehaym, das man, durch den lanndtvogt jn der Hagnow, Jacoben von Fleckenstain vnnd annder gütgonner des Swäbennlannds, ganntz ware kuntschafft hab, das die Aydtgnossenn ju nechstuerganngen tagen zu Lucern ain gross versamlung gehapt ynd alda enntlich beschlossen haben, sich (vfs best) jn den schierkomenden osterfyrtagen mit ganntzer macht (an ainem huffen) vnd jrem hoptgeschütz zu erheben vnnd aintweders durch das ganntz Swäbenlannd zu ziehen [2], (vnd sollten sie joch all) zu todgeschlagen [3] werden, oder doch ain richtung zu erlanngen, damit sie mügen gebrestenhalb der liferung den teglichen krieg ganntz nit erlydenn. Es gilt [4], als ich warlich bericht bin, ain malter kernns ju Aydtgnossen acht guldin. Hierumb [5] sy gerätschlagt vnd (allen pundtsverwandten ernnstlich mit höchster) [6] vssgeschriben, das man die ersten hilff fürderlich zuschicken vnnd von stund an noch ain viertail des grossen anslags, der sich noch ainist als vil, als des ersten zugs ist, (treffen

---

[1] Die hier und in der Folge in Klammern gestellten Worte stehen in margine oder über der Zeile.

[2] Hier folgt „oder aber", was aber ausgestrichen ist.

[3] Folgt „zu", ist aber ausgestrichen.

[4] „auch", ausgestrichen.

[5] „ist", ausgestrichen.

[6] Hier fehlt ein Wort, wahrscheinlich „eyl".

wirt), vmbslahen vnd jn rüstung halltenn soll, wann man darumb
schryb, das die on uerzug zuziehen, dann man meg, als gut zu ermessen sy, mit dem erstenn vssschutz solicher macht nit widerstên, vnnd
verhoffen, so also noch ain viertail zum ersten vssschutz vssgeschossen (der sich alles by X tusent mannen betreffen) [1], vnd vff das
eruordern zugezogen (werde), es sölle damit auch des reichs stett
vnnd annder hilff, so nit im pund sein vnd doch zu der kuniglichen
mayestet zukunfft (vnd vff derselben ermanung) zuziehen werden,
den Aydtgnossen widerstand beschehen vnd also der grossen hilff nit
bedörffen. Vnd was auch die maynung, das üwer gnad solichs ouch
wie anndre fursten vnd pundtsverwanndten geschriben vnd ermant
werden sollte. Also stallt ich das ab vnnd sagt, das ich solichs (selbs)
üwer gnad zuschryben wurde. Vnd ist daruff vnnser bayder gutbeduncken, das üwer gnad ouch noch als vil, als des ersten volcks sein
soll, nemlich tusent fusknecht (guter gerüter lüte), erwelen, bestellen
vnnd in rüstung hallten (lassen) welle, vff das wir üwer gnad wyter
darumb schryben, das sie dann one verzug zuziehen. So wellen wir
üwer gnad ouch nit schryben, es thu dann ganntz not vnd das wir
gewiss syen, das die Aydtgnossen daher ziehen, vnd verhoffen damit,
(mit solichen zehen M. vnd andern als obstet zuziehenn werden, da
mit hilff des allmechtigen, mit ainer slacht, so wir also lifern werden), zu schaffenn, das man der grossen hilff nit bedörffen vnd der
krieg damit ain ennd nemen sölle. Wir raten ouch, üwer gnad welle
die erst hilff, jn massen wir [2] (von üwer gnad räten zu Vberlingen
abgeschiden sein), heruff schicken. So habenn wir üwer gnad vormals geschriben, das wir by LX fryer knecht des monats vmb zwein
guldin solds angenomen haben, mit bitt, den stett (vnd ämptern) die
besoldung für die lut vfflegen zu lassen, ouch das harnasch zu solichen knechten, so söll jn das harnasch erberglich widergeantwurt
werden. Nun haben wir zu den vorigen LX knechten noch LIIII angenomen, dero sold vnd harnasch welle üwer gnad ouch vmbtailen,
vnd bemelt besoldung vnd harnasch vff gantz somm der hundert vnd
viertzehen knechte furderlich heruff schicken, dann wir haben
juen yetzo vff den sold lyhen müssen. Vwer gnad welle ouch mich
den lanndthofmaister fürderlich berichten, ob jr gefellig sy, das ich
die höptmanschafft annémen soll, dann ich hab yetzo die sachen jn

---

1) Folgt noch „wirdet", was aber ausgestrichen ist.

2) „vor geschriben haben", — ist aber ausgestrichen.

die hannd nemen müssen vnd werd von menglichem als ain hoptman
angesucht, darumb jch (in allen hendeln red vnd antwurt geben muss
vnd so) ee so lieber üwer gnad willens wissenn haben wolt, mich darnach haben zu halltenn. Vernner geben wir üwer fürstlichen gnad
zu erkennen, das wir vff dornnstag yetzt verruckt aller nechst by
Schaffhusen vier [1]) dorffer verbrennt vnnd Schaffhusen besehen haben,
gût gedingen vff mitwoch nechst durch ain anslag yetzo verfasst
gegen vynden zu schaffen, dann da wirdet kain fyren mer, hon wir
üwer gnad für nüw zytung nit verhallten wellen. Datum Enngen men-
tags nach judica anno etc. XCIX.

     üwer furstlichen gnad

                    lanndthofmaister vnd

               •   Diepolt Spätt ritter.

     Schickennt ouch heruff meßbuch, meßgewannd, kelch, bettstain,
kaps zû den hailigen sacramenten vnd alles anders darzû ghörig, so
her Hanns Caspar Marschalk jn Burgundj gehapt hat. Schickennt
ouch Wenndeln trumptern des buwmaisters ross.

Aufschrift: Dem durchluchtigen hochgebornnen fursten vnd her-
     ren, hern Vlrichen hertzogen zû Wirtemberg vnnd zû Teck,
     grauen zu Mumpelgart, vnnserm gnedigen herren.

          Pap. Originalconcept mit vielen Correcturen.

IX.

1499. März 22. Stuttgart.

(Fürstlich-Fürstenbergischen Archiv.)

Vlrich von gots gnaden hertzog zu Wirttemberg vnnd Teck, mit ge-
    ordnetem regiment.

     Vnnsern fruntlichen grus zuvor, wolgeborner lieber oheim vnd
getrüwer, dir ist wissend, das von vnns ain lantag alhier gen Stutgarten furgenomen worden, der auch alß noch weret, so aber der
an din bysin nit kan oder mag geendett werden, zu dem vnns daran
mercklichs vnd groß auch ist gelegen, so begeren wir an dich mit
sondernn ernst, du wollest dich von stund an an alles verziehen erheben vnnd zu vnns alher gen Stutgarten fügen, sachenhalb so du
zu uersten hast vnd daran vnns mercklich gelegen ist, vnd dich daran

---

[1]) Statt vier stand fünf, was aber ausgestrichen ist.

kain ander sach verhindern laussen, sondern dieselben vnd was not
ist zu handeln Diepolten Spaten rittern jn deinem abwesenn zu be-
uelhen. Des wollen wir vnns jn guten vertruwen gentzlich zo dir ver-
laussen, auch gern fruntlich vmb dich beschulden. Datum Stutgartten vf fritag nach judica anno LXXXXIX.

Cantzler upst.

Aufschrift: Dem wolgebornnen vnnserm lieben oheim, landthoffmaister vnnd lieben getrüwen, Wolffgangen graffen zu Fürstemberg etc.

X.

1499. April 7. Stuttgart.

(Fürstlich-Fürstenbergisches Archiv.)

Ůlrich von gottes gnaden hertzog zů Wirttemberg etc., mit geordnetem regiment.

Vnnser frundtlichen grůß zůvor, wolgeborner lieber ôheim vnd
getrüwer, wir haben din schryben vmß jetzo gethon, mit anzögung
dinß gůtbedunckens, die schloß im Hegew mit etlichen den vnnsern
ouch zů besetzen etc., vnd wie die vnnsern, zů dir hievor hinuff ge-
sannt, haim begeren, mit wytterm jnhalt vernommen, vnd nachdem du
nunmer ettwauil bestellter fryer knecht by dir hast, mögen wir wol
lyden, das du von denselben vnd von anndern den vnnsern, so vil
dich bedunckt gůt sin, gen Enngen legest, dann wie wol wir betörff-
ten, was in dem vnd annderm zů vermyden vnnottürfftigen costen zů
entheben wer, das du es tettest, als vnnß nitt zwyffelt du deß ge-
flissen syest, so woltten wir doch ouch nit gern gesehen werden,
das wir, weß zů der notturfft diennstlich vnd vnß zů tůn gepurtte,
nicht vnderlaussen, sonnder lieber haben vnd sehen wôllten, so wir in
disem handel so vil beswerd vnd schades bißher erlitten, das wir
dardurch by königlicher mayestet gnad vnd by anndern verwanntten
fründtschafft vnd dannck erlanngten; herumb so stöllen wir sollichs
zů dir vnnd anndern vnnsern råten by dir darjnn zům besten zů hanndeln. Zům annder als du in diner schrifft anzôgst, wie du von den
vnnsern angestrenngt werdest jnen haim zů erloben, das du ouch
sie nit mer truwest zů behaltten, deß von den vnnsern haben wir
warlich nitt geualleß vnnd ist heruff vnnser mainung, du wôllest mit
sampt Hansen von Ryschach vnd Dieppolt Spetten rittern jnen ge-
mainlich verkünden vnd von vnnsern wegen ernstlich gebietten, das

sie oneverenndert by dir belyben vnd dinß beschaids gewartten. Vnd so ainer mer on din sonnder vrloben hinweg ziechen, die du vnnß ieder zjt benennen wöllest, wöllen wir dieselben an jrem (leben) [1] lyb vnd gůt, wie sich der strennckheit nach gepurt, straffen, dann jr vßziechen nit vff ainen monat minder oder mer gestölt jst, wie wir dann dir deßhalb hieuor ouch schryben laussen haben, so betörffent sich die, so jetzo by dir sind, nit beclagen vff annder die daheim syent, das sie fur all aunder raissen söllen, dann man nit jedermann, sonnder die anzal allein, deren man jederzyt betarff, schicken kan. Aber damit die burde vff denjhen, so ietzo vßgezogen sind, nit gantz vnd biß zů ennd deß krigs lig, jst vnnser maiuung, wann ainer ainen monat by dir jm leger vnd von haimmet vßgewesen ist, wöllicher dann den anndern monat nit gern belyben, vnd du siner person nach achtest, jm zů erlouben sin, so ver er dann ainen anndern geübten knecht nach dinem genügen an sin statt stölt vnd jm den sold, nämlich zwen guldin, vff denselben anndern monat gibt, macht du jm darnach wol erlöben; weren dann etlich by dir, die jetzo jm sold von haimet vßgezogen vnd ain monat darjnn gewesen wern, sollen diejhen, so sie geschickt haben, jnen den sold vff den aundern monet ouch geben, wann dann derselb annder monet ouch verschinet, wurdet dann wytter ersatzunng deren, so allso zwen monet geraisset hatten, nottürftig, das wöllen wir vff din vnnderrichtung dannzůmal ouch tůn; vnd allß du vnnserm lanntschryber vmb geltt schrybst, das wurdet dir in kurz ouch geschickt, vnd so wir in dinem schryben verniemen, das du Hansen von Rysehach rittern gern by dir behallten wolltest vnd sin betorfftest, haben wir Balttus Herttern an sin statt gen Mumppelgart verordnet. Vnd were, das wir jetzo oder nachmals, vsserhalb des grossen huffen, dir ain anzal knecht mer schicken soltten, vnd dich ansehen wurde bösser sin bestölt, geübt knecht zů haben, vnd die vnnsern zům tail bestöllen wolten, wöllest vnß berichten, ob man dieselben möchten by dir finden vnd wieuil, wiewol dannocht gůt ist, die vnnsern nebent den fryen knechten ouch zů haben, damit sie lernen vnd ouch geübt wurden, damit tů das best vnd biß got beuolhen. Datum Stůtgartten vff sonntag quasimodogeniti, anno LXXXXIX.

---

[1] Ist ein von der gleichen Hand über die Zeile gesetzter Nachtrag.

Beigelegter Zettel.

Ouch, lieber öheim, so werdent wir dir noch vff zechen fußknecht
XX gulden sold vff ainen monat schicken, in die zal der IIIIe jetz
geschickt gehörig, die zů ersetzen, vnd wöllest vnnß by nester botschafft berichten, ob du der fryen lanndßknecht so vil gehaben mö-
gest, als dir zur eruollung der IIII^{e·} fůßknecht zů haben gepurt, deß-
glych ob vff din schryben dich wurde gůt ansehen vnd notturfftig sin,
das wir mer knecht hernach sollten hinuff schicken, vnd so jemand
vnnder denselben wer, die gern annder an ir stat versölten, ob man
die dann mer geschickter lanndßknecht hy dir bekommen möcht, mit
denen du hofftest zu schaffen. Datum ut supra.

Aufschrift: Dem wolgebornen vnnserm lieben öheim, lanndhoff-
    maister vnd getrüwen Wolffganng grauen zů Furstenberg, deß
    punds obersten veldhobtman.

Pap. Original mit Siegelresten.

XI.

1499. April 7. Stuttgart.

(Fürstlich-Fürstenbergisches Archiv.)

V̊lrich von gottes gnaden hertzog zů Wirttemberg etc., mit geord-
    netem regiment.

Vnnsern frundelichen grůß zůvor, wolgeborner lieber öheim vnd
getrewer. Als wir dir nest in ainem ingelegten zedel anzogt haben,
das vff die summ der fůßknecht, an den IIII^{e·}, die zum letsten hinuff
geschickt, noch zechen hienach kommen syen vnd das geltt geben
haben, so vil an jr statt zů bestellen etc., nun gehörend sollich zechen
fůßknecht denen von Tuwingen zů, vnd schicken wir dir hie by vier
knecht, die wir daruff bestöbt haben. Die überigen wurdet Conrat
Thumm mit jm brinngen, darunder der Gall von Walttenbůch vnd
annder geschickt knecht, die vor an anndern ortten hobtlyt gewesen
sind, damit die summ der von Tuwingen eruollet, vnd du sie in der
von Tuwingen namen wissest zu gebruchen vnd sie nach jrem wol-
halltten, deß sie sich zů tůn erbietten, für annder zu halten, sover sie
dem nachkomen. Datum Stutgarten vff quasimodogeniti anno etc.
LXXXXIX.

Aufschrift: Dem wolgebornen vnnserm lieben öheim, lanndthoff-
maister vnd getruwen Wolffgannng graue zů Furstenberg, des
punds obersten veldbobtman.

Pap. Original mit Siegelresten.

XII.

1499. April 13. Stuttgart.

(Fürstlich-Fürstenbergisches Archiv.)

Ůlrich von gottes gnaden herczog zů Wirttemberg etc., mit geordnetem regiment.

Vnnsern früntlichen grůs zuvor, wolgeboruner lieber oheym vnd
getrüwer. Wir schicken dir herjnn verschlossen ain coppy [1]), wie
vnns vnnser lanndtvogt zů Mümppelgart geschriben hat, vff das wir
jn willen syen, zusampt anndern so wir vor dahin verordnet haben,
noch mer lütt dahin zu schicken. Haben ouch vnser bottschafft zů
königklicher mayestat abgeuerttigt, jr mayestat des ouch zu berichten,
mit bitt, ob geschücz der end gelegen vorhannden wer, gnedigklich zů
verfugen, damit das och dahin kom, das wir dir vnnuerkündet nit haben
wöllen verhalten, des och ain wissen vnnd dem ain nachgedennken
zů haben, diewyl Mümppelgart nit der mindsten vnnser vnd vnnsers
fürstenthumbs klainotten ains ist, das dem fürsehung geschehe, vnd
nit allain desselben halb, sonder ouch diewyl es ain portt ist des
Tütschen vnd Welschen lannds, vnd königklicher mayestat ouch sonn-
ders daran gelegen, das dann durch verachtung des nit ain merer
yngang schades daruß erwachß, vnd ob dich bedücht ettwas merers
vnd bessers, oder was darjnn zu handeln vnd zu thuud, das wollest vns
ouch fürderlich wissen laussen, vnd jn dem vnd annderm vnnsernt-
halb, als wir dir vnczwyffenlich getrüwen, das best thůn. Datum
Stůttgartten vf sampstag vor misericordia domini anno eiußdem etc.
LXXXXIX.

Aufschrift: Dem wolgebornnen vnnserm lieben öheym, landthoffmaister vnd getrüwen Wolffgannngen grauen zu Furstemberg etc., ge-
meinem veldthöptman des punds zů Swauben.

Pap. Original mit Siegelresten.

---

[1]) Die Copie ist nicht mehr vorhanden.

XIII.

1499. April 24. Freiburg i. Br.

(Fürstlich-Fürstenbergisches Archiv.)

Wir Maximilian von gottes gnaden Römischer küng, zu allenntzeitten merer des reichs, zu Hungarn, Dalmatien, Croatien etc. kunig,
ertzhertzog zu Osterreich, hertzog zu Burgundi, zu Brabannt, zu Ghell-
dern etc., graue zu Habspurg, zu Flanndern, zu Tyrol etc., bekennen
offennlich mit disem brieue vnd thun kunt allermeingclich, nachdem
die Eydtgnossen, jr helffer vnd anhennger, vns, dem heiligen reiche
vnd vnnsern erblannden, wider vnnsern kunigclichen lanndtfriden vnd
ordnung zu Worms aufgericht, vnbewart jrer eren, mercklichen schaden mutwilligklichen zufuegen, dardurch sy in vnnser vnd des heiligen reichs acht vnd aberacht erkennt vnd declariert sein, daz wir
demnach den wolgepornen vnnserm hofmarschalch vnd des reichs
lieben getrewen Heinrichen grauen zu Furstemberg in disen vnnsern
vordern lannden zu vnnserm obristen veldhaubtman geordnet vnnd
daby beuolchen vnd des vnnser macht vnd gewalt gegeben haben,
ordnen, beuelchen vnd geben jm auch sollichs aus kunigklicher vnd
furstlicher macht wissentlich in krafft ditz briefs, also daz er an vnnser statt vnd in vnnserm namen gegen denselben Eydtgnossenn, jren
helffern vnd anhenngern, alles das hanndeln vnd furnemen, als sich
das gegen vnnsern vnd des reichs vngehorsamen vnd veinden zu thun
gepurt, auch allen vnd yegklichen vnnsern vnd des reichs, auch vnnsern erblannden verwandten vnd vnnderthanen, so jn vnd vmb dieselben vnnser vorder lannde gesessen sein, aufpietten vnd manen
sol vnd mag, vnd wann er sy also erfordert vnd manet, so sollen sy
jm mit zuziehunng vnd in annder wege, nach lawt vnnser kunigklichen
mandaten vnd gepotsbrieuen, deshalben an sy vormals ausgeganngen,
gehorsam vnd gewerttig sein zu gleicher weyß, alz ob wir selbst endt-
gegen wären, vnd waz er also hierjnn hanndelt vnd thuet, daz ist
vnnser will vnd ernnstliche maynung. Mit vrkunt diß briefs geben zu
Freyburg im Breysgaw an mittwochen [1] sant Marxen des heiligen
evangelisten tag nach Cristi gepurt viertzehenhundert vnd jm newn-

---

[1] Das Datum ist etwas zweifelhaft durch den Umstand, dass St. Marcus evang. auf
den Donnerstag fiel. Wahrscheinlich ist verschrieben St. Marxen tag, statt St. Marxen abend, oder es soll heissen. Mittwoch vor St. Marxen tag. Hält man den
St. Marxen tag fest, so gehört die Urkunde zum 25. April.

vndnewntzigisten, vnnser reiche des Römischen im viertzehenden vnd des Hungerischen im zehennden jarenn.

ad mandatum domini regis in consilio
Sturtzel cantzler sspt.

Perg. Original mit wohlerhaltenem Siegel.

XIV.

1499. April 24. Freiburg i. Br.

(Fürstlich-Fürstenbergisches Archiv.)

Maximilian von gots gnaden Römischer kunig, zu allenntzeiten merer des reichs etc.

Wolgebornner lieber getreuer, wir haben drewhundert lanndsknecht spiess auf Sonntag oder monntag frue schirst künfftig gen Hifingen zu bringen bestellt, vnd emphellen dir mit ernnst, daz du dieselben spiess daselbst zu Hifingen anzunemen, furter bis gen Villingen zu bringen, vnnd daselbst bis auf vnnsern weittern beschaid zu behallten verordnest, auch das nit vnderwegen lassest. Daran tust du vnnser ernstliche maynnung. Geben zu Freiburg im Breisgew, an mitichen nach dem sonntag jubilate anno domini etc. LXXXXVIIII. vnnsers reichs des Römischen im viertzehennden jare.

per regem pro se.   Lanng.

Aufschrift: Dem wolgebornen vnnserm rat, obersten veldhaubtman vnnsers kunigelichen pundts des lannds zu Swaben, vnd des reichs lieben getrewen, Wolfganngen grauen zu Fürstennberg.

Pap. Original mit Siegelspuren.

XV.

1499. April 29. Überlingen.

(Fürstlich-Fürstenbergisches Archiv.)

Maximilian von gots gnaden Romischer kunig etc.

Wolgebornner lieber getrewer, wir schicken hiemit zu dir des künigs von Neapolls secretarien, den wir beschaiden haben gen Freyburg zu reytten, vnd begeren darauf an dich mit ernnst, das du denselben secretary heint mit dir bis gen Tuttlingen nemest vnd jme morgen einen knecht zugebest, der jne fuere gen Villingen vnnd den

anndern tag gen Tryburg [1]) zu, vnnd das derselb knecht bemelten
secretaryen sicher durchbring, vnnd wann er an einem ennd ist hin-
der Villingen, da derselb secretary sicher ist gen Freyburg zu reytten, so mag der knecht wol wider vmbkeren. Daran thuestu vnnser
ernnstliche maynnung vnnd sonnder guet wolgefallen. Geben zu Vberlingen an monntag nach sonntag canntate, anno domini etc. LXXXXVIIII,
vnnser reiche des Römischen im vierzehennden iare.

per regem pro se. Lanng.

Aufschrift: Dem wolgebornnen vnnserm rat vnd des reichs lieben
getrewen Wolfganngen grauen zu Furstemberg, veldhawptmau
vnnsers kunigclichen punndts des lannds zu Swaben.

Pap. Original mit Siegelresten.

XVI.

1499. Mai 17. Lindau.

(Fürstlich-Fürstenbergisches Archiv.)

Maximilian von gots gnaden Römischer kunig etc.

Hochgebornner lieber oheim, furst vnd rate, vnd wolgebornner,
edlen vnd lieben getrewen, wir haben dein marggraf Cristofs schreiben verstannden vnd emphelhen euch darauf mit ernnst, das jr mit
allem geraisigen zewg, so fil jr des zu Villingen habt, von stund an
vnd eylennds gen Zell, Stockhach vnd Vherlingen ziehet vnd alles
fueßvolkh in die Reichenaw schickhet vnd legert, bissolanng vnser
haubtman in Steir Reinprecht von Reihemburg zu euch kommen,
von dem jr weittern beschaid vernemeu werdet, vnd solhs in kain weg
nit vnnderwegen lasset, daran thut jr vnnser ernnstliche meynung vnd
gutgeuallen. Geben zu Lynndaw an freitag nach exaudi, anno etc.
LXXXXVIIII, vnsers reichs im XIIII jare.

per regem pro se. ad mandatum dni. regis proprium
Serntein.

Aufschrift: Dem hochgebornen Christoffen marggrafen zu Baden
vnd grauen zu Spanhaim, vnnserm lieben oheim, fursten, rat, vnd
stathalter vnser lannde Lutzemburg vnd Tschiny, vnd den wolgebornen vnd vnnsern vnd des reichs lieben getrewen Wolfgann-

---

[1]) Tryberg.

gen grauen zu Furstemberg vnd anndern vnnsern haubtleuten
vnd reten, so ytzt zu Villingen stên.

Pap. Original mit Siegelresten.

XVII.
1499. Kai 19. Stuttgart.
(Fürstlich-Fürstenbergisches Archiv.)

Vlrich von gottes gnaden hertzog zu Wirtemberg, mit geordnetem
regiment etc.

Vnnsern fruntlichen grus zuuor, wolgeborner lieber oheim vnd
getrüwen, vnnserm cautzler ist hieuor von dir Diethrich von Wilern
geschriben, das vnnsers swehers hertzog Albrechts von Bayern beschaid
vnd gutbeduncken sig, ain botschafft zu siner lieb zu vertigen, vnd
das von hinen vß vnnserm vettern hertzog Eberharten ouch etwar
zugeschickt, vnd von denselben jn glait herouff durch das land zu ge-
meltem vnserm swoher gefürt, daby jm dann von koniglicher maye-
stät glait och vßbracht werden solle. So nu daby dhain gruntlich
entdeckung geschehen ist, woruff derselb handel stand, oder vff welch
zitt solich schickung nach hertzog Eberharten geschehen solt, zudem
och, vnnsers beduneckes, sin vffher füren wol vsserhalb vnnsers lands
mocht verfügt sin, zwayn vrsach halb, die ain so der koniglich bericht zugibt, das er nit mer jn das land komen soll, das dardurch
demselben bericht etwas vorletzung mocht angehenckt werden, dartzu
der vnderthon halb solichs ouch besser vermitten sin möcht, deßhalben wir jn solichem noch zur zit nit hand wissen zu handeln, zudem
wir och vß nachfolgendem handel, so von hertzog Eberharten begert, nit dafür haben, das vnnser swoher nichtz schaffen werde, aber
so vns der sachhalb gruntlich bericht von üch geschicht, was wissens vnser swoher von vnnserm vettern hertzog Eberharten hat,
vnd waruff dieselbig sach stett, vnd vff welch zit wir die vnnsern
hertzog Eberharten zuschicken sollen, wollten wir solichs thun, wiewol derselb vnner vetter sich mit sinem vßschriben ains andern für-
nemens mercken laßt, als wir uch derselben ains herjnn verschlossen [1]) zuschicken, wiewol wir des glich mer haben, die von jm der-
maßen der landschafft ouch zukomen vnd von jnen vns vberantwurt,
der wol zehen sind, denselben botten wir ouch jn vnser venecknus

---

¹) Das Ausschreiben des Herzogs Eberhard fehlt.

bracht hond; fürtter so habt jr vnns geschriben tusent guldin gen
Vberlingen zu schicken, das ist geschehen vnd demselben angehengkt,
das vnnser getruwer raut sig, das wir vnnseru marschalk vnd Johannes Hellern gen Vberlingen schicken, mitsampt ander fursten retten daselbs helffen zu ratschlagen. So wir nu jm huß mit teglichen
mercklichen geschefften, als jr zum tail selbs wissend, die sich dann
yetzo mit vnserm vettern vnd jn ander weg meren vnd nit mindern,
beladen sint, so kennden wir mit dhainen statten die vnnsern also
darus schicken, ermessen ouch by vnnsselbs solichs der zit vnd an
gemelts end von dhainen nötten, diewil der furgenomen pundstag zu
Vlm so kurtz sin wirdet, dahin achten wir gut sin treffenlich zu
schicken, als wir ouch thun werden, vnd alle notturfft daselbs zu
handeln, das jn gemainer versamlung des punds villicht geschickter
sin wirdet dann an demselben end, das wir iich och dermaß jm besten
zu erkennen geben, dann was der sach am fruchtbarlichsten gedienen
mocht, des wollten wir vnns gern vlissen, als wir dann mainen, solichs
an vnnserm getruwen darlegen billich gespurt vnd och also dafur
gehalten werde. Datum Stutgarten vff den hailigen pfingsttag anno etc.
XCVIIII.

Beigelegter Zettel.

Ouch so vernemen wir, das vnnsers oheims des marggrauen von
Baden fußvolck gantz haim gezogen sig, deßglichen sehen wir teg-
lichs der punds verwandten lüt och haim ziehen. So das also ist,
wollent vlis thun, das den vnsern och haim erloupt vnd vnser lang-
gelittner cost angesehen werd.

Aufschrift: Dem wolgebornnen vnserm lieben oheim, landhof-
maister vnd getruwen, Wolfgangen grauen zu Furstemberg,
gemainem veldhauptman, vnd andern vnnsern retten.

Pap. Original mit Siegelresten.

XVIII.

1499. Mai 26.

(Staatsarchiv Zürich.)

Getriwen liebenn Aydtgnossen, wir habenn vß ainem gefanngnem,
vnns hinocht von den vnnsern zûbracht, nach ernstlichem erfragen er-
kennet, das graff Wolff von Furstainberg die sinen, die vß dem Küntz-
ger tal vnnd dem Vorwald, was da wachtbar sye vnnd stab vnnd

stang tragen möge, ernnstlich gemanet habe, vff nechst mitwochen die vnnsern jm veld vor Stocknch anzegriffen vnnd zuschlahen. So habe sich ouch ettweders der Pfaltzgraue oder margrasse von Branndenburg, da er doch nit wüßt welhers sye, erbottenn, wann man jm vnnser stat liesse, so wollte er sich da für legern vnnd die vnnderstan zügewinnen. Sölichs wölten wir veh [1]) nit verhallttenn als denen, so wir achten, das den vnnsern baß dann wir wüssen zuuerkunden, wie doch wir ouch darjnne vnnser bestz tün wellen, frünntlicher bit, den vnnsern sölichs so ylendes jr yemer mögend zuuerkünden, sich darnach wüssen zurichtenn, so wellen wir ouch lugen, ob wir jnen das verkunden mügen, dann vnnser vyend mainen ye, als der gefangen sait, solichen angriff ju gehaim, dadurch sich die vnnsern desterminder verwarent, züthünd. Datum sontag post Vrbani anno etc. LXXXXIX.

Er sait ouch, das zü Tutlingen vnnd Fülingen ain grosser zug zü roß vnnd füß lig, der ouch da zü ziehen werd.

Burgermaister vnnd raut zü Schauffhusenn.

Aufschrift: Vnnsernn getrüwen lieben Aydtgnossenn, hoptman vnnd burgermaister vnnd rat zü Stain.

Pap. Original mit Siegelspuren.

XIX.

1499. Juni 3. Roduut.

(Fürstlich-Fürstenbergisches Archiv.)

Maximilian von gots gnaden Römischer künig etc.

Edler vnd lieben getrewen, wir haben ewr schreiben vernomen, vnd begern nochmals an euch mit allem ernnst, jr wellet vnns hundert pferdt vnd knecht, wie wir die gen Sant-Maria-perg zu komen beschaiden heten, gen Nauders schicken, daz die morgen zu nacht gewißlich daselbs bey vns sein, vnd vmb dhain futer oder ander notdurft sorg haben oder mitt füern lassen, dann wir sy damit gnugsamlich versehen wellen, daran tüt jr vnnser ernnstlich mainung. Geben zu Rodunt an montag nach vnnsers herren fronleichnamstag anno etc. LXXXXIX. vnnsers reichs jm viertzehenden jarn.

Ad mandatum dni. regis proprium

Laung.

---

[1]) Doppelt.

Aufschrift: Dem edeln vnd vnnser vnd des reichs lieben getrewen Wilhalm zu Papenheim, des heiligen Romischen reichs erbmarschalk, vnd Jorgen von Vestennburg, vnd jr ydem in sonders.

Pap. Original mit Siegel.

XX.

1499. Juni 15. Stuttgart.

(Fürstlich-Fürstenbergisches Archiv.)

Ulrich von gots gnaden hertzog zu Wirttemberg vnd zu Teck,
graue zu Mümppelgart etc., mit geordnetem regiment.

Vnnsern früntlichen grus zuuor, wolgebornner lieber oheim vnd
getrüwen, wir schicken üch herjnn verslossen ain schrifft[1]), so vuns
vf hüt von Mümppelgart zukomen ist, vnnd so darjnn ouch angeregt
wirt von den büchssen, so der kunig von Franncken rych den Aydtgnossen geschennckt sol haben, auch wie sich Aydtgnossen der art
vmb Mümppelgart sust schicken vnnd sonnder mit beschädigung vnd
überfall gegen den vnnsern handeln, so haben wir üch sölichs vnuer-
kündt nit wöllen lassen, damit jr üch jn der handlung daoben ouch
destbas daryn wissen zu schicken. Datum Stutgarten vf sannt Vyts
tag anno etc. LXXXXIX.

Aufschrift: Den wolgebornnen vnnserm lieben oheim, landthofmaister vnd getrüwen Wolfganngen grauen zu Fürstenberg etc.
gemainem velthouptman, vnd andern vnnsern rätten by jm daselbs.

Pap. Original mit Siegelresten.

XXI.

1499. Juli 2. Lindau.

(Fürstlich-Fürstenbergisches Archiv.)

Maximilian von gottes gnaden Römischer kunig etc.

Wolgeborner lieber getrewer, wir haben dein schreyben der
fursten vnd hawbtleut zukunfft halben gen Argen vernommen, daraus
deinen vleys gespurt vnd darob gnedigs gefallen empfangen, fuegen
dir auch darauf zu wissen, wie wol die Sweytzer zum tayl von den
Pündten widerumb zurugk vnd an Sant Luceyen-stayg gezogen, so

---

[1]) Dieselbe ist nicht mehr vorhanden.

sind vns doch in diser stund glewblich kuntschafften vnd gewisse
schrifften zukomen, daz der merer tayl von denselben Sweytzern bey
den Graenpundtnern belyben vnd hinein in vnnser lanndt Vindtschgew
gezogen sindt, vnd yetzo vmb Malls, Glürns, vnd daselbst ümb ligen,
der maynung, vnnser Etschlannd zu überfallen vnd zu slaypffen, deshalben die notturfft erfordert, mit den bemelten vnsern öhaymen fursten vnd hawbtlewten dauon zu handln, vnd enphellen dir darauf
mit ernnst, daz du bei denselben vnsern ohaymen fursten vnd haubt-
lewten allen vleys furkerest, damit sy sich in aygnen personen vnd
yeder mit ainer geringen anzal diener furderlichen vnd onuerzichen
hieher zu vns fuegen, so schicken wir juen hiemit ain jagschiff, dar-
ynne sy herüber farben mügen, vnd in dem allem gueten vleys habest,
auch in aygner person mit kumest vnd des nit lassest, daran tust du
vn(ser ernstli)[1])che maynung vnd guet gefallen. Geben zu Lyndaw
an ertag vnser lieben frawen tag visitationis, anno domini etc.
LXXXXIX. vnnsers reichs im vierzehendem jare.

> per regem pro se.
>
> Serntein.

Aufschrift: Dem wolgeborn vnserm lieben getrewen Wolffgangen
grauen zu Furstemberg, vnnserm rate vnd veldhawbtman vnsers
kunigklichen pundts des lannds zu Swaben.

Pap. Original mit Siegelresten.

XXII.

1499. Juli 5. Lindau.
(Fürstlich-Fürstenbergisches Archiv.)

Maximilian von gots gnaden Romischer kunig etc.

Wolgebornner lieber getrüwer, als wir gestern des willens gewesen, hewt von hieaus gen Vberlingen zu ziehen, so sein wir aus
etlichen merkhlichen geschefften daran verhindert, aber morgen wellen wir vnns gewislichen hie früe erheben vnd gen Vberlingen fugen,
vnd auf sonntag negst in aigner person mit vnnsers oheims hertzog
Vlrichs von Wirttemberg leutten, so im vellde ligen, den wir, die-

---

[1]) Hier ist ein Loch im Papier. Dieses Schreiben wird erwähnt: bei Münch 1, 433 —
jedoch unter dem falsch reducirten Datum, 2. Februar; bei Heyd 1, 67 zum richtigen Tage.

420

weil sy vnnsers stilligen vnd ausbleybens etwas vnwillig sein sollen, hiemit schreiben vnuser zukunfft zu erwartten, hanndeln; das wolten wir dir nit verhallten, mit ernust beuelhennd, du wellest daran sein, damyt sy nit verrukhen vnd also vnser zukunfft erwartten, als du dann solchs mit dem besten fugen wol zu tun waist, daran tust du vnnser ernnstliche maynnung. Geben zu Lynndaw an freitag nach Sannd Vlrichs tag, anno domini etc. LXXXXVIIII, vnnsers reichs im vierzehennden jar.

per regem pro se　　　　　　ad mandatum dni. regis proprium
　　　　　　　　　　　　　　　　　　Serntein.

Aufschrift: Dem wolgebornen vnnserm vnd des reichs lieben getrewon Wolfganngen grauen zu Furstemberg, obristenn velthaubtman des punds.

Pap. Original mit Siegelresten.

Ist bei Heyd 1, 67 erwähnt.

XXIII.

1499. Juli 27. Lindau.

(Fürstlich-Fürstenbergisches Archiv.)

Maximilian von gots gnadn Romischer kunig etc.

Wolgeporner lieber getrewer, wir haben dein schreiben vnns yetzo mit beklagung weylennd vnnsers rat vnnd hofmarschalks, Hainrichen grauens zu Furstenberg, deins prueders, abganng vernomen, vnd wie wol wir desselben der nutzlichen getrewen vnd langwerennden diennst halben, so derselb dein prueder vnns vnd dem heiligen reiche vngesparts seins leybs vnnd guets, als sich wol beschinen, bewisen vnnd gethan hat, nit klains sonnder gnädigs mittleyden mit dir tragen, bedennckeu wir doch, das er also mit getrewem beystannd des heyligen Romischen reichs vnnd göttlicher gerechtigkait von dem allmächtigen eruordert ist, dess er sonnder zweyfel von gott dem herrn sonnder belonnung vnnd in diser wellt ain loblich vnd erlich nachred emphahen wirdet, so muessen wir vnnd alle vnnser getrewen des auch gleicher weyse gewarten vnnd deßhalb dem allmechtigen in sein gnad ergeben vnd setzen. Vnnd als du weyter in deinem schreiben antzaigst vnnd dich ain zeit anhaim zu fuegen willens pisst, des vnns dann dir gnadiglich zu erlawben pillich ansicht, nachdem wir aber ainen punndtstag gen Rotemburg am Necker zu hallten gesetzt vnnd alle des pundts verwanndten ernnstlich beschriben haben, dartzu wir dein nit geraten mügen, sunder zu geprauchen ganntz notturfftig sein, so begern wir an dich mit ernnstlichem vleiss beuelhend, du wellest dich auf denselben pundtstag, wie vnnd auf welhen tag dir der von den hawptleuten des pundts zu Cosstenntz vnnserm beuelh nach verkundt wirdet, selbs in aigner person vor deinem haymziehen fuegen vnd in kainen weg auspleyben, als wir vuns genntzlich zu dir verlassen wellen, daran tuestu vnnser ernnstliche maynung vnd sonnder guet gefallen. Geben zu Lynndaw an sambstag nach sannt Jacobstag appostolj, anno domini etc. LXXXXIX, vnnsers reichs im viertzehennden jaren.

Vnd als wir dir an gestern geschriben haben, auch hierynn schreiben, das du dich auf den furgenomen pundtstag gen Rotemburg am Necker fuegen soltest, dieweyl sich aber vnser veind yetzo fur Pfäffingen geslagen haben, so sein wir entlich willens vnd wellen von stund an mit allem vnnserm volk in das Sungkaw ziehen vnd die veind daselbs vor Pfäffingen slagen, demnach begern wir an dich mit allem ernnst beuelhend, das du dich von stund an vnangesehen des tags zu Rotemburg erhebest, vnd in aigner person vnd mit allem deinem kriegsvolk vnd glockslag in das Sungkaw eylennds zu vns ziehest, vnd des in kainen weg lassest. Datum ut supra.

per regem pro se.   Lannng.

Aufschrift: Dem wolgeporn vnnserm vnd des reichs lieben getrewen Wolfganngen grauen zu Fursstemberg, vnnserm rat vnnd obristen veldhawptman vnnsers kunigelichen pundts des lannds zu Swaben.

Pap. Original mit Siegelspuren.

Erwähnt bei Münch 1, 449 (woselbst ein Auszug gegeben ist) und Heyd 1, 70.

XXIV.

1499. Juli 28. Lindau.

(Fürstlich-Fürstenbergisches Archiv.)

Maximilian von gots gnaden Romischer kunig etc.

Edler vnnd lieber getrewer, nachdem wir dich mit allem volckh, so wir dir zugeordennt, gen Eunngen beschaiden haben, fuegen wir dir zu vernemen, daz sonnst auch vil volckh daselbst hin gen Eunngen kumen werden, dardurch jr auf dem weg nit wol herberg haben möchtet, vnnd emphelhen dir darauf mit ernnst, daz du mit allem volck bis auf vnnsern weyttern beschaid zu Vberlingen beleybest vnnd daz nit lassest. Daran thuestu vnnser ernnstliche maynung. Geben zu Lynndaw an Sonutag nach Sannt Jacobs appostoli tag. anno domini etc. LXXXXVIIII, vnnsers reichs des Romischen im vierzehennden jare.

     per regem pro se   Lanng.

Aufschrift: Dem edeln Wilhelm zu Pappenheim, des heyligen Romischen reichs erbmarschalckh, vnnserm rat vnd lieben getrewen.

               Pap. Original mit Siegelspuren.

XXV.

1499. August 17. Freiburg i. Br.

(Fürstlich-Fürstenbergisches Archiv.)

Maximilian von gots gnaden Romischer kunig, zu allenntzeitten merer des reichs etc..

Edlen vnnd lieben getrewen, vnns zweyffelt nit, jr seyt der Sweytzer, die sich nennen Aydgnossen, vngepurlichen herkomens auch in vnnser voraußgeganngen schrifften vnd mandaten genugsamlich bericht, wie dieselben Sweytzer vnnser vnd des reichs vnnderthanen, nemlich die Grawenpunder, an sich gezogen, die vnns vnd dem reich vngehorsam vnd widerwertig gemacht vnnd sy darjnn so weytt vnd verr geraitzt, das dieselben Grawenpunder, on alle vrsachen vnd allain auß solher anraitzung vnd freuenlichem mutwillen, kürtzlichen ainen krieg wider vnns vnd das hailig reich angefanngen, des sy jnen verholffen, vnd also dieselben Sweytzer vnd Grawenpunder vnns, das hailig reich, auch desselben glider vnd verwanndten, bisher an vil ortten angegriffen vnd beschedigt, wie wir euch dann solhs nechst zugeschriben, so haben sy auch seyt derselben verkundung abermals souil schadens gethan vnd sein des noch teglich in strennger vbung, wiewol sy hinwiderumb von vnns vnd den vnnsern bisher auch mercklichen schaden, der sich gegen dem vnnsern noch zumal vergleichen, empfanngen. Nu haben wir vnns gen Vberlingen auf vnnsern gegenwurtigen kunigklichen tag gefugt vnd in rat ainen anslag aines eylennden zutzugs erfunden vnd beslossen, darjnn euch sechs zu roß aufgelegt sind, damit wir die gemelten vnnser veinde straffen vnnd sy von jrem valschen vnraynen eyd zertrennen vnd wider-

umb in gehorsam bringen mügen, vnd nachdem in vnnserm, auch
der so bey vns sein, vermugen nit ist, vnnser grosse macht, die wir
gute zeyt her in vellde gehapt vnd noch haben, gegen der clainen
hilff, so vnns bisher von dem reich zugeschickt ist, ferrer zu vnnder-
hallten, hetten wir vnns versehen, jr weret mit ewr macht vor guter
zeyt zugezogen, dieweyl wir euch doch so manigsmal darumb ersucht
haben, deßhalben wir vnd des reichs stennde, so bey vnns sein, solhs
ewrs verzugs nit vnpillich befrembden tragen, vnnd wann wir nu die
teydung mit den Sweytzern auf euch vnd anndere stennde auffziehen
vnnd damit verharren, vnd jr vnns vnd dem hailigen reich, ewrn pflichten nach, jn solhem sweren hanndel ewr stattlich hilff zu beweysen
schuldig seyt, demnach begern wir an euch mit ernst beuelhendt, das
jr von stund nach vberantwurtung diß vnnsers briefs jn aignen personen zu vnns in velde komet, vnd die obgemelten eur aufgelegte
antzal mit euch pringet, vnd das in kainen weg lasset, jnmassen wir
dann euch, auch anndern vnnsern vnd des heiligen reichs stennden,
solhs bey verlierung ewr regalien, freyhaiten vnd gnaden, so jr von
vnns vnd dem reich hand, vormals zu thun gepoten haben; darumb
so erscheinet hier jnn nit sewmig, als jr vnns vnd dem hailigen reich
des schuldig seyt, vnd wir vnns gentzlich zu euch versehen, daran
thund jr vnnser ernstliche maynung vnd sunder gefallen. Geben zu
Freyburg jm Breysgaw am sibenzehennden tag des monats Augusti
anno domini etc. LXXXXVIIII, vnnser reiche des Römischen jm viertzehenden vnd des Hungerischen jm zehenden jaren.

Ad mandatum dni. regis proprium.

(Ohne Unterschrift.)

Aufschrift: Den edlen vnnsern vnd des reichs lieben getrewen,
allen herren von Bappenhaim.

Pap. Original mit Siegel.

XXVI.

1500. Febr. 8.

(Staatsarchiv Zürich.)

Min fründtlich dienst, strengen, vesten, fursichtigen, wysen, sonn-
ders gütten fründe, als myn bruder graue Haynrich säliger gedächt-
nus vor Dornach entlipt vnnd die zidt sins lebens mit natürlichem tod
beschlossen haut, vm wölchen corpel jch zü mermoln, mir den gelangen

zu laussen, durch min bottschafften an euch bittlich gelangt hab, das
noch vntzhar verzogen vnnd mir nit endtlich antwurt gelangt, ist mir
vngezwyuelt euch wüssen, bitt ich euch, ewern vorigen vnnd gutt-
willigen zusagen noch, mynen bottschafften gethon, jr wöllen mir den
lychnam myns bruders söligen zu mynen handen, jnn an die ort, da
vnnser vordern ligen, zu bestatten, geben, vnnd hyerinn den friden,
der lutter vßtrugkt, das yede parthye zu dem sin, wie das denn zumal
gewesen ist, zu gelausen werden sol, ansehen, wil ich fründtlichs willens zu gedyenen hoben, vnd bit des ewer geschryben antwurtt mit
dem botten. Datum sampstag nach Agathe anno jm XV° jar.

    Wolfganng graue zu Furstemberg, landgraue in Bare,
    der Romischen k. M. kamerer vnnd landthofmaister etc.

Aufschrift: Den strengen, vesten, fürsichtigen, wysen, gemeyner
    Aydgnossen rautzbotten, yetz zu Zürich versamelt, mynen lieben
    vnd gutten frunden.

        Pap. Original mit Siegelspuren.

DOCUMENTA

HISTORIAE FOROJULIENSIS

SAECULI XIII. ET XIV. AB ANNO 1300 AD 1333.

SUMMATIM REGESTA

A

P. JOSEPHO BIANCHI UTINENSI.

(Fortsetzung.)

1314. 1. Januarii. Aquilejae. D. Gulielmus decanus Aquilejensis, procuratorio nomine d. Rodulphi episcopi Tergestini, altare et corpora sanctorum Hermagorae et Fortunati, ac etiam majus altare beatae virginis Mariae ipsius majoris ecclesiae Aquilejensis, juxta sacramentum per ipsum d. episcopum praestitum, more solito visitavit.

B. M. U. [330.]

1314. 5. Januarii. Duini. Hugo filius et Nasinguerra nepos d. Rodulphi de Duino, desiderantes ejus parere mandatis et monitis, in manibus d. Matthiae abbatis ecclesiae Belliniensis dederunt et resignaverunt advocatiam et omnia jura, quae in Theotonico Stayndorf nuncupantur : et ipse d. abbas remisit praenominato d. Rodulpho omnes obligationes, injurias et offensas quas sibi et ecclesiae suae, ac ecclesiae s. Johannis de Carsis fecerat usque ad praesentem diem.

C. P. [331.]

1314. 10. Januarii. Paduae. D. Gulielmus decanus Aquilegiensis procurator et sindicus d. Henrici comitis Goritiae, in majori consilio civitatis Paduae dixit et protestatus est per haec verba : Domini potestas, antiani et consiliarii civitatis Paduae qui estis hic, ego libenter vellem habere potestatem et auctoritatem a domino meo d. comite paciscendi ejus nomine cum communi Tarvisii quemadmodum habeo vobiscum et cum communi Paduae, sed ipsam potestatem non habeo, nec mandatum mihi traditum extenditur ad illud. Quare protestor et dico quod nec facio, nec possum, nec volo aliquam inire pacem cum dicto communi Tarvisii. Sed ipsam facio vobiscum et cum communi Paduano sicut possum ex vigore mandati mihi a domino meo concessi. Promitto tamen juxta posse apud ipsum d. comitem favorabiliter interponere preces meas quod cum communi Tarvisii similiter pacem velit. B. M. U. [332.]

1314. 31. Januarii. Aquilegiae. Cum Johannes Bernardi canonicus Civitatensis non teneretur juxta statutum solvere datium pro

vino sui beneficii seu possessionum quod vendiderat in Civitate,
d. Ottobonus patriarcha mandat datiariis quatenus illico restituant
equum, quem hac de causa illi abstulerant. C. P. [333.]

1314. 4. Martii. Obiit venerabilis vir d. Petrus de Piperno praepositus ecclesiae Civitatensis, a quo capitulum habebat ad fermam
praeposituram et praebendam Civitatis pro trecentis florenis solvendis
eidem annuatim in nativitate domini, Venetiis vel Paduae, boni auri.
Eo mortuo, citatis et vocatis qui voluerunt, debuerunt et potuerunt
commode interesse, die decima intrante Julio, decanus et capitulum
convenerunt ad electionem de praeposito celebrandam per formam
scrutinii; et fuerunt electi domini presbiter Varnerus de Gallano, et
Girardinus nepos d. patriarchae non in sacris ordinibus constitutus,
habens voces tot unus quot alter canonici Civitatenses. Demum mortuo
d. patriarcha, ut dictum est, d. Girardino existente cum eo, d. Varnerus
adiit d. decanum et capitulum Aquilegiense supplicans quod confirmare
dignaretur electionem de eo factam. Qui volentes per formam juris pro-
cedere, ipsum d. Girardinum per litteras et eorum nuntium juratum
citaverunt, nec non per edictum tam in ecclesia Aquilegiensi quam Civitatensi. Qui d. Girardinus ultra terminum diutius expectatus, et cum ipse
nec aliquis procurator pro eo compareret ad objiciendum contra d. Varnerum vel electionem praedicti domini; decanus et capitulum Aquile-
jense, ad quos vacante sede confirmatio pertinebat, invenientes electionem factam de d. Varnero canonice celebratam, et ex parte dominorum
Bernardi decani et totius capituli tam illorum qui elegerunt d. Girardinum quam d. Varnerum precibus inclinati, d. Varnerum in praepositum Civitatensis ecclesiae gratiose et benevole confirmaverunt die
secundo Aprilis anno domini millesimo trecentesimo decimo quinto.
Qui quidem d. Varnerus adiit Civitatem, et bene receptus a clero et
populo die quinto Aprilis fuit installatus per d. Odorlicum de Stra-
soldo, qui fuerat datus ad hoc nuntius per capitulum Aquilegiense.
Jul. [334.]

1314. 10. Aprilis. Juxta mandatum eis factum a d. comite Goritiae, domini Odoricus de Cucanea, Federicus de Villalta, Bernardus de
Strassoldo, Bartholomaeus et Pileus de Prato, Manfredus et Ludovicus
de Porcileis, Johannes de Pulcinico, Gerardus de Castello, Bernardus
de Zucula, Jacobussan de Fontebono et Tulbertus de Sacilo juraverunt ad sancta dei evangelia corporaliter tactis scripturis, quod comes
Goritiae pacem cum communi Tarvisii firmatam perpetuo servabit et

sic attendet ut in contractu ipsius pacis est expressum. Alioquin eidem
d. comiti Goritiae vel parti ipsius nullum auxilium, consilium vel favorem publice vel occulto exhibebunt contra commune Tarvisii vel partem
suam. Verci. [335.]

1314. 15. Julii. Viennae. Federicus dux Austriae et Styriae
castrum suum et civitatem Portusnaonis cum suis pertinentiis pro mille
marchis argenti ponderis Viennensis et trecentis et sexaginta marchis
ponderis Grecensis obligat, titulo pignoris, d. Ludovico de Porcileis.
qui promittit eidem d. duci et ejus fratribus et successoribus praeli-
bata pignora libere restituere quandocumque pro hujusmodi mutuata
pecunia duxerit absolvenda: et nobilibus, potestatibus, judicibus et
hominibus ad ipsum dominium Portusnaonis pertinentibus omnia sua
jura et consuetudines ibidem antiquitus introductas inviolabiliter obser-
vare, obligatione hujusmodi perdurante. [336.]

1314. 12. Julii. Tarvisii. Propter quasdam discordias quae erant
in Forojulio inter nonnullas singulares personas, plures de districtu et
civitate Tarvisii erant invitati ad eundum cum armis in favorem partium
quae inter se odium habebant. Hinc in consilio trecentorum statutum
fuit quod mittantur ambaxiatores solemnes, qui tractent pacem et concordiam inter eos, et interim quod nullus de civitate Tarvisii et ejus
districtu audeat ire nec mittere in subsidium praedictorum sub poena
et banno aeris et personarum. Verci. [337.]

1314. 5. Septembris. In Civitate Austriae. Amerlicus de Maniacho
et Franciscus de Pinzano sibi invicem pro se, eorum fratribus et coad-
jutoribus jurant treuuas in manibus d. Henrici comitis Goritiae et totius
patriarchatus Aquilegiensis capitanei generalis, hoc pacto habito inter
eos: quod si aliquis puerorum vel familiarium invicem facerent in-
juriam, vicarius ipsius d. comitis et Gilonus archidiaconus Aquilegiensis debeant cognoscere: quod Franciscus antedictus et ejus fratres
ac eorum familia ire et redire possint per villam tantum de Maniacho,
et quod Amerlicus dimittat puerum quem detinet. A. N. U. [338.]

1314. 19. Septembris. Orta iterum discordia inter d. patriarcham
et d. comitem eo qnia d. comes detinebat omnia loca seu fortilitia
ecclesiae Aquilegiensis, quod nolebat patriarcha, nec esse in pactis
habitis inter eos dicebat, finaliter post multa tractata et consilia super
hoc habita. convenerunt ipsi d. patriarcha et comes die duodecimo
exeunte Septembri in pratis inter Ramanzachum et Grillonum apud
Turrim in hoc pactum et concordiam, videlicet quod a proximo futuro

festo purificationis b. Mariae in antea, d. comes debebat restituere castra quae detinebat, et d. patriarcha debebat habere garritum et omnes redditus et proventus in se sicut unquam habuit alius patriarcha. Et tunc ibidem fecit eum capitaneum ad vitam suam dando sibi pro salario centum marchas in mense. Et sic facta bona concordia inter eos, d. comes eodem die arripuit iter cum magno apparatu equitum in auxilium ducis Austriae qui volebat obtinere imperium, contra regem Bohemiae, et dicebatur quod quicumque praevaleret in bello inter eos faciendo debebat esse imperator; quod bellum tamen non fecerant. Et erat ibi tanta sterilitas quod exercitus d. comitis septem diebus nihil comedit nisi rapas; aegre igitur domum d. comes reversus est.

Jul. [339.]

1314. 21. Septembris. D. Ottobonus patriarcha die decima exeunte Septembri arripuit iter ad reverendum d. Lucham de Flesch Januensem cardinalem, vacante sede papali per mortem sanctissimi papae Clementis, eo quia dictus d. cardinalis citavit eum ad se, unde per nonnullos sperabatur quod dictum d. patriarcham crearent papam, quod minime factum est. Quin ipso inde revertente, gravi infirmitate detentus obiit anno domini millesimo trecentesimo decimo quinto, die decima tertia Januarii in comitatu Placentiae in castro de Arquar, et ibidem fuit sepultus. Jul. [340.]

1314. 13. Octobris. Tarvisii. Armanus et Nicolaus ambaxatores communis et hominum de Glemona supplicant et requirunt quatenus potestati, antianis et communi Tarvisii placeat dare licentiam quod mercatores et homines de Glemona possint et valeant libere et expedite ire et redire cum personis et rebus in civitatem et per civitatem Tarvisii et per ejus districtum, solvendo mutas consuetas, non obstantibus rapresaleis alicui personae concessis; offerentes se facere quod commune de Glemona omnia et singula supradicta concedet communi et hominibus de Tarvisio. Verci. [341.]

1314. 18. Octobris. Electio facta fuit imperatoris in discordia maxima. Quidam elegerunt ducem Austriae nomine Federicum, quidam ducem Bavariae nomine Lodoycum, inter quos maxima discordia est exorta. Nobiles pro majori parte adhaerebant duci Austriae, et archiepiscopus Treveriensis, Moguntinus et civitates duci Bavariae. Uterque in eorum litteris nominabant se regem Romanorum semper augustum: sed dux Austriae in sequenti anno et tertio fuit in tanta potentia in Suevia quod dux Bavariae non audebat exire in campo cum eo, et

stabat in civitatibus se tuendo. Die decima sexta in mense Madio dux
Austriae cum maxima comitiva direxit iter de Austria usque Sueviam,
et dux Bavariae ex opposito praeparatus expectabat eum quando foret
in agro. Post multas praeparationes et labores et expensas dux
Austriae cum maximo exercitu quasi decem millium armatorum, inter
quos erant quatuor millia Hungarorum quos ei dederat rex Hungariae
ejus consobrinus, intravit Bavariam. Ex opposito erat dux Bavariae et
rex Bohemiae ejus auxiliarius cum magno exercitu, et solum flumen
erat in medio. Et cum statuissent diem ad bellandum prima die Octobris
die Veneris millesimo trecentesimo vigesimo secundo currente die
Mauricii, pridem timens dux Bavariae adventum ducis Lyopoldi fratris
ducis Austriae, qui veniebat cum mille elmis, procuravit quod familia
sua incepisset habere rixam cum adversariis; et sic inceptum fuit
bellum contra eos. Et bis dux Austriae obtinuit campum contra ducem
Bavariae; et dum credebat illum conflictum, sui inceperunt spoliare
campum. Isto medio supervenit caute quidam nobilis cum quingentis
elmis, qui veniebat in auxilium ducis Bavariae, et inveniens eos dis-
persos, invasit eos, ac obtinuit campum. Et captus fuit d. dux Austriae
nomine Federicus, ejus frater Henricus, et quatuor centum nobiles,
tacitis minoribus, et illo de Norimberch. Sed dux Henricus relaxatus
fuit per regem Bohemiae, cui illum dederat dux Bavariae cum pactis.

Odor. a Port. [342.]

1315 . . . Januarii. 'Cum veraciter scitum fuit de obitu d. patriarchae, fuit in Civitate colloquium generale, in quo colloquio confir-
matus fuit d. comes per eos omnes, qui hoc facere habent, in capitaneum usque ad adventum futuri d. patriarchae; et ita omnes juraverunt
sub eo. Jul. [343.]

1315. 16. Februarii. Mortuo d. Ottobono patriarcha, convenit
capitulum Aquilegiense ad electionem do patriarcha futuro celebrandam, et compromiserunt in d. Gulielmum decanum Aquilegiensem et
dominos Ludovicum et Philipponum canonicos Aquilegienses. Qui una-
nimiter et concorditer elegerunt d. Gilonem eorum archidiaconum et
canonicum in patriarcham, dominum et pastorem: qui arripuit iter ad
curiam pro confirmatione obtinenda die decima quarta intrante Aprili
anno praedicto. Jul. [344.]

1315. 27. Aprilis. Montefalconis. Venerabilis frater Enoch episcopus Petenensis ecclesiam s. Ambrosii de Montefalcone, tanquam filiam
plebis Marcilianae pertinentis ad monasterium Belinense, consecrare

nolebat nisi praefati monasterii abbas dictam ecclesiam de Montefalcone dotaret tanquam verus dominus et patronus plebis et ecclesiae
antedictae. Qua propter d. Matthias abbas dicti monasterii pro se et
suis successoribus eandem ecclesiam de Montefalcone cum medio
unius mansi positi apud villam de Ronchis et cum triginta quatuor
pedibus olivarum dotavit. Qua dotatione sic facta, et consecratione
dictae ecclesiae, ut moris est completa, dictus d. episcopus coram
populo de Montefalcone praefatum d. abbatem tanquam verum dominum et patronum plebis et ecclesiae memoratae in tenutam et possessionem ejusdem ecclesiae posuit et induxit. B. A. U. [345.]

1315. 25. Maii. D. Odoricus de Cucanea et d. Artuicus de Pramperch una cum illis de Villalta, de Pinzano, de Mels, de Colloreto et de
Susano, facta prius conjuratione contra comitem Goritiae, quibus
latenter Tarvisini, seu majores, utpote potentes domini comes Ram-
baldus de Collalto et Tulbertus ac Beachinus de Camino et alii quamplures adhaerebant, coeperunt esse rebelles dicto comiti et ceperunt
Buyam, S. Danielem, Faganeam et Artineam, quibus adhaerebant Utinum
et Glemona. Interim vero comes Goritiae, requisitis parentibus et amicis, congregavit exercitum ad summam quingentorum armatorum et
ultra, et ivit versus Glemonam apud Hospitale, et fecit damnum magnum
Glemonae circa vineas et segetes, et ipse recepit damnum in hominibus
et equis. Postmodum finxit velle devastare circa Glemonam, et ivit
Susanum: et quia d. Fedcricus non erat praesens in castro suo sed
Glemonae in eorum auxilium, faciens insultum contra castrum id obtinuit. Et eo destructo, ivit Colloretum et ibi faciens modicam horam,
qui custodiebant castrum, tanquam viles, tradiderunt. Et eo derupto,
ivit Morucium, et habuit ipsum cum quibusdam pactis. Destruxit Pers,
dein ivit Villaltam quam non potuit habere. Tandem Paduanis et Tarvisinis deficientibus, qui promiserant adjuvare eos prope Sacilum quod
non ceperant, pars adversa comiti, quasi omnes relicto sacramento,
venerunt ad mandatum d. comitis, praeter illos de Cucanea, de Pramperch, de Villalta, d. Federicum et d. Lodoycum de Porcileis tunc
capitaneum Portusnaonis.

Haec vero discordia duravit usque ad festum S. Johannis decollati
tertio exeunte Augusto: tunc factae fuerunt trevuae: et eodem die
Pisani habuerunt victoriam contra Florentinos, ubi conflicti fuerunt
ultra quadraginta millia, de quibus pauci, relictis spoliis suis, equis,
armis et tentoriis, damnum ultra valorem unius millionis, evaserunt.

Quorum capitaneus erat frater regis Robertus dictus princeps, cujus filius mortuus fuit, et ejus frater bastardus. Et non fuit quasi aliqua domus Florentiae nobilis quae non amisisset unum vel duos, vel plures. Capitaneus illorum de Pisis erat quidam nobilis de Marchia nomine Ugozon de la Fasola cujus filius mortuus fuit illa die. Hoc fuit apud Montem Catinum in castro Pisanorum quod obsederant Florentini.

Odoric. a Portu. — C. M. A. [346.]

1315. 26. Maii. Stante tota terra in bona pace et tranquillitate. die lunae sexto exeunte Majo, facta fuit in Utino quaedam jura et conspiratio contra d. comitem, in qua fuerunt Utinenses, Glemonenses. domini Odorlicus de Cucanea, qui factus fuit capitaneus in Utino, Artuicus de Prampergo, qui factus fuit capitaneus in Glemona, illi de Villalta, Federicus de Susans, illi de Colloreto, de Mels et multi alii castellani. Et eodem die d. Artuicus cepit Arteniam et Bujam, quae loca tenebantur per d. comitem. Habitatores de S. Daniele et de Faganea dicta loca acceperunt in se: et ita multiplicata sunt mala in terra. Qui d. comes congregato non modico exercitu, fuit ante Glemonam, et runcavit eis segetes, vites et arbores, et eis intulit magnum damnum.

Jul. [347.]

1315. 5. Junii. Tarvisii. Cum tam nobiles de Forojulio et communitates Utini et Glemonae ex una parte, quam d. comes Goritiae ex alia per eorum ambaxatores implorassent a d. potestate et communi Tarvisii auxilium et favorem: in consilio trecentorum ejusdem civitatis deliberatum fuit quod mittantur quatuor solemnes ambaxiatores ex parte potestatis et communis Tarvisii ad tractandum pacem et concordiam inter partes praedictas omnibus modis quibus eis videbitur melius expedire. Verci. [348.]

1315. 19. Junii. In festo sanctorum Gervasii et Protasii d. comes cum dicto suo exercitu ivit ante castrum de Susans, et intulit intrinsecis statim bellum; et ipsum castrum habuit ipso die circa completorium fratrum. Et captis tribus filiis d. Federici cum aliis pluribus, domino Federico non existente tunc in loco praedicto, quia erat Glemonae; acceptis mobilibus, et exportatis quae intus reperta fuerant, die sequenti ipsum castrum funditus fecit dirui. Jul. [349.]

1315. 21. Junii. Utini. Destructo castro de Susans ipse d. comes statim obsedit castrum de Colloreto. Et cogitantes domini se non posse tenere, de dicto castro se subtraxerunt, dimisso loco bene munito farina, vino et aliis necessariis; nec non bonis ballistis et viris non

28 *

paucis. Demum ipse d. comes ipsum locum habuit, affidatis tantum-
modo personis quae intus erant, die sexto exeunte Junio; et ipsum
funditus fecit dirui, acceptis prius bonis intus repertis. Jul. [350.]

1315. 21. Junii. Presbiter Dominicus d. Gilonis Aquilegiensis
electi in spiritualibus et temporalibus vicarius generalis conqueritur,
quod ecclesia Aquilegiensis, ecclesiarum omnium patriarchatui sub-
jectarum mater, domina et magistra, tyrannica fuerit ancillata potestate,
et quod a nonnullis iniquitatis filiis multae domus et villae et quamplures etiam ecclesiae eidem subjectae fuerint miserabiliter combustae.
At tandem, subdit ille scribens potestati, consilio et communi Tarvisii,
clementia altissimi visitantis plebem suam illuminavit corda nobilium
et omnium aliorum de Forojulio adeo, quod omnes communitates cum
nobilibus et aliis fidelibus divina inspiratione vocatis ad expellendam
cladem pestiferam tyrannorum, et praefatam Aquilegiensem ecclesiam
erigendam et liberandam ab omni vinculo servitutis insurrexerunt viri-
liter et potenter. Idcirco eorum amicitiam deprecatur, ut placeat illis
de aliqua gente militum et peditum in subsidium memoratae ecclesiae
celerius subvenire: et insuper Guecellonem de Camino taliter coartare,
quod gentem suam quam habet in castris Canipae et Sacili exire faciat,
et praedictas terras Aquilegiensi ecclesiae libere tradat et assignet.
Alioquin si praemissis negligentes fuerint, contra eos omnes excommunicationis sententiam promulgabit, et ipsam civitatem Tarvisii eccle-
siastico supponet interdicto. Verci. [351.]

1315. 21. Junii. Idem d. comes cum toto exercitu suo obsedit
castrum de Mels; et duravit obsidio usque ad decimam quartam diem
exeunte Julio, et illud dimisit tali pacto et conditione quod castrum de
Buja, quod fuerat acceptum d. comiti, eidem restituerent; et steterunt
illi de Mels dare illis de Colloreto pro damnis centum et quinquaginta
marchas, quia dicebant illi de Colloreto quod causa illorum de Mels
habuissent damnum quod habuerunt et se d. comiti opposuissent.
Jul. [352.]

1315. 13. Julii. Die dominico decimo tertio intrante Julio post coe-
nam in hora completorii fratrum, Henricus filius q". Johannis de Portis
cum quibusdam suis complicibus ex parte una, et filii Virgilii Gulielmi
de Grusimpach cum suis fautoribus ex alia convenerunt ad brigam apud
domum communis. Qui Henricus ibi statim fuit interfectus. Supervenit
autem Federicus frater ejus, et, ipso ignorante de facto totaliter, excla-
mando pacem fuit vulneratus, et mortuus fuit ante campanam ignis. Et

quamplures vulnerati fuerunt. Ex alia parte fuit vulneratus Gulielmus de Grusimpach cum filio et nepote et aliis pluribus. Gulielmus vero Gallangani cum parte sua ascenderunt supra turrim d. Asquini de Varmo ita quod per totam terram erat proelium maximum. Tunc d. Federicus de Herbestayn mariscalchus d. comitis cum dominis de Portis amicis versus dictam turrim adeuntes volebant eos capere; sed illi cum ballistis et lapidibus se defendebant. Ad ultimum se dicto mariscalcho tradiderunt, qui eos. Johannem et Gulielmum Gallangan fratres cum uno filio, Virgilium cum tribus filiis, Raynerottum cum duobus filiis captivavit in domo de Portis, et bona eorum fuerunt per Theotonicos accepta. Unus filius Gulielmi praedicti, qui latuerat in civitate, die Martis sequenti, projecit se per murum terrae volens fugere, et apud pontem portae Brossanae fuit interfectus, ac per totam terram strascinatus. Dominus vero comes Goritiae venit in civitatem die dominico tunc sequenti; et die lunae in vigilia s. Mariae Magdalenae fecit amputari caput Gulielmo Gallangani apud domum communis. Tunc d. comes fecit duci Raynerottum, Virgilium cum filiis et filium Gulielmi praedicti Goritiam: unde multa mala creata fuerunt. At illi de Portis cum amicis suis obtinuerunt. Jul. [353.]

1315. 20. Julii. In festo b. Margaritae cum toto exercitu d. comes obsedit Morucium, et die quarta sequenti venerunt ad concordiam in hunc modum, videlicet quod illi de Morucio juraverunt parere d. comiti sicut capitaneo usque ad adventum d. patriarchae, et castrum debere custodiri per d. Winther nomine d. comitis usque ad unum annum. Facta compositione et concordia de Morutio, sequenti die obsedit Villaltam: et cum videret nihil ibi posse proficere, inde recessit. Et octavo die Augusti venit in villam Reanae et Zampittae, et accepit aquam Utinensibus. Postea die decimo tertio cum toto exercitu suo venit ad villam Orsaviae, et ibi fecit cum suis et circumquaque damna magna. Utinenses vero statim cum recessit, miserunt aquam. Jul. [354.]

1315. 21. Augusti. D. Henricus comes Goritiae offert d. Odorico de Cucanea et sibi adhaerentibus, nec non communitatibus Utini et Glemonae pacem conditionibus infrascriptis, videlicet

I. Per capitulum Aquilegiense constituatur vicedominus de quo utraque pars confidere valeat, qui officiales instituat, et faciat rationem.

II. Usque ad adventum patriarchae futuri castrum Glemonae in manibus remanebit et in custodia hominum de Glemona; et castrum Tricesimi in manibus et custodia hominum de Utino.

III. Homines de Glemona stratam habeant sicuti consueverunt habere per terram Glemonae temporibus retroactis.

IV. Tres vel plures pro qualibet parte eligantur, qui summarie inter illos quatuor, qui nominantur principales, et ipsum d. comitem super offensionibus, quas eisdem intulisse dicuntur, cognoscant et difiiniant.

V. Carcerati ex utraque parte relaxentur, et securitates praestitae cassae sint: et quilibet habeat bona ut nunc sunt, sicut habebant ante hujusmodi discordiam.

VI. Hiis completis, d. Odoricus de Cucanea et alii nobiles, nec non communitates Utini et Glemonae et adhaerentes eisdem sub ipso d. comite tanquam sub capitaneo generali jurent secundum quod juraverunt ante dictam discordiam. Verci. [355.]

1315. 29. Augusti. In festo decollationis s. Johannis facta fuit concordia inter d. comitem ex una parte, et d. Odoricum de Cucanea et nobiles sibi adhaerentes et communitates Utini et Glemonae ex alia.

Jul. [356.]

1315. 12. Septembris. Aquilegiae. Magister Gualterus decanus, canonici et capitulum s. Aquilegiensis ecclesiae super hoc et aliis more solito congregati, commissionem vicariatus per magnificum virum d. Henricum Goritiae et Tyrolis comitem, et totius patriarchatus Aquilegiensis capitaneum generalem factam nobili viro d. Artico de Castello Civitatensi canonico, secundum formam pacis nuper factae et firmatae inter ipsum d. comitem et sequaces suos ex una parte, et nobiles viros dominos Odoricum de Cucanea et Artuicum de Prampergo, nec non communitates Utini et Glemonae et eorum complices et sequaces ex altera, de certa scientia, auctoritate ordinaria, vacante sancta sede patriarchali, concorditer et communiter confirmarunt, eidem suum praebentes assensum pariter et consensum. B. M. U. [357.]

1316. 19. Februarii. In Civitate Austriae. Hermanus de Budrio canonicus Civitatensis constituit magistrum Mundinum de Civitate, in arte physica doctorem excellentissimum Paduae commorantem, suum verum procuratorem et nuntium ad petendum et recipiendum a d. Thadaeo excellentissimo doctore et jurisperito Paduae habitante quoddam suum decretum non completum obligatum sibi pro sex solidis Venetorum grossorum. B. M. U. [358.]

1316. 5. Martii. Apud Morsanum. Cum inter rectores, commune et homines de Aquilegia ex una parte, et d. Gondinum Maurocenum

comitem Gradi et commune et homines dicti loci ex altera, multae et
graves discordiae ortae essent praesertim occasione damnorum per
homines de Flumisello illatorum communi et hominibus de Grado, opera
et studio d. Gulielmi decani Aquilegiensis, et d. Johannis Marchesini
ambaxatoris d. ducis et communis Venetiarum, remissis invicem offensis
sine praejudicio jurium ac privilegiorum ecclesiae Aquilegiensis ac d.
ducis Venetiarum, ad hanc compositionem tandem devenerunt.

I. Revocentur omnes novitates consiliorum, reformationes, statuta,
proclamationes hinc inde factae praemissorum occasione usque ad praesentem diem, et de cetero homines Gradi cum personis, bonis et rebus
quibuscumque libere possint ire et redire et mercari in Aquilegia et
ejus districtu, et exinde trahere res, bladum, merces et alia quaecumque voluerint, et Gradum conducere. Et similiter homines de Aquilegia
possint stare in Grado et abinde redire et mercari, et alia facere
secundum antiquam consuetudinem.

II. Si aliquis habitator Gradi causam movere voluerit pro aliquo
delicto aut offensione sibi facta in Aquilegia, excepto de homicidio et
de furto, potestas et rectores Aquilegiae, si fuerint requisiti, teneantur
infra unum mensem rationem ei facere et justitiam. Quod si facere
recusaverint, liceat comiti et hominibus Gradi auctoritate propria, bona
et res hominum de Aquilegia pignorare, capere et retinere usque ad
satisfactionem debitam et condignam.

III. Si per aliquem hominem de Forojulio non subjectum jurisdictioni communis Aquilegiae et extra ejus districtum damnum aliquod
illatum fuerit d. comiti vel alicui de Grado: bona et res communis et
hominum de Aquilegia per comitem et homines Gradi nec pignorari
possint, nec retineri. Verum si potestas et rectores de Aquilegia sua
propria auctoritate damnum fecerint aut offensam d. comiti vel alicui
de Grado, d. comes et homines de Grado, si conqueri voluerint, recursum habeant ad d. patriarcham, ad capitulum Aquilegiense et ad capitaneum Forijulii, et si infra mensem ei satisfactio data non fuerit, possint
d. comes et homines de Grado pignorare res et bona hominum de
Aquilegia usque ad integram satisfactionem damni illati.

IV. Similiter si aliquis habitator Aquilegiae causam movere voluerit
alicui de Grado pro aliquo delicto, offensione aut damno sibi in Grado
illato, excepto de homicidio aut de furto in Grado commisso, d. comes,
si fuerit requisitus, teneatur infra mensem rationem facere et justitiam
Aquilegiensi conquerenti. Quod si non fecerit, liceat potestati et homi-

nibus de Aquilegia bona et res hominum de Grado pignorare, capere et retinere usque ad satisfactionem injuriae vel damni.

V. Si vero per aliquem hominem alicujus terrae vel loci subjecti dominio d. ducis et communis Venetiarum, non autem jurisdictioni d. comitis et hominum de Grado, damnum aliquod illatum fuerit aut injuria alicui Aquilegiensi, homines Gradi non possint pignorari nec eorum bona detineri; sed potestas et homines Aquilegiae ubi justitiam non obtinuerint a rectoribus aut officialibus dictarum terrarum et locorum, recursum habeant ad d. ducem Venetiarum pro sua justitia et satisfactione consequenda; quae si infra unum mensem facta non fuerit, liceat potestati et dicto communi bona et res hominum Gradi pignorare et retinere usque ad satisfactionem damni illati et offensae. A. C. U. [359.]

1316. 18. Martii. In Civitate Austriae. Hermanus de Budrio archidiaconus Civitatensis sedens pro tribunali sententiam excommunicationis profert contra nonnullos qui census ecclesiae Civitatensis et S. Pantaleonis solvere recusarunt, mandans quod donec integraliter non satisfecerint ecclesiis praedictis debeant ab omnibus evitari. B. M. U. [360.]

1316. 28. Martii. Glemonae. Dominiussa monialis monasterii S. Blasii de Palude de Glemona veniens ante aram S. Blasii praedicti, rogavit d. Gabrielem vicarium habentem corpus Christi in manibus suis quod se aliquantulum sustineret, et priusquam illud acciperet juravit corporaliter per ipsum corpus domini et per gaudia quae habuit virgo Maria per filium suum, quod ea omnia quae ipsa Dominiussa dixerat contra sorores suas de dicto monasterio essent omnino falsa: protestans eas omnes esse boni nominis et famae. A. C. U. [361.]

1316. 20. Aprilis. Dum fabri laborarent ignis successus est in domo: deinde progressus ad domos circumstantes combussit totam Pratam, praeter illas domos incipiendo a castro versus orientem, usque ad domos d. Viviani filii q™. d. Bonacursii. Totum residuum fuit combustum ultra viam versus occidentem praeter stabula dominorum de Prata apud castrum. Et unus de Girano et duae mulieres combustae fuerunt ab igne: et maxima multitudo vini et bladi et argenti et aliarum rerum quod longum esset per singula enarrare.

In praecedenti hyeme fuit maximum frigus, unde omnes quasi fici mortuae fuerunt et vites in maxima parte. Odor. a Port. — C. M. A. [362.]

1316. 15. Junii. Aquilegiae. Cum vacante sede Aquilegiensi, capitulum S. Mariae Aquilegiensis repraesentet personam patriarchae Aquilegiensis, et ipsius locum teneat; coram eo legitime convocato comparuerunt in judicio d. Hermanus abbas Sextensis et d. Articus de Castello proponentes et dicentes quod idem d. Articus resignavit in manibus dicti d. abbatis eique vendidit pretio centum et viginti marcharum locum sive mottam castri de Versola cum mansis, terris, dominio ac omnibus juribus ad dictum locum spectantibus, quae omnia domus eius habuerat in feudum rectum et legale ab abbate et monasterio Sextensi. Sed cum medietas pro indiviso dicti castri et jurium ejus spectet ad Nicolaum et Johannem Franciscum fratres, filios et haeredes olim d. Henrici de Castello, quorum idem d. Articus est tutor, et venditio hujusmodi facta sit pro minori damno et urgenti necessitate dictorum pupillorum, et maxime pro solvendis debitis usurariis, quibus ipsi pupilli erant obligati: cumque in rebus pupillaribus talis solemnitas servanda sit: petierunt praedicti d. abbas et d. Articus sententialiter diffiniri utrum resignatio et venditio hujusmodi fieri poterant et erant validae. Et tunc auditis circumstantibus, d. decanus et capitulum, quantum ad se spectat, dictae resignationi et venditioni consenserunt et suam interposuerunt auctoritatem et judiciale decretum.

A. D. U. [363.]

1316. 23. Junii. In Civitate Austriae. Cum diceretur medicinas seu faturias fuisse factas Ottonello q^m. d. Hugonis de Midea et eum faturiatum fore, cujus rei causa virili actione erat destitutus: Aquilegia filia Conradi Beccharii de Civitate promisit dicto Ottonello se velle ac posse destruere seu destrui facere praefatas faturias, eumque reddere in agendi potentia pleniori ut si nunquam impotens extitisset. Sub hac spe dictus Ottonellus fuit contentus, et si uno mense postquam dictae faturiae destructae essent, ipse redditus esset in plena potentia agendi, stetit dare eidem Aquilegiae duas marchas denariorum, et ipsas deposuit in manibus d. Nicolai canonici fratris sui. B. M. U. [364.]

1316. 11. Augusti. Aquilegiae. D. Philipponus vicedecanus et capitulum ecclesiae Aquilegiensis ordinant et constituunt d. Gulielmum dicti capituli decanum suum et dictae ecclesiae nunc vacantis procuratorem et nuntium ad comparendum coram magnifico d. Johanne Superantio duce et communi Veneliarum, et ad petendum et recipiendum suo et ipsius ecclesiae Aquilegiensis nomine marchas quadringentas et quinquaginta Aquilegiensis monetae pro terminis mensis Septembris et subsequentis mensis Martii proxime praeteritis pro certis pactis et conventionibus initis inter ipsum d. ducem et commune Veneliarum ex una parte, et d. patriarcham et ecclesiam Aquilegiensem ex alia, pro terris et juribus Istriae, quas et quae dictus d. dux et commune Venetiarum ab Aquilegiensi ecclesia possident et tenent. A. C. U. [365.]

1316. 12. Septembris. In Civitate Austriae. In generali colloquio totius patriae coram d. Henrico Goritiae et Tyrolis comite, ac totius patriarchatus Aquilegiensis capitaneo generali, in Civitate celebrato, ordinatum extitit et firmatum quod d. Gulielmus decanus Aquilegiensis et d. Philippus gastaldio Civitatis electi ambaxatores per dictum d. capitaneum, cui data fuerat per colloquium auctoritas eligendi, vadant ad summum pontificem et coetum dominorum cardinalium pro statu pacifico et bono totius terrae Forijulii ex parte praelatorum, liberorum et communitatum, ac omnium terrae Forijulii. A. C. U. [366.]

1316. 31. Decembris. Sanctissimus papa Johannes XXII. ad preces regis Roberti dedit patriarchatum d. Castono de la Turre in festo s. Sylvestri. Jul.. [367.]

1317. 1. Januarii. Creatus fuit patriarcha Aquilegiensis archiepiscopus Mediolanensis d. Castonus de domo illorum de la Turre per d. papam: et frater ipsius patriarchae d. Raynaldus factus fuit vicarius. Qui convenit cum d. comite Goritiae qui resignavit omnes munitiones patriarchatus, praeter tamen quas retinuit in se per decem menses, videlicet Sacilum et Canipam, quas obligaverat d. Wecello de Camino.

Rexit hic patriarchatum per decem novem menses et dimidium, et die decimo octavo intrante Augusto Florentiae mortuus est. Veniens enim de curia ad patriarchatum nondum pervenerat in Forojulio, et dum faceret aliquam moram Florentiae propter infirmitatem suam et familiae, et jam esset liberatus et praeparasset equos et familiam, eundo uno mane ad solatium, equus quem equitabat cecidit super eum et mortuus est eadem die hora secunda. Quo facto d. comes obtinuit omnes munitiones patriarchatus praeter Utinum et Glemonam in quibus habebat tamen suos gastaldos et omnia jura spectantia ad patriarcham, et factus fuit capitaneus generalis totius Forijulii. Et decima intrante Septembri canonici Aquilegienses elegerunt patriarcham currente anno domini millesimo trecentesimo decimo octavo; dum haec quae dicta sunt super mortem patriarchae, facta sunt in mense Augusti et Septembris.

Odor. a Port. — C. M. A. [368.]

1317. 4. Januarii. Almericus et consortes de Maniaco, pro se et communi dicti loci, jurant fidantiam dominis de Pulcinico et hominibus ac communi Fannae hinc ad s. Georgium sub conditione quod una pars alteri teneatur auxiliari tam de die quam de nocte contra quoscumque homines de Forojulio, salvo d. vicario ecclesiae Aquilegiensis. Quod si dictus vicarius aut d. comes vellent aliquem inter eos offendere, una pars infra octo dies alteri notificet. A. N. U.   [369.]

1317. 10. Januarii. Avenione. Quanquam capitulum Aquilegiense scire potuisset electionem patriarchae Aquilegiensis per Bonifacium octavum pontificem apostolicae sedi fuisse reservatam, et Gilonem de Villalta electum per ipsum capitulum defectum pati natalium; nihilominus Johannes XXII. pontifex postulationem de eo factam, et per certos procuratores et nuntios eidem exhibitam diligenter examinari fecit, et secundum relationem sibi factam, postulationem ipsam tanquam irritam et inanem rejecit. Cumque intenderet gregi dominico ac dictae ecclesiae Aquilegiensi salubriter providere, Castonum archiepiscopum Mediolanensem litterali scientia praeditum, generis nobilitate praeclarum, morum honestate decorum, discretionis et consilii maturitate conspicuum, a vinculo quo tenebatur ecclesiae Mediolanensi absolvens ad praefatam Aquilegiensem ecclesiam transtulit, et in patriarcham eidem praefecit et pastorem. Quin imo pallium, plenitudinem videlicet pastoralis officii de corpore b. Petri sumptum, et ea qua decuit reverentia postulatum, eidem patriarchae mox assignavit. Quo circa mandat populo civitatis et dioceisis Aquilegiensis quatenus debita reverentia eum excipiat, et fidelitatem et consueta servitia ei integre exhibeat.
Rub. [370.]

1317. 11. Januarii. Avenione. Castonus patriarcha notificat decano et capitulo Aquilegiensi, nec non Henrico comiti Goritiae affini suo carissimo, Contesello filio Maynardi ejus nepoti, et potestati, consulibus et communi Tarvisii, ipsum a Johanne XXII. pontifice in festo s. Sylvestri proxime praeterito de archiepiscopatu Mediolanensi ad patriarchalem sedem Aquilegiensem translatum fuisse, ad quam per gradus ascendens, utpote in matris sinum se recipit; et die decimo instantis mensis Januarii in plenitudinem pastoralis officii pallium sibi traditum sumpsisse. Hinc eos deprecatur ut sua benevolentia eum foveant et gratia, et consilio ei adsint et favore. B. A. U. [371.]

1317. 18. Januarii. Glemonae. Domini Federicus de Pers, Artuicus et Gulielmus de Pramperch et Rantulphus de Villalta constituunt Bernardum Cerioli de Glemona suum procuratorem et nuntium ad jurandum et unionem faciendum cum dominis potestate et antianis civitatis Paduae contra d. patriarcham Aquilegiensem futurum et communitates Utini et Glemonae atque eorum sequaces. A. C. U.   [372.]

1317. 29. Martii. Avenione. Scholasteriam Civitatis Austriae vacantem per mortem magistri Valteri, Castonus patriarcha confert Marco magistri Egidii clerico Paduano. A. C. U. [373.]

1317. 7. Aprilis. In Civitate Austriae. Cum plures accusarentur de tradimento eo quod voluissent dare inimicis ecclesiae Aquilegiensis castrum de Gronumbergo, et Vargendus hac de causa damnatus suspendi jam staret sub furchis, declaravit Dobrasinum filium Riginii de Civitate non habere aliquam culpam. A. N. U. [374.]

1317. 13. Aprilis. Faedis. D. Adalpretus de Cucanea constituit et ordinavit d. Warnerum eius filium suum procuratorem et nuntium ad obligandum pro trecentis libris Veronensium parvulorum in manibus d. comitis Goritiae pro relaxatione Rizzardi q". Simonis de Cucanea. A. N. U. [375.]

1317. 25. Julii. In platea Maniaci. Cum d. Guineltus de la Meduna gastaldio Maniaci fecisset et ordinasset forum S. Jacobi in Maniaco, et proclamari fecisset quod unusquisque deponeret arma, et non portaret ea per forum, d. Almericus dixit quod nolebat ea deponere, nec volebat quod servitores sui et fratrum suorum ea deponerent, cum ipsi essent in tantum jus, et tantum dominium haberent sicut d. patriarcha; sed ex urbanitate et non de jure volebat ea deponere. Et d. gastaldio respondit quod nolebat quod ipse nec fratres sui hac de causa praejudicium aliquod habuissent. A. N. U. [376.]

1317. 5. Augusti. In Civitate Austriae. Per d. Gulielminum gastaldionem et consilium Civitatis Austriae statutum et ordinatum fuit quod nullus in diebus dominicis et festivis mercatum teneat in Civitate sub poena quadraginta denariorum; et quod stationes clausae remaneant, praeter illas in quibus res minutae venduntur, quae tamen ante tertias claudi debent, et stationes apothecariorum. Verum excipiuntur dies sabati et nundinarum S. Martini, S. Michaelis, S. Mariae de Monte, S. Mariae de Candelis et consecrationis ecclesiae majoris Civitatensis. in quibus mercato uti poterit quandocumque occurrerint et fuerit opportunum. Stat. Civit. [377.]

1317. 17. Augusti. In Civitate Austriae. D. Mazius de Toppo et magister Johannes de Feltro canonici Concordienses nuntii vicedecani et capituli dictae ecclesiae exhibuerunt d. Jacobo episcopo Concordiensi infrascriptas petitiones.

I. Bona alienata, distracta aut obligata per ipsum d. episcopum, et maxime castrum de Cusano, et quaelibet bona episcopatus Concordiensis per ipsum recuperari debeant, de omnibus et singulis supradictis ecclesiam Concordiensem indemnem reddendo.

II. Thesaurus ecclesiae et capituli Concordiensis, qui tempore suae confirmationis obligatus fuit ad ejus instantiam, restituatur eidem ecclesiae secundum quod saepe et saepius promisit.

III. Compellat d. Nicolaum sacristam reddere rationem de omnibus quae percepit ratione sacristiae a tempore quo fuit creatus sacrista usque ad diem praesentem, cum de hiis, ut tenetur, nullam unquam fecerit capitulo memorato. B. M. U. [378.]

1317. 10. Septembris. Avenione. Henricus comes Goritiae miserat quemdam suum ambaxiatorem ad d. Castonum patriarcham ut certa pacta et conventiones super relaxatione castrorum, fortiliciorum, terrarum et jurium ecclesiae Aquilegiensis libere facienda, ab eodem confirmarentur, qui pro bono pacis et concordiae conventiones praedictas confirmare non destitit, intendens ipsas ab utraque parte inviolabiliter observari debere. Verum d. comes castrum Turris Raynaldo vicario patriarchae et fratri non reddidit, licet illud reddere promiserit, imo id sibi retinuit et suas gentes in eo posuit, quae massarios patriarchae indebite molestabant, et redditus ejus dissipabant et proventus. Si igitur aliquis requiret quomodo treguae cum d. comite factae et usque ad unum mensem post adventum patriarchae in Forumjulium duraturae observentur: vel si civitates et castra praedicta restituta adhuc non fuerint, quid ille poterit respondere? Haec dolenter patriarcha scribens d. Beatrici uxori comitis praefati eam hortatur, ut dictum d. comitem ejus maritum pro sano consilio efficaciter assistat, ne ecclesiam Aquilegiensem ulterius offendat ac teneat suis juribus spoliatam, sed in manibus Raynaldi ejus fratris aut ejus officialium civitatem, castra, terras, possessiones et jura Aquilegiensis ecclesiae pacifice restituat et dimittat. Invenit enim summum pontificem de his omnibus taliter informatum quod dictam ecclesiam omnino in suis juribus instaurare disposuit, et potentiae ejus quis resistet? Addit etiam sibi relatum fuisse quod dictus d. comes multos fideles ecclesiae habeat carceratos, et nonnullos etiam teneat a civitate exules et bannitos; quare ipsam d. comitissam deprecatur ut dictum d. comitem, cui super hoc ipsemet scribet, efficaciter inducat ut dictos carceratos in manibus praefati d. Raynaldi libere relaxare debeat, et dictos exules ad proprias habitationes revocare.

B. A. U. [379.]

1317. 10. Septembris. Utini. Ad instantiam d: Caroli de Ragonia, Raynaldus de la Turre vicarius generalis Castoni patriarchae, rogat
potestatem, consilium et commune Tarvisii, quatenus ordinate velint
quod Leonardina serva de masnata praedicti d. Caroli, quae in terra
Mestre ad habitandum venerat, ad dominum, ad quem pertinet, cum
omnibus rebus et bonis, juxta consuetudinem Forijulii redire debeat.
Verci. [380.]

1317. 21. Septembris. Utini. In generali colloquio coram d.
Raynaldo vicario d. Castoni patriarchae statutum fuit quod in illis villis,
in quibus aliquis nobilis de Forojulio dominium habet, condemnationes
et banna illi quoque domino solvi debeant.   A. N. U.   [381.]

1317. 24. Septembris. In Civitate Austriae. Juxta facultatem sibi
traditam per d. Raynaldum vicarium d. Castoni patriarchae, d. Jacobus
episcopus Concordiensis in missarum solemniis primos quatuor ordines
minores contulit d. Artico de Castello, mox per sacrarum manuum im-
positionem ad ordinem subdiaconatus illum rite et canonice conse-
cravit.   B. M. U.   [382.]

1317. 28. Septembris. Avenione. Johannes XXII. pontifex indul-
gens precibus d. Castoni patriarchae Aquilegiensis, committit Bertrando
S. Mariae in Aquino diacono cardinali nec non archiepiscopis Mediolani
et Ravennae conservationem patriarchatus Aquilegiensis, mandans eisdem quatenus, quicumque fuerint qui civitates, castra, terras, possessiones, bona et jura Aquilegiensis ecclesiae usurpaverant, illos per
censuram ecclesiasticam, et invocato etiam, si opus fuerit, auxilio
brachii saecularis, ad restituenda ea omnia adigant et compellant.
C. F.   [383.]

1317. 30. Septembris. In Civitate Austriae. Pro sexaginta marchis denariorum, quas nomine d. Castoni patriarchae Aquilegiensis,
Lombardinus de la Turre archipresbiter Modretiensis recepit nomine
mutui a d. Bernardo decano Civitatensi, obligavit ac sibi pro pignore
assignavit sex calices argenteos desuper auratos, unum thuribulum
argenteum, sex cuppas argenteas sine pedibus, unum cingulum argenteum et unam catenellam argenteam. Quae omnia in sacristia majoris
ecclesiae Civitatensis dictus d. decanus deponi voluit. B. M. U. [384.]

1317. 20. Novembris. Avenione. Castonus patriarcha notificat
Raynaldo de la Turre ejus vicario quod de summa pecuniae, quam ad
eum miserat, consignari fecerat thesaurario d. papae mille et quin-
gentos florenos auri, et totidem collegii cardinalium camerario. Quoad

vero castrum Turris, de Sacilo et de Canipa, quae adhuc rehabere non
poterat, haec ei scribit: volumus ut teneas viam istam, videlicet quod
roges d. comitem ut castrum Turris, quod est in manibus suis, restituere debeat: et super facto Sacili et Canipae ut nobis restituantur
faciat posse suum. Et super praemissis et aliis omnibus necessariis
semper habeas d. comitissam tecum, et utere semper consilio suo. Ad
factum autem d. comitissae quae llbenter veniret Civitatem causa solatii
per tres menses, si contingat d. comitem ire in Alamaniam, et quod
fecit te rogari de expensis sibi fiendis in modica quantitate, prout nobis
scripsisti, sic intendimus quod nobis placet multum et volumus quod
ipsam debeas honorare ac si esset mater nostra, et credimus bene
facere pro nobis et ecclesia Aquilegiensi si ipsam et filium suum hono-
remus, specialiter modo quod d. comes intendit ad partes Alemaniae se
transferre. Unde quando voluerit venire Civitatem, tu, Muschinus, et
omnes de domo nostra qui sunt in partibus illis, ibitis ad accipiendam
eam honorabilius quam poteritis cum decenti comitiva. Et sicut nobis
scripsisti super facto expensarum quas petiit sibi fieri, sic facies et non
ultra, considerando semper graves expensas quas habemus ex Romana
curia, et usuras magnas quae continue nos corrodunt. A. C. U. [385.]

1317. 28. Decembris. Electus fuit d. Articus de Castello episcopus Concordiensis per mortem d. Jacobi Ottonelli episcopi Concordiensis. Jul. [386.]

1317. Per totum annum mortua sunt armenta; et tanta fuit abundantia vini hoc et anno sequenti, quod homines non habebant unde
reponerent ipsum, neque portabant eorum domibus in quibusdam locis,
et hoc fuit per totam Italiam. Omnes repudiabant emere vinum,
nec volebant octo Aquilegienses dare pro urna.

Odoric. a Port. — C. M. R. [387.]

1318. 3. Januarii. In Civitate Austriae. D. Jacobus nepos d. Jacobi
olim episcopi Concordiensis promisit dare juxta eorum requisitionem
d. Mazio de Toppo et d. Alberto Bellono canonicis Concordiensibus pro
se et eorum capitulo recipientibus, omnia privilegia et scripta episco-
patum et ecclesiam Concordiensem tangentia quae in sua essent potestate, de aliis se nullatenus ingerendo. Interea tradidit eis duo sigilla
aenea cum quibus litterae ipsius d. episcopi sigillari solebant, quae
quidem illico in frustis pluribus fracta fuerunt. B. M. U. [388.]

1318. 13. Januarii. Raynaldus d. Castoni patriarchae vicarius
generalis mandat dominis Johanni et Hendriuccio de Villalta quatenus

sub poena centum marcharum denariorum facere debeant trevuas d.
Federico de Villalta et ejus servitoribus usque ad proximum festum
carnisprivii, et quidquid dictus Federicus ante guerram tenuerat, pacifice dimittant. Qui responderunt quod erant parati ejus obedire mandatis, et facere etiam trevuas; et non intendebant quod dictus Federicus impune teneret quae violenter eis acceperat et vendiderat aut
obligaverat, ut ipsi coram eo secundum juris ordinem ostendent.

A. N. U. [389.]

1318 . . . Jannarii. D. Canis obtinuit Montemsilicis cum toto
castro et terra propter proditionem quorundam nobilium de terra, ubi
maxima spolia habuit, terram de Est destruxit; plebem de Sacco occupavit et spoliavit, et eodem mense quotidie currebat ante civitatem
Paduae. In sequenti mense Februarii cum magno exercitu venit ante
burgos Paduae expugnando ipsos. Paduani vero non audebant exire et
timebant proditionem inter se, quia omnes nobiles qui erant extra, foris
stabant, et custodiebant civitatem cum d. Odorico de Cucanea, quem
fecerant eorum capitaneum cum ducentis stipendiariis, centum elmis et
centum ballistariis. Eodem mense Paduani convenerunt cum d. Cane
hoc modo: ut Canis haberet Montemsilicem cum dominio et quasdam
alias munitiones, et omnes expulsi de Padua infra duos menses redi-
rent, facta eis plena restitutione suorum bonorum; et omnes forbanniti
de Verona et de Vicentia debeant expelli de Padua, quod fuit in maximum vituperium Paduanorum. Odoric. a Port. — C. M. R. [390.]

1318 . . . Jannarii. In Civitate Austriae. Requisitus ex parte potestatis, consilii et communis Tarvisii de aliquo auxilio una cum eis contra
eorum aemulos Paduanis praestando, Raynaldus de la Turre vicarius
generalis Castoni patriarchae respondet, quod suae intentionis est eorum
honoribus et beneplacitis complacere et dare operam efficacem ad
omnia quae eorum statum prosperum inspiciunt et honorem: videant
tamen quod auxilium illud, quod communibus amicis praestare inten-
dunt, ita sit promptum et validum quod eorum aemuli nulla potentia,
nullis proditionibus vel falsis subgestionibus eos subvertere valeant.

Verci. [391.]

1318. 12. Februarii. Faedis. D. Varnerus de Cucanea canonicus
Aquilegiensis et d. Ossalchus de Saciletto consenserunt matrimonio
facto inter Christinam feminam de masnata dicti d. Varneri, et Dominicum hominem de masnata dicti d. Ossalchi tali pacto, videlicet quod
bona inter dictos jugales acquisita et acquirenda pariter cum haeredi-

bus acquirendis, inter dictos dominos aequaliter dividantur sub poena ducentarum marcharum. A. N. U. [392.]

1318. 24. Februarii. Cladrezis. Johannes Fuscus de Varmo et Hernistus de Visnevico habentes garittum in contrata de Cladrezis, convocatis omnibus ad dictum garittum pertinentibus, de eorum consensu decernunt qua pecuniarum summa percussores, offensores, concubinarios et invasores inter eos multandos esse voluerunt. A. N. U. [393.]

1318. 3. Martii. In Civitate Austriae. Ordinatum fuit per Gulielmum gastaldionem et firmatum per consilium ut infra.

I. Nullus de Civitate aut de burgis portet bladum frumenti aut siliginis ad molandum, nec molendinarius aliquis illud molet nisi prius ponderatum fuerit ab officiali communis ad hoc delegato sub poena quadraginta denariorum.

II. Si pondus, quod reperiri debebat, repertum non fuerit, molendinarius, qui farinam fraudaverit, eam restituat et solvat wadiam gastaldioni.

III. Nullus bladum ponderare debeat praeter officialem communis, et hoc sub poena viginti denariorum. Stat. Civ. [394.]

1318. 5. Martii. Avenione. In quadam epistola quam Castonus patriarcha mittit Raynaldo thesaurario Aquilegiensi et ejus vicario haec potissimum occurrunt observanda.

I. Fatetur in primis se recepisse illos mille ducentos et quinquaginta duos florenos auri quos ad eum transmiserat; addit nihilominus quod studeat illam summam complere quam alias ei commiserat. Nam nisi, ut ipse ait, illa quantitas pecuniae incontinenti mittetur nobis, melius esset quod adhuc essem canonicus Aquilegiensis quam patriarcha.

II. Circa factum confirmationis aut infirmationis Artici de Castello electi Concordiensis nihil addit hiis quae jam per duos nuntios ei significaverat.

III. Audivit cum maximo cordis dolore quae d. Canis de la Scala fecerat in districtu Paduano, et quod magis ei displicet est, quod ibi tunc non erat, ut exponere posset personam et bona in servitium praedictorum Paduanorum. Et quia, ut ipse asserit, dicti Paduani requisiverunt eum de aliquo subsidio eis dando, et d. Paganus episcopus hoc ipsum ab eo petierat; si non posset honesta aliqua excusatione se subtrahere, procuret quidem mittere aliquas bonas gentes armigeras cum ballistis aut lanceis, dummodo tamen per hoc non diminuatur in aliquo illa quantitas pecuniae quae est illi necessaria ut a curia expediatur.

IV. Super facto filiorum d. Henrici de Budrio, qui videntur velle vendere secreto partem dicti castri d. comiti Goritiae, quamvis nullum jus habeant in eo ob renuntiationem olim factam in manibus d. Ottoboni patriarchae ejus antecessoris, ad evitandum tantum periculum consentit quod ematur illa pars dicti castri, quae pertinet ad d. Raymundum de Paona, si pretio convenienti illam habere potest et obtinere ab eo terminos satis longos ad dictum pretium commode persolvendum. Quod si contingeret, advertat quod emptio non fiat nomine patriarchae nec ecclesiae Aquilegiensis, sed solum nomine Castoni de la Turre. Attamen si verum est, ut illi relatum fuit, quod Muschinus ejus frater jam emerat castrum praedictum, non expedit quod de hujusmodi emptione amplius loquatur.

V. Illi de Osopio cum unus alium interfecisset aut e castro expulisset, ne castrum illud, ut jam diu inter eos convenerant, in manibus patriarchae qui pro tempore fuerit excidisset, procurabant secreto illud vendere d. comiti Goritiae, quod patriarcha volens impedire, monet Raynaldum quod si videret, illos pro certo id esse facturos, habito consilio cum illis qui diligunt honorem et statum ecclesiae Aquilegiensis et totius terrae Forijulii, procedat ad accipiendum dictum castrum in manibus suis aut communitatis Glemonae, inquisitis coloribus ac rationibus ad excusandum factum. Caveat tamen ne id praesentiat d. comes et irascatur.

VI. Ut possit parare quantitatem pecuniae quae est sibi necessaria, mittit illi novum procuratorium quo poterit afflictare mutas et gastaldias patriarchatus, cum non credat se posse Avenione discedere, quin adhuc non habeat ad minus duo de viginti millia florenorum.

VII. Rex Robertus expectatur Avenionem circa pascha venturus. Quod si ante ejus recessum regis adventus contingeret, quomodo sine nota posset ipse se illinc expedire? Et si ibidem diutius maneret, nonne magis in dies augerentur onera expensarum?

VIII. Licet contulerit illi auctoritatem dandi episcopis licentiam consecrandi et reconciliandi ecclesias, videat tamen ne nimis laxet habenas pro omni ecclesia campestri, et procuret omnino quod die Jovis sancti in officio et solemnitate poenitentium, et aliis solemnitatibus, quae tunc fieri solent in ecclesia Aquilegiensi, nihil omittatur de contingentibus. [395.]

1318. 2. Aprilis. Utini. Raynaldus de la Turre thesaurarius Aquilegiensis auctoritate a d. Castono patriarcha sibi tradita confirmat
electionem Artici de Castello in Concordiensem episcopum, et mandat
Lombardino canonico Aquilegiensi, quatenus eundem electum et confirmatum in tenutam et possessionem episcopatus Concordiensis inducat,
faciens ab omnibus subditis eidem de juribus et pertinentiis episcopatus responderi, et reverentiam et fidelitatem debitam exhiberi.

B. M. U. [396.]

1318. 28. Maii. Massiliae. Bernardus Emtelmi et Hugo de Lon-
gres locant unam ex eorum galeis existentem in portu Massiliae voca-
tam Sancta Catharina, ad vehendum et portandum de dicto portu Massiliae usque Neapolim d. Castonum patriarcham Aquilegiensem cum
quadraginta hominibus de ipsius familia et omnibus arnesiis suis, conto
trecentorum quinquaginta florenorum auri. A. C. U. [397.]

1318. 5. Junii. Concordiae. Coram dominis Pertoldo Mosacensi,
Hermano Sextensi et Branco Summaqueusi abbatibus et aliis multis
ecclesiasticis et nobilibus, d. Lombardinus de la Turre, auctoritate ei
tradita a d. Raynaldo, d. Castoui Aquilegiensis patriarchae vicario generali, reverendum patrem et dominum d. Articum de Castello Concordiensem electum et confirmatum in tenutam et corporalem possessionem
episcopatus Concordiensis praedicti et omnium jurium spiritualium et
temporalium ad ipsum pertinentium imposuit et induxit, ipsum d. electum
post aram dictae Concordiensis ecclesiae installando. Quo facto, canonici ejusdem ecclesiae ibi astantes immediate Te Deum laudamus
altis vocibus decantarunt. B. M. U. [398.]

1318. 5. Junii. Concordiae. D. Guido de Manzano archidiaconus
Concordiensis ante altare dictae ecclesiae reverentiam, obedientiam et
fidelitatem d. Artico de Castello Concordiensi electo exhibuit et promisit interveniente oris osculo inter eos. Et hoc idem d. Candidus vicedecanus et alii canonici unus post alium fecerunt, exhibuerunt et promiserunt. B. M. U. [399.]

1318. 6. Junii. Portusgruarii. Jacobus de Budrio vicarius d.
Henrici comitis Goritiae et potestatis Portusgruarii, et consules dictae
terrae, sindici et procuratores communis et universitatis Portusgruarii
praestiterunt fidelitatem debitam et obedientiam d. Artico electo praedicto contra quascumque personas: et e contra idem d. electus in verbo
veritatis praefatis sindicis et procuratoribus fidem et fidelitatem prae-
stitit et promisit. B. M. U. [400.]

29 *

1318. 7. Junii. Portusgruarii. Negat Henricus Squarra de Portugruario se ullo unquam tempore tractasse aut machinasse aliquid contra
d. Articum electum prout a nonnullis accusabatur: quin imo profitetur
se velle sibi servire et obedire tanquam patri et domino speciali
ex nunc obligans eidem d. electo personam suam et omnia bona.
B. M. U. [401.]

1318. 7. Junii. Portusgruarii. De omni lite et quaestione quae
vertebatur inter dominos de Miduno ex una parte, et dominos de Corde-
vado ex alia, occasione juris et consuetudinis habendi palafredum, quem
episcopus Concordiensis equitat quando primo insellatur, electi fuerunt
arbitri et amicabiles compositores d. Guido de Manzano archidiaconus
Concordiensis, d. Franciscus de Pinzano et d. Gregorius Squarra de
Portugruario. B. M. U. [402.]

1318. 8. Junii. Portusgruarii. D. Guido de Manzano vicarius d.
Artici episcopi Concordiensis tradit in manibus d. Jacobi vicarii d.
comitis Goritiae et potestatis Portusgruarii quemdam captivatum nomine
Mizonum, mandans ei quod tam contra dictum captivatum quam contra
quoscumque alios exercere possit suam auctoritatem justitia mediante
in rebus et personis. B. M. U. [403.]

1318. 10. Junii. Portusgruarii. Jacobus de Budrio vicarius pro
d. Federico de Hebrinstayn milite potestate Portusgruarii et consules et
commune dictae terrae Portusgruarii, videntes et considerantes quod
electio potestariae nuper facta per commune praedictum in d. Henricum Goritiae et Tirolis comitem effectum debitum sortiri non poterat,
maxime quia potestas ipse in garietu sedere non poterat nec facere
rationem absque nutu et licentia d. episcopi Concordiensis, cum jura
spiritualia et temporalia in Portugruario et districtu ad eundem d. episcopum integre spectent; nolentesque jura et jurisdictiones Concordiensis ecclesiae usurpare, nec eis detrahere ullo modo, sed ea potius
manutenere et augere pro posse; electionem ipsius potestariae in
dictum d. comitem factam coram ipso reverendo patre totaliter ac penitus revocaverunt, volentes ipsam cassam esse et inefficacem nulliusque
momenti nec eidem electioni aliquatenus assentire. Asserentes etiam
dictum commune Portusgruarii posse quem voluerit accipere potestatem pro faciendo negotio et agendo omnia et singula quae ad dictum
commune pertinent, garietu tamen et aliis juribus dicti Concordiensis
episcopi successorisque ejus in omnibus et per omnia semper salvis.
B. M. U. [404.]

1318. 15. Junii. In monasterio Summaquensi. Cum d. Articus de Castello episcopus Concordiensis inquisitionem diligentem fecisset in monasterio Summaquensi tam in capite quam in membris, et d. Brancam ejusdem monasterii abbatem invenisset virum bonum et idoneum, et penitus absque culpa; de hiis omnibus, quibus diffamatus fuerat apud eum, absolvit: praecipiens tamen, quod de caetero a consortio abbatissae S. Agnetis de Portugruario, cum qua accusatus fuerat rem illicitam contraxisse, ad tollendas suspitiones modis omnibus desistere debeat. A. M. U. [405.]

1318. 23. Junii. In Civitate Austriae. Philippus d. Contii de Civitate marchio Istriae ordinat et constituit Johannem dictum Cazetam de Civitate suum nuntium et procuratorem ad excipiendum ab hominibus de Bulcis omnia sua jura ad marchionatum Istriae pertinentia. A. N. U. [406.]

1318. 4. Julii. In cortina S. Odorici. Ad tollendam omnem causam discordiae et ranchoris, quae oriri posset occasione festi S. Odorici de prope Tulmentum inter d. Napinum de la Turre praepositum dictae ecclesiae et dominos de Spegnimbergo, d. Henricus comes Goritiae misit ad custodiendum dictum festum d. Pellegrinum de Hebrinstayn tunc habitantem Belgradi. Unde d. Napinus praepositus protestatus est et dixit, custodiam praedictam ad se et suam ecclesiam pleno jure pertinere, et solummodo ob reverentiam d. comitis aut potius ad instantiam d. Raynaldi vicarii d. patriarchae pro illo die de dicta custodia se velle sustinere, juribus tamen suae ecclesiae semper salvis. B. M. U. [407.]

1318. 14. Julii. Portusgruarii. D. Johannes de Castello frater d. episcopi Concordiensis tradidit et donavit Aquilegiensi ecclesiae Antonium filium Nasinguerrae de Carnia suum hominem de masnata cum toto suo futuro peculio atque prole: hac tamen conditione quod ipse Antonius infra praesentem annum ad sacros ordines debeat promoveri, et infra quinque annos ad sacerdotii dignitatem. Alioquin ipso facto ad servitutem pristinam revertatur. B. M. U. [408.]

1318. 17. Julii. Viennae. Federicus dux Austriae et Styriae, dominus Carniolae, Marchiae et Portusnaonis, notificat universis suis fidelibus de Portunaonis, se pro quadam summa pecuniae obligasse praedictam terram Portusnaonis cum omnibus pertinentiis suis d. Ludovico comiti de Purcileis, qui promisit in eorum juribus et antiquis approbatis consuetudinibus eos servare, nec gravare incommodis inso-

litis et injustis. Quod si secus fecerit, ad eum recurrant, qui vexari
indebile eos nullatenus permittat. C. C. F. [409.]

1318. 29. Julii. Maniaci ante portam castri. Pactum d. Fran-
cisci et d. Pinzanutti fratrum de Pinzano cum d. Almerico de Maniaco,
quod non essent factae treguae inter eos, eo quod dictus d. Almericus
fecerat captivos dominos Cucitinum et Conradum de Monteregali ad-
jutores ipsorum de Pinzano, quia de eis timuerat. Et ita juraverunt
dicti de Pinzano in manu d. Matthaei de Ragonia. A. N. U. [410.]

1318. 20. Augusti. Aquilegiae. Reverendus pater d. Castonus
bonae memoriae patriarcha Aquilegiensis obiit in Florentia, qui vixit in
patriarchatu unum annum, menses septem et dies viginti unum. Pro
cujus anima discretus vir Taddaeus de Palude ejus capellanus, hujus
ecclesiae mansionarius et plebanus de Circhinitz, dedit capitulo decem
marchas, de quibus empta fuit una marcha in redditibus super domo
q[m]. Vincentii Barbarii ad hoc, ut custos supradictae ecclesiae annis singulis faciat ejus anniversarium in capella S. Ambrosii super tumulum
bonae memoriae d. patriarchae Raymundi cum vino et oblatione, et
tres denarii dentur tribus sacerdotibus, qui ipso die celebrent missas
tres pro ejus anima, et inter pauperes clericos quinque denarii dividantur. Reliqui vero denarii inter canonicos et mansionarios, qui in
anniversario ejus praesentes fuerint, dividantur. A. C. U. [411.]

1318. 23. Augusti. In vigilia S. Bartholomaei circa dimidiam
noctem, ignis succensus est in Portunaonis versus molendinum supe-
rius, et combussit quasi totam terram. Et postmodum omnes inceperunt laborare de muro, quia antea domus erant quasi omnes de ligna-
mine. C. M. R. [412.]

1318. 28. Augusti. D. Antonius vicarius ecclesiae de Spegnimberch, tanquam nuntius dominorum de Spegnimberch et de Zuccula, cum
vellet intromittere canipam, quae fuit quondam d. Castoni patriarchae,
prout ad eos, patriarchali sede vacante, dignoscitur pertinere, et portam invenisset clausam, nec potuisset intrare: supplicavit d. decano et
canonicis capituli Aquilegiensis, ut ordinarent et facerent quod ipse,
nomine dictorum dominorum de Spegnimberch et de Zuccula, habeat in
custodia canipas patriarchatus Aquilegiensis. A. C. U. [413.]

1318 ... Septembris. Cum propter inimicitias et metum, qui
cadere potest in virum constantem, d. Warnerus de Cucanea canonicus Aquilegiensis non posset absque periculo sui capitis personaliter
accedere ad ecclesiam Aquilegiensem, neque interesse in termino a

decano et capitulo ipsius ecclesiae assignato ad electionem futuri patriarchae celebrandam, et alia quae in dicto capitulo agenda fuerint, fecit et constituit d. Gilonem archidiaconum Aquilegiensem suum certum nuntium et procuratorem sibique commisit quoad instantis electionis negotium et quoad alia, quae in dicto capitulo agenda immineent, totaliter vices suas, dans eidem generalem et liberam potestatem nominandi, eligendi et postulandi vice et nomine ipsius personam idoneam in patriarcham et pastorem Aquilegiensis ecclesiae. A. N. U. [414.]

1318 ... Septembris. Nobiles de Cucanea constituunt Leonardum dictum Clericum de Cucanea in eorum nuntium et procuratorem ad comparendum coram d. decano et capitulo Aquilegiensi in colloquio apud Manzanum pro statu et libertate Aquilegiensis ecclesiae et terrae Forijulii per eosdem ordinando. A. N. U. [415.]

1318. 4. Septembris. Avenione. Johannes XXII. pontifex, vacante sede Aquilegiensi per obitum d. Castoni patriarchae, intendens ad bonum statum dictae ecclesiae, ejus provisionem ordinationi et dispositioni sedis apostolicae plenarie reservat, decernens ex nunc irritum et inane quidquid per quoscumque alios contra hujusmodi constitutionem attemptari contingeret. Rub. [416.]

1318. 6. Septembris. Articus de Castello episcopus Concordiensis in pratis, ubi erat colloquium d. comitis sub villa S. Joannis de Manzano, investit d. Johannem de Villalta ante eum flexis genibus extantem, de feudo quod in Uruspergo dictus d. Johannes habebat ab ecclesia Concordiensi, qui ut vassallus domino suo fidelitatem ibidem juravit. A. N. U. [417.]

1318. 25. Septembris. Aquilegiae. Capitulum et canonici ecclesiae Aquilegiensis ordinant et constituunt d. Gulielmum decanum eorum nuntium et procuratorem ad petendum et exigendum ducentas et viginti quinque marchas denariorum, quas d. dux, consilium et commune Venetiarum persolvere tenentur et debent d. patriarchae et ecclesiae Aquilegiensi in termino praesentis mensis pro jurisdictionibus, juribus et terris Istriae, juxta conventiones et pacta inter ipsos et d. patriarcham et ecclesiam Aquilegiensem inita et contracta. B. M. U. [418.]

1318. 27. Septembris. Glemonae. D. Simon de S. Daniele pro se et amicis suis omnibus et propinquis fecit trevas d. Nicolao de Forgaria, qui nunc moratur in S. Daniele, et omnibus suis amicis et propinquis usque ad instans festum S. Georgii super illa rixa nuper facta inter eos; in manibus d. Odorici de Strassoldo canonici Aquilegiensis et vicarii d. comitis totius patriarchatus capitanei. B. M. [419.]

1318. 1. Octobris. Invasit d. Canis Tarvisinos, et obsedit civitatem, et obtinuit Montembellunam totam. Et multi nobiles Tarvisini astabant sibi, inter quos duo ex advocatis, ille de Volnico, et ille de Montefumo: de Coneglano d. Monfloritus de Coderta et alii quamplures: illi de Camino superiori et inferiori. Et obtinuit omnes quasi munitiones in diocesi Tarvisina, praeter Coneglanum, Castrum Francum et Mestre. Et destruxit omnes burgos civitatis et quasi omnes villas, praeter affidatas, et recessit circa festum S. Andreae. Isto medio Tarvisini miserunt nuntios ad d. ducem Austriae supponentes se dominio suo, qui remisit nuntios suos honorabiles d. Cani, scilicet d. episcopum Lavantinum ejus capellanum, et ejus cancellarium.

Odoric. a Portu. — C. M. R. [420.]

1318. 1. Octobris. D. Hector de Savorgnano ex una parte, et domini Federicus et Hermanus de Attems ex alia fecerunt treguas inter eos usque ad festum resurrectionis domini in manibus d. Warneri de Cucanea canonici Aquilegiensis. A. N. U. [421.]

1318. 3. Octobris. Ante portam Maniaci. Domini Volvenus et Nicolussius de Maniaco jurant treuas dominis de Monteregali, dummodo non faveant directe aut indirecte dominis Francisco et Pinzanutto de Pinzano, neque Jacobo et Princivali de Maniaco, aut hominibus ipsos offendere volentibus tam in castro quam in villa, et in Griz et Malnins, et hoc usque ad proximum festum S. Martini, et sub poena ducentarum marcharum. A. N. U. [422.]

1318. 10. Novembris. Glemonae. Blasinus filius Juliani Toderi de Glemona flexis genibus, absque pileo et cingulo et spoliatus vestibus, renuntiat in manibus dicti sui patris omnem haereditatem quam ab eo habere posset, et rogat ut a se debeat emancipari. Qui Julianus ipsam refutationem accipiens, praedictum Blasinum emancipavit, dans eidem liberam auctoritatem, ut ad suum libitum vices suas agat. A. N. U. [423.]

1318. 14. Decembris. Aquilejae. Paganus de la Turre episcopus Paduanus et administrator ecclesiae Aquilejensis in spiritualibus et temporalibus a sede apostolica deputatus, Worlico d. Pauli Boyani, qui in diocesi Aquilejensi habebat canonicatum et praebendam in Civitate, et in diocesi Concordiensi perpetuum beneficium in Fossalta, confert plebanatum S. Michaelis de Peylstain. A. C. C. [424.]

1318. 18. Decembris. In Civitate Austriae. Decanus et capitulum ecclesiae Civitatensis d. Federico de Hebrinstayn mareschalco d. comitis Goritiae, et d. Philippo q". d. Quoncii de Civitate concedunt facultatem construendi in ecclesia S. Johannis Baptistae ante altare S. Nicolai unum monumentum ad ipsos et non alios in eo sepeliendos.

A. N. U. [425.]

1318. 25. Decembris. Aquilejae. Cum plures collectae, sede patriarchali vacante, impositae fuissent ab apostolicae sedis legatis, et nonnulli ex clericis patriarchatus eas solvere non curassent: Paganus episcopus Paduanus et administrator ecclesiae Aquilejensis ab apostolica sede deputatus, mandat plebano Glemonae quatenus clericos praedictos excommunicatos esse, et eorum ecclesias interdictas publice denunciare debeat, et si pecuniam cuilibet contingentem infra quindecim dierum terminum non solverint, sciant se de eorum beneficiis et ecclesiis esse privatos. Prohibeat igitur ne quis de redditibus ac proventibus ecclesiasticis clericis hujusmodi ullo modo respondeat.

A. N. U. [426.]

1319. 1. Januarii. Facto conflictu contra Tarvisinos apud pontem Plavis, d. Wecello de Camino obsedit Coneglanum ab Epiphania usque ad dimidium Junii cum magno exercitu, in quo expendit ultra centum millia librarum; et tandem d. comes Goritiae ejus cognatus sub fraude removit obsidionem, et factus fuit vicarius Tarvisii pro duce Austriae nomine ipsius. Odoric. a Port. — C. M. R. [427.]

1319. 24. Januarii. Aquilejae. Paganus episcopus Paduanus et administrator ecclesiae Aquilejensis mandat, auctoritate administrationis sibi commissae, quatenus electio abbatis de Arnolstain facta per monachos dicti monasterii in personam fratris Johannis monasterii S. Petri de Rosacio solemniter publicetur, ut si quis contra electionem praedictam aut personam electi aliquid rationabile objicere vellet, infra quinque dierum spatium coram eo in palatio Aquilejensi compareat.

A. N. U. [428.]

1319. 24. Januarii. In Civitate Austriae. Bernardus de Ragonea decanus capituli Civitatensis instituit duos novos praebendarios, per decanum, qui pro tempore fuerit, eligendos inter sacerdotes pauperes; unus quorum quotidie missam S. Spiritus super altare S. Bartholomei, et alter missam S. Crucis super altare S. Crucis in ecclesia supradicta celebrare teneantur; eisque de suis bonis et redditibus dotem convenientem assignat. B. M. U. [429.]

1319. 27. Januarii. In Civitate Austriae. Homines et commune Civitatis Austriae volentes murare, seu murari facere burgum pontis ejusdem civitatis, Bernardus de Ragonea decanus capituli Civitatensis in suffragium et adjutorium dicti muri fiendi donavit praedictis hominibus et communi centum marchas denariorum, eo tamen pacto quod dictus murus in circuitu dicti burgi cum suis rochis seu merlis infra annum compleatur. B. M. U. [430.]

1319. 4. Februarii. Cormons. D. Galvanus de Maniaco jurat in manibus d. comitis Goritiae servare trevuas, usque ad proximum festum S. Georgii, dominis de Pinzano et eorum sequacibus, exceptis illis qui fuerunt ad mortem d. Amerlici fratris sui, videlicet Federico d. Vilielmi, Philippo de Portis et illis de Fontebono, tali pacto apposito et conditione, quod aliquis dominorum de Pinzano aut de eorum masnata non debeat venire in villam nec in castrum Pinzani; et quod dicti domini non teneant penes se, nec in eorum locis aliquem de supradictis qui fuerunt ad mortem dicti fratris sui, et si aliquis ibidem nunc esset, usque ad octo dies debeant eum licentiare.

Cumque dictus d. Galvanus observasset, quod trevuae per eum factae dominis de Purcileis expirabant ante praedictum festum S. Georgii, et propterea non intendebat cadere in poenam, si arma sumeret ante dictum terminum, ut promiserat illis de Pinzano; praefatus d. comes asserens, quod fidem habebat quod illi de Purcileis ad petitionem suam trevuas servarent, illas usque ad dominicam olivarum prorogavit. A. N. U. [431.]

1319. 5. Februarii. Canonici S. Petri de Carnea d. Mannum eorum praepositum coram d. Johanne vicario d. episcopi Paduani et administratoris ecclesiae Aquilejensis de infrascriptis criminibus reum constituunt.

I. Absque causa rationabili ac ejus superioris licentia ecclesiam suam S. Petri deseruit, et a decem et octo annis residentiam in ea non fecit.

II. Majori excommunicatione publice innodatus, per sententiam magistri Alberti de Tordona judicis a sede apostolica deputati, a decem et octo annis in eodem statu permanet, se nihilominus ut prius divinis misteriis temere immiscendo.

III. Capellas et praebendas ipsis adnexas, nec non quarteria et alia capituli jura violenter et contra justitiam detinet occupata, quorum summa ascendit ad valorem ducentarum marcharum: unde canonici nec residere in dicta ecclesia, nec eidem deservire in divinis obsequiis possunt.

IV. Constitutiones in synodis editas non servat, et per ejus negligentiam ab aliis sacerdotibus non servantur. Hinc parvuli, ubi fontes non sunt, in vasis laicorum baptizantur, quae postmodum in pristinos usus convertuntur: et, quod deterius est, chrisma et oleum sanctum saepius per mulierculas et laicos de ecclesia ad ecclesiam irreverenter deferuntur.

V. Placitum christianitatis in ecclesia S. Petri exequitur, non vocatis, imo contemptis canonicis, qui consueverunt cum eorum praeposito eidem placito interesse, et crimina quae habentur majora, et quae ad ejus audientiam deferuntur, accepta hinc inde pecunia, reliquit incorrepta.

VI. Jura ad custodes ecclesiae spectantia propria auctoritate invasit, et negligens et remissus in exhibenda justitia, non curat reclamationes capituli et in ejus vilipendium sustinet et protegit presbiterum Siuridum omni vitiorum genere diffamatum, eo quod eum fovet in sua malitia, et in omnibus sibi astat.

Qua propter non valentes talia tolerare supplicant eidem d. vicario, ut circa reformationem dictae ecclesiae et correctionem dicti praepositi dignetur intendere et velit, secundum quod tradunt canonicae sanctiones. B. M. V. [432.]

1319. 21. Februarii. Aquilejae. Facta diligenti inquisitione super praeposito et canonicis S. Petri de Carnea et super universo statu dictae ecclesiae, haec sunt quae Paganus episcopus Paduanus administrator Aquilejensis praecepit ibidem ab eisdem observanda.

I. Praepositus et canonici apud dictam ecclesiam S. Petri et per capellas eidem ecclesiae subditas residentiam faciant personalem. Et qui secus fecerit, quin specialem dispensationem obtinuerit, nihil omnino de fructibus dictae ecclesiae percipiat. In dicta autem residentia facienda secundum antiquam consuetudinem, duo ex ipsis alternatim semper sint apud ecclesiam S. Petri per unam hebdomadam, et alii apud dictas capellas: et hebdomada finita, alii duo ascendant ad dictam ecclesiam, et illi descendant ad capellas hinc serviendas, et sic fiat successive per circuitum anni.

II. Praepositus et canonici custodiant diligenter sub conclavi corpus dominicum, sacrum chrisma ac oleum sanctum, ne manus temeraria pertingere ad illa valeat.

III. Praepositus revocet, infra decem dies proximos, omnes con-
cessiones per eum factas de capellis praedictis quibuscumque presbi-
teris, qui non sint de canonicis supradictis, et eas canonicis ipsis aequaliter recomendet. Dimittat custodibus quae eis usurpavit, assumens eos
ad servitium dictae ecclesiae faciendum, et quidquid hactenus de eorum
redditibus percepit, in utilitatem dictae ecclesiae convertatur. Restituat
canonicis praebendas, quas eis hoc anno per semetipsum et quatuor
annis proxime praeteritis per Siuridum ejusdem ecclesiae canonicum
et suum vicarium noscitur subtraxisse. Placitum christianitatis et alia
capitulum dictae ecclesiae tangentia nullatenus faciat absque ipsius
capituli consensu. Faciat refici et reaptari puteum dictae ecclesiae et
muros caemeterii qui corruerunt.   •

IV. Cum ex inquisitione apparuerit, per quandam fenestram sacristiae, in qua erant clausi canonici pro facienda electione praepositi, per
ejus consanguineos projectam fuisse quandam quantitatem florenorum,
quos ipsi canonici recipientes eundem Mannum in suum praepositum
elegerunt, et postmodum pecunias ipsas inter se diviserunt: idcirco
praecipitur eidem Manno, ut infra quindecim dies coram ipso d. ad-
ministratore ecclesiae Aquilejensis, aut ejus vicario personaliter compareat, ostensurus per idoneos testes, utrum haec quae de se dicebantur
vera essent aut falsa.

V. Siuridus canonicus, qui inventus est tenuisse Dussam mulierem
publice concubinam, ex qua etiam filios suscepit, ab officio et beneficio
sit suspensus usque quo dispensationem sedis apostolicae super hoc
meruerit obtinere. Interim eandem mulierem sub poena depositionis a
se prorsus ejiciat, nec eam, aut aliam de cetero ullatenus recipiat: et
infra octo dies restituat ecclesiae assides, seu tregas et claves quas
subtraxit.

VI. Presbiter Bortholottus sub poena suspensionis infra octo dies
fidem faciat de dispensatione, quam dicit se habere a sede apostolica
pro eo, quod tenuit pro sua concubina Isbettam.

VII. Odoricus et Federicus canonici, qui dicuntur concubinas
tenere, licet de hoc interrogati negaverint, infra dictum terminum pro-
curent, si poterunt, innocentes se ostendere, alioquin tam de delicto
quam de perjurio poenas luent. B. M. U. [433.]

1319. 12. Aprilis. In platea Ragoniae. Domini Walterus, Tho-
masius et Franciscus de Miduna ex parte una, et d. Galvanus de Maniaco
pro se et fratre suo, nec non d. Nicolaus pro se et ejus fratribus et

eorum consortibus et adjutoribus ex parte altera jurant sibi invicem pacem per decem annos sub poena ducentarum marcharum.
A. N. U. [434.]

1319. 16. Aprilis. Aquilejae. Paganus electus Aquilejensis et
administrator diem dicit Conrado plebano de Urazlau, Thomae plebano
de Saxenveld et Conrado notario de Cunemburg, qui spoliaverunt
d. Henricum plebanum S. Danielis de Cilla, praetendentes abbatem de
Sitich, quem eorum dominum vocabant, et non alium habere potestatem
dictum plebanum instituendi. B. M. U. [435.]

1319. 26. Maii. In Civitate Austriae. Francischinus de la Turre
tradidit et donavit pro augmento dotis d. Beatrici ejus consobrinae, et
uxori d. comitis Goritiae, omnes mansos, terras et possessiones sitas
in villa S. Mariae de Sclaunich, quas pretio et foro ducentarum et quinquaginta marcharum emerat jure proprii ab ipso d. comite, et quae
reddunt annuatim decem et septem marchas de redditibus ad usum
curiae. Ex arch. Turrianorum. [436.]

1319 . . . Junii. Dum d. Canis esset in obsidione Paduae, et d.
comes Goritiae esset vicarius regis in Tarvisio, concordati sunt cum
juramento hoc modo: quod d. Canis restituat d. comiti Montembellunam
et Asilum, et expulsi dictae terrae debeant redire constituti in omnibus suis juribus, et comes debeat servire d. Cani contra Paduam cum
centum equitibus. Sed comes de mandato d. regis, ut dicitur, recepit
vicariam Paduae contra d. Canem, et ita orta est maxima discordia
inter eos: nec d. comes poterat intrare Paduam quia d. Canis obsidebat
eam maximo exercitu. Tandem d. comes cum auxilio d. regis, et circa
natalem ejusdem anni conduxit ultra mille elmos sine ballistariis, inter
quos erant multi nobiles, scilicet illi de Walse, illi de Owestayn, de
Fanemberg, Gralant et alii multi quos omitto. Faciendo transitum per
Forumjulii destruxerunt villas et praecipue Curiamnaonis, et venerunt
Tarvisium. Tandem quia videbant non posse nocere d. Cani, convenerunt cum eo quod obsidio remaneret in suo statu; et ille de Walse
intravit Paduam usque ad resurrectionem. D. rex, d. comes, et d. Canis
in praedicto termino cum non possent convenire, discorditer recesse-
runt. Odor. a Port. — C. M. A. [437.]

1319. 1. Julii. Cum d. Volvenus de Maniaco vellet laborare
murum castellanum suae domus, convenit cum hominibus et communi
Maniaci, quod illi solverent calcinam quam eis daret, cum denariis datii
communis, et pro lapidibus, sabulone et aliis, ad quae dictum commune

tenebatur, ipsi homines de Maniaco facerent duos plurigos pro quolibet vicino, ideat illi qui habent currum cum curru, et alii cum persona tantum. A. N. U. [438.]

1319. 4. Julii. In Civitate Austriae. Paganus electus Aquilejensis et administrator per librum, quem suis tenebat manibus, investit Milanum de Paona de habitantia castri Utini, recipiens ab eodem sacramentum fidelitatis. A. C. U. [439.]

1319. 5. Julii. In Civitate Austriae. Coram d. Ulvino gastaldione Civitatis, Bertulus caligarius de Burgo Pontis dixit et protestatus fuit, quod ipse non erat servus, nec homo de masnata alicujus, imo erat liber tanquam homo ecclesiae Aquilejensis, nec servierat dominis de Zuccula nisi per stipendium, ut fecerat uno tempore Gramolyani, et quilibet extraneus fecisset. Quod si esset aliquis par sibi, qui aliud dicere voluisset, sibi erat paratus personaliter per duellum probare sicut postulat ordo juris. C. F. [440.]

1319. 24. Julii. In Civitate Austriae. Paganus dei et apostolicae sedis gratia sanctae sedis Aquilejensis electus ex parte una, et nobilis Giroldus dictus Rao magister curiae, ac Albertus notarius de Goritia procuratores magnifici d. Henrici, Goritiae comitis etc. nec non civitatis et districtus Tarvisii pro regia majestate vicarii generalis, ex altera, pro bono pacis et concordiae suo et nomine praedicti d. comitis ad hanc compositionem devenerunt.

I. Praefatus d. electus conservabit et manutenebit dictum d. comitem et suos in juribus suis, et jura eorum illibata servabit et non contrafaciet.

II. Idem d. electus eisdem procuratoribus recipientibus nomine dicti d. comitis facit finem, quietationem, plenam liberationem et pactum de ulterius non petendo de omnibus et singulis perceptis et habitis per ipsum d. comitem ac ejus nomine per servitores atque officiales suos de redditibus, juribus et bonis patriarchatus Aquilejensis quocumque modo usque ad diem praesentem.

III. Idem d. electus eisdem procuratoribus recipientibus nomine dicti d. comitis dabit et solvet pro labore, expensis et damnis, quae hactenus dictus d. comes fecit et sostinuit in regendo, gubernando, protegendo et defendendo terram Forijulii et patriarchatum Aquilejensem, sex millia marcharum denariorum usque ad sex annos proximos venturos, scilicet mille marchas pro quolibet anno. Pro qua solutione facienda et habenda assignavit et dimisit eisdem procuratoribus, recipientibus nomine dicti d. comitis, omnes et singulos redditus, fructus, proventus, mutas, jurisdictionem quamlibet et gherictum de tota gastaldia Carniae, et ipsam gastaldiam et totam Carniam ad ipsum d. electum spectantem cum castris et munitionibus in ea constitutis, videlicet Tumetio, Invilino et Moscardo, et omnes et singulos redditus, fructus, proventus, mutam, gherictum et jurisdictionem quamlibet ad capitaneatum et castrum de Arensperch, et quaecumque alia jura ad praedictum castrum pertinentia, usque ad sex annos proximos subsequentes. Et in fine dicti termini praedicta omnia et singula castra, loca, mutae, gastaldiae, jurisdictiones et alia ad ipsum d. electum libere revertentur. Et ea omnia praedicti procuratores, nomine dicti d. comitis, post dictos sex annos eidem d. electo restituere juraverunt, ad hoc omnia bona praedicti d. comitis obligantes.

IV. Cum propter conservationem et tutelam sui et negotiorum suorum summopere expediat d. comiti habere terram Sacili et Canipae in sua potestate et fortia, ipse d. electus, postquam suo posse operam dederit ad eam recuperandam de manibus d. Guecellonis de Camino, ipsam concedet, praestabit et dimittet eidem d. comiti cum omnibus munitionibus, fortiliciis, redditibus et juribus ad dictam terram spectantibus, usque ad dictum terminum sex annorum, et postea ad eundem d. electum absolute et libere restituentur, prout praedicti procuratores nomine d. comitis, corporali praestito juramento, facere promiserunt.

V. Omnia et singula alia castra, loca, terrae, munitiones, bona et jura ac jurisdictiones patriarchatus Aquilejensis, quae per ipsum d. comitem vel ejus nomine in praesenti tenentur, ipse d. comes eidem d. electo, vel cui mandaverit, infra octo dies restituet, exceptis Tolmino, Los et Tricesimo, quae loca infra quindecim dies proximos dimittet ac dimitti faciet libere et expedite. B. A. U. [441.]

1319. 18. Augusti. In Civitate Austriae. Paganus Aquilejensis electus Istriae et Carniolae marchio concedit, usque ad suum beneplacitum, Francischino de la Turre ejus nepoti marchionatum Istriae et Carniolae, mandans universis et singulis ipsi marchionatui subjectis, qualenus in omnibus, quae praefatus Francischinus duxerit eis injungendum, attendere debeant et obedire. B. M. U. [442.]

1319. 21. Septembris. In Civitate Austriae. Wera de Bultinico solvit pro se et sociis unum ronzinum grossum in satisfactionem ministerii marscaltiae curiae d. patriarchae. A. N. U. [443.]

1319. 16. Octobris. In Civitate Austriae. Paganus electus Aquilejensis commendat Federico Romanorum regi Franciscum de Bareriis de Florentia civem Utinensem, qui ab eo et ejus praedecessoribus habere debebat mille marchas, sperans, cum redierit, scire ab eo felices serenissimi regis progressus, quos optabat gloriosissime prosperari.

A. C. U. [444.]

1319. 22. Octobris. In Civitate Austriae. Cum oporteret Henricum comitem Goritiae extra suam terram, in civitate Tarvisii et ejus districtu, ubi erat pro regia majestate vicarius generalis, tunc personaliter commorari: Paganus Aquilejensis electus, ejus postulationibus grato concurrens assensu, personam d. comitis affinis ejus, et terram et bona omnia ad eum spectantia sub suam et Aquilejensis ecclesiae suscipit protectionem. Rubeis in schedis. [445.]

1319. 25. Novembris. Tarvisii. Inter tot principes et duces, qui cum eorum gentibus venerunt Tarvisium in auxilium comitis Goritiae contra Canem de la Scala, in chronico Liberalis de Levada numeratur Carlevarius de la Turre, qui venit cum quinquaginta equitibus galeatis et quinquaginta ballisteriis, et Paganus de la Turre patriarcha Aquilejensis, qui venit cum centum equitibus galeatis et centum ballisteriis. Avogadro degli Azzoni in vita B. Henrici. [446.]

1319. 1. Decembris. Utini. Clerus civitatis et diocesis Aquilejensis in plena synodo congregatus, ad contributionem servitii quod d. electus debebat ecclesiae Romanae, et aliorum debitorum quibus ecclesia Aquilejensis jam pridem erat praegravata, subsidium octingentarum marcharum Frixacbensium eidem d. electo promisit: qui sub poenis excommunicationis, suspensionis et interdicti mandat universis et singulis abbatibus, decanis, archidiaconis, praepositis, capitulis, conventibus et monasteriis, quatenus partem subsidii sibi promissi unumquemque eorum tangentem, infra certos terminos solvere debeant. B. M. U. [447.]

1319. 9. Decembris. Faedis. Andriacius q". Cinusii dotavit Philippam filiam suam Antonio q". Binotii de Villa Frigida ad usum de villis, nempe cum uno armento et uno vitulo subtus, aut cum una marcha et crosina, pellicio, tunica, bichedo, lecto et plumacio, solvendo praedicta infra unum annum postquam duxerit eam domum. A. N. U. [448.]

1319. 22. Decembris. Utini. Examinata electione pridie facta per fratres monasterii S. Petri de Rosacco de venerabili ac discreto fratre Johanne de Osenago tunc abbate monasterii de Carraria Paduanae

diocesis, vicario ipsius d. electi Aquilejensis, ad abbatiam dicti monasterii de Rosaceo vacantem per liberam resignationem fratris Johannis
olim ipsius monasterii abbatis: venerabilis d. Paganus Aquilejensis
electus praedictam electionem utpote canonicam confirmavit, et dictum
fratrem Johannem de Osenago praefecit illi monasterio abbatem, eique
tanquam metropolitanus, diocesano ejus electo, scilicet Paduano, in
remotis agente, et civitate Paduae hostilibus armis obsessa, dedit
licentiam transeundi de dicto monasterio Carrariae ad praefatum monasterium Rosacense. B. M. U. [449.]

1320. 1. Januarii. In Civitate Austriae. Reverendus pater d.
Paganus Aquilejensis electus dotavit nobilem dominam Belingeriam
filiam q". d. Zumfredini de la Turre fratris ipsius d. electi in uxorem
magnifici d. Meynardi comitis de Ortemburch cum octingentis marchis
soldorum. Ex arch. Turrianorum. [450.]

1320. 28. Februarii. In Civitate Austriae. Ordinatum fuit per
consilium et firmatum, praesente et consentiente d. Gulielmo de la
Turre gastaldione Civitatis, quod si quis fregerit trevuas, solvat de
poena pecuniaria apposita in trevnis tertiam partem communi, tertiam
partem d. gastaldioni, et aliam tertiam partem illi cui injuria facta
fuerit. De poena autem amissionis manus fiet, prout videbitur gastaldioni, ad quem non minus, quam ad provisores communis spectat trevuas praecipere et decernere poenas. Stat. Civitatis. [451.]

1320. 1. Martii. In Tercano superiori. Nicolinus de Murutio
pretio et foro trecentarum librarum Veronensium parvorum vendidit et
dedit, ac jure recti et legalis feudi investivit d. Francisco q". d. Jacobi
de Tercano, pro se suisque haeredibus recipienti, partem suam totam
mareschalcariae, quam ipse habet ab ecclesia Aquilejensi. Ex arch.
dd. de Arcano. [452.]

1320. 18. Martii. Michael q". Johannis Fortis de Tollano vendidit
pretio sexaginta quatuor denariorum Martino Izilaui de Bultinico campum terrae aratoriae situm in Bultinico, in loco dicto Tavella, salvo jure
ministerii mellis d. patriarchae Aquilejensis. Belloni. — B. M. U. [453.]

1320. 28. Martii. Aquilejae. Paganus patriarcha Aquilejensis
notificat sanctissimo patri d. Johanni dei gratia papae XXII., se a reverendo patre d. Artico episcopo Concordiensi ejus suffraganeo pallium
insigne pastoralis officii devotissime recepisse, et juxta formam in
ejus bulla interclusam fidelitatis juramentum praestitisse. Rubeis in
schedis. [454.]

1320. 31. Maii. In Civitate Austriae. Optabat Paganus patriarcha, quod instauraretur turris dicta de Arena sita in civitate Aquilejae, quae, ut ipse ajebat, per incuriam suorum praedecessorum inhabitabilis effecta erat et minabatur ruinam. Verum gravatus sarcina debitorum, quibus in suo adventu ecclesiam Aquilejensem invenerat obligatam, pecunia tunc carebat ad hoc faciendum necessaria. Proinde rogat Gulielmum decanum capituli Aquilejensis, ut suis expensis dictam turrim velit reparare, et circa eam domos necessarias facere, promittens reddere sibi integraliter omnes expensas, quas faceret pro reparatione turris et aedificatione domorum. A. C. C. [455.]

1320 0. Junii. In Civitate Austriae. Paganus patriarcha investit Johanni notario olim Thomasini de Utino septem campos terrae aratoriae sitos ad viam saltus in tabella villae superioris Utini, spectantes ad feudum ministerii cavalleriae de Sacco. A. C. U. [456.]

1320. 23. Julii. In Civitate Austriae. D. Ottobonus bonae memoriae patriarcha dederat olim in mandatis d. Federico q^m. d. Indriottis habitatoris castri Utini, ut saltem per quindecim dies se de terra Utini absentaret personaliter, alioquin faceret sibi caput amputari. Eodem die voluit ille obedire mandatis d. patriarchae; et vix recessit ab Utino, placuit quibusdam hominibus dictae terrae, ejus bona mobilia et immobilia violenter invadere et occupare. Nunc vero cum gratia dei et benignitate d. Pagani patriarchae reversus Utinum, petit se reduci debere in possessionem et tenutam suorum bonorum, sicut erat eodem die quo se separavit de terra Utini. Quapropter, petente d. patriarcha, quid juris inde esset, sententiatum est per omnes astantes, quod bona tam mobilia quam immobilia eidem d. Federico restitui debeant, et quod occupatores et detentores eorum debeant sibi satisfacere de retentis et receptis. A. C. U. [457.]

1320 . . . Augusti. D. Canis tenebat Paduam ita obsessam, quod nullus poterat intrare, et construxerat quemdam locum circa Paduam nomine Insula de la Scala apud pontem Bassanelli, ubi habebat exercitum suum, et vallaverat ita Paduam quod non poterat habere victualia. Et erat tantus defectus in vino, quod una mensura, quae consuevit haberi pro duobus parvis, valebat duos grossos et ultra. Panis parum habebatur, et multi recedebant furtim de civitate, et alii erant in desperatione. Sed tandem d. de Walse, qui dimiserat filium suum Paduae et receperat pecuniam pro stipendiariis, timore filii, ne Paduani interficerent eum propter delusionem, quam Paduani dicebant eum fecisse contra

eos recipiendo pecuniam suam, conduxit quadringentos elmos in mense
Augusti, et veniendo Tarvisium, una cum d. comite Goritiensi et Tar-
visinia ivit Paduam. et in crastino, scilicet die S. Augustini in Augusto,
praeparavit se cum Paduanis, et per quemdam passum arrectum iverunt versus d. Canem, qui erat ex opposito cum quingentis ultramon-
tanis, et sponte dimisit eos venire: sed spe sua frustratus invasit eos
tarde, quia tanta multitudo jam transiverat passum, et cum prius potuisset, non potuit eis obviare: imo conflictus fuit cum toto exercitu suo,
et, dimissa insula. arripuit fugam versus Montemsilicem, deinde versus
Vicentiam. In qua insula fuerunt ultra ducentos interfectos et unus de
Macaruffis. Et inventa fuit tanta abundantia rerum, quod Paduani omnem
defectum, quem habuerunt. supplevere. Postquam haec verra secuta fuit,
eodem mense reversi sunt cum magno gaudio Paduam, et post duos
menses d. comes et d. de Walse et d. Canis composuerunt hoc modo:
quod d. Canis dimitteret d. regi Cittadellam, et omnia fortilitia. quae
habebat in districtu Paduano. excepto Montesilice, et Paduani restituerent Bassanum d. Cani. Item restituit d. comiti Montembellunam. Mon-
tagnanam et Castrumbaldum: et d. comes restituit gratiam forbannitis
Tarvisinis. Processu vero temporis d. comes et ille de Walse et nuntii
d. Canis iverunt ad regem Alemanniae, prius ducem Austriae, currente
anno millesimo trecentesimo vigesimo primo, mense Augusti, et facto
colloquio, d. rex contulit Paduam duci Karinthiae, remoto illo de Walse:
et ille de Owenstayn cum ducentis elmis in vigilia omnium sanctorum
pernoctavit in Curianaonis. et in die sequenti in festo. facto prandio,
cum magno damno rusticorum ivit versus Paduam, ubi fuit receptus
nomine ducis praedicti.

Odoric. a Port. — C. M. A. [458.]

1320. 16. Augusti. Tarvisii. D. Henricus comes Goritiae, nec
non civitatis et districtus Tarvisii capitaneus generalis, pretio centum
et quinquaginta marcharum soldorum vendidit, tradidit ac jure recti
et legalis feudi investivit d. Henrico de Pramperch decem marchas in
redditibus ad usum curiae de advocatia ipsius d. comitis in villis Le-
stizzae et S. Vidotti, cum omni dominio et jurisdictione super mansis
et bonis solventibus censum praedictum, salvo quod si in dictis villis
maleficium aliquod committeretur per massarios solventes dictum censum, pro quo quis deberet in persona puniri aut membro, ille consignari
debeat per cingulum ipsi d. comiti aut ejus gastaldioni de Flambro,
ab eo postea puniendus. In arch. d. de Prampero. [459.]

30*

1320. 21. Augusti. Utini. D. Federicus de Villalta ex parte una, et domini Johannes, Odorlicus et Indrigutius de dicto loco ex alia, in manibus d. Pagani patriarchae, et sub poena quadringentarum marcharum, de omnibus et singulis injuriis, maleficiis, offensionibus, contumeliis et damnis sibi ad invicem illatis usque ad praesentem diem, fecerunt pacem perpetuam, finem, remissionem et concordiam sempiternam.

B. M. U. [460.]

1320. 26. Augusti. Attems. Vargendus q^m. d. Janisi de Attems pro se suisque amicis ex una parte, et Artuicus frater ipsius Vargendi, et Trufalinus filius ejusdem Artuici, et Federicus q^m. Jacobi de Attems pro se et eorum amicis ex alia, pro omnibus offensionibus, excessibus et damnis hinc inde illatis usque ad praesentem diem fecerunt ad invicem per manus conjunctas in simul perpetuam pacem inter eos coram d. Jacobino de Ronco gastaldione Civitatis: hac tamen conditione adjecta, quod dictus Vargendus non dimitteret d. Hectorem de Savorgnano nec aliquem de sua familia intrare castrum de Attems. A. N. U. [461.]

1320. 29. Augusti. Utini. D. Paganus patriarcha d. Muschinum de la Turre de una habitantia de castro Utini cum omnibus suis juribus et pertinentiis manu propria investit. A. C. U. [462.]

1320. 27. Octobris. Glemonae. Nicolaus filius Indriussii de Gout, ut ostenderet se bonis paternis et maternis renunciasse, relictis vestibus, scilicet clamide, pignolato, stivalibus et capello, extra domum dicti patris sui in camiscia et crabulis exivit. A. N. U. [463.]

1320. 12. Novembris. Fuit proelium magnum in Utino apud domum communis inter dominos Federicum et Hectorem fratres de Savorgnano et eorum amicos ex parte una, et d. Sperantium et Vintilinum fratres cum amicis suis ex alia. Qui venientes ad injurias, coeperunt dictae partes inter se acriter proeliari: in quo dictus d. Hector per d. Sperantium fuit vulneratus, et Hermolianus et Dionysius interfecti. D. patriarcha existens Civitate statim, cum sibi praedicta notificata sunt, cum festinatione equitavit Utinum cum Civitatensibus. Qui Civitatenses una cum Utinensibus adierunt ad domos praedictorum d. Sperantii et Vintilini et eas ceperunt; et ipsos fratres et filium d. Thomasini et alios quamplures circa viginti sex interfecerunt et eorum bona abstulerunt: ita quod pars d. Hectoris obtinuit cum adjutorio Civitatensium. Jul. [464.]

1320. 18. Decembris. Cusani. Paganus patriarcha permittit hominibus de Cusano, quod possint deinceps buscare libere pro usu suo

dumtaxat, et non pro vendendo, sed non possint incidere de quinque
generibus lignorum, videlicet de rovere, pomario, nuce, corniali et
perario; nec pro domibus eorum ad faciendum colunellos et bregas,
particulariter in nemoribus gastaldiae S. Viti, videlicet in Cagnano juxta
S. Mariam in Tavella, et in Squaro, et in Silva mala, et in quolibet alio
loco, uti et sicut buscant et vadunt illi de Piscincano et illi de Flumo,
salvis bannis et frattis. Belloni. — B. M. U. [465.]

1320. 20. Decembris. In villa Cordivadi. Articus de Castello
episcopus Concordiensis confert subdiaconatus ordinem Bernardo canonico Civitatensi et plebano de Vigonovo diocesis Concordiensis; et ordinem diaconatus d. Guidoni de Manzano archidiacono Concordiensi.

B. M. U. [466.]

1320. 25. Decembris. Cusani. Paganus patriarcha per sententiam diffinivit, quod commune de Piscincano et homines ipsius villae in
quibuslibet communeis gastaldiae S. Viti, et specialiter in bagnono juxta
S. Mariam de Tavella, in Squaro, et in Silva mala valeant commugnare,
buscare, copulare, et omnem suam voluntatem facere et exercere, salvis
bannis et frattis, sine impedimento et contradictione suorum gastaldio-
num et alterius cujuscumque personae. Ex arch. Turriano. [467.]

1321. 12. Januarii. In palatio patriarchali S. Viti. Quaestiones
quae inter d. Articum episcopum Concordiensem ex una parte, et
homines et commune Portusgruarii ex alia vertebantur, Paganus patriarcha Aquilejensis in hunc modum diffinivit, ab utraque parte judex et
arbiter electus.

I. Flumen Leminis est ecclesiae Concordiensis, hinc et ipse d.
episcopus habere debet et retinere penes se clavem catenae, quam commune et homines Portusgruarii habent in dicto flumine pro custodia
dictae terrae: nec licet communi et hominibus dictae terrae aliam
catenam ponere, nisi cum voluntate et beneplacito dicti d. episcopi.

II. Nemus positum infra ecclesiam S. Jacobi prope Portumgruarium sit dictis partibus commune, nisi d. episcopus illud dividere
maluerit.

III. Muta omnium merchandantiarum spectat pleno jure ad episco-
patum Concordiensem. Similiter muta cavitiorum, non obstante quolibet abusu, vel consuetudine habita in contrarium per usurpationem
communis et hominum praedictorum contra negligentiam vel impoten-
tiam successorum d. Fulcherii olim episcopi Concordiensis, usque ad
praesentem diem.

IV. Terra Portusgruarii et ejus dominium spectat ad episcopum Concordiensem; nec aliquis potestas, aut rector, sive vicarius potest in eo eligi, nec cidem praefici, nisi de speciali licentia ipsius d. episcopi.

V. Cum terra Portusgruarii sit d. episcopi Concordiensis, liberum idcirco exitum et introitum de die ac nocte pro se et suis familiaribus, sicut sibi videbitur et placuerit, sine contradictione et molestia communis et hominum praedictorum dictus episcopus habere debet.

VI. Gironum vel girona pro custodia dictae terrae dictus d. episcopus habere debet sicut hactenus habuit; idcirco illi per quos girona ipsa destructa sunt, eidem d. episcopo restituant.

VII. Commune et homines praedicti tenentur ad satisfactionem damnorum illatorum contra conventionem alias factam de non comburendis domibus, nec aliis damnis inferendis.

VIII. Tenentur similiter ad satisfactionem partis seu residui damnorum illatorum de armentis subtractis Jurato de Fossalto.

IX. Statuta et ordinamenta facta per dictos homines et commune Portusgruarii, si rationabilia sunt, aut aliqua utilitas ex ipsis promanat, possunt a d. episcopo confirmari. De ipsis autem, quae dicti homines et commune hactenus perceperunt, partem, quae ad d. episcopum spectare posset, eidem suggerant.

X. Praefati homines et commune sint contenti territorio sibi assignato, nec ultra prodeant aut usurpent.

XI. Praefati homines et commune non possint nec debeant propria auctoritate aliquem vel aliquos de dicta terra forbannire seu confinare absque consensu dicti d. episcopi. Ex arch. episc. Portusgruarii. [468.]

1321. 13. Januarii. In Civitate Austriae. Cum Nicolaus et Jacobus de Laibacho propter eorum negotia pertractanda intendere non possent negotio faciendi monetam novam, juxta pacta habita cum d. Pagano patriarcha, plenam dederunt licentiam Lapucio de Florentia, quod tam in emendo argento, quam in aliis necessariis ad dictam monetam faciendam ipse pro semetipsis, sicut ei melius videbitur, facere valeat et operari. A. N. U. [469.]

1321. 18. Januarii. In Civitate Austriae. Ordinatum fuit per consilium et firmatum, quod transacto praesenti mense nullus in Civitate et burgis cooperiat, aut faciat cooperiri domos seu tecta domorum cum scandulis novis, palcis, asseribus, nisi cum cuppis aut lateribus. Qui vero scandulas novas in Civitatem conduxerit ad vendendum, solvat communi denarios quadraginta. Et qui cooperiri fecerit, solvat communi pro qualibet vice mediam marcham. Statut. Civit. [470.]

1321. 8. Aprilis. Glemonae. D. Paganus patriarcha pro centum et sexaginta marchis denariorum emit a dominis Francisco et Henrico q". Matthiae de Glemona unam eorum domum, quam habuerunt in castro et saxo apud castrum q". d. Federici de Pramperch, et quam acquisivit pro evidenti utilitate ecclesiae Aquilejensis, ne ad manus alias in detrimentum et damnum dictae ecclesiae et praecipue fidelium suorum terrae suae de Glemona devenire potuisset. A. N. U. [471.]

1321. 21. Aprilis. Glemonae. Bertoldinus de Glemona fecit et constituit Nicolussium d. Galangani de Civitate suum procuratorem in causa procedendi et pignorandi in bonis et personis servitores d. ducis Carinthiao occasione rapressalearum, quas super praedictis d. Paganus patriarcha eidem concessit. A. N. U. [472.]

1321. 11. Maii. In Civitate Austriae. D. Warnerus decanus Civitatensis vendidit et tradidit usque ad unum annum d. Vincentio sacristae ecclesiae Concordiensis totam ipsius capituli decimam portae pontis Civitatensis vivi et mortui pertinentem ad dictum capitulum, pretio et foro centum et duodecim marcharum, et unius vasis vini terreni sex congiorum. A. N. U. [473.]

1321 . . . Junii. D. Wecello de Camino, facta pace cum episcopo Feltrensi filio d. Rambaldi, misit pro eo ad quoddam colloquium in civitate de Belluno, et dum esset episcopus cum eo in ecclesia fratrum minorum, fecit eum interfici coram se: deinde ivit Feltrum et occupavit illud cum magna comitiva; sed decanus et quidam alii nobiles fecerunt venire d. Sinum, qui erat nepos illorum de Romano, et gentem d. Canis Feltrum et tradiderunt eis locum. D. Wecello arripuit fugam et ivit in civitatem, ubi fuerat interfectus episcopus, et d. Canis misit gentem suam, et obsedit Cividatum. Sed d. Wecello cum quibusdam stipendiariis erat ex opposito. Tandem fecerunt treguas per totum Augustum; deinde productae cum intervallo usque ad festum omnium sanctorum. Odor. a Port. — C. M. [474.]

1321. 15. Junii. Glemonae. Plebanus de Malheren procurator d. Federici archiepiscopi Salzeburgensis pro se, dicto d. archiepiscopo, nec non pro merchatoribus et hominibus dicti archiepiscopatus confessus est, se recepisse a Wargendo et Artico q". Simuti de Glemona pro rapressaleis, robariis et tolletis eisdem factis, vigore sententiae

d. Pagani patriarchae, sexcentas et viginti libras Veronensium parvorum. A. N. U. [475.]

1321. 18. Junii In Civitate Austriae. Mannus praepositus S. Petri
de Carnea, de consensu canonicorum dicti capituli, privat de canonicatu
et praebenda dictae ecclesiae nec non de capellis de plano et omnibus
earum dependentiis Siuridum de Tulmetio, qui in suspensione, excommunicatione et perjurio per triennium et ultra permanebat, et investit
de eisdem Johannem clericum d. Philippi q⁻. d. Quontii de Civitate.

A. N. U. [476.]

1321. 3. Augusti. In Civitate Austriae. Ordinatum fuit per gastaldionem et consilium et firmatum, quod Judaei, qui morantur in Civitate
cum loco et foco, tractentur et sint in protectione communis, et de
eis fiat justitia tanquam debet fieri vicinis, si eis in personis vel rebus
injuria aut violentia fieret aut gravamen in Civitate vel districtu. Si
vero extra terram gravarentur, communis eos adjuvet bona fide: et
hoc pro eo, quod annuatim circa festum S. Georgii dare debent
camerae communis quinque vel tres marchas denariorum.

Stat. Civit. [477.]

1321. 24. Augusti. Utini. Infrascripta ordinamenta constituta
fuerunt per fratres fradaliae proborum virorum laboratorum terrae de
Grezzano.

I. Prima die dominica cujuslibet mensis omnes fratres convenire
debent in ecclesia S. Georgii et facere celebrari unam missam, in qua
unusquisque juxta posse suam faciat suam oblationem. Quod si aliquis
ex ipsis interesse non poterit, mittat oblationem suam per uxorem aut
alium. Et qui contrafecerit sine causa, solvat unum grossum.

II. In dicta missa accendantur quatuor cerei magni, et unus parvus
detur unicuique fratrum.

III. Si unus ex dictis fratribus moritur, omnes alii debent convenire ad domum defuncti, et associare eum usque ad ecclesiam, et
stare ibidem quousque in terra depositus fuerit, et dicat pro anima
illius quinquaginta Pater noster et quinquaginta Ave Maria. Et illud
idem fieri debet pro uxore cujuslibet fratris. Et qui contrafecerit, solvat
unum grossum.

IV. Quandocumque aliquis fratrum moriatur, apportentur ad domum
defuncti omnes quatuor cerei magni, et ibi accendantur, et portentur
ante corpus defuncti usque ad ecclesiam, ponendo eos circa corpus, et
eos permittendo, quousque depositus fuerit in terra.

V. In obsequio cujuslibet fratris aut ejus uxoris detur unicuique unus cereus parvus in manu.

VI. Si moritur aliquis de familia dictorum fratrum, simili modo portentur duo cerei, et unusquisque dicere teneatur pro anima sua viginti quinque Pater noster et viginti quinque Ave Maria.

VII. Si aliquis ex dictis fratribus pervenerit ad tantam paupertatem, quod non posset se substentare cum suo, fradalia teneatur sibi subvenire cum bonis dictae fradaliae.

VIII. Si aliquis de fraternitate moritur extra Utinum, scilicet infra Isontium et Tulmentum, et infra Glemonam et Aquilejam, et ipse non habeat unde posset conduci Utinum cum suo, dicta fraternitas teneatur ipsum conducere in Utinum omnibus suis expensis.

IX. Quilibet frater teneatur et debeat vigilare fratrem infirmum, secundum quod sibi ordinabitur per camerarios et rectores, et qui contrafecerit, solvat unum grossum.

X. Omnes volentes intrare dictam fraternitatem, dummodo sint bonae famae, recipiantur de voluntate camerariorum cum consilio rectorum.

XI. Si aliqui de dicta fraternitate haberent rixam aut discordiam inter se, camerarii et rectores dent operam, ut inter eos concordentur, et si noluerint obedire, ejiciantur a fraternitate.

XII. Si aliqua mulier de dicta fraternitate fecerit aliquam malitiam de persona sua, et post hoc ter monita a rectoribus fraternitatis, quod cesset a dicta malitia, et ipsa spreverit eorum praeceptis velle obedire, ejiciatur a fraternitate.

XIII. Si contingeret aliquem de dicta fraternitate publice stare et permanere in adulterio, rectores cum camerariis teneantur et debeant ipsum monere ter, et si ter monitus non cessabit a peccato, statim deponatur a fraternitate.

XIV. Quandocumque dicta fraternitas fecerit celebrare missam conventualem quam aliam, quilibet de fraternitate debet dicere decem Pater noster et totidem Ave Maria.

XV. Summa indulgentiarum sunt quadragenae tredecim, quae inventae sunt pro fratribus fraternitatis. In ecclesia s. Georgii. [478.]

1321. 28. Augusti. In monasterio Sextensi. D. Federicus de Perse refutavit cum chirotheca in manibus d. Hermani abbatis monasterii Sextensis tantum terrenum, quod supra possit fabricari una ecclesia in villa Gay, prout rustici de dicto loco designabunt et aedificabunt.

Qui d. abbas dedit et contulit de speciali gratia plebano de Gay terri-
torium supradictum ad ecclesiam supra aedificandam, cujus latitudo
sit pedum octo et totidem altitudo, et cujus locus situs est in summi-
tate praedictae villae Gay versus Portumgruarium. A. D. U. [479.]

1321. 16. Octobris. In festo S. Galli, die Veneris, incepit pluere
de die, et non multum; in nocte fortiter, et in sabato sequenti circa
tota nocte fuit maxima pluvia, perquam factae sunt inundationes maximae
aquarum per totum Forumjulii juxta flumina, quarum non habebatur
memoria a centum annis citra atque in Alemannia et Lombardia. Et
Prata submersa fuit tota usque ad trabes, et palatium quasi per unum
passum communis. Odoricus a Portunaonis. — C. M. C. [480.]

1321. 30. Octobris. In Civitate Austriae. Stephanus notarius de
Civitate nomine Grampulini et Minii beccharii de Civitate fecit securi-
tatem in manibus d. Rugerii de Madiis gastaldionis Civitatis faciendi,
quod ipsi restituerent pecuniam per eos acceptam Hermano merchatori
de Stayn usque ad diem Mercurii proximi. Pro quo Philippus de Portis
extitit fidejussor: et dictus gastaldio affidavit eos promittens facere, quod
commune Civitatis eis dabit suas patentes litteras, quod in aliis stratis
praeterquam in strata canalis Tulmini valeant ad satisfactionem damnorum pervenire: et in hoc eis dabit consilium, auxilium et favorem.
A. N. U. [481.]

1321. 6. Novembris. In Civitate Austriae. D. Johannes de Cucanea
promittit dare d. Gerardo de Conegiano quatuor feminas de masnata
convenientes et in aetate legitima constitutas, sub poena quingentarum
librarum Veronensium. A. N. U. [482.]

1321. 10. Novembris. Compromissum inter d. Fridericum archiepiscopum Salzpurgensem et commune et homines Salzpurgi et subditos ecclesiae Salzpurgensis ex una parte, et Jacobum Zannam de
Fonte bono ministerialem et subditum ecclesiae Aquilejensis, super
certis rapressaleis concessis dicto d. Jacobo contra subditos ecclesiae
Salzpurgensis. Belloni. — B. M. U. [483.]

1321. 13. Novembris. In Civitate Austriae. Pellegrinus qm. Jacobi
notarii de Civitate pretio et foro duarum marcharum denariorum vendidit
et tradidit magistro Gerardo physico canonico Civitatensi unum Alman-
sorem librum artis physicae, qui fuit qm. magistri Laurentii fratris sui.
B. M. U. [484.]

BELEUCHTUNG

DER SOGENANNTEN

„BERICHTIGUNG" DES HERRN D<small>R.</small> WIEDEMANN

IN

ARCHIV, BAND XXXV, S. 459—462.

VON

D<small>R.</small> FRANZ STARK.

(Aufgenommen in Folge Beschlusses der philos.-hist. Classe vom 13. Juni 1866).

Am bezeichneten Orte polemisirt der genannte Herr gegen dreizehn Stellen meiner im 34. Bande des Archivs enthaltenen Schrift:
„Berichtigungen und Ergänzungen zu dem im 21. Bde. der Fontes
rer. Austr. abgedruckten Nekrologium von St. Pölten", und dies in
ganz eigenthümlicher Weise. Er ist zwar so gnädig, mein „Verdienst
um die Rectificirung des St. Pöltner Nekrologes nicht in Abrede zu
stellen", bestreitet aber die Richtigkeit mehrerer meiner Bemerkungen und Verbesserungen, ohne sie widerlegen oder berichtigen zu
können und wagt Behauptungen, die einfach widersprechen, aber
nichts beweisen, da sie jeder Begründung entbehren. Ja er geht so
weit, dass er seine eigenen Irrthümer und Missverständnisse, seine
eigene Unwissenheit und Leichtfertigkeit mir andichtet und meinen
wesentlichen Berichtigungen, wo nur möglich, auf Kosten der Wahrheit
aus dem Wege geht und sie so entstellt, dass es selbst mir schwer
wurde aus diesem Gewebe von Entstellungen die einfache Wahrheit
meiner „Berichtigungen" heraus zu finden. Dies im Einzelnen nachzuweisen erachte ich für eine Pflicht, deren Erfüllung der Wissenschaft nur zu Gute kommen kann, deren Beschützerin und Förderin
zu sein die kais. Akademie der Wissenschaften berufen ist.

    1. In der „Einleitung" zum St. Pöltner Nekrologium (Fontes,
Bd. 21, S. 445) ist zu lesen: „Die älteste Schrift ist die des
XII. Jahrhunderts, und zwar lassen sich hier fünfzehn Schriftcharak-
tere genau unterscheiden. Die Fortsetzungen gehen bis in das
XVI. Jahrhundert. Die ältesten Eintragungen bei den einzelnen
Monatstagen sind (im Drucke) durch eine Einklammerung gekenn-
zeichnet". In der sogenannten „Berichtigung" heisst es nun S. 459:
„Diese Stelle will nichts anderes sagen, als dass die älteste Schrift
dem XII. Jahrhundert angehöre, dass sich in der Handschrift fünf-
zehn Schriftcharaktere unterscheiden lassen, und dass die ältesten
Eintragungen bei den einzelnen Monatstagen, gleichviel welchem

Jahrhundert sie angehören mögen, durch eine Einklammerung im
Drucke gekennzeichnet seien".

Einer solchen Interpretation wird nie zustimmen, wer richtig
schreiben und richtig denken kann, denn sie widerspricht durchwegs
dem, was in obigen drei Sätzen gesagt ist. In ihrem Schlusse aber
wird zu allem Überflusse noch ein neuer Widerspruch niedergelegt.
Wenn nämlich die eingeklammerten Namen, durch welche die ältesten
Eintragungen gekennzeichnet werden sollen, wie S. 460 gesagt wird,
nicht nur dem zwölften, sondern auch dem „dreizehnten, vierzehn-
ten etc.", also wohl auch dem fünfzehnten und sechzehnten Jahrhundert angehören können, oder wenn es nach Seite 459 „gleichviel ist, welchem Jahrhundert sie (d. i. die eingeklammerten Namen)
angehören mögen", welchen Sinn und Zweck hat dann noch die Einklammerung? Meiner Ansicht nach hat sich der genannte Interpret
bei dem Versuche eine unrettbare Sache zu vertheidigen aus dem
Regen unter die Traufe geflüchtet.

Das über die Zeitbestimmung der Eintragungen im St. Pöltner
Nekrologium und zwar in der „Einleitung" gesagte und oben citirte
kann daher durchwegs nicht anders aufgefasst werden, als es im
34. Bde. des Archivs S. 374 durch mich geschehen ist, wenn anders
man das ganze Satzgefüge nicht zerreissen und völlig umgestalten will.

Doch jene ganz verunglückte Interpretation berührt am Ende
nur eine Nebensache, nicht den Kernpunkt meiner hieher bezüglichen
Berichtigung, den Herr W. stillschweigend umgeht. Dieser aber
betrifft die Worte: „dass die ältesten Eintragungen dem
XII. Jahrhundert angehören", eine Behauptung, die jener Herr
abermals wiederholt, aber jetzt eben so wenig wie früher begründet,
aber auch nicht begründen kann, da ich ausführlich und unwider-
legbar nachgewiesen habe, dass, wie schon Duellius erkannt hat, die
Anlage jenes Nekrologiums erst im XIV. Jahrhundert erfolgt und
demnach nicht ein Name, geschrieben von einem Schreiber des XII.
oder selbst des XIII. Jahrhunderts, daselbst zu finden ist. Da nun
Herr W. obige Äusserung neuerdings wiederholt, so lässt sich nicht
bestreiten, dass er wirklich Personen, die im XIV. und XV. Jahrhundert gestorben sind, von Schreibern des XII. Jahrhunderts, also
lange vor ihrer Geburt, bereits als todt hat eintragen lassen. Wenn
er sich äussert, er habe dieses „ungereimte Zeug" nicht geredet, so
bedient er sich eines Ausdruckes, der in meinen „Berichtigungen"

nicht enthalten ist, widerlegt aber hiermit nicht, dass er thatsächlich so vorgegangen ist, wie ich gesagt habe. Unkenntniss über die Zeit der handschriftlichen Einzeichnungen und Missverständnisse liegen demnach nicht auf meiner Seite.

2. S. 460 steht: „S. 11 (381) bemerkt Herr Stark, Duellius sei blindlings abgeschrieben". Das ist, in dieser Form gesagt, vollkommen unrichtig. Ich habe nicht bemerkt, dass etwa alles, sondern dass „vieles" aus Duellius blindlings abgeschrieben sei, und habe dabei, wie aus meinen „Berichtigungen" zweifellos ersichtlich ist, die handschriftlichen Angaben der Jahrtage: 6. April S. 32 (402); 13. April S. 33 (403); 4. November S. 51 (421); 5. November S. 52 (422); 13. November S. 53 (423); 13. October S. 62 (432); 8. November S. 63 (433) im Auge gehabt. In jenen Stellen, die mit dem Abdruck bei Duellius bis auf den kleinsten Lesefehler übereinstimmen, liegt der zweifellose Beweis für die Richtigkeit meiner Behauptung. Dass Herr W. dem Duellius nicht mehr nachgeschrieben hat, ist nur zu bedauern, denn ich habe bei den S. 23 — 55 (393—425) vorgeführten Lesefehlern den Nachweis geführt, dass der alte Canonicus Hirsch, der das Nekrologium für die Herausgabe durch Duellius excerpirt hat, vor mehr denn hundert Jahren im Ganzen viel richtiger zu lesen verstand als Herr W. heute.

3. Daselbst wird auch hervorgehoben: „S. 14 (384) erklärt Herr Stark das ganze Nekrologium als ein höchst gleichgiltiges". Noch mehr: ich habe den unverkürzten Abdruck desselben als für jede wissenschaftliche Arbeit „völlig werthlos" erklärt, diese meine Auffassung a. a. O. auch begründet und brauche, da Herr W. keinen Gegenbeweis bringt, ihr nichts beizufügen.

4. Auf derselben Seite steht ferner: „S. 15 (385) beschwert sich Herr Stark über die verfehlte Anlage des Registers, den splendiden Druck, über Druckfehler im Texte und über Druckfehler im Register, sowie über Auslassungen in diesem". Diese Worte, die an dieser Stelle ihrem Wesen nach zu bezeichnen der Anstand verbietet, sind mindestens naiv. Es scheint, jener Herr wünscht noch Dank für jenes Register, von dem ich gleichfalls in unwiderlegbarer Weise gezeigt habe, dass es wegen zahlloser Druckfehler, aber noch mehr wegen einer viel grösseren Zahl von Lesefehlern und Auslassungen, wie auch durch eine sinnverwirrende Anordnung für eine wissenschaftliche Benutzung als nicht vorhanden betrachtet werden muss.

Wer die Correctur besorgt oder vielmehr nicht besorgt hat, ist völlig gleichgiltig. Auch darf bemerkt werden, dass die sorgfältigste Correctur zwar viele wesentlichen Irrthümer, keineswegs aber die Hauptgebrechen, mit denen Herr W. Text wie Register betheilt hat, hätte beheben können [1]). Was vermöchte auch dort die sorgfältigste Satzcorrectur, wo Geistliche als Weltliche und die Glieder verschiedener Kirchen unter einander vertauscht eingetragen sind!

5. Durch den Satz: „Dass und ob Druckfehler für Lesefehler passiren, soll nicht erörtert werden", will Herr W. glauben machen, dass ihm Druckfehler als Lesefehler angerechnet worden sind und dass er alte Handschriften wohl sehr gut zu lesen verstehe. Dass er letzteres nicht verstehe, hat er nicht nur in dem St. Pöltner Nekrologium, sondern auch in den Ausgaben der Niederaltaicher und Salzburger Nekrologien (Bd. 26 und 28 des Archivs) vollkommen genügend documentirt. Im St. Pöltner Nekrologium kommen von den nahezu tausend Fehlern, die Text und Register verunstalten und unbrauchbar machen, 93 auf Rechnung von Auslassungen und sind über 500 durch Lesefehler bedingt. Muthmassliche Schreib- und Satzfehler sind hierbei nicht mitgezählt. S. 12 (382) meiner „Berichtigungen" habe ich 65 Lesefehler beispielsweise hervorgehoben. Wer ausser Herrn W. wird behaupten wollen, dass dort auch nur ein Druckfehler fälschlich als Lesefehler verzeichnet ist?

---

[1]) Zur Charakteristik dieses Registers, wenigstens nach einer Seite hin, mögen nachstehende Beispiele dienen, die immerhin noch reichlich vermehrt werden können. In Folge von Lesefehlern sind ein Geistlicher aus Herzogenburg 21. Sept. im Reg. nach Neuburg, einer aus Herzogenbierbaum 2. Jan. nach Herzogenburg, sechs Geistliche, deren je einer nach Göttweig 19. Jan. und Reichersberg 1. Oct., je 2 nach St. Florian 24. Juli und Vorau 28. Aug. gehören, nach St. Pölten versetzt. Ein Geistlicher aus Seckau 9. März steht im Reg. bei Suben, zwei Äbte und ein Pfarrer von Neuberg 9. April u. 7. Juni stehen unter Neumünster und Neupernt (!) Ein Kaplan aus Obernberg 20. August ist nebst zwei andern Geistlichen im Register fälschlich unter St. Nikolai eingetragen. Ein Geistlicher von St. Andrä 24. April ist nach Heiligen Kreuz, ein Geistlicher von Suben 27. April und einer von Kremsmünster 29. Dec. sind nach Tiernstain, ein Geistlicher von Tegernsee 24. Juli nach Kremsmünster, zwei von Gravenwerd 8. Aug. und 12. Nov. nach Grafenberg (!), einer von Zwetl 31. Dec. nach Lilienfeld versetzt. Ein Canonicus von Salzburg 2. Mai und ein Abt von Altenburg 16. April sind im Register als weltliche Personen zu finden. Ein dom. Ulricus ex Daceburga phr. et confr. nr. 9. Oct. steht im Register als Ulricus ex Nureburga unter den Chorherren von St. Pölten.

6. Wenn zur Rechtfertigung der Anlage des Registers bemerkt
wird, dass sie „in den Schriften der kais. Akademie vorgefunden"
wurde, so ist damit kein Beweis für ihre Zweckmässigkeit geliefert.
Wird doch auch kein Sachkundiger, der unbefangen urtheilt, den
Publicationen des Herrn W. auch nur den kleinsten wissenschaftlichen Werth oder überhaupt Brauchbarkeit desshalb zuschreiben,
weil sie in die Schriften derselben Akademie Eingang gefunden haben. Wenn er aber meint, ein Register, wie ich es S. 15 (385) be-
fürwortet habe, dürften nur ein oder zwei Namenforscher billigen, so
verräth er eine völlige Unerfahrenheit über den fraglichen Gegenstand. Dem Namenforscher, der meiner Ansicht nach vor Allem stets
an den Text gewiesen ist, kann die Anlage eines Registers ziemlich
gleichgiltig sein, ja er kann ein solches gänzlich entbehren; dem
Geschichtsforscher aber kann ein zweckmässig gearbeitetes Register
bei seinen Arbeiten mächtigen Vorschub leisten. Dies sage ich jedoch
nicht Herrn W., den eines Besseren zu belehren ich mich nicht für
verpflichtet halte, und für den überhaupt diese ganze „Beleuchtung"
nicht geschrieben ist.

7. Seite 461 wird gesagt: „Der als übersehen bezeichnete Bar-
tholomeus Kyendl steht schön gedruckt S. 654 Z. 18 v. o." und daran die Bemerkung geknüpft, dass ich „doch Manches übereilt als
irrig bezeichnet haben dürfte." Abgesehen davon, dass für mich bei
der Ausarbeitung meiner Berichtigungen kein Grund zur Übereilung,
wohl aber viele Gründe für eine ruhige, ernste, der Würde der Wissenschaft angemessene Prüfung seiner, einer wissenschaftlichen Bezeichnung unwürdigen Publication vorlagen; abgesehen auch davon,
dass Herr W., der sich, wie bewiesen wurde, beim Abschreiben und
Bearbeiten der drei genannten Nekrologien der grössten Leichtfertigkeit und Rücksichtslosigkeit gegen die Wissenschaft und die kais.
Akademie der Wissenschaften schuldig gemacht hat, mir nicht eine
Flüchtigkeit in Wahrheit nachweisen kann; abgesehen von dem Allen
enthalten obige Worte des Herrn W. abermals nicht die volle Wahrheit. Ich habe S. 24 (394), wo ich zum 4. Januar des Notars Kyendl
nur nebenher gedenke, nicht gesagt, dass er im Register „übersehen" wurde, sondern dass er der schlechten Anordnung wegen dort
„nicht zu finden ist." Und wo ist er nun nach Herrn W's. Nachweis
eingetragen? Nicht, wie man zu erwarten berechtigt ist, unter seinem
Zunamen, auch nicht unter dem Buchstaben N als Notar, sondern

unter den Bürgern von St. Pölten, wohin er vielleicht, vielleicht aber
auch nicht gehört. Derselben Willkühr macht sich Herr W. aber
gar oft schuldig, so z. B. wenn am 13. Aug. Margaretha (nicht
Martha) Rattalerin, Barbara Holzerin, Katerina, Margareta (nicht
Katerina Maygarterin) und Juliana Urban de Vorau consorores
n re. als Bürgerinnen von St. Pölten, am 23. Aug. Michael de Wienna
infirmarius confr. nr., der in der Handschrift auch als pbr. bezeichnet ist, als Bürger jener Stadt, dagegen am 18. Jan. Stephan
Pudmer (nicht Puomer), laicus et confr. nr., der, wie ich S. 25 (395)
nachgewiesen habe, Bürger und Mitglied des Rathes zu St. Pölten
war, ausser der Reihe jener Bürger im Register verzeichnet sind. Ich
darf hier wohl fragen: wen trifft der Vorwurf der „Übereilung“, ja
der Leichtfertigkeit und Willkühr?

8. Jener Herr sagt auch: „Ich habe sämmtliche presbyteri, conversi, canonici und fratres, die ohne nähere Bezeichnung einer conföderirten Kirche eingetragen waren, zu den Conventualen, resp. Gliedern
des Stiftes St. Pölten gezählt. Mit Recht. Herr Stark ist hiermit einverstanden, nur will er in den Nekrologien der Klöster Umschau gehalten wissen, ob nicht irgendwo ein Johannes, Thomas, Jakob vorkomme, der dem in Frage stehenden entsprechen könnte.“ In diesen
Worten liegt, schonend gesagt, eine völlige Umdrehung meiner Worte
und eine grobe Entstellung der Wahrheit.

In meinen „Berichtigungen“ handelt es sich nirgends um das in
obigem ersten Satze vorgebrachte, wohl aber S. 16—19 (386—389)
darum, dass „in der Regel nur die Mitglieder jener Kirche, welcher
das Verbrüderungsbuch angehört, seien diese nun presbiteri und conversi oder moniales und conversae, als fratres und sorores, die
Glieder der conföderirten Kirchen und die Laien aber als confratres
und consorores bezeichnet werden“ und dass Herr W., der Theologe, gegen diese bekannte Thatsache verstossend 55 presbiteri
confratres, aber auch 13 presbiteri oder sacerdotes monaci
confratres ebenso wie mehrere consorores als canonici und
moniales von St. Pölten im Register eingetragen hat. Hierbei
sind nicht in Rechnung gebracht 3 presbiteri confratres (30. Mai,
4. Dez. S. 56 u. 57 [426 u. 427] meiner Ber.) und ein monacus
confrater (22. März S. 19 [389]), die gleichfalls von ihm irrthümlich als fratres verzeichnet und eben so irrthümlich den Chorherren
von St. Pölten zugetheilt sind.

Wenn ich ferner S. 16 (386) bei (13. Dez.) Fridricus Alger-storfer pbr. confrater nr. nebenher bemerke: „vielleicht der im Salzb. Nekr. (Archiv Bd. 28) am 26. Dez. eingeschriebene Fridricus pbr. can. Secov.“, ist es dann erlaubt das zu sagen, was jener Herr im zweiten Satze vorbringt? Meine Vermuthung ist durchaus nicht „willkührlich“, wie jener Herr zu sagen beliebt; sie ist vielmehr vollkommen berechtigt, da ja einerseits Seckau mit St. Pölten wie mit Salzburg verbrüdert war, demnach in den Nekrologien von St. Pölten und Salzburg häufig dieselben Personen eingetragen sind, anderseits Auslassungen von Familiennamen im Salzburger Nekr. nicht selten, Auslassungen der conföderirten Kirchen aber, wie bei dem erwähnten Fridricus Algerstorfer, im St. Pöltner Nekrolog sehr oft vorkommen. Die Hauptstütze für die Berechtigung, ja Richtigkeit meiner Vermuthung aber liegt in der Bezeichnung confrater. Als solcher kann jener Friedrich unmöglich ein Chorherr von St. Pölten sein, als welcher er im Register erscheint. Dass ihn aber Herr W. dahin gestellt hat, das verräth Willkühr und noch mehr als das.

In ähnlicher Weise wie bei Friedrich Algerstorfer ist 29. März bei Heinricus dictus Svevus pbr. et confr. nr. die conföderirte Kirche, der er zugehört, ausgelassen. Das oben citirte Salzb. Nekr. (Archiv Bd. 28), in dem die Einschreibungen vielfach genauer sind, nennt diesen Heinrich Svevus „pbr. et can. Secoviensis“. Bei Herrn W. steht auch er trotz des confrater unter den Chorherrn von St. Pölten. (Vgl. S. 15 [385] meiner Ber.)

9. Alles was Herr W. über die im Register S. 684 und 685 als Moniales von St. Pölten vorgeführten 100 Frauennamen sagt, ist abermals eine Umgehung der Kernfrage und somit der Wahrheit, und nicht einmal im Stande, sein auf Unkenntniss, Gedankenlosigkeit und Willkühr beruhendes Gebaren zu erklären. Denn S. 19—21 (389—391) meiner „Berichtigungen“ handelt es sich nicht um das, was jener Herr da vorbringt, sondern um 18 Lesefehler, durch welche stets monialis statt conversa im Text erscheint und hauptsächlich darum, dass diese 18 und überdiess noch 65 andere conversae, ja sogar 2 consorores und 6 moniales consorores, also 91 Frauen fälschlich als moniales von St. Pölten, dagegen 10 Frauen, deren Eintragung in die Zeit der Anlegung des Nekrologiums fällt und deren jede als soror nra. bezeichnet ist, als weltliche Personen im Register erscheinen.

10. S. 462 wird behauptet: „Die Eintragung von einigen consorores unter die Bürgerfrauen von St. Pölten geschah auf Grund von
Copialbüchern von St. Pölten". Allein wo ist denn der Beweis dafür
und welcher Mann der Wissenschaft erlaubt sich, ohne einen solchen
beizubringen, diese Willkühr? Doch abgesehen davon wird auch hier
wieder das Wesentliche meiner Berichtigung umgangen: die von mir
S. 21 (391) hervorgehobene Inconsequenz und Unwissenschaftlich-
keit, mit der consorores bald als Nonnen, bald als Bürgerinnen von
St. Pölten oder aber als weltliche Personen überhaupt, und zwar ohne
Angabe eines jeden Grundes, im Register angeführt werden.

11. Daselbst heisst es auch: „Einen conversus unter die Mönche
zu setzen und zu rechnen verzeichnet Herr Stark als Verstoss". Das
ist es auch. Und wozu hätte Herr W. die conversi von den presbyteris
monacis und canonicis im Allgemeinen im Register getrennt, wenn er
glaubte berechtigt zu sein, sie bisweilen willkührlich vermengen zu
dürfen? Allein auch hier wagt dieser Herr den Kern meiner Anklage
herauszuschälen und der kais. Akademie der Wissenschaften die leere
Schaale zu präsentieren. Der Kern meiner hier berührten Anklage
besteht nämlich darin, dass Herr W. im Texte des Nekrologiums 31 mal
m o n a c u s statt c o n v e r s u s gelesen und geschrieben hat. Dass er
von diesen 31 conversis 29 als Chorherrn von St. Pölten im Register
eingetragen hat, ist ein zweiter Verstoss, denn dahin würden sie
selbst dann nicht gehören, wenn wirklich bei jedem Einzelnen im
Texte monacus stünde.

12. Die Worte: „Nicht minder wird ein Theologe Hrn. Stark (zu)
S. 32 (402) bemerken müssen, dass ein Chorherr von St. Florian
eben so gut ein Mönch sei, wie ein Benedictiner von Mölk" etc. enthalten abermals eine Entstellung der Wahrheit. Meine hieher bezügliche Berichtigung dreht sich nicht um die Frage, ob der Augustiner
Chorherr dem Theologen ein Mönch sei, sondern darum, dass im St.
Pöltner Nekrologium die Augustiner Chorherrn eben so wenig als
m o n a c i, wie die Benedictiner als c a n o n i c i, eingetragen erscheinen und dass Herr W. dessenungeachtet Geistliche, die als m o n a c i
und natürlich als c o n f r a t r e s zugleich verzeichnet sind [1]), den Augu-

---

[1]) Wo Herr W. m o n a c u s fr. nr. liest, liegt in m o n a c u s oder f r a t e r ein Lesefehler vor. Besonders oft verwechselt hat er fr u t e r und c o n f r a t e r. Belege
für Beides bieten meine „Berichtigungen" S. 23—57 (393—427).

stiner Chorherrn von St. Pölten angereiht hat, obgleich deren jeder
stets als presbyter, presbyter canonicus oder canonicus
und frater nr. bezeichnet ist. S. 19 (389) meiner „Berichtigungen“
sind 14 solche Fehler hervorgehoben. S. 31 (401) und 32 (402)
aber habe ich gezeigt, dass Herr W. 28. März Steffanus monacus
de seto. Floriano fälschlich gelesen hat statt: „Steffanus primus de
seto. Floriano“.

13. Die im Nekrologium, aber auch in der Entgegnung ohne
jeden Beweis vorgebrachte Bemerkung: „Stephanus Veldsberg (decanus Salisb. 1. Jan.) habe ich (d. i. Herr W.) absichtlich in Christophe-
rus de Veldsberg geändert, Stephanus ist eben eine irrige Eintragung“,
ist nur ein weiteres Zeugniss dafür, wie weit Herrn W's. Gebaren von
jedem in der Wissenschaft üblichen und nothwendigen Gebrauche
abseit liegt. Warum hat dieser Herr unterlassen anzugeben, was ich
nun thue, dass das Salzburger Nekrologium (Archiv Bd. 28, S. 43)
anstatt jenes Stephanus de Veldsberg einen Cristofferus de Wels-
perg decan. h. eccl. (i. e. Salisb.) eingetragen hat? Warum hat er
diesen Hinweis auch nicht einmal jetzt geliefert? Er war vielleicht
besorgt, dass bei einem Einblick in die Handschrift des Salzb. Nekr.,
denn der Abdruck ist ja ganz unzuverlässig, entdeckt würde, dass er,
wie 28 Mal im St. Pöltner Nekrologium, auch dort seine
Unfähigkeit die Ziffern des Mittelalters zu lesen, documentirt hat. Das
Sterbejahr jenes Salzburger Decanes ist nämlich der Handschrift
zufolge 1485, nicht aber 1482, nach Hrn. W. wahrscheinlich nur
Druckfehler.

Jene Worte endlich, durch welche Herr Wiedemann am Schlusse
die Gründlichkeit meiner „Berichtigungen“ und den ihnen zugewendeten
Fleiss zu schmähen wagt, gestatten und brauchen keine Erwiderung.